ARNBERGER – Die tropischen Inseln des Indischen und Pazifischen Ozeans

Herausgegeben in Verbindung mit dem
Institut für Kartographie
der Österreichischen Akademie der Wissenschaften

Erik und Hertha Arnberger

DIE TROPISCHEN INSELN DES INDISCHEN UND PAZIFISCHEN OZEANS

Mit 132 Textabbildungen,
40 Tabellen und 174 Farbbildern (auf 96 Tafeln)

Im Eigenverlag des Autors

2. Auflage 1993

Berichtigungen:

auf Seite .. müßte es richtig heißen:

28, Abb.1: Maßstab 1:180.000.000
32, 3. Abs., 4. Zeile: .. der etwa 38 000 tropischen Inseln
61, 1. Abs., 4. Zeile: 210 Mio.
67, 2. Abs., 4. Zeile: Atlantisch-Indischer Rücken
84 und 87, Nr. 17: Myanmar seit 18.6.1989, (seit 4.1.1948 Birma, davor Burma=Britisch-Indien)
84 und 88, Nr. 20: Malaysia und Nr. 20-24 : Malaysias
92 und 96, Nr. 11: Sulawesi (Celebes)
93 und 97, Nr. 28: Frz. Poynesien
143, 2. Zeile: Südost-Sumatras
180, 2. Abs., 2. Zeile: 141. östlichen Längengrad
194 und 200: Dekametern (1 Dekameter= 10 m)
259, Abb. 70: Anibare-Bucht ... Meneng Hotel
394, 129. Abb.: Hafenanlagen 2 Keppel Pier, 3 Pasir Panjang Pier
459: Christmas Insel: Indischer Ozean (austral.) 81K, 84T, 88T, 107K, 108
Pazifischer " (Kiritimati)

Umschlagfoto:
Atolle der Ha'apai-Gruppe der Tonga-Inseln im Pazifischen Ozean. Aufnahme E.A. 1983

Reproduktion und Druck der Tafeln 1 bis 80 durch A.Krampolek/Slawiczek Repro, 1140 Wien, Hütteldorferstr. 219;
Reproduktion der Tafeln 81-96 Reprozwölf, 1120 Wien, Druck Mayer& Comp., 122 Wien

Filmherstellung der Textabbildungen und Lichtsatz des Textes: Institut für Kartographie der Österreichischen Akadem
der Wissenschaften, 1010 Wien, Bäckerstraße 20

Gedruckt auf holzfreiem Magnohalbmatt 100 g

Satz und Druck:
NÖ Pressehaus Druck- und Verlags GmbH, 3100 St. Pölten, Gutenbergstraße 12

ISBN 3-9500305-0-6

Vorwort

Der vorliegende Band soll eine Lücke in der geographischen Literatur hinsichtlich der Verbreitung der Inseln der Ozeane schließen helfen. Die statistischen Angaben über Zahl, Fläche und Bevölkerung der Inseln beziehen sich auf den gesamten Raum der Ozeane, die textliche Behandlung der einzelnen Inseltypen und deren natur- und kulturräumliche Ausstattung beschränkt sich auf deren tropischen Verbreitungsraum.
Die Abhandlungen sollen einer vergleichenden Inselgeographie dienlich sein und im Zeitalter hoher Mobilität und zunehmender Verkehrserschließung damit das Verständnis für die insulare Sondersituation von Lebensräumen außerhalb der großen Erdteile fördern. Die Zielsetzung des Bandes verfolgt allerdings nicht eine monographische Darstellung aller Inseln, zu der nicht einmal der Umfang eines lexikalen, mehrbändigen Werkes auslangen würde, sondern eine exemplarische Behandlung der verschiedenen Inseltypen an Hand einer genügenden Zahl von Inselbeispielen. Diesbezüglich sind die langjährigen Erfahrungen des Verfassers aus seiner Tätigkeit als Ordinarius für Geographie und Kartographie an der Universität Wien, insbesondere von seinen Seminaren über Regionalgeographie und über den tropischen Inselraum der Erde, in die Abfassung des Bandes eingegangen.
Die Ausführungen verfolgen aber auch die Zielsetzung, ein tieferes Verständnis für die unterschiedlichen Probleme der Inseln, welche im Tropenraum größtenteils der ökologisch benachteiligten Zone der Erde angehören, zu erwecken. Über Fachgeographen und Geowissenschaftler hinaus sollen sie all jenen Menschen eine Verständnishilfe bieten, welche mit solchen Inselräumen unserer Erde in Berührung kommen oder sich mit diesen befassen. Für den Kartographen können sie eine Informationsstütze und Überlegungsquelle darstellen, um insulare Räume in kleinmaßstäbigen Karten und Atlanten problemorientiert und strukturadäquat zu bearbeiten.
Zur besseren Veranschaulichung der textlichen Ausführungen wurde auf eine Ausstattung mit zahlreichen Kartenskizzen, Abbildungen und Landschaftstypenbildern großer Wert gelegt. Da eine Regionalgeographie auf persönlicher Landeskenntnis des Autors beruhen soll, hat der Verfasser auch für seine Lehrtätigkeit an der Universität Wien und für Forschungsaufgaben in der Österreichischen Akademie der Wissenschaften jahrzehntelang aus eigenen Mitteln die dazu notwendigen, jeweils mehrmonatigen Reisen und Forschungsfahrten zusammen mit seiner Gattin bestritten. Die Reisen haben ein Gesamtausmaß von 32½ Erdumfängen erreicht. Aus den von diesen Fahrten mitgebrachten photographischen Aufnahmen konnte eine entsprechende Auswahl in den Band aufgenommen werden.
Die Texterarbeitung wurde durch die Mitarbeit seiner Frau und Fachkollegin Mag. Dr. Hertha ARNBERGER sehr unterstützt. Sie sorgte für die Übersetzungen aus dem vorhandenen Schrifttum, führte Buch über Studien an Ort, Ergebnisse diverser Ermittlungen

und sachlich relevanter Fakten wie z. B. Aufnahmestandorte. Ihre akademische Ausbildung in den gleichen Fächern wie der Verfasser (Geographie, Geologie und Meteorologie) boten dafür die geeignete Grundlage. Als Professor für Geographie an der Allgemeinbildenden Höheren Schule (Gymnasium) konnte sie die Ergebnisse für den Schulunterricht ebenfalls dienstbar machen.
Aufgrund ihres sportlichen Trainings konnte sie auch im unwegsamen Urwaldgelände in schwierigsten Situationen eine aufopfernde Begleiterin sein.
Besonders zu danken habe ich auch meiner Schülerin Mag. Dr. Chieh HSU, die meine Kartenentwürfe druckreif reproduziert hat, sowie Frau stud.phil. Renate HENGSBERGER (geb. PECH), welche den Tabellensatz und Satz der Tafeltexte besorgte.
Aufrichtig danke ich der Österreichischen Akademie der Wissenschaften für die Unterstützung des Werkes sowie dem Verlag Deuticke für seinen Beitrag zur Veröffentlichung des gut ausgestatteten Bandes.

Em.o. Univ.-Prof.
Dr.-Ing. h.c. Dr. Erik ARNBERGER

Wien, im Juli 1987

2. Vorwort

Da mein Mann vor Fertigstellung der Arbeiten für das vorliegende Buch auf unserer letzten gemeinsamen Forschungsreise (Äquatorial-Guinea) erkrankte und kurz darauf an den Folgen der – in Cordoba (Spanien) – zu spät erkannten tropischen Malaria, trotz des Einsatzes und der großartigen Leistung der Österreichischen Ärzteflugambulanz, in Wien am 25. August 1987 verstarb, war es mir, als Fachkollegin und Mitarbeiterin seit 50 Jahren, traurige Pflicht, das letzte Kapitel (Singapur und Hongkong) allein zu verfassen, Fehlendes zu ergänzen und das Werk im Wege einer Überarbeitung im Sinne meines Mannes abzuschließen.
Mein besonderer Dank gilt Herrn o. Univ.-Prof. Dr. Fritz KELNHOFER als Direktor des Institutes für Kartographie der Österreichischen Akademie der Wissenschaften, Herrn Dr. Helmut BEISSMANN für die sorgfältige Erarbeitung des Orts- und Sachindex und seinen beiden bereits oben genannten Mitarbeiterinnen, die mich bei der Vollendung des Buches unterstützten.

Prof. i. R.
Mag. Dr. Hertha ARNBERGER

Wien, im Jänner 1988

Inhaltsverzeichnis

1 Allgemeine Erörterungen ... 27
1.1 Ozeane, ihre Bedeutung, Abgrenzung und Gliederung in Meeresteilgebiete ... 27
1.2 Der Bedeutungswandel der Ozeane und ihrer Inselwelt ... 30
1.3 Kriterien zur Beurteilung der wirtschaftlichen Situation und der Entwicklungsmöglichkeiten auf den Inseln und Inselgruppen ... 33
1.3.1 Inselgröße, Voraussetzungen für eine Siedlungsanlage, Süßwasserversorgungsmöglichkeiten, Siedlungskapazität ... 33
1.3.2 Interinsulare Entfernungen und Entfernungen zu den Versorgungs- und Absatzmärkten ... 35
1.3.3 Räumliche Verkehrserschließung und -einbindung ... 35
1.3.4 Naturräumliche Ausstattung und Ressourcen ... 36
1.3.5 Ethnische und kultische Einflüsse, der Zwang des Gewohnheitsrechtes ... 36
1.3.6 Bevölkerungsentwicklung, Altersaufbau, Sozialstruktur ... 38
1.3.7 Innen- und außenpolitische Situation ... 39
1.3.8 Die Auswirkung ökologischer Umweltprobleme ... 39
1.4 Erläuterungen zum Inselbegriff; Auswirkungen der Gezeiten auf die Küstengestaltung, Feststellung der Inselflächen ... 40

2 Die Abgrenzung des tropischen Meeresraumes und die klimaökologischen Lebensumstände auf seinen Inseln ... 46

3 Geologische Grundlagen der Inselentstehung und Inselverbreitung ... 62

4 Zahl, Fläche, Bevölkerung und Verteilung der Inseln im Indischen und Pazifischen Ozean ... 75
4.1 Die Ermittlung der Inseln nach Größenklassen ihrer Areale ... 75
4.2 Fortschreibung der Bevölkerung bis Anfang der achtziger Jahre ... 76
4.3 Gesamtsummen von Zahl, Fläche und Wohnbevölkerung der Inseln des Indischen und Pazifischen Ozeans nach Klimazonen ... 77
4.4 Regionale Gliederung der Inselstatistik nach Inselgruppen und Meeresgebieten mit Bevölkerungsdichten ... 80
4.4.1 Regionale Gliederung des Indischen Ozeans und Bevölkerungsdichten der Inselgruppen ... 80
4.4.2 Regionale Gliederung des Pazifischen Ozeans und Bevölkerungsdichten der Inselgruppen ... 90

5 Die heutigen ethnischen und politischen Verhältnisse auf den Inseln des Indischen und Pazifischen Ozeans ... 100
5.1 Koloniale und ethnisch bedingte Strukturen auf den Inseln des Indischen Ozeans ... 100
5.2 Entkolonisierung und politische Neuordnung der Inseln im Indischen Ozean ... 106
5.3 Das Verteilungsmuster der Inselwelt des Pazifischen Ozeans. Staaten, Kolonialbesitz und Protektorate bis zum Zweiten Weltkrieg, ethnische Verhältnisse, politische Neuordnung nach dem Zweiten Weltkrieg ... 109

5.3.1 Der tropische Anteil des westlichen Pazifischen Ozeans 109
5.3.2 Ethnische Eigenart und politische Neuordnung im zentralpazifischen Inselraum 117
5.3.3 Inseln und Inselgruppen im ostpazifischen Raum 124

6 Landwirtschaftliche Nutzung: Subsistenzwirtschaft, Feldbau und Gartenkulturen, Reisbausysteme, Pflanzungen und Plantagenwirtschaften 128
6.1 Subsistenzwirtschaft und einfachste Arten einer von Gewerbe und Handel weitgehend unabhängigen Lebenshaltung 129
6.1.1 Wildbeuter; spezialisierte Sammler, Jäger und Fischer 129
6.1.2 Brandrodungs-Wanderfeldbau („shifting cultivation") in der Form des Pflanzstockbaues und Hackbaues 131
6.1.3 Übergang zum Dauerfeldbau 135
6.2 Marktorientierte Agrar- und Gartenproduktion 136
6.3 Die Bedeutung des Reisbaues in der tropischen Landwirtschaft 139
6.4 Pflanzungen und Plantagenwirtschaften 144

7 Nichtlandwirtschaftliche Betriebs- und Zuerwerbsmöglichkeiten und ihre Bedeutung für die Bevölkerung 150
7.1 Wald- und Forstwirtschaft, Nutzungsmöglichkeiten der Waldgebiete 150
7.2 Die Rolle der Viehhaltung, Jagd und Fischerei in der Ernährung und als Erwerbszweig 154
7.2.1 Der tropische Hungergürtel und Proteinmangelraum der Erde 154
7.2.2 Viehhaltung als Erwerbs- und Ernährungsgrundlage und zur Ernährungsergänzung 158
7.2.3 Jagd und Küstenfischerei zur Ernährungsergänzung 162
7.2.4 Bedeutung und Ausbaumöglichkeiten der Küsten- und Hochseefischerei 166
7.2.5 Handel und Gewerbe, Bergbau und Industrie als Basis der Lebensfähigkeit von Inseln und Inselgruppen 170
7.2.6 Bedeutung und Fragwürdigkeit des Fremdentourismus als Entwicklungsfaktor 189

8 Inseltypengruppen nach dem Aufbau und den klimaökologischen Verhältnissen; Beurteilung der Lebensgrundlagen für ihre Einwohner 192
8.1 Individuelle Vielfalt und gemeinsame Merkmale einer Typengruppenzugehörigkeit 192
8.2 Typisierungsüberlegungen 192
8.3 Zahl, Fläche und Bevölkerung der Inseln nach ökologischen Typengruppen ... 193
8.4 Typencharakterisierung 204
8.4.1 Alluviale Inseln geringer Höhe über Mittelwasser: Sandbänke, Schlickinseln, Mangroveinseln. Unverfestigte Quartärablagerungen 204
8.4.2 Aride und semiaride Inseln unterschiedlichen Aufbaues im Randtropengebiet und im mediterranen Klima 210
8.4.3 Korallenbankinseln, aufgebaut aus Korallenriffen und Korallensanden .. 211
8.4.4 Gehobene Korallenbankinseln und Koralleninseln mit Phosphatlagern .. 222
8.4.5 Jüngere Vulkaninseln (tätig oder in historischer Zeit erloschen) mit weitverbreiteten jungen Lavadecken und Tuffen 223
8.4.6 Inseln aus Sedimentgesteinen aufgebaut (meist Mesozoikum) und Inseln mit weitverbreiteten Kalken verschiedenen Alters 225
8.4.7 Granit- und Syenitinseln im tropisch-feuchten Klima 226
8.4.8 Inseln im Verbreitungsraum der tropisch-feuchten Regenwälder mit klimabedingt horizontal geringen ökologischen Unterschieden 230

8.4.9 Inseln der wechselfeuchten Tropen und der Randtropen mit einer feuchten Jahreszeit sowie Inseln der zentralen Tropen mit abgeschwächtem Regenklima ... 242
8.4.10 Große Inseln mit wechselndem Formenbild und horizontal wie vertikal weiträumig auftretenden ökologischen Disparitäten ... 243

9 Ausgewählte Inseltypenbeispiele ... 244
9.1 Korallenbankinseln ... 244
9.1.1 Korallenatolle der Malediven ... 244
9.1.2 Gehobene Korallenbankinseln an Beispielen im Königreich Tonga ... 252
9.1.3 Nauru, eine gehobene Korallenbankinsel mit reichen Phosphatlagern im Pazifischen Ozean ... 258
9.1.4 Beispiele für „Hohe Atolle“ und „Hohe Saumriffinseln“ in den Gesellschafts-Inseln in Französisch-Polynesien ... 261
9.2 Junge Vulkaninseln im westlichen Indischen Ozean. Die Beispiele Groß-Komoro und Réunion ... 268
9.2.1 Groß-Komoro (Njazidja) ... 268
9.2.2 Réunion ... 272
9.3 Junge Vulkaninseln im Pazifischen Ozean ... 278
9.3.1 Java und Bali, zwei südostasiatische Vulkaninseln im immerfeuchten Monsunklima ... 278
9.3.2 Hawaii, Vulkaninsel im nördlichen Randtropengebiet der Nordost-Passatzone und ihre Sonderstellung in der Hawaii-Gruppe ... 308
9.4 Inseln aus Sedimentgesteinen, insbesondere aus Kalken aufgebaut ... 319
9.4.1 Die Kalkinsel Penida südöstlich von Bali ... 319
9.4.2 Beispiele von Inseln eines vom Meer überfluteten Kegel- und Turmkarstes im Golf von Tonking ... 321
9.5 Beispiele von Granitinseln und zugleich für Inseln der tropisch-feuchten Regenklimate ... 323
9.5.1 Die Granitinseln der Seychellengruppe ... 323
9.5.2 Tioman, eine überwiegend aus Graniten aufgebaute und von tropischem Regenwald bedeckte Insel vor der Ostküste West-Malaysias ... 344
9.6 Beispiele großer tropischer Inseln mit wechselndem Formenbild und horizontal wie vertikal weiträumig auftretenden ökologischen Disparitäten ... 347
9.6.1 Madagaskar; verschiedene Landschafts- und Bevölkerungsstruktur als Grundlage eines Inselstaates im südlichen Indischen Ozean ... 347
9.6.2 Sri Lanka (Ceylon), Kultur- und Wirtschaftsraum im Kontrast von tropisch-feuchtem und tropisch-trockenem Monsunklima im nördlichen Indischen Ozean ... 368
9.6.3 Sulawesi (Celebes), ökologisch vielfältige Äquatorinsel im Pazifischen Ozean ... 383

10 Singapur und Hongkong, zwei Weltstädte im tropischen Lebensraum ... 393
10.1 Singapur, Drehscheibe von Wirtschaft und Handel zwischen Indischem und Pazifischem Ozean ... 394
10.2 Hongkong, Tor nach China ... 405

11 Literaturhinweise ... 419
11.1 Arbeiten zu den naturlandschaftlichen und kulturlandschaftlichen Grundlagen ... 419
11.1.1 Gliederung der Ozeane, Ozeanographie und Geographie des Meeres ... 419
11.1.2 Klima und Klimaökologie ... 420
11.1.3 Geologie und Morphologie; Inseltypengliederung ... 421
11.1.4 Vegetation, Ökologie, Pflanzenbau, Ernährungssituation ... 423

11.1.5 Nichtlandwirtschaftliche Produktion und Erwerbsmöglichkeiten 426
11.1.6 Bevölkerungswesen, Gesellschaftsstruktur 427
11.2 Regional bezogene Arbeiten 429
11.3 Weiteres Quellenmaterial 449
11.3.1 Karten und Atlanten 449
11.3.2 Statistiken 451
11.3.3 Bibliographien weiterführender Literatur 452

12 Autoren-, Orts- und Sachindex 454
12.1 Autorenindex 454
12.2 Orts- und Sachindex 455

Verzeichnis der Textabbildungen

(Abbildungstexte z. T. gekürzt)

1 Verteilung von Land und Meer auf der Erde. Halbkugeln der größten Landmasse und der größten Wassermasse (aus H. G. GIERLOFF-EMDEN) 28

2 Einteilung des Weltmeeres in Ozeane und Nebenmeere (Kartenskizze) 29

3 Komoren. Die Lage der Stadt und Insel Dzaoudzi des französischen Überseeterritoriums Mayotte auf einem Felsen über dem Meer (Kartenskizze) 34

4 Wasserstandsänderung bei einer Tide mit täglicher Ungleichheit (graphische Darstellung aus H. G. GIERLOFF-EMDEN) 41

5 Schematische Darstellung der Entstehung einer Kliffküste nach F. MACHATSCHEK 43

6 Jahreszeitliche Verlagerung der Innertropischen Konvergenz, Auftreten von Wirbelstürmen und Lage der Tropengrenze im Indischen Ozean (Kartenskizze) 47

7 Karte der mittleren Windverteilung auf der Erde im Jänner 48

8 Karte der mittleren Windverteilung auf der Erde im Juli 49

9 Modelltypen des Temperatur- und Niederschlagsganges in den Tropen nach W. LAUER (graphische Darstellung) 51

10 Wirbelsturm über Madagaskar. Die Zugstraße des „Kamisy" 1984 nach Angaben des Meteorologischen Dienstes von Mayotte (Kartenskizze) 52

11 Pazifischer Ozean. Klimaverhältnisse (Kartenskizze) 55

12 Südostasien. Luftströmungen und Luftmassengrenzen in den verschiedenen Jahreszeiten nach S. NIEUWOLT (4 Kartenskizzen) 58

13 Majuro-Atoll der Marshall-Inseln. Zeltlager als Ersatz für die durch Taifunwirkung 1979/80 vernichteten Siedlungen (photographische Aufnahme) 60

14 Tektonische Übersichtskarte der Erde (von H. G. GIERLOFF-EMDEN) 63

15 Schematischer Schnitt durch die Riftzone eines mittelozeanischen Rückens (Profil-Darstellung aus BODECHTEL und H. G. GIERLOFF-EMDEN) 64

16 Plattentektonik der Erde aus H. RAST (Kartenskizze) 66

17 Indischer Ozean. Parallelperspektivische Wiedergabe des submarinen Reliefs des Meeresgrundes (Zeichnung von H. BERANN) 68

18 Pazifischer Ozean. Parallelperspektivische Wiedergabe des submarinen Reliefs des Meeresgrundes (Zeichnung von H. BERANN) 70

19 Java-See. Schelf mit ertrunkenen Flußtälern nach G. DIETRICH und J. ULRICH (Kartenskizze) 71

20 Großes Barriere-Riff. Schelf mit Korallenbauten vor der Nordost-Küste Australiens nach C. DIETRICH und J. ULRICH (Kartenskizze) 71

21 Indischer Ozean, Westaustralien. Paläogeographie von Rottnest und Rottnest-Perth nach Ph. D. PLAYFORD und anderen (4 Kartenskizzen) 72

22 Südostasien. Großrelief aus Harald UHLIG (Kartenskizze) 73

23 Pazifischer Ozean. Verbreitung der Tiefseekuppen nach G. DIETRICH und J. ULRICH (Kartenskizze) 74

24 Indischer Ozean. Abgrenzung, Meeresteile und Auswahl von Inseln und Inselgruppen (Kartenskizze) 81

25 Pazifischer Ozean. Inselgruppengliederung für die regional aufgegliederten statistischen Tabellen 9 und 10 (Kartenskizze) 90

26 Die ethnisch-religiösen Verhältnisse auf den Inseln und in den Randgebieten des Indischen Ozeans (Kartenskizze) 102

27 Indischer Ozean. Koloniale Besitzverhältnisse bis zur Mitte des 20. Jh.s und politische Neuordnung nach dem Zweiten Weltkrieg (Kartenskizze) 107

28 Das Verteilungsmuster der Inselwelt im Pazifischen Ozean und die Verbreitung der Schelfgebiete (Kartenskizze) 108

29 Besitzverhältnisse im tropischen Anteil des westlichen Pazifischen Ozeans vom 18. bis ins 20. Jh. (Kartenskizze) 110

30 Transmigration in Indonesien 1905 bis 1973 aus G. R. ZIMMERMANN (Kartenskizze) 112

31 Maximale Ausdehnung der japanischen Macht im westlichen Pazifischen Ozean im Zweiten Weltkrieg (1942, Kartenskizze) 116

32 Die ethnische Gliederung des zentralpazifischen Raumes (Kartenskizze) 118

33 Segelboot-Typen aus der Südsee (nach Zeichnungen des Museums für Völkerkunde Berlin, Abteilung Südsee, und nach T. WILLIAMS) 121

34 Zentralpazifischer Raum, politische Neuordnung nach dem Zweiten Weltkrieg (Stand 1985, Kartenskizze) 123

35 Inseln und Inselgruppen im ostpazifischen Ozean und ihre staatliche Zugehörigkeit zwischen 30° nördlicher und 35° südlicher Breite (Kartenskizze) 125

36 Die Galápagos-Inseln (Kartenskizze aus D. STANLEY) 126

37 Toposequenz der wichtigsten Reisanbau- und Standorttypen aus H. UHLIG 143

38 Der Hungergürtel der Erde um 1960 aus H. BOESCH (Kartenskizze) 156

39 Ernährungsgrundmuster der Erde (Hauptkalorienträger und Eiweißträger) aus KARIEL (1966) und Grenzen des Hungergürtels um 1985 von E. ARNBERGER .. 157

40 Philippinen. Fischreuse, welche die Gezeitenströmung zwischen den Inseln Samar und Leyte nützt (photographische Aufnahme) 165

41 Singapur. Fischfang-Pfahlbau aus dem Holz der widerstandsfähigen Nipa-Palme vor der Südküste der Hauptinsel (photographische Aufnahme) 165

42 Philippinen. Fischerpfahlbauten an der Westküste der Insel Samar bei Catbalogan, Blick nach Osten gegen das Bergland (photographische Aufnahme) ... 166

43 Modelltypen der Verkehrserschließung von Inseln (Kartenskizze) ... 170

44 Mangrovewald in der Lagune beim Dorf Paya an der Westküste der Granitinsel Tioman vor der Ostküste West-Malaysias nordöstlich von Mersing kurz vor der Flut (photographische Aufnahme) ... 206

45 Mangrove. Beispiele des Wurzelbaues und der Samenentwicklung in der Gezeitenzone nach W. GRANDJOT, etwas verändert (Zeichnung) ... 207

46 Profil einer Mangroveküste mit Angabe der osmotischen Werte der Mangrovearten und der Bodenlösungen aus WALTER ... 208

47 Ganges-Mündungsgebiet. Interpretationsskizze zum Satellitenbild 1 der Tafel 1 ... 210

48 Die Entstehung von Saumriff, Wallriff und Atoll durch stetigen Meeresspiegelanstieg nach der DARWIN'schen Theorie (Profilskizze) ... 212

49 Korallen-Saumriff. Struktur und Gliederung während eustatisch stabiler Zeit und ökologische Verhältnisse nach ihren Bedingungen im Wirkungsgefüge nach A. MERGNER aus GIERLOFF-EMDEN (Profilzeichnung) ... 213

50 Französisch-Polynesien, Bora Bora. ,,Hohe Insel" vulkanischen Ursprungs mit Saumriffbildungen, Wallriff mit Inseln und ausgedehnter Lagune (Kartenskizze) ... 215

51 Korallenatoll Swains Island der Tokelau-Gruppe im Südpazifischen Ozean (Luftbild) ... 217

52 Ratak- und Ralik-Gruppe der Marshall-Inseln im Pazifischen Ozean (Kartenskizze) ... 218

53 Kwajalein-Atoll in der Ralik-Gruppe der Marshall-Inseln (Kartenskizze) ... 219

54 Verbreitung der wichtigsten aktiven Vulkane des Indischen und Pazifischen Ozeans und ihre Beziehungen zu den Grenzen von Lithosphärenplatten nach H. RAST (Übersichtskarte) ... 224

55 Seychellen, Mahé – Ostküste. Blick von der Küste südöstlich von Cascade gegen die über 500 m Höhe aufragenden Felstürme des Mount-Sebert-Gebietes mit Rillenbildungen in der Fallrichtung (photographische Aufnahme) ... 226

56 Seychellen, La Digue. Rinnenartig zerschnittene Granitblöcke südlich Pte Source d'Argent (photographische Aufnahme) ... 228

57 Seychellen, La Digue. Vorzeitliche Rinnenbildung am SW-Abfall eines 30 m hoch aufragenden Granitfelsens in der Plantage l'Union im Westen der Insel (photographische Aufnahme) ... 229

58 Seychellen, La Digue. Granitfelsen in der Anse Bonnet Carré im Spritzwasserbereich der Brandung. Ablösung von Krustenteilen (photographische Aufnahme) ... 229

59 Tropischer Niederungs-Regenwald nach F. KLÖTZLI (Aufrißzeichnung mit Übersicht) ... 232

60 West-Malaysia, Insel Penang. Lianen (photographische Aufnahme) 235

61 Seychellen, Praslin. Stelzen von Pandanus im Vallée de Mai (photographische Aufnahme) 235

62 Bali. Banyan-Baum (Ficus bengalensis) beim Batur-See am Fuße des Baturvulkans in etwa 1.300 m Höhe (photographische Aufnahme) 236

63 Indischer Ozean. Inseltypengruppen (Kartenskizze) 245

64 Malediven. Süd-Male-Atoll. Ausschnitt aus der Seekarte 1:292.000 247

65/66 Malediven, Nordteil und Südteil, nach N. SCHMIDT, 1981 (2 Kartenskizzen) 250/251

67 Tonga. Meeresbodenrelief und Lage der Tonga-Inseln und des Tonga-Grabens im südlichen Pazifischen Ozean aus E. A. CRANE (Kartenskizze) 253

68 Die Plattentektonik im Bereich der Tonga-Inseln und des Tonga-Grabens aus E. A. CRANE (Kartenskizze) 254

69 Königreich Tonga. Inseltypen (Kartenskizze) 257

70 Nauru (Kartenskizze) 259

71 Französisch-Polynesien, Doppelinsel Tahiti als Beispiel einer „Hohen Saumriffinsel". Höhenverteilung im Grundriß und Aufriß (Karte und Profil) 262

72 Die zentrale Lage von Tahiti und Französisch-Polynesien im Pazifischen Ozean (Kartenskizze) 263

73 Die Verbreitung der Inseltypen im zentralen Pazifischen Ozean (Kartenskizze) 265

74 Verbreitung der Inseltypen im südostasiatischen und westpazifischen Ozean (Kartenskizze) 267

75 Groß-Komoro (Njazidja). Ausbruch des Karthala im April 1977. Der glühende Lavastrom überfließt die Hauptstraße bei Singani (photographische Aufnahme) 269

76 Groß-Komoro (Njazidja). NW-Küste. Baobab (Affenbrotbaum), davor Korallensand zur Herstellung von Kalkmörtel (photographische Aufnahme) .. 270

77 Groß-Komoro (Njazidja) mit Vulkan Karthala (2.361 m), von Norden nach Süden gesehen (photographische Aufnahme) 270

78 Groß-Komoro (Njazidja), Lavasteilküste mit Pandanus, der als Pionierpflanze den ersten Bewuchs vorbereitet (photographische Aufnahme) 271

79 Réunion, Typus einer Vulkaninsel, deren flachere Außenhänge bis hoch hinauf durch Plantagenwirtschaft (Zuckerrohr) genutzt werden (Kartenskizze) 273

80 Réunion. Schrägansicht von SSW nach A. WIRTHMANN und Kl. HÜSER 273

81 Réunion. Blick vom Nez de Boeuf (2.136 m), dem alten nordöstlichen Calderarand des Piton de la Fournaise (2.631 m) nach Westen über Plaine des Cafres auf die tertiäre Vulkanlandschaft um den Piton des Neiges (3.069 m) (photographische Aufnahme) 275

82 Der Krakatau-Archipel vor und nach dem Ausbruch von 1883 nach I. A. REZANOV (4 Kartenskizzen) 280

83 Java. Ableitung des Wassers des Kratersees des Vulkans Kelut durch ein Tunnelsystem (1927) durch die Kraterwand aus H. RAST (Profilzeichnung).... 282

84 Bali. Orientierungsskizze über die Höhenverteilung und die wichtigsten Berggipfel (Kartenskizze) ... 283

85 Bali. Besakih-Tempel in etwa 900 m Höhe am Südfuß des steil aufsteigenden Gunung Agung (3.142 m) (photographische Aufnahme) ... 283

86 Java. Die großen Baueinheiten der Insel (Kartenskizze) ... 285

87 Indonesien. Der Jahresgang des Niederschlages nach M. DOMRÖS (Kartenskizze) ... 287

88 Indonesien. Bevölkerungsverteilung um 1970 nach H. UHLIG (Kartenskizze) ... 289

89 Java. Hinduistische Tempelanlage bei Prambanan aus dem 9./10. Jh. (photographische Aufnahme) ... 290

90 Indonesien. Bevölkerungsdichte auf den Inseln nach Provinzen (Kartenskizze nach Länderkurzbericht Indonesien 1982) ... 295

91 Indonesien. Ergebnisse der Migrationen 1961 bis 1971 aus G. R. ZIMMERMANN (Kartenskizze) ... 298

92 Bali. Gliederung in ökologische Einheiten (Kartenskizze) ... 301

93 NW-Bali, Gilimanuk. Blick über die Bucht mit Mangrovebeständen an den Ufern auf das Prapat Agung-Bergland (photographische Aufnahme) ... 303

94 NW-Bali. Neusiedlungen an der Straße zwischen Sumberkampung und Gilimanuk im Gebiet der Dornbuschsavanne (photographische Aufnahme) ... 303

95 Bali. Verteilung der Hotelzimmer 1973 auf die Übernachtungsstandorte aus G. DRESS (Kartenskizze) ... 307

96 Hawaii-Inseln. Gipfelhöhen, Alter der Schildvulkane und Klimadiagrammen aus A. WIRTHMANN und K. HÜSER (Kartenskizze) ... 310

97 Hawaii-Inseln. Entwicklungsstadien aus H. RAST (Profilserie) ... 311

98 Hawaii-Insel. Blick auf den Mauna Kea (4.207 m) und Mauna Loa (4.169 m) (photographische Aufnahme) ... 313

99 Hawaii-Insel. Landschaftsgliederung aus A. WIRTHMANN (Kartenskizze) ... 315

100 Hawaii-Insel. Die fünf Lavadome, aus denen die Insel zusammengeschweißt ist, und die zwischen 1800 und 1955 ausgeflossenen jungen Lavaströme (Kartenskizze aus H. RAST) ... 316

101 Kleine Sunda-Insel. Kalkzone Bukit – Nusa Penida. Für den Kalkabbau zum Zweck der Kalkbrennerei genutzter Steilabfall (photographische Aufnahme) ... 320

102 Nord-Vietnam, Raum Tonking. Vom Meer überfluteter Turmkarst in der Bucht von Faitsilong östlich der Ha-Long-Bucht (vogelperspektivische Zeichnung von H. v. WISSMANN) ... 322

103 Nord-Vietnam. Die Dracheninsel in der Bucht von Ha-Long (Zeichnung H. v. WISSMANN) ... 323

104 Seychellen, Mahé. Vorherrschende Land- und Küstennutzung und Verteilung des Sekundärwaldes (Kartenskizze) ... 327

105 Seychellen, La Digue. Besiedlung, Verkehrserschließung und wirtschaftliche Nutzung der Insel (Kartenskizze) ... 328

106 Seychellen, La Digue. Haus in typisch französischem Kolonialstil (photographische Aufnahme) ... 336

107 Tioman, West-Malaysia. Topographie der Insel (Kartenskizze) ... 346

108 Tioman, West-Malaysia. Petrographische Verhältnisse der Insel (Kartenskizze) ... 346

109 Madagaskar. Klima und Bodennutzung um 1980 (Kartenskizze) ... 349

110 Madagaskar. Bevölkerungsverteilung und Verbreitungsräume einiger Volksgruppen um 1970 (Kartenskizze) ... 351

111 Madagaskar, Südteil der Insel. Steilabfall des Mahafaly-Plateaus bei Saint Augustin südlich von Tuléar ins Meer (photographische Aufnahme) ... 353

112 Madagaskar, Südteil der Insel. Grabstätten der Mahafaly (photographische Aufnahme) ... 353

113 Madagaskar, Südteil der Insel. Lemuren im Naturreservat Berenty (photographische Aufnahme) ... 354

114 Südost-Madagaskar. Sisalagaven-Plantagen auf einem Gebiet ehemaliger Baobab- und Dornbusch-Savanne bei Berenty im Mandrare-Mündungsgebiet (photographische Aufnahme) ... 356

115 Südost-Madagaskar. Dornbusch-Savanne oberhalb der Sisalagaven-Plantage der Abbildung 114. Schwarze Eingeborene stampft Reis (photographische Aufnahme) ... 356

116 Madagaskar. Vegetationsformationen aus W.-D. SICK (Kartenskizze) ... 360

117 Madagaskar. Fort-Dauphin. Blick nach Norden gegen das Bergland (photographische Aufnahme) ... 364

118 Madagaskar. Insel Sainte-Marie. Kleines Fischerdorf im Schutz von Mangobäumen südlich Betty Plage (photographische Aufnahme) ... 367

119 Sri Lanka (Ceylon). Klimaökologische Großgliederung (Kartenskizze) ... 369

120 Sri Lanka (Ceylon). Anzahl der humiden und ariden Monate nach dem Ariditätsindex von MARTONNE/LAUER (Kartenskizze) ... 372

121 Die politische Entwicklung Ceylons während der portugiesischen, holländischen und britischen Kolonialzeit aus M. DOMRÖS (3 Kartenskizzen) ... 375

122 Sri Lanka (Ceylon). Teelandschaft mit Teemanufaktur im Bergland bei Badulla (photographische Aufnahme) ... 381

123 Sri Lanka (Ceylon). Teepflückerinnen aus der Volksgruppe der Tamilen im südlichen Bergland bei Badulla (photographische Aufnahme) ... 381

124 Indonesien, Sulawesi (Celebes). Gliederung und Höhenverteilung (Kartenskizze) ... 384

125 Sulawesi. Wohnhaus im Torajaland im Dorf Siguntu bei Makale (photographische Aufnahme) ... 387

126 Sulawesi. Mittelpfahl mit Büffelkopf und -hörnern eines Toraja-Wohnhauses im Dorf Pallawa bei Makale (photographische Aufnahme) ... 387

127 Indonesien, Sulawesi. Minahassa-Land, Blick vom Ostufer über den Tondano-See in etwa 600 m Höhe nach SW (photographische Aufnahme) ... 390

128 Indonesien, Sulawesi. Flußlandschaft im Minahassa-Land südöstlich Manado (photographische Aufnahme) ... 390
129 Singapur (Kartenskizze) ... 394
130 Hongkong (Kartenskizze) ... 406
131 Hongkong. Neulandgewinnung im Stadtgebiet (Kartenskizze) ... 413
132 Hongkong. Der schienengebundene Nahverkehr (Kartenskizze) ... 414

Verzeichnis der Tabellen und Übersichten

1 Ozeane und Nebenmeere. Fläche, Inhalt, mittlere und größte Tiefe nach G. DIETRICH ... 30
2 Indischer Ozean – Gesamtübersicht. Zahl, Fläche und Bevölkerung der Inseln ... 53
3 Pazifischer Ozean – Gesamtübersicht. Zahl, Fläche und Bevölkerung der Inseln ... 61
4 Die Inseln der Meereszonen des Indischen Ozeans ... 78
5 Die Inseln der Meereszonen des Pazifischen Ozeans ... 79
6 Die Inseln des Indischen und des Pazifischen Ozeans ab 1 km² nach Arealgrößenklassen ... 79
7 Indischer Ozean. Zahl, Fläche und Bevölkerung der Inseln nach Meeresteilgebieten ... 83
8 Indischer Ozean. Zahl, Fläche und Bevölkerung der Inseln nach Meeresteilgebieten und Arealgrößenklassen ... 86
9 Pazifischer Ozean. Zahl, Fläche und Bevölkerung der Inseln nach Meeresteilgebieten ... 92
10 Pazifischer Ozean. Zahl, Fläche und Bevölkerung der Inseln nach Meeresteilgebieten und Arealgrößenklassen ... 95
11 Reisanbaufläche und Reisproduktion auf der Erde und den Erdteilen sowie in einzelnen ausgewählten Ländern 1948–1980 (nach FAO) ... 139
12 Weltkautschukproduktion 1880 bis 1985 ... 147
13 Produktion von Naturkautschuk in den wichtigsten Erzeugerländern der Erde 1948/52, 1971/75 und 1977 ... 148
14 Rinder- und Büffelhaltung und deren Produkte in einigen Ländern des Indischen und Pazifischen Ozeans 1980 ... 161
15 Pferde-, Schafe-, Ziegen-, Schweine- und Geflügelhaltung und deren Produkte in einigen Ländern des Indischen und Pazifischen Ozeans 1980 ... 161
16 Die Entwicklung der Fänge der See- und Binnenfischerei 1970 bis 1980 in einzelnen Inselstaaten des Indischen und Pazifischen Ozeans ... 167
17 Schema der ökologischen Inseltypengruppen nach ihren geologisch-petrographischen und klimaökologischen Verhältnissen ... 194
18 Die Gliederung der Tropen nach konventioneller Art und nach TROLL/PAFFEN 1964, SCHMITHÜSEN 1976, WALTER 1970 und MANSHARD 1968 ... 195

19 Indischer Ozean. Zahl, Fläche und Bevölkerung der verschiedenen ökologischen Inseltypen der Tropen und Außertropen (Bevölkerungsstand 1980) 197

20 Pazifischer Ozean. Zahl, Fläche und Bevölkerung der verschiedenen ökologischen Inseltypen der Tropen (Bevölkerungsstand 1982) 200

21 Pazifischer Ozean. Zahl, Fläche und Bevölkerung der verschiedenen ökologischen Inseltypen der Außertropen (Bevölkerungsstand 1982) 202

22 Verbreitung der östlichen Mangrove (nach FOXWORTHY) aus H. WALTER, 1964 205

23 Die Bevölkerungsentwicklung Indonesiens, von Java mit Madura und von Bali seit dem Anfang des 20. Jh.s bis 1985 294

24 Java. Die Zunahme der Bevölkerung in den Provinzhauptstädten 1920 bis 1981 296

25 Indonesien. Siedlungsgebiete und Zahl der Umsiedler zwischen 1905 und 1973 nach G. R. ZIMMERMANN 297

26 Hawaii-Inseln. Fläche, Bevölkerung und Bevölkerungsdichte der acht Hauptinseln des Bundesstaates 1985 308

27 Seychellen. Langjährige Klimadaten von Victoria (Mahé), bezogen auf Meereshöhe 325

28 Bevölkerungsentwicklung der Seychellen und von Victoria und Entwicklung der Geburten und Sterbefälle auf den Seychellen 338

29 Seychellen. Exportgüter und Ausfuhrmengen ausgewählter Produkte 1960 bis 1971 341

30 Seychellen. Export 1971 (Menge und Wert) 342

31 Die Entwicklung des Fremdenverkehrs auf den Seychellen 1970 bis 1980 342

32 Madagaskar. Entwicklung der Bevölkerung seit 1901 und der Bevölkerung Antananarivos von 1933 bis 1984 358

33 Sri Lanka (Ceylon). Schema der vertikalen Vegetationsdifferenzierung aus M. DOMRÖS 373

34 Sri Lanka (Ceylon). Fläche, Bevölkerung und Bevölkerungsdichte in den 9 Provinzen des Staates nach der Volkszählung 1981 379

35 Singapur und Hongkong. Bevölkerungsentwicklung der Städte 1819 bis 1987 396

36 Singapur. Auslandsinvestitionen im produzierenden Gewerbe nach Ländern 400

37 Singapur. Auslandsinvestitionen nach wichtigen Industriegruppen 400

38 Hongkong. Import – Export – Reexport 1986 410

39 Hongkong. Außenhandel mit der VR China 1974 bis 1984 411

40 Hongkong. Entwicklung der New Towns in den New Territories (1961, 1973, 1985 und 1995) 417

Verzeichnis der Farbbilder auf den Tafeln und Hinweise auf die Textstellen, in denen diese eingehend behandelt werden

Alle Aufnahmen, wenn nicht anders angegeben, von Erik ARNBERGER (E. A.)

Bild		Tafel	Seite im Textteil
1	Mangrove- und Schlickinseln im Gangesmündungsgebiet. Ausschnitt aus Westermanns Sat Map im Diercke Weltraumbild-Atlas	1	205ff.
2	Mangrovedickicht an der Westküste von Ponape, Ostkarolinen, vor der Flut	1	205ff.
3	Mangrovegürtel an der Westküste der Insel Penang (Malaysia) bei Pulau Betong über Schlick mit Bootsschneise für den Fischfang	2	164, 205ff.
4	Mangrove bei Ebbe mit deutlich erkennbaren Stelzwurzeln an der Westküste von Sumatra bei Padang über Korallenkalk	2	205ff.
5	Korallenriff bei Truk (Pazifischer Ozean, Karolinen). In der Bildmitte und im Hintergrund Inseln	3	216
6	Majuro-Atoll (Pazifischer Ozean, Marshall-Inseln), RIff mit Inseln. Rechte Bildhälfte Atoll-Innenseite	3	216
7	Majuro-Atoll. Blick von Majuro nach Süden. Schwere lokale Regenschauer am Nachmittag. Am Horizont der Bildmitte und der rechten Bildhälfte einzelne Inseln der Atollbegrenzung	4	218, 220
8	Majuro Hauptort. Straßenort, zentrale Bedeutung für das Majuro-Atoll und die südlichen Marshall-Inseln	4	218, 220
9	Malediven (Indischer Ozean). Blick von der Insel Bandos auf Klein Bandos. Typische, nur wenige Meter hohe Korallensandinsel mit Kokospalmenbestand	5	249
10	Malediven. Kleine und mittlere Fischerboote an der Anlegestelle von Male	5	246
11	Malediven. Girifushi im Nord-Male-Atoll. Aus Palmblättern geflochtene Hütten mit Palmblätterdächern	6	153, 249
12	Malediven. Bewohner der Insel Girifushi (ursprünglich abstammend von Singhalesen und Arabern)	6	246
13	Malediven. Fremdenbungalows auf der Insel Bandos im Nord-Male-Atoll	7	248
14	Insel Nauru (Pazifischer Ozean). Verwitterungsformen alter Korallenkalke im Brandungsgebiet der Ostküste	7	44, 258
15	Nauru. Bizarre Verwitterungsformen des Korallenkalkes in der Anibare-Bucht im Osten der Insel	8	258
16	Nauru. Infolge seiner Phosphatlager über den Korallenkalken reichster Inselstaat (21 km^2) im Pazifik. Abgebaute Phosphatlager der Hochfläche (max. Höhe 65 m). Blick vom Osten nach Westen	8	260
17	Nauru. Phosphatabbau. Das phosphathältige Material wird ausgebaggert, die Korallenkalkkulissen bleiben stehen und bieten das Bild einer Karrenlandschaft	9	185, 260
18	Nauru. Phosphatverladung auf die Frachtschiffe. Im Vordergrund die typischen weißen Strände der Insel	9	185, 260

Bild		Tafel	Seite im Textteil
19	Königreich Tonga (Pazifischer Ozean). Vava'u-Insel (eine der nördlichen Inseln). Port of Refuge mit gestuften tafelartigen Bergen im Hintergrund als Ergebnis der mehrfachen Hebung der Korallenkalke	10	222, 255
20	Tongatapu, Südostküste bei Lavengatonga bei Ebbe. Riffplattform, schmaler Sandstreifen und dahinter die Steilstufe der gehobenen Riffkalke	10	44, 255
21	Königspalast (Holzbau) in der Hauptstadt des Königreichs Tonga, Nuku'alofa	11	256
22	Tongatapu. Nuku'alofa, Hauptstraße in Richtung Küste. Zahlreiche Geschäfte und Verwaltungsgebäude betonen den zentralen Charakter des Ortes	11	256
23	(oben): Einfache Wohnhütte einer noch kleinen Familie auf Tongatapu, südlich der Lagune	12	121, 153
24	(unten): Wohnhütte auf Tongatapu (nördlich von Hamula)	12	153
25	Philippinen. Mayon-Vulkan (2.421 m) im Südosten der Insel Luzon, von Süden, dem Gebiet der 1814 vernichteten Stadt Cagsawa, aus gesehen. Tätiger Vulkan, letzte größere Ausbrüche 1968 und 1978	13	225
26	Philippinen. Stadt Legaspi (1982: etwa 95.000 Einwohner) mit Mayon-Vulkan	14	225
27	Philippinen. Schwarze Sandstrandküste am Ostfuß des Mayon-Vulkans	14	225
28	Java. Vulkan Salak (2.420 m). Im Vordergrund auf den fruchtbaren vulkanischen Böden Naßreisanbau, Bananenkulturen und rechts vorne Taroanbau	15	225, 284
29	West-Java. Bergland an der Südküste nahe des Ortes Pelabuhanratu; Blick nach Osten. Im Vordergrund Trockenreisanbau	15	144, 284
30	West-Java. Südküste. Bergumrahmung der Bucht von Pelabuhanratu. Blick nach Osten	16	164, 284
31	West-Java. Südküste, Fischerort Pelabuhanratu an der am tiefsten landeinwärts greifenden Stelle der gleichnamigen Bucht	16	164, 284
32	Jogjakarta (Yogyakarta), die ehemalige Hauptstadt Javas. Geschäftsstraße und Moschee. Rikschas sind auch heute noch ein beliebtes Beförderungsmittel	17	288
33	Java. Blick von der obersten Galerie des Borobudur, der größten buddhistischen Tempelanlage der Welt (750–850 n. Chr.), gegen die über 3.000 m hoch aufragenden Berge im Westen	17	288
34	Java. Teilstück eines Reliefs an der Ostseite des Borobudur	18	288
35	Java. Das Antlitz eines modernen Stadtteils von Jakarta (Djakarta). Stadtrandgebiet im Süden	18	299
36	Java. Großfluriger Naßreisanbau im regulierten Gewässergebiet östlich von Jakarta	19	299

Bild		Tafel	Seite im Textteil
37	Bali. Vulkan Batur (1.717 m) mit den jungen Lavafeldern der Ausbrüche 1926 bis 1963, von Penelokan gegen Norden gesehen	19	282, 304
38	Bali. Batur-See östlich des jungen Batur-Vulkankegels mit Kraterrand von Penelokan (1.450 m) in Blickrichtung NO	20	163, 282, 304
39	Bali. Kleines, nur mit dem Boot erreichbares Dorf, Trunyan, im NO des Batur-Sees, dessen Bevölkerung infolge der Isolierung noch einen animistischen Glauben besitzt	20	163, 282, 284, 304
40	Süd-Bali. Reisterrassen in einem tief in die vulkanischen Ablagerungen eingeschnittenen Tal bei Gunung Kawi mit kleiner Tempelanlage	21	306
41	Süd-Bali. Reisfelder mit Bewässerungsgräben im flachen Küstenraum südlich Kediri (bei Tanah Lot)	21	306
42	Nord-Bali. Blick vom Dorf Gerokak gegen das Bergland Tinga-Tinga im Südwesten; im Vordergrund Erdnußfelder	22	302
43	Süd-Bali. Mauerumgebene Hofgruppe im Sakah-Dorf bei Bedulu südlich von Ubud	22	305
44	Süd-Bali. Dorf Soka in der südlichen Küstenebene. Hofgruppe mit Reisspeicher (Bildmitte). Im Vordergrund Zuckerrohr	23	305
45	Süd-Bali, Dorf Soka. Haustempel der im Bild 44 gezeigten Hofgruppe	23	305
46	Süd-Bali. Barong-Tanz in Batubulan	24	305, 306
47	Süd-Bali. Reisgöttin am Sidan-Tempel	24	305, 306
48	Süd-Bali. Barong-Tang in Batubulan	25	305
49	Süd-Bali. Kris-Tanz im Trancezustand	25	305
50	Lombok. Tabakanbau. Blick von östlich Masbagik gegen den Vulkan Rinjadi (3.726 m) im Hintergrund	26	286
51	Süd-Lombok. Dorf Rambitan, in der Bildmitte ein Reisspeicher	26	286
52	Insel Hawaii. Blick von den Nordhängen des Mauna Loa mit Lavafeldern von 1935 auf den 4.207 m hohen Mauna Kea im Norden	27	313, 318
53	Insel Hawaii. Mauna Kea. Gipfelregion vom NASA-Observatorium gegen Nordosten auf die Kraterlandschaft	28	318
54	Insel Hawaii. Kahuă-Ranch (950 m), alte begraste Vulkane der Kohala-Berge (1.671 m) und Viehweideland an der Leeseite	28	54, 159, 318
55	Akaka-Wasserfall (120 m Fallhöhe) an der Nordostküste der Insel Hawaii im Luv des Mauna Kea	29	54, 314, 317
56	Tropisch-feuchte Vegetation an den Hängen der Nordostküste Hawaiis	29	54, 237, 314, 317
57	Insel Hawaii. Unwegsame Nordostküste südöstlich von Pololu	30	318
58	Hawaii, Insel Oahu. Honolulu, Waikikistrand gegen Südosten zum Diamond Head	30	309

Bild		Tafel	Seite im Textteil
59	Hawaii, Honolulu. Stadtzentrum, Av. Kalakaua	31	309
60	Hawaii, Honolulu. Ala-Wai-Kanal gegen Norden in Richtung Universitätsviertel	31	309
61	Hawaii, Insel Oahu. Honolulu vom Kraterrand des Diamond Head (230 m) nach Nordnordwest gesehen	32	309
62	Hawaii, Insel Oahu. Ananas- und Zuckerrohrfelder nördlich Wahiawa gegen Westen gesehen	32	149, 185, 311
63	Réunion. Blick vom Piton Maïdo (2.190 m) nach Osten zum Gr. Morne (2.992 m) und in den Talkessel de Mafate	33	274
64	Réunion. Cilaos (1.450–1.500 m) im gleichnamigen Talkessel, vom nördlichen Stadtrand aus gesehen	33	274
65	Réunion. Kessel von Cilaos. Ilet à Cordes: Kleinbäuerliche Feldwirtschaft (u. a. Erbsen und Linsen)	34	274
66	Réunion. Ortschaft wie Bild 65. Kleinbäuerliche Wirtschaft in etwa 1.600 m Höhe: Feldwirtschaft, Weinbau, Rinderhaltung	34	274
67	Réunion, Westküste. Blick von les Colimaçons (700 m) auf St. Leu (gegen Süden). Zuckerrohranbau	35	274
68	Réunion, Westküste. Zuckerfabrik in Savannah südlich von Le Port	35	173, 274
69	Französisch-Polynesien, Insel Bora Bora mit nördlicher Riffkante und Lagune von Nordosten aus gesehen. Im Vordergrund die Inseln Tofari und Apumeo (linker Bildrand). In der Bildmitte der Mt. Pahia (Tarapaia), 658 m, und links der höchste Gipfel, Mt. Temanu (Otamanu), 725 m	36	214, 215, 261
70	Französisch-Polynesien, Insel Bora Bora. Lagune und nördliche Riffinseln	37	214, 215
71	Französisch-Polynesien, Insel Bora Bora. Faanui-Bucht und Gebirgskern	37	214, 215
72	Französisch-Polynesien, Insel Mooréa. Mt. Mouaroa (880 m), vom Belvédère gegen Westen gesehen	38	261
73	Französisch-Polynesien, Insel Mooréa. Links Mt. Rotui (899 m), rechts Cooks-Bucht, vom Belvédère gegen Norden gesehen	39	261
74	Französisch-Polynesien, Insel Mooréa. Wohnhütte einer einheimischen Familie	40	266
75	Französisch-Polynesien, Insel Mooréa. Blick nach Nordosten auf das Riffgebiet; im Vordergrund ein modernes Hotel (Kia Ora Mooréa)	40	164, 214
76	Französisch-Polynesien, Insel Huahine. 18 Jahre altes Mädchen mit Blumenkranz, der auch bei der Arbeit getragen wird (Mischling: Mutter Französin, Vater Polynesier)	41	121
77	Französisch-Polynesien, Insel Tahiti. Blick von der Nordostküste bei Tiarei gegen das zentrale Gebirge (2.300 m) im Südwesten	42	262
78	Französisch-Polynesien, Insel Tahiti. Papeete mit Hafen, von der Anhöhe Belvédère (600 m) aus gesehen	42	261

Bild		Tafel	Seite im Textteil
79	Seychellen, Hauptinsel Mahé. Steil aufragende Granittürme (etwa 590 m) nahe der Ostküste westlich des Ortes Cascade und nordwestlich des Cascade Rivers	43	227, 329
80	Seychellen, Hauptinsel Mahé. Blick vom Pte au Sel über Anse Royale (in der Bildmitte die Souris-Insel) nach Süden zum Cap Lascars (Cap Maçons) über das breite Riffgebiet. Am rechten Bildrand der Hauptort der Bucht mit katholischer Kirche	44	164, 214, 227
81	Seychellen, Insel La Digue, Südküste. Anse Marron. Blick auf die Granitfelsen mit vorzeitlichen Formen in Richtung Pte Camille	45	227, 228
82	Seychellen, Insel Praslin. Eingeborenenhütte mit kleiner Wirtschaft zur Selbstversorgung	45	227
83	West-Malaysia, Insel Tioman. Südküste, Blick auf die Granittürme	46	227, 345
84	Ost-Samoa (USA), Insel Tutuila. Pago-Pago-Bucht, Nordufer mit Mt. Pioa (524 m)	47	188
85	Ost-Samoa, Insel Tutuila. Blick vom Norden auf Mt. Matafao (652 m) und den jüngeren Siedlungsausläufer von Pago Pago	47	188
86	West-Samoa, Insel Upolu. Fale (rundes oder ovales Haus auf Pfählen oder einer Steinplattform, welches nach außen durch Matten oder Vorhänge abgeschirmt werden kann), westlich von Apia	48	188
87	West-Samoa, Apia. Geschäftsstraße mit chinesischem Kaufhaus	48	188
88	Salomon-Inseln, Insel Guadalcanal. Blick über den Lunggafluß nach Süden bis Südosten auf das Malango-Bergland (etwa 2.000 m, Mt. Popomanaseu, 2.330 m)	49	163, 185
89	Salomon-Inseln, Insel Guadalcanal. Kokospalmkulturen an der Nordküste, nordwestlich von Honiara	50	186
90	Salomon-Inseln, Insel Guadalcanal. Kleine Siedlung im Norden der Insel, nordwestlich von Honiara. Hauswände und Dächer aus Pandanusblättern gefertigt	50	153, 186
91 und 92	Salomon-Inseln, Guadalcanal. Mädchen und Frauen in der Hauptstadt Honiara. Auffallend ist, daß als natürliche Haarfarbe auch rotbraune bis rotblonde Töne vorkommen und mitunter das Umfärben der Haare auf Blond vorgenommen wird	51	119, 186
93	Salomon-Inseln, Insel Guadalcanal. Nordostküste westlich von Honiara. Sagopalmen. Von den hier vorkommenden Arten werden hauptsächlich die Blätter als Baumaterial verwendet	52	153, 186
94	Mikronesien, Insel Ponape. Riffgeschützte Bucht der zweitgrößten Insel der Karolinen, die mit ihren von Urwald bedeckten Bergen bis 610 m Höhe ansteigt. Küsten weitgehend von Mangrove bedeckt	53	205ff.
95	Mikronesien, Insel Ponape. Südöstlich der Hauptstadt Kolonia, Mündungsgebiet des Kahmar-Flusses mit Auslegerboot für den Fischfang. Im Süden die vom Urwald bedeckten Berge	53	163, 205ff.
96	Mikronesien, Insel Ponape. Mädchen und Frauen bei Gesang und Tanz in Kolonia	54	122

Bild		Tafel	Seite im Textteil
97	Mikronesien, Insel Truk. Basaltsäulen, eines der wichtigsten Aufbaumaterialien der Inseln alten vulkanischen Ursprungs	54	23
98	Mikronesien, Insel Yap. Faluw mit Steinrädern (Steingeld) im Vordergrund. Faluws dienen als Versammlungsort, Schlafsaal für junge Männer, Schulen und als Vorratsraum	55	122
99	Mikronesien, Insel Yap. „Steingeld" (Rai = mühlsteinartige Steinräder)	55	122
100	Faluw auf Yap mit Entwässerungsgraben	56	122
101	Mikronesien, Insel Yap. Männerkleidung	56	122
102	West-Malaysia, Insel Tioman. Dreistratiger Bergurwald. Blick auf die höchste Baumschicht, die über die mittlere wesentlich hinausragt und durch die kleinen Blätter ihrer Kronen genügend Licht in die zweite Strate durchläßt	57	231, 345
103	Indonesien, Sulawesi. Über 20 m hohe Bambusbestände im Bergland von Süd-Sulawesi	58	153, 238
104	Indonesien, Insel Java. Brettwurzeln mächtiger Baumriesen bei Bogor (Canarium pseudodecumanum)	59	236
105	Hawaii, Insel Oahu. Undurchdringliches Wurzel- und Stammgewirr an den Flußufern von Urwaldbeständen	59	236
106	Singapur. Lichter Sekundärwald. Von Schlingpflanzen vollständig überwuchert	60	234, 237
107	Seychellen, Silhouette-Insel. Steile Gräben infolge Erosionswirkung an Wegspuren im Bergwald. Aufnahme: Hertha ARNBERGER	60	237
108	Insel Neukaledonien (franz. Überseeterritorium). Baumfarne	61	237
109	Hawaii, Insel Oahu. Heliconia, Gattung der Bananengewächse (mit rund 150 Arten) im Dschungel	61	237
110	Borneo, Ost-Malaysia, Sabah. Nebelwald in 2.600 m Höhe am Mt. Kinabalu	62	234, 238
111	West-Malaysia, Insel Penang. Nebelwald am Penang-Hügel (700 m)	63	238
112	West-Malaysia, Insel Penang: Farne in 600 m Höhe am Penang-Hügel	63	238
113	Borneo, Ost-Malaysia, Sabah. Baumförmige Ericaceaen und darüber ein 300 m breiter Rhododendrengürtel in 3.000 bis 3.600 m Höhe an der Südseite des Mt. Kinabalu (4.175 m)	64	114, 238
114	Borneo, Ost-Malaysia, Sarawak. Oberlauf des Mujong, z. T. von Urwaldbäumen überdacht	64	113
115	Borneo, Ost-Malaysia, Sarawak. Langhaus im Quellgebiet des Mujong	65	114, 138
116	Borneo. Ost-Malaysia, Sarawak. Fluß Rajang bei Sibu; bis hierher mit Ozeanschiffen befahrbar	65	114
117	Borneo, Ost-Malaysia, Kuching. Hauptstraße mit Moschee im Hintergrund	66	114

Bild		Tafel	Seite im Textteil
118	Borneo, Ost-Malaysia, Sarawak. Kuching, Geschäftsarkaden an der Hauptstraße	66	114
119	Madagaskar, Ostküste. Fluß Manampanana beim Dorf Farafangana. Naßreiskulturen und anderer tropischer Fruchtanbau	67	163, 348, 365
120	Madagaskar, Ostküste. Insel Sainte-Marie. Dichte, tropisch-feuchte Vegetation der Kulturlandschaft	67	366
121	Madagaskar. Hauptstadt Antananarivo. Blick von der Oberstadt Lac d'Anosy auf die neuen Stadtviertel	68	348, 359 366
122	Madagaskar. Hochland von Antsirabé (1.506 m). Blick nach Osten	68	348, 366
123	Madagaskar. Alte Vulkanlandschaft östlich des Itasysees. Baumbestände nur in den feuchten Niederungen	69	348, 361 366
124	Madagaskar. Hochland westlich von Antananarivo. Hofgruppe, aus luftgetrockneten Ziegeln gebaut und mit Reisstroh gedeckt	69	348, 359, 366
125	Madagaskar, Westküste. Baobab-Savanne bei Morondava	70	361
126	Madagaskar, Westküste. Buckelrinderherde nördlich von Tuléar	70	159, 243, 352, 362
127	Ost-Sumatra. Ogan-Fluß beim Dorf Tanjung Raja. Blick flußaufwärts	71	163, 176
128	Ost-Sumatra. Siedlung im Sumpfdschungelgebiet südlich von Palembang	71	143, 163, 176
129	Ost-Sumatra. Palembang. Blick von der Brücke Ampera über den Musi-Strom zu den Erdölraffinerieanlagen im Osten	72	176
130	Sumatra. Toba-Batakhäuser von Binganga, 20 km südlich des Toba-Sees	72	105, 386
131	West-Sumatra. Fischerdorf an der Westküste südlich von Sibolga, Blick nach Norden	73	166
132	West-Sumatra. Weite Tallandschaft mit Reiskulturen bei Panyabungan südlich Sibolga	73	144
133	West-Sumatra. Bergland nordöstlich von Bajakumbuh nahe dem Äquator. Reisterrassen, darüber Brandrodungsgürtel, darüber Nebelwaldregion	74	136
134	West-Sumatra. Minangkabau-Haus (etwa 50 Jahre alt) bei Solok westlich von Padang	74	105
135	Sulawesi. Ujung Pandang (Makassar), Hauptstadt von Sulawesi im Süden der Insel. Sulawesistraße	75	392
136	Süd-Sulawesi. Siedlungen im Reisanbaugebiet an der Westküste südlich Parepare	75	142, 385
137	Süd-Sulawesi. Turmkarstlandschaft an der Westküste bei Pute (nördlich Maros)	76	385
138	Süd-Sulawesi. Reisfelder im Verbreitungsgebiet des Turmkarstes bei Bungoro	76	385

Bild		Tafel	Seite im Textteil
139	Süd-Sulawesi. Bergland nördlich von Rapang (Streusiedlungsraum)	77	386
140	Süd-Sulawesi. Toraja-Land. Berggebiet nördlich Rantepao in der Nähe des Dorfes Sesean Matalo. Reisterrassen	77	386
141	Süd-Sulawesi, Toraja-Land. Wasserbüffelkuh (oft als rituelle Schlachttiere und aus Sozialprestige gehalten)	78	386, 389
142	Süd-Sulawesi, bei Rantepao. Begräbniszeremonienplatz von 1979	78	386, 388
143	Süd-Sulawesi, Toraja-Land. Felsengräber bei Lemo mit hölzernen Ahnenfiguren (Tau Tau)	79	386, 388
144	Süd-Sulawesi, Toraja-Land. Felsengräber in Lokomata in 1.800 m Höhe	79	386, 388
145	(oben): Süd-Sulawesi, Toraja-Land. Hausgedenkstätte für den ehemaligen Bürgermeister Paulus Pong (gestorben im Alter von 120 Jahren)	80	386
146	(unten): Nord-Sulawesi, Vulkanlandschaft G. Lokon (1.580 m) südlich von Manado	80	142, 225, 383, 389
147	Papua-Neuguinea, Goroka-Hochland (in etwa 1.650 m Höhe), Blick vom nördlich gelegenen Gebirgsabfall nach SO	81	180
148	Papua-Neuguinea, Goroka-Hochland. Rundhütten der Papuas an den Berghängen des Bismarck-Gebirges nordöstlich von Goroka	82	180
149	Papua-Neuguinea, Goroka-Hochland. Rundhütten des Dorfes Komiufa	82	180
150	Papua-Neuguinea. Alter Papua-Krieger im Goroka-Hochland bei Goroka	83	180
151	Papua-Neuguinea, Goroka-Hochland. Lehmmann vom Tanz der Geister im Asarotal	83	181
152	Papua-Neuguinea. Papua-Frau im Dorf Bena Bena im Goroka-Hochland mit Wurzelknollen der Batate (Süßkartoffel)	83	180
153	Papua-Neuguinea. Alter Papua im Goroka-Hochland bei Goroka	84	181
154	Neukaledonien. Bergland im NW der Insel, nördlich von Koumac, Blick gegen OSO. Im Vordergrund Niaouli-Bestände	85	159, 183
155	Neukaledonien. Nickelwerk nördlich von Nouméa, voll in Betrieb	85	182
156	Singapur-River im Jänner 1975. Dschunken für den Lastentransport inmitten der Altstadt, dahinter die ersten Hochhäuser	86	393, 403
157	Singapur-River, 11 Jahre später; die Dschunken sind verschwunden, die Altstadt weitgehend saniert oder durch Hochhäuser ersetzt	86	393, 403
158	Singapur. Blick von der Berghöhe der Insel Sentosa nach ONO auf das Stadtzentrum	87	393, 402 403
159	Singapur. Regierungsviertel, Supreme Court (Hohes Gericht), im Vordergrund eine Rasenfläche für sportliche Veranstaltungen	88	402

Bild		Tafel	Seite im Textteil
160	Singapur. Neubauten an der Orchard-Road – die bedeutendste Hotel- und Geschäftsstraße	88	403
161	Singapur. Mandai-Orchideengarten. Besprühung der Orchideen in den Morgenstunden	89	402
162	Singapur, Blick vom höchsten Stockwerk des Mandarin-Hotels nach SO auf die in den letzten Jahren neugebauten Hochhäuser	89	393, 403
163	Singapur. Seletar-Reservoir im NNW der Stadt im Zentrum der Insel in einem großen Wasserschutz- und Naturparkgebiet	90	394
164	Singapur. Blick vom Mt. Imbiah der Sentosa-Insel nach W zur Insel Bukum mit ihren Erdöltanks und -raffinerien	90	399
165	Hongkong-Insel. Blick von Kowloon (Stadtteil am Festland) nach SSW auf Central-District (Victoria) und den Victoria Peak (550 m Höhe)	91	393, 408
166	Hongkong. Blick von der Star-Fähre auf Central-District (Victoria) der Hongkong-Insel	91	393, 408
167	Hongkong-Insel, Central District, Hennessy Road im Stadtviertel Wanchai (Victoria)	92	409
168	Hongkong-Insel, Central-District (Victoria), Connaught-Road bei Star Ferry Pier	92	409
169	Hongkong-Insel, Central-District (Victoria), Peel-Street im Rest eines 1979 noch erhalten gebliebenen, alten Stadtteiles	93	393, 409
170	Hongkong-Insel. Blick vom Victoria-Peak-Tower auf das innere Hafenbecken in Richtung ONO	94	393, 408, 409
171	Hongkong-Insel. Blick vom Victoria Peak auf die 1978 noch erhalten gebliebenen, alten Stadtreste von Victoria	94	393, 409
172	Hongkong-Insel. Blick vom Victoria Peak nach SO auf das Wasserreservoir von Aberdeen	95	409
173	Hongkong-Insel. Aberdeen. Chinesische Fischer-Dschunken	95	409, 415
174	Hongkong-Insel. Blick im Abendlicht auf den äußeren Hafen mit ankernden Ozeanschiffen	96	409

1 Allgemeine Erörterungen

1.1 Ozeane, ihre Bedeutung, Abgrenzung und Gliederung in Meeresteilgebiete

Etwa 71% der Erdoberfläche sind derzeit vom Meer bedeckt. Es ist daher nicht verwunderlich, daß die Ozeane schon sehr früh in den Lebens- und Wirtschaftsraum der Menschen einbezogen wurden und besonders als Ernährungsergänzungsgebiete und Verkehrsträger hohe Bedeutung erlangten. Diese Funktion werden sie auch in Zukunft in steigendem Maße beibehalten, noch wesentlich bereichert durch die neuen technischen Möglichkeiten für die Rohstoffgewinnung.
Leider wurden den Meeren in stark zunehmender Weise auch sehr negativ zu bewertende Aufgaben zugewiesen, so z. B. als militärisches Versuchs- und Operationsfeld und als Abfallraum einer Industriegesellschaft, die an den kontinentalen Küsten bedenklich hohe Agglomerationen erreicht hat und die Probleme der Abfallverwertung und -beseitigung längst nicht mehr beherrscht. Ein kurzsichtiges, auf augenblicklich hohe Gewinne ausgerichtetes, sogenanntes „ökonomisches Denken", welches jegliche ökologische Überlegungen und die Verantwortung für die Zukunft vermissen läßt, gefährdet manche Meeresteile!
Diese Entwicklung hat auf der Nordhalbkugel, wo die Landfläche 39% und die Wasserfläche 61% ausmachen, bereits zu bedenklichen ökologischen Beeinträchtigungen unseres natürlichen Ergänzungsraumes geführt, von denen in etwas geringerer Weise aber auch bereits die Südhalbkugel, auf der 19% Landfläche 81% Meeresfläche gegenüberstehen, betroffen ist. Die ungleiche Verteilung von Land und Meer auf der Erdoberfläche veranschaulicht besonders deutlich Abbildung 1.
Die ökologischen Probleme sind allerdings nicht nur für die einzelnen Ozeane, sondern auch nach Meeresteilgebieten sehr ungleich zu beurteilen. Das hängt nicht nur mit der sehr unterschiedlichen Land-Meer-Verteilung, sondern auch mit der sehr ungleichen Bevölkerungsdichte des bewohnten Festlandes zusammen. Von 136 Mio. km² Fläche, welche die Staaten der Erde zusammen besitzen, sind kaum 90 Mio. km² besiedelt, wobei die Bevölkerungsdichte regional große Unterschiede aufweist und die Wirtschaftsstruktur der einzelnen Gebiete hinsichtlich der Schadstoffeinspeisung ins Meer zu sehr ungleichen Beurteilungen führt.
Die besondere Gefahr für die Meere der Nordhalbkugel geht aber schon daraus hervor, daß etwa ¾ der Erdbevölkerung nördlich des 20. Grades nördlicher Breite, hingegen nur ¼ südlich dieses Breitengrades siedeln.
Schon 1845 legte die Königliche Geographische Gesellschaft in London einen Gliederungsvorschlag für das Weltmeer vor, der fünf Ozeane unterschied. Atlantischer, Indischer und Pazifischer Ozean wurden auf der Südkalotte der Erde durch die Meridiane von Kap Hoorn, Kap Agulhas und das Südostkap von Tasmanien getrennt. Der Arktische und Antarktische Ozean erstreckt sich nach diesem Entwurf jeweils zwischen Polarkreis und Polgebiet.

Abbildung 1:
Verteilung von Land und Meer

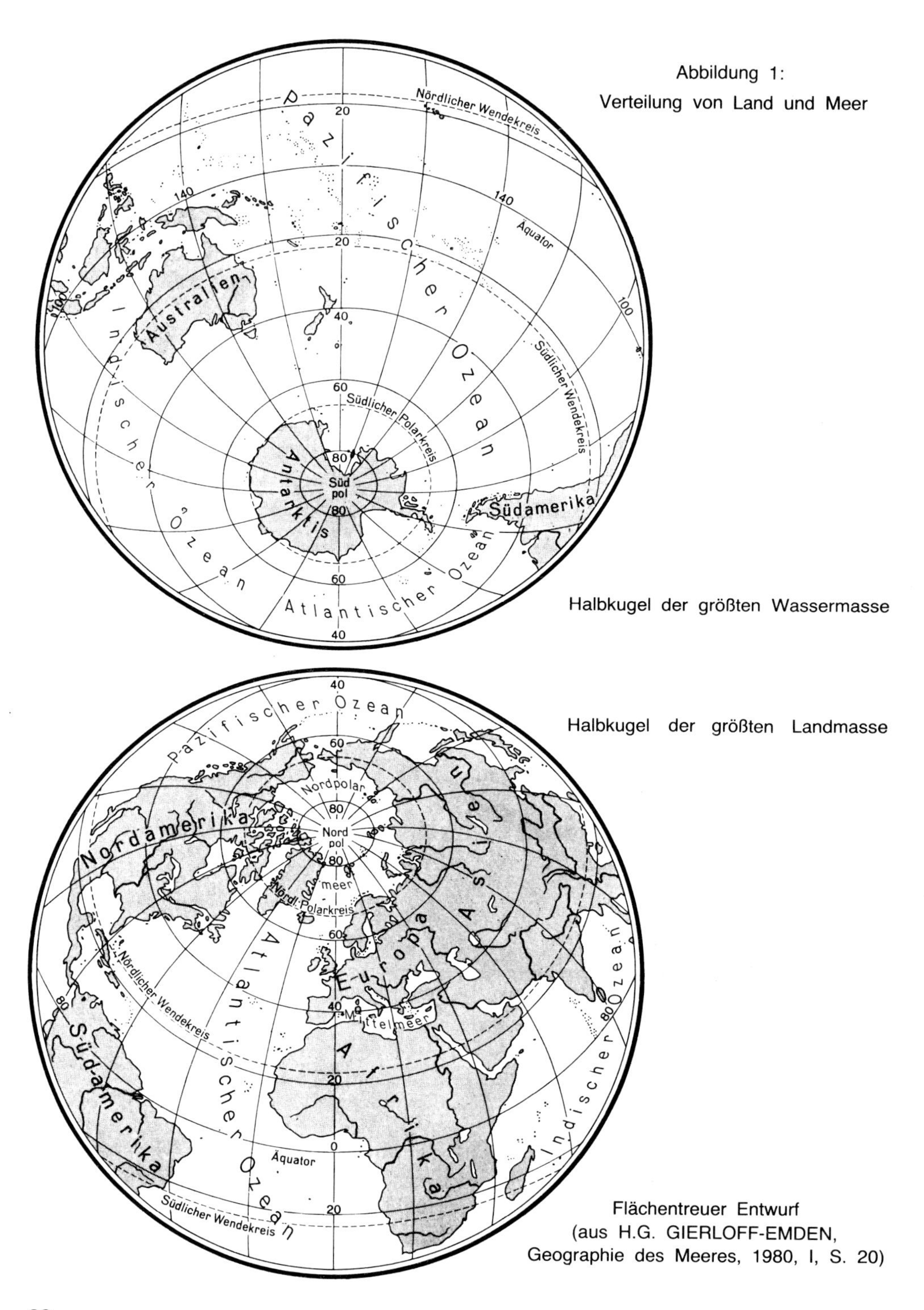

Halbkugel der größten Wassermasse

Halbkugel der größten Landmasse

Flächentreuer Entwurf
(aus H.G. GIERLOFF-EMDEN,
Geographie des Meeres, 1980, I, S. 20)

Um eine Gliederung des Weltmeeres in Ozeane bemühte sich um die Jahrhundertwende auch der deutsche Geograph O. KRÜMMEL in seinem zweibändigen Handbuch der Ozeanographie (Stuttgart 1907 und 1911). Sie sollte den naturräumlichen Verhältnissen im Meer Rechnung tragen, und er gliederte drei Ozeane (Atlantischer, Indischer und Pazifischer Ozean) auch noch in Randmeere und Mittelmeere, wobei für letztere auch noch eine Unterscheidung in interkontinentale und intrakontinentale Meere vorgenommen wurde.
Nach jüngeren Arbeiten scheint es gerechtfertigt, zumindest die arktischen Meeresteile zu einem Arktischen oder Nordpolaren Ozean zusammenzufassen und vom Atlantischen Ozean durch eine Linie vom Nordkap Europas über Spitzbergen nach Nordgrönland zu trennen und die Meeresgebiete nördlich der Davis-Straße und Hudson-Straße ersterem zuzuzählen. Nordwest- und Nordost-Passage einschließlich ihrer Inseln gehörten nach dieser Gliederung also folgerichtig zum Nordpolaren Ozean (siehe Abbildung 2). Dieser Einteilung folgt auch die Tabelle 1 über Fläche, Inhalt, mittlere und größte Tiefe der Ozeane.

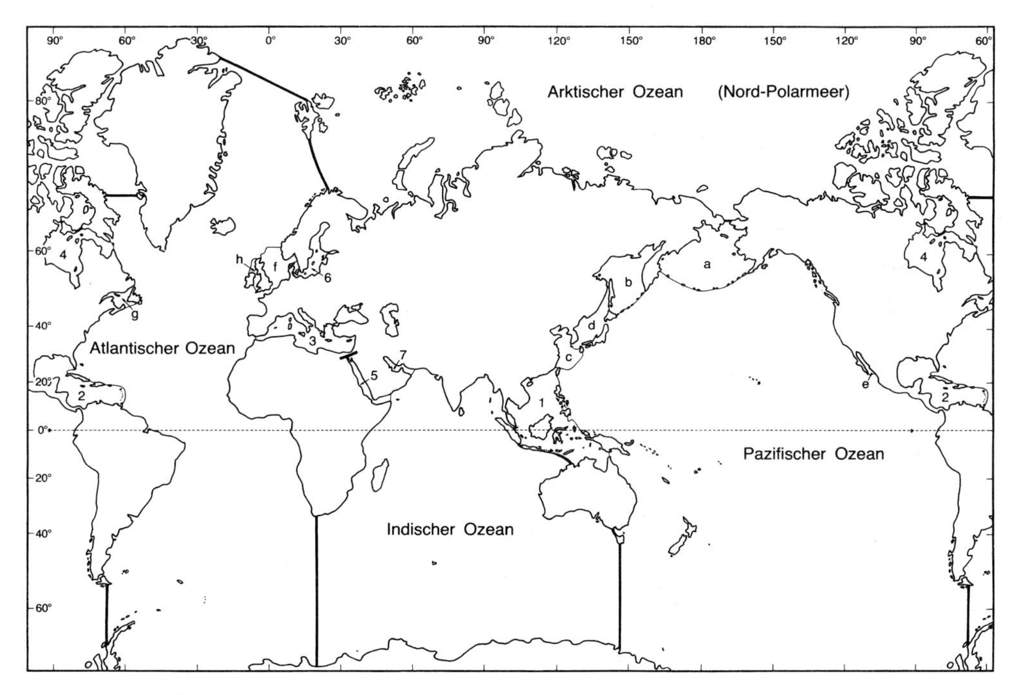

Abbildung 2: Einteilung des Weltmeeres in Ozeane und Nebenmeere.
1. Australasiatisches Mittelmeer, 2. Amerikanisches Mittelmeer, 3. Europäisches Mittelmeer, 4. Hudsonbucht, 5. Rotes Meer, 6. Ostsee, 7. Arabisch-Persischer Golf. a: Beringmeer, b: Ochotskisches Meer, c: Ostchinesisches Meer, d: Japanisches Meer, e: Golf von Kalifornien, f: Nordsee, g: St.-Lorenz-Golf, h: Irische See.

Tabelle 1: Ozeane und Nebenmeere. Fläche, Inhalt, mittlere und größte Tiefe (nach G. DIETRICH, 1975; aus E. ROSENKRANZ: Das Meer und seine Nutzung. 1980, S. 12).

		Fläche (Mio km²)	Inhalt (Mio km³)	Tiefe (m) Mittel	Maximum
Ozeane (ohne Nebenmeere):	Pazifischer Ozean	166,24	696,19	4 188	11 022
	Atlantischer Ozean	71,85	309,28	4 291	9 219
	Indischer Ozean	73,43	284,34	3 872	7 130
	Arktischer Ozean	12,26	13,70	1 117	5 449
Summe		323,78	1303,51	4 026	–
Interkontinentale Mittelmeere:	Australasiatisches Mittelmeer	9,08	11,37	1 252	7 440
	Amerikanisches Mittelmeer	4,36	9,43	2 164	7 680
	Europäisches Mittelmeer	3,02	4,38	1 450	5 092
Summe		16,46	25,18	1 530	–
Intrakontinentale Mittelmeere:	Hudsonbucht	1,23	0,16	128	218
	Rotes Meer	0,45	0,24	538	2 604
	Ostsee	0,39	0,02	55	459
	Persischer Golf	0,24	0,01	25	170
Summe		2,31	0,43	184	–
Randmeere:	Beringmeer	2,26	3,37	1491	4 096
	Ochotskisches Meer	1,39	1,35	971	3 372
	Ostchinesisches Meer	1,20	0,33	275	2 719
	Japanisches Meer	1,01	1,69	1 673	4 225
	Golf von Kalifornien	0,15	0,11	733	3 127
	Nordsee	0,58	0,05	93	725
	St.-Lorenz-Golf	0,24	0,03	125	549
	Irische See	0,10	0,01	60	272
	Übrige	0,30	0,15	470	–
Summe		7,23	7,09	979	–
Ozeane (mit Nebenmeeren):	Pazifischer Ozean	181,34	714,41	3 490	11 022
	Atlantischer Ozean	94,31	337,21	3 576	9 219
	Indischer Ozean	74,12	284,61	3 480	7 455
	Arktischer Ozean	12,26	13,70	1 117	5 449
Meer		362,03	1 349,93	3 730	11 022

1.2 Der Bedeutungswandel der Ozeane und ihrer Inselwelt

Atlantischer, Indischer und Pazifischer Ozean haben schon früh Bedeutung für die Entdeckung der noch unbekannten Küsten erhalten. Mit der Entwicklung der Schiffahrt wurden sie auch als Verkehrsträger für den Handelsgütertransport immer wichtiger. Allerdings wurde der entscheidende Impuls zur Ausweitung einer Handelsschiffahrt erst mit der industriellen Entwicklung Ende des 18. Jh.s und im 19. Jh. sowie durch den Warenaustausch zwischen den Industrieländern und ihren Kolonien gegeben.
Heute hat der Gütertransport auf den Weltmeeren fast unvorstellbare Ausmaße erreicht. Nach E. ROSENKRANZ (1980, S.11) wurden 1980 rund 3 Mrd. t Handelsgüter über eine mittlere Entfernung von 6.000 km auf dem Meerweg transportiert, wobei mit einem jähr-

lichen Wachstum von 100 Mio. t gerechnet werden kann. Im Jahr 2.000 müßte der Seetransport also 5 Mrd. t überschreiten.
An dieser Entwicklung konnten vorrangig nur jene Inseln teilhaben, die entweder selbst ein großes industrielles Potential besitzen (Japan) oder durch ihre günstige Lage am Knotenpunkt von Schiffahrtswegen und Handelsbeziehungen, ausgestattet mit günstigen Hafenbedingungen und Erdölversorgungsmöglichkeiten, überdimensionale Anziehungskraft ausüben (Hongkong, Singapur). Alle anderen Inseln und weniger attraktive Häfen vermögen an der steil ansteigenden Tendenz der Handelsschiffahrt nur am Rande und zu einem sehr niedrigen Anteil oder überhaupt nicht zu partizipieren. Die allergrößte Zahl der Inseln bleibt von der positiven Entwicklung unberührt. Auch große Inselstaaten, wie Indonesien, deren Handels- und Transportflotte nicht einmal den innerstaatlichen Erfordernissen ganz genügen können, bleiben im Hintertreffen!
Die Konzentration der ehemals sehr zahlreichen Versorgungsstützpunkte für Süßwasser, Gemüse und Fleisch sowie Treibstoff auf wenige, weit auseinanderliegende, aber bestausgestattete Häfen, hat die Bedeutung vieler Inseln für die Schiffahrt reduziert, die damit für die Seefahrt belanglos geworden sind (z. B. Seychellen im westlichen Indischen Ozean). Inseln mit produktionsschwacher Plantagenwirtschaft vermögen die Weltmarkterfordernisse hinsichtlich Qualität und gleichbleibender Güteklasse nicht zu erfüllen und sind auch umschlagsmäßig so uninteressant, daß sie ihre Produkte nur über Sammelstellen oder für größere Inselgebiete eigens eingerichtete Handelsorganisationen (Südseeinseln im Pazifischen Ozean) absetzen können.
Die Disparitäten der Handelsfähigkeit einzelner Inseln von insularen Räumen verschärfen sich vor allem zwischen jenen mit Bodenschätzen und abbauwürdigen Stoffen und den ressourcenarmen Inseln, die nur auf land- oder gartenwirtschaftliche Produktion angewiesen sind. So besitzt die nur 21 km² große Insel Nauru (seit 1968 die kleinste unabhängige Republik der Welt) nahe des Äquators im Pazifik infolge ihrer allerdings bald erschöpften Phosphatlager ein Pro-Kopf-Einkommen der Bevölkerung, welches jenes von Kuwait übertrifft. Die Bevölkerung der bewohnten Inseln im Umkreis hingegen fristet aus einer ärmlichen Eingeborenenwirtschaft und durch den Fischfang ihr Leben.
Der Ausleseprozeß von Produktionskraft und Konkurrenzfähigkeit trifft besonders stark den an und für sich schon ökologisch sehr benachteiligten tropischen Inselraum, der weitgehend zu einem Problemgebiet der Erde zu werden droht. In diesem leben heute etwa 300 Mio. Menschen, deren größter Teil einer bedrohlichen Zukunft entgegengeht!
Im Blickfeld der westlichen Welt stand bis zum Zweiten Weltkrieg hauptsächlich der Atlantische Ozean. Indischer und Pazifischer Ozean wurden häufig nur in ihrer Stellung als koloniale Ergänzungsräume betrachtet. Seitens der Wissenschaften beschäftigte man sich vorrangig mit den alten Kulturen Süd-, Südost- und Ostasiens und der naturwissenschaftlichen Erforschung der großen, noch wenig bearbeiteten Regionen. Von den Inselräumen waren es vor allem Japan, die Philippinen und Indonesien, welche das Interesse vieler Wissenschaftler fanden. Die umfangreiche englischsprachige und holländische Literatur behandelt in der Mehrzahl spezielle Teilfragen. Große umfassende Werke – wie z. B. das deutsche Werk von A. KOLB über die Philippinen – bilden die Ausnahme. In jüngerer Zeit hat man sich im deutschen Sprachraum der Notwendigkeit sozial- und wirtschaftsgeographisch orientierter Monographien erinnert, und es sind mehrere Inseln in Kurzfassung behandelt worden. Exemplarisch möge hier nur die her-

vorragende Monographie über Sri Lanka von M. DOMRÖS genannt werden. Ausgezeichnete Untersuchungen haben die Franzosen über ihre Kolonialgebiete herausgebracht. Für den größten Teil der Inseln des Indischen und Pazifischen Ozeans blieb aber der Wissensstand weit hinter den Erfordernissen des 20. Jh.s zurück.
Die Machtansprüche *Japans* im Pazifischen Ozean haben im Zweiten Weltkrieg in Nordamerika und vor allem in den Vereinigten Staaten zu einem bösen Erwachen geführt. Die enorme Wirtschaftskapazität und die damit verbundene steigende Konkurrenzfähigkeit einzelner ost- und südostasiatischer Staaten (z. B. Japan, Taiwan, Singapur) in den beiden letzten Jahrzehnten haben einen jähen Interessenwechsel vom atlantischen zum pazifischen Raum bewirkt. Die wirtschaftlich uninteressanten Inseln des mittleren und westlichen Indischen Ozeans hingegen führen – mit Ausnahme der „Erdölinseln" im Arabisch-Persischen Golf – weiterhin ein Schattendasein im weltwirtschaftlichen Tauziehen um die Absatzmärkte und Welthandelspositionen. Sie können nur Nutzen und finanzielle Unterstützung aus dem Kampf um die politischen Einflußsphären ziehen und mitunter die eben erst gewonnene Selbständigkeit gegen eine Unterordnung unter die Prinzipien und Lebensnormen eines artfremden Gesellschaftssystems tauschen.
Mit der zuletzt angedeuteten Situation schneiden wir aber ein Hauptproblem der zweiten Hälfte unseres Jahrhunderts an. Mit der nach 1945 einsetzenden Entkolonisation war nicht unbedingt eine echte Unabhängigkeit erlangt. Wirtschaftsschwache Gebiete – und dazu gehören über 9/10 der etwa 40.000 tropischen Inseln mit über 1 bis 5 ha Fläche des Weltmeeres – mußten sich entweder mit Gebieten gleichgesinnter oder wirtschaftlich gleichinteressierter Bewohner zu Interessengemeinschaften zusammenschließen, und sei es beispielsweise nur in der Form eines „South Pacific Bureau for Economic Cooperation" in Suva, oder sich wieder in eine mehr oder minder innen- und außenpolitisch bindende Abhängigkeit begeben. Ohne Entwicklungshilfe und Stützung der Ernährungsbasis von außen könnten viele Inselstaaten überhaupt nicht existieren, wie dies sehr deutlich das Beispiel der Malediven im Indischen Ozean vor Augen führt. Australien und Neuseeland haben erhebliche Entwicklungshilfe für den südpazifischen Inselraum geleistet und darüber hinaus um 1980 auch durch ein Handelsabkommen, das den Ländern des Südpazifiks weitgehend zollfreien Zugang zu den Märkten Australiens und Neuseelands auf „nicht reziproker" Basis gewähren soll, geholfen.
Es darf aber nicht verschwiegen werden, daß zu den höchsten Beiträgen in diesem Raum die Zuwendungen Frankreichs für seine beiden Territorien Polynesien und Neukaledonien zählen. Französisch-Polynesien gehört damit bis zum heutigen Tag zu den Inselräumen mit der besten Lebensqualität seiner einheimischen Bevölkerung. Dazu kommt noch das hohe Einfühlungsvermögen der Franzosen in die Bedürfnisse und die Eigenart anderer Rassen und ethnischer Gruppen, welches z. B. den Amerikanern weitgehend fehlt.
Die Fehlentwicklung, die Neukaledonien durch eine den tropischen Verhältnissen nicht adäquate, einseitige und hauptsächlich in französischem Besitz befindliche Rinderfarmwirtschaft genommen hat, ist irreversibel. Der Reichtum der Insel, welcher den Eingeborenen günstige Arbeits- und Verdienstmöglichkeiten gebracht hat, sind die reichen Nikkelvorkommen; Absatzschwierigkeiten und Preisverfall haben aber eine einschneidende Beschränkung der Produktion erzwungen, welche hohe Arbeitslosigkeit, wesentlich

geringere Verdienste und damit Unzufriedenheit bei der einheimischen Bevölkerung nach sich gezogen haben, was die Unabhängigkeitsbestrebungen in diesem Territorium in extremer Weise anheizte. Unausdenkbar wäre aber die Situation, die einträte, wenn Frankreich seine Zuwendungen einstellen würde.
Die 2. Hälfte des 20. Jh.s hat für die südpazifische Inselwelt das nicht lösbare Problem der Erfüllung eines Unabhängigkeitsverlangens durch Schaffung vieler neuer kleiner Staaten auf ethnischer Basis gebracht, welche aber wirtschaftlich nur sehr beschränkte oder überhaupt keine Entwicklungsmöglichkeit besitzen und sich stets im Kampf um ihre Existenzfähigkeit befinden.
Dazu kommt noch die große Empfindlichkeit ethnischer Gruppen in kleinsten Lebensräumen bezüglich ändernder Einflüsse auf ihre kulturelle Lebensbasis, ihre Lebens- und Ernährungsgewohnheiten, die schließlich zu ihrer Vernichtung führen müssen. Die Auswirkungen der Errichtung militärischer Stützpunkte und den Übergang der bodenständigen Bevölkerung zu einem spöttisch als „Coca-Cola-Zivilisation" bezeichneten Büchsen- und Getränkekonsum hat der Verfasser in ihren verheerenden Wirkungen kennengelernt. Sie führen zur vollständigen Abhängigkeit der Bevölkerung von einer ganz einseitigen Verdienst- und Versorgungsmöglichkeit, welche eine spätere Rückkehr zur ursprünglichen Lebensweise nicht mehr ermöglicht.
Diese Beispiele und Erörterungen mußten schon in diesem Kapitel gebracht werden, um die Auswirkungen des Bedeutungswandels von Indischem und Pazifischem Ozean auf die hohe Zahl kleinster, isolierter und geographisch zersplitterter Siedlungsstützpunkte, fern der kontinentalen Küsten, unterstreichen zu können.

1.3 Kriterien zur Beurteilung der wirtschaftlichen Situation und der Entwicklungsmöglichkeiten auf den Inseln und Inselgruppen

Außer den ganz spezifischen und individuellen Voraussetzungen, welche einzelne Inseln von anderen des gleichen Typs unterscheiden, gibt es eine Reihe allgemeiner Beurteilungskriterien, die uns Auskunft über Besiedlungsmöglichkeiten und wirtschaftliche Nutzung und Entwicklung zu geben vermögen. Sie sollen vorweg angeführt und kurz charakterisiert werden, um sie späteren Ausführungen zugrunde legen zu können.

1.3.1 Inselgröße, Voraussetzungen für eine Siedlungsanlage, Süßwasserversorgungsmöglichkeiten, Siedlungskapazität

Wie wir aus später folgenden statistischen Ausweisungen entnehmen können, sinkt mit abnehmender Inselgröße unter gleichen Voraussetzungen der Anreiz zu ihrer Besiedlung. Dies hängt mit der unproportioniert großen Verminderung wirtschaftlicher Nutzungsmöglichkeiten und den zu eng werdenden Grenzen für eine positive Bevölkerungsentwicklung zusammen.
Ausnahmen von dieser Regel bilden lediglich kleine Inseln in besonders fischreichen Gewässern bzw. am Rande von Atollen oder Inseln mit speziellen Funktionen (z. B. Erdölförderung, Erdöllager und Erdölumschlagplätze). Dazu gehören auch besondere

Schutzfunktionen für die auf ihnen siedelnde Bevölkerung. Diese ergeben sich z. B. vor versumpften, epidemiegefährdeten Festlandküsten oder vor Küsten, aus deren Hinterland Überfälle oder kriegerische Handlungen zu erwarten sind. Zahlreiche Beispiele lassen sich vor der afrikanischen Ostküste und an den asiatischen Küsten finden. Gegenwart und Vergangenheit nützen solche Schutzlagen und wählen oft kleinste Eilande für Brückenkopffunktionen aus. So wurde die Hauptinsel Mahé der Seychellen von einer ganz kleinen Insel östlich der heutigen Hauptstadt Victoria, Ste Anne, kolonisiert, da die Urwälder bis zu den Küsten reichten, die Niederungen krokodilverseucht waren und die Anlage kleiner Siedlungen vor einem unüberschaubaren Hinterland zu gefährlich schien.
Auch zentrale Verwaltungsstellen und militärische Einrichtungen nützen natürliche Schutzlagen häufig: Das Verwaltungszentrum und zugleich die Hauptstadt der Komoreninsel Mayotte, Dzaoudzi, mit heute rund 4.000 Einwohnern, liegt auf einem nur etwa 12 ha großen Felsen vor der Ostküste der Hauptinsel. Mayotte ist bis heute selbständiges Überseeterritorium Frankreichs geblieben und hat sich nicht der ,,Islamischen Bundesrepublik der Komoren" angeschlossen. Der Felsen von Dzaoudzi hatte im vorigen Jahrhundert die größte strategische Bedeutung und wurde zu einer Festung mit Kasernen, Kasematten, Munitionslagern, Verpflegungslagern und großen Zisternen ausgestattet. Bis heute sind dort die Fremdenlegion und die Territorialverwaltung stationiert, und Geschäfte dienen auch der Versorgung der Bevölkerung der Umgebung (siehe Abbildung 3).

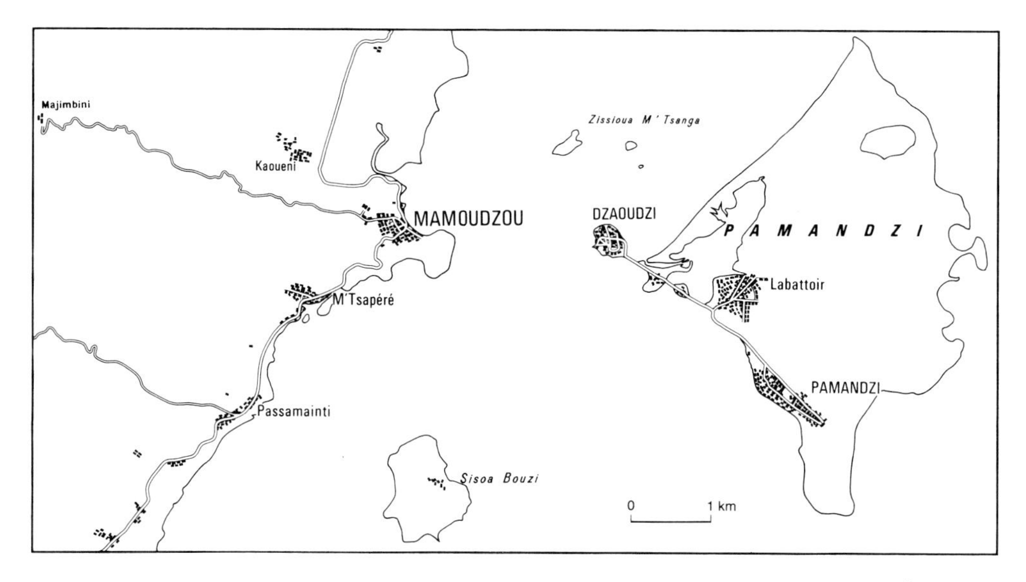

Abbildung 3: Komoren: Die Lage der Stadt und Insel Dzaoudzi des französischen Überseeterritoriums Mayotte auf einem Felsen über dem Meer.

1.3.2 Interinsulare Entfernungen und Entfernungen zu den Versorgungs- und Absatzmärkten

Eines der Hauptprobleme von Inselstaaten und Inselgruppen ist die oft vorhandene Isolierung und Zersplitterung, welche eine Beschränkung auf völlige Selbstversorgerwirtschaft oder eine Fremdabhängigkeit durch Übernahme von selbständigkeitswidrigen Funktionen, z. B. als Militärstützpunkte ausländischer Mächte, direkt erzwingen.
Ein typisches Beispiel für eine solche isolierte Lage der einzelnen Inseln und Inselgruppen ist im zentralpazifischen Ozean die eigenartige Konstruktion der 1979 selbständig gewordenen Demokratischen Republik Kiribati (sprich Kiribas = entstellte einheimische Version des Wortes „Gilberts"). Zu diesem zusammengewürfelten Gebilde gehören nicht nur die Gilbert-Inseln und die unbewohnten Phönix-Inseln, sondern auch die Line-Inseln und andere wirtschaftlich bedeutungslose Eilande. Zwischen den beiden am weitesten voneinander entfernten, bewohnten Inseln, die über einen Meeresraum von rund 5 Mio. km² verstreut liegen, beträgt die Entfernung fast 3.700 km.
Aber auch Fidschi, das für den Südseeraum so große wirtschaftspolitische Bedeutung besitzt, ist von seinem nächstgelegenen Auslandsmarkt Neuseeland (Auckland) mehr als 2.000 km entfernt, nach Australien sind es mehr als 3.000 km, nach Japan über 7.000 km und nach Europa sogar 20.000 km.

1.3.3 Räumliche Verkehrserschließung und -einbindung

Eine Einbindung in den regelmäßigen Verkehr eines überregionalen Luftverkehrs- und Schiffahrtsnetzes ist nur dort zu erwarten, wo außer den notwendigen Verkehrsanlagen (Lufthäfen, Seehäfen, brauchbare Ausrüstung für die Verladetätigkeit) auch ein regelmäßiger, die Rentabilität nicht unterschreitbarer Bedarf vorhanden ist. Nur ein ganz geringer Prozentsatz aller Inseln erfüllt diese Voraussetzungen.
Von den anderen werden bestenfalls jene in den regelmäßigen Flug- und Schiffsdienst eingebunden, welche direkt an den Verkehrswegen liegen und für die eine ökonomische Rechtfertigung für die zusätzlichen Manipulationen und den damit verbundenen Zeitaufwand gefunden werden kann.
Inselstaaten und -gebiete, welche diese Forderungen nicht erfüllen können, sind darauf angewiesen, sich zu interinsularen Luftverkehrsregionen zusammenzuschließen und eine kleine Luftflotte zu unterhalten bzw. ausländische Gesellschaften für den Anflug ihrer Inselhäfen zu gewinnen. Beispiele für solche Regionalgesellschaften und lokalen Netze sind die South Pacific Air, Air Pacific, Air Polynesia und die auch aus Prestigegründen unterhaltene, bestens ausgestattete Air Nauru, welche aber bereits längst ein überregionales Streckennetz bedient. Daneben gibt es zunehmend „Island Hopper"-Unternehmen, welche einen Personenverkehr in Kleinflugzeugen bewältigen (z. B. Cook-Inseln, Rarotonga, Königreich Tonga, Französisch-Polynesien u. a. m.).
Nicht nur für den Personen-, sondern vor allem für den Güterverkehr ist der regionale Schiffsverkehr bedeutungsvoll, ohne den die Verbindung und Versorgung zu und von den Inseln lediglich auf die zwar sehr seetüchtigen, aber viel zu kleinen Eingeborenenboote angewiesen ist. Infolge drückender Finanzschwäche herrscht diesbezüglich nicht nur bei den vielen neuentstandenen Staatsgebilden ein enormer Mangel, auch ganz

große Inselstaaten – wie Indonesien – haben für die Küstenschiffahrt und den interinsularen Verkehr nur eine überwiegend veraltete und viel zu geringe Flotte zur Verfügung. Eine Lösung aus der Isolation ist also für die allermeisten Inseln derzeit nicht möglich.

1.3.4 Naturräumliche Ausstattung und Ressourcen

Fast alle Inseln sind als Individualitäten zu betrachten, die durch das lokal sehr verschiedene Zusammenspiel von Lageeigenschaften, Meeres- und Landressourcen im Tropenraum vielfache Mindestmöglichkeiten für den Lebensunterhalt einer mehr oder minder großen Menschengruppe bieten. Der Begriff der Lebensqualität ist diesbezüglich so unterschiedlich zu bewerten, daß er Verallgemeinerungen nicht gestattet.
Je größer die Inselflächen sind, desto interessanter können für ihre Bewohner alternative Wirtschaftsformen werden, zu deren Wahl und Bewertung die Kenntnis der naturräumlichen Ausstattung grundlegend ist. In diesem Band wird daher den naturräumlich-ökologischen Verhältnissen und den daraus abzuleitenden wirtschaftlichen Konsequenzen in mehreren Kapiteln und im Abschnitt über die Inseltypen umfangreicherer Raum gegeben. Sondersituationen zumindest für vorübergehend positive Aspekte sind immer durch das Vorhandensein und die Abbauwürdigkeit von Lagerstätten zu beachten, soweit für ihre Nutzung die Weltmarktpreise günstig sind und stabil zu bleiben versprechen. Nur selten können solche Ressourcen, welche zu einer einseitigen und krisenanfälligen Wirtschaftsstruktur führen, allein zu einer dauernden Lösung des Versorgungs- und Arbeitsplatzproblems einer stets wachsenden Inselbevölkerung beitragen.

1.3.5 Ethnische und kultische Einflüsse, der Zwang des Gewohnheitsrechtes

Bei der Beurteilung des Wirtschafts- und Bevölkerungspotentials von Inseln kommt den vorhandenen ethnischen Verhältnissen oft eine entscheidende Rolle zu. Die Eignung für verschiedene Tätigkeiten im Rahmen wirtschaftlichen Handelns ist nach Rassen und Volksgruppen und bei Kolonisation und Neuansiedlung auch nach den Herkunftsräumen ganz unterschiedlich. So gibt es z. B. meerabgewandte und meerzugewandte Völker und Volksgruppen, die diese Einstellung durch das jahrhundertelange Leben in einem ganz bestimmten Landschafts- und Gesellschaftsmilieu erworben haben und bei einer Verpflanzung in andere Räume vorerst noch für lange Zeit beibehalten.
Auf dieses Verhalten werden wir an anderer Stelle noch zurückkommen, hier soll nur ein einziges Beispiel aus dem Indischen Ozean angeführt werden:
Rund 30% aller Inseln des Indischen Ozeans sind Koralleninseln, welche allerdings nur 4.212 km² Landfläche mit 655.000 Bewohnern einnehmen. Auffallend ist die außerordentlich unterschiedliche Bevölkerungsdichte bei überall gleichen ökologischen Voraussetzungen, die die Menschen zwingen, sich hauptsächlich von den Früchten des Meeres zu ernähren und von dem, was sie sich mit diesen Produkten einzuhandeln imstande sind.
Die Koralleninseln im Verbreitungsraum und kolonialen Ansiedlungsgebiet ehemaliger Sklavenbevölkerung aus Innerafrika und Ostafrika sind fast alle unbesiedelt, da letztere

bis zum heutigen Tag meerabgewandt geblieben ist und nur das Riff selbst bis zur Riffkante abfischt. Hochseefischfang wird fast nicht betrieben. Die Ernährungsbasis der Koralleninseln bietet daher für diese Bevölkerung keine Möglichkeit. Ähnliche Verhältnisse finden wir auch auf den Granitinseln der Seychellen, wodurch den dort lebenden Schwarzen die notwendige Ergänzungsmöglichkeit eiweißreicher Nahrung aus dem Meer nur zum geringsten Teil zugänglich ist.

Auf den Lakkadiven und Malediven ist eine arabisch-indische Bevölkerung vertreten, für die nicht nur die volle Nutzung des Fischreichtums in den großen Atollen eine Selbstverständlichkeit darstellt, sondern die sich mit ihren mittleren Seglern (Dhoni: 1 bis 3 Dreiecksegel und Raum für 6 bis 10 Personen) und den größeren Segelschiffen (Batheli: überdachte Schiffe mit Schlaf- und Kochgelegenheit) ins offene Meer hinauswagen und Hochseefischerei betreiben. Nur so ist eine Bevölkerungsdichte von über 500 Ew./km² auf den Malediven und von sogar fast 1.350 Ew./km² auf den Lakkadiven zu erklären, obwohl solche Werte die Tragfähigkeit dieser Inseln um ein Mehrfaches überschreiten.

Ethnische Vielfalt im gleichen Lebens- und Staatsraum führt in vielen Fällen zu fast unüberwindbaren Problemen, unter denen auch der Inselstaat Indonesien zu leiden hat. Durch räumliche Bevölkerungsbewegungen von der prähistorischen Zeit angefangen bis ins derzeitige Jahrhundert infolge der Brückenstellung zwischen dem asiatischen Kontinent, Australien und Ozeanien hat sich hier eine Vielschichtigkeit rassischer und kultureller Art ergeben, die durch die weitaus überwiegende Verbreitung des Islam bisher nicht überwindbar war. Die größte fremdvölkische Gruppe sind die mit dem Aufblühen der Plantagenwirtschaft und des Bergbaues im 19. Jh. verstärkt u. a. aus Südchina eingewanderten Chinesen, welche ihre kulturelle Eigenständigkeit stets bewahrten. Durch ihre beherrschende Stellung in vielen Zweigen des Wirtschaftslebens sind sie immer wieder argen Verfolgungen ausgesetzt.

Religiöse Normen beeinflussen auch oft sehr wesentlich die Wirtschaftsweisen der Inselbewohner. So ist die für den tropisch-feuchten Lebensraum so wichtige Schweinehaltung im islamischen Verbreitungsgebiet weitgehend eingeschränkt. Möglichkeiten für den Fremdenverkehr können infolge einer mitunter sehr ablehnenden Haltung gegenüber Fremden oft nur sehr unzureichend genützt werden, wie z. B. durch die des orthodoxen Islam besonders im Norden Sumatras. Im Hinduismus ist das Töten von Tieren nur den Angehörigen der niedrigsten Kaste gestattet, was z. B. die soziale Stellung der Fischer beeinträchtigt; Kühen gilt eine besondere Verehrung, sie dürfen zwar gemolken, aber nicht geschlachtet werden, was die Ernährungsgrundlage auf vielen Inseln einengt.

Kultisches Brauchtum und aus dem Zusammenleben von Sippen und Dorfgemeinschaften entwickelte Normen des Verhaltens des einzelnen in der Gemeinschaft regeln das Leben der Einheimischen so bindend, daß sie aus diesem Rahmen nicht auszubrechen vermögen. Neue gesellschaftliche und wirtschaftliche Formen und Errungenschaften haben keine Aussicht Fuß zu fassen, wenn sie mit den gebräuchlichen Normen nicht in Übereinstimmung gebracht werden können. Das vergessen viele Entwicklungshelfer und Wirtschaftsberater aus der westlichen Welt und scheitern bei ihren Bemühungen.

Welche Macht das aus einheimischen Rechtsbräuchen ausgebildete Gewohnheitsrecht auszuüben imstande ist, läßt sich am deutlichsten in Indonesien (Adat-Recht), Malaysia, auf den Philippinen und auf Timor erkennen. Viele wirtschaftlich lebenswichtige Verrichtungen – wie der Reisanbau – sind durch kultisches Brauchtum und Gewohnheitsrecht streng geregelt.

1.3.6 Bevölkerungsentwicklung, Altersaufbau, Sozialstruktur

Für die Prognose des Wandels der Ernährungssituation in einem Raum und der richtigen Einschätzung der Anstrengungen, welche zu seiner Versorgung unternommen werden müssen, sind in erster Linie Unterlagen über seine natürliche Bevölkerungsentwicklung und die Bedeutung von Aus- und Einwanderung notwendig.
In weiten Teilen des tropischen Inselraumes der Erde müssen wir mit auch heute noch sehr hohen Geburtenraten rechnen, die häufig zwischen 30‰ und 40‰ pro Jahr liegen, mitunter aber auch 40‰ übersteigen. Aus dem Zeitabschnitt 1980 bis 1985 ergeben sich für Südostasien 31,7‰, Melanesien 38,5‰ und Polynesien und Mikronesien 36,1‰. Die Werte für die afrikanischen Inseln liegen bei oder über 40‰. Der natürliche Bevölkerungszuwachs ist also für wirtschaftsschwache Gebiete außerordentlich bedrohlich. Dazu kommt noch der Umstand eines weltweiten Rückganges der Sterblichkeit als Folgeerscheinung des Fortschritts von Medizin und Hygiene und einer erfolgreichen Seuchenbekämpfung. So konnte beispielsweise in Ceylon (Sri Lanka) die Sterberate schon im Zeitabschnitt 1920 bis 1960 von 28,9‰ auf 8,6‰ gesenkt werden.
Die Zuwachsrate der Bevölkerung blieb daher sogar in jenen Inselgebieten verhältnismäßig hoch, in denen die durchschnittliche Kinderzahl pro Familie eher stationär oder sogar rückläufig geworden ist. Für 1983 betrug die jährliche Wachstumsrate (1975 bis 1983) der Bevölkerung im Raum des Indischen Ozeans, z. B. auf den Komoren 5%, in Madagaskar 2,9%, Réunion 2,0%, Malediven 3,6% und Sri Lanka 1,9%; im Raum des Pazifischen Ozeans in Brunei 4,1%, Indonesien 2,4%, Philippinen 3,1%, auf Hongkong 2,7% und in Singapur 1,5%. Durchschnittlich kann man rechnen, daß die Bevölkerung auf den tropischen Inseln in zwanzig Jahren um 50% anwächst.
Entscheidend für die Beurteilung der Beschäftigungsverhältnisse und für eine Arbeitsmarktpolitik sind der Altersaufbau der Bevölkerung und der Anteil der Personen im berufsfähigen Alter. Als Beispiel hiefür möge Madagaskar dienen.
Wenige Wochen vor einem längeren Aufenthalt der Verfasser im Hochland von Madagaskar war es dort 1978 zu schweren Unruhen gekommen, an denen arbeitslose Jugendliche, Zoams genannt, wesentlich beteiligt waren. Mehr als die Hälfte der Bevölkerung gehörte der Altersgruppe unter 20 Jahren an, die graphische Darstellung des Altersaufbaues gleicht einer Pyramide, was also ein immer stärker werdendes Einrücken jüngerer Personen ins berufsfähige Alter bedeutet. Die Erwerbsquote betrug rund 50%, wobei über ⁴⁄₅ der Erwerbstätigen in der Landwirtschaft beschäftigt waren. 1,5 Mio. Arbeitslose stellten die staatliche Planwirtschaft vor unlösbare Probleme.
Bei unseren Erörterungen über die Zukunftsaussichten von Inselbevölkerungen werden wir daher immer wieder auf den Bevölkerungsaltersaufbau und die Veränderungen der Sozialstruktur zu sprechen kommen müssen.

1.3.7 Innen- und außenpolitische Situation

Von der Stellung der Inseln innerhalb machtpolitischer Einflußsphären hängen fast immer entscheidende wirtschaftliche Konsequenzen ab, die das Schicksal von Volksgruppen für Jahrzehnte, mitunter sogar für immer besiegeln.
Die Ausweitung der Machtansprüche Japans im Pazifischen Ozean vor und im Zweiten Weltkrieg (siehe Abb. 31, S. 116) hat nicht nur zu harten Konsequenzen in der Verwaltung geführt, sie hat auch durchaus positiv zu bewertende wirtschaftliche Anstöße gegeben, die sich z. B. in einer Intensivierung des tropischen Gartenbaues mit deutlicher Produktionssteigerung auswirkten. Mit der Befreiung von der japanischen Herrschaft war eine Rückläufigkeit einer solchen Entwicklung verbunden.
Die Ausdehnung des Machtanspruches Indonesiens auf Ost-Timor z. B. hat dort zu einer grauenhaften Dezimierung der christlichen Bevölkerung und einer Vernichtung von Wirtschaftswerten geführt, die einen schweren Verlust für die ganze Region bedeutet.
Änderungen der innenpolitischen Situation in Verbindung mit einem gesellschaftspolitischen Wandel bedingen einschneidende Veränderungen der Besitzstruktur und sind zumindest für mehrere Jahre mit einem Produktionsrückgang in den landwirtschaftlichen Betrieben und Plantagenwirtschaften und mit Absatzschwierigkeiten auf ausländischen Märkten (siehe Madagaskar) und einer Kapitalabwanderung verbunden.
Es erweist sich daher als notwendig, auch solche Kriterien in unsere Betrachtungen einzubeziehen, obwohl damit immer die Gefahr besteht, einer subjektiven Beurteilung ihrer Auswirkungen bezichtigt zu werden.

1.3.8 Die Auswirkung ökologischer Umweltprobleme

Mit Recht hat H. G. GIERLOFF-EMDEN im Vorwort des I. Bandes seiner „Geographie des Meeres" (1980, S. VIIIf.) an erschreckende Vorgänge erinnert: „Die Biosphäre der Ozeane und Küsten wird durch die Technosphäre verändert und zum Teil irreversibel geschädigt. Ozeane und Küsten unterliegen einem komplexen Wirkungsgefüge. Wassermassen, Strömungen und Wellen, Meereis und biologischer Stoffwechsel bedingen mit Energietransport und Wärmeumsatz unsere gesamte Umwelt mit.
Marine Ökosysteme werden zerstört, weil Ökonomie vor Ökologie Vorrang hat. Die Idee vom steigenden Wachstum wird propagiert, ohne das natürliche Wirkungsgefüge auf der Erde, besonders das des Meeres, einzubeziehen.
Die ökonomischen Entscheidungen aber werden in politischen Gremien getroffen, deren Legislatur, Denken und Erfolgszwang sich in Zeitabschnitten von 2 bis 4 Jahren abspielen. Die Veränderungen der Zustände des Meeres dagegen ereignen sich in Zeitabschnitten von 10, 100, 500 und mehr Jahren. Raubbau in der Gegenwart heißt Zerstörung der Zukunft. Wenn aber heute der Meeresboden als Reservoir für Atommüll und andere Schadstoffe benutzt wird, so werden damit Verantwortungen für 2.000 Jahre und länger übernommen. Erkenntnisse über das Gefährdungspotential und Abschätzungen der Risikoakzeptanz klaffen noch weit auseinander. Das zeigt sich besonders deutlich am Beispiel Meer."
Hier soll auch noch vor einer der demagogischsten Irrlehren gewarnt werden, die sich in ihrer Argumentation überhaupt keiner wissenschaftlich ernsthaften Überle-

gungen bedient. Es handelt sich um die Behauptung „Umweltschäden, welche durch technische Eingriffe entstanden sind, ließen sich auch wieder mit technischen Mitteln beheben“. Seltsam, daß solche unlogische Behauptungen ausgerechnet in einer Zeit atomarer Katastrophen, biologischer Schäden durch Luftverschmutzung und Vergiftung des Bodens – der biologischen Basis allen Lebens – ausgesprochen werden können. Die Erkenntnis, daß heutiger sogenannter Wohlstand auf Kosten der Lebensgrundlage künftiger Generationen gewissenlos finanziert wird, müßte längst zu einem verantwortungsbewußten Umdenken geführt haben.
Umweltschädigung und -vernichtung aus militärischen und machtpolitischen Gründen mit dem Argument zu sanktionieren, daß z. B. im Raum der Südseeinseln „davon ohnedies nur wenige Menschen betroffen sind“, widerspricht jedem humanen Denken und verantwortungsbewußten Handeln. Wir sollten auch die kleinen Inseln mit ihrem pflanzlichen und tierischen Leben auf dem Land und im Meer als biologische Stationen betrachten, die uns wertvolle Erkenntnisse über den Zustand und die Zustandsänderungen in den verschiedenen Räumen der Ozeane zu geben vermögen.
Für eine richtige Beurteilung der Bevölkerungssituation und der Lebensverhältnisse im tropischen Inselraum ist die Beobachtung des sozialen Wandels unerläßlich.
Durch falsche Entwicklungspläne – die Pläne für unsere eigene Raumordnung sind meist schon unbrauchbar – sowie machtpolitische Zielsetzungen und eine überhebliche Fehleinschätzung der zivilisatorischen Leistungen unserer Industriegesellschaft versucht man fremde Gesellschaftsformen und damit verbundene Zivilisationsstufen abrupt in Räume zu verpflanzen, in denen noch eine traditionelle patriarchalische Ordnung und eine soziale Sicherung in der Großfamilie herrscht. Diese Entwurzelung des einzelnen aus seiner gewohnten Gesellschaftsordnung unter Vorspiegelung, damit einen Weg zu höherer Lebensqualität und Persönlichkeitsentfaltung vorzubereiten, ist der größte Betrug, der den Untergang der ethnischen Gruppen in den tropischen Inselräumen verursachen kann und muß.
Ein positiver sozialer Wandel kann in ethnisch traditionsgebundenen Gesellschaften nur in einem kontinuierlich-funktionalen Entwicklungsprozeß zu höheren humanen Stufen menschlichen Zusammenlebens erfolgversprechend erreicht werden.
Wenn man Begriffe wie Lebensqualität, Lebensstandard, soziale Sicherheit, Wohlstand, Freiheit u. a. m. als Beurteilungskriterien verwendet, dann muß man sich auch über deren sehr subjektiv empfundenen Begriffsinhalt klar sein. Lebensqualität besitzt bei jeder ethnischen Gruppe einen mehr oder minder großen Kern ähnlicher Inhaltsbedeutung, aber einen meist noch höheren Anteil sehr unterschiedlicher, oft sogar diametral abweichender Inhalte, ohne deren Erfüllung die Mindesterfordernisse nicht erreicht werden. Die plötzliche Auflösung einer traditionellen Ordnung und der sozialen Sicherheit in der Großfamilie ist selbst bei vollem Ersatz durch andersartige soziale Leistungen ein Bruch, der unzählige Möglichkeiten einer Fehlentwicklung in sich birgt.

1.4 Erläuterungen zum Inselbegriff; Auswirkungen der Gezeiten auf die Küstengestaltung, Feststellung der Inselflächen

Als *Meeresinseln* im Sinne der Ausführungen dieses Buches versteht der Verfasser allseitig vom Meer umgebene Landgebiete, welche auch bei Gezeitenhochwasser und ruhiger See über den Meeresspiegel herausragen, deren Flächen aber nach dem Mittelwasserstand berechnet sind und in gleicher Weise auch kartographisch ausgewiesen werden sollten.

Gezeiten sind periodische Massenbewegungen des Meeres, welche durch das Zusammenspiel von Gravitations- und Zentrifugalkräften infolge der Bewegung des Mondes um die Erde und der Erde um die Sonne entstehen. Ungestört treten die Gezeiten bei Windstille und glatter See auf und führen zu Wasserstandsschwankungen und Strömungen, die sich im Küstenbereich von Randmeeren auf diesen morphologisch auswirken.

Bei Voll- und Neumond addieren sich die Gezeitenwirkungen von Sonne und Mond zu Maxima des Tidenhubes (Springtiden, Springflut), zu Zeiten der Quadraturen wirken sie gegeneinander und führen zu Minima des Tidenhubes (Nipptiden). Die Zeit zwischen zwei Springtiden entspricht der halben Umlaufzeit des Mondes.

Im Beobachtungszeitraum eines Monats treten im Abstand von jeweils 14 Tagen Maxima und jeweils 8 Tage vor und nach diesen Minima der Tidenhübe ein.

Als *Tidenhub* wird das Amplitudenmaß zwischen Hochwasserstand und dem arithmetischen Mittel vom vorhergegangenen und nachfolgenden Niedrigwasserstand bezeichnet, da letztere meist ungleiche Werte besitzen (Abbildung 4).

Der Tidenhub ist an den kontinentalen Festlandküsten mitunter außerordentlich hoch. So z. B. in der Fundy Bay im Atlantischen Ozean bei Neuschottland mit über 15 m (Buchtausgang 6,4 m, innerster Buchtteil 17 m); besonders hohe Werte weisen auch die Kanalküste von Frankreich in der Bretagne (6–12 m), die atlantische Küste bei Feuerland, die westindische und die nordwestaustralische Küste des Indischen Ozeans und die fjordartigen Küsten des Golfes von Alaska im Pazifischen Ozean auf.

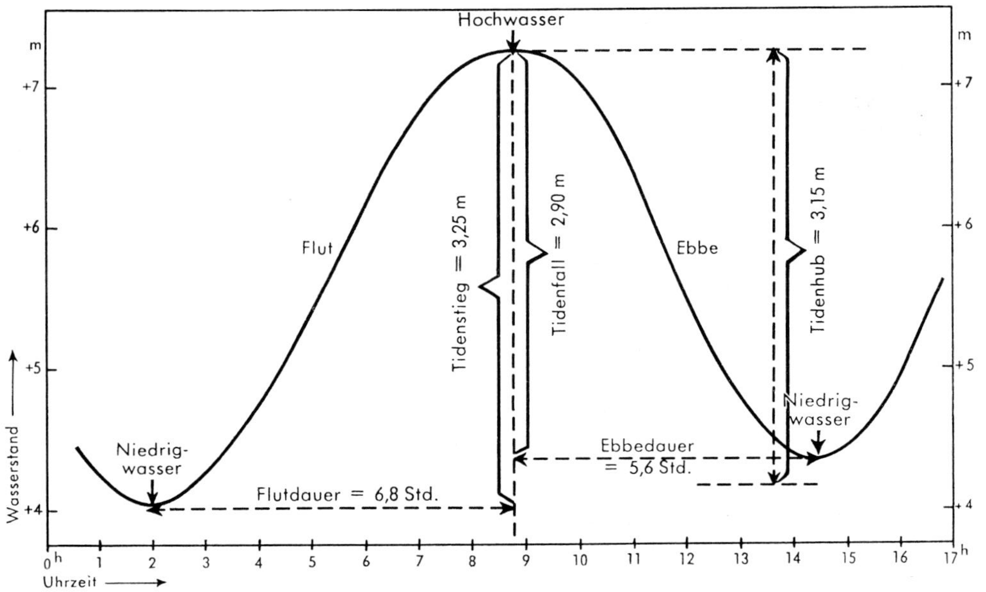

Abbildung 4: Wasserstandsänderung bei einer Tide mit täglicher Ungleichheit (Pegelkurve, aus H. G. GIERLOFF-EMDEN: Geographie des Meeres, 1980, Teil 2. S. 1003).

Die Inseln in den offenen Ozeanen außerhalb des Kontinentalschelfs besitzen oft sehr geringe Tidenhöhen, so z. B. Hawaii nur wenig über 0,5 m oder die Karolinen-Inseln 1,6 m. Eine ausgezeichnete Übersichtskarte über die Gezeitenverhältnisse an den Küsten der Ozeane enthält der 2. Teil der „Geographie des Meeres" von H.G. GIERLOFF-EMDEN (1980).

Über das Zeitintervall einer Flut zwischen Niedrigwasser und Hochwasser, das nicht genau 6 Stunden, sondern etwas mehr beträgt, stellt GIERLOFF-EMDEN (1980, S. 1004) fest: „Das Eintreffen dieser Wasserstände verspätet sich von einem Tag zum nächsten um etwa 50 Minuten. Weit verbreitet an den Küsten ist die Gezeitenform, bei der durchschnittlich zwei Tiden pro Tag vorkommen, wobei zwei Hoch- und zwei Niedrigwasser im Abstand von 12 Stunden und 25 Minuten aufeinanderfolgen. Die tägliche Verschiebung (Verspätung) beträgt im Mittel 50 Minuten. Dieser Wert entspricht der Verspätung des täglichen Durchganges des Mondes durch den Ortsmeridian im Vergleich zur Sonnenzeit. Das Zeitintervall einer Tide entspricht also fast einem halben Mond-Tag, d. h. Zeit zwischen oberer und unterer Kulmination des Mondes. Die Tiden verschieben sich zur Springtidenzeit, also bei Voll- und Neumond um 30 bis 40 Minuten, bei Nippzeit, also bei Halbmond, um 70 Minuten."

Welche Bedeutung haben nun diese Ausführungen über die Gezeiten für unsere Inselbetrachtungen hinsichtlich der Küstenformung, Ökologie und der wirtschaftlichen Nutzung der Grenzzone von Land und Meer?

Die stärkste horizontale Auswirkung besitzen Gezeiten immer an Flachküsten mit weiten Stränden und einem Hinterland, das sich nur wenig über NN (Normal-Null) erhebt. Die bei Niedrigwasser trockenfallende Inselfläche kann dann gegenüber jener bei Gezeitenhochwasser erheblich divergieren. Auf diese Weise kann die Ermittlung von Inselflächen aus Fernerkundungsunterlagen zu Fehlergebnissen führen. Mitunter werden deshalb Wattgebiete, welche von den Gezeiten periodisch überflutet werden, als Inselgebiete ausgewiesen. Größte Vorsicht ist für die Inselermittlung auch bei den niedrigen Korallensandinseln geboten, da im Luftbild manche Korallensandflächen inselhaftes Aussehen besitzen, in Wirklichkeit aber der amphibischen Region zuzurechnen sind.

Meeresküsten sind Grenzsäume zwischen Festland und Meer, die durch die Meeresbrandung in Verbindung mit den Gezeitenbewegungen wesentlich geformt werden. Da sich im Laufe der Erdgeschichte der Meeresspiegel bzw. die Insel- und Festlandgebiete gehoben und gesenkt haben, finden wir Zeugnisse früherer Küstengestaltung oft weit im Land oder im Meer unter dem heutigen Meeresspiegel. Als Ergebnis geologisch-ozeanischer und atmosphärischer Ereignisse befinden sich Küsten in einem ununterbrochenen Wandel. Dieser kann mitunter so rasch vor sich gehen, daß innerhalb von Jahrzehnten nicht nur wesentliche Veränderungen im Küstenbereich und der Inselformen geschehen, sondern auch ganze Inseln verschwinden (Wattbereich, Mündungsgebiet großer Flüsse) oder neue Inseln entstehen (z. B. Vulkaninseln).

Bei unseren Ausführungen über die später beispielhaft vorgestellten Inseltypen verwenden wir den Begriff Küste im Sinne eines Landstreifens, dessen Formenschatz mit den Vorgängen unter Einwirkung der Meeresbrandung zusammenhängt. Der Begriff wird also viel weiter als im englischen Sprachgebrauch gefaßt, der als „coast" das Gebiet binnenwärts der Hochwasserlinie, als „shore" den meerwärts davon gelegenen Bereich bezeichnet.

Nach dem Querprofil der Küsten unterscheidet man Steil- und Flachküsten:
An *Steilküsten* wird durch die Wirkung der Brandung an der Uferlinie vorerst die Böschung zerstört und dann, je nach der Gesteinsqualität und der Brandungsstärke, eine mehr oder minder hohe und tiefreichende Brandungskehle ausgearbeitet. Dabei kommt der Brandung bei Kalken und anderen durch Laugungswirkung angreifbaren Gesteinen auch noch die chemische Verwitterung zu Hilfe, welche sich u. a. in einer Loch- und Wabenverwitterung oder Auflösung der Gesteinsoberfläche in zellige Strukturen äußert (z. B. Inseln des Roten Meeres, Seychellen, Andamanen, Hawaii). Mit dem Größerwerden der Brandungskehle treten schließlich Verbrüche der hangenden Wandpartien ein, und es entsteht in der Form wandartiger steiler Abfälle ein *Kliff,* das sich bei weiterer Unterschneidung durch die Brandung immer mehr in die dahinter liegende ältere Landoberfläche einschneidet (siehe Abbildung 5).

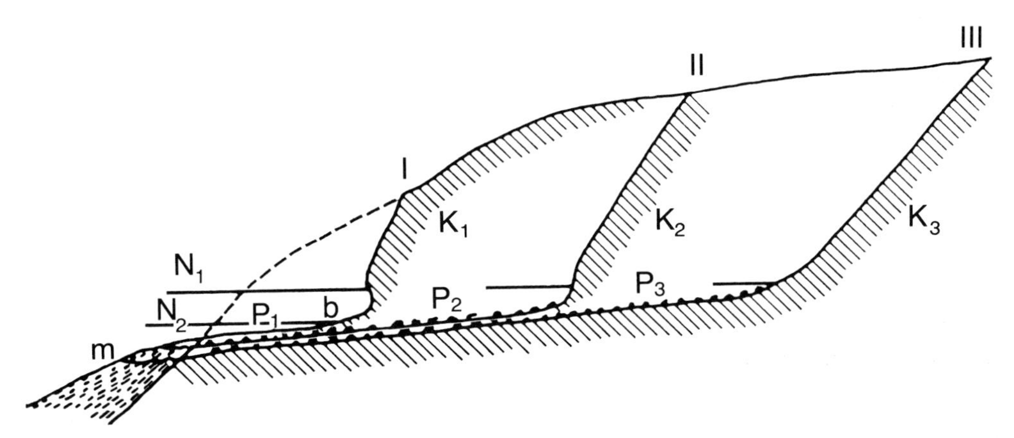

Abbildung 5: Schematische Darstellung der Entstehung einer Kliffküste. Da die Brandungswirkung unter dem Meeresspiegel mit der Tiefe stark abnimmt, entsteht gleichzeitig mit dem Zurückweichen des Kliffs (I, II, III) eine seewärts geneigte, felsige, submarine Plattform (Brandungsplatte), welche bei Ebbe zum Teil trocken liegt (P_1, P_2, P_3). Das Aufschlagen der Brandung arbeitet zwischen Hochwasserstand (N_1) und Niedrigwasserstand (N_2) der Gezeiten eine Brandungskehle aus. Mit dem Zurückweichen des Kliffs verflachen auch dessen Böschung und die Brandungskerbe; schließlich können die Wellen den Kliffuß nicht mehr erreichen, so daß ein Stillstand der Rückverlegung erreicht wird (K_3 = ruhendes Kliff). Abbildung nach F. MACHATSCHEK, 1954, S. 177.

Die Brandung ist natürlich in Intensität und Wirkung sehr unterschiedlich. In geschützten Buchten und unter dem Schutz vorgelagerter Korallenriffe arbeitet sie in Gebieten mit geringem Tidenhub oft nur eine schön geformte, aber nicht sehr tiefgreifende Brandungskehle aus, es kommt aber nicht zu Nachbrüchen, und die submarine Plattform bleibt schmal und unbedeutend. Viele geschützte Buchten der Vava'u-Insel von Tonga zeigen ein solches Stadium. An der Südostküste von Tongatapu wieder ist der Schutz durch Korallenriffe so stark, daß die Brandung eine Brandungskehle und eine größere Plattform ausbilden konnte, es aber nur zu einzelnen buchtartigen Einbrüchen mit unterbrochenen Kliffbildungen gekommen ist und der Rückverlagerungsprozeß kaum mehr vor sich gehen kann (siehe Bild 20 der Tafel 10). Die brandungsbrechende Wirkung von vorgelagerten Korallenriffkanten bewirkt auch, daß Reste der alten zerstörten Steilküste auf der submarinen Plattform als Ruinen erhalten bleiben, wie auf der Insel Nauru im Pazifik (siehe Bild 14 der Tafel 7).

An *Flachküsten* und Küsten aus lockerem Material wird vielfach die abnehmende Brandungswirkung durch eine aufbauende abgelöst. In kurzer Entfernung vor der Uferlinie werden, parallel zu dieser, durch Erlahmung der Wellenbewegung Lockermaterialien zu einem Sandwall oder 2 bis 3 untermeerischen Wällen abgelagert. Wandert ein solcher Wall bis ans Ufer, dann entsteht dort ein trockener, niedriger und seewärts steiler geneigter Strandwall, der oft die Basis für die Ansiedlung einer Pioniervegetation ergibt. Zwischen Uferlinie und meerseitig vorgelagerten, untermeerischen Sandwällen bildet sich eine Seichtwasserzone mit geringem wirksamen Wellengang, die unter günstigen Umständen weitere Anlandungen vorbereiten kann.

Für die *Strandplattform* der Kliffküste ist auch der Ausdruck „Schorre" gebräuchlich. GIERLOFF-EMDEN schlägt vor (1980, S. 981), diese Bezeichnung für alle von den Brandungswellen überspülten und geschaffenen Flächen – also auch für solche aus Lockermassen – zu verwenden. Im Sinne dieses Vorschlages wird der Begriff auch in diesem Band gebraucht.

Die hier erörterten Vorgänge an Steil- und Flachküsten hängen direkt mit den Gezeitenbewegungen in Verbindung mit der Brandungswirkung zusammen. Sie sind daher ausnahmslos überall anzutreffen. Sie allein erklären aber nicht die verschiedenen Küstenformen, wie sie im Zusammenwirken mit noch anderen Faktoren, z. B. durch Meeresniveauänderungen (Transgressionsküste bei relativem Meeresspiegelanstieg, Regressionsküste bei relativem Meeresspiegelsinken), durch Triftbewegungen und Meeresströmungen u. a. entstanden sind. Auf diese verschiedenen Küstenformen und ihre Entstehung wird bei der Besprechung der einzelnen Inseltypenbeispiele eingegangen werden.

Flut und Ebbe haben aber auch noch sehr große Wichtigkeit für die Ökologie des Meeres, für den Schiffsverkehr und für die Wirtschaft an den Küsten der Inseln.

Das periodisch steigende und fallende Wasser erzeugt Strömungen, welche für den Wasseraustausch in den Meeren, Meeresbuchten und Meerengen von großer ökologischer Bedeutung sind. Ohne sie wären manche Buchten nahe menschlichen Siedlungen rettungslos zu verseuchten Kloaken und Herden von Epidemien geworden.

Ebbe und Flut besitzen aber auch sowohl negative als auch positive Auswirkungen auf den Schiffsverkehr. So ist bei Ebbe vielfach die Zufahrt zu kleineren Häfen in Flußmündungen und korallenriffgeschützten Buchten nicht möglich, so daß sich nicht nur die Fischerboote, sondern auch die Küstenschiffahrt für den Personen- und Frachtverkehr ganz auf die Gezeitenstände und -bewegungen abstimmen muß.

Offensichtlich ist die große wirtschaftliche Bedeutung der Gezeitenbewegungen auch dann, wenn man nicht gleich an Gezeitenkraftwerke und ähnliche Großprojekte denken will.

Das Abfischen der zur Zeit der Ebbe besonders geschützten Riffplattformen oder vom offenen Meer vorübergehend abgeschnittenen Gewässer bietet täglich zumindest einmal eine Ergänzungsmöglichkeit der sonst sehr einseitigen und eiweißarmen Ernährung

und hilft den Küstenbewohnern vieler Inseln, Mangelkrankheiten zu vermeiden. Der Wechsel von Flut und Ebbe und die damit verbundenen Strömungen werden auch mittels Stellnetzen, Reusen und anderen Einrichtungen für den Fischfang genützt (siehe Abbildung 40 und 41).
Von dem im Meerwasser enthaltenen Stoffen wurden bisher nur Kochsalz, Jod, Magnesium und Brom in nennenswertem Umfang gewonnen. Für die Kochsalzgewinnung in Salzgärten spielen Ebbe und Flut vielfach ebenfalls eine bedeutende Rolle. Ebenso für die Gewinnung von Algen und Tang zur Herstellung von Nahrungsmitteln und von Futter für die Tierhaltung.

2 Die Abgrenzung des tropischen Meeresraumes und die klimaökologischen Lebensumstände auf seinen Inseln

Das Wort Tropen ist aus dem Griechischen von trope = Sonnenwende abgeleitet und weist auf eine Abgrenzung des Raumes im Sinne der mathematischen Klimazonen der Erde im Bereich zwischen den beiden Wendekreisen hin. In diesem Raum steht im Jahresablauf die Sonne zweimal, in seinen Randgebieten zumindest einmal im Zenit. Man spricht daher auch von mathematischen oder solaren Tropen, in denen eine Reihe solar abhängiger Kriterien sehr kennzeichnende Lebensumstände schafft. Einige davon mögen beispielhaft angeführt werden:

- Die wichtigste Eigenschaft wird durch den Begriff *„Isothermie"* gekennzeichnet. Man versteht darunter die geringen thermischen Jahres- und Tagesschwankungen. Die Jahresschwankungen der Temperatur sind geringer als die Tagesschwankungen und nehmen vom Äquator gegen die Wendekreise hin zu. Klimatisch lassen sich die Tropen (nach C. TROLL und anderen Autoren) durch eine Linie gleicher Jahres- und Tagesamplituden von den Außertropen abgrenzen.
- Nur geringe Unterschiede von Tages- und Nachtlängen. Bei senkrechtem Sonnenstand in den „Inneren Tropen" 12 Stunden Tag und 12 Stunden Nacht. Also ein das ganze Jahr hindurch herrschender, fast ähnlicher täglicher Lebensrhythmus für alle Lebewesen. An den Wendekreisen dauert der längste Tag 13½ Stunden (Wien nicht ganz 16 Stunden) und der kürzeste Tag 10½ Stunden.
- Scharfer Wechsel von Tag und Nacht mit nur sehr kurzer Dämmerungszeit.
- Fehlen des für unsere Breiten so typischen Kontrastes von Sonn- und Schatthängen in den „Inneren" und nur unbedeutende kurze Beschattung steilgeneigter Hänge in den „Äußeren Tropen".
- Mindestwerte der auf den Meeresspiegel reduzierten Jahresmittel der Temperatur etwa um 20°C und eines Monatsmittels des kältesten Monats um 18°C. Der Mindestanspruch tropischer Pflanzen beträgt 18°C der Mitteltemperatur des kältesten Monats. Zwischen den beiden Wendekreisen sind diese Bedingungen im Meeresniveau fast überall erfüllt.

Rein thermisch ergibt sich auch in den Tropen durch Höhenunterschiede der Landoberfläche eine vertikale Klimagliederung. Mit Recht betont aber TROLL, daß es nicht gerechtfertigt ist, die Höhenzonen im Tropengürtel den kühlen Klimazonen der Nord- und Südhalbkugel gleichzusetzen. Vielmehr sind die frostgefährdeten Höhengebiete innerhalb der Tropen als „Kalte Tropen", die darunter liegenden als „Warme Tropen" zu bezeichnen.

Die Zirkulation in der Atmosphäre der Tropen wird von der *„Innertropischen Konvergenz"* (ITC) und dem Einfluß von Passat- und Monsunwinden bestimmt. Als Innertropische Konvergenz bezeichnet man die Tiefdruckrinne zwischen den Passatgürteln der Nord- und Südhalbkugel, in der die Luft aufsteigt und es daher zu starker Wolkenbildung und heftigen Niederschlägen (Äquatorialregen) kommt. Aber auch sonst führen in den Tropen die intensive Sonneneinstrahlung, starke Erwärmung der Landmassen und damit der auflagernden Luftschichten zu einer hohen Aufnahmefähigkeit für Wasserdampf und zur intensiven Thermik. Die Thermik ist bei hohem Sonnenstand am größten und führt mit etwas zeitlicher Verspätung zu sehr vehementen Niederschlägen. Nur die semiariden Gebiete der Randtropen und einzelne Trockenräume besitzen für diesen Mechanismus nicht die notwendige Feuchtigkeit. Die täglichen Niederschlagsmaxima fallen in die frühen Nachmittagsstunden, das tägliche Niederschlagsminimum in die Morgenstunden.

Durch Verlagerung der innertropischen Konvergenz im Jahresablauf kann auch für die Tropen eine Jahreszeitengliederung, und zwar nach den Niederschlägen, vorgenommen werden.

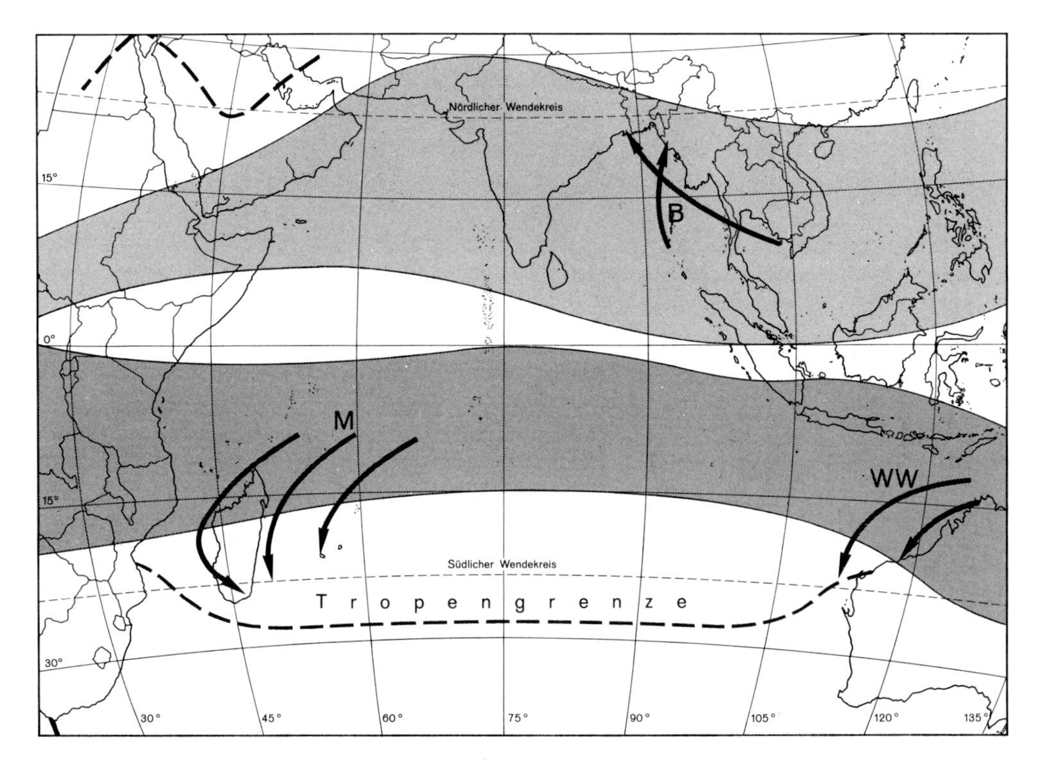

Abbildung 6: Jahreszeitliche Verlagerung der Innertropischen Konvergenz, Auftreten von Wirbelstürmen und Lage der Tropengrenze im Indischen Ozean. Lichter Raster: ITC-Einflußbereich im Juli; dunkler Raster: ITC-Einflußbereich im Jänner: B: Bengalen-Zyklone (Juli bis September); M: Mauritius-Orkane (Jänner bis März); WW: Willy-Willies-Orkane (Jänner bis März). Kartengrundlage in Azimuthal Equal-Area Projection nach „Indian Ocean Atlas", Ausgabe 1979. Thematischer Inhalt nach J. BLÜTHGEN: Allgemeine Klimageographie, 1966, und anderen Autoren.

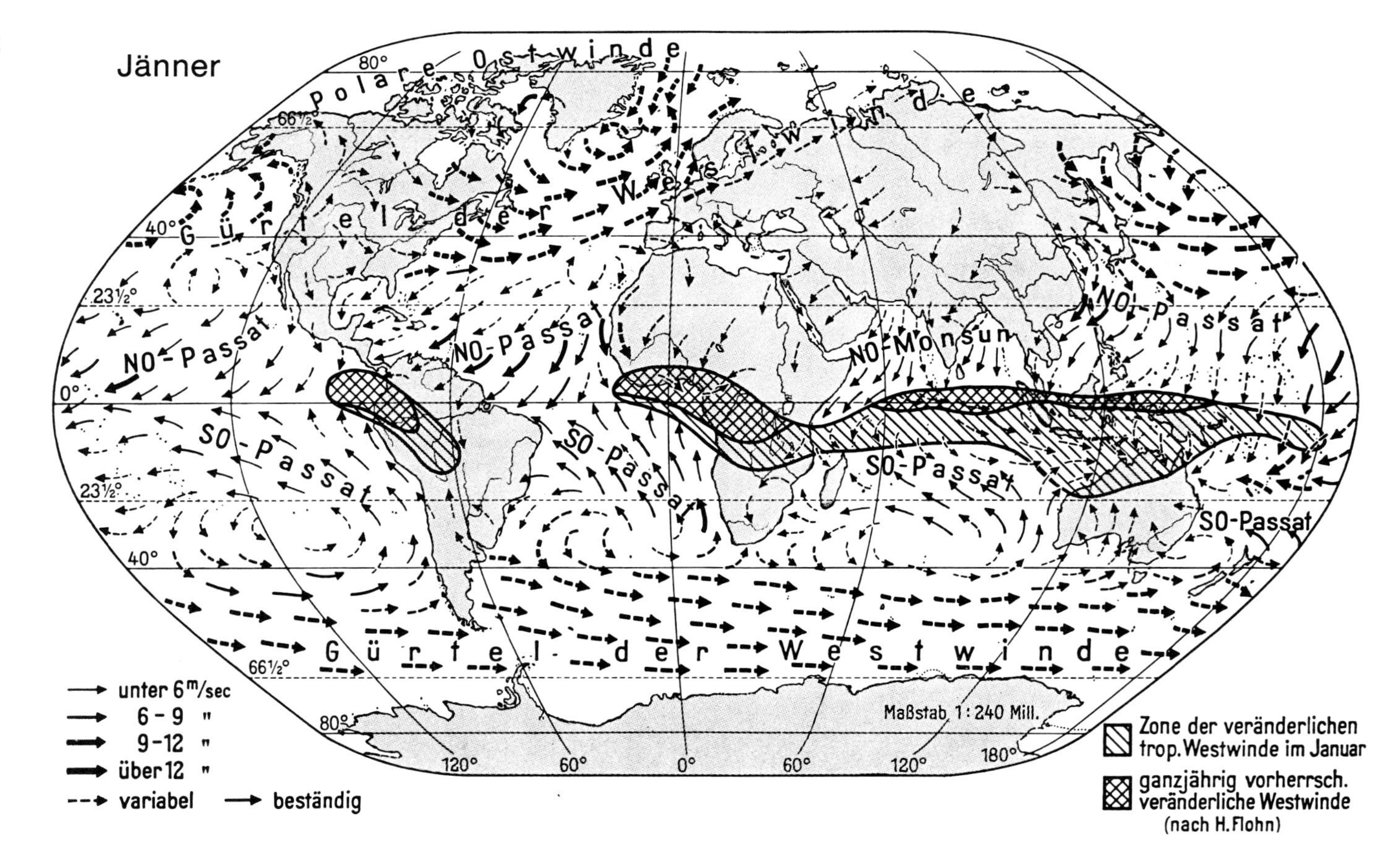

Abbildung 7: Karte der mittleren Windverteilung auf der Erde im Jänner (nach SYDOW-WAGNER, bearbeitet von H. HAACK und H. LAUTENSACH. Aus J. BLÜTHGEN und W. WEISCHET: Allgemeine Klimakunde. 1980. S. 382).

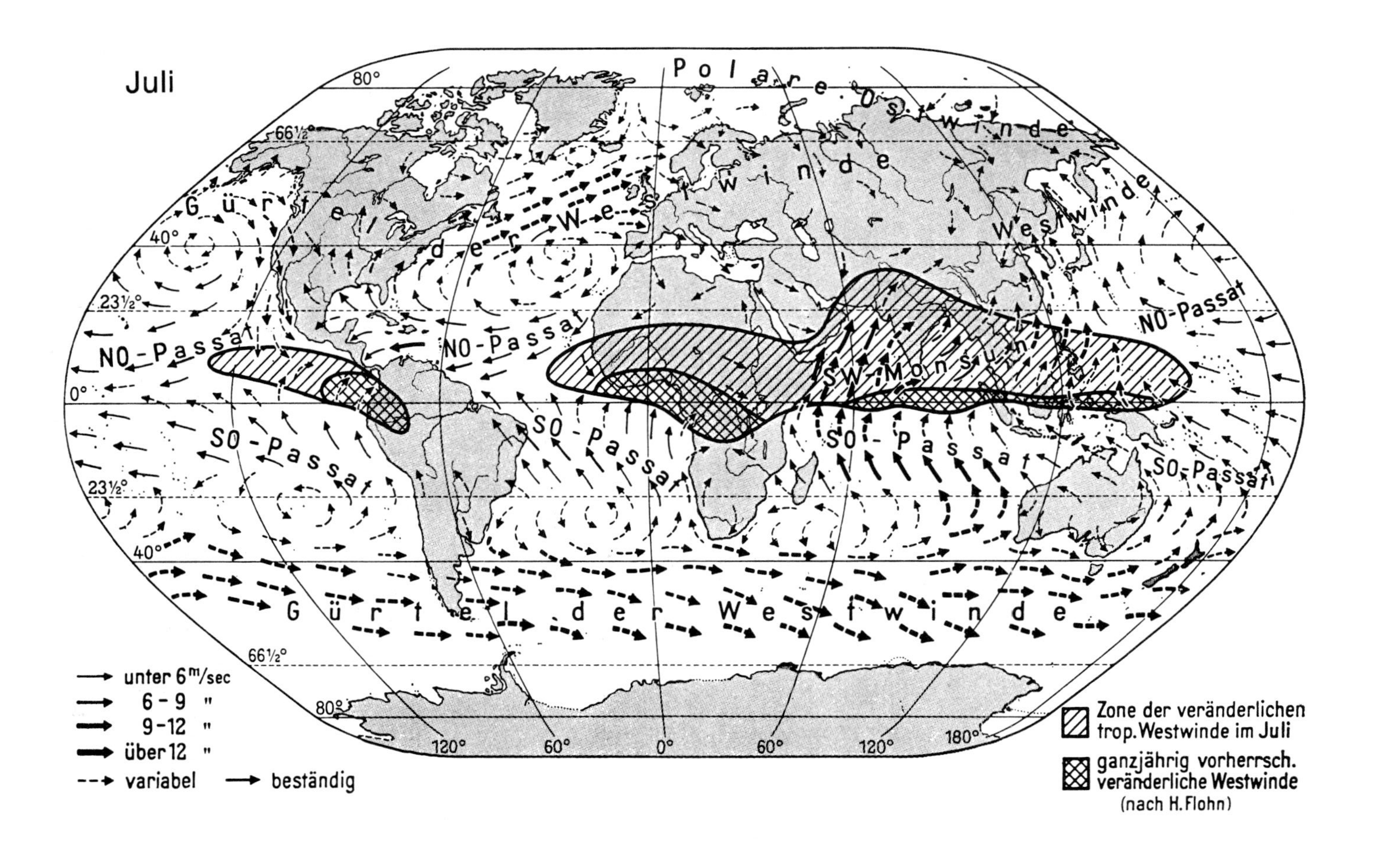

Abbildung 8: Karte der mittleren Windverteilung auf der Erde im Juli (nach SYDOW-WAGNER, bearbeitet von H. HAACK und H. LAUTENSACH. Aus J. BLÜTHGEN und W. WEISCHET: Allgemeine Klimakunde. 1980. S. 383).

Die ITC fällt nicht mit dem geographischen Äquator zusammen. Sie wandert, dem Sonnenhöchststand mit etwas Verzögerung folgend (die Verzögerung ist auf dem Festland etwas geringer als über dem Meer), auf der Nordhalbkugel weit nach Norden, auf der Südhalbkugel weit nach Süden (siehe Abbildung 6).

Wenn wir die *Luftzirkulation* über dem Indischen Ozean für Februar und für August miteinander vergleichen, dann erkennen wir nördlich des Äquators einen regelmäßigen Wechsel von winterlichem NO-Monsun (NO-Passat) mit sommerlichem SW-Monsun, während die Inselwelt des westlichen Indischen Ozeans südlich des Äquators weitgehend das ganze Jahr hindurch unter dem Einfluß der SO-Passate steht. Anschaulich zeigen dies auch die Abbildungen 7 und 8 über die mittlere Windverteilung auf der Erde im Jänner und im Juli.
Aus den Abbildungen 7 und 8 ersehen wir auch, daß es sich bei den *Monsunwinden* um jahreszeitliche Luftströmungen, verbunden mit einem deutlichen Richtungswechsel von mindestens 120 Grad, handelt. Das Wort Monsun ist vom arabischen „mausim" = Jahreszeit abgeleitet. Es bezog sich auf den halbjährigen Wechsel von Winter-Nordostwinden und Sommer-Südwestwinden über dem Arabischen Meer, welcher bestimmend für die jeweils mögliche Richtung der Segelschiffahrt war (im Winter nach Ostafrika, im Sommer nach Vorderindien).
Der Monsun beruht auf großräumigen, thermisch bedingten Luftdruckunterschieden. Wie wir bereits erwähnt haben, ist im Indischen Ozean im Nordwinter der NO-Monsun wetterbestimmend (Jänner bis März). Da er einen Teil des NO-Passats bildet und außerdem noch vom Gebirge her als Fallwind verstärkt wird, ist er, vom Land gegen das Meer hin wehend, trocken! In dieser Zeit gelangen die Gebiete südlich des Äquators in den Bereich der äquatorialen Westwinde, die den quer zur Windrichtung verlaufenden Küsten Niederschläge bringen.
Die verschiedenen Monsunströmungen in Südost- und Ostasien haben einen komplizierteren Verlauf, und intermonsunale Perioden spielen eine größere Rolle. Wir kommen darauf noch später zu sprechen.

Der *Ostwindgürtel,* in dem die ITC eingebettet liegt, nimmt den größten Flächenanteil aller Zirkulationsglieder der Erde ein. Die Grundströmung erscheint auf der Nordhalbkugel als NO-Passat, auf der Südhalbkugel als SO-Passat. Sie zeichnet sich durch hohe Beständigkeit und Stabilität aus und ist durch eine Passatinversion von einer darüber liegenden Passatoberströmung getrennt, welche Wolken- und Niederschlagsbildung weitgehend verhindert.
Wir haben bereits festgestellt, daß der Jahresgang der Temperatur und der Niederschläge in den Tropen mit der Wanderung der ITC zusammenhängt. Es lassen sich meist recht deutlich „Innere Tropen" und „Äußere Tropen" und von letzteren auch noch die „Randtropen" unterscheiden (siehe Abbildung 9).
Die Temperaturjahresschwankungen sind in den Inneren Tropen äußerst gering, vergrößern sich aber gegen die Randtropen so sehr, daß schließlich Jahres- und Tagesschwankungen einander entsprechen (Grenze des Tropenraumes).
Während in den Inneren Tropen zwei deutlich ausgeprägte Niederschlagsmaxima (April, Oktober) feststellbar sind, rücken diese gegen die Wendekreise zu einem Niederschlagsmaximum zusammen, das in den Randtropen minimale Beträge erreicht.

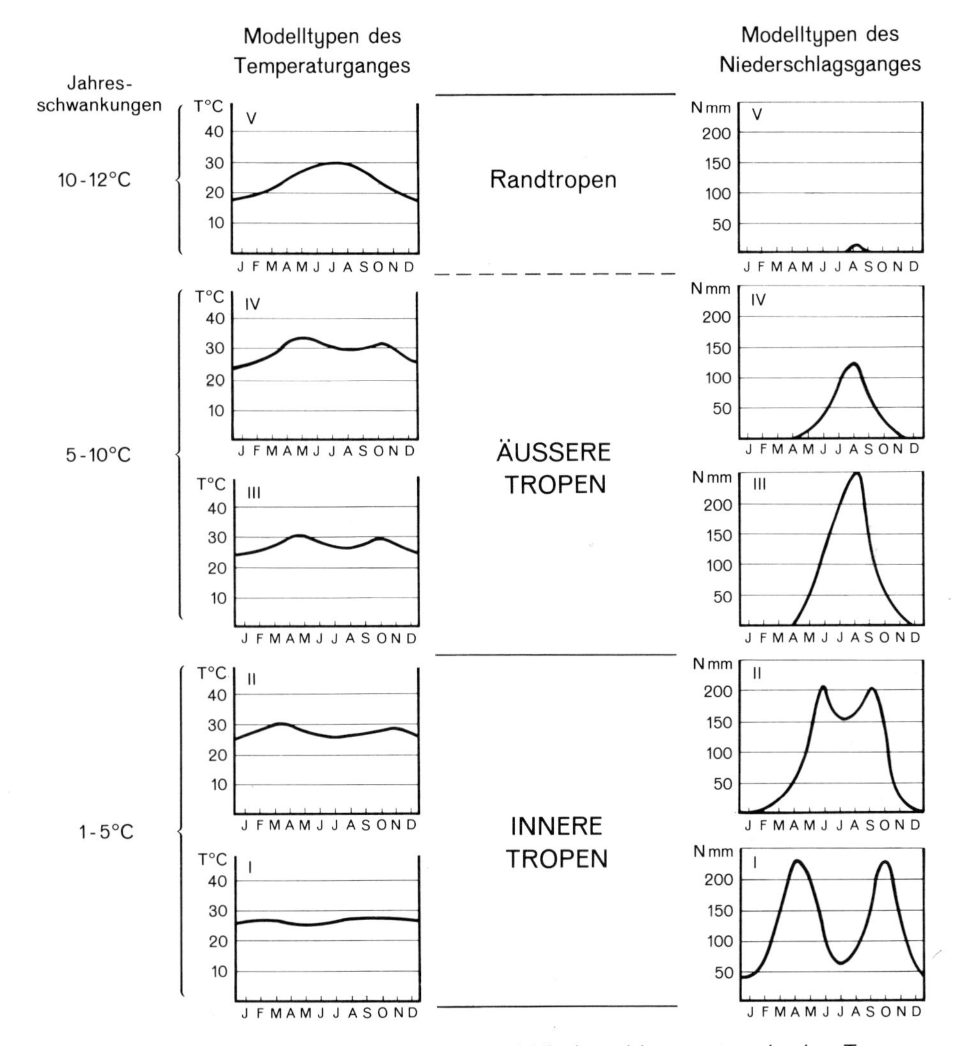

Abbildung 9: Modelltypen des Temperatur- und Niederschlagsganges in den Tropen nach W. LAUER, 1975, in etwas anderer Anordnung.

Die *Niederschlagsmengen* sind aber auch entsprechend der Streichungsrichtung der Küsten und Gebirge äußerst unterschiedlich. Die Jahresniederschläge können mehrere Meter Höhe erbringen, wenn der Küstenverlauf sich quer zu den regenbringenden Winden erstreckt und die Stauwirkung von Gebirgen das Abregnen begünstigt. Leeseiten von Gebirgen leiden hingegen oft unter Trockenheit, was sich auch im Verhältnis zur Luvseite in unterschiedlichen Höhengrenzen der Vegetation und der Zusammensetzung der Pflanzengesellschaften ausdrückt.

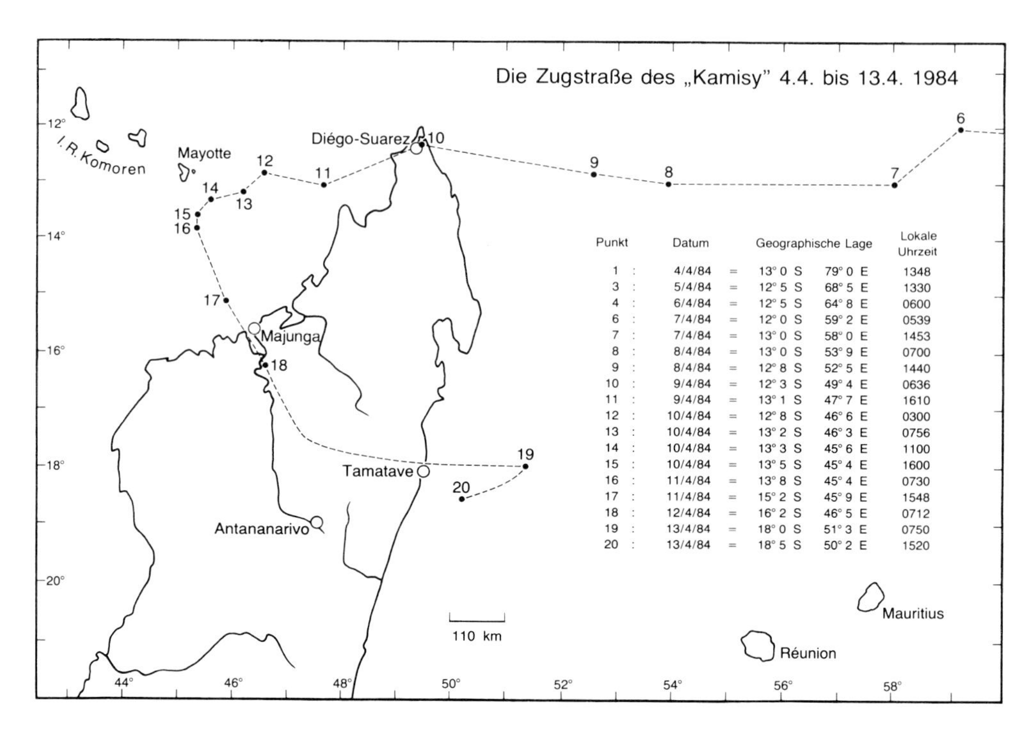

Punkt		Datum		Geographische Lage		Lokale Uhrzeit
1	:	4/4/84	=	13° 0 S	79° 0 E	1348
3	:	5/4/84	=	12° 5 S	68° 5 E	1330
4	:	6/4/84	=	12° 5 S	64° 8 E	0600
6	:	7/4/84	=	12° 0 S	59° 2 E	0539
7	:	7/4/84	=	13° 0 S	58° 0 E	1453
8	:	8/4/84	=	13° 0 S	53° 9 E	0700
9	:	8/4/84	=	12° 8 S	52° 5 E	1440
10	:	9/4/84	=	12° 3 S	49° 4 E	0636
11	:	9/4/84	=	13° 1 S	47° 7 E	1610
12	:	10/4/84	=	12° 8 S	46° 6 E	0300
13	:	10/4/84	=	13° 2 S	46° 3 E	0756
14	:	10/4/84	=	13° 3 S	45° 6 E	1100
15	:	10/4/84	=	13° 5 S	45° 4 E	1600
16	:	11/4/84	=	13° 8 S	45° 4 E	0730
17	:	11/4/84	=	15° 2 S	45° 9 E	1548
18	:	12/4/84	=	16° 2 S	46° 5 E	0712
19	:	13/4/84	=	18° 0 S	51° 3 E	0750
20	:	13/4/84	=	18° 5 S	50° 2 E	1520

Abbildung 10: Wirbelsturm über Madagaskar. Die Zugstraße des ,,Kamisy" 1984 nach Angaben des Meteorologischen Dienstes von Mayotte.

Auf eine ganz besondere Erscheinung des Tropenraumes, unter der viele Menschen fast jedes Jahr zu leiden haben, muß aber noch eingegangen werden:
Zeitweise bilden sich in der Innertropischen Konvergenz – überwiegend in den Übergangsjahreszeiten und wenn diese die größte Entfernung vom Äquator besitzt – auf den Ozeanen schwere *tropische Wirbelstürme* (siehe Abbildung 6, S. 47). Die furchtbaren Auswirkungen eines Mauritiusorkans konnten die Verfasser an Ort und Stelle selbst kennenlernen.
Am 7. April 1984 entwickelte sich ein aus dem Raum südöstlich Diego Garcia heranziehendes Tiefdruckgebiet im Südosten der Agalega Inseln zu der tropischen Zyklone ,,Kamisy", welche am 9. April um 6.30 Uhr über Diégo-Suarez im Norden Madagaskars zog, dort arge Verwüstungen anrichtete und zahlreiche Tote und Verletzte forderte. Im weiteren Verlauf wanderte Kamisy bis nahe zur östlichsten Komoreninsel Mayotte und entwickelte dort Geschwindigkeiten von über 100 km/h (vereinzelt sogar bis 148 km/h), welche schwere Schäden an den Kulturen und Siedlungen vor allem im Süden der Insel verursachten. Noch vor Erreichen der Insel Mayotte drehte das Zentrum der Zyklone auf Südostrichtung und zog, sich abschwächend, bei Majunga nochmals über Madagaskar, um bei Tamatave in östlicher Richtung das Land zu verlassen. Zeitlicher Ablauf und Zugbahn sind der Abbildung 10 zu entnehmen.

Das Maximum der Windgeschwindigkeit wurde am 10. April um 11 Uhr mit Böen von 148 km/h erreicht, selbst die mittlere Windgeschwindigkeit betrug um 11.45 Uhr noch 120 km/h. In Pamandzi auf Mayotte (Lage ist aus Abb. 3, S. 34, zu ersehen) betrug an diesem Tag um 11.45 Uhr der auf den Meeresspiegel bezogene Luftdruck 985,8 mb und die Niederschlagsmenge in 24 Stunden am Tag vorher 139,7 mm; eine ähnlich hohe Niederschlagsmenge war zuletzt 1956 mit 134,0 mm erreicht worden.
In Südasien sind die Bengalenzyklonen besonders gefürchtet und fordern infolge der dichten Besiedlung immer wieder hohe Todesopferzahlen (1970: 500.000 Tote). Im November 1978 entstand in der südlichen Bucht von Bengalen eine tropische Zyklone, welche am 23. November spätnachmittags die Küste von Sri Lanka erreichte und von Batticaloa bis 24. November die Insel nach Nordwesten in Richtung Mannar überquerte, um nach Südindien weiterzuziehen. Bei Absinken des Luftdruckes bis 950 mb und Höchstgeschwindigkeiten der Sturmböen von 200 km/h entstand eine 250 km lange und bis zu 100 km breite Bahn der Verwüstung. Das Meer drang mit einer mehrere Meter hohen Sturmwelle bis zu einem Kilometer ins Land ein (von LENGERKE, 1981, S. 89 ff.).
Außer über 2.000 Toten und unzähligen mehr oder minder schwerverletzten Menschen waren weit über 100.000 total zerstörte Häuser zu beklagen. Eine halbe Million Menschen wurde obdachlos und die Schäden an den Kulturen, an Verkehrswegen und öffentlichen Einrichtungen waren so unübersehbar, daß der gesamte Staatshaushalt aus den Angeln gehoben wurde.
Als drittgrößter Ozean ist der *Indische Ozean* mit 74,12 Mio. km² (nach G. DIETRICH, 1972) 2½mal so groß wie Festlandafrika und nimmt ⅕ des Weltmeeres ein. Nach Zahl, Fläche und Bevölkerung seiner tropischen Inseln steht er aber nach dem Pazifik mit weitem Abstand an zweiter Stelle (siehe Tabelle 2).

Tabelle 2: Indischer Ozean – Gesamtübersicht. Zahl, Fläche und Bevölkerung der Inseln.

Meeresanteil	Gesamt-Areal in Mio. km²	Inseln		
		Zahl	Fläche in Mio. km²	Bevölkerung 1980 in Mio. Ew.
Gesamtgebiet	74	8.361	1,242	52,70
Tropischer Raum	36	7.561	1,226	52,69
Außertropischer Raum	38	800	0,016	0,007

Nach C. TROLL, bei dem klimaökologische Gesichtspunkte für die Abgrenzung der Tropen im Vordergrund stehen, ist fast der gesamte nördliche Raum des Indischen Ozeans den Tropen zuzurechnen. Auch H. v. WISSMANN gelangt zu einer ähnlichen Abgrenzung. Im Süden des Indischen Ozeans verläuft die Tropengrenze etwa zwischen 25 und

30° südlicher Breite (siehe Abbildung 6, S. 47). Tropischer Anteil (36 Mio. km²) und außertropischer Anteil (38 Mio. km²) des Indischen Ozeans sind fast gleich groß!
Im *Pazifischen Ozean* erstreckt sich die Tropengrenze auf der Nord- und auf der Südhalbkugel etwa zwischen 28. und 29. Breitengrad. Nach C. TROLL und K. H. PAFFEN sind die Küsten- und Inselgebiete des gesamten Südchinesischen Meeres einschließlich Südchinas bis etwa Guanzhou (25° n. Br.) und die Insel Taiwan zu den tropischen Klimaten zu zählen. Die Grenze zwischen den tropischen Regenklimaten des südostasiatischen Monsungebietes der zentralen Tropen und den im Norden anschließenden sommerhumiden und wechselfeuchten Küstenabschnitten und Inseln verläuft von der thailändisch-malaysischen Grenze quer über das südliche Südchinesische Meer zur Balabac-Straße in die Sulu-See. Der größte Teil von Mindanao und die Ostabdachung der Philippinen und von Taiwan besitzen ebenfalls noch Kennzeichen der tropischen Regenklimate.
Auf der Südhalbkugel vollzieht sich im Raum der Java-See in Richtung Timor-See und Arafura-See ein Übergang vom vollhumiden südostasiatischen Monsunklima zu einem solchen mit erheblich geringeren Niederschlägen bzw. zum wechselfeuchten Tropenklima, was sich im Inselraum Sumbawa – Flores – Timor und der Banda- und Arafura-See auch in der Vegetation besonders deutlich dokumentiert. Die Klimagebiete des Pazifischen Ozeans sind in der Abbildung 11 abgegrenzt.
Je weiter wir vom westlichen gegen den zentralen pazifischen Inselraum kommen, desto geringer wird die durchschnittliche Größe der äquatornahen Inseln. Im Äquatorbereich erhalten alle Inseln das ganze Jahr hindurch immer noch genügend Niederschlag. Da sie häufig dem Typus der niedrigen Koralleninseln angehören, zeichnen sie sich durch ein ausgeglichenes Klima aus, dessen Hitze durch die ständig wehenden Meerwinde gemildert wird.
Daneben gibt es aber auch Inseln mit großen Reliefunterschieden, welche sich bis zu größeren Höhen über den Meeresspiegel erheben. Sie liegen meist näher den Wendekreisen und kommen mehr oder minder deutlich unter den Einfluß der Passatwinde. Unverkennbar zeigt sich ein erheblicher Unterschied zwischen feuchten Luv- und weniger feuchten Leeseiten.
Mit zunehmendem Abstand vom Äquator verstärken sich gegen die Tropengrenzen hin die Jahresschwankungen von Temperatur und Feuchte, so daß es auch bei der Vegetation zu kurzer Trockenruhe kommen kann und die Jahresniederschläge manchmal sogar auf unter 1.000 mm zurückgehen.
Beispiele für besonders starken Feuchtigkeits- und Vegetationskontrast von Luv- und Leeseiten hoher Gebirgsinseln bieten auf der Südhemisphäre Neukaledonien im Westen und die Gesellschafts-Inseln im Osten. Auf der Nordhemisphäre sind dafür die großen Hawaii-Inseln besonders typisch, welche in den Tälern der Luvseite von z. T. undurchdringlichen, tropischen Regenwäldern bedeckt sind, an den Leeseiten jedoch meist nur Trockenwald, Busch- und Grasland aufweisen (siehe die Bilder 54 bis 56 der Tafeln 28 und 29). Im Unterschied zu den anderen Inseln mit sommerlicher Hauptregenzeit fällt auf Hawaii die Regenzeit in den Winter.
Im östlichen Pazifischen Ozean sind die klimatischen Bedingungen wesentlich schlechter und weisen häufig aride Züge auf. Kalte Meeresströmungen an den Küsten (Humboldtstrom) und trockene Fallwinde von den hohen nordsüdstreichenden Gebirgen ha-

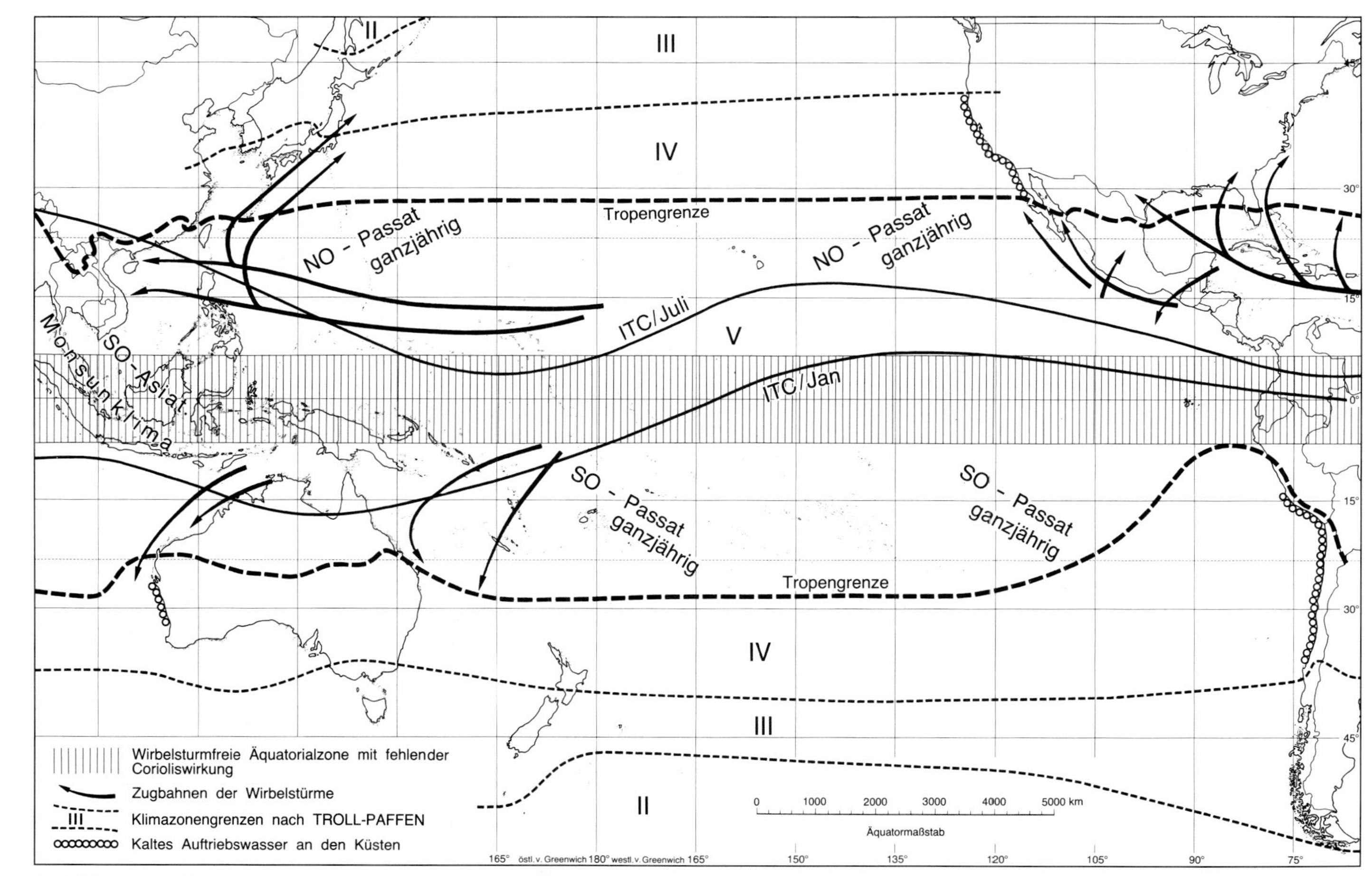

Abbildung 11. Klimaverhältnisse im Pazifischen Ozean nach TROLL-PAFFEN: II: kaltgemäßigte boreale Zone, III: kühlgemäßigte Zonen, IV: warmgemäßigte Subtropenzonen, V: Tropenzone. Verbreitung der Wirbelstürme nach H. v. RUDLOFF, H. G. GIERLOFF-EMDEN u. a. sowie Lage der Innertropischen Konvergenz und Ausdehnung der wirbelsturmfreien Äquatorialzone nach J. BLÜTHGEN und H. G. GIERLOFF-EMDEN.

ben besonders die Küsten Südamerikas und die wenigen im tropischen Raum vorgelagerten Inseln bestimmend beeinflußt und diesen einen wüstenhaften Charakter verliehen.

Als einzige bedeutendere äquatoriale Inselgruppe im Ostpazifik zeigen auch die Galápagos-Inseln eigenartige klimatische Verhältnisse und in Verbindung mit alten vulkanischen Substraten hervorstechende ökologische Eigenschaften. Der Unterschied zwischen heiß-trockenen Küstenregionen und der feucht-kühleren Höhenzone tritt deutlich hervor. Eine Gliederung in zwei Jahreszeiten ist nicht zu übersehen.

In der kühleren Jahreszeit führen zwischen Juni und Dezember heftige Südostwinde den kalten Humboldtstrom heran, wobei der Kontakt der tropischwarmen Luft mit dem kühlen Wasser zu Nebel- und Wolkenbildung und zu nieselartigen Niederschlägen (Garúa) in den Bergen führt. Im Jänner bis Mai bringen sanftere Nordostwinde und der Zustrom wärmeren Wassers aus dem Norden die heiße Jahreszeit, welche die Hauptniederschlagszeit darstellt und wesentlich zu den 350 mm Jahresniederschlag beiträgt. Hingegen fallen die meisten Niederschläge im Hochland und in Berglagen in der kühleren Jahreszeit, und die Jahresniederschlagsmengen liegen hier im langjährigen Mittel zwischen 1.200 und 2.500 mm.

Trotz des Reichtums an verschiedenen Korallenarten (32 Arten) beeinträchtigen die verhältnismäßig niedrigen Wassertemperaturen das Wachstum des Riffs. Die Galápagos-Inseln sind damit ein Beispiel für die verschiedenen klimaökologisch bedingten Sondererscheinungen von Inseltypen, welche auch im zentraltropischen Raum einen breiten Fächer an Variationen besitzen.

Infolge des engen Kausalzusammenhanges von Luft- und Wasserzirkulation, Bodenrelief und Niederschlag ergeben sich für die kontinentnahen Teile des östlichen Pazifischen Ozeans folgende Sonderverhältnisse: Die zonale Klimagliederung über dem offenen Meer wird im östlichen Pazifik durch die Temperaturunterschiede der großen Meeresströmungen mit ihrem Einfluß auf die darüber liegenden Luftmassen gestört. An der amerikanischen Küste führt der kalte Humboldtstrom südlich des Äquators mit Wassertemperaturen der Oberfläche zwischen 12° und 17°C zu einer Kaltluftschicht mit regelmäßigen Nebelbildungen über wüstenhaften Trockengebieten des Festlandes und der vorgelagerten Inseln. Als Vorteil ist zu erwähnen, daß die nährstoffreichen Auftriebswasser zu den ergiebigsten Fischgründen der Welt gehören.

Ausläufer der südamerikanischen Trockenzone erstrecken sich infolge der herrschenden Winde und Meeresströmungen entlang des Äquators noch viel weiter in den polynesischen Raum.

Im zentralamerikanischen, pazifischen Küstenbereich ist infolge des hohen und ausgeprägten Festlandreliefs die dem NO-Passat zugewandte karibische Abdachung niederschlagsreich, die pazifische Leeseite hingegen leidet mit ihren Kütseninseln an Trokkenheit, die durch die starken Fallwinde (Föhnwirkung) noch erheblich verstärkt wird. Der kalte Kalifornienstrom nördlich des Wendekreises der Nordhemisphäre reicht nur abgeschwächt über den Wendekreis nach Süden. Die Küsteninseln leiden ebenfalls durch trockene Fallwinde unter Wassermangel und Feuchtigkeitsarmut, jedoch nicht in jenem extremen Ausmaß wie südlich des Äquators.

Der große Kontrast zwischen trockenerem östlichen und sehr feuchtem westlichen Pazifik wird also sehr wesentlich dadurch bewirkt, daß der östliche Meeresteil im Lee küstennaher von Norden nach Süden verlaufender hoher Gebirgsketten liegt, die ost- und südostasiatischen Meeresteile hingegen durch die Monsune hohe Niederschläge erhalten, welche nicht nur die Wirtschaft des gesamten dahinter liegenden Festlandes, sondern auch der vorgelagerten Inseln entscheidend prägen (siehe Abbildung 12). Die Monsunräume Süd-, Südost- und Ostasiens faßt man daher auch unter dem Begriff „Monsunasien" zusammen.

Die *Monsundynamik in Südostasien* ist jedoch komplizierter und vielfältiger als in Südasien. Man kann deutlich nicht nur 2, sondern 4 Stadien unterscheiden (siehe Harald UHLIG in Fischer Länderkunde, Band 3):

a) Nordsommer (Mai bis Ende September) mit SW-Monsun (siehe Abbildung 12a): Die Druckverteilung ist gekennzeichnet durch Hochdruck über Australien und zwei Tiefdruckkerne über Nordwestindien und Zentralchina. Besonders hohe Niederschläge fallen an der Südwestküste Sumatras und an Gebirgen der anderen indonesischen großen Inseln sowie an den Westküsten der Philippinen. Zwei Luftmassenströmungen sind zu unterscheiden. Der verlängerte SO-Passat von Australien bringt dem südöstlichen Indonesien noch eine Trockenzeit, schwenkt aber schließlich, mit Feuchtigkeit angereichert, in die SW-Richtung ein. Eine Luftmassengrenze trennt ihn von der Südwestwindströmung des Indischen Ozeans (SW-Monsun), welche Südasien die Hauptniederschläge bringt.

b) Nordherbst (Oktober): Übergang zur Inter-Monsunperiode (siehe Abbildung 12b): Die Temperaturunterschiede zwischen Land und Meer und die Luftdruckunterschiede gleichen sich aus. Die äquatoriale Kalmenzone erreicht ihre größte Breite; zwischen der Malaiischen Halbinsel und Indonesien entwickelt sich eine flache Tiefdruckrinne. Konvergenz an der Grenze zwischen SO- und NO-Monsun führt zu starken Niederschlägen, welche sich besonders in Hinterindien bis in den späten Herbst äußern.

c) Nordwinter (November bis März) mit NO-Monsun (siehe Abbildung 12c): Druckgefälle von Asien gegen Australien bewirkt den NO-Monsun, welcher im Südchinesischen Meer seine größte Heftigkeit erreicht und nahe des Äquators sich wendet und zum Javanischen W-Monsun wird. Größte Niederschläge in Form schwerer, heftiger Regengüsse erhalten die Südküsten und Gebirge Javas, die Gebirge des südlichen Sumatra und von Celebes, Ostabdachung der Philippinen, Nordostküste und Bergländer Borneos, Ostküste der Malaiischen Halbinsel und die Küstenkette von Annam (Vietnam). Der NO-Monsun entsteht aus zwei Luftströmungen, und zwar aus kontinentalen Luftmassen aus Nordasien, die über dem Südchinesischen Meer warmfeuchten Charakter erhalten, und aus ozeanischer, warmfeuchter Tropikluft eines nordpazifischen Hochs. Bis zum Erreichen der äquatorialen Zone gleichen sich beide weitgehend aus.

d) Nordfrühjahr (März/April), Übergangszeit zum Sommermonsun (siehe Abbildung 12d). Mit zunehmender Dauer und Stärke der Sonneneinstrahlung über dem Festland im März steigen die Nachmittagstemperaturen und die Thermik, welche die Gewitter der sogenannten „Mango-Regen" auslösen. NO-Strömungen werden schwächer und weichen aus dem äquatorialen Bereich zurück. Die Kalmenzone verbreitert sich, ein flach gestrecktes Tief liegt über dem Äquator. Mit dem allmählichen Durchsetzen äquatorialer Luftmassen vom Indischen Ozean her wird das neuerliche Vordringen des SW-Monsuns eingeleitet. Damit ist der Jahresablauf wieder geschlossen.

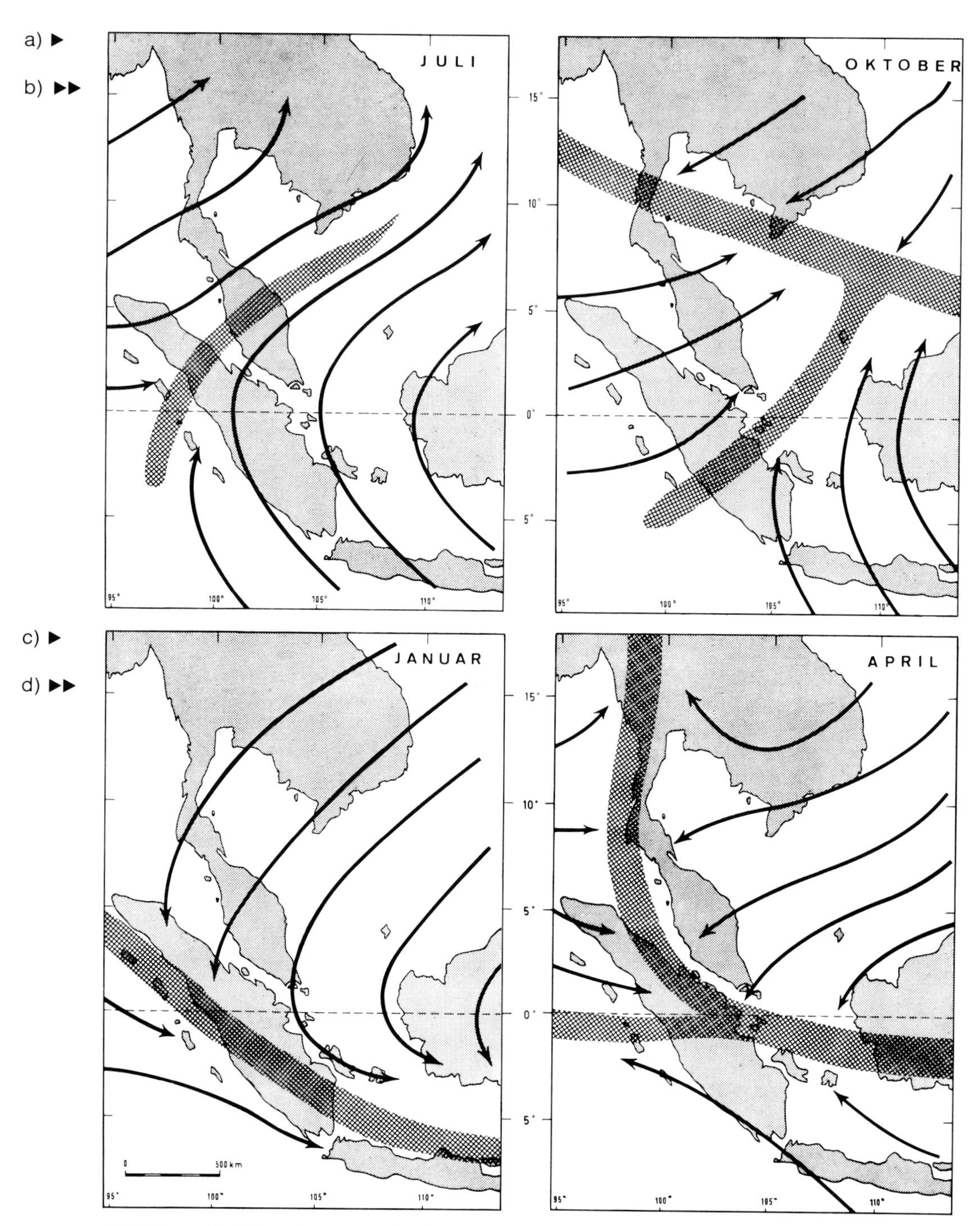

Abbildung 12: Südostasien. Luftströmungen und Luftmassengrenzen in den verschiedenen Jahreszeiten (nach S. NIEUWOLT, 1971. S. 19). a) Juli, b) Oktober, c) Jänner, d) April.

Die ostasiatischen Monsungebiete unterscheiden sich von den süd- und südostasiatischen sehr wesentlich. Die Monsunzeit in Ostasien ist keine Zeit dauernder Regenfälle. Zwar nimmt in China die Niederschlagsintensität von den Küstengebieten gegen das heiße Landesinnere ebenfalls zu, es wechseln aber an Wetterfronten gebundene Niederschläge mit gewitterartigen Schauern. Das wechselnde Relief wirkt sich außerdem nicht unwesentlich aus, und infolge des Fehlens einer hohen Gebirgsabschirmung gegen die sibirische Kaltluft kann sich ein erhebliches Druckgefälle zwischen dem sibirischen Festland und dem Japanischen Meer entwickeln. In dem noch am Rande der sommerwarmen, ständig feuchten Klimate etwa in der Breite von Rom liegenden Wladiwostok (43° n. Br.) sinkt das Jännermittel der Temperatur auf –15°C. Auch die große japanische Insel Hokkaido im Norden des Inselreiches ist durch ihre sehr niedrigen Wintertemperaturen bekannt. Die Witterungsgegensätze zwischen Sommer und Winter werden gegen Norden immer stärker. Von Oktober bis April stehen diese Gebiete unter dem Einfluß der kalten Nordwestwinde und erhalten nur geringe Niederschläge. Die Wende des Witterungscharakters tritt im Mai ein.

Im Nordsommer werden die Temperaturunterschiede wesentlich geringer. Die Erhitzung der Landmassen bewirkt ein Druckminimum und eine Südweströmung der Luftmassen, welche über dem Meer Feuchtigkeit aufgenommen haben und sich über dem Lande abregnen.

Das Eintreten dieser Niederschläge führt in vielen Gebieten Chinas zu einem überall deutlich erkennbaren Anbauwechsel, so z. B. auf den abgeernteten Weizenfeldern zu Naßreisanbau. Mit dem Eintritt des Sommermonsuns beginnt in den randtropischen und subtropischen Gebieten Ostasiens die Hauptvegetationszeit.

Vom japanischen Inselreich gehören der Raum südlich von Tokio den immerfeuchten, sommerheißen Subtropen und die nördlich der Hauptstadt gelegenen Gebiete und Inseln den immerfeuchten, sommerwarmen Subtropen an. Auf diesen günstigen Verhältnissen beruht auch der weite Fächer möglicher agrar- und gartenwirtschaftlicher Nutzung, der allerdings stark von den klimatischen Lokalverhältnissen beeinflußt wird.

Der zentralpazifische, südost- und ostpazifische Inselraum gehört zu den großen Orkangebieten der Erde. Die „Taifune“ der Philippinen, der Chinesischen Meere und im Raum Japan entstehen häufig schon über dem mittleren Pazifik.

In der Reihenfolge nach der Jahreshäufigkeit der *tropischen Wirbelstürme der Erde* stehen die Taifune der ost- und südasiatischen Gewässer vor der der südasiatischen Bengalenzyklone an erster Stelle. Die Zugstraßen reichen weit nach Norden, und fast jährlich wird Süd- und Mitteljapan von Wirbelstürmen bedroht. Am 23. August 1986 hat der Taifun „Wayne“ in Taiwan rund 40 Menschenleben gefordert und auf seiner Bahn Verwüstung und etwa 140 Verletzte hinterlassen. Hunderte Häuser wurden zerstört. Wenige Tage später wütete er in Nordvietnam, tötete dort Dutzende Menschen, vernichtete Siedlungen und überschwemmte Reisfelder.

Auch die Philippinen bleiben kaum ein Jahr von den herbstlichen und sommerlichen Taifunen verschont, und es sei an dieser Stelle nur an einige besonders arge Katastrophen jüngerer Zeit erinnert. Der Taifun „Peggy“ forderte 110 Todesopfer und beschädigte 6.700 Häuser, davon 1.100 Häuser total. 120.000 Familien waren von der Katastrophe betroffen. Der Taifun „Saling“ raste mit 220 km/h dahin und zerstörte Reisfelder und Gemüsekulturen. 60% der Häuser im Bereich der Taifunbahn wurden beschä-

Abbildung 13: Majuro-Atoll der Marshall-Inseln. Zeltlager als Ersatz für die durch Taifunwirkung 1979/80 vernichteten Siedlungen der übervölkerten Insel. Aufnahme E. A., 1980.

digt, 20% waren nicht mehr bewohnbar. Der Taifun „Gading" raste mit 250 km/h über Nordluzon und rollte 3 m hohe Flutwellen gegen die Küste. 40.000 Familien waren von Verwüstungen betroffen worden; 90 Personen kamen ums Leben. Ende November 1987 raste der Taifun „Nina" mit 205 km/h über den Südteil von Luzon, wo besonders die SO-Küste von hohen Flutwellen überrollt wurde. Der schwerste Orkan seit 6 Jahren, lt. offizieller Berichte, forderte 400 bis 1.000 Menschenleben und allein in der Provinz Sorsogon (südöstlich des Mayon-Vulkanes) wurden bei dieser Naturkatastrophe 90% aller Häuser zerstört, 90.000 Menschen obdachlos und in 11 Provinzen der Notstand ausgerufen.

Die jährlichen Verluste an Menschenleben, Wohnstätten und die großen Schäden an den Kulturen sind für die betroffenen Gebiete mit argen Rückschlägen verbunden, die um so schwerer aufgeholt werden können, je ärmer die Bevölkerung in den Schadensgebieten ist. Vor allem gilt dies für die vielen isolierten Gebiete des zentralen Pazifischen Ozeans, auf denen die Bevölkerung durch Hilfe internationaler Organisationen zwar meist rasch Zelte zur provisorischen Unterbringung erhält, das gewohnte Leben aber erst nach Jahren wieder aufnehmen kann. Durch Taifunwirkung wurden 1979/80 zahlreiche Siedlungen des Majuro-Atolls der Marshall-Inseln vernichtet. Aus Hilfslieferungen des Roten Kreuzes der USA wurden mehrere Zeltlager errichtet, der Wiederaufbau der alten Wohnstätten ließ aber auf sich warten (siehe Abbildung 13). Auf diese Weise werden oft Provisorien zu einer Langzeiteinrichtung, für die sie keine Eignung besitzen. Über 54% der rund 181 Mio. km² Fläche des Pazifischen Ozeans liegen im Tropenraum. Von seinen fast 64.000 Inseln, die allerdings nur zu einem Bruchteil besiedelt sind, können 47% zu den Tropen gerechnet werden. Auf ihnen leben über 204 Mio. Menschen (siehe Tabelle 3) unter ganz verschiedenen Lebensumständen und wirtschaftlichen Entwicklungsmöglichkeiten. Der Pazifische Ozean ist daher für das Studium der meisten damit verbundenen Probleme das wichtigste Meer der Erde, und dies um so mehr, als hier auch zwei der bedeutendsten Städteinseln der Erde, Singapur und Hongkong (Victoria), liegen und alle ökologischen Inseltypen und verschiedenste ethnische Gruppen vertreten sind.

Tabelle 3: Pazifischer Ozean – Gesamtübersicht. Zahl, Fläche und Bevölkerung der Inseln.

Meeresanteil	Gesamt-Areal[1]) in Mio. km²	Inseln		
		Zahl	Fläche in Mio. km²	Bevölkerung 1982 in Mio. Ew.
Gesamtgebiet	181	63.572	3,768	334,091
Tropischer Raum	98	29.959	2,683	210,119
Außertropischer Raum	83	33.613	1,085	123,972

[1] Auf- und abgerundete Zahlen. Gesamtgebiet mit Nebenmeeren nach K.-H. WAGNER, 1971 (Atlas zur Orographie, B. I. Hochschulatlanten, Mannheim) 179,679.000 km², nach G. DIETRICH, 1972 (Geophysik, Fischer-Verlag) 181,340.000 km², Ausplanimetrierung des tropischen Raumes einschließlich der Randtropen ergibt 97,766.000 km².

3 Geologische Grundlagen der Inselentstehung und Inselverbreitung

Die moderne Meeresforschung ist rund 110 Jahre alt; ihr Beginn kann mit dem Jahr 1872 angenommen werden, in dem das Schiff ,,Challenger" seine Forschungsreise um die Erde antrat und bis 1876 durchführte.

In der ersten Hälfte unseres Jahrhunderts standen einschlägige Arbeiten immer wieder mit der Geographie in engster Verbindung, wobei letztere natürlich primär an Ergebnissen über die Wirkung des Meeres auf die Küstengestaltung und über seine Bedeutung als Verkehrsträger sowie für die Versorgung der Menschen mit Nahrungsmitteln und Rohstoffen interessiert war und ist.

Die Spezialisierung nach dem Zweiten Weltkrieg führte dazu, daß sich die Geographie fast ausschließlich mit dem Festland beschäftigte und sich den Ansatz von G. BÖHNECKE (1962) zu einer ,,marinen Landschaftskunde" nicht zu eigen machte. Sie beschränkte sich damit hauptsächlich auf Untersuchungen des nicht ganz 30% ausmachenden Anteils der festen Erdoberfläche.

Nach Veröffentlichung der Kontinentalverschiebungstheorie von Alfred WEGENER 1915 hätte man erkennen müssen, welch große Bedeutung der Erforschung des Meeresbodenreliefs für die Lösung geologischer und geophysikalischer Fragen zukommt, doch erst ab Einführung des Echolotes konnte an eine Verdichtung der Lotungen gedacht werden. Entscheidend wurde diese aber etwa ab 1960 verbessert und ab 1970 durch die unumgänglich notwendigen Tiefseebohrungen ergänzt.

Mit der Entdeckung des globalen Systems der *mittelozeanischen Rücken* und der Erkenntnis der Bedeutung *plattentektonischer Kräfte* für die Gestaltung des submarinen Reliefs war auch ein großer Schritt zur Erklärung der Inselverbreitung und der untermeerischen vulkanischen Erscheinungen getan, der uns heute die Konstruktion eines Abbildes des Meeresbodenreliefs und die Durchleuchtung seiner Genese gestattet. Damit konnten sich in der Geotektonik neue Vorstellungen durchsetzen, die an die WEGENERSCHEN Gedankengänge anknüpften. Nach über 50 Jahren (lange nach seinem Tode 1930 auf einer Grönlandexpedition) hat Alfred WEGENER endlich die gebührende Anerkennung gefunden.

Auf einige auch für unsere Ausführungen wichtige neue Erkenntnisse möge hier kurz verwiesen werden:

Die genaue Ortung der Epizentren der Erdbebenherde im Bereich der Ozeane ergab, daß sich diese perlschnurartig entlang der ,,Mittelozeanischen Rücken" aneinanderreihen. Letztere stellen ein verzweigtes, weltumspannendes System von etwa 70.000 km Länge dar (siehe H. RAST, 1980, S. 14ff.). Abbildung 14 zeigt den Verlauf dieser Rükken im Zusammenhang mit den ,,Platten" nach den Vorstellungen der neuen Globaltektonik.

Die *Rückensysteme* zeigen nun eine sehr interessante tektonische Struktur. Sie werden an zahlreichen Querbrüchen (sogenannten Transformstörungen) versetzt, wobei in

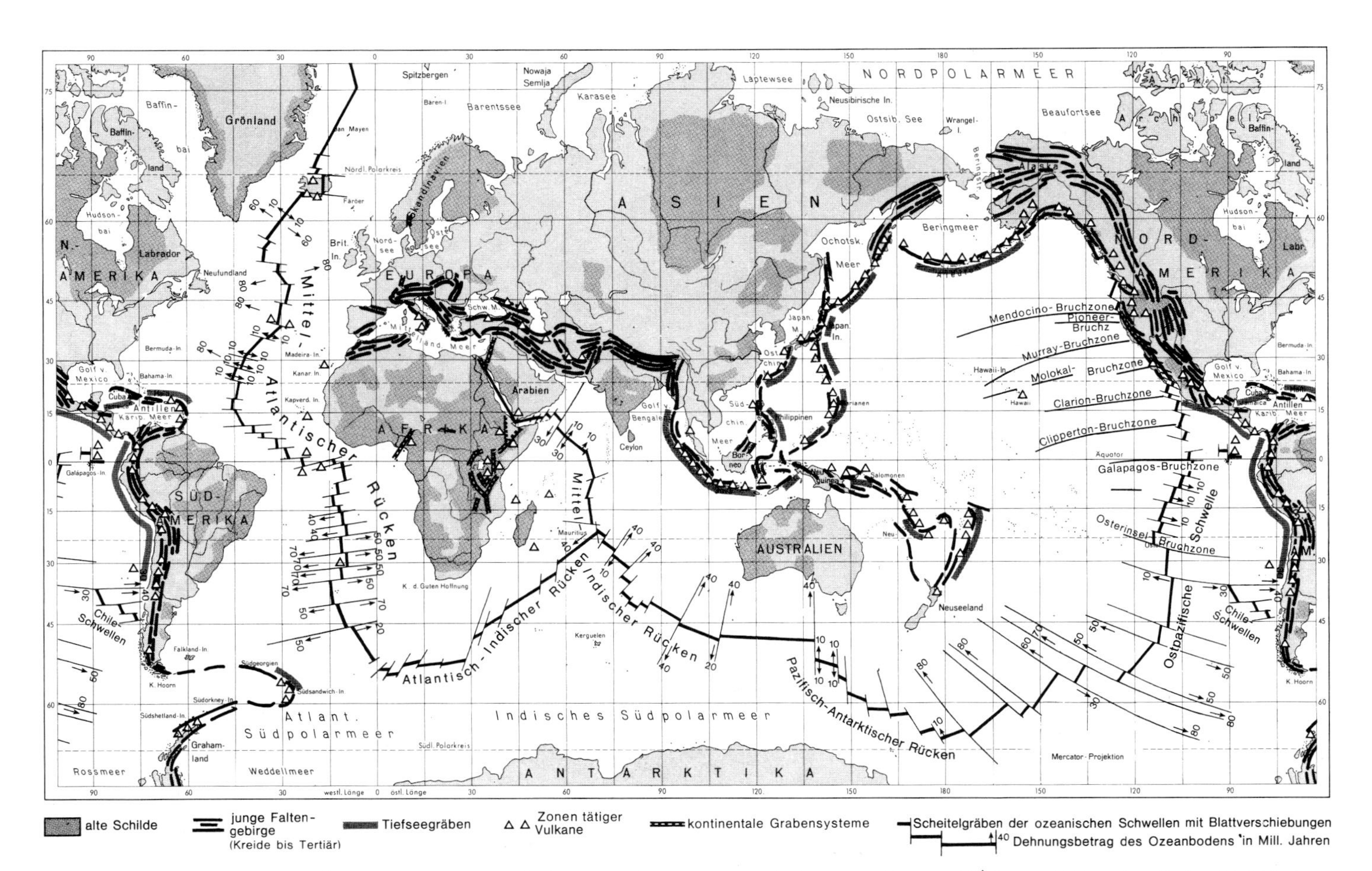

alte Schilde | junge Faltengebirge (Kreide bis Tertiär) | Tiefseegräben | Zonen tätiger Vulkane | kontinentale Grabensysteme | Scheitelgräben der ozeanischen Schwellen mit Blattverschiebungen | 40 Dehnungsbetrag des Ozeanbodens in Mill. Jahren

Abbildung 14: Tektonische Übersichtskarte der Erde (aus BODECHTEL und GIERLOFF-EMDEN: Weltraumbilder der Erde. List-Verlag, 1969. S. 55). Zusammengestellt von H. G. GIERLOFF-EMDEN nach J. R. HEIRTSLER (1969), J. TUZO WILSON (1963), H. HESS (1960), J. ULRICH, H. W. MENARD, B. C. HEEZEN und anderen.

Teilbereichen zwischen den versetzten Rückenabschnitten seitliche Verschiebungen der angrenzenden ozeanischen Krustenbereiche erfolgen.
Die mittelozeanischen Rücken besitzen eine durchschnittliche Breite von etwa 1.000 km und überhöhen die angrenzenden Ozeanbecken um 3.000 bis 5.000 m. Sehr wichtig ist die Entdeckung, daß sie in ihrer Längsachse gespalten und oft von Scharen von Längsrissen durchzogen sind. Diese Längsspaltensysteme werden *„Rift"* bezeichnet; sie weiten sich stellenweise auf 20 bis 40 km aus und erreichen Tiefen von 3.000 bis 4.000 m. Mitunter greifen die Riftsysteme auf kontinentale Bereiche über und brechen diese auf. Das sehen wir z. B. im westlichen Indischen Ozean im Golf von Aden und im Roten Meer, wo das Riftsystem der Fortsetzung des Carlsberg-Rückens das ursprünglich zusammenhängende afrikanisch-arabische Festland aufgespalten hat. Ein Zweig dieses Systems durchzieht Ostafrika und bildet dort die jedem bekannten Ostafrikanischen Grabenbrüche (= „Rift Valleys"). Die geologisch junge Spalte des Roten Meeres begann vor ungefähr 25 Mio. Jahren Nordafrika von der Arabischen Halbinsel zu trennen, welche sich seither voneinander entfernen.
Den Rifts kommt für das Auseinandertriften der Kontinente eine sehr entscheidende Rolle zu. In ihnen steigt aus dem oberen Erdmantel basaltische Gesteinsschmelze auf, welche sich an den beidseitigen älteren Kluftbegrenzungen streifenförmig anlagert. Mit dem Aufstieg weiterer Schmelzen wiederholt sich dieser Vorgang in der Riftfurche, und die mittelozeanischen Rücken werden breiter (siehe Abbildung 15).

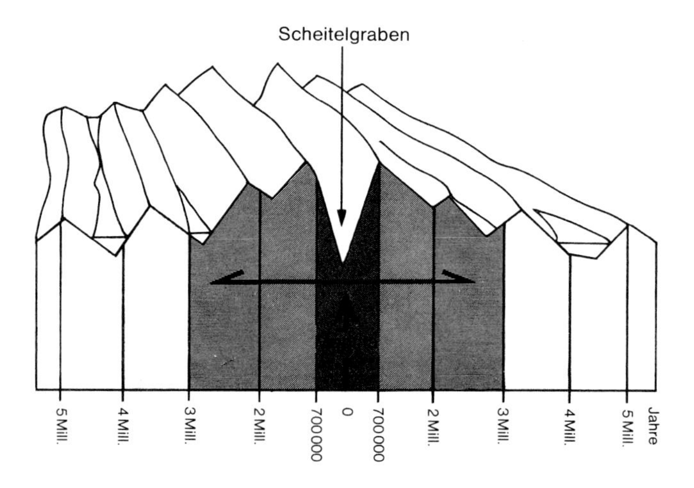

Abbildung 15: Schematischer Schnitt durch die Riftzone eines mittelozeanisches Rückens. Aus der spiegelbildlichen Symmetrie der magnetischen Anomalien der Basalte beidseitig eines Scheitelgrabens lassen sich Alter und Bewegungsbeträge in der mittelozeanischen Schwelle erkennen (aus BODECHTEL und H. G. GIERLOFF-EMDEN, 1969. S. 55).

Wenn wir heute an die Grundvorstellungen A. WEGENERs aus dem Jahre 1912 anschließen, dann hätten wir uns die Entstehung des Atlantischen und des noch jüngeren Indi-

schen Ozeans folgendermaßen vorzustellen: In einem Urkontinent bildeten sich an Schwächezonen Brüche als Vorläufer eines Rifts, in denen basaltische Schmelzen aufdrangen und erstarrten (Bild 97 der Tafel 54), wodurch die kontinentalen Bruchstücke auseinandertrieben und Meerwasser eindringen konnte. Die ständige Förderung weiterer Schmelzen in der Riftzone führte zur Verbreiterung des Meeresbodens um allerdings jährlich nur geringe Beträge (heute einige cm pro Jahr), die aber in geologischen Zeitabschnitten von Millionen Jahren die Bildung neuer Meeresgebiete ermöglichten.
Über die *Bedeutung der Riftzonen* für die richtige Einschätzung vulkanischer Vorgänge in der ozeanischen Lithosphäre faßt Horst Rast in seinem ausgezeichneten Buch über „Vulkane und Vulkanismus" (S. 18) als Kurzeinführung zusammen:
„Im ozeanischen Bereich ist der Vulkanismus der Riftzonen Ursache und Stofflieferant für die Bildung der ozeanischen Lithosphäre. Er erweist sich damit als ein erstrangiges geologisches Phänomen, das in der älteren Literatur völlig falsch eingeschätzt wurde. Daß sich darüber hinaus die vulkanische Aktivität auch auf jene die ozeanischen Rükken querenden tiefreichenden Bruchzonen erstreckt, mag dieses Bild vervollständigen. Das ist aber nur die eine Seite dieses globaltektonischen Phänomens. Der Meeresboden kann sich letztlich nicht unendlich ausbreiten. Das wird durch einen anderen Prozeß verhindert, bei dem die durch den Aufstieg basaltischer Schmelzen in den Riftzonen neu gebildete und sich ausbreitende Lithosphäre an anderer Stelle wieder dem Abbau anheimfällt, und zwar in den sogenannten *Subduktionszonen.* Man versteht darunter Zonen, in denen ozeanische Lithosphäre „verschluckt" wird. Sie lassen sich an solchen Stellen lokalisieren, wo sich Tiefseegräben erstrecken, d. h. insbesondere in der Umrandung des Pazifiks. Dort taucht die ozeanische Lithosphäre schräg unter die Kontinentalränder bzw. ihnen vorgelagerten Inselbögen ab und wird in größerer Tiefe wieder im Mantelbereich assimiliert. Der Prozeß des schrägen Abtauchens scheint seine Bestätigung in der hohen Seismizität der Subduktionsbereiche zu finden, insbesondere in der Erscheinung, daß die Erdbebenherde kontinentwärts eine zunehmend tiefere Lage – in Extremfällen bis 700 km – aufweisen."
„Aus der Gesamtschau dieser Vorgänge wurde in Erweiterung der Hypothese des „sea floor spreading" (= ständige Ausbreitung des Meeresbodens) in den Jahren 1967/68 durch W. J. Morgan und D. P. McKenzie die sogenannte plate tectonics – Plattentektonik – entwickelt. Sie besagt, daß die irdische Lithosphäre aus einem komplizierten Mosaik größerer und kleinerer Platten besteht. Sie werden einerseits von der Riftzone, andererseits von der Subduktionszone begrenzt. Dazu kommt als drittes Begrenzungselement die schon erwähnten Transformstörungen, an denen durch seitliche Verschiebung Ausgleichsbewegungen stattfinden. Jede einzelne Platte unterliegt den oben dargestellten Aufbau-, Bewegungs- und Abbauvorgängen."
Die Abbildung 16, etwas verändert aus H. Rast (1980, S. 19) nach J. F. Dewey, zeigt die großen Platten, die Rückenachsen und die Subduktionszonen. Dabei ist zu bedenken, daß sich der ältere Atlantische und der jüngere Indische Ozean ständig in Ausweitung befinden, der aus dem Urmeer stammende Pazifische Ozean hingegen im Laufe seiner Geschichte einem Schrumpfungsprozeß unterlag, der auch heute noch weiter vor sich geht, und zwar durch Subduktion des Meeresbodens in Randgräben. An den Rändern des Pazifiks verläuft dieser Prozeß schneller als in anderen Ozeanen.

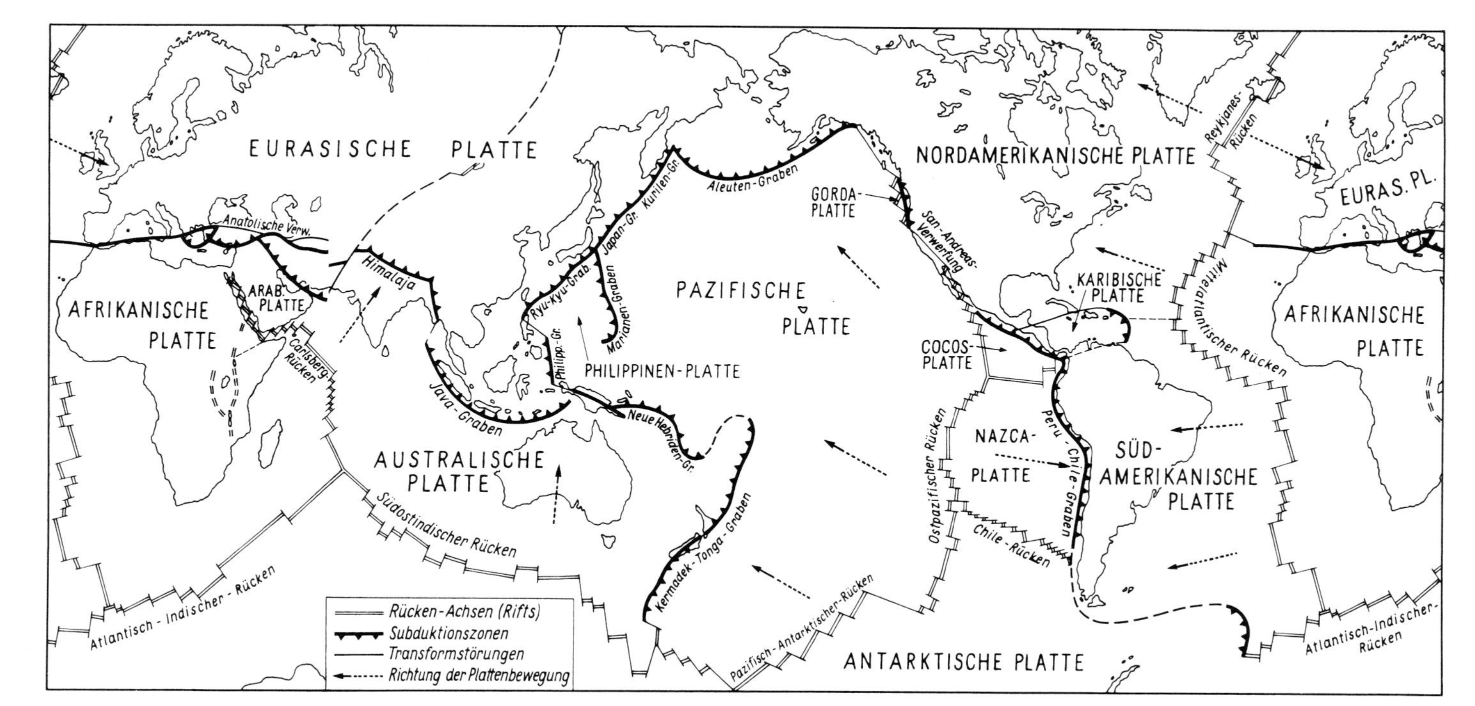

Abbildung 16: Plattentektonik der Erde (etwas verändert aus H. RAST, 1980. S. 19). Nach den Vorstellungen der „Neuen Globaltektonik“ besteht die Lithosphäre der Erde aus einer Anzahl separater, gegeneinander grenzender „Platten“, die einer ständigen Neubildung in den ozeanischen Riftzonen und einem Abbau in den Subduktionszonen unterliegen. An ihren Rändern, die Bewegungszonen erster Ordnung sind, konzentrieren sich Erdbeben und Vulkanismus (nach J. F. DEWEY).

Mit den *Subduktionszonen* ist ein kräftiger Vulkanismus verbunden. Haben wir in den Riftzonen basische Formen des Vulkanismus kennengelernt, so handelt es sich bei den Subduktionszonen um solche intermediären (andesitischen) bis sauren (rhyolitischen) hochexplosiven Charakters. Dieser Vulkanismus spielt sich häufig auch in den Randbereichen der Kontinente und dicht besiedelten Inseln ab, was ihn für unsere Betrachtung um so relevanter erscheinen läßt.

Eine besonders einprägsame Gliederung des Meeresbodenreliefs weist der *Indische Ozean* (siehe Abbildung 17) auf: Sein mittelindisches Rückensystem ist breit entwikkelt und verzweigt sich im Süden wie ein verkehrtes Y in einen Südwestindischen (oder Westlichen Indischen) und einen Südostindischen (oder Indisch-Antarktischen) Rükken. Damit bildet er die untermeerische Großgliederung dieses Ozeans. Es werden der kleinere, afrikaverwandte Inselraum des westlichen Meeresgebietes mit Madagaskar und dem Madagaskar-Plateau, der Komorenverbindung und dem Maskarenen-Plateau (zum Teil Reste des versunkenen Gondwanakontinentes) einerseits, vom asiatisch-australischen Inselraum im Osten andererseits, und beide von den Crozet-Inseln und dem Kerguelen-Plateau des Antarktikraumes getrennt.

Im Norden werden die inselfreien Meeresbecken des Arabischen Meeres und der Bengalenbucht durch die Ablagerungen der beiden im Himalaja entspringenden Ströme Indus und Ganges-Brahmaputra z. T. aufgefüllt, wobei der Bengalenfächer mit 8 Mio. km³ Sedimenten der größte seiner Art in der Welt ist (Großer Krüger Atlas der Ozeane, S. 150). Lediglich das Tschagos-Lakkadiven-Plateau (Malediven Rücken) zieht im Südosten des Arabischen Meeres (siehe Abbildung 17), als Atoll- und Koralleninselreihe auch über Wasser deutlich abgezeichnet, bis in den zentralen Äquatorialraum in das Gebiet des Zentralindischen Rückens.

Nicht so symmetrisch wie beim Indischen Ozean ist das Meeresbodenrelief des *Pazifischen Ozeans* aufgebaut (Abb. 18, S. 70). Der westliche und zentrale Pazifik unterscheiden sich vom östlichen sehr wesentlich!

Der östliche Raum wird von einem weitgeschwungenen Ostpazifischen Rücken beherrscht, der im Äquatorgebiet bei den Galápagos-Inseln und im Südosten durch die Chilenische Schwelle eine Verbreiterung erhält. Seine Fortsetzung im Süden vollzieht sich wieder in weit gespanntem Bogen über den Pazifisch-Antarktischen Rücken, weit südlich von Neuseeland und Australien in den Indischen Ozean.

Besonders auffällig sind bei dem ost- und südostpazifischen Rückenteil die sehr langen Querverwerfungen (siehe Abbildungen 14 und 18, S. 63 bzw. 70) und die zahlreichen untermeerischen Vulkane, welche mitunter zu Gebirgsschwellen zusammenwachsen (z. B. Cocos- und Carnegie-Schwelle vor den Küsten Kolumbiens und Ecuadors). An der nach Osten weiterwachsenden Carnegie-Schwelle sitzen die aktiven Vulkane der Galápagos-Inseln.

Der ostpazifische Meeresrücken besitzt eine sehr aktive Riftzone, in der neue ozeanische Kruste geschaffen wird. Der Subduktionsprozeß an den Rändern des Pazifischen Ozeans verläuft aber so rasch (schneller als in anderen Ozeanen), daß das Ozeanbekken mit einem jährlichen Betrag von ½ km² kleiner wird.

Gegen Westen nimmt das Alter der ozeanischen Krusten zu, und der südost- und ostasiatische Raum des Pazifischen Ozeans ist viel komplizierter strukturiert als der Osten. Submariner Vulkanismus reicht zum Teil bis zum Meeresspiegel und darüber und bot

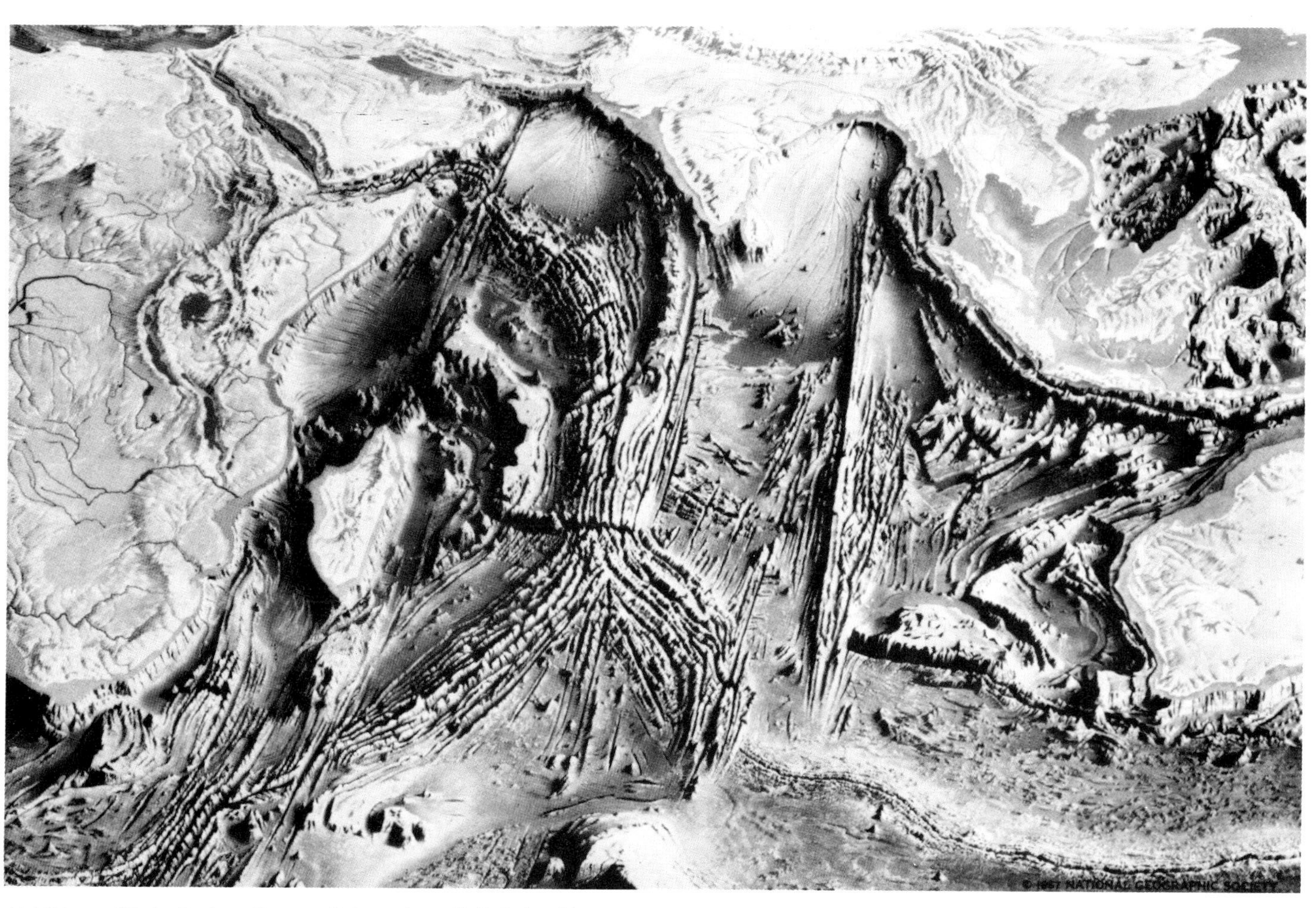

Abbildung 17: Indischer Ozean. Submarines Relief des Meeresgrundes (Zeichnung von H. BERANN).

die Grundlage für die Bildung von Atollreihen und unzähligen Koralleninseln. Diese sind entweder als Reste ehemaliger über dem Meeresspiegel aufragender Inseln vulkanischen Ursprungs nach deren Zerstörung erhalten geblieben, oder sie haben sich auf submarinen Formen in geringer Tiefe angesiedelt und sind bis auf Meeresspiegelniveau emporgewachsen.
Vulkanketten, wie jene der Gilbert- und Ellice-Inseln, wechseln mit großen vulkanischen Ergußplateaus, wie das Maniki-Plateau nördlich der Samoa-Inseln, das Salomonen-Plateau im zentralen Pazifik oder die Schatski-Schwelle östlich des Japanischen Tiefseegrabens.
In der Nähe der Plattenränder, wo die schwerere ozeanische Lithosphäre unter die Ränder der leichteren kontinentalen Platten untertaucht, wurde die Kruste durch Erscheinungen eines sehr aktiven und explosiven Vulkanismus mit intermediären bis sauren Förderprodukten durchdrungen. Die Vulkane reihen sich perlschnurartig aneinander, wie dies aus Abbildung 14, S. 63, deutlich zu erkennen ist.
Infolge des Untertauchens ozeanischer Krustenteile bildeten sich auch entlang alter und neuer Plattenränder die *Tiefseegräben.* Von den bisher bekannten 24 Tiefseegräben des Weltmeeres liegen allein 20 im Pazifischen und nur einer, der Java- oder Sunda-Graben, 7.455 m, im Indischen Ozean. Die Tiefseegräben des Pazifischen Ozeans erreichen infolge der besonders starken Subduktion die größten Tiefen, so z. B. Marianen-Graben 11.022 m, Tonga-Graben 10.882 m, Philippinen-Graben 10.540 m und der Boning-Graben 10.340 m.
Zur Durchleuchtung paläogeographischer und paläobiologischer Zusammenhänge ist unter Umständen die entstehungsmäßige Zugehörigkeit von Inseln zu den kontinentalen Landmassen grundlegend. Nach diesem Gesichtspunkt ihrer Genese lassen sich die Inseln in kontinentale Inseln, die früher Teile von Kontinenten waren oder auf einem Kontinentalschelf liegen (Sumatra, Borneo, Java), und in ozeanische Inseln, welche eine solche Verbindung nicht besitzen (Sulawesi, Fidschi-Inseln), einteilen.
An die Kontinente schließt sich meerwärts mit einer Breite von wenigen bis zu einigen hundert Kilometern vorerst ein unter dem Meeresspiegel liegender, flacher kontinentaler Randbereich, der *Schelf,* an. Er reicht durchschnittlich bis etwa 200 m Tiefe. Inseln, die auf diesem liegen, bezeichnet man als Schelfinseln und die entsprechende Meeresfläche als Schelfmeer. Völkerrechtlich hat die damit verbundene Lagesituation durch die sogenannte „Schelfproklamation“ der USA vom 28. September 1945 (siehe auch die Genfer Continental Shelf Convention vom 29. April 1958) an Bedeutung gewonnen, nach der das Schelfgebiet der jeweiligen Gebietshoheit des Küstenstaates unterstellt ist. Schelfe umfassen rund 5% der gesamten Erdoberfläche, sind aber in den einzelnen Meeresgebieten in sehr unterschiedlicher Breite entwickelt. An der Küste Afrikas und an der Westseite Nord- und Südamerikas zeigen sie nur eine minimale Ausdehnung. Hingegen erreichen sie in Südostasien, um die Sunda-Inseln, in Nord- und Nordwestaustralien, um Neuseeland und im polaren und subpolaren Anteil Eurasiens und Nordamerikas große Ausdehnungen. Von allen tropischen Meeresgebieten der Erde besitzt der Pazifische Ozean den größten Schelfanteil.
Nicht immer dacht sich der Schelf mit einem mittleren Gefälle von etwa 2‰ bis 200 m gleichförmig ab, wo dann der Kontinentalabfall anschließt. Oft zeigt sein Boden das Relief ertrunkener Flußtäler (wie in der Java-See, siehe Abbildung 19), oder seine Oberflä-

Abbildung 18: Pazifischer Ozean. Parallelperspektivische Wiedergabe des submarinen Reliefs des Meeresgrundes (Zeichnung von H. BERANN).

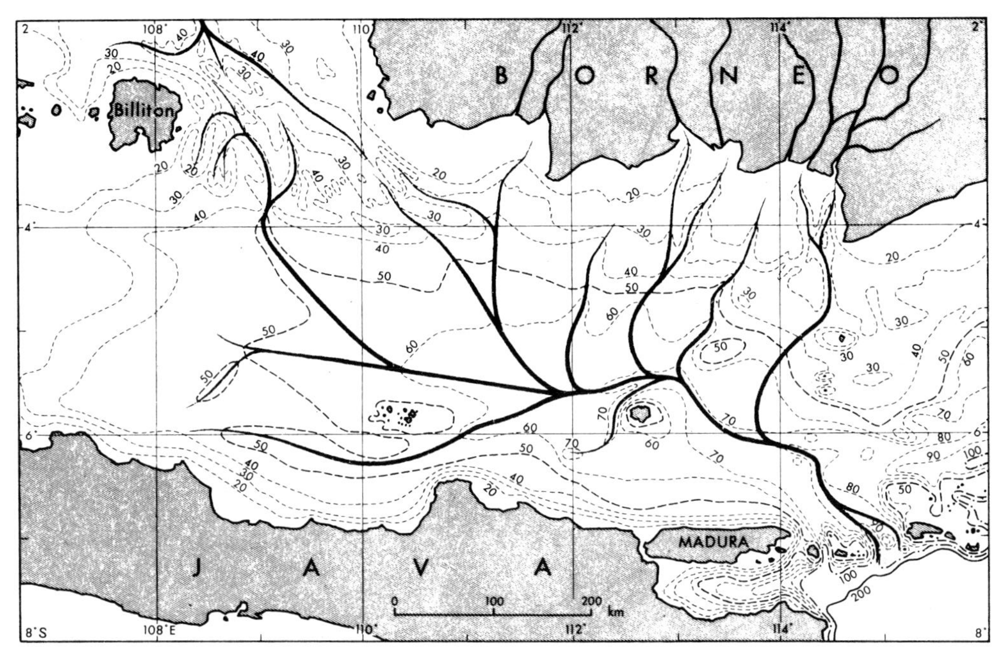

Abbildung 19: Java-See. Fast ebener tropischer Schelf mit ertrunkenen Flußtälern (nach G. DIETRICH und J. ULRICH aus Atlas zur Ozeanographie, B. I. Hochschulatlanten, Band 7, S. 9).

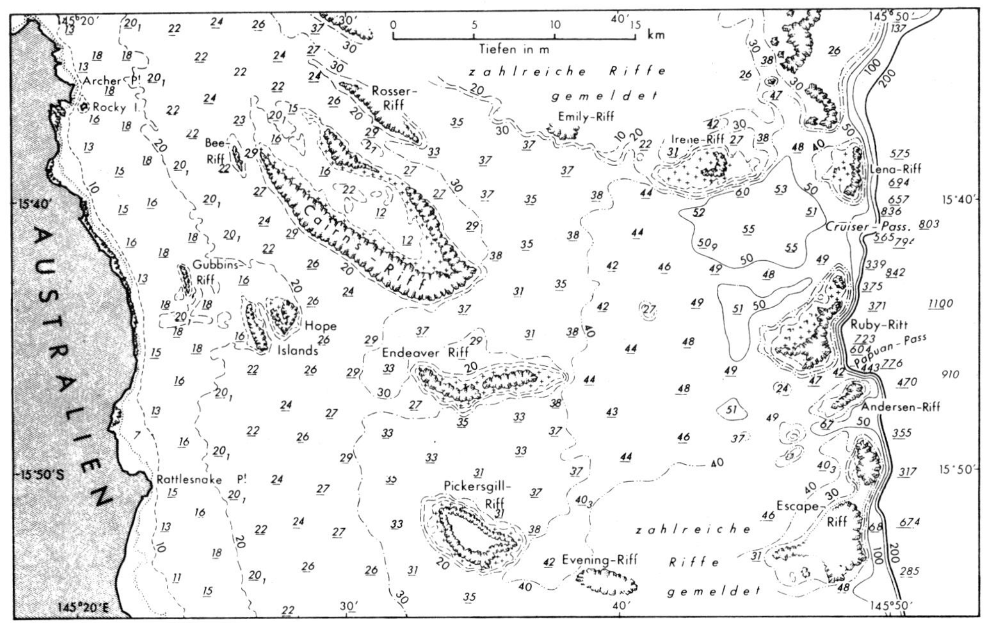

Abbildung 20: Großes Barriere-Riff. Fast ebener tropischer Schelf mit Korallenbauten vor der Nordost-Küste Australiens (nach G. DIETRICH und J. ULRICH aus Atlas zur Ozeanographie, B. I. Hochschulatlanten, Band 7, S. 9).

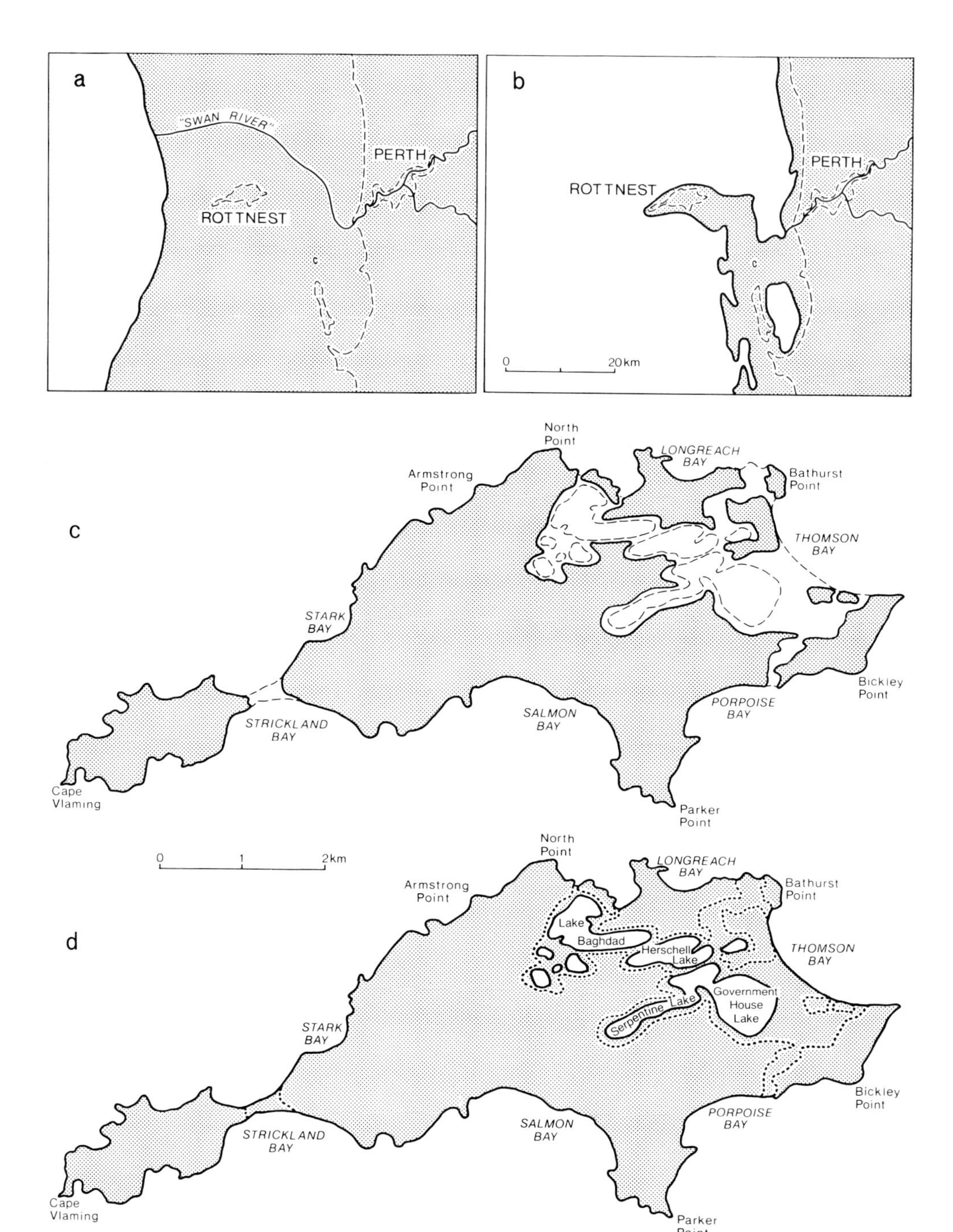

Abbildung 21: Indischer Ozean, Westaustralien. Paläogeographie von Rottnest und Rottnest-Perth nach Ph. D. PLAYFORD, 1977 u. a. Rottnest a) vor 25.000 Jahren im australischen Festland gelegen, b) als Teil des Festlandes, c) vor 5.000 Jahren und d) 1985.

che ist in tropischen Meeren von Korallenriffen besiedelt (wie z.B. vor Nordostaustralien, siehe Abbildung 20, S. 71). Bei Tiefen von weniger als 50 bis 100 m wachsen dann solche Korallenbauten bis zum Meeresspiegel und bilden Koralleninseln.
Meeresspiegelanstieg (seit dem Pleistozän über 100 m) und Absinken von Krustenteilen bewirken, daß ehemalige Festlandgebiete überflutet werden und nur ihre höheren Teile als Inseln aus dem Meer ragen. Beispiele hiefür gibt es aus kontinentnahen Meeresgebieten in großer Zahl, so z. B. die Andamanen im Indischen Ozean, welche als Fortsetzung der Arakan-Kette anläßlich der frühquartären Transgression des Sunda-Schelfs vom Land getrennt wurden. Dasselbe gilt für manche andere zum Pazifik gehörende Inseln des Sunda-Schelfs.
Der postglaziale Meeresspiegelanstieg hat vor allem unzählige niedrige Festlandteile von der Landverbindung gelöst und zu Inseln werden lassen, bei denen man die heute unter dem Meeresspiegel befindliche Landverbindung noch deutlich feststellen kann. Als besonders eindrucksvolles Beispiel möge die kleine, aus Kalken aufgebaute Insel „Rottnest" vor der Ostküste Australiens in der Breite von Perth angeführt werden (siehe Abbildung 21a bis d), welche erst vor 7.000 Jahren durch Meerestransgession vom australischen Kontinent abgetrennt wurde. Vor 5.000 Jahren, als der Meeresspiegel um noch 3 m höher lag (Abbildung 21c), bildete sie sogar eine aus 9 Inseln bestehende Inselgruppe.
Für die Ausbreitung der Tier- und Pflanzenwelt waren solche alten Landverbindungen entscheidend.

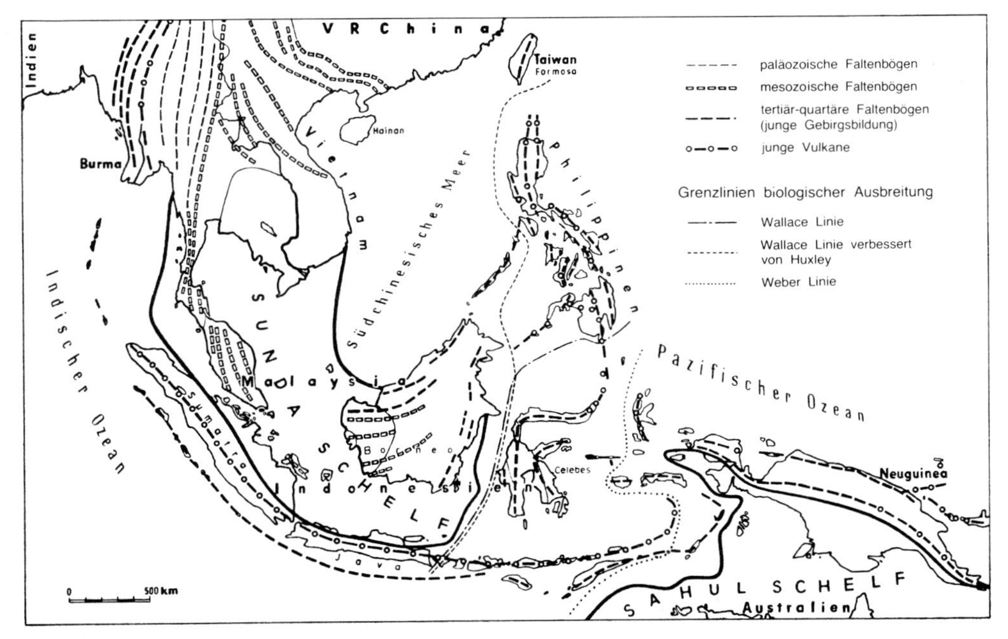

Abbildung 22: Südostasien. Großrelief (aus H. Uhlig, 1975, S. 28).

Der Großteil des Sunda-Schelfs ist erst nach dem nachpleistozänen Meeresanstieg unter dem Flachmeer versunken. Als Inseln ragen heute u. a. Borneo, der Osten Sumatras, Nordjava und Madura über das Schelfmeer empor, wohin sich vor der Meerestransgression bis zur „WALLACE-“ bzw. zur „WEBER-Linie“ Pflanzen- und Tierwelt ausbreiten konnten (siehe Abbildung 22). Der nächste Festlandsockel im Südosten ist nach der Unterbrechung durch die tieferen Meeresbecken von Celebes-, Sulu-, Flores- und Banda-See erst wieder der Kontinentalsockel Australiens mit dem Sahul-Schelf, dem auch ein Teil Neuguineas angehört.

Soweit also landfeste Teile des alten Festlandsockels und jüngere Faltengebirge in Inselgebieten in Erscheinung treten, ist in ihrem geologisch-petrographischen Aufbau auch noch mit einer gewissen Vielfalt zu rechnen. Alle anderen Inseln der Ozeane sind vulkanischen Ursprungs und ihrem Aufbau nach wesentlich einfacher und einheitlicher. Dabei fällt im Pazifischen Ozean die große Häufigkeit von Tiefseekuppen auf, welche das submarine Relief stark beeinflussen (Abbildung 23). Auch der Großteil der Koralleninseln fußt auf vulkanischen Formen und hat diese für ihre Bildung zur Voraussetzung. Mit den Vulkaninseln und Koralleninseln werden wir uns aber später noch eingehend beschäftigen.

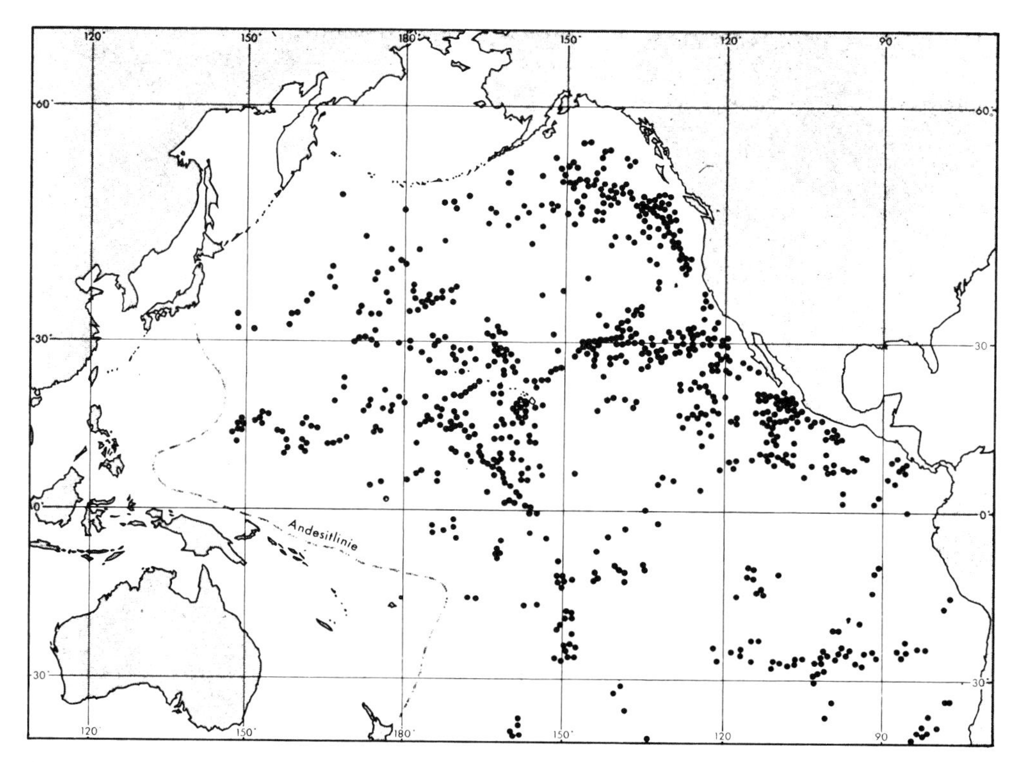

Abbildung 23: Pazifischer Ozean. Verbreitung der Tiefseekuppen (nach G. DIETRICH und J. ULRICH aus Atlas zur Ozeanographie, B. I. Hochschulatlanten, Band 7, 1968, S. 17).

4 Zahl, Fläche, Bevölkerung und Verteilung der Inseln im Indischen und Pazifischen Ozean

Ende des 20. Jh.s erscheint es fast unglaubhaft, daß räumlich detaillierte Angaben über Zahl, Fläche und Bevölkerung der Inseln nur ausnahmsweise vorliegen und meist auch nur für bedeutende Inseln, welche noch vor kurzer Zeit in Kolonialverwaltung standen, brauchbar sind. Die Angaben über weniger bedeutende Inselarchipele sind so falsch, daß man sie keinen Überlegungen zugrunde legen kann. So schwanken z. B. die Ausweisungen für die Malediven zwischen 1.000 und über 2.000 Inseln, obwohl nur rund 820 diese Bezeichnung tatsächlich verdienen, eine Größe von über 1 ha besitzen und auch bei Flut nicht vom Meer überspült werden. Auch von diesen sind aber nur 409 größer als ¼ km² und lediglich 203 bewohnt. Die unfaßbar hohe Bevölkerungsdichte auf diesem Archipel (über 500/km²) gebietet es, auch auf solche Inseln näher einzugehen.

4.1 Die Ermittlung der Inseln nach Größenklassen ihrer Areale

Aus den bereits oben angeführten Gründen ist der Geograph gezwungen, Größenbestimmungen aus dafür geeigneten Karten über altbekannte planimetrische Methoden durchzuführen. Für den tropischen Raum helfen auch Fernerkundungsaufnahmen (Luftbilder, Satellitenbilder) nur wenig, soweit solche überhaupt zur Verfügung stehen und wegen der hohen Kosten des Bildmaterials angeschafft werden können. Infolge der störenden Wolkenbedeckung vor allem über dem Bergland ist ihre Auswertungsmöglichkeit nur sehr beschränkt. Die Beschaffung geeigneten Kartenmaterials für die gesamte Erde erfordert außer nicht unbedeutenden finanziellen Mitteln auch einen enormen Zeitaufwand. Von den zahlreichen Reisen in die verschiedenen Meeresräume der Erde (über 32½ Erdumfänge Gesamtstrecke) haben die Verfasser selbst einen bescheidenen Kartenbestand sammeln können, der ihnen später nochmals sehr zugute kam. Für manche Inselgebiete, z. B. für die meisten Inseln des westlichen Indischen Ozeans, für Neukaledonien, Französisch-Polynesien, Hawaii u. a. m. stehen ausgezeichnete großmaßstäbige Karten zur Verfügung, welche ein sicheres Ausmessen der Flächen bis zur Größenordnung 1 bis 5 ha ermöglichen. Selbst das Südseekönigreich Tonga besitzt für die wichtigsten Inseln seines Landes Karten 1:25.000 mit detaillierten Bodenbedeckungs- und Nutzungsangaben, welche eine geradezu ideale Arbeitsgrundlage darstellen. Über andere Inselräume hingegen gibt es nur kleinmaßstäbige Karten, welche für die Erfassung von Inseln mit unter ¼ km² Größe nur eine unzulängliche Basis bilden. Mitunter war es sogar nicht zu vermeiden, auf die ,,Aeronautical Chart ICAO 1:500.000" zurückzugreifen. Rund 30.000 Inseln wurden ausplanimetriert, wobei projektive Verzerrungen der Kartenwerke natürlich Berücksichtigung fanden. Als Genauigkeitsziel wurde für Inseln mit über 1 km² Größe getrachtet, eine Fehlergrenze von ±5% nicht zu überschreiten.

Es stellt sich nun die Frage, bis zu welcher minimalen Größenordnung eine Klassifizierung überhaupt sinnvoll durchgeführt werden soll und kann.
Eine vollständige und einigermaßen sichere Erfassung von Inseln unter 10 ha Flächengröße ist nach dem derzeitigen kartographischen Erschließungsstand der Erde nicht möglich. Will man aber nicht auf die Erfassung des interessanten Inseltyps der Korallenriff- und Korallensandinseln zu einem sehr erheblichen Teil verzichten, dann muß die niedrigste Größenklasse mit der Spanne 1 bis 25 ha und der Mut zur Unvollständigkeit der Erhebung akzeptiert werden. Nur unter Einbezug dieser Größenklasse lassen sich die in der Literatur immer wieder genannten, phantastisch anmutenden Inselzahlen verstehen. Fast 72% der tropischen Inseln des Pazifischen Ozeans gehören bei allerdings verschwindend kleiner Gesamtfläche und Gesamtbevölkerungszahl dieser Größenklasse an (siehe die Summe für den tropischen Inselraum der Tabellen 4 bis 6, S. 78 u. 79). Als weitere Größenklasse zwischen Kleinstinseln und der bedeutenden Gruppe mit 1 km² und mehr Fläche ist noch jene mit ¼ bis unter 1 km² einzuschalten, da diese für die Inseldichte und Verbreitungsstruktur in einzelnen Räumen, so der küstennahen Inseln im Meerestransgressionsraum kontinentaler Festlandküsten, nicht unwesentlich ist.

4.2 Fortschreibung der Bevölkerung bis Anfang der achtziger Jahre

Bevölkerungsangaben für einzelne Inseln nach jüngstem Stand sind nur sehr ausnahmsweise vorhanden. Selbst für jene Gebiete, für die die Ergebnisse der letzten Volkszählung veröffentlicht vorliegen, müssen diese aus meist größeren Verwaltungseinheiten auf die einzelnen Inselgebiete umgerechnet werden, was nicht immer mit der erwünschten Sicherheit geschehen konnte und vorher einer Analyse der Siedlungsweise und der Verbreitung und Funktion der Siedlungen bedurfte. Lokale Kenntnisse kamen den Verfassern oft sehr zugute, andererseits mußten aber auch Schätzungen nach analogen benachbarten Räumen durchgeführt und mögliche Fehler in Kauf genommen werden. In solchen Fällen galt das Bestreben, die Einwohnerzahl eher zu gering als zu hoch einzuschätzen.
Vielfach mußten auch ältere Bevölkerungserhebungen aus den sechziger und siebziger Jahren unseres Jahrhunderts herangezogen und fortgeschrieben werden. Hierzu dienten bekannte Ergebnisse der natürlichen Bevölkerungsbewegung, während Wanderbewegungen von der Insel weg und zur Insel mit dauernder Wohnsitzverlegung in Ermangelung einer Wanderungsstatistik nicht oder nur fallweise Berücksichtigung finden konnten. Größere Umsiedlungsaktionen z. B. in Indonesien oder im Bereich der neuentstandenen Südseestaaten wurden nach Möglichkeit einbezogen. Verluste infolge kriegerischer Auseinandersetzungen und politischer Aktionen – so z. B. anläßlich der Besetzung von Ost-Timor (Ost-Timor wurde am 17. Juli 1976 zur 27. Provinz Indonesiens erklärt) – blieben ungewiß und gingen daher in die Berechnungen nicht ein. Prinzipiell basieren alle Angaben auf der Wohnbevölkerung und nicht auf den Begriffen anderer Bevölkerungsgesamtheiten.

4.3 Gesamtsummen von Zahl, Fläche und Wohnbevölkerung der Inseln des Indischen und Pazifischen Ozeans nach Klimazonen

Größen- und lagemäßig sind der Indische und Pazifische Ozean nur sehr bedingt vergleichbar. Als drittgrößter Ozean ist der Indische Ozean mit 74 Mio. km² 2½mal so groß wie Festlandafrika und nimmt ⅕ des Weltmeeres ein. Hingegen ist der Pazifische Ozean mit rund 181 Mio. km² (mit Nebenmeeren) fast 6mal so groß wie Afrika, und seine Inselwelt erstreckt sich über alle Klimazonen. Nach Zahl, Fläche und Bevölkerung seiner tropischen Inseln steht der Indische Ozean aber nach dem Pazifik mit Abstand an zweiter Stelle (siehe Tabelle 2, S. 53 und Tabelle 3, S. 61).

Wie nicht anders zu erwarten, ist beim *Indischen Ozean* der Hauptanteil der Inseln sowohl nach Zahl, Fläche und Bevölkerung in der tropischen Zone zu finden (siehe Tabelle 4). Von den 8.361 Inseln liegen in dieser 7.561 Inseln, somit über 90% mit 98,7% der Gesamtfläche und fast 100% der Wohnbevölkerung. In der außertropischen Zone besitzen nur einige wenige größere Inseln eine dauernd wohnhafte Bevölkerung.

Bei den Summenzahlen in der Tabelle 4 wurden für die tropische Zone außer den Gesamtsummen auch noch die Summen ohne Sumatra und jene ohne Sumatra, Madagaskar und Sri Lanka ausgewiesen, da diese 3 großen Inseln die Gesamtergebnisse wesentlich beeinflussen.

Natürlich gehören alle wirtschaftlich und bevölkerungsmäßig bedeutenderen Inseln zur Größenklasse 1 km² und darüber, welche zwar nur 24% aller Inseln der tropischen Zone, aber 99,9% ihrer Fläche und fast 100% ihrer Bewohner erfaßt.

Die Verhältnisse liegen beim *Pazifischen Ozean* wesentlich anders: Wenn wir die Angaben auf seinen gesamten Raum von 181 Mio. km² Fläche mit fast 64.000 Inseln beziehen, dann entfallen auf seinen tropischen Anteil lediglich 47% d. s. fast 30.000 Inseln, jedoch mit 71% ihrer Gesamtfläche und 63% der gesamten Inselbevölkerung (siehe Tabelle 5). Infolge der ökologischen Benachteiligung der Tropenzone bei gleichzeitiger ethnischer und kultureller Vielfalt wäre in Zukunft das Hauptaugenmerk auf die Entwicklung dieser „Notstandszone" zu richten, welche von über 210 Mio. Menschen bewohnt ist.

Was die Zahl und Fläche der Inseln betrifft, wirken sich im außertropischen Raum die vielen, meist bedeutungslosen Inseln im Vorfeld der kontinentalen Küsten (VR China, Nord- und Südkorea, Kanada und Chile zusammen bereits über 20.000 Inseln mit allerdings nur wenig über 1 Mio. Einwohnern) statistisch besonders aus. Eine Sonderstellung nimmt auf der Nordhalbkugel nur das Inselreich Japan ein, dessen Ausstrahlung zusammen mit China die tropische Inselwelt mehr und mehr beeinflußt.

Um einen Vergleich mit älteren Statistiken zu ermöglichen, wurden in Tabelle 6 auch die Inseln beider Ozeane nach den Größenklassen über 100 km² bis 1.000 km² und über 1.000 km² ausgewiesen.

Auffallend ist in beiden Weltmeeren die große Zahl der kleineren Inseln von 1 km² bis <100 km² Fläche, sowohl in den Tropen als auch in den Außertropen. Dagegen haben die wenigen über 1.000 km² großen Inseln die größte Fläche und die meisten Bewohner, obwohl sie neben größeren Siedlungen auch siedlungsarme, unbesiedelte sowie unbesiedelbare Gebiete umfassen und das Gesamtbild dadurch verfälschen.

Tabelle 4: Die Inseln der Meereszonen des Indischen Ozeans

Meereszonen nach Klimazonen	Zahl der Inseln				Fläche der Inseln				Wohnbevölkerung 1980			
	aller Größen zusammen[1]		mit 1 km² und größer		aller Größen zusammen[1]		mit 1 km² und größer		aller Inseln zusammen[1]		auf Inseln mit 1 km² u. größer	
	abs.	%	abs.	%	abs. in km²	%	abs. in km²	%	in Mio. Ew.	%	in Mio. Ew.	%
Gesamter Indischer Ozean	**8.361**	**100**	**2.137**	**25,6**	**1,241.933**	**100**	**1,240.381**	**99,9**	**52,700**	**100**	**52,652**	**100**
Subpolare Zone	175	2,1	43	0,5	8.117	0,7	8.079	0,6	0,000	0,0	0,000	0,0
Gemäßigte und subtropische Zone	625	7,5	90	1,1	7.997	0,6	7.895	0,6	0,007	0,0	0,007	0,0
Außertropische Zone	**800**	**9,6**	**133**	**1,6**	**16.114**	**1,3**	**15.974**	**1,3**	**0,007**	**0,0**	**0,007**	**0,0**
Tropische Zone	**7.561**	**90,4**	**2.004**	**24,0**	**1,225.819**	**98,7**	**1,224.407**	**98,6**	**52,693**	**99,9**	**52,645** [3]	**99,9**
Tropische Zone ohne Sumatra (Hauptinsel)[2]	7.560	90,4	2.003	24,0	726.916	58,5	725.504	58,4	28,993	55,0	28,945	55,0
Tropische Zone ohne Hauptinsel Sumatra und ohne Haupt- und Nebeninseln von Madagaskar und Sri Lanka	7.036	84,2	1.903	24,0	74.265	6,0	72.911	5,9	5,796	11,0	5,748	10,9

[1] Inseln 10 ha und größer. Kleinere Inseln wurden nur in Auswahl, Inseln unter 1 ha überhaupt nicht aufgenommen (siehe Tabelle 9).
[2] Für die Hauptinsel wurde 498.903 km² mit 23,7 Mio. Ew. (1981) abgezogen. Die Gesamtfläche und Gesamteinwohnerzahl ergibt sich erst nach Hinzurechnung der Küsten- und Nebeninseln.
[3] Für die Fortschreibung der Bevölkerungszahlen auf den Inseln der tropischen Zone des Indischen Ozeans kann eine durchschnittliche jährliche Zuwachsrate von 20 ‰ angenommen werden. Danach hätte die Wohnbevölkerung aller tropischen Inseln zusammen 1982 etwa 54,8 Mio. Ew. und 1985 fast 58 Mio. Ew. betragen.

Tabelle 5: Die Inseln der Meereszonen des Pazifischen Ozeans

Meereszonen nach Klimazonen	Zahl der Inseln				Fläche der Inseln				Wohnbevölkerung 1982			
	aller Größen zusammen*		mit 1 km² und größer		aller Größen zusammen*		mit 1 km² und größer		aller Inseln zusammen*		auf Inseln mit 1 km² u. größer	
	abs.	%	abs.	%	abs. in km²	%	abs. in km²	%	in Mio. Ew.	%	in Mio. Ew.	%
Gesamter Pazifischer Ozean	**63.572**	**100**	**8.424**	**13,3**	**3,767.908**	**100**	**3,761.747**	**99,8**	**334,091**	**100**	**334,056**	**100**
Subpolare Zone	1.567	2,5	419	0,7	74.968	2,0	74.715	2,0	0,011	0,0	0,011	0,0
Gemäßigte und subtropische Zonen	32.046	50,4	3.143	4,9	1,010.023	26,8	1,007.160	26,7	123,961	37,1	123,956	37,1
Außertropische Zone	**33.613**	**52,9**	**3.562**	**5,6**	**1,084.991**	**28,8**	**1,081.875**	**28,7**	**123,972**	**37,1**	**123,967**	**37,1**
Tropische Zone	**29.959**	**47,1**	**4.862**	**7,7**	**2,682.917**	**71,2**	**2,679.872**	**71,1**	**210,119**	**62,9**	**210,089**	**62,9**

* Größenklassen 1 km² und größer, 1/4 km² bis < 1 km², 10 ha (1 ha) bis 25 ha (siehe Tabelle 10)

Tabelle 6: Die Inseln des Indischen und des Pazifischen Ozeans ab 1 km² nach Arealgrößenklassen

Meere nach Klimazonen		Größenklassen nach Inselflächen											
		1 km² bis <100 km²				100 km² bis <1.000 km²			1.000 km² und größer				
		Zahl abs.	%	Fläche km²	Bevölkerung	Zahl	Fläche km²	Bevölkerung	Zahl	Fläche km² abs.	%	Bevölkerung abs.	%
Indischer Ozean	Tropen	1.894	95	20.195	664.465	91	24.624	2,133.860	19	1,179.570	95	49,846.919	95
	Außertropen	127	96	3.938	3.216	4	1.166	25	2	10.870	68	3.590	52
Pazifischer Ozean	Tropen	4.510	93	164.033	12,881.425	268	79.383	5,758.135	84	2,436.456	91	191,449.092	91
	Außertropen	3.235	91	29.540	425.670	271	65.775	1,034.110	56	986.560	91	122,507.290	99

Anmerkung: Prozent bezogen auf die Inseln ab 1 km² der Tabellen 4 und 5.

4.4 Regionale Gliederung der Inselstatistik nach Inselgruppen und Meeresgebieten mit Bevölkerungsdichten

Die Erfassung der Inseln beschränkt sich nicht allein auf den tropischen und randtropischen Raum des Indischen und Pazifischen Ozeans (Abgrenzung nach TROLL-PAFFEN und anderen Autoren), sondern auf das gesamte Meeresgebiet, um notwendige Vergleiche durchführen und Zusammenhänge aufzeigen zu können. Die Gliederung berücksichtigt dabei einerseits die Grenzen der Klimazonen, andererseits faßt sie große Inseln jeweils mit ihren Küsteninseln zu Inselgruppen zusammen oder weist Meeresteile oder größere Inselarchipele aus. Inselstaaten konnten als regionale Einheiten nur insofern berücksichtigt werden, als sie einer Klimazone zugehören. Über die Grenzen der Inselgruppen geben die Kartenskizzen der Abbildungen 24 und 25 (S. 90) Auskunft. Trotz der notwendigen Beschränkung zur Vermeidung zu umfangreicher Tabellen waren für den Indischen Ozean 29 und für den Pazifischen Ozean 43 Gebietseinheiten notwendig.

4.4.1 Regionale Gliederung des Indischen Ozeans und Bevölkerungsdichten der Inselgruppen

Abweichend von einzelnen anderen Darstellungen in der älteren Literatur wurden die Hauptinsel Sumatra und ihre westlich vorgelagerten Inseln zum Indischen Ozean gezählt (Abgrenzung siehe Abbildung 24).
Die Fläche aller Inseln des Indischen Ozeans zusammen entspricht etwa ¼ der Fläche Europas (ohne den europäischen Anteil der Sowjetunion) mit etwas über ⅑ der darauf wohnenden Bevölkerung. Diese Zahlen werden allerdings durch die 3 größten Inseln Madagaskar, Sri Lanka und Sumatra ganz wesentlich bestimmt. Ohne diese ergibt sich ein anderes Bild: Es verbleiben dann zwar immer noch über 7.000 Inseln, aber nur noch mit 89% der Fläche Österreichs und 72% seiner Einwohnerzahl. Bezogen auf die Fläche aller Inseln des Indischen Ozeans, beträgt die Bevölkerungsdichte 43 Bewohner pro km². Das wäre für einen tropischen Lebensraum mit vorherrschender Subsistenzwirtschaft zwar ein hoher, aber immerhin noch tragbarer Wert. Er ist aber hinsichtlich seiner rechnerischen Bezugsfläche unrealistisch, da nicht nur alle unbesiedelten Inseln, sondern auch alle unbesiedelten und unbesiedelbaren Flächen von Madagaskar und Sumatra einbezogen sind, welche den Dichtewert wesentlich herunterdrücken.
Greifen wir einzelne wichtige und repräsentative Inselgebiete heraus, dann finden wir für diese erschreckend hohe Dichtewerte, die uns die schwierige Versorgungssituation ihrer Bevölkerung mit den notwendigsten Lebensmitteln und sonstigen Mindestlebenserfordernissen (Kleidung, Werkzeug) sehr deutlich vor Augen führen: Seychellen 323, Straße von Moçambique mit Komoren 171, Lakkadiven 1347, Malediven 507, Bucht von Bengalen mit Sri Lanka, Inseln des Gangesmündungsgebietes und Andamanen 178, Inseln der Malakka-Straße 482.
Das sind nun Werte, welche bei der jährlich hohen natürlichen Bevölkerungszuwachsrate schon längst den Katastrophenpegel überschritten haben und nicht nur zu Hilfsaktionen von außen und zur Auswanderung betroffener Bevölkerungsteile zwingen, sondern

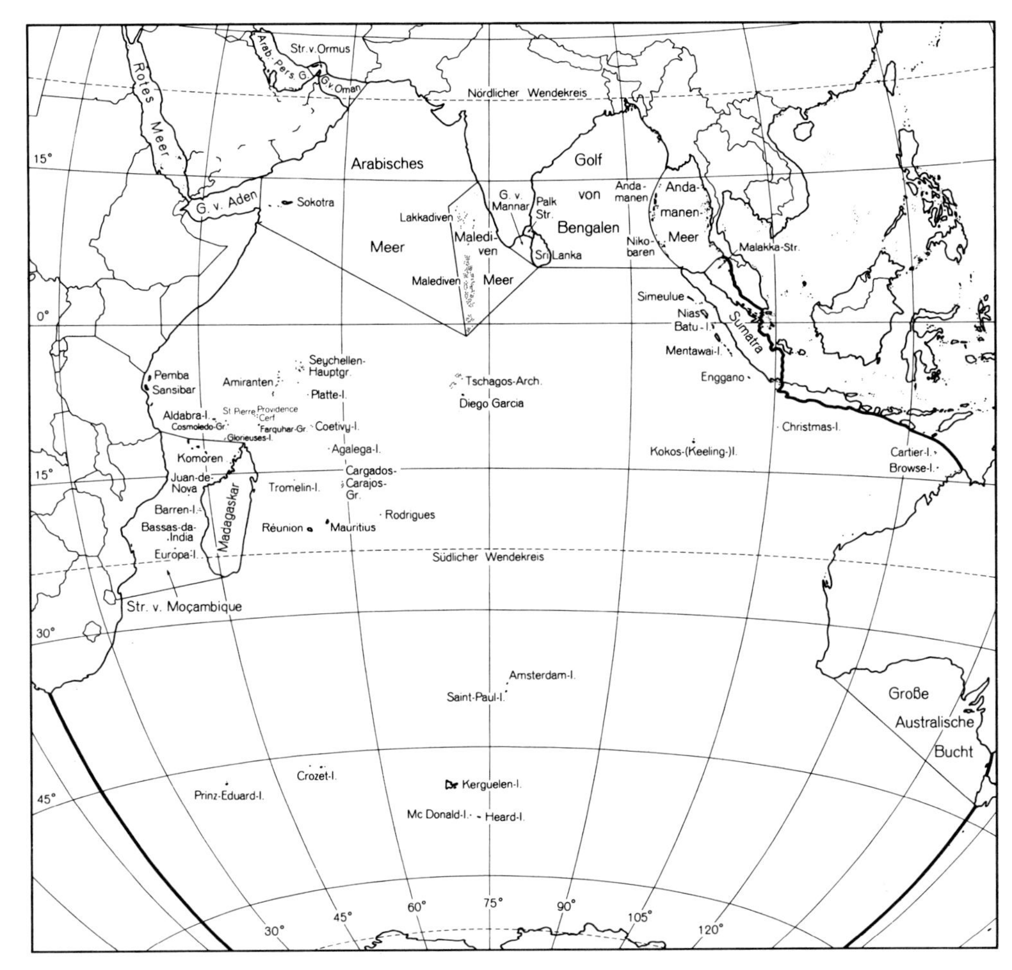

Abbildung 24: Indischer Ozean. Abgrenzung, Meeresteile und Auswahl von Inseln und Inselgruppen (Orientierungsskizze).

auf lange Sicht die Planung von Umsiedlungsaktionen für unumgänglich erscheinen lassen.

Der Bevölkerungsanteil des subtropischen und gemäßigten Klimabereiches des Indischen Ozeans ist sehr gering, der des subpolaren Raumes verschwindend. Dadurch unterscheidet er sich sehr wesentlich vom Pazifischen Ozean, dessen Inselwelt nach Zahl und Fläche in allen Klimazonen stark vertreten ist. Was die menschliche Besiedlung betrifft, ist der Indische Ozean als tropisches Meer zu betrachten, das aber durch Vorkommen der verschiedensten ökologischen Inseltypen und ethnischen Einflüsse einen großen Fächer lokaler Entwicklungs- und Wirtschaftsformen zu bieten vermag.

Um eine Feststellung kommt man allerdings nicht herum: Infolge des niedrigen Lebens-

standards der Bevölkerung und des geringen Industrialisierungsgrades weiter Küstenbereiche Afrikas und Südasiens fehlen den meisten Inseln wirtschaftliche Impulse durch ein potentes kontinentales Hinterland. Das Arabische Meer ist einseitig auf Erdölförderung und Erdölhandel ausgerichtet. Seit dem Rückzug europäischer Staaten von ihrem ehemaligen Kolonialbesitz geraten Inseln wie Madagaskar und Komoren verstärkt in eine Isolierung, so daß der Indische Ozean mehr und mehr in die Rolle des „Hinterhauses" der Meere gedrängt ist. Die Gesamtbevölkerung seiner Inseln erreicht außerdem nicht einmal ⅙ jener des Pazifischen Ozeans, dabei ist die sehr ungleiche und kontinentnahe Streuung der Inseln innerhalb des Gesamtraumes des Indischen Ozeans auffallend. Die Randlage nahe den Festlandküsten und den Küsten der großen Inseln überwiegt.
Auf dem Schelfgebiet der Kontinente liegen 70% der Inseln mit 50% ihrer Fläche und 80% der gesamten Inselbevölkerung. Der Zentralraum des Indischen Ozeans ist fast inselleer, was die enorme Bedeutung der Schiffahrtswege durch das Arabische Meer und durch den westlichen äquatorialen Inselraum über die Seychellen-Hauptgruppe nach Indien verständlich werden läßt. Südlich der Tropengrenze erlischt im Indischen Ozean die Wirtschafts- und Verkehrsbedeutung, der dort noch spärlich vorhandenen Vulkaninseln. In der außertropischen Zone ist die dauernd wohnhafte Bevölkerung nur auf einigen größeren Inseln der warmgemäßigten, sommertrockenen Regenklimate SW- und S-Australiens (Große Australische Bucht) zu finden, während die meist jüngeren Vulkaninseln der subpolaren Zone mit ihren äußerst kärglichen wirtschaftlichen Nutzungsmöglichkeiten (vereinzelt etwas Rentier- und Schafhaltung) überhaupt nur eine vorübergehend anwesende Bevölkerung (insgesamt etwa 200 Pesonen) haben, nämlich das Personal der Forschungs- und Wetterstationen.
Die folgenden Tabellen geben einen nach Meeresteilgebieten geordneten Überblick über die Inselgruppen nach Zahl der Inseln, Fläche, Bevölkerung und Ew./km².
Der Indische und Pazifische Ozean besitzen zusammen rund 72.000 Inseln von über 1 ha Größe, deren gesamte Landfläche etwa der Fläche Europas ohne den europäischen Anteil der UdSSR entspricht (rund 5 Mio. km²). Auf diesen Inseln leben fast 400 Mio. Menschen. Es ist kaum faßbar, daß bei solchen Größenordnungen in der einschlägigen Fachliteratur brauchbare Angaben weder über Inselzahlen nach Größenklassen für die einzelnen Meeresteile und Regionen noch über deren Fläche und Einwohnerzahlen nach jüngstem Stand (1980 und später) zu finden sind. So schwanken die Zahlenangaben über die Malediven-Inseln im Indischen Ozean zwischen 1.000 und 2.000 Inseln, obwohl nur rund 820 diese Bezeichnung tatsächlich verdienen, eine Größe von über 1 ha besitzen und bei Flut vom Meer nicht überspült werden. Selbst von diesen Inseln sind nur 409 größer als ¼ km² und lediglich 203 bewohnt, dabei liegt die Bevölkerungsdichte bei 507 Ew./km² (siehe S. 75 und 246ff.).
Auf unseren zahlreichen Reisen seit den siebziger Jahren in die verschiedenen Gebiete der Erde (über 32½ Erdumfänge Gesamtstrecke) bildeten die Studien an Ort eine wichtige Grundlage und kamen uns bei Schätzungen von analogen, benachbarten Räumen, z. B. bei Bevölkerungsangaben, sehr zugute, da diese für einzelne Inseln nur ausnahmsweise nach jüngstem Stand vorhanden sind. Die Erfassung der Inseln in Tabellen war seit 1984 unsere Hauptaufgabe.

Tabelle 7: Indischer Ozean. Zahl, Fläche und Bevölkerung der Inseln nach Meeresteilgebieten

Nr.	Meeresräume	Zahl der Inseln	Fläche in km²	Bevölkerung 1980	
				Ew.	Ew./km²
1	Tropischer Teil des Arabisch-Persischen Golfes mit Straße von Hormus	178	3.331,0	573.740	172,2
2	Golf von Oman	44	43,4	0	–
3	Rotes Meer	988	3.061,0	1.600	0,5
4	Golf von Aden	25	27,8	0	–
5	Arabisches Meer (Inseln vor der Festlandküste u. Sokotra, Kuria Muria)	262	5.393,0	16.100	3,0
6	Ostküste Afrikas (mit Pemba, Sansibar und Mafia)	548	4.875,0	480.720	98,6
7	Straße von Moçambique (mit Komoren, I. Juan de Nova, I. Europa)	44	2.260,0	385.890	170,7
8	Madagaskar mit Nebeninseln	437	587.041,0	8,349.000	14,2
9	Seychellen mit Amiranten, Maskarenen (Inseln des westl. Indisch. Ozeans bis 65° ö.L.)	134	4.949,4	1,598.000	322,9
1-9	**Σ Westl. Indischer Ozean**	**2.660**	**610.981,6**	**11,405.050**	**18,7**
10	Lakkadiven	33	28,5	38.400	1.347,4
11	Malediven	816	298,0	151.000	506,7
12	Tschagos Archipel	54	57,0	1.000	17,5
13	Inseln an der Indischen W-Küste zur Lakkadivensee	81	9,3	400	43,0
10-13	**Σ Tschagos-Lakkadiven Plateau**	**984**	**392,8**	**190.800**	**485,7**
14	Sri Lanka (Ceylon)	87	65.610,0	14,848.364	226,3
15	Indien Ostküste	58	102,4	100	1,0

Fortsetzung Tabelle 7: Indischer Ozean. Zahl, Fläche und Bevölkerung der Inseln nach Meeresteilgebieten

Nr.	Meeresräume	Zahl der Inseln	Fläche in km²	Bevölkerung 1980	
				Ew.	Ew./km²
16	Ganges Mündungsgebiet	176	6.652,0	1,026.500	154,3
17	Birma	1.124	8.565,0	17.780	2,1
18	Thailand Inseln in der Andamanensee	549	2.744,0	125.200	45,6
19	Andamanen und Nikobaren	265	7.183,0	155.100	21,6
14-19	**Σ Bucht von Bengalen und Andamanensee**	**2.259**	**90.856,4**	**16,173.044**	**178,0**
20	Malaysien (Inseln in der Malakka-Str.)	164	1.295,0	624.500	482,2
21	Indonesien: Inseln in der Malakka-Straße einschl. d. Nebeninseln Sumatras	147	7.174,0	80.200	11,2
22	Sumatra Hauptinsel	1	498.903,0	23,700.000	47,5
23	Sumatra Nebeninseln im Indischen Ozean	452	14.165,0	516.000	36,4
24	Nebeninseln d. Sunda-inseln im Indischen Ozean	91	262,5	0	–
20-24	**Σ Anteil Malaysiens u. Indonesiens am Ind. Ozean**	**855**	**521.799,5**	**24,920.700**	**47,8**
25	Australien: Tropischer Inselanteil am Ind. Ozean vor der West-Küste bis 24° s. Br.	803	1.789,2	3.700	2,1
25	**Σ Trop. Anteil Australiens am Indischen Ozean**	**803**	**1.789,2**	**3.700**	**2,1**
1-25	**Σ Trop. Raum des Indischen Ozeans**	**7.561**	**1,225.819,5**	**52,693.294**	**43,7**
26	Außertrop. Inselgebiet des Arabisch-Persischen Golfes	50	1.443,0	50	0,0
27	Südafrika: Außertrop. Inselanteil am Ind. Ozean	3	0,2	10	50,0

Fortsetzung Tabelle 7: Indischer Ozean. Zahl, Fläche und Bevölkerung der Inseln nach Meeresteilgebieten

Nr.	Meeresräume	Zahl der Inseln	Fläche in km²	Bevölkerung 1980	
				Ew.	Ew./km²
28	Australien: Südwestküste südl. 24° s.Br. u. Große Bucht v. Australien, Nebeninseln von Tasmanien	572	6.553,3	6.600	1,0
26-28	**Σ Subtrop. u. gemäßigter Anteil des Ind. Ozeans**	**625**	**7.996,5**	**6.660**	**0,8**
29	Subpolares Gebiet des Indischen Ozeans	175	8.117,3	181	0,0
29	**Subpolare Inseln des Indischen Ozeans**	**175**	**8.117,3**	**181**	**0,0**
1-29	**Σ Indischer Ozean**	**8.361**	**1,241.933,3**	**52,700.135**	**42,4**

Zur Bestimmung der Flächengröße mußte auch die mühevolle Planimetrierungsmethode auf der Grundlage veröffentlichter Kartenwerke angewendet werden, da einerseits der Wolkenbedeckungsgrad über tropischen Berggebieten fast immer erheblich ist und eine Auswertung von Luftbildaufnahmen nur sehr lückenhaft ermöglicht, andererseits diese für einen Großteil der benötigten Gebiete nicht erhältlich oder nur mit unzumutbarem Kostenaufwand beschaffbar sind.
Beim Ausplanimetrieren der Inseln stießen wir auch auf arge Fehler. Manche Größenangaben wurden jahrzehntelang von verschiedenen Autoren unkritisch übernommen, wie z. B. in verschiedenen Arbeiten und Nachschlagewerken für die wegen ihrer über 240 m hohen Dünen bekannte Fraser Insel (Great Sandy Island) – vor der Ostküste Australiens nördlich von Brisbane gelegen – 160 km² Fläche angegeben wurde, obwohl ihr tatsächliches Areal rund das Zehnfache beträgt. Für manche Inseln oder Inselgruppen im Pazifik finden wird oft als Inselflächen die Flächenangaben für das mindestens hundertfach so große Atoll, in dessen Riffkranz diese liegen, oder es wurden Angaben durch Planimetrierungen gewonnen, wobei sich bei Maßstabsumrechungen Darstellungsgröße/Naturgröße bedeutende Fehler eingeschlichen haben.
In den folgenden Tabellen 8 und 10 (S. 95) wurden drei Größenklassen der Inseln ausgewiesen, nämlich die wirtschaftlich und bevölkerungsmäßig wichtigsten Inseln ab 1 km², ferner ¼ km² bis 1 km² und die Gruppe von 10 ha (bzw. ab 1 ha) bis 25 ha der zahlreichen interessanten Koralleninseln. Nur unter deren Einbeziehung lassen sich die in der Literatur immer wieder genannten, phantastisch anmutenden Inselzahlen, z. B. von Indonesien von 13.000 bis 14.000 Inseln verstehen, obwohl nur rund 7.200 Inseln über 5 bis 10 ha groß und ca. 1.650 Inseln größer als 1 km² sind. Fast 72% der tropischen Inseln des Pazifiks gehören bei allerdings verschwindend kleiner Gesamtfläche und Bevölkerungszahl dieser kleinsten Größenklasse an (Tabelle 10, S. 95).

Tabelle 8: Indischer Ozean. Zahl, Fläche und Bevölkerung der Inseln nach Meeresteilgebieten und Arealgrößenklassen

Nr.	Meeresräume	Angaben nach Größenklassen der Inselflächen								
		1 km² und größer			**1/4 km² bis < 1 km²**			**10 ha (1 ha)* bis < 25 ha**		
		Zahl	Fläche in km²	Bevölkerung 1980	Zahl	Fläche in km²	Bevölkerung 1980	Zahl	Fläche in km²	Bevölkerung 1980
1	Tropischer Teil des Arabisch-Persischen Golfes mit Straße von Hormus	104	3.297,0	573.740	71	33,6	0	3	0,4	0
2	Golf von Oman	13	32,3	0	13	8,0	0	18	3,1	0
3	Rotes Meer	290	2.877,3	1.600	240	124,7	0	458	59,2	0
4	Golf von Aden	9	21,7	0	9	4,6	0	7	1,5	0
5	Arabisches Meer (Inseln vor d. Festlandküste und Sokotra, Kuria Muria)	61	5.335,4	16.100	98	41,7	0	103	15,9	0
6	Ostküste Afrikas (mit Pemba, Sansibar und Mafia)	170	4.559,8	480.620	186	302,5	100	192	17,7	0
7	Straße von Moçambique (mit Komoren, I. Juan de Nova, I. Europa)	11	2.255,0	385.890	7	3,0	0	26	2,0	0
8	Madagaskar mit Nebeninseln	80	586.996,5	8,348.900	58	27,0	100	299	17,5	0

Fortsetzung Tabelle 8: Indischer Ozean. Zahl, Fläche und Bevölkerung der Inseln nach Meeresteilgebieten und Arealgrößenklassen

Nr.	Meeresräume	Angaben nach Größenklassen der Inselflächen: 1 km² und größer			1/4 km² bis < 1 km²			10 ha (1 ha)* bis < 25 ha		
		Zahl	Fläche in km²	Bevölkerung 1980	Zahl	Fläche in km²	Bevölkerung 1980	Zahl	Fläche in km²	Bevölkerung 1980
9	Seychellen mit Amiranten, Maskarenen, (Inseln d. westl. Ind. Ozeans bis 65° ö.L.)	38	4.926,2	1,596.700	33	17,0	1.300	63	6,2	0
1-9	**ΣWestlicher Indischer Ozean**	**776**	**610.301,2**	**11,403.550**	**715**	**562,1**	**1.500**	**1.169**	**118,5**	**0**
10	Lakkadiven	9	26,1	38.250	1	0,9	0	23	1,5	150
11	Malediven	108	172,5	104.700	301	111,2	44.200	407	13,4	2.100
12	Tschagos Archipel	16	49,2	1.000	19	5,7	0	19	2,1	0
13	Inseln an der Indischen Westküste zur Lakkadivensee	2	4,2	300	4	1,0	0	75	4,1	100
10-13	**Σ Tschagos-Lakkadiven Plateau**	**135**	**252,0**	**144.250**	**325**	**118,8**	**44.200**	**524**	**21,1**	**2.350**
14	Sri Lanka (Ceylon)	20	65.597,2	14,848.364 (1981)	22	9,6	0	45	3,0	0
15	Indien Ostküste	7	91,8	100	12	5,6	0	39	5,0	0
16	Ganges-Mündungsgebiet	131	6.622,0	1,026.500	45	30,0	0	0	0,0	0
17	Birma	328	8.404,0	17.780	188	82,5	0	608	78,0	0
18	Thailand (Inseln in der Andamanensee)	86	2.666,0	125.200	74	36,8	0	389	41,0	0

Fortsetzung Tabelle 8: Indischer Ozean. Zahl, Fläche und Bevölkerung der Inseln nach Meeresteilgebieten und Arealgrößenklassen

Nr.	Meeresräume	Angaben nach Größenklassen der Inselflächen								
		1 km^2 und größer			1/4 km^2 bis < 1 km^2			10 ha (1 ha)* bis < 25 ha		
		Zahl	Fläche in km^2	Bevölkerung 1980	Zahl	Fläche in km^2	Bevölkerung 1980	Zahl	Fläche in km^2	Bevölkerung 1980
19	Andamanen und Nikobaren	76	7.148,0	155.100	46	20,0	0	143	15,0	0
14-19	**Σ Bucht von Bengalen und Andamanensee**	**648**	**90.529,0**	**16,173.044**	**387**	**184,4**	**0**	**1.224**	**142,0**	**0**
20	Malaysien (Inseln in der Malakka-Straße)	39	1.269,2	624.500	37	13,8	0	88	12,0	0
21	Indonesien (Inseln in der Malakka-Straße einschließl. d. Nebeninseln Sumatras)	54	7.154,7	80.200	16	9,5	0	77	9,7	0
22	Sumatra Hauptinsel	1	498.903,0	23,700.000	–	–	–	–	–	–
23	Sumatra Nebeninseln im Indischen Ozean	120	14.105,0	516.000	87	26,0	0	245	34,0	0
24	Nebeninseln der Sundainseln im Indischen Ozean	9	250,8	0	15	4,9	0	67	6,8	0
20-24	**Σ Anteil Malaysiens u. Indonesiens am Ind. Ozean**	**223**	**521.682,7**	**24,920.700**	**155**	**54,2**	**0**	**477**	**62,5**	**0**
25	Australien: Tropischer Inselanteil am Ind. Ozean vor der Westküste bis 24° s. Br.	222	1.642,4	3.700	145	73,2	0	436	73,8	0
25	**Σ Tropischer Anteil Australiens am Ind. Ozean**	**222**	**1.642,4**	**3.700**	**145**	**73,6**	**0**	**436**	**73,8**	**0**

Fortsetzung Tabelle 8: Indischer Ozean. Zahl, Fläche und Bevölkerung der Inseln nach Meeresteilgebieten und Arealgrößenklassen

Nr.	Meeresräume	Angaben nach Größenklassen der Inselflächen: 1 km² und größer			1/4 km² bis < 1 km²			10 ha (1 ha)* bis < 25 ha		
		Zahl	Fläche in km²	Bevölkerung 1980	Zahl	Fläche in km²	Bevölkerung 1980	Zahl	Fläche in km²	Bevölkerung 1980
1-25	**Σ Tropischer Raum des Indischen Ozeans**	**2.004**	**1,224.407,3**	52,645.244	**1.727**	**992,7**	**45.700**	**3.830**	**417,9**	**2.350**
26	Außertropisches Inselgebiet d. Arabisch-Persischen Golfes	22	1.436,7	50	16	5,3	0	12	0,8	0
27	Südafrika: Außertropischer Inselanteil am Ind. Ozean	–	–	–	–	–	–	3	0,2	10
28	Australien: Südwestküste südl. 24° s.Br. u. Große Bucht von Australien, Nebeninseln von Tasmanien	68	6.458,0	6.600	110	46,3	0	394	49,0	0
26-28	**Σ Subtropischer und gemäßigter Anteil des Indischen Ozeans**	**90**	**7.894,7**	**6.650**	**126**	**51,6**	**0**	**409**	**50,0**	**10**
29	Subpolares Gebiet des Indischen Ozeans	43	8.079,4	181	35	18,6	0	97	19,3	0
29	**Σ Subpolare Inseln des Indischen Ozeans**	**43**	**8.079,4**	**181**	**35**	**18,6**	**0**	**97**	**19,3**	**0**
1-29	**Σ Indischer Ozean**	**2.137**	**1,240.381,4**	52,652.075	**1.888**	**1.062,9**	**45.700**	**4.336**	**487,2**	**0**

* Die untere Grenze von 1 ha konnte nicht immer eingehalten werden. Es wurden aber zumindest die Inseln von 10 ha und größer erfaßt.

4.4.2 Regionale Gliederung des Pazifischen Ozeans und Bevölkerungsdichten der Inselgruppen

Mit nahezu 64.000 Inseln ist der Pazifische Ozean vor dem Atlantischen und dem Indischen Ozean nicht nur der inselreichste, sondern mit 334 Mio. Inselbewohnern – das ist mehr als 1⅓ mal die Einwohnerzahl der Vereinigten Staaten von Amerika – auch das bevölkerungsmäßig bedeutendste Meer der Erde.
In seinem ost- und südostasiatischen Inselraum haben sich große Industrie- und Handelszentren wie Japan, Taiwan, Hongkong und Singapur entwickelt, welche sehr bald auch durch rotchinesische Betriebe Verstärkung finden werden, die ein asiatisches Gegengewicht zur altindustrialisierten europäisch-amerikanischen Industriegesellschaft des atlantischen Raumes darstellen.
Daneben gibt es im Pazifik zahlreiche Inselgruppen mit nur sehr geringen Entwicklungsmöglichkeiten, die der massiven Unterstützung und der Hilfe bedürfen, um über-

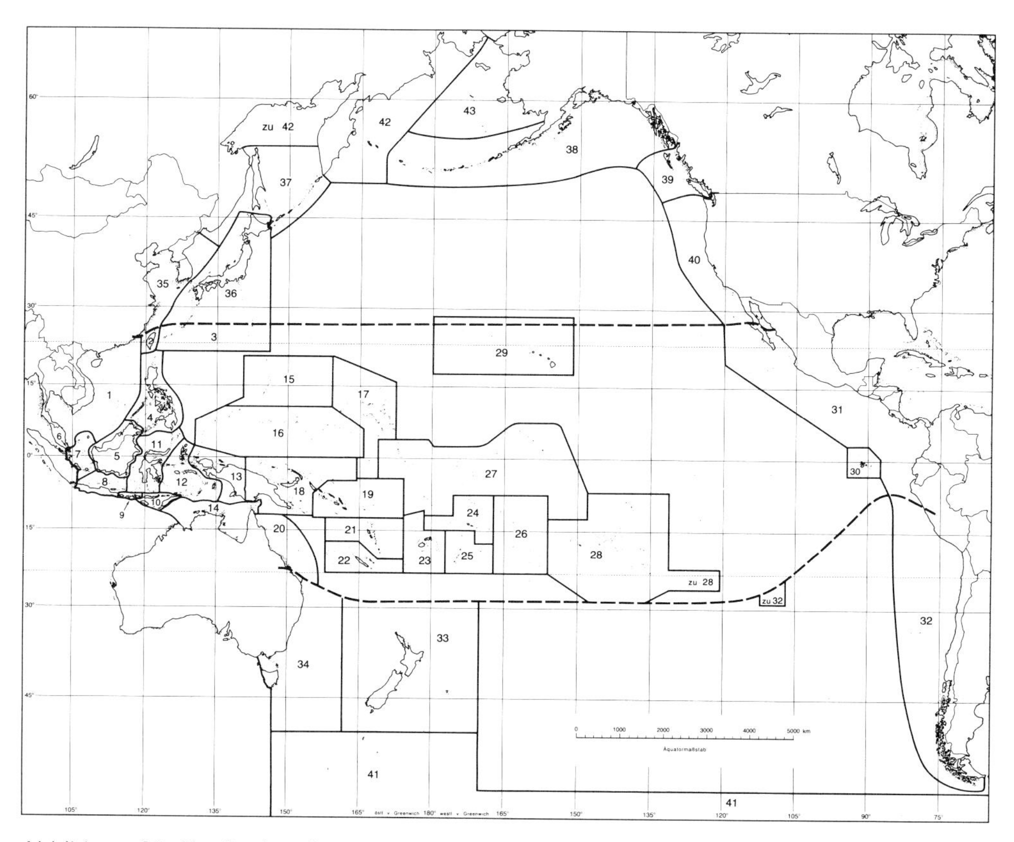

Abbildung 25: Pazifischer Ozean. Inselgruppengliederung für die regional aufgegliederten statistischen Tabellen 9 und 10. Die Nummern beziehen sich auf die Vorspalten der Tabellen.

haupt überleben zu können und ihr wertvolles ethnisches Kulturgut für die Zukunft zu erhalten und zu sichern.
Die Inselgruppengliederung der Abbildung 25, welche der Vorspalte der statistischen Ausweisung zugrunde liegt, nimmt auf diese Verschiedenheiten und auf die politische Neuordnung im zentralpazifischen Raum Rücksicht.
Die Bevölkerungsdichte ist für die Inselgruppen des Pazifischen Ozeans im Durchschnitt für alle Klimazonen höher als im Indischen Ozean. Im tropisch-pazifischen Raum beträgt sie über 78 Bewohner pro km², und es stechen nachstehende Inselgruppen mit besonders hohen Dichtewerten hervor: Singapur 4.019, Java und Inseln der Java-See 701, Taiwan 504, tropische Inseln Japans 334, Marshall-Inseln 229, westliche Kleine Sunda-Inseln 223, Philippinen 167, Tonga und Niue 142. Selbst die Cook-Inseln haben mit 91 und Kiribati mit 81 Bewohnern pro km² noch erschreckend hohe Werte, wenn man bedenkt, daß die rechnerische Bezugsfläche wesentlich größer ist als die bewohnte Fläche der Inseln. Die bisherigen Angaben der mittleren Bevölkerungsdichte für den gesamten tropischen Inselraum des Ozeans bewegten sich zwischen unter 50 bis maximal 70 Bewohner pro km² und verschleierten die tatsächlichen katastrophalen Verhältnisse auf manchen Inselgruppen insbesondere dort, wo z. B. auf Koralleninseln auch noch militärische Stützpunkte und Militärflughäfen erhalten werden.
Interessant ist auch die Tatsache, daß rund 30.000 Menschen auf Inseln mit unter 1 km² Fläche und fast 5.000 auf solchen mit 1 bis 25 ha Größe leben (siehe Tabelle 10); es handelt sich dabei in der Mehrzahl um Koralleninseln.
Eine vollständige und einigermaßen sichere Erfassung von Inseln mit unter 10 ha Flächengröße ist nach dem derzeitigen kartographischen Erschließungs- und Darstellungsstand der Erde – wie bereits erwähnt – nicht möglich. Will man nicht auf die Erfassung des interessanten Inseltypus der Korallenriff- und Korallensandinseln zu einem erheblichen Teil verzichten, dann muß die niedrigste Größenklasse ab 10 ha bis <25 ha bzw. ab 1 ha – die kleinen Inseln von 1 ha bis 9 ha konnten nur z. T. – erfaßt werden (siehe Tabelle 10, S. 95). Auf diese folgen die Größenklassen 25 ha bis <1 km² und ab 1 km². Natürlich erfaßt die Größenklasse 1 km² und darüber alle wirtschaftlich und bevölkerungsmäßig bedeutenderen Inseln, der im Indischen Ozean zwar nur 25,6%, vom Pazifischen Ozean gar nur 13,3% der Inseln, jedoch weit über 99% der gesamten Inselfläche und fast 100% der Bevölkerung angehören (Tabelle 6, S. 79).
Nicht nur im Indischen, sondern auch im Pazifischen Ozean liegt der Hauptanteil sowohl der Inselflächen (71,2%) als auch ihrer Bewohner (62,2%) in der Tropenzone. Infolge der dort herrschenden prekären Ernährungssituation sind Bevölkerungsangaben nach möglichst aktuellem Gebietsstand, also für die Zeit 1980 und jünger, besonders wichtig. Die meist notwendige Bevölkerungsfortschreibung wurde aufgrund der natürlichen Bevölkerungsbewegung vorgenommen, während Wanderbewegungen von und zu den Inseln nur ausnahmsweise berücksichtigt werden konnten. Größere Umsiedlungsaktionen, z. B. in Indonesien oder im Bereich der neu entstandenen Südseestaaten, wurden berücksichtigt. Verluste infolge kriegerischer Auseinandersetzungen (z. B. Neuguinea, Dezimierung der Bevölkerung anläßlich der Besetzung von Ost-Timor usw.) blieben ungewiß und gingen daher in die Berechnungen nicht ein. Bei Umrechnungen von größeren Verwaltungseinheiten auf einzelne Inselgebiete wurde die Einwohnerzahl eher zu gering als zu hoch geschätzt.

Tabelle 9: Pazifischer Ozean. Zahl, Fläche und Bevölkerung der Inseln nach Meeresteilgebieten

Nr.	Meeresräume	Zahl der Inseln	Fläche in km²	Bevölkerung 1982 Ew.	Ew./km²
1	Südchinesisches Meer und Inseln der Ostküste Asiens (ohne Philippinen und Indonesien)	3.802	45.207,12	6,763.220	149,6
2	Taiwan	199	36.144,90	18,206.000	503,7
3	Japan (nur tropischer Inselanteil)	549	3.031,93	1,011.750	333,7
4	Philippinen	3.922	299.574,17	50,054.302	167,1
5	Borneo mit Küsteninseln	816	754.646,00	9,260.280	12,3
6	Singapur	49	615,12	2,472.000	4.018,7
7	Indonesische Inseln im Südchinesischen Meer und in der Karimatastraße	1.541	26.064,11	661.100	25,4
8	Java und Javasee (ohne Küsteninseln Borneos)	391	133.822,80	93,842.000	701,2
9	Westliche Kleine Sunda-Inseln (Bali, Lombok, Sumbawa)	159	25.114,60	5,601.400	223,0
10	Östliche Kleine Sunda-Inseln	258	61.536,95	3,676.000	59,7
11	Celebes mit Celebessee, Makassarstraße und Floressee	1.364	192.330,51	10,609.660	55,2
12	Molukken und Molukkensee, Ceramsee und Bandasee	1.098	79.169,16	864.340	10,9
13	West-Irian mit nördlicher Arafurasee	1.504	421.981,00	1,088.000	2,6
14	Nordaustralische Küsteninseln mit Timorsee, südlicher Arafurasee und Torresstraße	958	14.747,72	10.450	0,7
15	Marianen-Inseln	33	2.090,26	132.570	63,4

Fortsetzung Tabelle 9: Pazifischer Ozean. Zahl, Fläche und Bevölkerung der Inseln nach Meeresteilgebieten

Nr.	Meeresräume	Zahl der Inseln	Fläche in km²	Bevölkerung 1982	
				Ew.	Ew./km²
16	Karolinen-Inseln	732	1.099,72	90.960	82,7
17	Marshall-Inseln	887	193,90	44.290	228,4
18	Papua-Neuguinea	1.834	461.690,60	3,100.000	6,7
19	Salomon-Inseln	1.937	29.992,26	213.850	7,1
20	Australien; tropischer Anteil der Ostküste	1.070	1.931,02	1.200	0,6
21	Neue Hebriden (Vanuatu)	275	11.921,33	104.200	8,7
22	Neukaledonien	589	19.103,00	160.000	8,4
23	Fidschi-Inseln	626	18.356,79	659.100	35,9
24	Samoa-Inseln, Wallis und Futuna, Tokelau-Inseln	155	3.229,10	213.250	66,0
25	Tonga und Niue	174	776,64	110.370	142,1
26	Cook-Inseln	120	237,82	21.590	90,8
27	Kiribati (Gilbert-I., Ellice-I., Phönix-I., Line-I.) und nördlich gelegene US-Inseln	426	741,70	60.000	80,9
28	Frz. Ost-Polynesien (Gesellschafts-I., Tuamotu-Arch., Marquesas-I., Tubai-I. und Gambier-I.) sowie Pitcairn	1.508	3.414,05	156.750	45,9
29	Hawaii-Inseln	1.006	17.529,49	896.840	51,2
30	Galápagos-Inseln	174	7.817,51	4.490	0,6
31	Amerika Westküste (tropischer Anteil der Paz. Küste Nord-, Mittel- und Südamerikas)	1.803	8.806,13	29.400	3,3
Σ	**Tropischer Anteil des Pazifischen Ozeans**	**29.959**	**2,682.917,41**	**210,119.362**	**78,3**

Fortsetzung Tabelle 9: Pazifischer Ozean. Zahl, Fläche und Bevölkerung der Inseln nach Meeresteilgebieten

Nr.	Meeresräume	Zahl der Inseln	Fläche in km²	Bevölkerung 1982	
				Ew.	Ew./km²
32	Peru und Chile, Kusteninseln und Gruppe der Osterinseln	6.629	82.703,61	192.900	2,3
33	Neuseeland und Inseln der weiteren Umgebung	1.208	269.933,57	3,190.560	11,8
34	Australien Ostküste südl. 28° s.Br. und Tasmanien	916	67.670,41	411.320	6,1
35	Chinesisches und Koreanisches Inselgebiet (außertropischer Anteil)	7.310	9.310,08	674.050	72,4
36	Japanische Inseln (außertropischer Anteil)	5.641	369.291,05	118,229.100	320,2
37	UdSSR, Pazif. Inseln in der gemäßigten Zone mit Kurilen	1.133	87.032,40	767.000	8,8
38	Alaska, Küsteninseln südl. 56° n.Br. und Aleuten	4.743	66.814,05	43.380	0,7
39	Kanada, pazifischer Inselanteil	3.755	54.427,65	416.950	7,7
40	USA und Mexiko, Küsteninseln zwischen 49° und 28° n.Br.	711	2.840,35	35.350	12,5
Σ	**Gemäßigter Klimaraum des Pazifischen Ozeans**	**32.046**	**1,010.023,17**	**123,960.610**	**122,7**
41	Südhalbkugel Inseln südl. von Neuseeland und der antarktischen Küste bis 70° s.Br.	558	51.923,60	40	0,0
42	UdSSR: Subpolare Inseln des Pazifischen Ozeans	485	7.248,85	4.600	0,6
43	USA: Inseln v. d. Alaskaküste im Bering Meer	524	15.795,70	6.600	0,4
Σ	**Subpolarer und polarer Klimaraum d. Paz. Ozeans**	**1.567**	**74.968,15**	**11.240**	**0,2**
Σ	**Pazifischer Ozean**	**63.572**	**3,767.908,73**	**334,091.212**	**88,7**

Tabelle 10: Pazifischer Ozean. Zahl, Fläche und Bevölkerung der Inseln nach Meeresteilgebieten und Arealgrößenklassen

Nr.	Meeresräume	Angaben nach Größenklassen der Inselflächen: 1 km² und größer			1/4 km² bis < 1 km²			10 ha (1 ha)* bis < 25 ha		
		Zahl	Fläche in km²	Bevölkerung 1982	Zahl	Fläche in km²	Bevölkerung 1982	Zahl	Fläche in km²	Bevölkerung 1982
1	Südchinesisches Meer und Inseln der Ostküste Asiens (ohne Philippinen und Indonesien)	594	44.833,76	6,755.280	436	194,08	7.540	2.772	179,28	400
2	Taiwan	60	36.128,37	18,206.000	26	11,40	0	113	5,13	0
3	Japan (nur tropischer Inselanteil)	87	3.004,95	1,011.650	28	11,60	100	434	15,38	0
4	Philippinen	586	299.226,61	50,051.822	427	208,25	2.280	2.909	139,31	200
5	Borneo mit Küsteninseln	322	754.548,66	9,260.170	140	61,00	110	354	36,34	0
6	Singapur	10	604,78	2,471.800	13	7,83	180	26	2,51	20
7	Indonesische Inseln im Südchinesischen Meer und in der Karimatastraße	243	25.821,07	661.050	392	153,85	50	906	89,19	0
8	Java und Javasee (ohne Küsteninseln Borneos)	53	133.776,48	93,842.000	48	18,57	0	290	27,75	0
9	Westliche Kleine Sunda-Inseln (Bali, Lombok, Sumbawa)	36	25.099,50	5,601.400	15	6,70	0	108	8,40	0
10	Östliche Kleine Sunda-Inseln	57	61.509,20	3,676.000	41	17,10	0	160	10,65	0

* Die Inseln der Größenordnung 1 bis 9 ha konnten nur zum Teil vollständig erfaßt werden.

Fortsetzung Tabelle 10: Pazifischer Ozean. Zahl, Fläche und Bevölkerung der Inseln nach Meeresteilgebieten und Arealgrößenklassen

Nr.	Meeresräume	Angaben nach Größenklassen der Inselflächen								
		1 km² und größer			1/4 km² bis < 1 km²			10 ha (1 ha)* bis < 25 ha		
		Zahl	Fläche in km²	Bevölkerung 1982	Zahl	Fläche in km²	Bevölkerung 1982	Zahl	Fläche in km²	Bevölkerung 1982
11	Celebes mit Celebessee, Makassarstraße und Floressee	200	192.158,57	10,608.360	193	98,23	970	971	73,71	330
12	Molukken und Molukkensee, Ceramsee und Bandasee	310	79.038,75	864.050	187	86,40	290	601	44,01	0
13	West-Irian mit nördlicher Arafurasee	425	421.811,93	1,087.240	247	105,00	560	832	64,07	200
14	Nordaustralische Küsteninseln mit Timorsee, südlicher Arafurasee und Torresstraße	175	14.614,60	10.450	168	60,15	0	615	72,97	0
15	Marianen-Inseln	13	2.087,40	132.570	4	2,70	0	16	0,16	0
16	Karolinen-Inseln	44	1.024,07	86.050	109	42,25	3.720	579	33,40	1.190
17	Marshall-Inseln	50	129,40	41.000	52	25,30	3.030	785	39,20	260
18	Papua-Neuguinea	324	461.459,22	3,099.000	212	90,10	600	1.298	141,28	400
19	Salomon-Inseln	158	29.823,35	213.750	130	56,65	100	1.649	112,26	0
20	Australien; tropischer Anteil der Ostküste	120	1.801,50	1.080	128	59,10	0	822	70,42	120
21	Neue Hebriden (Vanuatu)	63	11.890,50	103.900	35	20,40	0	177	10,43	300
22	Neukaledonien	44	19.058,25	160.000	68	21,75	0	477	23,00	0

* Die Inseln der Größenordnung 1 bis 9 ha konnten nur zum Teil vollständig erfaßt werden.

Fortsetzung Tabelle 10: Pazifischer Ozean. Zahl, Fläche und Bevölkerung der Inseln nach Meeresteilgebieten und Arealgrößenklassen

Nr.	Meeresräume	Angaben nach Größenklassen der Inselflächen								
		1 km² und größer			1/4 km² bis < 1 km²			10 ha (1 ha)* bis < 25 ha		
		Zahl	Fläche in km²	Bevölkerung 1982	Zahl	Fläche in km²	Bevölkerung 1982	Zahl	Fläche in km²	Bevölkerung 1982
23	Fidschi-Inseln	99	18.289,30	658.500	87	44,48	600	440	23,01	0
24	Samoa-Inseln, Wallis und Futuna, Tokelau-Inseln	20	3.219,20	212.450	13	5,39	700	122	4,51	100
25	Tonga und Niue	22	753,90	108.670	15	6,45	1.000	137	16,29	700
26	Cook-Inseln	21	229,93	21.030	11	3,55	560	88	4,34	0
27	Kiribati (Gilbert-I., Ellice-I., Phönix-I., Line-I.) und nördlich gelegene US-Inseln	82	695,40	58.000	63	24,20	1.500	281	22,10	500
28	Frz. Ost-Polynesien (Gesellschafts-I., Tuamotu-Arch., Marquesas-I., Tubai-I. und Gambier-I.) sowie Pitcairn	169	3.295,44	154.650	98	43,07	1.900	1.241	75,54	200
29	Hawaii-Inseln	27	17.480,70	896.840	18	8,15	0	961	40,64	0
30	Galápagos-Inseln	19	7.811,60	4.490	5	1,85	0	150	4,06	0
31	Amerika Westküste (tropischer Anteil der Paz. Küste Nord-, Mittel- und Südamerikas)	429	8.645,60	29.400	170	73,25	0	1.204	87,28	0
Σ	**Tropischer Anteil des Pazifischen Ozeans**	**4.862**	**2,679.871,99**	**210,088.652**	**3.579**	**1.568,80**	**25.790**	**21.518**	**1.476,62**	**4.920**

* Die Inseln der Größenordnung 1 bis 9 ha konnten nur zum Teil vollständig erfaßt werden.

Fortsetzung Tabelle 10: Pazifischer Ozean. Zahl, Fläche und Bevölkerung der Inseln nach Meeresteilgebieten und Arealgrößenklassen

Nr.	Meeresräume	Angaben nach Größenklassen der Inselflächen: 1 km² und größer			1/4 km² bis < 1 km²			10 ha (1 ha)* bis < 25 ha		
		Zahl	Fläche in km²	Bevölkerung 1982	Zahl	Fläche in km²	Bevölkerung 1982	Zahl	Fläche in km²	Bevölkerung 1982
32	Peru und Chile, Küsteninseln und Gruppe der Osterinseln	1.052	81.848,65	192.900	665	302,60	0	4.912	552,36	0
33	Neuseeland und Inseln der weiteren Umgebung	161	269.829,16	3,190.480	116	57,42	80	931	46,99	0
34	Australien Ostküste südl. 28° s.Br. und Tasmanien	102	67.598,60	411.320	67	30,30	0	747	41,51	0
35	Chinesisches und Koreanisches Inselgebiet (außertropischer Anteil)	511	8.644,50	673.050	814	376,75	1.000	5.985	288,83	0
36	Japanische Inseln (außertropischer Anteil)	268	369.012,59	118,226.650	280	140,63	2.450	5.093	137,83	0
37	UdSSR, Pazif. Inseln in der gemäßigten Zone mit Kurilen	75	86.977,60	767.000	66	29,80	0	992	25,00	0
38	Alaska, Küsteninseln südl. 56° n.Br. und Aleuten	550	66.317,50	43.380	349	166,00	0	3.844	330,55	0
39	Kanada, pazifischer Inselanteil	316	54.140,90	416.950	257	102,75	0	3.182	184,00	0

* Die Inseln der Größenordnung 1 bis 9 ha konnten nur zum Teil vollständig erfaßt werden.

Fortsetzung Tabelle 10: Pazifischer Ozean. Zahl, Fläche und Bevölkerung der Inseln nach Meeresteilgebieten und Arealgrößenklassen

Nr.	Meeresräume	Angaben nach Größenklassen der Inselflächen								
		1 km² und größer			**1/4 km² bis < 1 km²**			**10 ha (1 ha)* bis < 25 ha**		
		Zahl	Fläche in km²	Bevölkerung 1982	Zahl	Fläche in km²	Bevölkerung 1982	Zahl	Fläche in km²	Bevölkerung 1982
40	USA und Mexiko, Küsteninseln zwischen 49° und 28° n.Br.	108	2.790,40	34.100	32	13,30	1.250	571	36,65	0
Σ	**Gemäßigter Klimaraum des Pazifischen Ozeans**	**3.143**	**1,007.159,90**	**123,955.830**	**2.646**	**1.219,55**	**4.780**	**26.257**	**1.643,72**	**0**
41	Südhalbkugel Inseln südl. von Neuseeland und der antarkt. Küste bis 70° s.Br.	93	51.771,00	40	295	140,05	0	170	12,55	0
42	UdSSR, subpolare Inseln des Pazifischen Ozeans	106	7.197,90	4.600	61	31,55	0	318	19,40	0
43	USA: Inseln v. d. Alaskaküste im Bering Meer	220	15.746,00	6.600	87	40,45	0	217	9,25	0
Σ	**Subpolarer und polarer Klimaraum des Paz. Ozeans**	**419**	**74.714,90**	**11.240**	**443**	**212,05**	**0**	**705**	**41,20**	**0**
Σ	**Pazifischer Ozean**	**8.424**	**3,761.746,79**	**334,055.722**	**6.668**	**3.000,40**	**30.570**	**48.480**	**3.161,54**	**4.920**

* Die Inseln der Größenordnung 1 bis 9 ha konnten nur zum Teil vollständig erfaßt werden.

5 Die heutigen ethnischen und politischen Verhältnisse auf den Inseln des Indischen und Pazifischen Ozeans

Auf den meisten Inseln kann man sowohl aus dem Aussehen ihrer derzeitigen Bewohner als auch aus den oft in großer Zahl noch erhaltenen kulturellen Zeugnissen in Form alter Kulturdenkmäler, überlieferter Gebrauchsgegenstände, religiöser Einrichtungen und dergleichen mehr unschwer erkennen, wie wechselvoll die Geschichte der Besiedlung und ihrer Bewohner verlaufen ist, welche Änderungen in der religiösen und politischen Zugehörigkeit eingetreten sind und welche ethnischen Einflüsse sich im Sozialgefüge ausgewirkt haben. Die Geschichte dieses komplizierten Wirkungsgefüges vielfältiger Prozesse könnte für manche Inseln mehrbändige Werke füllen, und so bleibt auch dem Verfasser nur der Weg, von der vorhandenen Struktur der zweiten Hälfte unseres Jahrhunderts auszugehen und die Probleme der jüngeren politischen Neuordnung darzustellen. Sie beeinflussen die zukünftigen kulturellen und wirtschaftlichen Entwicklungsmöglichkeiten entscheidend. Weiter zurück gehen wir nur bei der späteren Darstellung der Inseltypen in jenen Fällen, wo ältere Strukturen die Infrastruktur unserer heutigen Ausgangsbasis noch ganz entscheidend beeinflussen.

5.1 Koloniale und ethnisch bedingte Strukturen auf den Inseln des Indischen Ozeans

Im Wettkampf um Kolonialbesitz im Indischen Ozean sind von den europäischen Konkurrenten, unter denen Portugal und die Niederlande eine bedeutende und durch kulturhistorische Zeugnisse auch heute noch vielerorts ersichtliche Position einnehmen, letztlich nur Großbritannien und Frankreich übrig geblieben.
Nach der industriellen Revolution und der inneren Konsolidierung Großbritanniens umfaßte seine koloniale Weltmacht in der zweiten Hälfte des 19. Jh.s auch den Großteil der kontinentalen Küsten des nördlichen Indischen Ozeans (Kenia 1886, Britisch-Somaliland 1884/87, Hadramaut 1888, Maskat und Oman 1891, Belutschistan 1876, Britisch-Indien 1858, Burma 1886 und Malakka 1867).
Frankreich war in das südwestliche afrikanische Randgebiet des südlichen Indischen Ozeans abgedrängt und mußte selbst dort britische Einbrüche (Seychellen seit 1769 franz., 1794 brit. und Mauritius = Isle de France 1712 franz., 1810 brit.) hinnehmen.
Im neuzeitlichen, mit dem Zeitalter der Entdeckungen beginnenden *Kolonialismus* waren zwei Zielvorstellungen miteinander verbunden, nämlich die Erschließung und Ausbeutung neuer Rohstoffquellen für das Mutterland und die Missionierung des Kolonialgebietes. Dazu kamen später noch andere handels- und machtpolitische Erwägungen, die die ursprünglichen Zielsetzungen ergänzten.
Für die wirtschaftliche Nutzung spielte der hohe Bedarf Europas an tropischen Gewürzen und bestimmten Edelhölzern und schließlich auch an Tee, Kaffee und Gespinstfa-

sern eine wesentliche Rolle. Was den Gewürzanbau und die Gewinnung von Edelhölzern betrifft, vermochten auch kleinere Inseln wirtschaftliches Interesse zu erwecken, was aber dort um so leichter zur Raubwirtschaft und irreversiblen Schädigung der natürlichen ökologischen Verhältnisse führte. Solche negativ zu beurteilenden Erscheinungen finden wir schon nach wenigen Jahrzehnten Kolonialherrschaft allerdings in einem, ethnisch bedingten, sehr unterschiedlichen Ausmaß; sie verstärkten sich bei zunehmender marktwirtschaftlicher Bedeutung kolonialer Produkte und durch die Auswirkungen der Bevölkerungsexplosion auf den kleineren besiedelten Inseln in den letzten hundert Jahren.

Die *ethnische Zusammensetzung* der Inselbewohner ist im Indischen Ozean sehr verschieden. Es gibt allerdings einen auf Grund seiner religiösen Zugehörigkeit einheitlichen Verbreitungsraum. Es handelt sich um das islamische Gebiet des westlichen Indischen Ozeans, das sich von den Komoren, mit Ausnahme der Seychellen, nach Norden erstreckt und das gesamte Arabische Meer erfaßt.

Der Islam ist u. a. die herrschende Religion im Vorderen Orient, in Nordafrika, Pakistan und Indonesien; er ist also rund um den Indischen Ozean vertreten. Er ist durch seine außerordentlich expansive Kraft bekannt und daher auch als politischer Faktor nicht zu vernachlässigen. Überall, wo sich diese Religion ausbreiten konnte, bestimmte sie nicht nur das Leben jedes einzelnen Angehörigen, sondern auch die gesamte öffentliche Ordnung. Durch die Nivellierung von Volkstums- und Rassenunterschieden konnte das Zusammengehörigkeitsgefühl der Moslems verschiedener ethnischer Herkunft gestärkt und ein fanatisches Sendungsbewußtsein als Auserwählte der einzigen richtigen Glaubensgemeinschaft erweckt werden. Dieser Prozeß verläuft um so ungehinderter, als 90% aller Anhänger dem sunnitischen Islam angehören und das Sektenwesen kaum Bedeutung besitzt.

Im Verbreitungsgebiet des Islam konnte daher Kolonialherrschaft niemals jene Bedeutung erlangen, wie in andersgläubigen liberaleren Religionsgebieten.

Auch in neu entstandenen, kommunistisch orientierten Staatsgründungen nach dem Zweiten Weltkrieg handelt es sich im islamischen Raum um eine Sonderform von „Volksdemokratien“ und „Volksrepubliken“, wie dies oft schon im Staatsnamen, z. B. „Islamische Republik . . .“ zum Ausdruck kommt. Der größte Anteil des islamischen Inselgebietes im westlichen Indischen Ozean ist vorwiegend von Arabern und Angehörigen von Volksgruppen aus Indien besiedelt. Die Voraussetzungen für eine wirtschaftliche Nutzung und Entwicklung in diesen tropischen Randgebieten semiariden Charakters durch Kleingewerbe, Handel, Bewässerungsgartenbau, Weidewirtschaft und durch die lokal gegebenen Möglichkeiten für Fischfang und Perlengewinnung sind auf den Inseln im Arabischen Meer von der Einstellung der Bevölkerung her ziemlich einheitlich gegeben. Weinbau und Schweinehaltung sind aus religiösen Gründen unterbunden. Ein nicht unwesentliches Hindernis für eine freie Entwicklung und Konkurrenzfähigkeit der Wirtschaft ist aber der im arabisch-islamischen Einflußraum herrschende „Rentenkapitalismus“. Dieses traditionelle System ist auch auf manchen Küsteninseln Ostafrikas, z. B. auf Pemba und Sansibar, wirksam.

Der Begriff „Rentenkapitalismus“ stammt von dem österreichischen Geographen Hans BOBEK, der ihn aus der Kenntnis der alten geistigen, sozialen und wirtschaftlichen Struk-

turen des nahen Orients geprägt hat. In seiner Darstellung des Irans (2. Auflage, 1964, S. 8) charakterisiert er den Begriff kurz zusammenfassend folgendermaßen:
,,In diesen alten Hochkulturen mit ihrem mehrtausendjährigen Städtewesen kam ein Wirtschaftssystem zur Ausbildung, das man als echten Kapitalismus ansprechen muß, insofern es mit allen typischen Kennzeichen des rationalen Erwerbsstrebens als Ziel an sich behaftet ist. Von dem uns geläufigen Kapitalismus unterscheidet es sich vor allem dadurch, daß seine Träger der Gütererzeugung selbst nur geringes Interesse entgegenbringen. Diese überlassen sie vielmehr sich selbst, d. h. dem bäuerlichen, handwerklichen, gruppenmäßigen usw. Kleinbetrieb, um ihr Interesse auf das Abschöpfen von Ertragsanteilen (,Renten') zu konzentrieren. Das letztere hat dieses System mit dem echten Feudalismus gemein, mit dem es oft ganz zu Unrecht zusammengeworfen wird. Es unterscheidet sich von ihm, der durch eine geschlossene, vorwiegend mit militärischen Verwaltungsaufgaben betraute und wirtschaftlich nur an einem standesgemäßen Auskommen interessierte adlige Oberschicht charakterisiert ist, durch die Offenheit seiner Oberschicht, in die jeder aufsteigen kann, der Erfolg hat, durch deren starkes (wenn auch nicht notwendig vorwiegendes) Erwerbsinteresse und durch den Umstand, daß die Rententitel nicht verliehen werden, sondern frei gehandelt werden können. Die Geldleihe, meist zu sehr hohen Zinsen, spielt eine bedeutende Rolle. Ich habe dieses bisher zu wenig beachtete, sehr fein durchgefeilte, wesentlich städtisch zentrierte und sehr folgenschwere Wirtschaftssystem, das sich in der Praxis gelegentlich mit Resten von Feudalismus vermengt, als ,Rentenkapitalismus' bezeichnet."

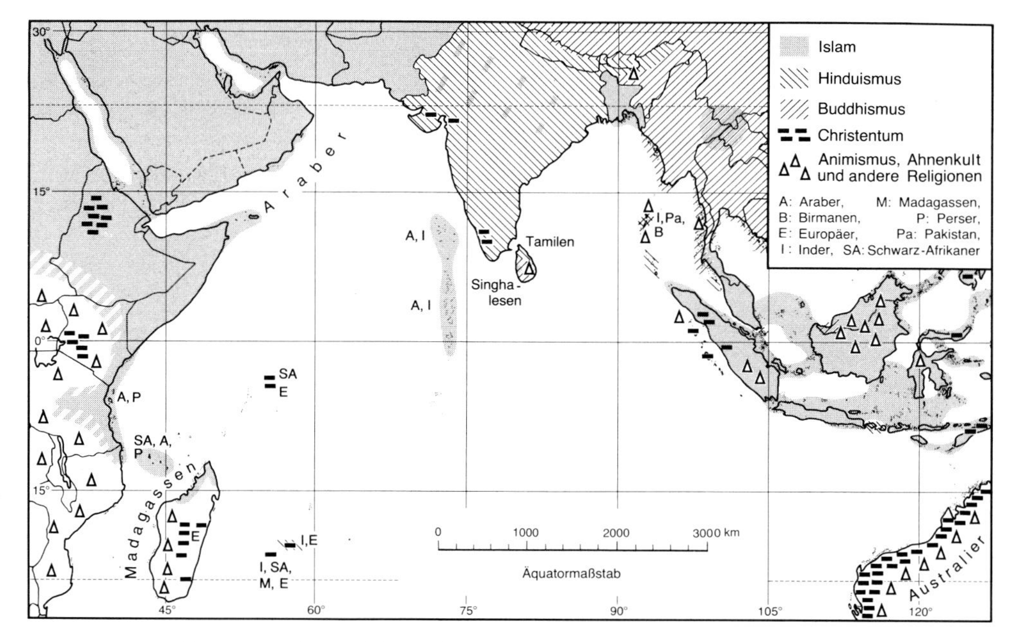

Abbildung 26: Die ethnisch-religiösen Verhältnisse auf den Inseln und in den Randgebieten des Indischen Ozeans.

In den feuchten Tropen tritt zum subsistenzwirtschaftlich orientierten, tropischen Gartenbau der Klein- und Kleinstbetriebe noch die tropische Plantagenwirtschaft, die sich aber auf fast allen Inseln in wenigen Händen einer zahlenmäßig kleinen Oberschicht befindet. Feudale Züge konnten sich trotz Änderung des Verwaltungswesens und dem Schritt zur staatlichen Selbständigkeit oft weitgehend erhalten. Auf den Komoren fand teilweise die Übernahme feudaler Grundstrukturen aus der französischen Kolonialzeit durch Menschen mit rentenkapitalistischer Denkungsweise statt, was zu eigenartigen Mischformen führte.
Eine Entflechtung der Kompetenzen und Interessen einzelner, die den Islam als religiöse Repräsentanten, den Staat als Politiker und große wirtschaftliche Betriebe als Private oft in einer einzigen Person vertreten, erscheint völlig unmöglich und belastet natürlich jede wirtschaftliche Entwicklung schwerstens.
Abbildung 26 zeigt in groben Zügen die islamische Inselwelt des Indischen Ozeans, in der die Einflüsse einer Kolonialmacht von vornherein recht beschränkt sind und die öffentliche Ordnung und das Rechtswesen durch die Gesetze des Korans bestimmt werden.
Im übrigen südwestlichen Indischen Ozean hatte sich, vor allem durch Missionstätigkeit aus der französischen Kolonialzeit, das Christentum in der Form des römisch-katholischen Glaubens ausbreiten können.
Besonders interessant sind die Verhältnisse auf den Seychellen. Ab 1770 erfolgte dort nach und nach eine stützpunkthafte Besiedlung durch französische Siedler und schwarze, hauptsächlich aus Afrika stammende Sklaven. Im Gefolge der Napoleonischen Kriege wurden die Seychellen und Mauritius an die Briten abgetreten. Diese haben ab 1835 wiederholt Segelschiffe abgefangen und die auf diesen transportierten, für den Sklavenmarkt von Sansibar bestimmten Schwarzen auf die Seychellen gebracht und dort als freie Menschen angesiedelt. Eine Missionierung durch einen anglikanischen Priester ab 1843 mißlang. Auf Bitten des französischen Bevölkerungsanteils wurden 1853 zwei katholische Priester auf die Insel entsandt, denen später weitere Priester und Nonnen folgten. Ihnen verdankt die Bevölkerung noch im 19. Jh. den Aufbau eines vorbildlichen Schulwesens, das bis in jüngere Zeit die Grundlage einer bescheidenen wirtschaftlichen Entwicklung bildete.
Die ethnische Situation auf der größten Insel des westlichen Indischen Ozeans, auf Madagaskar, ist viel schwieriger und undurchsichtiger, da die Besiedlung bereits vor zwei- bis dreitausend Jahren begann und sich in vielen Wellen vollzog. Eine Verwandtschaft madagassischer Volksgruppen zu afrikanischen Völkern kann nur für den Westen angenommen werden, wo sich bei den Sakalava und Makoa mitunter negritischer Einschlag findet. Im Norden und Osten ist stellenweise arabischer Einfluß unverkennbar. Den Hauptanteil bildet eine paläomongolid-malaiische Bevölkerung, die das Zentrum und den Osten der Insel besiedelte und vorwiegend aus dem indonesischen Raum stammt.
Die sehr unterschiedlichen naturräumlichen Bedingungen – vom tropisch-feuchten Waldgebiet im Nordosten bis zu den semiariden Steppen und Savannen im Südwesten – haben zu einer auffallend unterschiedlichen Entwicklung der Madagassenvolksgruppen geführt.
Die einzelnen Bevölkerungsgruppen unterscheiden sich nicht nur nach ihrer wirtschaft-

lichen Tätigkeit, sondern auch nach ihrer Ahnentradition, dem Brauchtum und den Entwicklungsmöglichkeiten sehr stark. Besonders die im Hochland lebenden Gruppen erwiesen sich als sehr dynamisch. Sie betreiben Ackerbau und in den feuchteren Niederungen Naßreisanbau und besitzen große Entwicklungsfähigkeit für Gewerbe und Handel und zur Ausübung von Verwaltungsfunktionen. Zu ihnen gehören als stärkste Volksgruppe die Merina (mit über ¼ der Gesamtbevölkerung).

In der französischen Kolonialzeit 1896 bis 1960 hat Madagaskar die größten Innovationen für die Entwicklung seiner wirtschaftlichen Möglichkeiten und seine kulturelle Entfaltung erhalten. Für die Bildung einer gehobenen Bürgerschicht haben katholische höhere Schulen einen nicht hoch genug einzuschätzenden Beitrag geleistet. Französische Farmer wieder haben die Produktionskraft und Produktequalität der Plantagen derart gehoben, daß die Erzeugnisse gewinnbringend ausgeführt werden konnten. Die Abwanderung vieler französischer Kolonisten infolge einer sehr wesentlichen Einschränkung der persönlichen Freiheit und der wirtschaftlichen Möglichkeiten hat zu einem schweren wirtschaftlichen Rückschlag geführt, der infolge der bedrückenden Finanzschwäche des jungen Staates kaum überwindbar ist.

Im *östlichen Indischen Ozean* wurde im 20. Jh. Ceylon (seit 1972 Sri Lanka) immer mehr und mehr zu einem Problemgebiet. Diese Insel hatte schon immer größte Bedeutung für den Seeverkehr gehabt, so z. B. der Hafen Galle an der Südwestküste für den asiatischen und chinesischen Seehandel. Außerdem verursachte der Reichtum Ceylons an Zimt und Edelsteinen schon früh das Interesse bedeutender Kolonialmächte, dort Besitz zu erwerben. Im Laufe des 16. Jh.s nahmen die Portugiesen die westlichen Küstengebiete und den Norden in Besitz. 1656 wurde aber Portugal von den Niederlanden und schließlich 1796 von Großbritannien abgelöst. Nur das Innere der Insel war als Herrschaftsraum der singhalesischen Könige Jahrhunderte hindurch unabhängig geblieben.

Ethnisch sind die beiden Bevölkerungshauptgruppen Singhalesen (fast ⅔ der Gesamtbevölkerung), welche der buddhistischen Religion angehören, und Tamilen (etwa ⅕ der Gesamtbevölkerung) mit vorwiegend hinduistischer, z. T. auch christlicher Glaubenszugehörigkeit, zu unterscheiden. Die Tamilen sind zwischen dem 5. und 12. Jh. aus Indien nach Ceylon eingewandert. Ihr Kernraum war die Jaffna-Halbinsel. Als alteingesessene Volksgruppe werden sie heute als Ceylon-Tamilen bezeichnet, die sich auch zur Ostküste ausgebreitet haben und eine Stärke von 1,5 Mio. Köpfen besitzen. Für den Aufbau der Teeplantagen wurden von der britischen Kolonialverwaltung aber auch Tamilen in Südindien angeworben, die bis 1963 eine Zahl von über 1,1 Mio. Menschen erreichten, sich aber infolge eines Repatriierungsabkommens mit Indien nach 1964 wieder verringerten (über die jüngere Entwicklung *Sri Lankas* siehe auch Kapitel 9.6.2).

Die heutige Volksgruppensituation ist das Ergebnis einer übernommenen Kolonialstruktur und führte durch die enorme Bevölkerungszunahme der letzten Jahrzehnte im heutigen *Sri Lanka* und ab 1956 durch den immer stärker werdenden singhalesisch-buddhistischen Nationalismus sozialistischer Richtung zu ärgsten Volksgruppenproblemen.

Die *Andamanen* und *Nikobaren* sind seit 1947 Teil des indischen Unionsterritoriums „Andaman and Nicobar Islands". Von der negritischen Urbevölkerung hat sich nur noch ein kleiner, zivilisationsfeindlicher Rest von etwa 1.000 Köpfen erhalten, welcher einem Geisterglauben anhängt und in den noch erhaltenen weiten Urwäldern lebt.

Sonst sind die Hauptsiedlungsgebiete um *Port Blair* von den Nachkommen der Strafkolonie bewohnt, welche später durch weitere Einwanderung vermehrt wurden und ab 1950 einen Zuzug durch indische Flüchtlinge aus Pakistan und Birma erhalten haben. Sie leben von Subsistenzwirtschaft und einem bescheidenen Gewerbe, von etwas Plantagenwirtschaft und den Einnahmen aus dem Verkauf der Früchte von Kokos- und Betelnußpalmen, vom Holzexport und der Beschäftigung in einer 1930 erbauten Zündhölzerfabrik.

Auffallend ist die starke Differenzierung der Volksgruppen auf der größten Insel des östlichen Indischen Ozeans, auf *Sumatra:* Das Gebirgsland um den Toba-See in Nord-Sumatra und Teile des relativ dicht besiedelten Hinterlandes der Nordostküste nehmen die in mehrere Untergruppen zerfallenden altmalaiischen Batak ein. Ihre mächtigen, auf Pfählen stehenden Häuser, mit Hauswänden aus starken horizontal angeordneten Balken, sind ein weithin auffallendes Siedlungselement. Die Dörfer stehen in Bambushainen oder sind von Erd- und Steinwällen umgeben.

Die Häuser der Karo-Batak sind nicht streng angeordnet und haben pyramidenförmige Dächer, deren Enden mit Wasserbüffelhörnern verziert sind. Die Toba-Batak hingegen reihen ihre Wohn- und Wirtschaftsgebäude in strenger Ordnung um einen Rechteckplatz an und verwenden hohe, weit überstehende und in der Mitte eingesattelte Giebeldächer (siehe Bild 130 der Tafel 72). Die Batak betreiben Naßreisbau, Pferdezucht und Schweinehaltung. In ihrem Verbreitungsraum waren und sind christliche Missionen sehr erfolgreich.

Im inneren Hochgebirgsland von Nord-Sumatra leben die den Batak kulturell verwandten Gayo und Alas. Der nördliche Küstenraum wird von einer jungmalaiischen Mischbevölkerung, den Atjeh, bewohnt. Besonders zu erwähnen sind noch die Minangkabau (Menangkabau). Dieses jungmalaiische Volk lebt mit etwa 5 Mio. Menschen im Padanghochland Mittel-Sumatras mit dem Zentrum Bukittingi. Obwohl es dem Islam zugehört, besitzt es eine streng matriarchalische Gesellschaftsordnung. Ihre eigenartigen und auffallenden Häuser sind ebenfalls Pfahlbaukonstruktionen, deren Rost 2 m über dem Boden liegt. Das sattelförmige Dach besitzt meist mehrere hornähnliche Spitzen (Tanduk), welche mit Zinkblech überzogen sind (siehe Bild 134 der Tafel 74). Das Haus ist in mehrere Wohnungen geteilt, und bei Verheiratung einer Tochter wird für das junge Paar ein neuer Hausteil (oft erkenntlich durch einen neu hinzugekommenen Tanduk) angebaut.

Außerdem leben in Sumatra noch vom Aussterben bedrohte Restgruppen, wie Kubu, Lubu, Sakai, Akit u. a., als Jäger und Sammler vorwiegend in den südöstlichen Regenwaldgebieten. Die Inseln westlich von Sumatra sind noch weitgehend ursprünglich und von der Zivilisation verschont geblieben. Der Islam ist die weithin vorherrschende Religion, aber nicht überall in einer gleich strengen Richtung vertreten. Nur im Norden der Insel äußert er sich in einer militanten Form. Christliche Missionierungen haben außer im Batak-Verbreitungsraum auch in Padang Fuß fassen können. Animistische Glaubensvorstellungen sind in den Rückzugsgebieten weit verbreitet.

Seit der Mitte des vergangenen Jahrhunderts führte die Plantagenwirtschaft zu einem Zustrom auswärtiger Kontraktarbeiter auch aus China, Singapur und Penang, die z. T.

seßhaft wurden. Die ethnische Vielfalt wurde noch vermehrt durch innerindonesische Umsiedlungsaktionen. Dieses bunte ethnische Mosaik spiegelt sich z. T. auch in der Vielfalt wirtschaftlicher Erscheinungsformen wider.
Die küstennahen Inseln im Andamanen-Meer und der Malakka-Straße zeigen einen eigenartigen Kontrast. Nur wenige von ihnen boten seitens ihrer naturräumlichen Ausstattung und ihrer Lage zur gegenüberliegenden Festlandküste Anreiz für eine dichtere Besiedlung und den Ausbau ihrer Wirtschaft und Verwaltungsfunktionen. Ein Beispiel für eine solche Gunstsituation bietet die Insel Penang mit der Hauptstadt George Town des Staates Penang von West-Malaysia, welche 1786 von der britischen Ostindischen Kompanie gegründet wurde (Schutzlage, günstige Verkehrslage, wirtschaftliche Entwicklungsmöglichkeit). 1897 wurde dort die erste Zinnschmelze in Betrieb genommen. Die Stadt hat sich zu einem hervorragenden verwaltungsmäßigen, kulturellen und wirtschaftlichen Zentrum entwickeln können und diese Position in und nach der Kolonialzeit gehalten. In nächster Nähe liegen andere große Inseln, die zu einer höheren Funktion nicht ausgewählt wurden und daher weiterhin auf einer niedrigen Stufe der zivilisatorischen Entwicklung der Bevölkerung und Wirtschaft stehen.

5.2 Entkolonisierung und politische Neuordnung der Inseln im Indischen Ozean

Die Entkolonisierung nach dem Zweiten Weltkrieg ging zu einem Teil aufgrund eines politischen und sozialen Umdenkprozesses nach z. T. bewußter Vorbereitung durch den Kolonialherrn vor sich, zum anderen Teil war sie eine Folgeerscheinung der Schwäche und des Prestigeverlustes der europäischen Staaten bei gleichzeitigem Erstarken des Selbstbewußtseins der Bevölkerung in den Kolonialgebieten.
Meist war das koloniale Erbe mit empfindlichen Hypotheken belastet, wie z. B.:
a) Mangelnde Integrationsfähigkeit,
b) Isolierung von anderen wirtschaftlichen Ergänzungsräumen und künstliche Grenzen,
c) ethnische Zersplitterung,
d) Monokulturwirtschaft,
e) unzureichende Industrialisierung,
f) Fehlen der notwendigen Infrastruktur als eigenständiger Wirtschaftskörper,
g) einseitiger bzw. unzureichender Ausbildungsstand der Arbeitskräfte,
h) Fehlen eigener Finanzierungsmöglichkeiten.
Eine Belastung der ehemaligen Kolonialherren oder von internationalen Organisationen zur Herstellung der Lebensfähigkeit der neuen Staatsgebilde war daher unumgänglich und drängte viele der unabhängig gewordenen Gebiete, wenigstens vorübergehend, in die Rolle von Almosenempfängern oder wieder in eine neue, diesmal politisch-militärische Bündnisabhängigkeit.
Nach den Verhältnissen des Jahres 1985 ergibt sich ein Stand der Neuordnung, wie er in Abbildung 27 ausgewiesen ist. In dieser ist auch jeweils die letzte koloniale Zugehörigkeit vor Erreichen der Selbständigkeit angeführt.

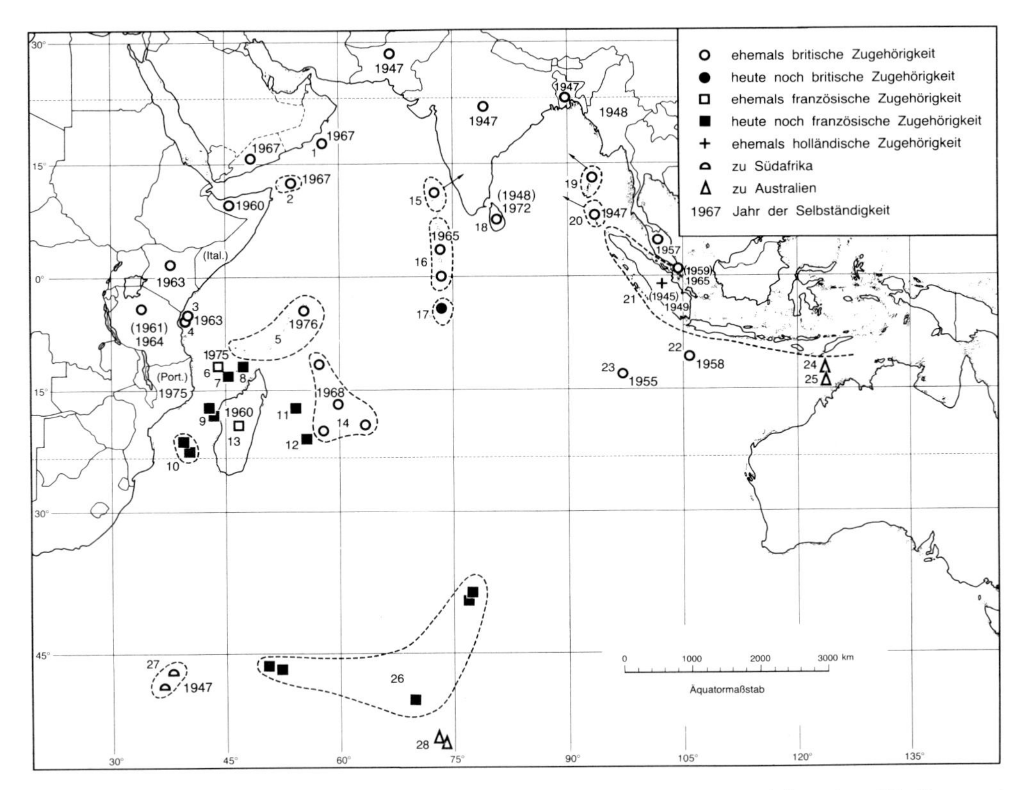

Abbildung 27: Indischer Ozean. Koloniale Besitzverhältnisse bis zur Mitte des 20. Jh.s und politische Neuordnung nach dem Zweiten Weltkrieg.

Tropische Inseln (1986):

1 Kuria Muria-Inseln (VDR Jemen)
2 Sokotra-Inseln (VDR Jemen)
3 Pemba-Insel (Republik Sansibar der Vereinigten Republik Tansania)
4 Sansibar-Insel = Unguja (Republik Sansibar der Vereinigten Republik Tansania)
5 Seychellen-Inseln (Republik Seychellen)
6 Komoren-Inseln (Islamische Bundesrepublik der Komoren)
7 Mayotte (Französisches Überseedepartement)
8 Glorieuses-Insel (verwaltet von Réunion)
9 Juan de Nova-Insel und Barren-Inseln (verwaltet von Réunion)
10 Bassas-da-India-Insel und Ile Europa (verwaltet von Réunion)
11 Tromelin-Insel (verwaltet von Réunion)
12 Réunion (Französisches Überseedepartement)
13 Madagaskar (Republik)
14 Mauritius-Inseln mit Rodrigues-Insel, Cargados-Carajos-Inseln und Agalega-Inseln (unabhängige parlamentarische Monarchie im Britischen Commonwealth)

15 Lakkadiven-Inseln, Minicoy-Inseln und Amindiven-Inseln (= Lakshadweep, Teil des indischen Unionsterritoriums)
16 Malediven-Inseln (Republik)
17 Tschagos Arch. (= Chagos-Arch. Brit. Indian Ocean Territory)
18 Sri Lanka (Republik)
19 und 20 Andamanen-Inseln und Nikobaren-Inseln (Teil des indischen Unionsterritoriums)
21 Sumatra mit vorgelagerten Inseln (Republik Indonesien)
22 Christmas-Insel (Australien)
23 Kokos (Keeling)-Inseln (Territorium von Australien)
24 Ashmore- und Cartier-Inseln (Australischer Bund)
25 Browse-Insel (Australischer Bund)

Außertropische Inseln (1986):

26 Kerguelen-Inseln, Crozet-Inseln, Amsterdam-Insel und Saint-Paul-Insel (Überseeterritorium Terres Australes et Antarctiques Françaises)
27 Prinz-Eduard-Inseln (seit 1947 zu Südafrika)
28 Heard- und McDonald-Inseln (Australischer Bund)

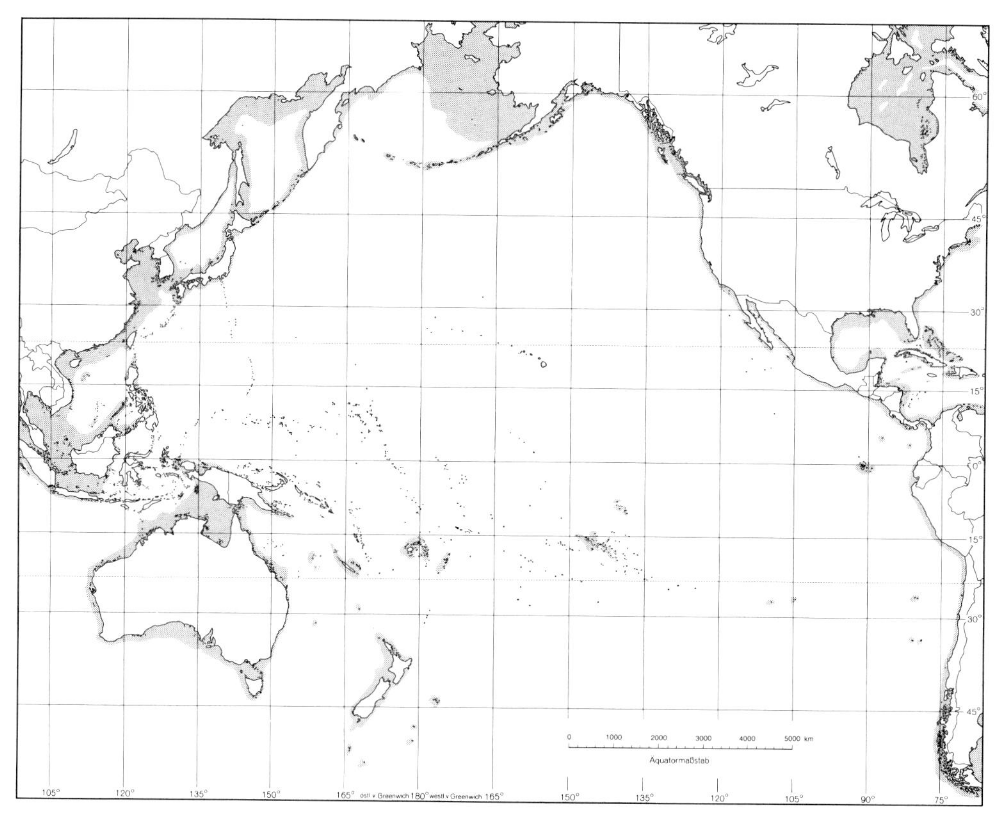

Abbildung 28: Das Verteilungsmuster der Inselwelt im Pazifischen Ozean und die Verbreitung der Schelfgebiete (im Grauton).

5.3 Das Verteilungsmuster der Inselwelt des Pazifischen Ozeans. Staaten, Kolonialbesitz und Protektorate bis zum Zweiten Weltkrieg, ethnische Verhältnisse, politische Neuordnung nach dem Zweiten Weltkrieg

Betrachten wir Abb. 18 (S. 70) über das Meeresbodenrelief und Abbildung 28 über die Inselverteilung im Pazifischen Ozean, dann erkennen wir hinsichtlich der Insellage das einseitige Schwergewicht im ost- und südostasiatischen Raum, der auch durch seine demographische Bedeutung hervortritt. Nur zwischen den beiden Wendekreisen erstreckt sich eine mehr oder minder dichte Inselstreu gegen den Ostpazifik. Die riesigen Meeresflächen über dem Nordpazifischen und dem Südpazifischen Becken sind inselleer.

Dieses Verteilungsmuster bietet aber gleichzeitig schon die Infrastruktur für die ethnische Ausbreitung und wirtschaftliche Einflußnahme bevölkerungsstarker westlicher Randgebiete in Richtung zum zentralpazifischen Raum. Schon durch Jahrhunderte waren bestimmte Wander- und Ausbreitungsrichtungen vorgezeichnet.

Im 20. Jh. wurde im westlichen Pazifischen Ozean der Bevölkerungsdruck aus dem ostasiatischen Raum mit über 1 Mrd. Menschen gegen Südostasien mit rund 300 Mio. Menschen deutlich spürbar, während das Bevölkerungsexplosionsgebiet Südasien in seiner Ausbreitung durch die natürlichen Verhältnisse geschwächt ist. Die Halbinsel Hinterindien und die Gebirgs- und Vulkanbögen Inselindiens (siehe Abbildung 22, S. 73) trennen den Indischen vom Pazifischen Ozean; Südostasien ist hauptsächlich pazifisch orientiert.

5.3.1 Der tropische Anteil des westlichen Pazifischen Ozeans

Zu den bedeutendsten Kolonialbesitzen im westlichen Pazifischen Ozean gehörte jener der Niederlande, welche in ihrem Herrschaftsgebiet auch durchgreifende Strukturänderungen erreichen konnten. Ihren Ausgang nahm die koloniale Machtstellung durch das Wirken der Vereinigten Ostindischen Kompanie (1602 bis 1798), welche Handelsniederlassungen an der Goldküste, auf Ceylon, Malakka, Taiwan und dem Malaiischen Archipel gründete und Stützpunkte an der arabischen, persischen und indischen Küste errichtete. Auf Niederländisch-Indien (Sunda-Inseln, Molukken und West-Neuguinea) endete die niederländische Kolonialherrschaft erst nach dem Zweiten Weltkrieg im Zuge der Entkolonisierung (Abbildung 29, S. 110). Große Kulturleistungen aus der Kolonialzeit dokumentieren sich vor allem in der Bodennutzung auf Java und auf anderen Inseln. Hier entstand 1619 auch ein starkes niederländisches Küstenfort sowie die neue Siedlung „Batavia", welche Hauptstützpunkt der Vereinigten Ostindischen Kompanie wurde und städtebaulich ein holländisches Gepräge erhielt. Seit 1949 ist die weithin bedeutende Stadt unter dem Namen Jakarta (Djakarta) Hauptstadt des unabhängigen Indonesien und hat sich um ein Vielfaches vergrößert.

Der *indonesische Inselarchipel* ist, wie kein anderer Raum im Pazifik, durch eine rassisch-ethnische Vielfalt und religiöse Überschichtung gekennzeichnet. Älteste Bevölkerungsgruppen haben sich in entlegenen Gebieten erhalten, so pygmoide Altstämme (Negritos) im Inneren Neuguineas. Zu den Restgruppen weddid beeinflußter ältester

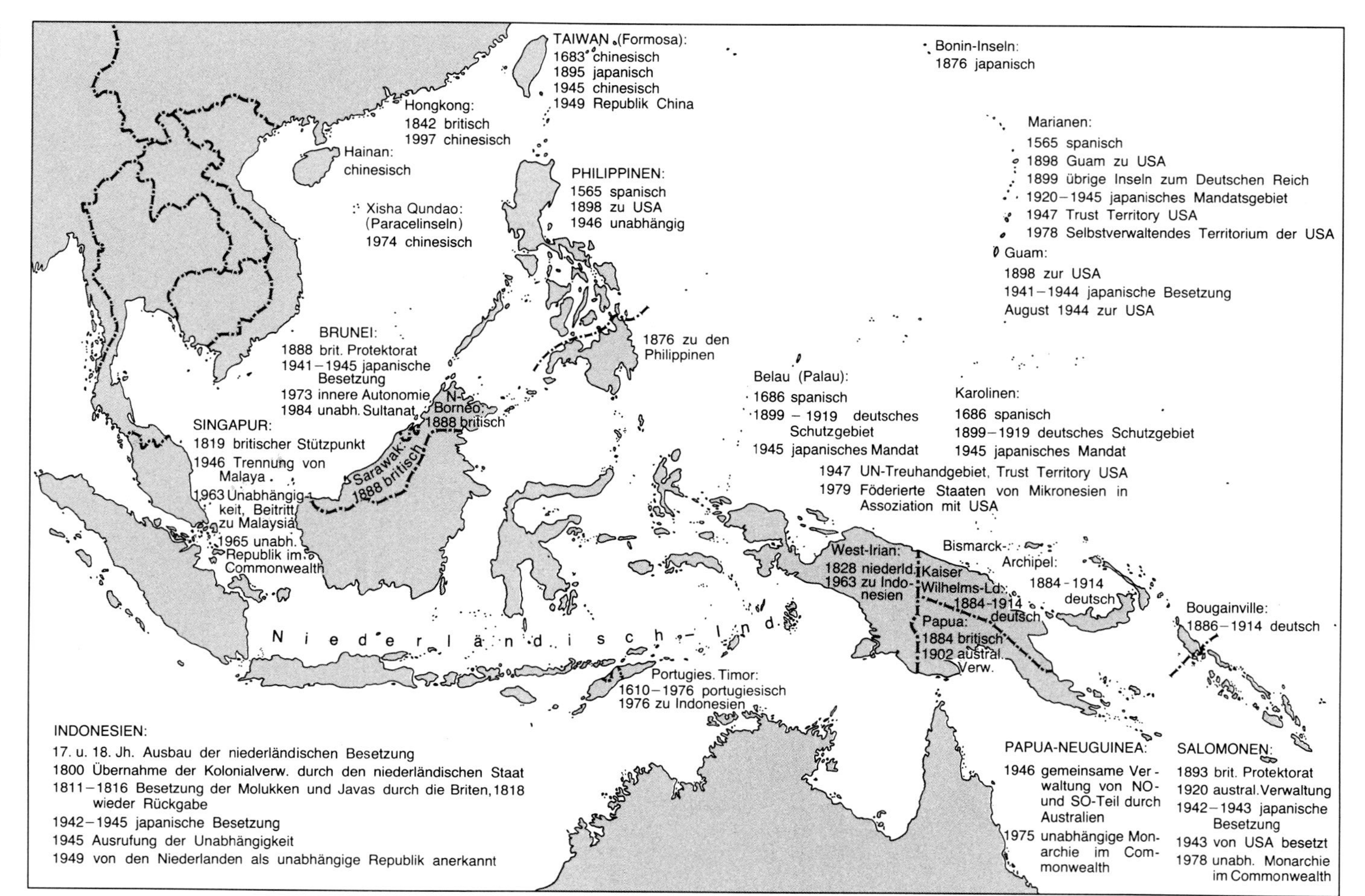

Abbildung 29: Besitzverhältnisse im tropischen Anteil des westlichen Pazifischen Ozeans vom 18. bis ins 20. Jh.

Bevölkerungsschichten gehören die Kubu, Lubu, Ulu, Sakai, Toala, Tokea, welche u. a. in den Rückzugsgebieten von Sumatra, Celebes, Borneo und der Molukken leben. Schon vor 5.000 Jahren (3.000 bis 1.000 v. Chr.) begann in mehreren Wellen von China über die Malaiische Halbinsel eine Einwanderung paläomongolider Alt- oder Protomalaien. Die Dajak im Inneren Borneos, die bereits früher erwähnten Batak in Nord-Sumatra, die Toraja (Toradja) in Sulawesi (Celebes) und die Niasser vor der Westküste Sumatras gehen auf diese zurück.

Die nachfolgenden indid und sinid beeinflußten Jung- oder Deuteromalaien nehmen mit den Javanern (fast 50% der Gesamtbevölkerung) und Sundanesen (West-Java) den Hauptanteil der heutigen Gesamtbevölkerung ein. Andere jungmalaiische Gruppen sind die Makassaren und Bugi in Süd-Sulawesi, die bereits früher erwähnten Minangkabau in West- und Zentral-Sumatra, die Atjeher in Nord-Sumatra, Maduresen (Insel Madura) und Balinesen (Insel Bali und Teile der Insel Lombok).

Seit dem 19. Jh. erfolgte mit der Entwicklung der Plantagenwirtschaft und des Bergbaues ein Zustrom von Chinesen aus Südchina. Diese fremde Bevölkerungsgruppe, auf die wir noch zu sprechen kommen werden, dürfte heute 3,5 Mio. Menschen betragen, von denen weniger als die Hälfte die indonesische Staatsbürgerschaft besitzen.

Die insulare Zersplitterung des Inselreiches, das mit rund 2 Mio. km² Landfläche zweimal der Fläche Westeuropas oder rund achtmal der Fläche der Bundesrepublik Deutschland entspricht, erschwert den Zusammenhalt dieses Riesenreiches. Das größte Hindernis für eine durchgreifende wirksame Verwaltung und realisierbare Planung bietet aber das ethnische Mosaik mit seinen 360 ethnischen Gruppen (nach M. A. Jaspan, 1959), zu denen noch zahlreiche Untergruppen kommen, weiters die sprachliche Aufgliederung in 250 traditionelle Regionalsprachen und einige hundert Dialekte sowie die sehr ungleiche und viel zu geringe Verkehrserschließung der Inseln.

Die sprachlichen Barrieren konnten durch die einheitliche Staatssprache „Bahasa Indonesia" z. T. überwunden werden. Ein wichtiges Bindeglied stellt die islamische Religion dar; ⅙ der Bevölkerung gehört aber anderen Religionen an, wie dem ehemals weit verbreiteten Hinduismus in Bali und Teilen von Lombok. Konfuzianische und buddhistische Anhänger sind vor allem unter den Chinesen zu finden. Christliche Missionserfolge finden sich in Sumatra (im Verbreitungsgebiet der Batak und in West-Sumatra), in Nord-Sulawesi (Minahassa), Flores, Timor und Ambon. Daneben gibt es in den Rückzugsgebieten alter Bevölkerungsgruppen zahlreiche Natur- und Stammesreligionen.

Von den in der Literatur immer wieder angegebenen 13.000 bis 14.000 indonesischen Inseln (diese Zahl ist sicher zu hoch) haben nur rund 7.200 Inseln eine Größe von über 5 bis 10 ha, und lediglich 1.650 Inseln sind größer als 1 km². Auf letzteren siedelt fast die gesamte Wohnbevölkerung, die nach Schätzung der Vereinten Nationen für 1983 mit rund 160 Mio. Menschen, nach den Aufstellungen und Fortschreibungen der Verfasser mit 155 Mio. angenommen wurde.

Von der Gesamtzahl der indonesischen Inseln sind fast 700 (davon 184 mit über 1 km² Fläche) mit insgesamt 520.500 km² und rund 25 Mio. Menschen Wohnbevölkerung dem Indischen Ozean zuzurechnen (Sumatra und vorgelagerte Inseln vor der Westküste und in der Malakka-Straße, Seite 84 und 88).

Die Bevölkerungsdichte der einzelnen Inseln ist außerordentlich verschieden, was nicht

nur mit der naturräumlichen Ausstattung zusammenhängt, sondern auch ethnisch zu begründen ist.
Als besonderer Fall tritt uns allerdings Java mit einer Bevölkerungsdichte von über 700 Menschen pro km² entgegen. Hier zeigt sich die große Anziehungskraft einer Insel, die unter allen anderen wegen ihrer günstigen Lebensbedingungen immer wieder einen Wanderungsgewinn zu verzeichnen hatte und auf der schon zur Kolonialzeit die Verbesserung der sanitären Verhältnisse ein Sinken der Sterbeziffer nach sich zog. Die hohe Geburtenrate (über 40‰) und die Zuwanderung führten zu einem untragbaren Bevölkerungsanstieg und einer bedrohlichen Arbeitslosigkeit. Umsiedlungsaktionen (hauptsächlich nach Sumatra) führten nur zu einem sehr bescheidenen Erfolg.
Umsiedlungsaktionen gehen bis in das erste Jahrzehnt unseres Jahrhunderts zurück, waren aber in der Kolonialzeit fast bedeutungslos. Ab 1905 bis zum Ende des Zweiten Weltkrieges brachte diese in die Provinz Lampung Sumatras geleitete Umsiedlung (nach ZIMMERMANN, 1975) im Jahresdurchschnitt 6.300 Menschen von Java in ihre neue Heimat; das ist im Verhältnis zum jährlichen natürlichen Bevölkerungszuwachs ihrer Heimatprovinz ein direkt lächerlicher Anteil. Hierzu kamen noch etwa 350.000 Javaner, die als Plantagenarbeiter nach NO-Sumatra gegangen waren und dort weitgehend seßhaft geworden sind (PELZER, 1945).
Die organisierte „Hinüberwanderung" – indonesisch „Transmigrasi" – von Java, Madura und Bali richtete sich, wie Abbildung 30 zeigt, außer nach Sumatra auch nach Kalimantan (indonesisch Borneo), Sulawesi und in sehr geringem Ausmaß nach Seram (18) und West-Irian (20) (siehe auch H. UHLIG, 1979). Neue Impulse erhielten die Umsiedlungsaktionen erst nach der Entkolonisierung, und 1972/73 wurde erstmals eine jährliche Transmigration von 50.000 Menschen erreicht.
Die indonesische Staatsführung erhoffte sich von diesen Bevölkerungsverschiebungen nicht nur eine Linderung der Übervölkerung einzelner Inseln, sondern auch agrarische Produktionssteigerung und Neuerschließung in unterbesiedelten Räumen, vor allem

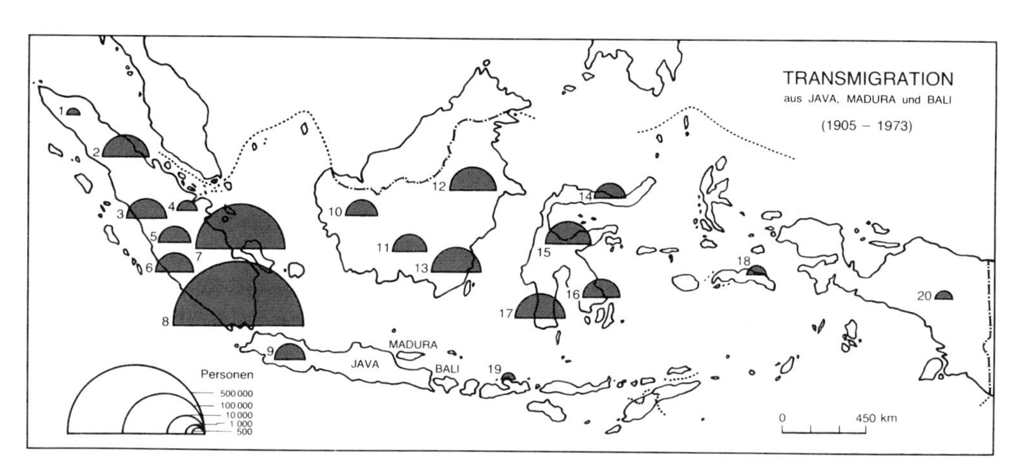

Abbildung 30: Transmigration in Indonesien 1905 bis 1973 (aus G. R. ZIMMERMANN, 1975).

aber einen Beitrag zur volklichen Vermischung, die zu einer rascheren Überwindung ethnischer und sprachlicher Barrieren führen sollte. Zu diesem Zweck wurde in jüngerer Zeit auch der Verbreitungsraum melanesischer Volksgruppen im Osten des Staatsgebietes in die diesbezügliche Planung einbezogen.

Das natürliche Bevölkerungswachstum führte aber auch auf anderen Inseln – vor allem auf Inseln mit extensiver Selbstversorgungswirtschaft – zu einer Problemsituation. Es stellte sich nämlich heraus, daß die Bevölkerungsdichten in den meisten Gebieten höher als angenommen liegen und die Grenze der Tragfähigkeit bei Brandrodungswanderwirtschaft überschritten wurde.

Anfang der siebziger Jahre lagen die Geburtenraten im Staatsdurchschnitt etwa bei 42–47‰ (H. UHLIG, 1975) und die Sterberate bei 19‰. Beide sind seither etwas gesunken. Die jährliche Wachstumsrate liegt für den Zeitabschnitt 1975 bis 1983 noch immer bei 24‰.

Indonesien hat im Osten und im Norden Anteil an zwei der größten Inseln der Erde. Im Osten handelt es sich um die ethnisch zu Melanesien gehörende, zweitgrößte Insel der Erde, Neuguinea, deren westlicher Teil „Irian Jaya" (West-Irian) mit rund 422.000 km² und über 1 Mio. Einwohnern (Grenze gegen Papua-Neuguinea verläuft entlang dem 141. östlichen Längenkreis) nach einem Referendum seit 1969 Bestandteil Indonesiens wurde. Im Norden hat Indonesien erheblichen Anteil an der drittgrößten Insel der Erde, Borneo, welche mehr als dreimal so groß wie die Bundesrepublik Deutschland oder fast 9½mal so groß wie Österreich ist und von der 73% zum indonesischen Staatsgebiet gehören.

Die von großen Flüssen und Strömen durchzogenen Waldgebiete (über 75% der Gesamtfläche) sind von als Jäger und Sammler lebenden Restgruppen und vor allem von altmalaiischen Dajak besiedelt. Nur die günstiger gelegenen und leichter zugänglichen Küstengebiete wurden später durch jungmalaiische Volksgruppen besetzt. Haupthindernis einer raschen Besiedlung ist die schwere Zugänglichkeit vieler Waldgebiete infolge von großen Sumpf- und Moorlandflächen. Eine weitere planmäßige Ansiedlung von Javanern, welche schon vor dem Zweiten Weltkrieg begonnen hat, soll die Erschließung beschleunigen und Neuland erbringen.

Mit Nord-Borneo kommen wir nun in Inselgebiete mit britisch-kolonialer Infrastruktur: Die ehemaligen britischen Schutzgebiete Sarawak und British North-Borneo (später Sabah) wurden erst 1946 Kronkolonie und 1963 mit Malaya und Singapur (seit 1959 unter Selbstverwaltung) zum neuen Staat Malaysia zusammengeschlossen. 1965 schied Singapur aus dieser Föderation wieder aus und ist seither selbständiger Staat. Die vorgesehene Eingliederung des Sultanats Brunei zerschlug sich an der Frage einer entsprechenden Repräsentation seines Sultans in der Staatsführung. In Wirklichkeit wollte weder Singapur noch Brunei seine hohen wirtschaftlichen Einnahmen zugunsten der Förderation einbüßen; Singapur sah außerdem auch die Gefahr einer ethnischen Strukturänderung in seinem Gebiet, welches zu fast ¾ von Chinesen bewohnt ist.

Auch Nord-Borneo ist zu einem sehr hohen Prozentsatz noch von Urwäldern oder urwaldartig entwickelten Sekundärwäldern bedeckt und von großen Flüssen durchzogen (siehe Bild 114 der Tafel 64), die weithin die einzigen Verkehrsträger in die inneren, dünn besiedelten Räume sind. Verschiedene Altvölker, hauptsächlich Dajak, sind über die verzweigten Flußsysteme bis in ihre Quellgebiete nahe des Grenzberglandes zu

indonesisch Kalimantan vorgestoßen und haben ihre Langhäuser in kleine Rodungsflächen gesetzt (siehe Bild 115 der Tafel 65).
In Sabah sind um den Kulminationspunkt des Mt. Kinabalu (4.175 m, siehe Bild 113 der Tafel 64) die Dusun verbreitet, welche im weitesten Sinne ebenfalls zu den Dajak zu zählen sind. Shifting cultivation, verbunden mit Sammelwirtschaft, ist also weithin die Wirtschaftsform, und nur in einem schmalen Küstenstreifen hat sich durch jüngere Zuwanderung von Malaien fleckenhaft Dauerfeldbau entwickeln können. Am Unterlauf der Flüsse und breiten Flußmündungsgebiete, in die mitunter sogar Ozeanschiffe einfahren können (siehe Bild 116 der Tafel 65) liegen weitgehend isoliert die wenigen größeren Orte, welche einerseits die islamische Repräsentanz zeigen, aber andererseits im Geschäftsleben auch den hohen Anteil von Chinesen nicht verleugnen können (siehe die Bilder 117 und 118 der Tafel 66).
In Sarawak und Sabah wird bis zum heutigen Tag der größte Teil der Landesfläche von alten, überwiegend protomalaiischen, animistischen Gruppen bewohnt. Die deuteromalaiische Bevölkerung und ihre islamisierten Stämme sind hauptsächlich in den Küstengebieten zu finden. In Sabah zeigen sich allerdings, nicht zuletzt durch den Einfluß der modern umgebauten Stadt Kota Kinabalu und das Nachwirken des britischen Beratereinflusses, ein Eindringen des Verkehrs und wirtschaftlicher Einflüsse in das Hinterland in Richtung Ranau. Sarawak und Sabah bilden Ost-Malaysia.
Brunei ist mit 5.765 km² Fläche (1½mal so groß wie das österreichische Bundesland Burgenland) und 214.000 Einwohnern (1983) der islamische Schwerpunkt von Nordborneo und nimmt weiterhin die alte Führungsrolle im Islam der östlichen Inselwelt für sich in Anspruch. Das hohe Pro-Kopf-Einkommen basiert auf der Erdölförderung und gestattet dem Sultanat als britischer Schutzstaat, diese Rolle nach außen hin glanzvoll zu dokumentieren.
Die Philippinen sind der letzte große Inselstaat im Westen des Pazifischen Ozeans, der mit seinem Gesamtgebiet noch zu den Tropen zu rechnen ist. Mit einer gesamten Landfläche von rund 300.000 km² besitzen die Philippinen fast 4.000 Inseln (mit über 1 bis 5 ha Mindestgröße) und rund 52 Mio. Menschen Wohnbevölkerung (1983). Auf den Inseln dieser Größenklassen siedeln allerdings über 99,9% der Bevölkerung.
Die heutige Bevölkerung der sich über 17 Breitengrade erstreckenden Inselgruppen läßt sich auf mehrere Ursprünge zurückführen. Die Negritos (Aeta) sind u. a. heute noch in Nordluzon zu finden und gehören zur ältesten Rasse. Von den später eingewanderten Altmalaien bestehen bis heute einige wenig vermischte Gruppen. Den größten Anteil an der derzeitigen Bevölkerung bilden aber die Jungmalaien.
Die 85 einheimischen Sprachen und Dialekte gehören alle zum indonesischen Zweig der austronesischen Sprachfamilie. Aus ihnen wurde 1946 Tagalog als Amtssprache ausgewählt, welche von 40% der Bevölkerung verstanden wird.
Fast 95% der Bewohner gehören christlichen Religionen an, wobei das römisch-katholische Glaubensbekenntnis mit über 80% an der Spitze steht. Die 4% muslimischer Angehöriger finden sich im Süden im westlichen Mindanao, besonders in der Provinz Lanao del Sur (95%), auf Palawan und auf den Sulu-Inseln. Die Feindschaft der Muslims gegen die Christen hat zu schweren und blutigen Ausschreitungen gegen letztere geführt, und das Verhältnis der Muslims zum Staat hat sich seit 1972 sehr verschlechtert. Anhänger von Naturreligionen leben in Rückzugsgebieten; in den Urwäldern Mindanaos

entdeckte man noch vor wenigen Jahren unbekannte Volksgruppen mit fast steinzeitlicher Lebens- und Wirtschaftsweise.
Spanische und amerikanische Einflüsse haben dem kulturellen Leben der Philippinen ihren Stempel aufgedrückt und mit Ausnahme des Südens die ethnischen Unterschiede etwas ausgeglichen. Das einigende Band ist aber vor allem die christliche Religion.
Die Übervölkerung der Inseln, mangelnde Arbeits- und Verdienstmöglichkeiten und sehr hohe Jugendarbeitslosigkeit sind das Ergebnis einer fehlenden Familienplanung. Eine bis 1970 fast unverändert hohe Geburtenrate, verbunden mit einer stark sinkenden Sterberate, welche durch sanitäre und ärztliche Einrichtungen der Amerikaner schon früh auf unter 10‰ absank, führte zu einer der jährlich höchsten Wachstumsraten der Welt, die im 7. Jahrzehnt unseres Jahrhunderts noch bei 35‰ lag und auch im Zeitraum 1975–1983 noch 31‰ betrug. Das ergab für die graphische Darstellung des Bevölkerungsaltersaufbaues das katastrophale Bild einer flachen Pyramide.
Nach Ende der spanischen Herrschaft 1898 waren die Philippinen in den Besitz der USA übergegangen, die aber den Bestrebungen einer versprochenen Unabhängigkeit nur sehr zögernd entgegenkamen. 1935 wurde den Philippinen der Status eines „Commonwealth" zuerkannt.
Nach Besetzung durch die Japaner im Zweiten Weltkrieg eroberten die USA unter General MACARTHUR von Oktober 1944 bis Mai 1945 das Land zurück, wobei Manila fast völlig zerstört wurde. Am 4. Juli 1946 übertrugen die USA den Philippinen die Souveränitätsrechte, sicherten sich aber durch das Abkommen vom 14. März 1947 für 99 Jahre das Recht, auf philippinischem Hoheitsgebiet Militärstützpunkte zu errichten und zu unterhalten.
Unter dem 1965 gewählten und in der Folgezeit wiedergewählten Präsidenten F. E. MARCOS wurde die Philippinisierung des Landes mit allen Mitteln vorangetrieben, notwendige soziale Reformen blieben aber aus, und seine einseitige Familienmachtpolitik und der schwere Verdacht der persönlichen Bereicherung auf Kosten des Staates und des Volkes führten schließlich am 25. 2. 1986 zu seinem Sturz und zur Ernennung der Präsidentin Corazon AQUINO.
Die Bereinigung der unerträglichen sozialpolitischen Situation auf den Philippinen ist wesentlich für eine friedliche politische Entwicklung im südostasiatischen Inselraum und muß als vordringliches Ziel verfolgt werden. Den USA kann der Vorwurf nicht erspart werden, sozialer Ungerechtigkeit und persönlicher skrupelloser Machtpolitik auf den Philippinen aus militärischen Gründen zu lange tatenlos zugesehen zu haben.
Seit langer Zeit haben *Chinesen* auch auf pazifischen Inseln ethnische Außenpositionen eingenommen. Sie konnten diese infolge ihres hohen Fleißes, ihrer Anpassungsfähigkeit und einer unbeugsamen Ausdauer und Genügsamkeit sowie einer hervorstechenden gewerblichen und organisatorischen Begabung ausbauen. Für das Wirtschaftsleben und die Entwicklung von Verkehr und Versorgung leisten sie heute vielfach einen wesentlichen Beitrag, auf den man kaum verzichten kann. Andererseits haben ihre finanziellen Erfolge und die oft sehr verschiedenen und kaum durchschaubaren Verbindungen zu politischen Machtstrukturen auch immer wieder zu blutigen Ausrottungsaktionen seitens der einheimischen Bevölkerung des Gastgeberlandes geführt, unter denen die Chinesen bis in jüngste Zeit zu leiden hatten.
Das *Streben Japans,* den westlichen und vor allem auch den tropischen Anteil des Pazi-

fischen Ozeans zu einem ,,Japanischen Meer" zu machen, wurde im Zweiten Weltkrieg um 1942 besonders deutlich, als alle dazu notwendigen Stützpunkte in ihrer Hand waren. Die Grenzen des weitesten japanischen Vordringens umspannten Ende 1942 fast den ganzen westlichen pazifischen Inselraum mit den heutigen indonesischen Inseln im Süden und reichten bis zu den westlichen Aleuten, den Kurilen und Süd-Sachalin im Norden; sie umschlossen die Andamanen und Burma im Indischen Ozean und er-

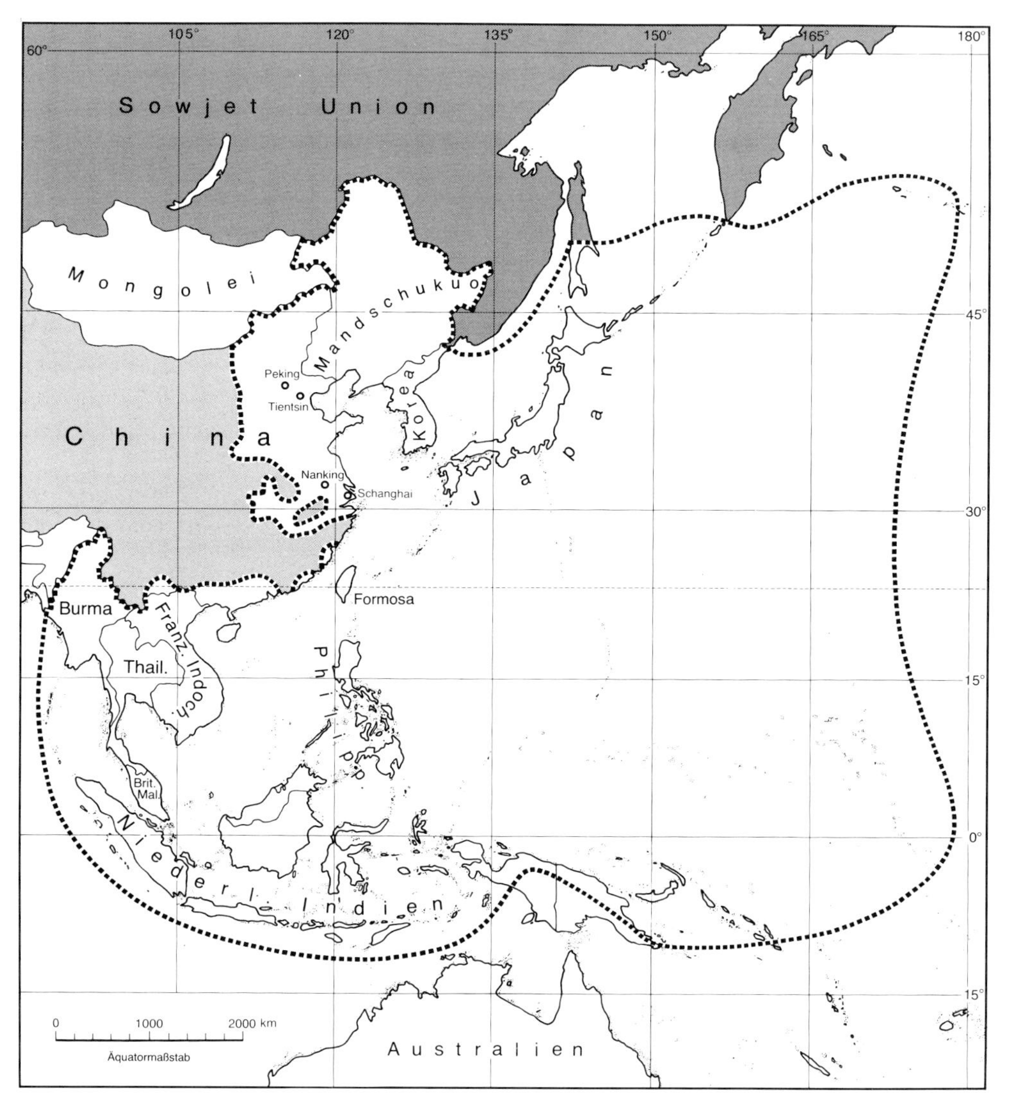

Abbildung 31: Maximale Ausdehnung der japanischen Macht im westlichen Pazifischen Ozean im Zweiten Weltkrieg (1942, durch die strichlierte Linie angegeben).

streckten sich bis zu den Marshall-Inseln und Gilbert-Inseln im Osten nahe des 180. Längengrades im Pazifischen Ozean (siehe Abbildung 31).
Der Aufstieg Japans zur Wirtschaftsmacht nach dem Zweiten Weltkrieg hat für den Absatz seiner Erzeugnisse die Grenzen dieser wieder verlorengegangenen Gebiete weit überschritten.
Die chinesische Welt war und ist in Wirtschaft und Handel im westlichen Pazifik hauptsächlich durch die Republic of China (Taiwan, National-China), durch Hongkong und die „Stadtrepublik" Singapur vertreten. Die Ausstrahlung dieser drei Brückenköpfe chinesischer Kultur und Wirtschaftsleistung reicht weit über den tropischen Inselraum der pazifischen Nordhemisphäre hinaus und verstärkt ihren Einfluß mehr und mehr auch auf die Südhemisphäre. Es ist anzunehmen, daß nach der Liberalisierung in der Volksrepublik China und Beendigung der selbstgewählten Isolierung noch in diesem Jahrhundert die wirtschaftliche Konkurrenzsituation zwischen China und Japan wirksam werden wird. Mehrere große Städte der Volksrepublik China bereiten sich bereits auf die Wiederbelebung ihrer alten internationalen Handelsfunktion vor, wie z. B. Shanghai (Schanghai) und Guangzhou (Kanton). Wieweit bei der vorhandenen geopolitischen Situation eine Stabilisierung der derzeitigen politischen Verhältnisse im Pazifischen Ozean möglich ist, wird die Zukunft weisen.
Der volltropische südostasiatische Inselraum wird heute durch 3 große Staaten bzw. Teilstaaten – nämlich Indonesien, Ostmalaysia und Philippinen – repräsentiert (siehe Abbildung 31). Zusammen mit Brunei und Singapur besitzen diese rund 12.000 Inseln mit über 1 bis 5 ha Fläche. Einschließlich allerkleinster Eilande dürfte sich diese Zahl verdreifachen. Sie besitzen nicht ganz 2½ Mio. km² Fläche (= halbe Fläche Europas ohne UdSSR) und 212 Mio. Menschen Wohnbevölkerung (1983), wobei allerdings deren unglaubliche ethnische Vielfalt und deren äußerst unterschiedlicher kultureller und wirtschaftlicher Entwicklungsstand hervorgehoben werden muß.

5.3.2 Ethnische Eigenart und politische Neuordnung im zentralpazifischen Inselraum

Die gegen den zentralen Ozean hin letzte große, äquatornahe Insel des westlichen Pazifischen Ozeans, Neuguinea, gehört zu dem sich humanbiologisch und kulturgeographisch-ethnologisch deutlich abhebenden *melanesischen Gebiet* (siehe Abb. 32, S. 118). Wie der Name bereits zum Ausdruck bringt, handelt es sich bei den Bewohnern dieses Raumes um eine dunkelhäutige Bevölkerung mit krausem Kopfhaar, welche auf dem Bismarck-Archipel, den Salomon- und Santa Cruz-Inseln, den Neuen Hebriden, Neukaledonien und den Loyalitäts-Inseln und auf Neuguinea lebt. Der an Neuguinea anschließende westliche Inselraum ist z. T. melanesisches Mischgebiet.
Rassisch unterscheiden sich die Melanesier von den anderen ozeanischen Völkern sehr deutlich, sind aber untereinander nicht sehr differenziert. Neben altmelanesiden Zügen mit gedrungenem Körperbau, sehr dunkler Haut, niedrigem Gesicht, breiter Nase und fliehendem Kinn sieht man häufig auch eine schlankere neomelaneside Bevölkerung mit etwas länglicherem Gesicht. In entlegeneren Gebieten Neuguineas und Neukaledoniens begegneten den Verfassern öfters noch Menschen mit altmelanesischen Gesichtszügen und Körperformen; auf jenen Inseln aber, welche seit einiger Zeit

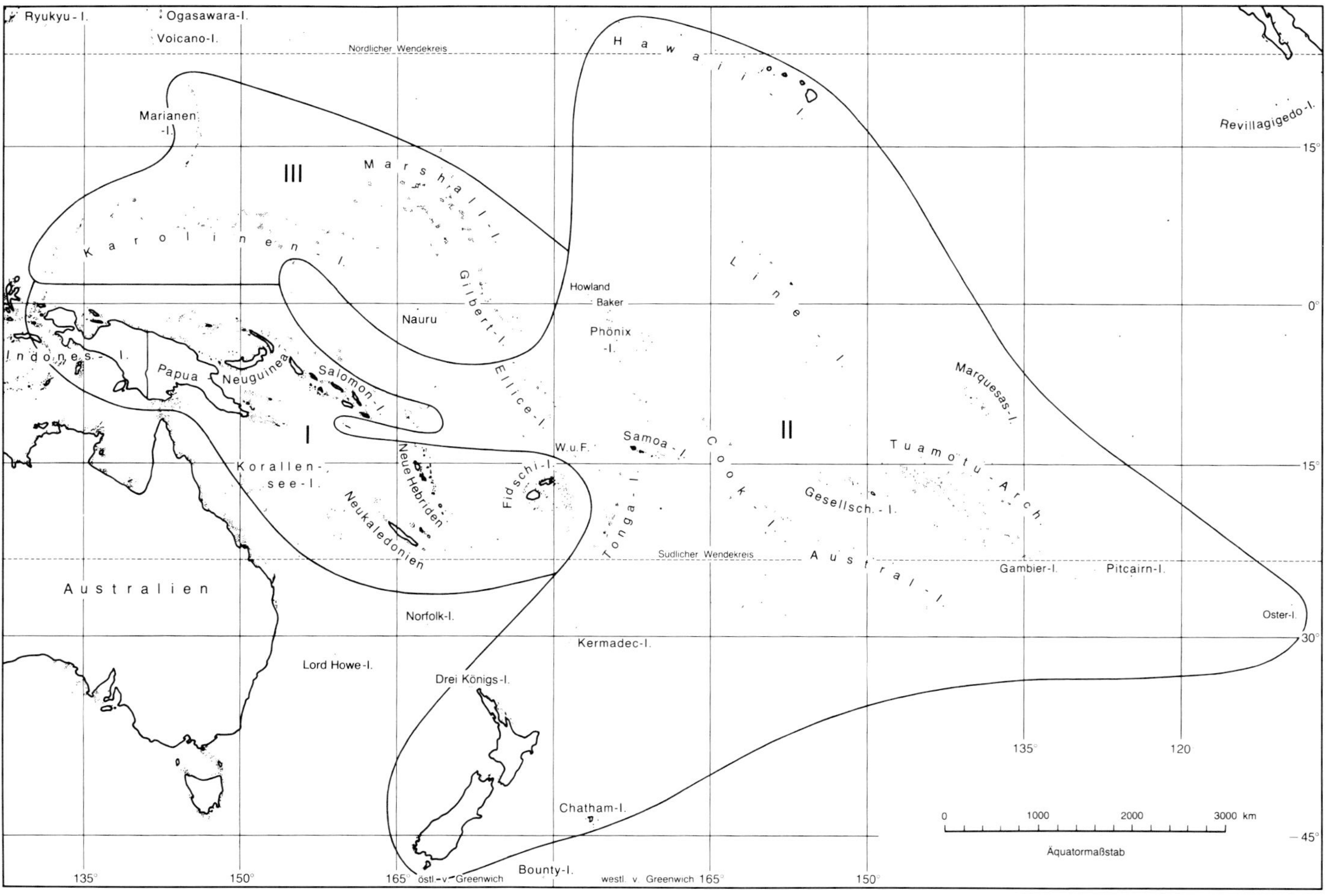

Abbildung 32: Die ethnische Gliederung des zentralpazifischen Raumes. I: Melanesien; II: Polynesien; III: Mikronesien.

eine bessere Einbindung in ein überregionales Verkehrsnetz erhalten haben, ist deutlich das Ergebnis der Vermischung zu erkennen, und Haartracht und Kleidung werden – wie z. B. auf den Salomonen – durch modische Einflüsse bestimmt (siehe Tafel 51, ferner die Tafeln 83 und 84).

Gerade der melanesische Raum bietet für das Nebeneinander alter und jüngerer Formen die reichsten Möglichkeiten, da er eine sehr weit zurückreichende Besiedlungsgeschichte besitzt.

Nach G. Koch (Südsee, Berliner Völkerkundemuseum 1976, S. 16–18) kann folgende *Besiedlungsgeschichte* angenommen werden: „Die ersten Einwanderer, welche die westlichen Zonen jenes Raumes erreichten, waren keine Seefahrer. Vor etwa 30.000 Jahren, im späten Pleistozän, als Indonesien, Neuguinea und Australien noch streckenweise durch Landbrücken miteinander verbunden waren, gelangten wohl zunächst die dunkelhäutigen und kraushaarigen „Tasmaniden" von SO-Asien über das südliche Neuguinea und über Australien weiter südwärts bis zur Insel Tasmanien. Nicht lange danach kamen die dunkelhäutigen bis braunfarbigen „Australiden" (mit schlichtem oder welligem Haar) gleichen Weges auf den Kontinent; sie breiteten sich über diesen aus, vermischten sich mit den in einigen seiner Regionen verbliebenen Tasmaniden und absorbierten diese. Neuguinea war zwar ein Durchzugsgebiet dieser „Einwanderungswellen", doch wir finden hier keine sicheren Spuren davon. Es ist indessen gut möglich, daß die frühen Bewohner Neuguineas, die Papua, aus einer Mischung von Tasmaniden und Australiden entstanden sind. Vielleicht waren diese relativ kleinen, dunkelhäutigen und kraushaarigen Papua (mit semitisch erscheinender Nasenform) aber schon als besondere Bevölkerungsgruppe von Südost-Asien nach jener großen Insel eingewandert.

Vermutlich lebten die Papua wie die Tasmaniden und die Australiden als nomadische Sammler. Erst die folgenden Einwanderer, dunkelhäutige Menschen, die das in den Schaft gesteckte „Walzen-Beil" (eine Steinklinge mit rundlichem bzw. ovalem Querschnitt) besaßen, brachten die Technik der Jungsteinzeit (Neolithikum) vor etwa fünftausend Jahren nach Ozeanien. Sie kannten neben dem Steinschliff schon den Bootsbau, den Anbau von Knollenfrüchten (Taro), die Haustierhaltung (Schweine) und die Töpferei. Diese Einwanderer kamen von Norden (vielleicht von China über Formosa und die Philippinen) nach den Küsten Neuguineas, und sie zogen den melanesischen Inselbogen entlang bis nach Neukaledonien. In Neuguinea verdrängten sie die zuvor Gekommenen oder vermischten sich mit ihnen, so daß wir diese frühen Bevölkerungen heute kaum noch unterscheiden können. In der Literatur wurden sie häufig mit dem Sammelbegriff „Papua" bezeichnet.

Einen weitgehenden Wandel der anthropologischen, sprachlichen und kulturellen Verhältnisse in Ozeanien brachte dann die Einwanderung der Austronesier. Wir müssen uns unter diesem Begriff relativ hellhäutige, straffhaarige Menschen vorstellen, eine Mischung von Europiden und Mongoliden. Sie kamen aus Ostasien oder Nordostasien und gelangten in vielen kleinen Einzelzügen, die wohl vor mehr als drei Jahrtausenden begannen, zunächst nach Melanesien, wo sie sich mit der Vorbevölkerung der Papua vermischten, so daß in Nord- und Südost-Neuguinea sowie auf den weiteren Inseln dieser Region hernach „Austromelanide", braunhäutige oder auch schwarze, kraushaari-

ge Menschen siedelten. Sie bilden die typischen Inselbevölkerungen von melaniden, neolithischen Pflanzern . . ."
Und an anderer Stelle: „Da die Konstruktion von hochseetüchtigen Auslegerbooten zu ihrer kulturellen Tradition gehörte, war ihnen die weitgehende Besiedlung der Inseln Melanesiens möglich."
Die zitierten Ausführungen sollen zeigen, wie aus der Kenntnis früher Bevölkerungswanderbewegungen von angrenzenden Räumen mit Unterstützung der wenigen vorliegenden, kulturellen Beweismaterialien und unter Verwendung von Analogieschlüssen ein konstruktives Bild über den wahrscheinlichen Vorgang der frühesten menschlichen Besiedlung solcher geschichtsloser Räume entstehen kann.

Gegen Osten schließt sich an Melanesien der riesige Raum mit vorherrschend kleinen Inseln, *Polynesien,* an (siehe Abb. 32, S. 118), der sich über 50 Mio. km² Meeresfläche erstreckt. In diesem von Hawaii bis Neuseeland und zu den Oster-Inseln reichenden Meeresgebiet leben auf Inseln vulkanischen Ursprungs und auf Koralleninseln, die diesem ihr Entstehen verdanken, Polynesier. Sie wurden immer wieder durch unmenschlichen Sklavenfang u. a. der Walfischfänger, durch eingeschleppte Krankheiten und Seuchen und bis zum heutigen Tag durch militärische Aktionen der Großmächte (in jüngster Zeit durch die Atomwaffenversuche der US-Amerikaner und Franzosen) dezimiert bzw. in ihrer natürlichen Entwicklung behindert.
Die relativ hochgewachsenen, braunhäutigen Menschen mit straffem oder welligem Haar erreichten schon vor etwa 2.000 Jahren die Marquesas-Inseln im östlichen Pazifik und besiedelten anscheinend von dort aus die Gesellschafts-Inseln, Oster-Inseln und Hawaii. Als eines der *bedeutendsten Seefahrervölker* erreichten die Polynesier mit ihren Auslegerbooten und großen Doppelbooten mit Plattformen, ausgestattet mit den typischen, dreieckigen Mattensegeln, durch ihre hervorragende Navigationskunst (Orientierung nach Gestirnen, Strömungsrichtungen des Wassers und anderen natürlichen Hinweisen) die entferntesten Punkte ihres heutigen Lebensraumes. Beispiele hochseetüchtiger Auslegersegelboote aus Polynesien enthält Abbildung 33.

Boote und Bootsteile wurden ohne Verwendung von Nägeln gebaut und die Teile nur mit Kokosfaserschnüren zusammengehalten. Mit wenigen Ausnahmen wurden Auslegerboote hergestellt, angefangen von kleinsten Typen, deren Bootskörper aus einem Einbaum besteht, bis zu den ganz schweren, hochseetüchtigen Konstruktionen. Der mittels Auslegerstangen mit dem Bootskörper verbundene Schwimmer hat die Aufgabe, als Gegengewicht das Kentern des Bootes zu verhindern. Mit Ausnahme eines Gebietes von Süd-Neuguinea wurden die Boote mit nur einem Ausleger versehen, den man meist luvseitig fuhr. Heute werden solche einfachen Auslegerboote häufig mit Außenbordmotoren versehen und erreichen auf dem Verkehr zwischen den Inseln auf Hochsee – wenn der Wellengang nicht zu stark ist – eine Geschwindigkeit von bis zu 50 km/h, wie sich die Verfasser auf den Gesellschafts-Inseln selbst überzeugen konnten.
Besondere Seetüchtigkeit und Tragfähigkeit besitzen auch die großen Doppelboote, bei denen der Ausleger durch einen zweiten Bootskörper ersetzt ist. In jüngerer Zeit baut man in verschiedenen Ländern der Erde solche Doppelrumpfboote (Katamarane) wegen ihrer hohen Stabilität und Hochseetüchtigkeit nicht nur als Sportboote, sondern auch als größere Schiffe für den Personenverkehr (bis zu mehreren 100 Personen).

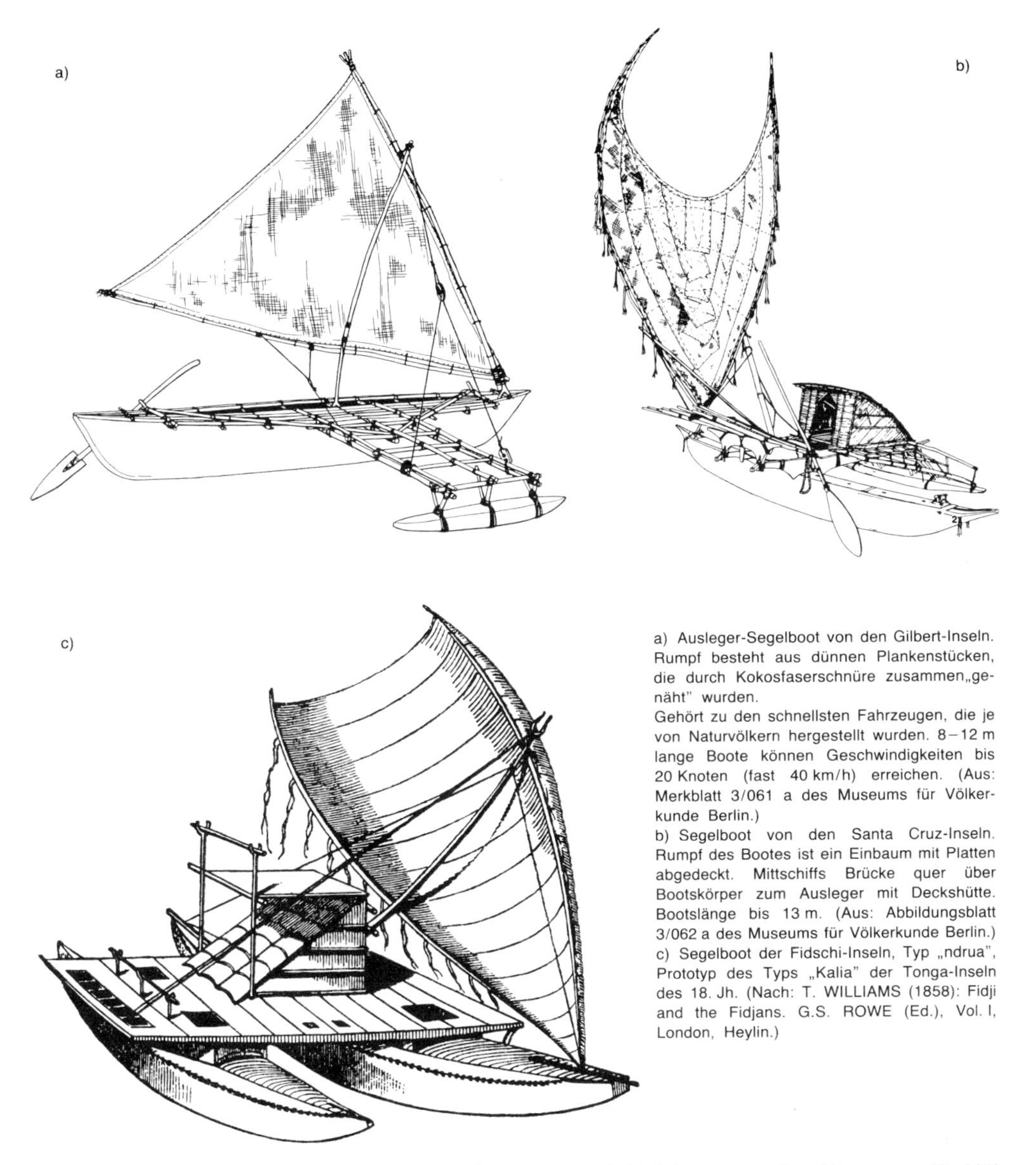

a) Ausleger-Segelboot von den Gilbert-Inseln. Rumpf besteht aus dünnen Plankenstücken, die durch Kokosfaserschnüre zusammen„genäht" wurden.
Gehört zu den schnellsten Fahrzeugen, die je von Naturvölkern hergestellt wurden. 8–12 m lange Boote können Geschwindigkeiten bis 20 Knoten (fast 40 km/h) erreichen. (Aus: Merkblatt 3/061 a des Museums für Völkerkunde Berlin.)
b) Segelboot von den Santa Cruz-Inseln. Rumpf des Bootes ist ein Einbaum mit Platten abgedeckt. Mittschiffs Brücke quer über Bootskörper zum Ausleger mit Deckshütte. Bootslänge bis 13 m. (Aus: Abbildungsblatt 3/062 a des Museums für Völkerkunde Berlin.)
c) Segelboot der Fidschi-Inseln, Typ „ndrua", Prototyp des Typs „Kalia" der Tonga-Inseln des 18. Jh. (Nach: T. WILLIAMS (1858): Fidji and the Fidjans. G.S. ROWE (Ed.), Vol. I, London, Heylin.)

Abbildung 33: Segelboot-Typen aus der Südsee (nach Zeichnungen des Museums für Völkerkunde Berlin, a und b, sowie nach T. WILLIAMS, c).

Polynesien ist nach kulturellen, sprachlichen und anthropologischen Zeugnissen und der Ausbreitung seiner Nahrungsmittelpflanzen (z. B. Taro) vom Westen her besiedelt worden (siehe die Tafeln 11, 12, 41 und 48). Die von Thor HEYERDAHL vertretene Hypothese einer Einwanderung aus Amerika ist nicht haltbar.

Das *Verbreitungsgebiet Mikronesiens* im Norden von Melanesien ist kleiner, aber ebenfalls durch die oben angegebenen Inseltypen gekennzeichnet. Zu ihm gehören die Marianen, Karolinen, Marshall-Inseln, Gilbert-Inseln und die Insel Nauru. Auch die Mikronesier zeichnen sich durch schlichtes oder welliges Haar und hellbraune Haut, deren Tönung im Westen durch melanesische Vermischung dunkler ist, aus. Sie sind eng mit den Polynesiern verwandt, besitzen aber etwas stärkere mongolide Züge (Tafel 54 bis 56).

Die gesellschaftliche Gliederung der Bevölkerung Melanesiens beruht auf Gruppen von Siedlungs- und Familiengemeinschaften, die man unter gewissem Vorbehalt als Stämme bezeichnen kann. Sie sprechen die gleiche Sprache und zeichnen sich durch gemeinsame Sitten und Bräuche und religiöse Vorstellungen aus. Die gesellschaftliche Gliederung der Stämme kann verschieden sein; Dorfgemeinschaften sind als die wichtigsten sozialen Einheiten anzusehen. Nur vereinzelt gab es in Melanesien erbliches Häuptlingstum, vielfach galten die Dorfältesten oder eine Gruppe älterer Männer als Führer der Siedlungsverbände. Zur Bildung großer übergeordneter sozialer Einheiten ist es in Melanesien nicht gekommen.

Polynesien hingegen zeichnet sich durch Hervortreten sozialer Schichtungen und unterschiedlicher Formen ständischer Gliederungen aus. Herrschende Adelsklassen bestimmten vielfach die Gesellschaftsverbände, die bis zu Staatswesen unter absolut regierenden Herrschern reichen. Ein Beispiel dafür ist das auch heute noch bestehende und gut funktionierende Königreich Tonga.

Die Gesellschaftsordnungen in Mikronesien zeigen im Osten Ähnlichkeiten mit Polynesien, im Westen Einflüsse aus Melanesien.

Erst nach dem Zweiten Weltkrieg haben die zuletzt besiedelten Regionen unserer Erde, Polynesien und Mikronesien, die koloniale Bevormundung weitgehend abgeschüttelt. Es ist zur *Bildung neuer, kleiner Staatsgebiete* gekommen, über die Abbildung 34 zu orientieren vermag.

Bis heute befinden sich diese aber in einem machtpolitischen Kräftefeld, das einerseits ihre selbständige Handlungsfreiheit beschränkt (Militärstützpunkte, Atomwaffensperrgebiete, außenpolitisches Mitspracherecht), andererseits als Lohn solcher Zugeständnisse hohe Ablösungsbeträge und ansehnliche „Entwicklungshilfen" erschließt. Die wirtschaftliche Schwäche der neuentstandenen Staaten und der in ein loseres Abhängigkeitsverhältnis entlassenen Gebiete beschränkt von vornherein ihre freie politische Handlungsfähigkeit, die einfließenden finanziellen Mittel fördern eher eine Rentnermentalität der einheimischen Bevölkerung als ein wirtschaftliches Selbstbewußtsein unter Wahrung der ethnischen Eigenart.

Das Bewußtsein über eine mehr oder minder erreichte „Selbständigkeit am Gängelband" und über die enorme wirtschaftliche Schwäche im harten Konkurrenzkampf um Gewinne im internationalen Handel hat zur Abstimmung und zum Erfahrungsaustausch der neuentstandenen Staaten in regionalen Organisationen des Südseeraumes geführt. Schon 1947 wurde die Südsee-Kommission mit dem Hauptquartier in Nouméa zu dem Zweck gegründet, die wirtschaftliche und soziale Entwicklung durch jährlich stattfindende Konferenzen (Südsee-Konferenz) zu fördern (siehe auch D. STANLEY, Südseehandbuch, 1982).

In dieser Kommission waren fast alle Nationen und Territorien Ozeaniens vertreten, so auch die Kolonialmächte. Letzteres war bald der Grund für die ablehnende Haltung der neuentstandenen „unabhängigen" Länder, welche mit dem zu großen britischen und

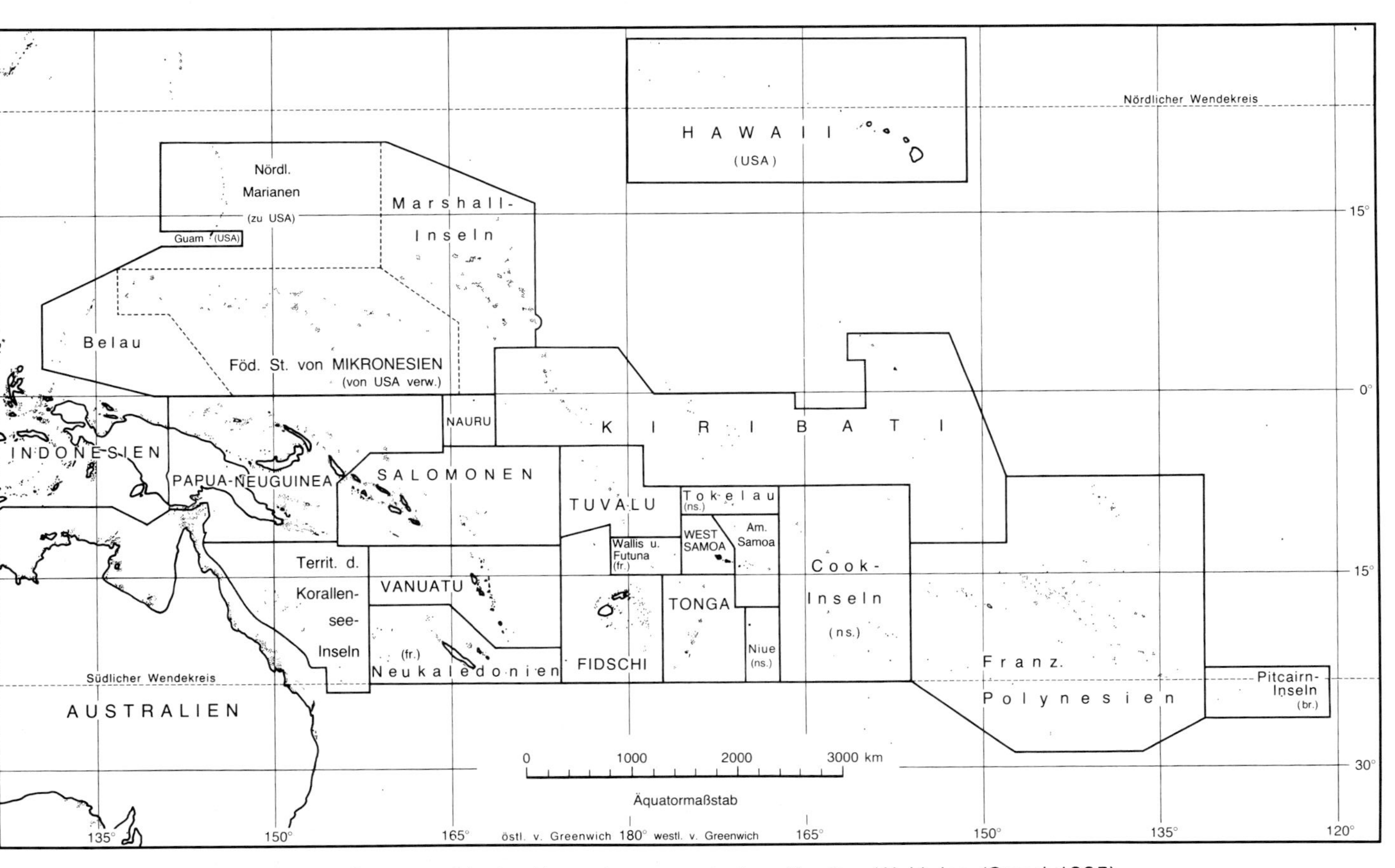

Abbildung 34: Zentralpazifischer Raum, politische Neuordnung nach dem Zweiten Weltkrieg (Stand 1985).

französischen Einfluß in dieser Organisation unzufrieden waren. Daher entstand 1971 das *Südsee-Forum,* in dem sich Staatsoberhäupter und Regierungschefs der unabhängigen Staaten einmal im Jahr zu informellen Gesprächen zusammenfinden. 1973 entstand hieraus das Südpazifik-Büro für wirtschaftliche Entwicklung (SPEC: South Pacific Bureau for Economic Cooperation) in Suva auf Fidschi, das inzwischen eine eigene Schiffahrtsgesellschaft aufgebaut, Fischereiagenturen und Handelskommissionen gegründet und sich in vielfältiger Weise an Koordinierungsarbeiten zur Bewältigung gemeinsamer Probleme und Aufgaben betätigt hat. In dieser jungen Organisation sind weder Amerikaner noch Franzosen vertreten.

5.3.3 Inseln und Inselgruppen im ostpazifischen Raum

Mit wenigen Ausnahmen sind die Inseln und Inselgruppen im tropischen Bereich des östlichen Pazifischen Ozeans unbedeutend und fast nicht bewohnt. Über ihre Verteilung und staatliche Zugehörigkeit gibt Abbildung 35 einen Überblick. Auf die klimatische Ungunstlage sind wir bereits im Abschnitt 2 (S. 54ff.) eingegangen.
Eine Ausnahme von obigen Feststellungen bilden nur die von Ecuadorianern bewohnten Galápagos-Inseln. Diese Inselgruppe wurde 1535 von Tomas DE BERLANGA, Bischof von Panama, dadurch entdeckt, daß er auf seinem Weg nach Peru durch Meeresströmungen an diese angetrieben wurde. Im 17. Jh. dienten die Inseln als Piratenstützpunkte; erst 1832 wurden sie von dem gerade unabhängig gewordenen Ecuador beansprucht. Ersten Kolonisationsversuchen waren aber keine dauernden Erfolge beschieden. Erst 1885 wurde ein Verwaltungszentrum auf San Cristóbal errichtet und ab 1897 die Kolonisation von Isabela betrieben, in die man auch zahlreiche Sträflinge einbezog. Die Stationierung einer Strafkolonie (1944–1959) auf Isabela erlangte durch die grausamen Bewachungsmethoden einen unrühmlichen Bekanntheitsgrad.
Weltbekannt wurden die Inseln nach Studien von Ch. DARWIN 1835 wegen ihrer einzigartigen Tier- und Pflanzenwelt.
Wir haben bereits an anderer Stelle hervorgehoben, daß das Klima der Inseln vulkanischen Ursprungs mit noch tätigen Vulkanen auf Isla Fernandina, Isla Isabela und Isla San Salvador unter dem Einfluß des vorherrschenden, relativ kühlen, trockenen Südost-Passats und des bei der Inselgruppe nach Westen abbiegenden kühlen Humboldtstromes steht. Das ergibt eine Höhengliederung mit nach oben hin zunehmenden feinen Niederschlägen, die sich auch in Vegetationsstufen widerspiegelt. Auf eine halophile Strandzone schließt von 80 bis 120 m Höhe eine xerophytische Trockenzone und in Lagen zwischen 180 bis 400 m ein immergrüner Bereich mit Sträuchern und Hölzern an, auf den schließlich in 550 m Höhe ein Übergang in eine Farn-Riedgras-Zone folgt. Bemerkenswert ist, daß über 40% der Pflanzenarten endemisch sind. Einen Überblick über die zahlreichen Inseln des Archipels und ihre höchsten Berghöhen bietet die Abbildung 36, S. 126.
Berühmt wurden die Galápagos-Inseln durch ihre *einzigartige Tierwelt* mit der Galápagosriesenschildkröte, den Meerechsen, Landleguanen, Galápagosschlangen und den 89 Brutvogelarten, von denen 77 endemisch sind. 1959 wurde der Inselarchipel, mit Ausnahme seines bereits besiedelten Gebietes, zum Nationalpark erklärt (= 88% der gesamten Insel-Landflächen), der in enger Zusammenarbeit mit der ,,Charles Darwin Foundation" steht. Letztere ist eine internationale, wissenschaftliche Forschungsorgani-

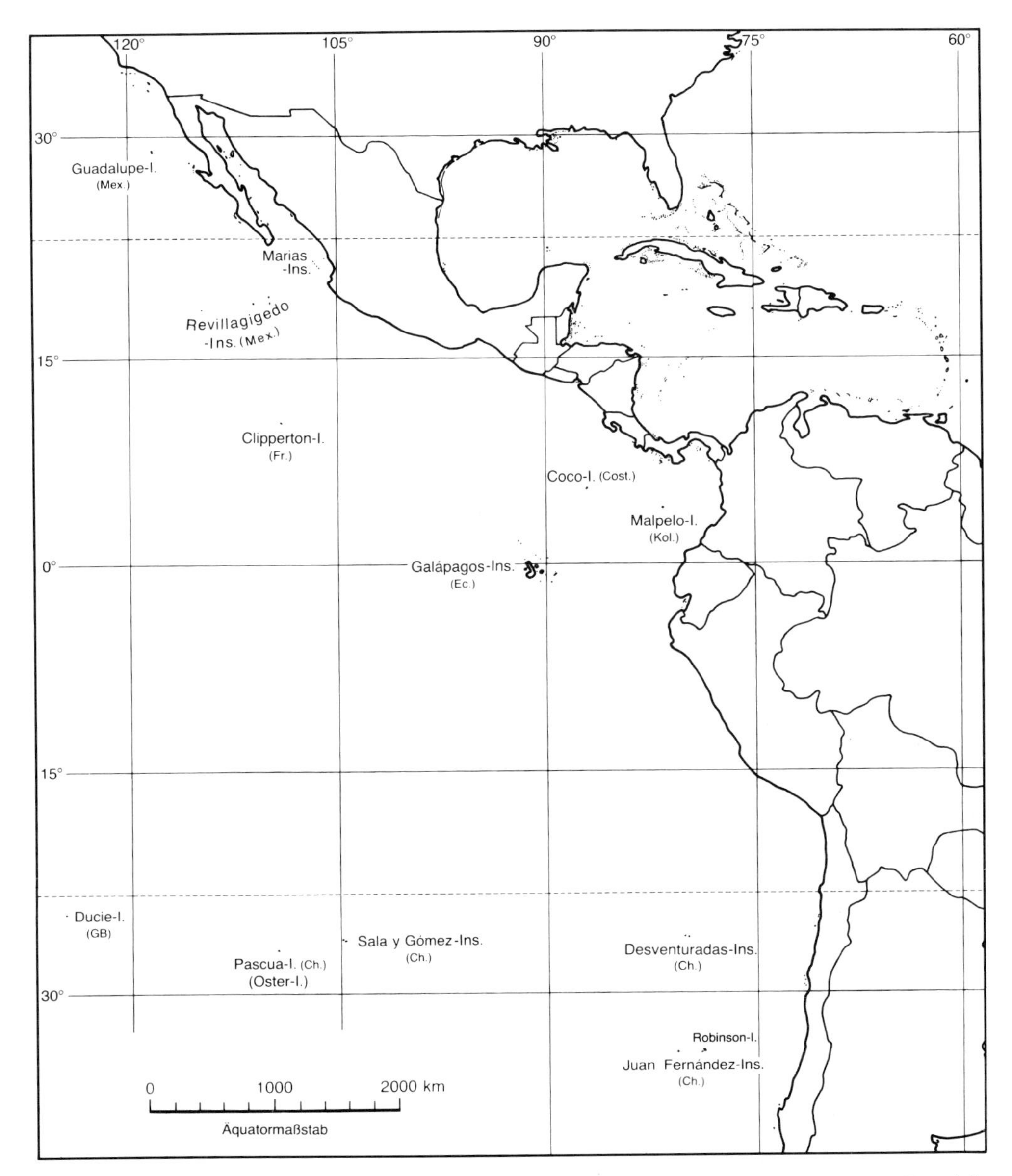

Abbildung 35: Inseln und Inselgruppen im ostpazifischen Ozean und ihre staatliche Zugehörigkeit zwischen 30° nördlicher und 35° südlicher Breite.

sation, welche 1959 unter Mithilfe der UNESCO und der „International Union for the Conservation of Nature" gegründet wurde und 1964 die Forschungsstation Charles Darwin bei Puerto Ayora auf Santa Cruz eröffnete, eine der Hauptstützpunkte des Nationalparks.

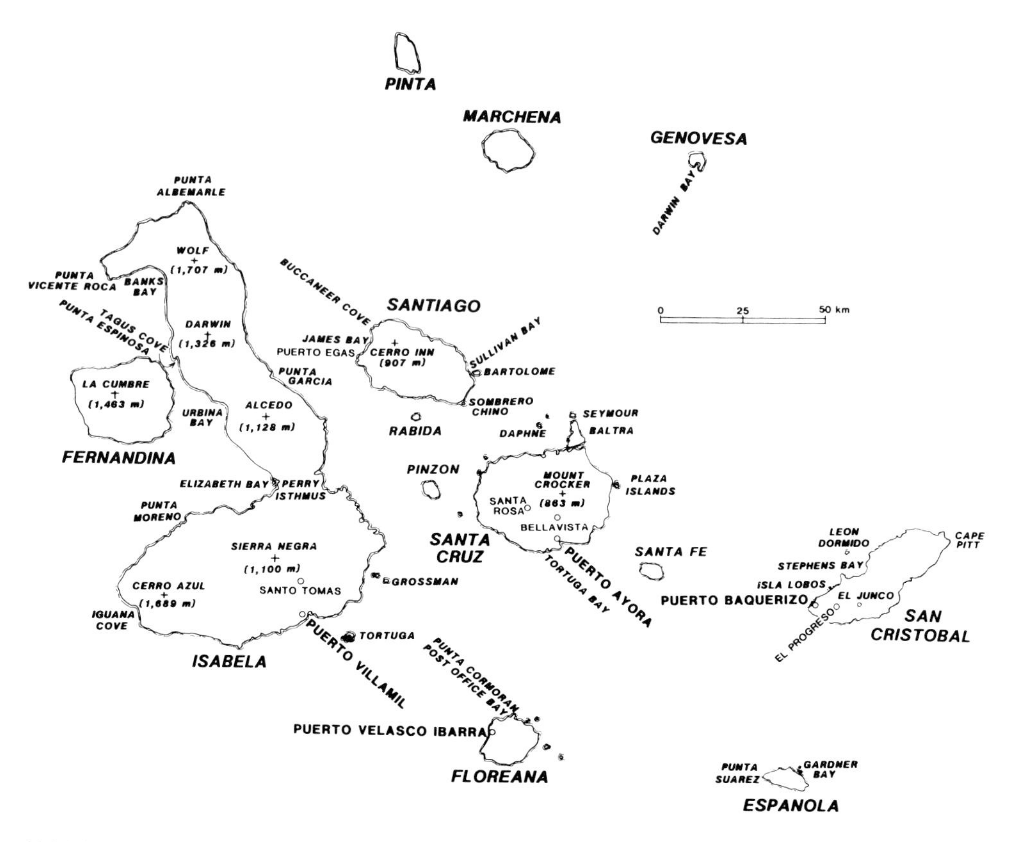

Abbildung 36: Die Galápagos-Inseln (aus D. STANLEY, Südsee-Handbuch, 1982. S. 109). Die Inseln Darwin und Wolf, 180 km bzw. 150 km nordwestlich von Punta Albemarle gelegen, sind auf der Kartenskizze nicht mehr abgebildet.

1980 lebten 4.410 Menschen (Mestizen und Weiße) auf dem Inselarchipel, und zwar lediglich auf den 5 Inseln Santa Cruz (986 km², 1.958 Ew.), San Cristóbal (558 km² mit Hauptstadt Puerto Baquerizo, 1.810 Ew.), Isabela (4.588 km², 538 Ew.), Floreana (173 km², 53 Ew.) und Baltra (27 km², 51 Ew.).
Das große Glück, die Existenz durch höhere Schutzbestimmungen für die Zukunft wenigstens einigermaßen gesichert zu wissen, wäre auch den Bewohnern vieler Inseln und Inselgruppen im zentralpazifischen Raum zu wünschen, die zwar keine so einmalige Tier- und Pflanzenwelt besitzen, dafür aber hohe ethnische Kulturgüter und einmalig schöne Landschaftserscheinungen zu bewahren hätten.
Im Randtropengebiet der Südhalbkugel liegt in 27°7' südlicher Breite und 109°22' westlicher Länge die zu Chile gehörende und aus vulkanischem Material aufgebaute Oster-Insel (span.: Isla de Pascua), welche durch die *Oster-Insel-Kultur* bekanntgeworden ist. Diese Kultur repräsentiert sich durch gigantische Steinbüsten und eine hieroglyphenähnliche Schrift. Ihr Geheimnis ist bis heute nicht gelöst und die älteste Siedlungsgeschichte umstritten. Nach älterer, aber bis heute immer noch geltender Ansicht wurde

die Oster-Insel zu Beginn des 12. Jh.s durch Polynesier von den Marquesas-Inseln her besiedelt. Die alte Kultur erlosch bereits 1750 durch kriegerische Ereignisse, die zu einem starken Bevölkerungsrückgang geführt haben. Seuchen und Menschenraub verminderten im 19. Jh. die Einwohnerzahl weiterhin fast bis zum Erlöschen der Siedlungen.
1888 annektierte Chile die Insel (heute Teil der Provinz Valparaiso) und verpachtete weite Gebiete an britische Schaf- und Viehzüchter, was eine starke Degradierung der Vegetation einleitete. Heute liegt die Schafzucht in chilenischer Hand. Die 1.600 Einwohner gehen zum Großteil auf Polynesier zurück und konzentrieren sich im Gebiet der Hauptstadt Hanga Roa im Westen der Insel, wo sie ihre Felder mit Süßkartoffeln, Mais, Melonen, Ananas und Bananen bestellen. Dienstleistungen im Gastgewerbe, als Fremdenführer und der Verkauf kunsthandwerklicher Erzeugnisse bringen bescheidene zusätzliche Einnahmen.

6 Landwirtschaftliche Nutzung: Subsistenzwirtschaft, Feldbau und Gartenkulturen, Reisbausysteme, Pflanzungen und Plantagenwirtschaften

Um die Sozial- und Wirtschaftsentfaltung in den einzelnen Gebieten der tropischen Inselräume richtig einschätzen und würdigen zu können, muß man jeweils von den ökologischen Möglichkeiten, von der Erschlossenheit der Lebensräume, der Arbeitskraft und dem Entwicklungsstand der Gemeinschaften und nicht zuletzt von ihren finanziellen Einsatzmöglichkeiten ausgehen. Dazu kommt noch eine ganze Reihe von Zwängen gesellschaftlicher Art, denen selbst kleinste, im Urwald kaum auffindbare Gemeinschaften nicht zu entrinnen vermögen. Diese ergeben sich aus ihrem ethnischen Zugehörigkeitsgefühl und ihrer religiösen Vorstellungswelt.

In sehr eindrucksvoller Weise hat vor einem Vierteljahrhundert Hans BOBEK (1959) in der grundlegenden Arbeit ,,Die Hauptstufen der Gesellschafts- und Wirtschaftsentfaltung in geographischer Sicht" die Evolution der menschlichen Gemeinschaft zu immer höheren Formen der Wirtschaftsweise und Beherrschung naturgegebener Voraussetzungen aufgezeigt. Am Anfang dieses langen Weges standen die Menschen diesbezüglich noch auf einer sehr niedrigen Stufe, waren aber im Besitz einer einzigartigen Anpassungsfähigkeit, welche ihnen in kleinen Gruppen die Zerstreuung über fast sämtliche Naturgebiete der Erde ermöglichte.

In der tropischen Inselwelt finden wir in einem bunten Mosaik nicht nur alle *Stufen der Gesellschafts- und Wirtschaftsentfaltung* nebeneinander, sondern sehen auch die verschiedensten Anpassungsmöglichkeiten jeder dieser Stufen und alle nur erdenklichen Übergangsformen dokumentiert. Dies bringt die Isolierung der oft sehr kleinen Lebensräume mit sich, welche für viele ethnische Gruppen und vor allem in Gebieten mit geringen oder sehr eingeschränkten wirtschaftlichen Entwicklungsmöglichkeiten hinsichtlich möglicher Alternativen in erster Linie die Frage des ,,Überlebens" und sekundär erst die Frage eines ,,besseren Lebens" stellt. Das Beharren oder sogar die Rückkehr zu einer ,,niedrigeren" Wirtschaftsstufe entspricht oft nicht einem niedrigeren Grad menschlicher Einsicht und Entwicklung, sondern einer ökologischen Notwendigkeit zum Überleben. Das beweisen auch manche Umsiedler in Süd-Sumatra, welche aus einem höheren wirtschaftlichen Milieu Javas stammen, dieses aber unter wesentlich schlechteren und nicht verbesserbaren ökologischen Verhältnissen im neuen Ansiedlungsraum nicht erreichen können. Auch beim Geräteeinsatz müssen wir sehr wohl unterscheiden, ob Pflanzstockanbau – Hackbau – Pflugbau als Entwicklungsstufenreihe zu betrachten sind oder in voller ökologischer Anpassung an grundverschiedene Naturraumvoraussetzungen gleichwertig nebeneinander stehen. Auf dieses Problem kommen wir aber noch später zu sprechen.

Eine ähnliche Vorsicht müssen wir bei der Beurteilung der Wirtschaftsformen anwenden. Eine Selbstversorgungswirtschaft ist schon aus Gründen einer möglichst hohen Sicherheit und Überlebenschance für Neulandsiedlungen, welche weitab jeder Marktversorgungsorte liegen und nicht in ein festes Wegenetz eingebunden sind, meist die einzige Möglichkeit. Mit zunehmender Bevölkerungsdichte und dem Engerwerden des

Selbstversorgungsraumes entsteht dann die Chance und später sogar der Zwang, auf eine andere Wirtschaftsform überzugehen, die aber nicht immer auch einer damit verbundenen höheren Lebensqualitätserwartung entsprechen muß. Ohne Einsatz besonderer finanzieller Mittel und wesentlicher infrastruktureller Veränderungen wird die Selbstversorgungswirtschaft auf isoliert liegenden Inseln und in punktuell erschlossenem Neuland immer den Anfang menschlichen Wirtschaftens darstellen.

6.1 Subsistenzwirtschaft und einfachste Arten einer von Gewerbe und Handel weitgehend unabhängigen Lebenshaltung

Menschengruppen, welche in Rückzugsgebieten oder in völliger Isolierung abseits von Orten leben, in denen nur der einfachste Warenaustausch und eine Produktion von Gütern des täglichen Bedarfs vorgenommen wird, müssen erzwungenermaßen autarke Versorgungswirtschaft betreiben. Nur ein sehr beschränkter Tauschhandel mit Nachbarn der eigenen Siedlungsgemeinschaft oder gelegentliche Kontakte mit anderen Menschen bieten die Möglichkeit einer fallweisen Ergänzung der Eigenproduktion. Darüber hinaus entschließen sich aber auch viele kleine Betriebe und Siedlungsgemeinschaften zu dieser selbstgenügsamen Wirtschaftsform, die man als Subsistenzwirtschaft bezeichnet, weil die Menschen in dieser die einzige Möglichkeit sehen, unter Wahrung ihrer vollen Freiheit und Würde in ihrem Familienverband ihr Leben fristen zu können. Voraussetzung für die Subsistenzwirtschaft sind eine genügend große, für den Lebensunterhalt zur Verfügung stehende Landfläche, nach Möglichkeit mit einem entsprechenden Anteil an einem Fischgewässer, eine günstige klimaökologische Situation und natürliche Ausstattung mit einer der Ernährung dienenden Tier- und Pflanzenwelt und eine geringe Bevölkerungszahl.
Das tropische Klima kommt dieser Wirtschaftsform und einfachen Lebensweise insofern entgegen, als das ganze Jahr Temperaturverhältnisse herrschen, die keine Kälteschutzbekleidung erfordern, die Temperaturschwankungen zwischen Tag und Nacht minimal sind und die Vegetationszeit sich über das ganze Jahr erstreckt (siehe Abschnitt 2). In den feuchtwarmen Tropen besteht hingegen ein schweres Hindernis in einer nur sehr eingeschränkt möglichen Vorratswirtschaft von Nahrungsmitteln, deren Lagerung und Haltbarkeit durch die andauernde hohe Luftfeuchtigkeit und Wärme ganz erheblich herabgesetzt wird. Das Versorgungsproblem ist daher fast täglich zu lösen, und der Ausfall einer erwarteten Beute, Wildfrüchteversorgung oder Ernte nur für kurze Zeit kann die Siedlung und ihre Bewohner in argen Notstand bringen.

6.1.1 Wildbeuter; spezialisierte Sammler, Jäger und Fischer

Subsistenzwirtschaft betreiben auch die Angehörigen der niedrigsten Stufe der Gesellschafts- und Wirtschaftsentfaltung, die Wildbeuter, Sammler und Jäger, denen auf der ganzen Erde nur noch 200.000 Menschen angehören sollen. In den inneren Urwäldern des südostasiatischen Inselgebietes sind sie aber doch noch stärker vertreten, als man in den letzten Jahrzehnten angenommen hatte. Ein typisches Beispiel dafür, *Mindanao,* haben wir bereits früher erwähnt. Auf dieser Insel der Südphilippinen wurden alle Jahr-

zehnte wieder Bevölkerungsgruppen mit noch steinzeitlichem Arbeitsgerät und wildbeuterischer Wirtschaftsform in entlegenen Urwäldern zufällig entdeckt. Die Siedlungen (oft Höhlenwohnstätten) sind so klein, und die Kopfzahl der Gruppen ist so niedrig, daß die Ausbeutung der natürlichen Nahrungsquellen zu keiner Schädigung der Bestände führt und sie sich einige Zeit ohne Verlegung des Siedlungsortes aus der Umgebung ernähren können. Allerdings ist ihr Beuteraum verhältnismäßig groß und erweitert sich bei zunehmender Bevölkerungszahl erheblich, so daß die Beutestrecken schließlich zu lange werden. Dank der Entlegenheit solcher Rückzugsgebiete kommen sie mit anderen Wirtschaftsformen nur selten in Konflikt und bleiben lange unentdeckt.
Grenzwerte der Bevölkerungsdichten für eine noch gesicherte Versorgung zu errechnen ist unmöglich, da dazu keine rechnerische Bezugsfläche (wie z. B. Größe des genützten Beuteraumes u. dgl.) ermittelbar ist, der Raum der vorhandenen Ökumene* auf vielen Inseln aber weit über ihren Verbreitungs- und Nutzungsraum hinausgeht. Für Gruppen von 20 und 30 Menschen, welche nur in längeren Zeitabständen ihren Siedlungsplatz verlegen, ergeben sich, bezogen auf das genutzte Beutegebiet, sicher noch Werte unter 1 pro km².
Schwierig wird die Situation solcher Bevölkerungsgruppen auf stark übervölkerten Inseln, wie z. B. für die Weddas im Südosten von Sri Lanka. Diese kleinwüchsigen, kraushaarigen, dunkelhäutigen Menschen sind eine Mischbevölkerung aus Ureinwohnern und ersten Einwanderern; die Rassengruppe der Weddiden wurde nach ihnen benannt. Als frei umherschweifende Jäger und Sammler wurden sie immer weiter in die letzten Dschungelgebiete gedrängt. Nur ein Teil von ihnen wurde seßhaft und hat sich mit der nachdrängenden Bevölkerung vermischt. Der letzte Rest der Weddas, die kaum 2.000 Menschen mehr zählen, ist aus bewußter Kontaktfurcht in noch unzugänglichere Gebiete zurückgewichen.
Wir sehen also, daß der Lebensraum der Wildbeuter und der aus ihnen sich weiterentwickelten höheren Stufe spezialisierter Sammler und Jäger sich heute ausschließlich in schwer zugänglichen, weitgehend unerschlossenen Waldgebieten befindet (Sri Lanka, Süd-Sumatra, Borneo, Sulawesi, Neuguinea), wo sich die immer spärlicher werdenden Reste infolge der sehr hohen Sterberate nur noch für kurze Zeit halten werden können.
Viele Restbevölkerungsgruppen leben vorwiegend vom Fischfang. Mitunter führt dies sogar zu so extremen Formen, daß sie in Booten wohnen und ihr Siedlungsraum die Küstengewässer sind oder sie in der Regenzeit in Uferpfahlbauten, in der Zeit mit geringeren Niederschlägen in Booten leben. Als Beispiel für die letztgenannte Wohn- und Wirtschaftsweise können die Lebensformen der Moken, ein zu den Orang Laut gehörender, weddid-paläo-mongolider Stamm der Primitivmalaien auf dem Mergui-Archipel und an den gegenüberliegenden Küsten Südbirmas gezählt werden. Sie ernähren sich hauptsächlich von Fischen, welche mit Speeren oder Harpunen erbeutet werden, Muscheln, Schnecken und Wildpflanzen. Mit je einer Großfamilie leben sie in Booten, in

---

* Geographische Bezeichnung für den von naturgegebenen Grenzen bestimmten Siedlungsraum des Menschen.

der Regenzeit z. T. in Pfahlbauten. Ihre Kleidung verfertigten sie noch vor wenigen Jahrzehnten so wie Matten und Stricke aus Naturfasern. Sie sind aber in jüngerer Zeit auch schon zum Tauschhandel mit Bewohnern der Festlandküsten und anderen Bevölkerungsgruppen übergegangen, um sich gegen Perlen und Trepang (Seegurken) Geräte, Kleidung und Reis einzutauschen.

6.1.2 Brandrodungs-Wanderfeldbau („shifting cultivation") in der Form des Pflanzstockbaues und Hackbaues

Mit dem Übergang vom Sammeln eßbarer Früchte zum geplanten Anbau von Nahrungsmittelpflanzen ergibt sich die Notwendigkeit, für diesen Flächenstücke frei zu machen und den Waldbestand soweit zu „lichten", daß ein Wachstum der austreibenden Pflanzen gewährleistet werden kann. Eine Rodungstätigkeit mit primitiven Geräten ist außerordentlich arbeitsaufwendig und vielfach gefährlich. Unter allen Rodungsverfahren hat sich bis zum heutigen Tag die Brandrodung ihre weithin noch vorherrschende Stellung behaupten können. Dafür gibt es einige sehr plausible Gründe:

1. Die Brandrodung ist ein Verfahren, das keinen finanziellen Einsatz für die Anschaffung und den Betrieb von Rodungsgeräten oder sei es nur einfachen Werkzeuges erfordert und daher auch von einer finanziell unbemittelten Bevölkerung betrieben werden kann.
2. Mittels Brandrodung können größere Flächen sogar von wenigen Menschen für den Anbau vorbereitet werden.
3. Das Verfahren ist auch im Bergland mit steilen Hangneigungen einsetzbar und bietet gleichzeitig einen gewissen Schutz vor Giftschlangen, Raubtieren, giftigen Spinnen und Ameisen sowie anderen gefährlichen Tieren.
4. Brandrodung ist der eingeborenen Bevölkerung von verschiedensten Tätigkeiten her – wie z. B. der Siedlungsplatzvorbereitung – vertraut und benötigt keine spezielle Ausbildung. Sie ist daher von jedem Menschen handhabbar.
5. Die anfallende Aschendüngung verleiht zumindest im ersten Jahr, in dem Pflanzen mit höherem Nährstoffanspruch gesetzt werden (Reis, Mais u. a.), einen Nährstoffstoß, der sonst nur durch anderwärtige, kostspielige Düngemittelzufuhr erreicht werden könnte.
6. Das „Durcheinander" und Nebeneinander erntefähiger Früchte im Jahresablauf sichert eine ununterbrochene Versorgung der Ernährung und entspricht den geringen Möglichkeiten einer Vorratswirtschaft.

Hauptsächlich sind das auch die Gründe, weshalb in Monsunasien nach SPENCER (1966) noch 50 Mio. Menschen von shifting cultivation leben. Betroffen sind davon 100 bis 112 Mio. ha (also über 1 Mio. km²) Waldfläche, die jeweils 18 bis 21 Mio. ha bebauten Landes ergeben. Welch extensive Nutzungsform shifting cultivation ist, geht aus der Gegenüberstellung des Flächenbedarfes im Verhältnis zum Naßreis-Daueranbau hervor (H. UHLIG, 1970): „Während im Naßreis-Daueranbau eine Familie mit 0,4 bis 0,8 ha ihren Unterhalt finden kann, benötigt eine Familie von Brandrodungsbauern jeweils etwa 1 ha bebauten Landes zur Selbstversorgung – der aber mit dem 8- bis 12fachen Flächenbedarf für das Umtriebsland im Sekundär- oder Primärwald multipliziert werden muß!"

Brandrodungs-Wanderfeldbau kennt ursprünglich keine Besitzgrenzen und keine systematischen Fruchtfolgen. Das im ersten Augenblick verblüffende Durcheinander der verschiedenen Kulturpflanzen auf den nicht geebneten Flächen zwischen Baumstumpfresten und modernen Biomassen entspricht einer bestmöglichen ökologischen Anpassung und der Notwendigkeit, den Boden so wenig wie möglich abzudecken, um das Ausmaß der Abspülungsvorgänge geringzuhalten.
Der arbeitsmäßige Vorgang und die Bewirtschaftungsweise beim Brandrodungs-Wanderpflanzstockbau (-Wanderhackbau), wie sinngemäß shifting cultivation deutsch bezeichnet werden müßte, geht nun folgendermaßen vor sich:
Die Vorbereitung zur Gewinnung einer Anbaufläche beginnt auf etwa ¼ bis ½ ha in der trockenen Jahreszeit mit dem Abhacken von Sträuchern, Lianen, schwächeren Bäumen und dem Unterwuchs, wobei stärkere Bäume stehen bleiben.
Noch vor Eintritt der Regenzeit wird das inzwischen dürr gewordene Material abgebrannt und das Pflanzgut (z. B. Reis, Mais) mittels des Grabstockes in die oberste noch humushältige Bodenschicht etwa 5 cm tief eingebracht. Der Pflanzstockanbau ist für die Erhaltung von Bodenfeuchte und Bodennährstoff zumindest im Bergwaldgebiet günstiger als die Bearbeitung mit der Hacke (H. UHLIG, 1970). Die Asche der abgebrannten Vegetation enthält u. a. Carbonate, Phosphate und Silikate und dient für die erste Zeit – bis sie durch die heftigen Niederschläge abgespült wird – als Düngung für die neue Rodungsfläche.
Bergreis ist in Südostasien deshalb die erste Frucht, weil er hohen Wert für die Ernährung und höchste Ansprüche an Bodenfeuchte und Nährstoff besitzt. Die hellgrünen Rodungsflächen heben sich in der Landschaft von der Buschvegetation und dem Sekundärwald der Umgebung deutlich ab.
Kurz vor oder nach der Ernte der Erstfrucht der neuen Rodungsfläche werden oft bunt durcheinander Zweitfrüchte angebaut (Maniok, Bananen, Bohnen, Yams, Taro). Der Arbeitsanfall für das Unkrautjäten ist außerordentlich hoch. Mit jedem Nutzungszeitabschnitt verarmt der Boden an Nährstoffen und Bodenfeuchtigkeit, so daß der Anbau längstens nach der 4. Anbauzeit der Brache und dem Nachwuchs des Sekundärwaldes weichen muß.
Dies bedingt jährlich die Anlage einer immer neuen Brandrodungsfläche und einen Nutzungszyklus verschieden alter Rodungsflächen, deren älteste nach 3 oder 4 Jahren nur noch ganz niedrige Erträge ergeben. Nach 1- bis 4maligem Nutzungs- und Sekundärwaldzyklus erfolgt wegen Erschöpfung des Bodens die Aufgabe der Anbauflächen und die Verlegung in neue Waldgebiete. Als Regenerationszeit für die Brachflächen sind unbedingt 12 bis 20 Jahre notwendig.
Eine Siedlungsverlegung wird daher in größeren Zeitabständen unvermeidbar und bleibt keiner Generation erspart. Es muß also in den jeweiligen Gebieten genügend Primärwaldraum vorhanden sein, um diese Bedingung überhaupt erfüllen zu konnen. Wo dies nicht der Fall ist, kommt es zu Bevölkerungsdichten, die shifting cultivation ohne katastrophale Degradierung weiter Landschaften und ohne Gefährdung der Ernährungssituation der Bevölkerung nicht mehr ermöglichen, wie dies die Modelle 1 und 2 von Harald UHLIG auf den Seiten 133 und 134 klar erkennen lassen.

Modell 1 Ursprüngliche, ökologisch ausgeglichene und sozial-ökonomisch ungestörte Struktur des Brandrodungs-Wanderfeldbaues

Geo-ökologische Situation	*Agrarische Nutzung*	*Siedlung*	*Sozial-ökonomische Entwicklungen bzw. Zustände*
Primärwald (eutroph lebender, tropischer Regen- oder Bergwald). Fällen und Schwenden. 1–4 Anbaunutzungen, allmähliches Nachwachsen des Sekundärwaldes (Stockausschlag). Rasche Verarmung an Nährstoffen und Bodenfeuchte nach der Entblößung des Bodens von der organischen Oberbodenschicht infolge des Fällens und Schwendens der Waldbedeckung. Volle Regeneration als Sekundärwald (ohne forstlichen Wert) nach 10–15 Jahren. Wiederherstellung von Bodennährstoffen und -feuchte. Erneutes Schwenden und Nutzen; weiterer, allmählich ärmerer Sekundärwald. Nach mehreren Nutzungen Aufgabe der Nutzungen, längerer Sekundärwald.	Fällen, Schwenden, Jäten (Aschendüngung). Bergreis, Einsaat mit Pflanzstock, möglichste Bewahrung der Bodennährstoffe und -feuchte, mehrfaches Jäten. Rückgliederung in den Sekundärwald nach einer Nutzung oder 1—3 mal Folgefrüchte, z. B. Taro, Maniok, Bananen, Chilli usw. Wiederaufwachsen des Sekundärwaldes. Nach 8–15 Jahren erneute Nutzungsperiode. Nach 1- bis 4maligem Nutzungs- und Sekundärwaldzyklus Aufgabe der Anbauflächen und Verlagerung in neue Primärwaldgebiete. Flächenbedarf pro Familie pro Anbau- und Sekundärwaldzyklus 10–12 ha, davon je 1–2 ha unter Anbau, der Rest Sekundärwald in verschiedenen Phasen (d. h. etwa 10facher Flächenbedarf als bei Dauerfeldbau, z. B. von Naßreis!).	Stark sippengebundene Gemeinschaftssiedlung (Langhaus oder Weiler) für 1–4 Nutzungszyklen. (Frühere Verlagerungen ggf. aus kultischen Gründen, bei Abzweig von Tochtersiedlungen usw.) Temporäre Außensiedlungen in den jeweils bebauten Flächen (Einzel-Hütten). Aufgabe, Verfall und Neuerrichtung der temporären Siedlungsstaffeln mit der Flächenrotation. Verlagerung der Hauptsiedlungen in neue Primärwald- bzw. Anbaugebiete.	Stark sippengebundene Dorfgemeinschaft. Anbau – besonders des Bergreises – und sonstige soziale Anlässe mit starker Einbindung in die stammesreligiösen Riten. Sippenbäuerliche Struktur ohne Organisation größerer Territorialverbände. Gewohnheitsrechtliche Besitzansprüche auf die von einem Brandrodungs-Zyklus betroffenen Waldflächen bzw. der Einzelfamilien auf die von ihnen erstmals gerodeten Flächen. Selbstversorgerwirtschaft, Anbauergänzung durch Jagd und Sammelprodukte des Waldes; von diesen geringe Bareinkünfte oder Tauschhandel zur Deckung bescheidener Warenbedürfnisse von außen. Geringe soziale und politische Kontakte mit den „Staatsvölkern" der Ebenen. Bevölkerungsentwicklung stagnierend oder nur langsam wachsend.

Wiedergegeben aus Harald UHLIG, 1971 (Der Erdkundeunterricht, Sonderheft 1. Stuttgart, E.-Klett-Verlag, S. 91).

Modell 2 Wandlungen und Defekte der Lebens- und Wirtschaftsformen durch moderne Innovationen in den tropischen Entwicklungsländern

Geo-ökologische Situation	*Agrarische Nutzung*	*Siedlung*	*Sozial-ökonomische Entwicklungen*
Primärwald (wie 1). Fällen und Schwenden (wie 1). Aufgrund des wachsenden Bevölkerungs-Besatzes zunehmende Knappheit der Flächen und laufende Beschleunigung der Umtriebszeiten, besonders Verkürzung der Regenerationszeiten unter Sekundärwald. Mangelhafte Wiederherstellung des organischen Oberbodens; wachsende Verarmung an Nährstoffen (besonders Nitrate); Störung des Bodenfeuchtehaushaltes; Erosionsschäden. Störung der Bewässerungssysteme in den benachbarten Tiefländern durch Aufschlicken, zu schnellen Abfluß usw. Degradation zu Savannen mit Alang-Alang Gras (= Imperata Cylindrica) mit dichtem Wurzelfilz, der mit den ursprünglichen bäuerlichen Geräten nicht mehr gerodet werden kann. Zerstörung forstlich wertvoller oder für die Regulierung des Wasserhaushaltes wesentlicher Waldreserven.	Zunächst wie Modell 1. Laufende Verlängerung der jeweiligen Nutzungsperioden bzw. Rückkehr auf die gleichen Flächen und erneutes Schwenden des noch nicht genügend regenerierten Sekundärwaldes in immer kürzeren Abständen. Sinken der Erträge auf den verarmten Böden; gesteigertes Bedürfnis nach Ausweitung auf neue Flächen. Ggf. schnellere Weiterverlagerung der Anbau- und Siedlungsflächen und dadurch verstärkte Beanspruchung der Waldreserven. Ggf. zusätzliche Aufnahme illegaler Anbauprodukte (Mohn für Opium) zum zusätzlichen Bargelderwerb.	Wie in Modell 1, allmähliches Entstehen zusätzlicher Individual-Siedlungen. Verstärkte Neigung zum Absplittern von Teilsiedlungen, zur schnelleren Siedlungsverlagerung usw. auf Grund der verschlechterten sozialökonomischen Gegebenheiten.	Verstärkte Kontakte zur Außenwelt. Starkes Bevölkerungswachstum (Drosselung der Sterblichkeit und Steigerung der Geburtenraten unter dem Einfluß der modernen Hygiene und medizinischen Versorgung). Beschleunigung der Anbauzyklen und Expansion der „shifting cultivation“-Flächen. Nutzung bis über die Grenzen der ökologischen Trag- bzw. Regenerationsfähigkeit (vgl. Spalte geo-ökologische Situation!). Gesteigerte Bemühungen um Bargeldeinkünfte zur Deckung der wachsenden Bedürfnisse aus nicht selbst erzeugten Gütern. Bei wirtschaftlichen Engpässen Hinwendung zu illegalen Einkommensmöglichkeiten (z. B. Opium-Anbau, Schmuggel, Agenten- und Partisanentätigkeit, z. T. unter Herstellung von Schuldabhängigkeitsverhältnissen von außen her — besonders in politischen Konfliktgebieten). Zunahme der Konflikte mit den „Staatsvölkern“ z. B. wegen fortschreitender Zerstörung der Forstreserven, Störungen von Wasserhaushalt und Bewässerungssystemen und wegen der Folgen o. a. illegalen Anbau- u. Gelderwerbsmethoden; Auseinandersetzungen mit andersvölkischen Agrarkolonisten, die sich in Unkenntnis der gewohnheitsrechtlichen Besitzansprüche an den periodisch geschwendeten Waldgebieten in diesen niederlassen usw.; allgemeine politische Konflikte auf Grund der verschiedenen Ethnien, Religionen, Mentalitäten usw.

Wiedergegeben aus Harald UHLIG, 1971 (Der Erdkundeunterricht, Sonderheft 1. Stuttgart, E.-Klett-Verlag, S. 92).

Es stellt sich nun die Frage, bis zu welcher maximalen Bevölkerungsdichte die hier behandelte Brandrodungswirtschaft überhaupt noch möglich ist.
Wenn man für eine Familie von durchschnittlich 8 Köpfen einen Flächenbedarf an bebautem Land (1 ha) plus Umtriebsland im Sekundär- und Primärwald von 10 bis 12 ha annimmt und weiters davon ausgeht, daß im Bergland etwa ⅕ der Waldfläche für shifting cultivation aus verschiedenen Gründen nicht nutzbar ist (Gewässerflächen, Wildbachbette, zu steiles Gehänge, Rutschgelände, reine Fels- und Schotterflächen u. a. m.), dann erhält man als Maximalwert einer Bevölkerung, bezogen auf das ganze zur Verfügung stehende Waldland, 50 Menschen/km².
Nimmt man aber die Inselflächen der bewohnten Inseln als rechnerische Bezugsfläche, dann wird nur äußerst selten der ganze Inselraum von Primärwald bedeckt sein und die maximale Dichte der Brandrodungs-Wanderhackbau betreibenden Bevölkerung sogar erheblich unter 50 Ew./km² liegen müssen (durchschnittlich 20–30 Ew./km²) und jeden weiteren Bevölkerungszuwachs verbieten. Heute werden in den meisten Inselgebieten diese maximalen Grenzwerte weit überschritten, wie dies aus den später folgenden Erörterungen über die Inseltypen hervorgeht.
Außer bei stagnierender oder abnehmender Bevölkerung ist daher shifting cultivation in jeder Form auf Dauer nicht haltbar und führt auf jeden Fall zu einer Verschlechterung der Boden- und Vegetationsverhältnisse, da auch der Sekundärwald von Rodung zu Rodung artenärmer wird und eine volle Regeneration nie ganz erreicht werden kann.

6.1.3 Übergang zum Dauerfeldbau

Zunehmende Bevölkerungsdichte und ungenügende Erträge auf den Wanderbrandrodungsflächen erzwingen schließlich den Übergang zum teilweisen Dauerfeldbau. Dieser Vorgang erfolgt meist in mehreren kleinen Schritten unter Nutzung lokaler Gunstbedingungen, welche sich für eine intensivere Form der Bewirtschaftung anbieten.
Vorerst werden die am besten geeigneten, weniger geneigten Flächen mit geringster Erosionsgefahr, hinreichend gleichartiger Bodenmächtigkeit und leichter Zugänglichkeit der Brache und Wiederbestockung entzogen. Unebenheiten werden ausgeglichen, Böschungen befestigt und, wo erforderlich, Terrassen angelegt. Außerdem ergibt sich die Notwendigkeit, den Wasserzu- und -ablauf unter Kontrolle zu bekommen und dafür einfache Grabensysteme anzulegen.
Für alle diese Arbeiten ist ein umfangreicherer einfacher Gerätebestand und für den Dauerfeldbau auch Kunstdünger notwendig. Ein solcher Weg erfordert die Hilfe des Staates, die nicht allein auf Umsiedlungsaktionen beschränkt bleiben kann.
Die finanzielle Hilfestellung internationaler Organisationen setzt bei viel zu hoch gesteckten Zielen und Projekten ein und berücksichtigt nicht den notwendigen Zeitraum eines Entwicklungs- und Anpassungsprozesses. Nur zu oft nimmt die einheimische Bevölkerung die Stellung eines Zusehers ein, ohne die neuen Formen der Bodenbearbeitung und -nutzung aus innerer Überzeugung anzunehmen und auf Dauer in die Tat umzusetzen. Gerade für den Weg vom Brandrodungs-Wanderfeldbau zur marktwirtschaftlich orientierten Dauerkultur benötigt man, um Fehlschläge zu vermeiden, ein Netz beispielhafter Vorbilder, das auch entlegene Räume durchdringt und von Eingeborenen getragen wird. Dieses zu finanzieren und zu installieren wäre die erste einleitende Aufgabe!

Wie das Modell 3 auf S. 137 zeigt, bedeutet die Umstellung auf Dauerkulturen einen unerhört wichtigen und ganz großen Schritt zur weiteren Sozial- und Wirtschaftsentfaltung, der auch mit vielen Gefahren für die Erhaltung ethnischen Kulturgutes und positiver Erscheinungsformen bisherigen gesellschaftlichen Zusammenlebens verbunden sein kann.
Die schwerwiegendste Konsequenz ist sicher die Auflösung der ursprünglich sippengebundenen Gruppensiedlungen, welche nun der Familie als Zelle der Gemeinschaft ein noch größeres Maß an kultureller und sozialer Verantwortung aufbürdet.
Der Dauerfeldbau wird nach Ablösung des Wanderfeldbaues zur Hauptversorgungsstütze. Flächen mit Brandrodungs-Pflanzstockbau und -Hackbau nehmen aber vielfach weiterhin die Rolle einer Nahrungsmittel-Versorgungsstütze ein. Dazu werden ehemalige randliche Wanderfeldbauflächen verwendet oder über den Daueranbauflächen befindliche Berghänge genützt. Dadurch können teilweise auch abgespülte Nährstoffe und abgetragenes Humus- und Bodenmaterial von den darunter liegenden Feldern aufgefangen und verwertet werden (siehe Bild 133 der Tafel 74). Die langen und nicht verkürzbaren Brachzeiten der Brandrodungsflächen (12 bis 20 Jahre) im Sekundärwald sind in diesem System wirtschaftlich leichter verkraftbar. Außerdem müssen wir feststellen, daß auch die Übergangsperiode vom Wanderfeldbau zum Dauerfeldbau hauptsächlich der Selbstversorgungswirtschaft dient.

6.2 Marktorientierte Agrar- und Gartenproduktion

Die Umstellung des Brandrodungs-Wanderfeldbaues und der Subsistenzwirtschaft zu marktwirtschaftlich orientierten Dauerkulturen ist überall dort anzustreben, wo hiefür nicht zu stark zersplittertes und nicht zu weit verstreutes, geeignetes Land vorhanden ist und eine Wegeerschließung eine Einbindung in einen Einzugsbereich eines schon vorhandenen oder in Entstehung begriffenen Marktes ermöglicht. Der Landbesitz jeder Familie muß eine Größe erhalten, die eine gesicherte Ernährungsbasis und darüber hinaus auch noch eine zumindest bescheidene Marktbelieferung gestattet. Letztere ist unbedingt notwendig, um durch finanzielle Einnahmen der Familie aus der Eigenproduktion den Ankauf von Kleidern, Gegenständen des täglichen Bedarfes und zur notwendigen hygienischen Pflege, weiters die Beschaffung von Betriebsmitteln (Geräte, Dünger, Fahrzeuge, einfache Maschinen) und die Beteiligung an kulturellen Einrichtungen zu sichern.
Nur mit finanzieller Hilfe des Staates oder anderer Organisationen (wie Missionen, internationale Hilfsorganisationen usw.) kann eine solche Umstellung in einigermaßen absehbarer Zeit durchgeführt werden. Vor allem zur Verbesserung der infrastrukturellen Voraussetzungen ist nicht nur eine Anfangshilfe, sondern durch mehrere Jahre auch eine Betreuung und Schulung für ihre sinnvolle Verwendung notwendig.
Mit der Bindung an einen hilfszentralen Ort niedrigster Stufe sind meist auch die Möglichkeit eines Schulbesuchs, einer gesundheitlichen und religiösen Betreuung und die Nutzung sonstiger Lebenshilfen verbunden. Auf diese Weise kann auch das Staatsbewußtsein einer ethnisch stark zersplitterten Bevölkerung gestärkt werden. Neue, nicht-

Modell 3 Ablösung des Wanderfeldbaues („shifting cultivation“) durch marktwirtschaftliche Dauerkulturen in tropischen Entwicklungsländern

Geo-ökologische Situation	*Agrarische Nutzung*	*Siedlung*	*Sozial-ökonomische Entwicklungen*
Zunächst wie Modelle 1 und 2. Anstelle des spontanen Wiederwachsens von Sekundärwald schrittweise Anpflanzung von Dauerkulturen. Einsatz von Kunstdünger, modernen Geräten usw. Ggf. Erosionsschutz (Konturpflügen, Terrassieren).	Fällen, Schwenden, Jäten usw. wie 1. Bergreis (wie 1). Folgefrüchte (wie 1). Anpflanzung von Dauerkulturen, z. B. Kokospalmen, Pfeffer, Kaffee, Tee, Hevea Brasiliensis (= Kautschuk), Zitrusfrüchten, Gemüse in Höhenlagen usw. Z. T. Umsiedlung und Flächenerschließung für bewässerten Dauer-Reisbau. Zusätzliche Selbstversorgung mit (Berg-)Reis, Taro, Maniok, Gewürzen, Bananen usw. a) in auslaufenden randlichen Wanderfeldbauflächen, b) in zusätzlichen neuen Dauerfeldern.	Auflösung der ursprünglichen, sippengebundenen Gruppensiedlungen; Entstehen von neuen Dauer-Einzelsiedlungen auf den in Dauerfelder überführten Rodungen aus den bisherigen temporären Außensiedlungen. Ablösung der sippengebundenen Siedlungsformen (z. B. Langhäuser) durch Einzelhäuser an der alten Dorfstelle oder – bei zunehmender Tendenz zur „Vereinödung“ – in den neuen, individuell genutzten Anbau- bzw. Besitzflächen. Ggf. Umsiedlung in neue, mit staatlicher Hilfe (z. T. einheitlich aus vorgefertigten Bauteilen) erstellte Siedlungsprojekte mit entsprechendem Ausbau der Infrastruktur, zentralörtlicher Versorgung usw.	Umstellung auf marktwirtschaftliche Dauerkulturen. Diese sprengen die bisherigen gemeinsamen Relationen und Flächenwechsel-Zyklen; ebenso die zeitweiligen, gemeinsamen Siedlungsverlagerungen. Staatliche Hilfen für die Einführung neuer Anbauprodukte, für die Beschaffung von Kunstdünger, Geräten usw. Z. T. Umsiedlung in staatlich gelenkte Neusiedlungsprojekte unter Zuweisung von Land mit festen Besitztiteln, vermessenen Besitzgrenzen usw.; volle Entwicklung des Individualbesitzes der Kleinfamilien. Weiteres Wachsen der Kontakte mit der Außenwelt, Verkehrserschließung, Einführung von Schulen usw. Lockerung der Sippenverbände, der religiösen Riten; z. T. Einfluß von Missionen oder der Religionen der Staatsvölker (z. B. Islam, Buddhismus usw.). Beginn individueller Mobilität, Zu- und Abwanderung. Beginnende Eingliederung in die Gesellschaft des „Staatsvolkes“. In Fällen besonders schnell fortschreitender Entwicklung bereits Übernahme politischer Verantwortung und Führungsrollen; Entsenden von Schulabsolventen auf Universitäten, Ausbildung von Lehrern, Agrarexperten usw. aus den eigenen Stammesgruppen. Bildung politischer Parteien.

Wiedergegeben aus Harald UHLIG, 1971 (Der Erdkundeunterricht, Sonderheft 1. Stuttgart, E.-Klett-Verlag, S. 93).

agrarische Berufsmöglichkeiten werden nach und nach erschlossen und führen zu einer Verbesserung der Berufsstruktur. Durch die Entwicklung eines einfachen Frachttransportwesens wird eine gewisse Landmobilität vorbereitet. Eine Gegenüberstellung der verschiedenen Entwicklungsfolgen bietet das Modell von Harald UHLIG (siehe Modell 3 auf S. 137).

Wo diese Entwicklung unter günstigen naturräumlichen Verhältnissen noch ohne übergroßen Bevölkerungsdruck eingeleitet und durchgeführt werden kann, ist mit ihr eine echte Gesellschafts- und Wirtschaftsentfaltung verbunden, die ein schmerzhaftes Zerreißen des Sippenverbandes und eine abrupte Lösung von ethnischen Kulturgütern, welche als Persönlichkeitsverlust empfunden wird, vermeidet. Die Auflösung der alten Siedlungsverbände, die Aufgabe alter Wohnweisen und Gehöfteformen (z. B. Langhaus in Borneo, Bild 114 der Tafel 65) läßt sich allerdings nicht oder nur teilweise hintanhalten. Bei Umsiedlungsaktionen, welche sekundär auch die Lösung vom ethnischen Gruppendenken und die Förderung der Einstellung zu einem Staatsvolk verfolgen, wird oft bewußt ein artneutrales Siedlungshaus bevorzugt, welches von den Neusiedlern nicht immer ohne Vorbehalt – mitunter sogar widerstrebend – bezogen wird.

In gelände- und bodenmäßig günstigen Lagen vermag der hohe Einsatz menschlicher Arbeitskraft größere Ackerflächen mit geregelter Be- und Entwässerung zu schaffen, welche einen breiteren Früchteanbaufächer, angefangen von Naßreis, Zuckerrohr für die Selbstversorgung, Gemüse und verschiedenen Knollenfrüchten (wie z. B. Süßkartoffel, Taro) bis zu Maniok, Ananas und Erdnüssen, gestatten. Der Überschuß all dieser Produkte kann zumindest auf lokalen Märkten angeboten werden und versetzt die Wirtschaften in die Lage, ihren „finanziellen Hunger“ etwas zu verringern und über die Mittel zur Anschaffung des täglichen Bedarfes auch hie und da Rücklagen für die Wohn- und Betriebsausstattung zu bilden.

Der Weg bis zu diesem Entwicklungsstand ist allerdings sehr lange und voller Entbehrungen für die ganze Familie. Bis das Ziel erreicht ist, hat die allgemeine Bevölkerungsvermehrung zu dem fast unlösbaren Problem eines nicht stillbaren Landhungers und einer drückenden Jugendarbeitslosigkeit geführt. Unlösbar deshalb, weil es meist kaum Möglichkeiten für eine ackerfähige Neulandgewinnung gibt und die spärlichen oder nicht vorhandenen Gewerbe- und Industriebetriebe den im arbeitsfähigen Alter befindlichen Bevölkerungsüberschuß nicht auffangen können.

Hier schließt sich der Teufelskreis! Höhere und rentablere landwirtschaftliche Produktion benötigt größere Betriebsflächen, wachsende Bevölkerung hingegen mehr Betriebe und höhere Nahrungsmittelproduktion, mehr Nahrungsmittelproduktion ist wieder nur über größere Betriebsflächen oder kapitalaufwendige Intensivierung und Mechanisierung erreichbar, hohe Arbeitslosigkeit und fehlende Verdienstmöglichkeiten verstärken die finanzielle Schwäche der Betriebe und verhindern ihre weitere Entwicklung in Betriebsausstattung und Produktionskraft.

6.3 Die Bedeutung des Reisbaues in der tropischen Landwirtschaft

Im Raum des Indischen und Pazifischen Ozeans steht für die Ernährung der Bevölkerung der Reisanbau an hervorragender Stelle. Er ist für viele asiatische Völker von lebenswichtiger Bedeutung und nimmt auch in weltweiter Sicht nach dem Weizen den

Tabelle 11: Reisanbaufläche und Reisproduktion auf der Erde und in den Erdteilen sowie in einzelnen ausgewählten Ländern 1948 bis 1980 (nach FAO).

	Anbaufläche in 1.000 ha					Index
Gebiete	1948/52	1953/57	1961/65	1971/75	1976/80	1948/52
Welt insgesamt	102.730	110.215	124.850	135.514	142.857	139
Europa	307	385	326	395	384	125
Nord- und Zentr.-Amerika	1.146	1.297	1.293	1.633	1.892	165
Südamerika	2.304	2.840	4.648	5.751	7.215	313
Afrika	2.787	2.862	3.177	4.102	4.646	167
Asien	69.320	73.066	84.378	88.079	92.777	134
Indien	30.092	31.164	35.626	37.885	39.450	131
Bangladesh (* mit Pakistan)	9.003*	9.355*	8.955	7.986	10.091	112
Japan	2.996	3.108	3.281	2.690	2.592	87
Thailand	5.211	5.345	6.348	7.505	8.499	163
SR Vietnam	2.900	4.410	4.813	5.032	5.493	189
Indonesien	5.876	6.493	7.036	8.328	8.692	148
VR China	26.819	29.597	30.953	35.037	35.258	132
	Produktionsmengen in 1.000 t					
Welt insgesamt	169.440	200.844	252.130	320.407	376.427	222
Europa	1.319	1.709	1.517	1.844	1.748	133
Nord- und Zentr.-Amerika	2.533	3.220	4.054	6.237	7.638	302
Südamerika	3.970	4.625	8.050	10.341	13.078	329
Afrika	3.462	3.790	5.541	7.326	8.114	234
Asien	99.817	112.968	150.233	178.738	205.844	206
Indien	33.383	39.878	52.733	64.270	73.854	221
Bangladesh	12.399	12.786	15.034	16.793	19.219	155
Japan	12.736	13.498	16.444	15.687	15.156	119
Thailand	6.846	7.236	11.267	13.799	16.055	235
SR Vietnam	3.815	6.359	9.629	11.065	10.749	282
Indonesien	9.441	11.068	12.393	20.599	25.480	270
VR China	58.188	74.200	86.038	113.812	137.199	236

Rang der zweitwichtigsten Getreidekultur ein. In vielen asiatischen Ländern und auf dem Großteil der Inseln im Indischen und Pazifischen Ozean ist für die Ernährung der Bevölkerung die Versorgung mit Reis ausschlaggebend. Das starke Bevölkerungswachstum in diesen Räumen macht die großen Anstrengungen zur Ausweitung der Reisanbauflächen, vor allem aber zur Erhöhung der Hektarerträge durch bessere Auswahl und durch Zucht von Hochertragssorten zu einer Überlebensfrage. In der zweiten Hälfte unseres Jahrhunderts konnten diesbezüglich erstaunliche Erfolge erzielt werden, wie dies der Tabelle 11 entnommen werden kann.

Es zeigt sich dabei, daß seit der Mitte unseres Jahrhunderts bis 1980 die Reisanbaufläche mit Ausnahme von Südamerika meist nur um ein bis zwei Drittel ihres ursprünglichen Ausmaßes vergrößert werden konnte, sich hingegen die Erträge vielfach verdoppelt und verdreifacht haben, sich also die Hektarerträge ganz entscheidend erhöhten. Im Weltdurchschnitt betragen letztere Mitte der achtziger Jahre 3.200 kg/ha, in China und Japan wurden sogar 5.000 kg/ha bzw. 5.700 kg/ha erreicht.

Die Produktionssteigerung war infolge des starken Bevölkerungswachstums (1950–1985 in Südasien auf 224%, in Südostasien auf 221% und in Ostasien auf 186%) zur Sicherung der Mindesternährung unbedingt erforderlich, konnte aber den jährlichen Pro-Kopf-Bedarf von 130 bis 150 kg Reis in den ausgesprochenen Reisernährungsgebieten nicht überall decken. Indonesien mußte noch Mitte der siebziger Jahre zu diesem Zweck erhebliche Reismengen einführen; heute verbrauchen die 166,5 Mio. Einwohner etwa zwei Drittel der inzwischen weiter stark gestiegenen Reisernte.

Der Reis (Oryza) ist ein Büschelwurzler der Gattung der Süßgräser und kommt mit rund 20 Arten in allen wärmeren Ländern vor. Beheimatet ist er vermutlich im östlichen Südasien. Schon im 4. Jt. v. Chr. war Reis in Thailand und im 3. Jt. v. Chr. in Südchina als Monokultur angebaut worden. Die Kenntnis des Reisanbaus gelangte im 1. Jt. v. Chr. von Indien über Persien zum Zweistromland, von wo ihn die Griechen während des Alexanderzuges im 4. Jh. v. Chr. übernahmen.

Von den zahlreichen Reisarten kommen jedoch kultiviert nur Oryza sativa L. und Oryza glaberrima Steud. vor; letzterer hauptsächlich in Westafrika stärker verbreitet, verlor wegen seiner geringen Anpassungsfähigkeit an unterschiedliche Anbauvoraussetzungen sehr an Bedeutung.

Reis ist für mehr als die Hälfte der Menschen der Erde *Hauptnahrungsmittel,* in Ost-, Südost- und Südasien deckt er sogar 80% bis 90% des täglichen Kalorienbedarfs. Ein besonderes Augenmerk auf *Züchtung von Intensivsorten* ist daher gerade für diese Lebensräume vordringlich. 1960 entschloß sich die Ford- und Rockefeller-Stiftung in Zusammenarbeit mit der philippinischen Regierung zur Gründung des „International Rice Research Institute" (IRRI) in Los Baños nahe von Manila. Es versieht die Aufgaben eines Weltzentrums für alle mit dem Reisanbau verbundenen theoretischen und praktischen Probleme.

Schon vor diesen Forschungen hatte in der Zeit seit dem Zweiten Weltkrieg Südostasien seine Reisproduktion um 75% gesteigert und konnte dadurch ernährungsmäßig mit dem starken Bevölkerungswachstum Schritt halten. Eine neuerliche Innovation erfolgte nach langwierigen Arbeiten von IRRI durch Kreuzung einer Kurzstrohvarietät aus Taiwan mit kräftigen Halmen, welche sich auch bei voll entwickelter Rispe nicht zu Boden

neigen, mit einer indonesischen Sorte. Schließlich konnte auch das Problem einer Resistenz gegen pflanzliche und tierische Schädlinge noch weitgehend gelöst werden, und 1966 und 1967 kamen die neuen Sorten IR 8 und IR 5 auf den Markt. Auf Versuchsfeldern hatte man Erträge bis 6.600 kg/ha erreicht. In der Folgezeit stiegen die Hektarerträge in vielen Anbaugebieten auf das Doppelte, unter besonders günstigen Verhältnissen sogar bis auf das Vierfache der bisher erzielten.
Mit den beiden neuen „*Wunderreissorten*" waren aber noch nicht alle Probleme gelöst (siehe H. WILHELMY, 1977). In Gebieten mit hohen monsunalen Überflutungen sind die kurzhalmigen Reissorten stärker gefährdet als die langhalmigen. In sehr feuchten zentraltropischen Räumen zeigte sich ein erhöhter Tungrovirusbefall. Die Bevölkerung Südostasiens konnte sich außerdem auch nicht an die neue Geschmacksrichtung gewöhnen und lehnte IR 8, besonders in Java, ab. Sie ist an ein langes, helles, durchscheinendes Korn, welches gekocht eine klebrige, nach Stärke riechende Masse ergibt, gewöhnt. Diese Eigenschaft besitzt die neue Sorte nicht in dem erforderlichen Ausmaß.
Zu Beginn der siebziger Jahre gelang jedoch die Züchtung dreier weiterer Kreuzungen, nämlich IR 20, IR 22 und IR 24, die den geschmacklichen Wünschen Südostasiens entsprachen und eine erhöhte Schädlingsresistenz besitzen, was besonders IR 20 auszeichnet. Als weiteren Vorteil ergibt sich auch eine Verkürzung der Wachstumsperiode von 120 bis 180 Tagen auf 110 bis 140 Tage.
Die Zucht von entsprechend geeigneten Sorten muß auf die regionale Differenzierung der ökologischen Gegebenheiten Rücksicht nehmen. Besonders zu beachten sind dabei die herrschenden Tageslängen, Mindesttemperaturen während der Wachstumszeit, Art des Anbaus (Naßreisanbau, Trockenreisanbau), vorherrschende Bodenart, Fruchtfolge und agrartechnische Methoden (siehe G. FRANKE, II, 1984).
Hinsichtlich der Tageslänge lassen sich Sorten mit mehr oder minder ausgeprägtem Kurztagscharakter von tagneutralen unterscheiden. Sorten mit Kurztagscharakter sind für tropische Anbaugebiete mit maximal einer Stunde Unterschied zwischen Tag- und Nachtlänge begrenzt und weisen meist eine mittlere bis lange Wachstumszeit auf. Sie müssen zu einer bestimmten Zeit, nämlich um den 22. Juni, auf der nördlichen oder nahe dem 22. Dezember auf der südlichen Hemisphäre, ausgesät werden. Tagneutrale Sorten besitzen keine derartige Wachstumsbeeinflussung und sind daher für den zwei- und dreimaligen Anbau im Jahresablauf geeignet.
Als wärmeliebende Pflanze benötigt der Reis während der Hauptwachstumszeit drei Monate lang eine Mindesttemperatur von 20°C. Als Mindesttemperatur für die Keimung sind 10° bis 12°C notwendig, das Optimum liegt jedoch bei 28° bis 32°C.
Wasserreis gedeiht auf den verschiedensten Böden; besonders geeignet sind Alluvialböden. Er stellt an den Bodentyp keine besonderen Ansprüche, wohl aber an die Bodenart. Besonders sind Böden mit hoher Feldkapazität sowie ausreichender Wasser- und Sauerstoffzirkulation geeignet. Die günstigen pH-Werte liegen im Bereich von 5,5 bis 6,6. Die durch Wasserreis genutzten Böden werden durch den Bewässerungsbau derart beeinflußt, daß es zur Herausbildung sogenannter „Reisfeldböden" mit Auftreten eines Verdichtungshorizonts und von Vergleyungsprozessen kommt.
Die *Naßkultur* ist für Asien, insbesondere für Südostasien, die weitaus vorherrschende Art des Reisanbaus. Die Bearbeitung des Bodens erfolgt dabei unter einer niedrigen

Wasserschicht. Beim Pflügen soll weniger Wasser auf dem Felde stehen, als beim nachfolgenden Eggen und Einebnen. Eine günstige Schlammstruktur ist nach guter Zerkleinerung des Bodens zu einer gut durchmischten, feinen Konsistenz erreicht. Die Aussaat des Reises wird entweder in Direktsaat auf das Feld oder Aussaat auf Anzuchtbeete vorgenommen. Bei dem weitaus überwiegend gebräuchlichen Weg über das Anzuchtbeet (siehe Bild 136 der Tafel 75 und Bild 146 der Tafel 80, jeweils Bildmitte) ist ein nachträgliches Umpflanzen notwendig.

Beim *Umpflanzverfahren* können von 1 ha Anzuchtbeet durchschnittlich 8 bis 15 ha bepflanzt werden (G. FRANKE, II, 1984). Der günstigste Zeitpunkt zum Verpflanzen ist dann erreicht, wenn die Pflanzen eine Höhe von 20 bis 25 cm erreicht haben und 5 bis 6 Blätter aufweisen. Bei dem weithin noch immer von Hand gesetzten Wasserreis werden aus dem Pflanzenbündel etwa 3 bis 5 Pflänzchen entnommen und bis zum Wurzelhals in den weichen Boden gesteckt. Im Reisbau Ostasiens ist das Umpflanzverfahren alt; auch in den alten Reisbauzentren Java und Bali dürfte die Verpflanztechnik weit zurückreichen. In anderen Teilen Südostasiens sowie in Indien und Sri Lanka werden jedoch auch heute noch erhebliche Flächen in Breitsaat bestellt (H. UHLIG, 1980).

In ganzjährig besonders boden-, klima- und bewässerungsgünstigen Gebieten (Java, Bali) tritt auch die Bestellung von zwei jährlichen Reisernten (double cropping) oder sehr eingeschränkt sogar eines Dreifachanbaus (triple cropping, dreimal Reis oder zweimal Reis und eine andere Rotationsfrucht im selben Jahr) auf. Der Reisanbau in China und Japan war diesbezüglich lange vorausgegangen. H. UHLIG betont aber, daß es sich in Südostasien dabei um jüngere Entwicklungen handelt und schnell reifende Sorten, verbunden mit ganzjährig sicherer Wasserversorgung und entsprechende klimatische Bedingungen die Voraussetzung darstellen.

Der Entwicklung von geeigneten *Fruchtfolgen* und dem Anbau von Zweitfrüchten wird in jüngerer Zeit noch größere Beachtung geschenkt. In Südostasien herrscht diesbezüglich eine Vielfalt geeigneter Zweitfrüchte, wie Erdnuß, Soja, Mais, Süßkartoffel, Zuckerrohr, Hülsenfrüchte, Sorghum und, mit zunehmender Höhe, auch Kartoffel, Kohl und anderes Gemüse.

In seiner Arbeit über Reisanbausysteme und -ökotope in Südostasien bot H. UHLIG (1983, S. 272) eine ausgezeichnete Übersicht über die Toposequenz der wichtigsten Reisanbau- und Standorttypen (siehe Abbildung 37). Er unterscheidet dabei Reisanbau mit natürlicher Wasserzufuhr und künstlich bewässerten Reisbau und weiters Trockenlandreis und Naßreis:

Im *Naßreisbau* mit natürlicher Wasserzufuhr in der Tieflandregion sind bei Überschwemmungstiefen von 1 bis 6 m Reissorten mit langen Halmen und Schwimmwurzeln notwendig, die als *„Schwimmender Reis"* bezeichnet werden (langhalmige indica Varietäten). Solche Sorten zeichnen sich durch schnelles Halmwachstum (bis zu 10 cm pro Tag und darüber) aus. Ihre Rispen schwimmen an der Oberfläche und müssen kurze Überflutungen ertragen.

Von diesem Tiefwasserreisbau in Gebieten mit jahreszeitlicher Überschwemmung und anschließendem Wieder-Trockenfallen der Felder in den wechselfeuchten Monsungebieten ist der *Sumpfreis* in den immerfeuchten, innertropischen Räumen zu unterscheiden. Die Anforderungen an die Reissorten für den Anbau im Dauersumpf mit seinem stagnierenden Wasser und den organischen Böden sind noch größer und bis zum heu-

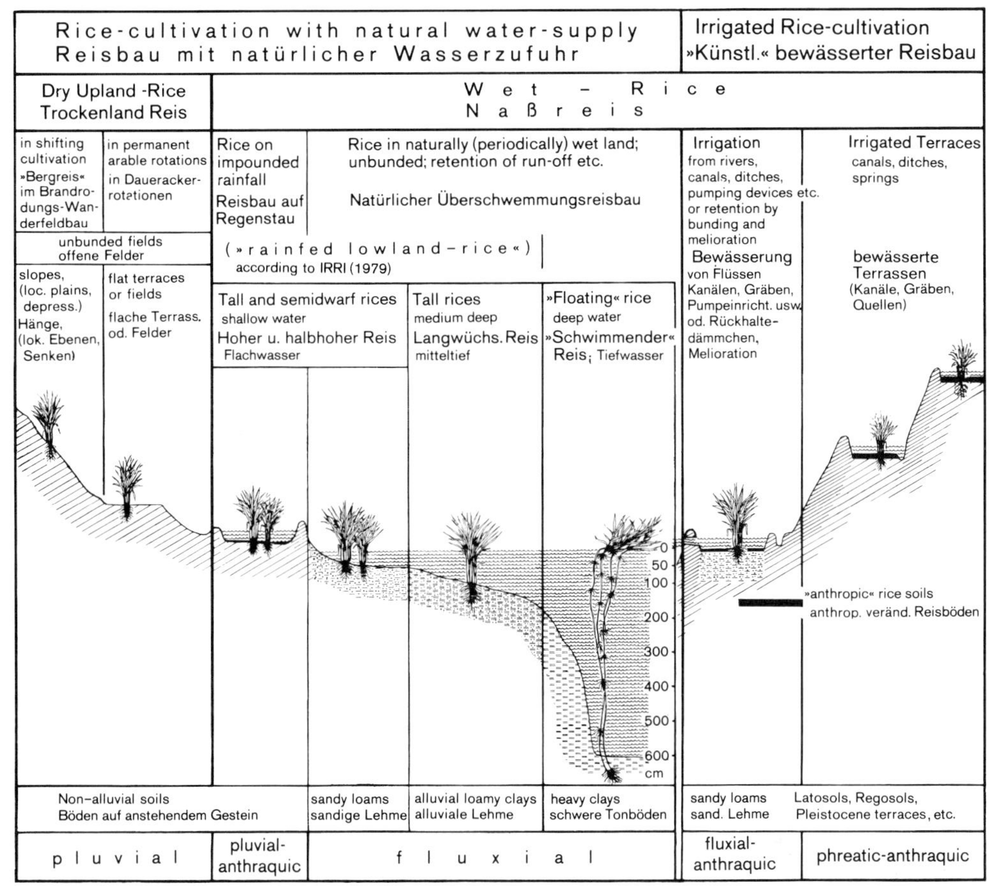

Abbildung 37: Toposequenz der wichtigsten Reisanbau- und Standorttypen aus Harald UHLIG (in Erdkunde, Band 37, 1983, Heft 1/4, S. 272). Pluvial = Regenbewässerung; anthraquic = durch den Menschen geschaffene Bewässerung; fluxial = Überschwemmungsbewässerung; phreatisch = durch oberflächennahes Grundwasser bewässert.

tigen Tag nicht befriedigend oder nur z. T. gelöst. Für die Ausweitung des Reisbaus in Süd-Kalimantan und in den Stromniederungen Südwest-Sumatras z. B. um Palembang (siehe Bild 128 der Tafel 71) sind solche Forschungen von großer Bedeutung. Ähnliche Probleme und Forschungsziele ergeben sich auch für den Reisbau mit Bewässerung durch *Gezeitenrückstau.*

Während die Tiefwasserreisgebiete des natürlichen Überschwemmungsreisbaus schwere Tonböden besitzen, gehen diese mit geringerer maximaler Wasserhöhe in alluviale Lehme und schließlich in sandige Lehme über. Der Reisbau erfordert zwar noch langwüchsige und halbhohe Reissorten, bietet aber einen breiteren Bearbeitungsfächer. Die natürliche Gemeinsamkeit besteht in der periodischen Überschwemmungs-

situation (fluxial). Die Felder sind aus Flüssen oder natürlichen Rückstauseen und periodisch ansteigendem Grundwasserspiegel gespeist.
Im wesentlichen handelt es sich um Tiefländer, in denen der Abfluß des Wassers so langsam erfolgt, daß die notwendige Überschwemmungshöhe und -dauer für den Reisbau vollständig ausreicht. Allerdings ist der Anbau anderer Trockenlandfrüchte meist nur sehr beschränkt möglich. Nur in günstiger Geländesituation und im wechselfeuchten Klima ist die Pflanzung einer Rotationsfrucht auf den vorübergehend trocken fallenden Feldern möglich (z. B. Mais). Auf den permanent feucht bleibenden, organogenen Böden der immerfeuchten Tropen ist dazu die Möglichkeit viel eingeschränkter, dafür kann aber unter günstigen Voraussetzungen der Reisbau auf zwei Ernten im Jahr erweitert werden (Bild 132 der Tafel 73).
Der Naßreisanbau mit natürlicher Wasserzufuhr erstreckt sich aber auch noch auf Gebiete, die durch ihre natürliche Geländebeschaffenheit (Bodenwellen, flache Wannen, Abflußverzögerung) oder durch künstlich errichtete Dämmchen ein zu rasches Abfließen des Überschwemmungswassers verhindern und im Flachwasser eine Naßbestellung der Felder ermöglichen. Hier ist auch bereits eine Einflußnahme auf die Höhe des Wasserstandes und damit die Saat halbhoher Ertragssorten möglich (Bild 28 der Tafel 15).
Die Naßreisfläche und die Reisproduktion erfährt durch den *künstlich bewässerten Reisbau* eine ganz wesentliche Erweiterung. Unter kontrollierten Flachwasserbedingungen können hier nicht nur weitere Reisflächen gewonnen werden, sondern auch die neuen kurzhalmigen Hochertragssorten zu vollem Einsatz kommen. Als wesentliches Element bilden sich hier auch die als „anthraquisch" (nach MOORMANN und van BREEMEN, 1978; Begriff gebildet aus „anthropic" und „aquatic") bezeichneten, vom Menschen beeinflußten, sehr bedeutsamen Reisböden aus.
Neben dem Naßreisbau spielt aber immer noch der nur unter Nutzung des Regens *auf Trockenland* ausgeübte Reisanbau eine Rolle. In Indonesien und auf den Philippinen entfallen auf diesen immer noch ⅕ bis ⅙ der gesamten Reisfläche, obwohl die Reiserträge auf Trockenland nur etwa 500 bis 1.000 kg/ha erbringen. Seit 1976 war man daher bemüht, ausgehend von der IR 5-Züchtung trockenheitstolerante Reissorten mit um 1 bis 2 Monate verkürzter Reifezeit herauszubringen, um noch eine zweite Reisernte oder eine Rotationsfrucht im gleichen Jahr zur Reife führen zu können.
Der Trockenlandreis wird außer in Dauerackerrotation auf flachen Terrassen oder Feldern (siehe Bild 29 der Tafel 15) auch noch als Bergreis im Rahmen der shifting cultivation angebaut (das gleiche Bild ganz im Vordergrund). Es handelt sich dabei um Böden des jeweiligen anstehenden Gesteins, die in hohem Maße abtragungsgefährdet sind. Die Bergreiserträge sind sehr gering.

6.4 Pflanzungen und Plantagenwirtschaften

Es gibt eine Reihe von Pflanzen, deren Produktion das Rohmaterial für eine industrielle Weiterverarbeitung zu Lebensmitteln, Textilien und verschiedenen Fabrikationsgrundstoffen liefern und deren Anbau daher weitgehend marktorientiert ist. Die großen Mengen solcher Rohstoffe, die ganz bestimmten Qualitätsnormen und Mindestgütevoraussetzungen entsprechen müssen, lassen ihre Erzeugung nur in Pflanzungen zu, welche sich auf diese Bedingungen einstellen und sie erfüllen können, wobei auch auf die Einhaltung des Liefertermins und des Lieferquantums unbedingt zu achten ist. Wir können dabei drei Arten von Pflanzungen unterscheiden (siehe P. J. WILKENS, 1974):

a) Pflanzungen mit überwiegend marktorientiertem, bäuerlichem Anbau von Dauerkulturen mit ergänzender Eigenversorgung auch durch Anbau anderer Produkte;
b) Pflanzungen mit ausschließlich marktorientiertem, bäuerlichem Anbau von Dauerkulturen (Kleinbetrieb, „smallholder");
c) Plantagen („plantations").

Die unter a und b angeführten Pflanzungen sind hauptsächlich für finanzschwache Inselräume mit überwiegend kleinen und mittelgroßen Betriebsflächen eine unterstützenswerte Form, die sich schon bisher für Kopraerzeugung, Tabak, Kakao, Erdnüsse und Kaffee bewährt hat. Für diese Produkte stellen bäuerliche Betriebe schon seit einiger Zeit die Hauptlieferanten in der Weltproduktion dar.
Plantagen sind bis heute vorwiegend außenfinanzierte Unternehmungen (z. B. Kapitalgesellschaften, Staatsbetriebe usw.), produzieren nach Qualitätsnormen in Großbetrieben auf großen Anbauflächen, bei hohem Grad einer fachspezifischen Arbeitsteilung, nach rein ökonomischen Zielsetzungen und mit einem industriell vergleichbaren Einsatz von Maschinen. Ihre größte Verbreitung erreichen sie in den Tropen und Subtropen, sind aber nicht allein auf diese klimaökologischen Gebiete beschränkt. Die Anlage von Dauerkulturen und von mehrjährigen Nutzpflanzen ist besonders typisch, was den vorherrschenden Charakter von Monokulturen unterstreicht, obwohl in jüngerer Zeit die Bestrebungen, auch in der Plantagenwirtschaft zu Polykulturen zu kommen, nicht zu übersehen sind.
Die Entstehung dieser Form von Pflanzungen geht auf die Kolonialzeit zurück, wie dies auch in den meisten älteren Definitionen des Begriffes „Plantage" deutlich zum Ausdruck kommt.
So definierte der bekannte deutsche Agrargeograph Leo WAIBEL, 1933 (S. 22): „Eine Plantage ist ein landwirtschaftlich-industrieller Großbetrieb, der in der Regel unter Leitung von Europäern bei großem Aufwand von Arbeit und Kapital hochwertige pflanzliche Produkte für den Markt erzeugt." Die veraltete Definition zeigt sehr deutlich den kolonialen Ursprung dieser Wirtschaftsform.
Die Entkolonisierung nach dem Zweiten Weltkrieg hat die Plantagen als Inbegriff auslandsabhängigen, kapitalistischen Wirtschaftens der ehemaligen Kolonialmächte in den Konflikt der Meinungen um eine wirtschaftliche und gesellschaftliche Neuordnung gezogen. Die Demonstration der Unabhängigkeit durch die neuen Staaten vertrug sich schlecht mit großen Kapitalinvestitionen und Besitzanteilen des Auslandes auf nationalem Boden. Außerdem führte der Landhunger der eigenen Agrarbevölkerung zu immer vehementer werdenden Forderungen zur Aufteilung von Großgrundbesitz.
Nur die katastrophale Finanzschwäche der neuen Staaten und die unbestrittene Erfahrung, daß lediglich große, agrartechnisch und ökonomisch bestens organisierte und ausgestattete Betriebe dem Außenhandel dienen und damit der Staatskasse die notwendigen Devisen bringen können, verhinderten die Auflösung und Aufteilung der Plantagenbesitze, die allerdings weitgehend enteignet wurden. Besonders prekär war diesbezüglich die Situation in Indonesien.

In diesem Inselraum haben die Plantagen schon während der japanischen Besetzung und in den nachfolgenden Wirren und Kämpfen um die Unabhängigkeit schwer gelitten. Bis zur Vertreibung des niederländischen und übrigen ausländischen Kapitals unter der Regierung SUKARNO waren nur noch ein Viertel der Plantagenflächen in Betrieb (FREEMAN, 1968, S. 68f., und WILKENS, 1974, S. 57f.), die anderen verwahrlost oder von landlosen Kleinbauern besetzt, denen später z. T. Besitzrecht zugesprochen wurde. Gegenüber 2.402 Plantagen 1938 mit einer Gesamtfläche von fast 2,5 Mio. ha (davon 47% bepflanzt) gab es 1961 nur noch 1.125 Plantagen mit etwas über 1,7 Mio. ha (davon 49% bepflanzt). Durch Vernachlässigung der Regenerierung überalteter Baumbestände waren aber auch diese Restbestände in schlechtem Zustand. Es ist daher auch nicht verwunderlich, daß der für Indonesien so wichtige Export an Zuckerrohrprodukten, Palmöl, Tabak, Kaffee und Tee im gleichen Zeitraum fast auf ein Viertel zurückging. Diese Situation war für den finanzschwachen Staat um so bedrückender, als auch die staatliche Estate Management Agency (Pusat Perkebunan Negara – Baru PPN-B) durch das Fehlen von Fachpersonal und des notwendigsten Kapitals die Plantagenbetriebe nicht zur erwarteten Produktionssteigerung bringen konnte. Bei Übernahme der Regierungsgewalt durch SUHARTO 1966 war fast der ganze Plantagenbesitz im Staatseigentum, ohne den erwarteten Erfolg eingebracht zu haben. Spätere Bemühungen, die ehemaligen Besitzer neuerdings für die Bewirtschaftung ihrer inzwischen heruntergekommenen Plantagen zu interessieren und ihnen die alten Rechte wieder einzuräumen, hatten verständlicherweise nur geringen Erfolg.

Eine ähnlich triste Situation ergab sich nach dem Zweiten Weltkrieg für alle neugegründeten Staaten, die durch ihre Politik ausländische Besitzer zum Verkauf ihrer Plantagen veranlaßten (so z. B. in Ceylon = Sri Lanka) oder schlagartig eine Enteignung und Verstaatlichung vornahmen. Eine andere Methode führte durch Einengung der persönlichen Freiheit, unerträglich hohe Abgaben, die den Gewinn fast vollständig aufzehrten, sowie Diffamierung der Besitzer zur Flucht und freiwilligen und unentschädigten Aufgabe der Plantagen (Madagaskar).

Unleugbar haben die Plantagenbesitze im Laufe der Zeit ein schwerwiegendes Problem mit sich gebracht, welches für die bodenständige Bevölkerung mit beunruhigenden Aspekten verbunden ist. Es handelt sich um den hohen Bedarf an geeigneten Arbeitskräften, der meist nur von außen gedeckt werden konnte und in vielen Regionen zu einer Überfremdung und einschneidenden *ethnischen Strukturänderungen* der Bevölkerung geführt hat. Besonders deutlich ist dies in Mauritius zu sehen.

In jenen aus ehemaligem Kolonialbesitz entstandenen neuen Staaten, welche die Beziehungen zum früheren Mutterland weitgehend abgebrochen haben, bestehen starke Tendenzen, die ausländischen Arbeiter durch einheimische zu ersetzen (Indonesien). Mitunter wird auch der Weg beschritten, sie in ihre Herkunftsländer abzuschieben, einen Weg, den Ceylon (Sri Lanka) gewählt hat und von dem auch Arbeiter betroffen sind, die seit langer Zeit mit ihren Familien im Lande gearbeitet haben. 1948 verweigerte die von Singhalesen dominierte Regierung den tamilischen Plantagenarbeitern die politischen Rechte, da es sich bei ihnen um indische Staatsbürger handle, wogegen die indische Regierung diese als Staatsbürger Ceylons hielt. Schließlich wurden diese Tamilen als staatenlos erklärt. Nach einer Einigung der beiden Staaten 1964 war Indien bereit, 600.000 Tamilen die indische Staatsbürgerschaft zu gewähren, während Sri Lanka

375.000 Tamilen die ceylonesische Staatsangehörigkeit zuerkennen wollte (R. PROBALA, 1983, S. 182). Die gestaffelte Rückwanderung ist seit Anfang der siebziger Jahre im Gange. Die Rückwanderer leben in Indien unter schlechtesten Bedingungen und fristen ihr Leben als Gelegenheitsarbeiter. Die Konflikte zwischen Tamilen und Singhalesen in Sri Lanka haben sich seitdem zum Guerillakrieg ausgeweitet.
Nach dem Zweiten Weltkrieg haben sich natürlich auch erhebliche Änderungen hinsichtlich der *Plantagenprodukte* und der ökonomisch-technischen Ausstattung eingestellt. Die hohe Abhängigkeit von der jeweiligen Weltmarktsituation führte zu empfindlichen Reaktionen auf Preisverfall infolge weltweiter Änderung der Rohstoffsituation. Einschneidende Konsequenzen haben z. B. die Entwicklung und industrielle Erzeugung synthetischer Surrogate vor allem von synthetischen Fasern und von Synthesegummi gebracht. Auch die Änderung der Marktverhältnisse bei Speisefetten und -ölen war entscheidend. So verlagerte sich in manchen Gebieten das Schwergewicht der Neupflanzungen vom Kautschuk zu den Ölpalmen, obwohl gerade die Förderung der Naturkautschukproduktion aus Heveasorten für die Ablösung der shifting cultivation in entlegeneren Bergwaldgebieten wichtig ist. Wie wir aus der nachfolgenden Tabelle erkennen können, ist die *Naturkautschukproduktion* auch weiterhin im Anstieg begriffen, wurde aber in der Weltproduktion nach 1960 vom synthetischen Kautschuk rasch überholt (siehe Tabelle 12). Von der Gesamtkautschukproduktion der Erde betrug der Anteil an Naturkautschuk 1985 nur noch 36%.

Tabelle 12: Weltkautschukproduktion 1880 bis 1985 in 1.000 t (nach verschiedenen Unterlagen aus G. FRANKE, 1980, S. 139).

Jahr	Naturkautschuk in 1000 t	Synthetischer Kautschuk
1880	15	-
1900	55	-
1910	70	-
1920	340	-
1930	815	-
1940	1.400	100
1950	1.740	800
1960	2.000	1.880
1970	2.917	5.855
1975	3.310	6.775
1977	3.613	-
1978	3.825*	8.825*
1985	6.910*	12.100*

* geschätzt

Indonesien ist der zweitgrößte Naturkautschukproduzent der Erde. 70% der Erzeugung stammen von kleinbäuerlichen Betrieben. Das Schwergewicht des Anbaus verlagerte sich von der Insel *Java* nach *Sumatra,* wo Siedler aus *Java* die Hevea-Pflanzungen betreiben.

In *Sri Lanka*, das in der Weltproduktion an 4. Stelle steht (siehe Tabelle 13), liegen die Hauptanbauflächen in den Berglagen des niederschlagsbegünstigten Südwestens bis etwa 700 m Höhe. Von 232.000 ha Kautschukfläche befindet sich ungefähr die Hälfte in kleinbäuerlichem Besitz. Nach dem Tee stellt Kautschuk das zweitwichtigste Erzeugnis für die Ausfuhr dar.

Tabelle 13: Produktion von Naturkautschuk in den wichtigsten Erzeugerländern der Erde (nach FAO 1971 und 1978).

	1948/52		1971/75		1977	
	(in 1.000 t)	(in %)	(in 1.000 t)	(in %)	(in 1.000 t)	(in %)
Welt insgesamt	1.732,9	100,0	3.264,8	100,0	3.613	100,0
Malaysia	723,3	41,7	1.450,0	44,4	1.595	44,1
Indonesien	635,4	36,7	841,3	25,8	850	23,5
Thailand	103,6	6,0	354,5	10,8	436	12,0
Sri Lanka	101,5	5,9	145,9	4,5	148	4,1
Indien	17,0	1,0	121,0	3,7	152	4,2

Die *Ölpalme* (Elaeis guineensis) entstammt dem westafrikanischen Regenwald. Erst nach 1900 erfolgte in Indonesien und auf der Malaiischen Halbinsel die Anlage von Großplantagen. 1981 waren die größten Produzenten an Ölpalmenöl Malaysia mit 2,82 Mio. t und Indonesien mit 0,72 Mio. t. Wir ersehen daraus die heute überragende Bedeutung der Ölpalme in der Plantagenwirtschaft Südostasiens.

Welch schwerwiegenden Einfluß *Schädlingsbefall* auf den Bestand der Pflanzungen ausübt und sogar zu einer grundlegenden Änderung der ganzen Plantagenwirtschaft großer Gebiete führen kann, zeigt uns das Beispiel Sri Lanka. Das ehemals bedeutendste Ausfuhrgut war *Kaffee* (Coffea arabica), dessen Heimat Äthiopien sein dürfte und der von den Niederländern nach Ceylon und Indien gebracht worden ist. Um 1900 entstanden Kaffeeanbaugebiete in Java und schließlich auf vielen Inseln Indonesiens. Auch auf Inseln des westlichen Indischen Ozeans wurde und wird Kaffee, meist allerdings nur in geringen Mengen und zur Selbstversorgung, angebaut. Die großen Kaffeeplantagen in Madagaskar haben seit der Entkolonisierung nicht mehr jene Bedeutung, die sie einmal gehabt haben. In jüngerer Zeit entstanden auch im Hochland von Papua-Neuguinea ansehnliche Kaffeeplantagen, deren Produkte an Ort und Stelle verarbeitet werden und die einen ganz ausgezeichneten gebrannten Kaffee ergeben.

In Ceylon wurde in der zweiten Hälfte des 19. Jh.s der größte Teil der Kaffeepflanzungen durch den Kaffeerost vernichtet. Als Ersatz wurde *Tee* angepflanzt, dessen weltmarktfähige Produkte sehr hoher Güte nicht solchen enormen Preisschwankungen wie Kaffee unterliegen und heute zu den bedeutendsten Ausfuhrgütern des Landes zählen. Einen nennenswerten Anbau von Tee (Camellia sinensis), dessen Heimat sich in den Hochländern von Südwestchina, Nordbirma und Nordostindien befindet, weist nach 1824 auch Java auf. In Taiwan wird Tee seit Beginn des 19. Jh.s gepflanzt.

Spanier brachten den Kakaobaum von Amerika (vermutlich Südamerika) nach Asien und zwar nach Sulawesi. Heute ist nennenswerter Anbau von *Kakao* (Theobroma cacao L.)

im Norden Borneos, in Mittel- und Ostjava, auf der Hauptinsel von Papua-Neuguinea, auf Neubritannien, Fidschi und Samoa vorhanden. Die Produktionsmengen sind sehr gering, von unterschiedlicher Güte und daher für die Ausfuhr bedeutungslos. Mit wenigen Ausnahmen wird Kakao von bäuerlichen Kleinbetrieben angepflanzt.
Überall im tropischen Raum unserer Inselwelt ist die *Ananas* (Ananas comosus) vertreten, die aus dem tropischen Südamerika stammt und sich nach der Entdeckung Amerikas durch COLUMBUS schnell in alle Welt verbreitete. An erster Stelle, was Produktionsmengen und die hervorragende Qualität betrifft, wären in unserem Raum die Plantagen in Hawaii zu nennen. Auch Thailand und die Philippinen nehmen in der Ausfuhr eine Spitzenstellung sein.
An dieser Stelle können wir nur auf eine Auswahl von Plantagenpflanzen eingehen. Als letzte soll hier noch das *Zuckerrohr* (Saccharum officinarum) erwähnt werden. Heimat des Zuckerrohrs dürften Neuguinea und die umliegenden Inseln sein. Von dort aus verbreitete sich der Anbau bereits sehr früh über die malaiischen Inseln und Indochina nach Indien. Berichte über Zuckerrohr stammen aus diesen Gebieten bereits aus Zeiten sehr lange vor unserer Zeitrechnung, z. B. aus Indien 6.000 v. Chr., aus Hawaii und Tahiti 1.100 und 500 v. Chr.

Im Inselraum des Indischen Ozeans finden wir Zuckerrohr in Madagaskar, auf den Maskarenen, Indien und Südsumatra. Von den Inseln des Pazifischen Ozeans sind an hervorragender Stelle die Philippinen, Java und Fidschi zu nennen. In allen genannten Gebieten hat der hohe Arbeitskräftebedarf einen Zuzug von solchen von auswärts bewirkt und zu ethnischen Strukturänderungen und damit auch zu sozialpolitischen Problemen geführt, auf die wir bereits eingegangen sind und an anderer Stelle noch eingehen werden.
Plantagen sind wichtige *Träger wissenschaftlicher Forschung* auf pflanzenbiologischem und arbeitstechnischem Gebiet und in den Fragen einer aus ökonomischen Gründen notwendigen Infrastrukturverbesserung. Die industrielle Verarbeitung der Plantagenproduktion ist aber nicht mehr unbedingte Voraussetzung für alle Arten von Plantagen und die vielfachen Übergangsformen zu den Pflanzungen. In der zweiten Hälfte unseres Jahrhunderts haben sich die verschiedensten Kombinationsmöglichkeiten und arbeitstechnischen Strukturen entwickelt. Es gibt Plantagenwirtschaften mit vollmechanisierter Pflanzwirtschaft und Ernte, wie auf den Hawaii-Inseln (siehe Bild 62 der Tafel 32), die mit verhältnismäßig wenigen Beschäftigten ihr Auslangen finden, Plantagen, deren Produkte an Ort und Stelle industriell verarbeitet werden, solche, welche nur Konservierung und Transportverpackung mechanisiert durchführen (Bananen), und schließlich auch Betriebe, die, über die eigene pflanzliche Produktion weit hinausgehend, sehr große Produktionsmengen anderer Pflanzer mitverarbeiten (Rohrzuckerherstellung).
Die Möglichkeit einer genossenschaftlich organisierten gemeinsamen Produktion, industriellen Verarbeitung, Transport- und Absatzsicherung bietet kleinen Pflanzern und bäuerlichen Betrieben neue Aussichten für eine wirtschaftliche Verbesserung ihrer Einnahmemöglichkeiten. In der Weltproduktion von Baumwolle, Tabak, Kakao, Reis, Erdnüssen, Kokosnüssen, Kaffee hat sich das Schwergewicht in den letzten Jahrzehnten ohnedies zu den klein- und mittelbäuerlichen Betrieben verlagert. Bei entsprechender gemeinschaftlicher Organisation ergeben sich gerade für Inselgebiete positive Zukunftsaspekte wirtschaftlicher Entwicklungsmöglichkeiten.

7 Nichtlandwirtschaftliche Betriebs- und Zuerwerbsmöglichkeiten und ihre Bedeutung für die Bevölkerung

Die nichtlandwirtschaftlichen Betriebs- und Erwerbsmöglichkeiten sind im tropischen Inselraum der beiden Ozeane mit Ausnahme von Singapur und den wenigen anderen größeren Städten nur sehr beschränkt entwickelt, wofür in den meisten Gebieten entweder die mangelnde Verkehrserschließung oder das Fehlen des notwendigen Ausbaukapitals verantwortlich zu machen sind. So lebt heute noch der größte Teil der Bevölkerung von der Landwirtschaft, die oft gerade nur zur Selbstversorgung ausreicht. Wesentlich günstigere Bedingungen herrschen hauptsächlich nur auf den Kontinentgebieten Süd-, Südost- und Ostasiens. Auch die Forstwirtschaft ist nur in Ansätzen vertreten.
Möglichkeiten im Sektor der gewerblich-industriellen Sachgüterproduktion, welche über eine rein örtliche Bedeutung und einfachste Waren zur Deckung der täglichen Bedürfnisse hinausgehen, sind nur ausnahmsweise in Verbindung mit größeren zentralen Orten vorhanden. Eine modernere Erschließung und Ausbeutung mineralischer Lagerstätten konzentrierte sich hauptsächlich auf vorhandene Erdöllager. Sonst harren sie vielfach noch auf ihre Einbindung in die wirtschaftlich organisierte Nutzung, die aus finanziellen Gründen noch lange auf sich warten lassen wird. Nur die punktuelle Erschließung für den Fremdenverkehr wird oft in einer Weise forciert, die mit Recht bedenklich erscheinen muß.

7.1 Wald- und Forstwirtschaft, Nutzungsmöglichkeiten der Waldgebiete

Unter allen Inselräumen des Indischen und Pazifischen Ozeans steht Indonesien mit den größten und geschlossensten Waldgebieten an der Spitze. Mit fast 1,3 Mio. km² Waldfläche (einschließlich der Forste) steht es an erster Stelle aller Inselstaaten der Erde und folgt in Asien (ohne Anteil der UdSSR) nach China an 2. Stelle. Rund 64% seiner Staatsfläche werden von Wald- und Forstland und nur 17% von Grünland (Wiesen und Weiden) und Äckern eingenommen.
Der unfaßbar große *Artenreichtum der Baumvegetation* in den tropischen Regenwäldern bietet einen breiten Fächer lokaler Nutzungsmöglichkeiten für die einheimische Bevölkerung. Dabei wird die verschiedene Eignung der Hölzer für den Hausbau, Bootsbau, zur Geräteherstellung, für verschiedene Schnitz- und Drechselarbeiten, zur Gewinnung von aromatischen Stoffen (ätherischen Ölen, Räucherstoffen), Harzen, Fetten, Heilmitteln, verarbeitbaren Fasern und schließlich als Brennmaterial genau beachtet.
Viele der genutzten Gewächse gehören der Familie der Guttibaumpflanzen (Guttiferales) mit 400 Arten in 22 Gattungen an, die hauptsächlich in den Tropen Asiens verbreitet sind. Unter den Flügelfruchtgewächsen (Dipterocarpaceae) finden wir z. T. riesige Bäume, die nicht nur wegen ihres Nutzholzes, sondern auch wegen der technisch verwertbaren, wertvollen Harze geschätzt sind. Zu den größten Bäumen Borneos und Sumatras

zählt Dryobalanops aromatica, dessen hartes Holz für den Schiffsbau sehr gesucht ist. Die Gattung Zweiflügelfruchtbaum (Dipterocarpus) ist in Indonesien durch bis 60 m hohe und 2 m dicke Bäume vertreten. Die Vertreter dieser Gattung bilden große Waldbestände und sind durch ihr wertvolles Holz auch forstwirtschaftlich interessant.

Wir können also feststellen, daß vor allem Dipterocarpuswälder in unserem tropischen Verbreitungsraum forstwirtschaftliche Bedeutung besitzen. Dennoch spielen in der Weltproduktion der Erde die gewaltigen tropischen Regenwälder massenmäßig nur eine sehr untergeordnete Rolle (lediglich etwa rund 10% der Welterzeugung). Gewisse *Qualitätshölzer* hingegen, welche für Möbel- und Schiffsbau, als hervorragendes exotisches Furnierholz, als Schnitz- und Drechselmaterial sowie für die Herstellung von Räuchermitteln und zur Gewinnung von ätherischen Ölen (gelbes Sandelholz) geeignet sind, erzielen hohe Weltmarktpreise. Aus diesen Gründen wird ihre sehr schwierige und zeitaufwendige Gewinnung aus den oft entlegenen Urwaldbeständen betrieben. Seit langer Zeit sind solche Holzarten gesucht, finden immer gute Absatzmärkte und sind als Devisenbringer geschätzt. Das hat auch die Einrichtung von speziellen Forsten für solche Hölzer bewirkt (Teak-Bäume).

Die Gewinnung wertvoller tropischer Hölzer ist deshalb so schwierig, weil diese meist als Einzelbäume in weiten Abständen voneinander in schwer zugänglichen Urwaldgebieten stehen und der Transport der Stämme nur möglich ist, wenn ganze Transportschneisen und breite Durchhiebe über weite Waldstrecken angelegt werden. Dies bedarf eines großen und gut organisierten Arbeitskräfteaufgebotes und gewisser Anschlußtransportwege bis zum Verarbeitungsplatz bzw. bis zur nächsten Schiffsverladestelle.

Wie gering im Urwald die Dichte wertvoller Hölzer ist, geht aus den Angaben von J. Weck (1959) hervor, nach dem im tropischen Regenwald pro ha Waldfläche nur 7 bis 10, in monsunalen Wäldern etwa 25 nutzbare Bäume vorkommen.

Dem Transport nicht verarbeiteter Hölzer in Länder mit anderen klimatischen Bedingungen stehen große Hindernisse entgegen. Dazu gehören Trockenrisse und Schädlingsbefall, welche zu erheblicher Wertminderung der Hölzer führen können. Die Errichtung von Verarbeitungsstätten in günstiger Verkehrslage mit zentralen Einzugsbereichen ist also eine unvermeidbare Vorbedingung für eine Beteiligung am Weltmarkt, erfordert aber hohe Kapitalinvestitionen, geschulte Facharbeiter und die Einrichtung einer gut organisierten und laufend funktionierenden Holzanlieferung.

Im Anschluß an die bisherigen Ausführungen sollen beispielhaft einige für den Handel wichtige Hölzer und ihre Verarbeitungs- und Verwendungsmöglichkeiten angeführt werden:

Zu den wichtigeren Hölzern, die noch immer aus Urwaldbeständen gewonnen werden, gehört u. a. der *Teakbaum* (Tectona). Er zählt zur Gattung der Eisenkrautgewächse, die mit 4 Arten in Südostasien und auf den pazifischen Inseln vertreten sind. Die wirtschaftlich bedeutendste Art ist Tectona grandis, ein heute überall in den Tropen auch forstlich kultivierter, bis 50 m hoher Baum mit bis 60 cm langen, elliptischen Blättern und weißen, in Rispen stehenden Blüten.

Teakholz ist ein wertvolles Edelholz, sehr hart, sehr dauerhaft, termitenfest, gelb bis dunkelgoldbraun, und eignet sich vorzüglich für Möbelbau. Unberechtigt wird der Na-

me auch für andere Holzarten verwendet, wie für Umgusi (Rhodes-Teak), Afrormosiaholz (Gold-Teak) und Iroko (Kambala-Teak).
Der Anteil der Teakbestände hat sich im Rahmen des kombinierten land- und forstwirtschaftlichen Anbaues erheblich vergrößert. Von den 800.000 bis 900.000 ha großen Beständen z. B. auf Java wurde etwa die Hälfte künstlich und zum größeren Teil im kombinierten Anbau angelegt (H. HESMER, 1970). Oft werden auch entlang der Straßenränder schmale Streifen des angrenzenden Dschungels gerodet und, um die Giftschlangengefahr zu mindern, durch lichte Teakanpflanzungen ersetzt (z. B. im Südosten von Sri Lanka).
Vielfache Verwendung findet der berühmte *Sandelbaum* (Santalum). Er gehört zur Gattung der Leinblattgewächse mit rund 20 Arten in Malaysia, Australien, Hawaii und Ostindien. Es handelt sich um Bäume und Sträucher mit großen ledrigen oder fleischigen Blättern und großen Blütenrispen. Der auf den Kleinen Sunda-Inseln und in Indien kultivierte Weiße Sandelbaum (Santalum album) mit etwa 25 cm dickem Stamm liefert Sandelholz und Sandelöl. Bei letzterem handelt es sich um ein ätherisches Öl, das durch Wasserdampfdestillation aus dem Kernholz des Sandelbaumes gewonnen wird. Das echte Sandelholz ist ein wertvolles Holz für Drechsler- und Kunsttischlerarbeiten und für die Herstellung von Räuchermitteln. Sehr begehrt ist aber auch das unter dem ungenauen Begriff *„Eisenholz"* bezeichnete Material, das aber von ganz verschiedenen Baumarten gewonnen wird und sich nur durch die gemeinsamen Merkmale sehr großer Dichte und Härte auszeichnet. Hierher gehört das Eisenholz Birmas (Xylia dolabriformis), das bornesische Eisenholz (Eusideroxylon malagangai), das auch Argania genannte Holz des Marokkanischen Eisenholzbaumes (Myrtengewächs mit etwa 20 Arten, verbreitet in Australien, Neuseeland und Polynesien) und noch manche andere Holzarten. Der *echte Eisenholzbaum* in Borneo ist auch unter der Bezeichnung Belianbaum bekannt.
Das purpurrote *Andaman Padoukholz* des Flügelfruchtbaumes findet Verwendung im Fahrzeugbau, als schweres Konstruktionsholz, für Fußböden und zur Herstellung von Billardtischen.
Unter dem Namen *„Sepetir-Holz"* versteht man sehr dekorative Hölzer mehrerer Arten der zu den Caesalpinien-Gewächsen zählenden südostasiatischen Gattung Sindora, welche durch ihren hohen Stamm mit einem Durchmesser von oft 1 m auffällt. Das gleichmäßig strukturierte, meist geradfaserige, gelb-, rötlich- oder schokoladebraune, mitunter dunkelstreifige Holz wird für Tischlerarbeiten, Fußböden und als Furnierholz verwendet.
Zuletzt möge noch das *ostindische Satinholz* von dem Rautengewächs Chloroxylon swietenia in Indien und Sri Lanka erwähnt werden. Das grün-gelbliche, harte und schwer zu bearbeitende Holz wird für die Herstellung von Ausstattungen und zu Drechslerarbeiten genutzt.
Darüber hinaus gibt es aber noch viele andere Hölzer, die ebenfalls hohe Preise erzielen, aber doch nur sehr lokale Bedeutung besitzen. Hierher gehört das zähe und wasserbeständige Holz der *Nibong-Palme,* welches sich für Pfahlbauten und Wasserkonstruktionen besonders eignet und für Fischereieinrichtungen sehr gesucht ist.
Baum- und strauchartige Dschungelvegetation bietet natürlich noch viele andere Möglichkeiten einer wirtschaftlichen Ausbeutung durch Sammler. So werden aus den Rin-

den von Mangroven (Rhizophoraceae) Gerbstoffe für die Ledergerbung gewonnen. Schon 1.230 v. Chr. sollen Mangrovenrinden von den Arabern zum Gerben benutzt worden sein. Das Mangrovenholz wird als Werkholz für Nutzstangen, als Brennholz und zur Holzkohlegewinnung verwendet.

Kautschuk und *Guttapercha* wird aus zahlreichen wildwachsenden, milchsaftliefernden Pflanzen gewonnen und verarbeitet. Seil- und Flechtmaterial wird u. a. aus vielen Kletterpflanzen hergestellt, so auch aus den *Rotangpalmen,* einer Palmengattung mit rund 200 Arten im indisch-malaiischen Florengebiet. Es handelt sich um Kletterpalmen mit bis 100 m langen Stämmen. Einzelne Arten liefern – so wie die in Indien wachsende echte Rotangpalme (Calamus rotang) – ausgezeichnetes Flechtmaterial (Peddigrohr) für Stühle, andere Korbmöbel, Körbe und Matten. Sehr groß ist die Zahl der Wildpflanzen, aus deren Fasern man Stricke und Seile sowie grobe Gewebe herstellen kann. Die vielfältige Verwendbarkeit der verschiedenen *Bambusarten* für den Haus- und Brükkenbau, für Flechtwände, zur Herstellung von Gefäßen und Hausgeräten ist allgemein bekannt und soll daher hier nicht weiter ausgeführt werden; Bambussprossen dienen außerdem als hervorragendes Gemüse der Ernährung. Typische Bambusbestände im Bergland zeigt Bild 103 der Tafel 58.

Die Blätter verschiedener Palmenarten liefern ebenfalls das Material für das Flechtwerk von Hauswänden und zur Dachdeckung (siehe Bild 11 der Tafel 6 und Tafel 12). Besonders bevorzugt werden hierfür auch die Blätter einzelner *Pandanusarten* (Pandanaceae, Schraubenpalmgewächse, häufig mit Stelzwurzeln in Strandnähe und in feuchten Talgründen), wie sie auch für die Häuser auf Bild 90 der Tafel 50 verwendet wurden. Auch die riesenhaften Blätter der *Sago-Palme* (siehe Bild 93 der Tafel 52) werden häufig als Baumaterial verwendet. Ihre Hauptbedeutung für die Eingeborenen Malaysias und vieler pazifischer Inseln liegt in ihrer Verwertung als traditionell wichtige Nahrung. Bei der Nutzung wird das Stamminnere geöffnet und die Stärke durch Auswaschen von den Fasern getrennt. Dadurch erhält man das Sagoprodukt hohen Stärkegehaltes. Die Sago-Palme gehört zu den Gewächsen mit dem höchsten Kalorienertrag. Andere Palmenarten dienen seit eh und je zur direkten Gewinnung von Zuckersäften dadurch, daß man ihren Stamm bzw. die Blütenstände anzapft. Auch aus dem Trieb der Kokospalme wird *Palmsaft* gewonnen, der in vergorenem Zustand „toddy" genannt wird und als berauschendes Getränk sehr geschätzt ist. Damit wären wir aber bereits bei den Suchtmitteln angelangt und kommen nicht umhin, auch die *Betelnuß-Palme* (Areca catechu) zu erwähnen. Die Unsitte, Betelnüsse zu kauen, ist in Asien Jahrtausende alt und fällt jedem Fremden durch das rote, überall verbreitete Sputum auf. Sie spielte auch in religiösen Riten Indiens seit prähistorischen Zeiten eine gewisse Rolle. Nach alten Sitten wird das Endosperm der Samen („Betelnüsse"), welches reich an stimulierenden Alkaloiden (Arecolin) ist und speichelbildend wie schweißtreibend wirkt, zerschnitten. Es wird mit Kalk und Zimt und anderen Gewürzen vermischt, in die Blätter von Piper betle eingewickelt und anschließend gekaut (BRÜCHER 1977, S. 504). Diese Unsitte fördert mitunter beim Gebraucher die Bildung von Mundhöhlen-Karzinomen, hat aber auch die positive Wirkung einer Stärkung des Zahn- und Gaumenfleisches und einer Abtötung von Eingeweide-Würmern.

Wer den Pflanzenreichtum des tropischen Regenwaldes kennt und zu nutzen versteht, vermag in diesem ohne Hilfe unserer marktorientierten Welt zu leben. Seine wirtschaftliche Entwicklungsstufe geht aber über die eines Sammlers nicht weit hinaus. Die Kenntnisse und Fertigkeiten solcher Menschen einer rasch schwindenden Restbevölkerung werden allerdings meist sehr unterschätzt. Sie müssen auch von jenen beherrscht werden, die bereits einer höheren Wirtschaftsstufe angehören, aber zur Nutzung der Regenwaldgebiete in diese eindringen.

7.2 Die Rolle der Viehhaltung, Jagd und Fischerei in der Ernährung und als Erwerbszweig

7.2.1 Der tropische Hungergürtel und Proteinmangelraum der Erde

In der zweiten Hälfte unseres Jahrhunderts wurde in Verbindung mit den Problemen der Entwicklungsländer immer wieder deren Ernährungssituation durchleuchtet. Anstöße dafür haben u. a. auch wiederholt durch Mißernten verursachte Hungerkatastrophen in den Trockengebieten unserer Erde (z. B. Sahelzone) gegeben. Gleichzeitig deuteten Vorausberechnungen der Bevölkerungsentwicklung darauf hin, daß diese im tropischen Lebensraum der Menschen noch immer fast explosiv weiter vor sich geht. Entgegen früherer Ansichten ist aber eine Steigerung der Nahrungsmittelproduktion gerade in diesen Gebieten nicht entsprechend zu erwarten. Der physiognomisch so besonders üppig erscheinende tropisch-feuchte Vegetationsraum ist hierfür in nur enttäuschend geringem Ausmaß geeignet.
Der Gegensatz zwischen Industrie- und Entwicklungsländern wird dadurch auch in vielen äquatorialen Gebieten nicht gemildert. Während in den Industrieländern – außer in Kriegszeiten – ein Produktionsdefizit an Nahrungsmitteln durch entsprechende Einfuhr aus Ländern mit Überproduktion ausgeglichen werden kann, gestatten die ohnedies meist hohen Außenhandelsdefizite der Entwicklungsstaaten diesen Weg nicht, abgesehen davon, daß auch die Verteilungsprobleme aus organisatorischen und verkehrstechnischen Gründen kaum zu lösen wären.
Die FAO (Food and Agricultural Organisation of the United Nations) nimmt für die *ausreichende Nahrungsmittelversorgung* eines Menschen im Weltdurchschnitt eine tägliche Aufnahme von 10.032 kJ, das entspricht rund 2.400 kcal, an. In diesem Verbrauch sollen aber 70 g Eiweiß enthalten sein. Wenn man die durchschnittlich geringere Körperhöhe und das wesentlich geringere Körpergewicht der Einheimischen im Tropenraum berücksichtigt, dann kann die untere Grenze einer ausreichenden Ernährung um 15 bis 20% niedriger angesetzt werden, was etwa 8.360 kJ (rund 2.000 kcal) entspricht, in denen aber ein entsprechender *Eiweißanteil* von 1.200 kJ (rund 290 kcal) enthalten sein muß.
Je nach der Schwere der täglich zu leistenden körperlichen Arbeit erhöhen sich diese Beträge um rund 1.000 kcal für durchschnittlich stärkere tägliche Arbeitsleistung und um weitere 1.000 kcal für tägliche Schwerarbeit.
Im Tropenraum dürften nach der vom Verfasser oben angegebenen Reduktion etwa nachstehende Werte der Konstitution der einheimischen Bevölkerung relevant sein:

Grundumsatz ohne Arbeit	6.280 kJ	1.500 kcal
leichte Arbeit	8.360 kJ	2.000 kcal
täglich stärkere körperliche Arbeit	12.550 kJ	3.000 kcal
tägliche körperliche Schwerstarbeit	16.760 kJ	4.000 kcal

Der notwendige *Mindestbedarf* von 8.000 bis 9.000 kJ oder über 2.000 kcal wird im tropischen Lebensraum auch heute noch in nur ganz wenigen Gebieten erreicht (Taiwan, China, Teile Hinterindiens, Singapur u. a.), und zwar hauptsächlich durch eine an Kohlehydraten reiche pflanzliche Nahrung, welcher der notwendige Gehalt an Fetten und Proteinen mangelt. Fast die gesamte Bevölkerung des Tropenraumes, ausgenommen jener bevorzugten Gebiete mit fischreicher Nahrung, leidet an Mangelerscheinungen – vor allem an Proteinmangel (siehe Abbildung 38).
Proteine sind Bausteine aller lebenden Organismen, können aber lediglich von Pflanzen aus anorganischen Verbindungen gewonnen werden. Menschen und Tiere vermögen sich nur durch entsprechende Nahrungsmittel die unbedingt notwendigen Mindestmengen zuzuführen. Die Resorption wird nach Spaltung der Proteine im Magen-Darm-System in Form der freien Aminosäure durchgeführt. Die notwendige Mindestmenge an Proteinen kann hauptsächlich aus Fleisch, Fisch, Eiern und Milch gewonnen werden, weshalb wir in Abschnitt 7 näher auf sie eingehen müssen.
Neben der Zufuhr von Nährstoffen als Energiegrundlage sind auch die in diesen enthaltenen *Mineralstoffe* (Natrium, Kalium, Kalzium, Phosphat, Eisen u. a.) sowie die Vitamine (A = Retinol, B_1 = Thiamin, B_2 = Riboflavin, Niacin und C = Ascorbinsäure) für die Erhaltung der Gesundheit und Widerstandskraft und zur Vermeidung von Mangelerscheinungen von grundlegender Bedeutung, wobei Fleisch, Fisch und Milchprodukte ebenfalls eine große Rolle spielen. Wie aus der Abbildung 39 über das Ernährungsgrundmuster der Erde nach KARIEL zu entnehmen ist, sind die Hauptkalorienträger im südostasiatischen Inselraum Reis, Mais, Süßkartoffel, Kokosnüsse, Kassawa (Maniok) und Bananen, zu denen im Indischen Ozean noch Millet (Hirse) und Sorghum dazukommen. Wichtigste Eiweißträger sind Fisch, Sojabohnen, Erdnüsse, Trockenbohnen, Trockenerbsen und vereinzelt Linsen.
Seit 1960 hat sich die Situation im tropischen und subtropischen Hungergürtel der Erde wesentlich gebessert. Mit Ausnahme der kontinentalen Trockengebiete – vor allem Afrikas – weisen heute China und der größte Teil des südostasiatischen Festlandraumes wesentlich bessere Ernährungsverhältnisse als in den sechziger Jahren auf, allerdings mit der Einschränkung des Vorhandenseins noch immer großer Gebiete mit einseitiger Ernährung, verbunden mit Mangelerscheinungen. In Südasien gehören nach wie vor riesige Räume zur Hungerzone, vor allem der Subkontinent Indien. Fast der gesamte Inselraum des Indischen und Pazifischen Ozeans mit Ausnahme weniger Gunstgebiete (wie Singapur) haben ebenfalls noch immer eine nicht zufriedenstellende Mindestversorgung der Bevölkerung mit starkem Auftreten räumlicher und lokaler Disparitäten (siehe Abbildung 39).

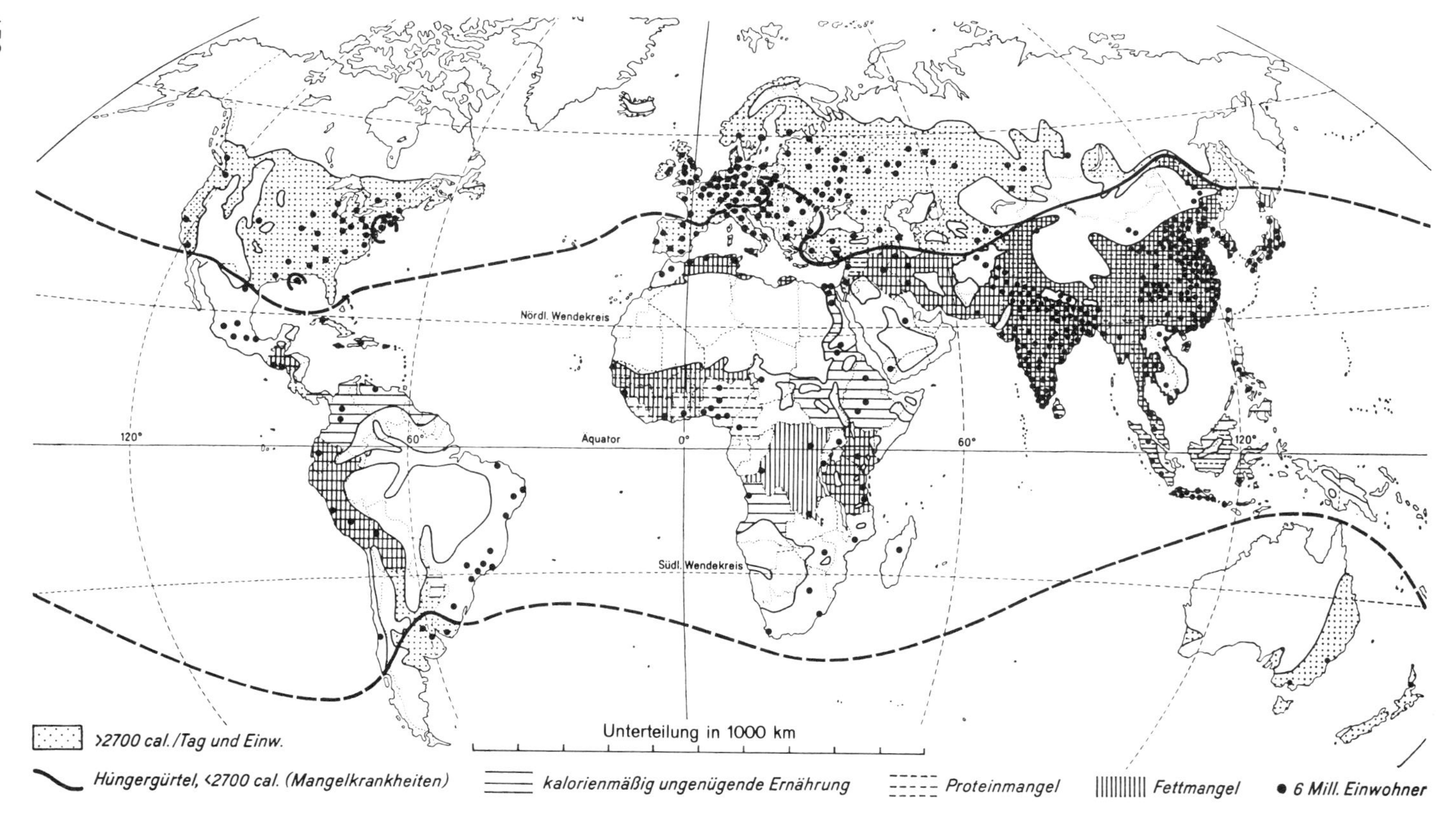

Abbildung 38: Der Hungergürtel der Erde um 1960 aus H. BOESCH (1969, S. 43). Da der Durchschnitt der Bevölkerung des Tropenraumes täglich stärkere körperliche Arbeit zu leisten hat, ist die Annahme eines Grenzwertes von 2.700 kcal zur Trennung versorgter und unterversorgter Gebiete berechtigt.

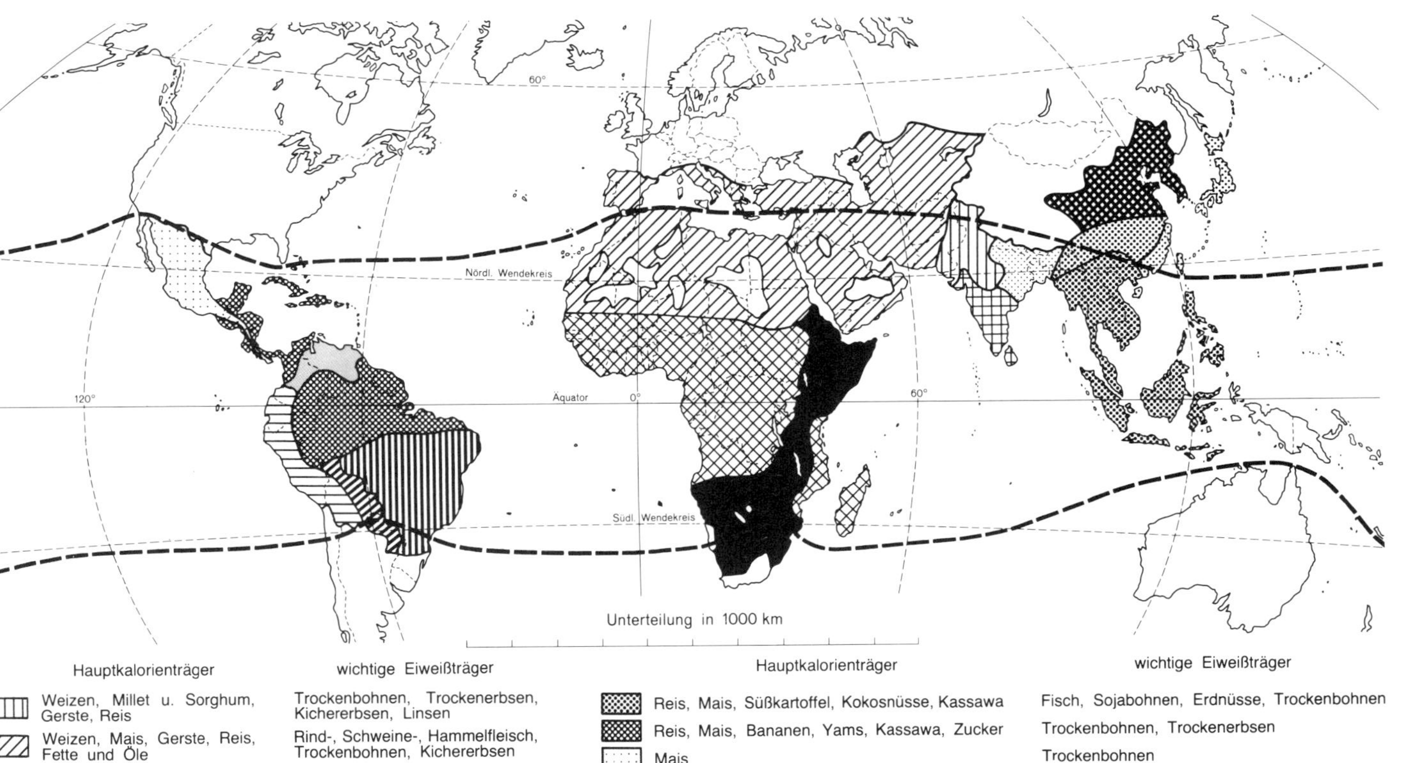

Hauptkalorienträger	wichtige Eiweißträger
Weizen, Millet u. Sorghum, Gerste, Reis	Trockenbohnen, Trockenerbsen, Kichererbsen, Linsen
Weizen, Mais, Gerste, Reis, Fette und Öle	Rind-, Schweine-, Hammelfleisch, Trockenbohnen, Kichererbsen
Weizen, Mais, Gerste, Reis, Kartoffel	Trockenbohnen
Weizen, Mais, Reis, Zucker	Rindfleisch, Trockenbohnen
Weizen, Mais, Kassawa	Rindfleisch, Trockenbohnen
Reis	Trockenbohnen, Trockenerbsen
Reis, Weizen	Fisch, Sojabohnen
Reis, Mais, Süßkartoffel	Schweinefleisch, Fisch, Sojabohnen, Erdnüsse
Reis, Mais, Süßkartoffel, Kokosnüsse, Kassawa	Fisch, Sojabohnen, Erdnüsse, Trockenbohnen
Reis, Mais, Bananen, Yams, Kassawa, Zucker	Trockenbohnen, Trockenerbsen
Mais	Trockenbohnen
Mais, Weizen, Kartoffel	Rindfleisch, Trockenbohnen
Mais, Millet, Sorghum	Trockenbohnen, Trockenerbsen, Kichererbsen, Linsen
Millet u. Sorghum, Mais, Reis, Yams, Süßkartoffel, Kassawa, Bananen	Trockenbohnen, Trockenerbsen, Erdnüsse
Millet u. Sorghum, Reis, Kassawa, Kokosnüsse	Fisch, Trockenbohnen, Linsen, Erdnüsse
Millet u. Sorghum, Weizen, Mais, Kartoffel	Schweine-, Hammelfleisch, Sojabohnen, Erdnüsse

Abbildung 39: Ernährungsgrundmuster der Erde (Hauptkalorienträger und Eiweißträger) aus KARIEL (1966) und Grenzen des Hungergürtels um 1985 von E. ARNBERGER.

7.2.2 *Viehhaltung als Erwerbs- und Ernährungsgrundlage und zur Ernährungsergänzung*

Für die Viehhaltung besitzt der tropisch-feuchte Lebensraum der Menschen, insbesondere das Verbreitungsgebiet der tropischen Regenwälder, nur sehr eingeschränkte Entwicklungsmöglichkeiten. Für die Rinderhaltung zur Fleisch- und Milchversorgung fehlen hier offene, genügend große, durchgängige und gut durchlüftete Graslandflächen, welche von einer raschen Gehölzüberwucherung leicht freigehalten werden können und eine Zusammensetzung des Rasens durch Pflanzen besitzen, die von den Rindern angenommen werden.
Die Verhältnisse in den trockeneren monsunal-wechselfeuchten Waldgebieten und im zentraltropischen Raum mit geringeren Niederschlägen, in Gebieten mit einer seit langer Zeit betriebenen Wanderweidewirtschaft (Madagaskar) oder in Hochlagen mit laubabwerfenden Wäldern bieten der Rinderhaltung bei nicht zu großem Besatz bessere Möglichkeiten als extrem humide Gebiete. Im Regenwaldgebiet hingegen ist die Rinderhaltung sehr stark eingeschränkt.
Unter den *Rindern* ist am weitesten verbreitet das vom indischen Subkontinent stammende Zeburind (Bos indicus, Buckelrind), welches schon sehr früh in Südasien domestiziert wurde. Der auffallende Schulterhöcker ist kein Fettspeicher, sondern ein stark entwickelter Muskel (Rautenmuskel), der nicht durch einen Dornfortsatz gestützt wird. In Südasien und Afrika sind zahlreiche Zuchtrassen vertreten. Die Milchleistung und Fleischproduktion ist bei Zeburindern erheblich geringer als bei anderen Rinderrassen auf der Erde, sie zeigen aber eine große Hitzetoleranz und vermögen Mangelzeiten erstaunlich gut zu überstehen.
Die gesamte Viehhaltung und -verwertung wird im Inselraum des Indischen und Pazifischen Ozeans und ihrer kontinentalen Randländer durch religiöse, weltanschauliche und im Volkstum tief verwurzelte Bräuche entscheidend beeinflußt:
Im Verbreitungsraum des Hinduismus ist das Schlachten von Haustieren für die menschliche Ernährung verpönt. Aus diesem Grund wird im rinderreichsten Land, Indien (1985 ohne Büffel 182,410 Mio. Rinder bei einem Weltbestand von 1266,569 Mio. Rindern = 14,4%), das ununterbrochen von Hunger bedroht ist, kaum Rindfleisch gegessen. Die Kuhmilch wird zwar als Göttergeschenk geschätzt, der Milchviehbestand ist jedoch unverhältnismäßig gering. An der Weltproduktion an Kuhmilch (1985: 455,599 Mio. t) ist Indien nur mit 4,6% (21,390 Mio. t) beteiligt. Dieses Ergebnis ist nicht nur auf den zu geringen Milchkuhbestand, sondern vor allem auch auf die sehr geringe Jahresmilchleistung pro Kuh, welche kaum 500 kg beträgt, zurückzuführen (durchschnittliche Milchleistung pro Kuh in den Ländern der Europäischen Gemeinschaft 4.328 kg/Jahr). Ähnliche Verhältnisse finden wir auch im Verbreitungsgebiet des Hinduismus auf den Andamanen und in Sri Lanka.
Man ist seit einiger Zeit bemüht, die Rinderhaltung auch für die menschliche Ernährung produktiver zu gestalten, wird im hinduistischen Raum aber sicher auch weiterhin die hinderlichen Tabus nicht überwinden können.
Aus anderen Gründen sind die Verhältnisse in Madagaskar nicht besser: Auf die Entwicklung der sehr unterschiedlichen natürlichen Raumgegebenheiten haben sich humanökologische Einflüsse entscheidend ausgewirkt. Vor allem sind es verschiedene

vorkoloniale Wirtschaftsformen und Sitten der sehr zahlreichen Volksgruppen, die sich landschaftsprägend dokumentieren. Eine extensive Weidewirtschaft, verbunden mit viel zu hohen Viehbeständen wirtschaftlich geringer Qualität, wirkt mit an der Degradierung weiter Landstriche im Westen und Südwesten der Insel. Es handelt sich auch hier meist um das widerstandsfähige, aber ertragsschwache Zeburind, welches infolge der in den langen Trockenzeiten nur spärlich zur Verfügung stehenden Weideflächen im Mittel nur 115 kg Fleisch je Stück und 100 bis 200 Liter Milch je Kuh im Jahr liefert (W.-D. SICK, 1979).

Aus Prestigegründen sind die Viehbestände der Familien und Sippen in Madagaskar viel zu groß. Das Produktionsgefälle zwischen den dünnbesiedelten Viehhaltegebieten der Sakalava-, Bara-, Mahafaly- und Antandroy-Volksgruppen im Osten und Südosten (Abbildung 110, S. 351) mit ihren enormen Viehbeständen einerseits und dem dicht besiedelten westlichen Hochland und westlichen Küstenland mit geringerer Viehhaltung andererseits führt zu riesigen Wanderstrecken zwischen Erzeugerursprungsgebiet und Absatzmarkt. Ein Großteil des Rinderbestandes, der jährlich etwa mit 9 bis 10 Mio. Stück anzunehmen ist, verliert auf diesen Wanderstrecken so sehr an Gewicht (siehe Bild 126 der Tafel 70), daß die Herden vor dem Verkauf und der Schlachtung erst wieder aufgefüttert werden müssen.

Etwas günstiger liegen die Fleisch- und Milchproduktionsverhältnisse in der Rinderhaltung auf jenen Inseln im westlichen Indischen Ozean (Mauritius, Réunion) oder im zentralen pazifischen Raum (Fidschi-Inseln), wo z. B. Zuckerrohrabfälle und -verarbeitungsrückstände die Futterbasis zusätzlich stützen oder genügend Weideland zur Verfügung steht.

Auf vielen Inseln im monsunal beeinflußten *wechselfeuchten Randtropenbereich* und in der Passatwindregion mit ranchartigen Betrieben wurde der Rinderbestand auf produktionsstärkere Rassen umgestellt und intensiviert. So z. B. in Neukaledonien oder auf Hawaii (siehe Bild 154 der Tafel 85 und Bild 54 der Tafel 28). Die damit verbundenen infrastrukturellen Maßnahmen und der intensive Weidebetrieb verändern mitunter die Landschaft derart, daß diese ihre tropischen Charakterzüge zu verlieren droht.

Daß eine marktorientierte, ranchartige Viehhaltung seitens der Eingeborenen auch im und am Rand tropischer Regenwaldgebiete möglich ist, haben in jüngerer Zeit die Bajau und Dusun in Sabah (Ost-Malaysia) bewiesen. Sicher wird diese Entwicklung durch den Marktbedarf im Einzugsbereich großer Städte weitere Anstöße erhalten.

Auch hinsichtlich der Haltung von *Wasser- und Sumpfbüffeln* steht Indien an erster Stelle der Weltrangliste (1985 Weltbestand 129,002 Mio. Büffel, davon Indien 64,485 Mio. = 49,9%).

Wasserbüffel werden zur Milchgewinnung gehalten, Sumpfbüffel sind das unersetzliche Arbeitstier in den Naßreisanbaugebieten Süd- und Südostasiens und seiner Inselwelt. Die Verwendung der Büffel ist aber an Gebiete gebunden, wo nach Hangneigung und Bewässerung die Möglichkeiten für das zur Abkühlung der Haut notwendige, täglich mehrmalige Suhlen der Tiere im Wasser oder Schlamm garantiert ist.

Die Büffelverbreitung deckt sich also weitgehend mit der Verbreitung des Naßreisanbaues. Die Büffelmilch ist für die Ernährung vor allem in den Reisanbaugebieten wichtiger als Kuhmilch, wie uns dies auch das Beispiel Indien zeigt (Indien 1985: 16,900 Mio. t Kuhmilch, 21,390 Mio. t Büffelmilch). Ähnlich dürfte das Verhältnis Kuhmilch – Büffelmilch auch auf Java und Bali und auf den Philippinen (1980: 13.000 t Kuhmilch, 18.000 t Büffelmilch) liegen. Die gesamte Milch- und Fleischproduktion dieser Länder ist völlig unzulänglich.

Von den in Tabelle 14 angegebenen Ländern besaßen 1980 die größte Rinderdichte bezogen auf die Fläche Madagaskar (15,5/km²), mit weitem Abstand vor Indonesien (3,4/km², mit Büffeln einbezogen 4,6/km²) und Sri Lanka (2,7/km², mit Büffeln einbezogen 4,1/km²). Die Philippinen folgen erst an 4. Stelle (0,6/km², mit Büffeln einbezogen 1,6/km²) und an letzter Stelle Papua-Neuguinea (0,3 Rinder/km²).
Auf den Kopf der Bevölkerung berechnet, kommen in Madagaskar rund 1 Rind, in Sri Lanka 0,87 (mit Büffeln zusammen 4,2), in Papua-Neuguinea 0,05, Philippinen und Indonesien 0,04 Rinder (mit Büffeln einbezogen 0,1 bzw. 0,06).
Im Mangel- und Unterernährungsgebiet der Tropen ist die *Schweinehaltung* zur Selbstversorgung von größter Wichtigkeit. Das hängt mit dem hohen Energiewert des Schweinefleisches, dem Protein- und Fettgehalt, den enthaltenen Mineralstoffen und den Vitaminen B_1 und B_2 zusammen. Schweine als Allesfresser, die gleichzeitig auch alle Abfälle günstig verwerten, keine Stallansprüche besitzen und in den Tropen nur genügend Schattenplätze benötigen, sind daher überall leicht zu halten.
Die extensive Schweinehaltung der Tropen bedient sich klein- und schmalwüchsiger, meist dunkler pigmentierter Schweinerassen. Der nicht zu unterschätzende Vorteil der Schweinehaltung liegt in der Schnellwüchsigkeit und Vermehrungsfähigkeit sowie in der geringen Vorsorgenotwendigkeit. Während die Kuh nur mit einem Kalb im Jahr für die Vermehrung zu sorgen vermag, kann ein Schwein mehrere Ferkel zur Welt bringen und mitunter zweimal werfen. Die Aufzucht kann auch auf kleinstem Raum erfolgen, so daß z. B. in Papua-Neuguinea auch die Fischer auf ihren Pfahlbauten über dem Wasser Schweine mit Fischabfällen und zusätzlichem Futter vom Land mit ausgezeichnetem Erfolg mästen, wie dies die Verfasser wiederholt feststellen konnten. Zum Unterschied zur hohen Bedeutung der Schweinehaltung als „lebende Konserven“ für die Selbstversorgung, besitzt diese im tropischen Gebiet für die Marktwirtschaft oder als Ausfuhrware kaum Bedeutung.
Vom Weltbestand an Schweinen im Jahr 1985 (789,871 Mio. Stück) entfielen rund 40% auf die Volksrepublik China. In der Tierhaltung der chinesischen Agrarsiedler steht das Schwein an erster Stelle. In der Inselwelt des Indischen und Pazifischen Ozeans ist die ausgewiesene Stückzahl gering, da der Schweinehaltung wieder schwere religiöse Hindernisse entgegenstehen, so z. B. im gesamten islamischen und hinduistischen Glaubensgebiet. Aber auch lokale Religionsgemeinschaften, wie die Mission der Sieben-Tage-Adventisten im melanesischen Inselraum, verbieten den Genuß von Schweinefleisch.
Auf den einzelnen Inselgebieten finden wir verschiedene, meist frühreife Zuchtrassen. Neben verschiedenen dunkelfarbigen bis schwarzen Rassen ist auch das Hängebauchschwein, welches in Vietnam gezüchtet wurde, vertreten.
Wie sehr die Schweinehaltung in Gebieten ohne religiöse Vorbehalte geschätzt wird, ist daraus zu erkennen, daß in manchen Gebieten stillende Frauen auch die Ferkel mitversorgen. Im melanesisch-papuanischen Neuguinea ist der Besitz von Schweinen von höchstem Prestigewert. Rituelle Schlachtungen werden bei vielen Gelegenheiten durchgeführt und sind meist mit festlichen Gelagen verbunden. Sie gehören zu wichti-

Tabelle 14: Rinder- und Büffelhaltung und deren Produkte in einigen Ländern des Indischen und Pazifischen Ozeans 1980 (Länderkurzberichte 1982).

Länder		Fläche Mio. km²	Bevölkerung in Mio.	Rinder insg.[1] in 1.000 St.	Milchkühe in 1.000 St.	Rindfleisch[1] in 1.000 t	Kuhmilch in 1.000 St.	Büffel insg. in 1.000 t	Büffelfleisch in 1.000 t	Büffelmilch
Madagaskar	1980	0,6	9,0	9.300	51	121	38			
Sri Lanka	1980	0,6	14,9	1.644	390	12	167	843	6	55
Indonesien	1980	1,9	147,5	6.423	40	157	69	2.353	bei Rindfl.	bei Kuhmilch
Philippinen	1980	3,0	47,9	1.883	13	78	13	2.870	49	18
Papua-Neug.	1980	0,5	3,0	140	4	2	1			

[1] Rinder + Kälber

Tabelle 15: Pferde-, Schafe-, Ziegen-, Schweine- und Geflügelhaltung und deren Produkte in einigen Ländern des Indischen und Pazifischen Ozeans 1980 (Länderkurzberichte 1982).

Länder	Fläche Mio. km²	Bevölk. in Mio.	Pferde in 1.000 Stück	Schafe in 1.000 Stück	Ziegen in 1.000 Stück	Schweine in 1.000 Stück	Hühner in 1.000 Stück	Enten in 1.000 Stück	Schweinefleisch in 1.000 t	Geflügelfleisch in 1.000 t	Hühnereier in 1.000 t
Madagaskar	0,6	9,0	2	630	1.600	750	14.800	2.450	28	42	11,5
Sri Lanka	0,6	14,9	2	28	493	71	6.000	17		11	20,3
Indonesien	1,9	147,5	618	3.611	8.051	2.755			86	105	90
Philippinen	3,0	47,9	325	30	1.450	7.934	52.800	6.000	408	184	200
Papua-Neug.	0,5	3,0	1	2	15	1.760	1.137	3	22	1	1,7

gen Kulthandlungen, auf die die Eingeborenen weder verzichten wollen noch können. Papua-Neuguinea besitzt die höchste Schweinedichte pro km^2 der Landesfläche (1980: 3,5/km^2); auf 3 Personen der einheimischen Bevölkerung entfallen rund 2 Schweine. Die Philippinen folgen an zweiter Stelle mit 2,7 Schweinen/km^2, aber nur einem Schwein für 5 Personen.
In jenen Gebieten, in denen aus kultischen Gründen die Schweinehaltung eingeengt oder verboten ist, kommt der *Geflügelhaltung für die Selbstversorgung* und für die regionale Marktbelieferung um so größere Bedeutung zu. In der Umgebung größerer Absatzmärkte und höheren Bedarfs (z. B. größere Städte und Bevölkerungsagglomerationen) haben chinesische Unternehmer auch moderne Geflügelfarmen für Enten und Hühner eingerichtet und betreiben diese mit hohem Gewinn.
In den meisten Gebieten Indonesiens wird allerdings die Hühnerhaltung so extensiv betrieben, daß die Eier nur etwa ⅔, mitunter sogar nur die Hälfte des Volumens durchschnittlicher Hühnereigrößen des europäischen Marktes erreichen. Auch der Fleischgewinn und die Qualität von Schlachthühnern ist ganz unzulänglich.
Wesentlich besseren Ertrag gibt die Entenhaltung im amphibischen Reisbauland oder an den Gewässern der Niederungen. Die Geflügelhaltung besitzt den großen Vorteil, daß die Schlachtung der Tiere auf Nahrungsmittelmangelzeiten verschoben werden kann und dann imstande ist, Versorgungslücken zu schließen. Die ununterbrochene Vegetationszeit im tropisch-feuchten Raum bietet hierfür ideale Möglichkeiten.
Der ansehnliche Protein- und Fettgehalt des Entenfleisches, verbunden mit hohen Mineralstoffwerten von Kalium, Phosphor, Natrium und Kalzium, unterstreicht auch die besondere ernährungsmäßige Bedeutung. Ähnlich ist auch der Genuß des Fleisches gut ernährter Hühner zu bewerten. Die Geflügelhaltung wäre im tropischen Lebensraum zur Sicherung und Verbesserung der Ernährungslage mit allen Mitteln zu fördern.
Wie Tabelle 15 zeigt, ist die Hühner- und Entenhaltung im Verhältnis zur Fläche und Bevölkerung am bedeutendsten in Madagaskar und auf den Philippinen. Der Ertrag an Geflügelfleisch und Eiern ist aber überall äußerst gering und liegt auf den tropischen Inseln sehr weit unter dem Weltdurchschnitt.
Pferde, Schafe und Ziegen sind auf die trockeneren, savannenartigen Landschaften beschränkt. In Indonesien leben die Pferde fast wild in den ausgedehnten Graslandschaften Ost-Indonesiens; in den Gebirgsgebieten werden sie als Trag- und Reitpferde genutzt.

7.2.3 Jagd und Küstenfischerei zur Ernährungsergänzung

Die *Jagd* als Beitrag zur Selbstversorgung oder als zusätzliche Möglichkeit des Verdienstes hat in unseren Inselgebieten fast keine Bedeutung. In Madagaskar erstreckt sie sich fallweise auf Wasservögel und Wildschweine. Letztere werden im Verbreitungsraum der Wanderhirtenvölker meist noch mit selbstgeschmiedeten Lanzen gejagt. Auf den Seychellen gibt es überhaupt kein Großwild; Krokodile und Landschildkröten wurden bereits in der französischen Kolonialzeit weitgehend ausgerottet. Auf vielen Inseln dieser Gruppe ist die Tierwelt streng geschützt. Auf den Komoren und Maskarenen ist die für die Jagd interessante Tierwelt weitgehend verarmt, und es wird auch kaum noch Jagd betrieben. Allerdings stellendie Eingeborenen den Wasserschildkröten und deren

Gelegen nach, wenn diese nachts zur Eiablage an die Strände und Buchten kommen. Voraussetzungen hierfür besitzt als einzige der Komoren-Inseln die Insel Mayotte, da diese von Korallenriffen umgeben ist und die Buchten daher feine und mehrere Meter mächtige Sandstrände besitzen. Von den nächtlichen, trotz strengstem Verbot stattfindenden Gemetzel konnten sich die Verfasser auf der zu Mayotte gehörenden Insel Pamandzi am 27. April 1984 selbst überzeugen: Nach Begegnung einer mit Schildkrötenfleisch beladenen Eingeborenenfamilie (eine Schildkröte liefert bis 20 kg Fleisch) fanden wir am Strand südlich der Moya-Bucht die aufgebrochenen blutverschmierten Schildkrötenpanzer des Massakers der vergangenen Nacht.

Die süd- und südostasiatischen Inseln sind bis heute noch reich an Dschungelflächen und jagdbaren Tieren. In Sri Lanka allerdings wurden ,,national reserves" und ,,nature reserves" sowie Nationalparks eingerichtet, welche natürlich der Jagdmöglichkeit entzogen sind. In diesen Schutzgebieten lebt noch eine reiche Tierwelt, angefangen von zahlreichen Elefanten bis zu den Krokodilen und Waranen, von Leoparden und Bären bis zu den überall vorkommenden Affen und der sehr reichen Vogelwelt, deren Erhaltung für die Zukunft gesichert werden soll. Die letzten Weddas leben in ihren Dschungelrückzugsgebieten u. a. auch weiterhin von der Jagd, wofür sie auch noch Pfeil und Bogen verwenden.

Viele andere Inseln, wie die Andamanen, die Inseln westlich von Sumatra und vor der Küste der Malaiischen Halbinsel, haben noch weitgehende Waldbedeckung und sind in geringer Dichte von einer auf niedriger Wirtschaftsstufe stehenden Bevölkerung bewohnt, die in altüberlieferter Methode durch Jagd ihre Ernährung ergänzt. Die traditionellen handgefertigten Waffen, wie Speer, Pfeil und Bogen, Blasrohr, Schleuder und die verschiedenen Wurfgeräte, sind in tropischen Regenwaldgebieten bis zum heutigen Tage deshalb weiter im Gebrauch, da die auf niedriger Wirtschaftsstufe lebende Rückzugsbevölkerung aus finanziellen Gründen keine Möglichkeit besitzt, moderne Feuerwaffen und die dazu notwendige Munition zu erwerben. Außerdem wird im engbegrenzten Sichtbereich des Dschungels die notwendige Treffgenauigkeit mit den altüberlieferten Waffen bei weitem erreicht.

Im melanesischen Inselraum besitzt die Jagd für die Ernährung der Eingeborenen ebenfalls noch größere Bedeutung. In Neuguinea wird nicht nur den sehr begehrten Wildschweinen und den ehemals eingeführten Rehen nachgestellt, sondern es werden auch Baumkänguruhs, Beuteltiere, Beutelmarder, Opossums, Beuteleichhörnchen, Beutelratten, fliegende Hunde und verschiedene Vogelarten erlegt.

Die Möglichkeiten der Fleischgewinnung aus der Jagd werden durch den *Süßwasserfischfang* in Seen und Flüssen (siehe die Tafeln 20 und 49 sowie Bild 95 der Tafel 53) und den Fang von Fischen, Muscheln, Schnecken und Krebsen in den Gewässern und Niederungen und in Kombination mit dem Naß- und Sumpfreisanbau (Bild 119 der Tafel 67 und Tafel 71) ergänzt oder ersetzt. Außerdem kommen noch die ausgesprochenen Fischzuchtteiche dazu, welche häufig von chinesischen Gartenbauern angelegt werden, und die reichen Möglichkeiten des Fischfanges im Flußmündungsgebiet und der Fisch- und Krabbenzucht in Teichen, welche sich im Einflußbereich der Gezeiten ergeben. Diese Fangergebnisse sind zum erheblichen Teil bereits marktorientiert und werden durch Trocknen haltbar und transportfähig gemacht.

Für den *Fischfang im Gezeitenbereich* zeigt sich der Erfindungsreichtum der Bevölkerung durch eine Unzahl verschiedener Reusenkonstruktionen (Abbildung 40), Fangschleusen und Fischfallen aus Stein, Holz, Bambus, Flechtwerk und Stellnetzsystemen sowie eine Vielfalt von Fangmethoden (Wurfnetz, Stellnetz, Lichtfischen von Pfahlbauten aus, siehe Abbildung 41) und andere Arten.
Je kleiner die Inseln sind, desto geringer ist ihr Wildbestand und die Möglichkeit der Ernährungsergänzung aus der Jagd und umso mehr wächst auch die Bedeutung des Küstenfischfanges für die Proteinversorgung der Bevölkerung. Eine ausschlaggebende Voraussetzung hiefür bieten die Korallenriffe, welche viele tropische Inseln umgeben (siehe Bild 75 der Tafel 40 und Tafel 44).
Die *Sammeltätigkeit* der Küstenbewohner von Meerestieren im Riffgebiet (Kopffüßer, Krabben, Muscheln, Seeigel usw.) spielt eine sehr wesentliche Rolle für deren ergänzende Ernährung. Besonders wichtig ist sie für meerabgewandte Bevölkerungsgruppen – z. B. ehemalige schwarze Sklavenbevölkerung aus Afrika –, welche für den Fischfang nicht Boote benutzt, sondern sich ganz auf den Riff-Fischfang beschränkt. Typische Beispiele hierfür finden wir auf den Seychellen im westlichen Indischen Ozean.

Die Eingeborenen richten sich dabei ganz genau nach den Gezeiteneintritten und sammeln das Riff bis zur Riffkante im letzten Drittel der Ebbe zum Niedrigwasserstand und im ersten Drittel der einsetzenden Flut, mit Körben und spitzen Eisenstangen ausgerüstet, ab. Das Sammelergebnis kommt meist nicht auf den Markt, sondern wird in der eigenen Familie und mit den Nachbarn verbraucht.

Zur Zeit der Flut wird zusätzlich Fischfang im Flachwasser mittels Wurfnetzen betrieben. Die Strömungen zwischen Wasserhoch- und -niedrigstand werden durch Reusen und andere Fischfallen und zum Angeln genützt. Lokal haben sich oft sehr unterschiedliche Fangmethoden entwickelt, wie z. B. im Südwesten von Sri Lanka, wo Fischer in engen Buchten oder in der Mitte von Flußmündungen, auf hohen Stangen sitzend, auch bei erheblicher Brandung die starke Strömung für den Fischfang nützen, ohne durch sie gefährdet zu werden.
Ein Großteil der *Küstenfischerei,* die heute schon mit Booten mit Außenbordmotoren oder Fischkuttern mit Dieselmotoren durchgeführt wird, arbeitet bereits marktorientiert. In Küstenabschnitten dünner Besiedlung werden die Fänge gleich nach der meist gezeitenabhängigen Rückkehr an wartende Interessenten verkauft. Nur im Bereich größerer Küstensiedlungen bestehen feste Bindungen an Fischmärkte und Beziehungen zu Händlern und Verarbeitungsstätten.
Fischersiedlungen liegen meist, von den übrigen Siedlungen getrennt, direkt am Ufer oder sind als Pfahlbauten ins Wasser hineingebaut (siehe Abbildung 42). Trennende Mangrovebestände werden durch Bootsschneisen zum Meer überwunden (siehe Bild 3 der Tafel 2). Auf die Bootssiedlungen von Seenomaden wurde bereits an anderer Stelle hingewiesen und das Beispiel der ,,Orang Laut" dafür angeführt (siehe unter 6.1.1). Viele chinesische Fischer der Ströme und Meeresküsten wohnen Zeit ihres Lebens in Hausdschunken auf ganz bestimmten Ankerplätzen. Häufig gehören die Fischer der ärmeren und weniger geachteten Bevölkerung an und stehen im Kastenwesen an einer sehr niedrigen Stelle (Fischer südlich von Colombo auf Sri Lanka). Durch die Sonderlage ihrer Siedlungen (siehe Bild 31 der Tafel 16) sind sie auch von den Versorgungs- und Entsorgungseinrichtungen ihrer weiter landeinwärts wohnenden Landsleute abge-

Abbildung 40: Philippinen. Fischreuse, welche die Gezeitenströmung zwischen den Inseln Samar und Leyte nützt (Aufnahme E. A., 1979, bei der San-Juanico-Brücke).

Abbildung 41: Singapur. Fischfang-Pfahlbau aus dem Holz der widerstandsfähigen Nipa-Palme vor der Südküste der Hauptinsel (Aufnahme E. A., 1975).

Abbildung 42: Philippinen. Fischerpfahlbauten an der Westküste der Insel Samar bei Catbalogan, Blick nach Osten gegen das Bergland (Aufnahme E. A., 1979).

schnitten und führen gezwungenermaßen ein zurückgezogenes, außerordentlich selbstgenügsames Leben, dessen Rhythmus ganz vom Meer geprägt ist. Ihre besondere Fürsorge gilt den oft recht einfachen, dennoch seetüchtigen Booten, welche mitunter durch schöne Schnitzereien und zur Geisterabwehr auch durch bunte Bemalung auffallen (siehe Bild 131 der Tafel 73).
Das große Interesse des europäischen und amerikanischen Marktes an exotischen Aquarienfischen hat an einigen Stellen der Inseln zur Errichtung von Aquarien für den Lebendfischexport geführt (z. B. südlich von Colombo) und eine bescheidene zusätzliche Verdienstmöglichkeit geschaffen. Größer sind noch die Möglichkeiten, welche sich heute durch den Verkauf ausgenommener Muscheln und Schneckenhäuser bieten, die aber bereits in manchen Gebieten zu einem Raubbau an Meerestieren geführt haben.

7.2.4 Bedeutung und Ausbaumöglichkeiten der Küsten- und Hochseefischerei

Der gesamte Weltfischfang hat nach dem Zweiten Weltkrieg eine enorme Steigerung erfahren, und zwar von 16,6 Mio. t 1948 (Seefische einschließlich Krustentiere, aber ohne Warmblüter) auf 76,8 Mio. t im Jahr 1982. Eine Ausnahme von dieser Steigerung hatte nach 1970 nur die südostpazifische Region durch das Ausbleiben der Anchovisschwärme und durch starke Überfischung zu verzeichnen.
Sehr deutlich zeigt sich die stark steigende Tendenz der Fänge auch bei Japan, Indone-

sien und den Philippinen, während die Inseln im westlichen und mittleren Indischen Ozean nur bescheidene Zunahmequoten aufweisen (siehe Tabelle 16).

Tabelle 16: Die Entwicklung der Fänge der See- und Binnenfischerei (Fische, Krusten- und Weichtiere) 1970 bis 1980 in einzelnen Inselstaaten des Indischen und Pazifischen Ozeans (auf- und abgerundete Zahlen). Der rechnerische Bezug der Fangmengen pro Einwohner wurde auf Grund der genauen, nicht gerundeten Fangwerte ermittelt. In einzelnen Staaten ist der Anteil der Fänge aus der Binnenfischerei an den Gesamtfängen sehr hoch, so z. B. in Madagaskar ¾, Sri Lanka 10%, Philippinen 70% und Taiwan fast 60%. Zusammenstellung nach amtlichen Statistiken der angegebenen Länder, Statistiken internationaler Organisationen und den Länderkurzberichten.

Gebiete (Inselstaaten)	Fänge in 1.000 t				Fangmengen pro Einwohner in kg			
	1970	1975	1977	1980	1970	1975	1977	1980
Erde	70.696	66.376	73.501	72.377	19,2	16,1	17,1	15,9
Madagaskar	51	56	56	54	7,6	7,4	6,9	6,2
Komoren	·	4	4	4	·	10,8	10,6	10,3
Mauritius	·	7	8	5	·	7,9	8,8	5,2
Seychellen	·	4	5	·	·	66,0	80,8	·
Sri Lanka	·	136	146	191	·	10,0	10,6	13,0
Japan	9.366	9.895	10.733	10.426	90,0	88,7	94,3	89,1
Taiwan	·	780	·	936	·	48,3	·	52,6
Philippinen	990	1.443	1.509	1.672	27,0	34,3	34,3	34,7
Singapur	·	18	15	·	·	8,0	6,5	·
Indonesien	1.249	1.382	1.572	1.840	10,7	10,6	11,6	12,5
Papua-Neuguinea	·	·	26	30	·	·	9,2	10,0
Salomon-Inseln	5	9	16	28	34,2	45,6	77,0	126,3
Kiribati	·	16	17	19	·	293,6	304,2	323,4
Fidschi-Inseln	·	5	8	19	·	8,6	13,1	28,6
Westsamoa	0,9	1	2	1	6,2	6,6	13,1	7,0
Tonga	0,4	0,9	1	2	4,9	10,3	12,9	20,5

Wie sehen nun im Indischen und Pazifischen Ozean die natürlichen Voraussetzungen für den Fischfang aus?

Im Pelagischen Bezirk (lichtdurchdrungener Bereich des Meeres bis etwa 200 m Tiefe) der Tropen herrschen das ganze Jahr hindurch gleichartige Verhältnisse. In den außertropischen Meeresgebieten hingegen sinken die winterlich abgekühlten und daher schwerer gewordenen obersten Wasserschichten ab, und wärmeres, nährstoffreicheres Tiefenwasser dringt nach oben. Die Erwärmung des Wassers im Sommerhalbjahr führt zur Planktonblüte. Auch das Zusammentreffen kalter Meeresströmungen (Humboldtstrom vor der Küste Perus, Kalifornischer Strom vor der Küste Kaliforniens und Mexikos) mit warmen Meeresströmungen führt zum Aufdringen nährstoffreichen (planktonreichen) Tiefenwassers und damit zu einer wesentlichen Grundlage des Fischreichtums. Zum Aufsteigen nährstoffreichen Tiefenwassers kann es auch durch submarine Rücken kommen, welche zur Richtung der Meeresströmungen querverlaufen. Im Indischen Ozean treten diese Erscheinungen monsunabhängig auf.

Die weitaus bedeutendsten Gebiete der Hochseefischerei sind in allen Ozeanen die *Schelfmeere* und die seichten Becken. Besonders artenreich, dafür aber etwas weniger fischreich sind die tropischen Schelfgebiete, welche zu den Hauptfischereigebieten der Erde zählen.

Der Fischfang im Indischen Ozean, bezogen auf die Flächeneinheit, beträgt schätzungsweise nur ⅕ der im Atlantik oder Pazifik erzielten Erträge (KRÜGER, 1979). Die jährliche Wachstumsrate hat jedoch erstaunlich zugenommen, was von den großen Bemühungen zeugt, zu einer Verbesserung der Ausrüstung der Fischerboote und der Fangmethoden zu gelangen. Der Fischfang im Indischen Ozean wird größtenteils als Küstenfischerei zur Deckung des Eigenbedarfes betrieben.

In einigen Gebieten des Indischen Ozeans wirken sich aber auch bereits moderne, kapitalintensive Fangmethoden japanischer, koreanischer und taiwanesischer Unternehmen mit Langleinentrawler (Fang von Thunfischen, Segel- und Speerfischen) und sowjetischer Fabriktrawler (Golf von Aden) aus.

Unvergleichlich größere Bedeutung besitzt der Fischfang im Pazifischen Ozean, wo der größte Teil der Fänge ebenfalls aus der Schelfzone stammt, die jedoch viel größer ist (Abbildung 28, S. 108). Dabei spielen bodenbewohnende Arten wie Kabeljau, Flunder, Drachenkopf, Zackenbarsch, Umberfisch und Schnapper eine wichtige Rolle. In den Gewässern vor den Küsten Perus, Kaliforniens und vor den nördlichen Küsten Japans und Koreas konzentriert sich die Fischerei auf Heringsarten, wie auf Sardinen und Sardellen. Die Sardellenfänge (Anchoveta) erreichten um 1970 rund ein Sechstel des gesamten Seefischfanges der Erde und wurden hauptsächlich für die Fischmehlherstellung zur Futtermittelerzeugung verwendet.

Obwohl der Pazifische Ozean mehr als doppelt so groß wie der Atlantische ist, besitzen die Schelfzonen nur wenig mehr Fläche als die atlantischen. Die Fischerträge beider Ozeane unterscheiden sich daher auch nur geringfügig.

Den größten Verbreitungsraum auch auf hoher See nehmen im Pazifischen Ozean die Thunfische und Barsche ein. Lachs, Dorsch und Hering sind im nördlichen Meeresraum weit verbreitet, wobei japanische Fischer den Lachsfang im Westpazifik auch als Hochseefischerei betreiben. Von sehr großer Bedeutung ist auch der Fang wirbelloser Tiere. Die Erträge des Garnelenfanges sind im Gelben und Südchinesischen Meer, vor Nordaustralien und im Golf von Alaska erheblich. Krabben, Hummer, Langusten und Tintenfische sind fast im gesamten Meeresraum verbreitet.

Im Rahmen des Fischfanges der Inselstaaten können wir außer für Japan, das an erster Stelle der Rangliste der Erde steht, im Pazifischen Ozean nur noch für die Philippinen und Indonesien eine größere Dimension feststellen, die hauptsächlich auf die Nutzung der Schelfgebiete zurückgeht. Indonesien erreichte 1980 2,45%, die Philippinen 2,32% der Weltfangmengen. In Indonesien liegt dabei das Schwergewicht auf dem Seefischfang mit 76% der eingebrachten Fangmenge (1980), während auf den Philippinen der Anteil der Seefische nur 20,2% betrug.

Interessant ist ein Vergleich mit Madagaskar im Indischen Ozean, das zum Weltfischfang nur 0,7% beitrug, 85% seiner Fangergebnisse aber aus der Binnenfischerei deckte (1980).

Der Fischfang auf den Inseln Mikronesiens, Melanesiens und Polynesiens dient im wesentlichen der Deckung des eigenen Bedarfs. Auf Amerikanisch-Samoa, den Neuen Hebriden und den Fidschi-Inseln wurden in jüngerer Zeit von Fremdfischern Fischkonservenfabriken errichtet, damit die Thunfischfänge nahe den Fanggebieten verarbeitet werden können. Die Fischkonservierung und Zubereitung für den Handel werden aber sonst im Wege der Trockenfisch- und Salzfischverarbeitung vorgenommen, zu der noch die besonders von den Chinesen betriebene Fischsaucen- und -pastaherstellung kommt. Letztere besitzt zunehmende Handels- und Ausfuhrbedeutung.

Die *Schwierigkeiten für eine moderne Entwicklung* des Fischereiwesens, die gerade für die nur sehr beschränkten wirtschaftlichen Möglichkeiten auf den Inseln neue Aspekte eröffnen könnten, sind bis heute noch nicht überwunden. Sie liegen in folgenden schwerwiegenden Mängeln:
a) Fehlen geeigneter Hafenanlagen,
b) Geringer Motorisierungsstand der Fischerboote,
c) Fehlen von Kühlanlagen in den großen Fischereihäfen,
d) Fehlen örtlicher Verarbeitungseinrichtungen,
e) Zu geringer Ausbau des Fischereigenossenschaftswesens und Fehlen notwendiger Marktbeziehungen.

In Indonesien wurde mit dem Aufbau eines Fischereigenossenschaftswesens in den fünfziger Jahren begonnen, das sich anfangs auch rasch entwickelte. Waren 1957 erst 128 Genossenschaften tätig, so vergrößerte sich die Zahl bis 1963 bereits auf 1.002 Genossenschaften. Die Fischereiflotte konnte allerdings nur sehr langsam und ganz ungenügend verbessert werden. Noch 1971 waren von den damals 288.200 registrierten Booten nur etwa 2,5% motorisiert; alle anderen waren Segelboote.

Große Entwicklungsfähigkeit besitzt allerdings noch die *Kombination von Naßreisanbau und Fischzucht.* Die Experimente, auf dem gleichen Boden zur gleichen Zeit Reis und Fisch zu produzieren, waren auf den Philippinen äußerst erfolgreich. Bis zu 12.000 Exemplare des Zuchtfisches Tilapida können auf 1 ha bewässerter Reisfelder gezogen werden, und zwar in nur 10 cm tiefem Wasser.

Diese Art von *Aquakultur* bietet eine noch sehr expansionsfähige Proteinquelle. In Java und Sulawesi ist die Kombination Reis/Fisch im Naßreisbau häufig zu sehen und oft dadurch leicht zu erkennen, daß in der Mitte der Felder kreisrunde Vertiefungen (Fisch-Schächte) angelegt sind, die das Überleben der Fische bei Absinken des Wasserstandes sichern.

Aber auch sonst hat die Aquakultur fern vom Meer zu einem Anwachsen der Fischproduktion geführt. Ende der siebziger Jahre wurden auf den Philippinen 450.000 ha Wasserflächen zu Aquakulturen genutzt und ½ Mio. t Fischproduktion im Jahr erreicht. Insgesamt 5 Mio. ha wären auf diesen Inseln für die Fischzucht geeignet.

7.2.5 *Handel und Gewerbe, Bergbau und Industrie als Basis der Lebensfähigkeit von Inseln und Inselgruppen*

Die notwendigste Infrastruktur für eine marktorientierte Wirtschaft und einen überregionalen Handel besteht in einer Verkehrserschließung aller Produktionsgebiete und im Ausbau von Transportwegen zu den Absatz- und Verschiffungsorten. Im Inselraum des Indischen und Pazifischen Ozeans ist diese Voraussetzung nur in alten Kultur- und Herrschaftsräumen – wie auf Ceylon – gegeben, deren Wegenetz schon in vorkolonialer Zeit gewissen Verwaltungserfordernissen angepaßt war. Ein Straßennetz ist außerdem auf Inseln mit großräumiger kolonialer Produktionsnutzung zu erwarten. Solche relativ gut erschlossenen Inseln sind z. B. Java, Luzon oder die Stadtinsel Singapur.
Auf den meisten tropischen Inseln der beiden Ozeane haben sich die *Verkehrswege* nicht netzartig über den ganzen Raum der jeweiligen Insel entwickelt, sondern spiegeln bis zum heutigen Tag die fleckenhafte Erschließung wider. Manche Inseln besitzen eine einigermaßen ausgebaute Küstenstraße mit einzelnen Stichstraßen ins Innere (Abbildung 43a), auf anderen hingegen beschränken sich die Verkehrswege auf die wirtschaftlich produktivsten und am dichtesten besiedelten Räume, ohne sie alle miteinander zu verbinden (z. B. Nord- und Südsulawesi, siehe auch Abbildung 43b), auf wieder anderen Inseln begnügte man sich mit radial angelegten Wegen zu den Siedlungskernen in den Meeresbuchten, welche nur über die Küstenschiffahrt miteinander verbunden sind (so bei vielen kleineren Gebirgsinseln, wie Tioman; Typ der Abbildung 43c).

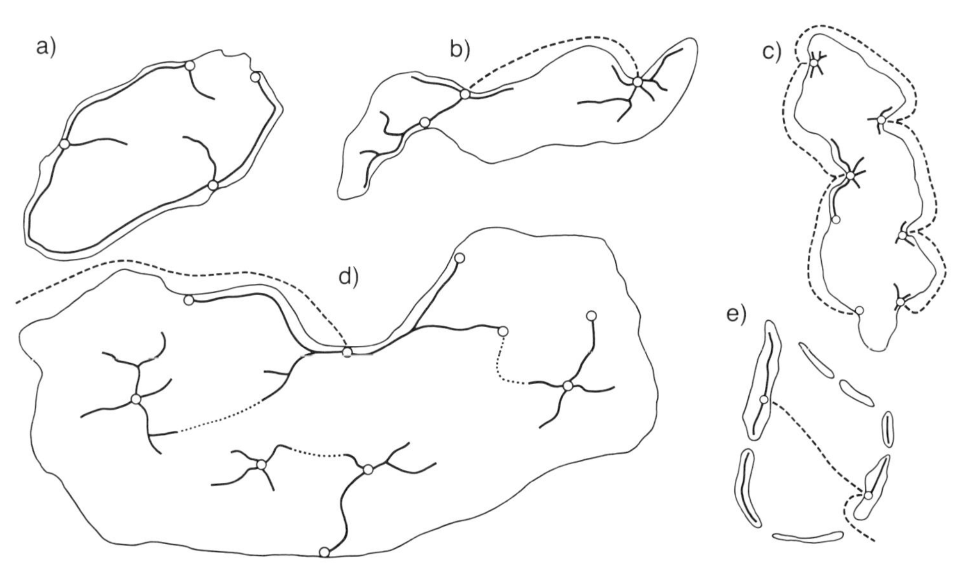

Abbildung 43: Modelltypen der Verkehrserschließung von Inseln. a) Durch Küstenstraße mit Stichstraßen ins Innere erschlossen; b) Erschließung nur einzelner Inselteile; c) Siedlungen nur auf dem Schiffswege erreichbar; d) Fleckenhafte Verkehrserschließung in voneinander isolierter Form; e) Schiffszufahrt zur Hauptinsel des Atolls und Schiffsverbindung innerhalb der Lagune.

Sehr häufig blieb auch der Ausbau befahrbarer Straßen auf kleinere Gebiete zur Deckung lokaler Bedürfnisse der Umgebung Zentraler Orte niedrigster Stufe beschränkt. Die Qualität dieser Verkehrswege ist meist schlecht und nur für eine geringe Transportkapazität geeignet (Abbildung 43d). Im immerfeuchten tropischen Gebiet sind sie während der Regenzeit auch nur ausnahmsweise befahrbar. Modelltypus der hier angeführten Verkehrserschließung einer Atolls zeigt Abbildung 43e (z. B. Majuro-Atoll).

In allen Fällen kommt dem innerinsularen Handel nur eine sehr lokale und damit auch eingeschränkte und untergeordnete Bedeutung zu, und nur wenige Hafenorte partizipieren an den nationalen und internationalen Handelsbeziehungen. Durch eine fallweise mögliche Ergänzung der Landverkehrswege durch die Küstenschiffahrt können die notwendigsten, lediglich von außen deckbaren Versorgungsbedürfnisse der Inselbewohner einigermaßen befriedigt werden. Ein Beispiel einer solchen rudimentären Handels- und Verkehrssituation zeigt uns auch die große Insel Madagaskar.

Um so wichtiger ist natürlich die Ausstattung der Zentralen Orte niedrigster Stufe mit *Gewerbebetrieben,* die den einfachen Bedarf der Bevölkerung des Einzugsbereiches zu decken vermögen. Solche haben sich vor allem auf dem holz- und faserverarbeitenden Sektor zu hohem handwerklichem Stand entwickelt.

Wenn wir die einzelnen Inselgebiete untersuchen, dann finden wir häufiger als erwartet solche autarken Selbstversorgungsgebiete, die fast ohne Verbindung zu den Lebensräumen anderer Volksgruppen ihrer Insel stehen. Ein Stagnieren der Wirtschaft und der sozialen Lebensformen ist die Folge. Nur in jenen Fällen, in denen lokale Verkehrsnetze den Anschluß an überregionale Verkehrsverbindungen finden und sich der Handel neue Wirtschaftsgüter erschließen kann, werden Innovationen für eine weitere wirtschaftliche Entwicklung wirksam.

In solchen Gebieten und in Orten mit aufstrebender Wirtschaftsstruktur und Handelsbedeutung treten schließlich einzelne ethnische Gruppen mit besonderen organisatorischen Fähigkeiten, Unternehmergeist und mitunter auch traditionellen überregionalen Beziehungen in den Vordergrund. Ein diesbezügliches Vakuum haben vielfach *Inder* und *Chinesen* ausgefüllt. Im ost- und südostasiatischen Pazifischen Raum würden ohne Chinesen Handel und Verkehr nur sehr unzulänglich funktionieren, und viele Betriebe verdanken ihre Produktionsstärke und ihren finanziellen Hinterhalt dem chinesischen Unternehmergeist. Daß dadurch Disparitäten der Verdienst- und Entwicklungsmöglichkeiten entstehen, die vorhandene ethnische Spannungen noch vergrößern, ist leicht einzusehen.

Im *Gewerbe* und *Kleinhandel* gilt es außerdem noch, den Fächer der angebotenen Waren möglichst zu vergrößern und über mehrere Preisklassen auszudehnen. Auch in dieser Beziehung sind Inder und Chinesen häufig erfolgreicher als die weniger bewegliche, noch in eine autarke Lebenseinstellung verflochtene, alteingesessene Bevölkerung. In Orten von einiger Bedeutung vergrößert sich daher der Kontrast zwischen Geschäften mit minimalstem Angebot zur Deckung eines eingeschränkten täglichen Bedarfes und solchen, die zwar auch noch zu den Kleinhandlungen zählen, praktisch aber ein erstaunlich umfassendes Lager führen.

Es kann nicht verschwiegen werden, daß die koloniale, auf hohe Produktion ausgerichtete Wirtschaft mit ihren *Plantagebetrieben,* modernen Verarbeitungsstätten und Großmanufakturen der verkehrsmäßigen Erschließung großer Räume dienlich war. Dasselbe gilt für die nach dem Zweiten Weltkrieg verstärkt einsetzende Erschließung von Lagerstätten und Einrichtung von *Bergbaubetrieben* und *Industrieanlagen.* Letztere haben aber durch die akute Finanzschwäche der nach der Entkolonisierung neu entstandenen Staaten nur eine sehr gebremste Entfaltung nehmen können. Diesem Umstand ist es zu verdanken, daß in Zukunft bei der Durchführung einschlägiger Entwicklungspläne Fehlplanungen und allzu große *ökologische Schäden* vielleicht auch vermieden werden können. Hat man doch inzwischen erkannt, daß gerade tropische Inseln hinsichtlich größerer Eingriffe in die Naturlandschaft außerordentlich empfindlich reagieren und die meisten entstehenden Schäden absolut irreparabel sind.

In Inselräumen bilden Land und Meer eine untrennbare Einheit der belebten Natur einschließlich des Menschen, für den die Meeresküste meist auch noch einen wesentlichen Ergänzungsraum seiner Wirtschaft und Ernährung darstellt. Eingriffe auf dem Land dürfen daher zu keiner Schädigung im litoralen Bereich führen, wie dies leider so häufig festgestellt werden muß. Ein einziges Zementwerk auf einer kleinen Insel kann – z. B. durch Verschmutzung der Fischgewässer – die Lebensgrundlage von mehr Küstenbewohnern zerstören, als Arbeitsplätze durch das Werk geschaffen wurden. Auch der Produktionswert ist häufig geringer, als der Wert der zerstörten Landschaft. Die vielen negativen Auswirkungen von Bergbau und Industrieanlagen auf dem kontinentalen Festland oder auf stark industrialisierten Inseln (Japan) lassen diese Hinweise besonders notwendig erscheinen.

Die *Inselwelt des westlichen Indischen Ozeans* ist bis heute auf dem Gebiet des Bergbaues und der industriellen Entwicklung weit zurückgeblieben.

In *Madagaskar* können die reichen Mineralvorkommen wegen unzulänglicher Verkehrserschließung zum größten Teil nicht genützt werden. Auch die industrielle Entwicklung ist nicht weit fortgeschritten und trägt vielfach noch die Merkmale des Gewerbes. Hauptzweig des verarbeitenden Gewerbes sind die Nahrungs- und Genußmittelherstellung. Dazu kommen noch Betriebe der Textil- und Bekleidungsindustrie (Baumwoll- und Sisalverarbeitung, Gerbereien). Zusammen nehmen diese etwa 30 bis 40% der industriellen Wertschöpfung ein.

In jüngerer Zeit wurden die chemische Industrie (Düngemittel, Seifen, Kunststoffe, Farben) und die Baustoffindustrie (Zement, Ziegel) beschleunigt ausgebaut. Für die weitere wirtschaftliche Entwicklung besteht als Haupthindernis der völlig ungenügende Ausbau der Verkehrswege und der schlechte Straßenzustand. Selbst von den 8.700 km Nationalstraßen ist nur etwa ⅓ ganzjährig befahrbar.

Unter den Ausfuhrwaren mit über 10 Mio. US-$ Wert stehen daher Lebens- und Genußmittel immer noch an hervorragender Stelle (Kaffee, Gewürznelken, Vanille, frische Krebse und Weichtiere, Frischfleisch), während erst dann Bergbauprodukte wie Schweröle, Chromerze und Konzentrate (1980: 146.529 t mit einem Wert von rund 10 Mio. US-$) folgten. Industrielle Fertigwaren nehmen ausfuhrmäßig noch keine nennenswerte Stelle ein.

Komoren und *Seychellen* besitzen keinen Bergbau und nur kleinere, meist gewerblich ausgerichtete Betriebe. Auf den Seychellen, für die der Fremdenverkehr die Haupteinnahmequelle darstellt, befinden sich außerdem noch eine Brauerei, eine Teemanufaktur, eine Zigarettenfabrik und ein Werk zur Kunststoffherstellung (alle auf Mahé). Der

Außenhandel ist schwer defizitär, und die Staatsschuld steigt seit Existenz des neuen Staates katastrophal an. Auch auf den Komoren ist die Landwirtschaft der wichtigste Wirtschaftszweig, welcher $\frac{9}{10}$ der Bevölkerung hauptsächlich in der Subsistenzwirtschaft beschäftigt. Die Betriebe des produzierenden Gewerbes sind überwiegend den Plantagen angegliedert und verarbeiten u. a. in Destillierbetrieben die wichtigen Ausfuhrartikel der Grundstoffe für die Parfumherstellung, und zwar Ylang-Ylang (Blüten des Baumes Cananga odorata, für die die Komoren größter Weltproduzent und -lieferant sind), Basilikum, Jasmin und Citronella. Weiters gibt es kleine Betriebe für Vanilleaufbereitung, Sisalentfaserung, Kopramühlen und Seifenherstellung. Zu den größeren Betrieben zählt noch ein Sägewerk.
Auf den *Maskarenen* ist die Wirtschaft durch Anbau und Verarbeitung des Zuckerrohres wesentlich geprägt. Im französischen Übersee-Departement Réunion nimmt 65% der Anbaufläche das Zuckerrohr ein, die anderen 35% sind verschiedenen anderen, z. T. ebenfalls tropischen Pflanzen gewidmet. Die Landwirtschaft beschäftigt 18% der Erwerbstätigen, trägt aber nur 8% zum Bruttosozialprodukt bei. Die industriellen Einrichtungen beschränken sich hauptsächlich auf die Zuckerherstellung (siehe Bild 68 der Tafel 35), Rumerzeugung und Herstellung von Lebensmitteln, deren heimischer Bedarf nicht gedeckt werden kann. Bodenschätze fehlen der Insel. In Mauritius gelang es, aufgrund einer geeigneten Infrastruktur seit 1970 einen verstärkten Ausbau von Industrie und Gewerbe durchzuführen, welcher hauptsächlich Betriebe der Leder-, Textil- und Bekleidungssparte betraf. Wesentlichen Anstoß für diese Entwicklung gab u. a. die „Export Processing Zone“ (Freihandelszone). Da Mauritius keine verwertbaren Lagerstätten, insbesondere von Kohle, besitzt, bemühte sich die Regierung, die Rückstände aus der Zuckerproduktion (Bagasse) durch Pelletisierung für die Elektrizitätserzeugung dienstbar zu machen. Der Anteil von Landwirtschaft und Industrie am Bruttosozialprodukt ist etwa gleich hoch, nämlich je 25%. Wichtigstes Industrie- und Ausfuhrgut ist nach wie vor der Zucker.

Die *Inseln vor der Küste von Tansania* sind sehr stark landwirtschaftlich orientiert und in den großen Siedlungen durch das Gewerbe geprägt. Auf der Insel Sansibar (Unguja) spielen außer dem Reisanbau und den Kokospalmbeständen auch Gewürznelkenkulturen eine große Rolle. Das industrielle Gewerbe beschränkt sich auf Nelkenöldestillation, Kokosölpressen, Reismühlen und Kalkbrennereien auf der Basis der dort vorkommenden Korallenkalke. Ähnlich sind die Verhältnisse auch auf der Nachbarinsel Pemba.

Viele der halbwüstenhaft und wüstenhaft aussehenden *Inseln im Arabisch-Persischen Golf* sind schon von weitem durch Einrichtungen der Erdöl- und Erdgasförderung, -lagerung und -verladung und von Erdölraffinerien (z. B. Bahrain) gekennzeichnet. Die Scheichtümer am Persischen Golf haben erst seit Mitte der dreißiger Jahre, vor allem aber nach dem Zweiten Weltkrieg mit ihrer alten Wirtschaftsweise durch Erschließung der Erdölfelder gebrochen. 1934 begann die Erdölförderung auf der Insel Bahrain (die sich später als nicht sehr ergiebig herausstellte), 1938 wurde eines der größten Erdölfelder der Welt – das Burganfeld in Kuwait – entdeckt, ab 1949 gehören Katar, 1962 Abu Dhabi, 1967 Maskat und Oman, 1969 Dubai zu den erdölfördernden Gebieten und

Ländern (siehe MENSCHING-WIRTH, 1973). Erstaunlicherweise gelang der Bevölkerung der Sprung von größter Armut und Einfachheit des Lebens zu höchstem Reichtum, ohne mit der islamischen Glaubenslehre in schweren Konflikt zu kommen. Auf wüstenhaftem und halbwüstenhaftem Boden stehen heute statt einfachster Lehmhütten ohne mindeste Infrastruktur, modernste Hochhäuser, Supermärkte, Schulen und beste technische Einrichtungen, die sich infolge des unermeßlichen Ölvorrats auch weiter halten werden können. Die Inselwelt des Arabisch-Persischen Golfes zeigt zwar nicht überall, zumindest aber z. T. die Charakterzüge einer Industrielandschaft und bildet die große Ausnahme im westlichen Indischen Ozean. Bahrain ist unter ihnen die erste und größte, welche durch den Segen des Erdöls gewandelt wurde.

Der *gesamte mittlere Indische Ozean,* der nur Koralleninseln besitzt, hat nur Gewerbebetriebe sehr bescheidener Größe aufzuweisen und ist ganz auf die Fischerei orientiert. Im *östlichen Indischen Ozean* befindet sich die Insel *Sri Lanka* (Ceylon), nach der Entkolonisierung noch am Anfang seines eigenständigen industriellen Ausbaues, der wieder nur über die Hilfe des Auslandes und durch große internationale Organisationen finanziert werden kann. Die Industriebetriebe sind sehr ungleichmäßig verteilt, liegen hauptsächlich im Westen der Insel, und 80% von ihnen konzentrieren sich um Colombo in einem Umkreis von 35 km. Sie erstellen 90% der industriellen Produktion. Besondere Bedeutung kommt der Industrie- und Freihandelszone in der Nähe des Flughafens von Colombo zu. Eine zweite Freihandelszone ist bei Biyagama geplant. Die Ansiedlung exportorientierter Betriebe und Beteiligung ausländischer Investoren werden angestrebt. Größeres Interesse wurde der Textilindustrie zugewandt, welche 1980 durch 17 Betriebe mit fast 8.000 Beschäftigten vertreten war.
Eine größere Erdölraffinerie (Sapugaskanda) befindet sich nördlich von Colombo. Die Energieversorgung ist zu über 30% von Erdölimporten abhängig. Die Erdölsuche war aber an der Nordwestküste erfolgreich. Eine Lagerstätte im Gebiet von Mannar wird auf etwa 200 Mio. t Erdöl geschätzt (Länderkurzbericht 1982) und befindet sich in Erschließung.
Ein Umweltproblemgebiet ist der Raum von Homagema östlich von Colombo mit einem Stahl- und einem Zementwerk geworden. Zementwerke befinden sich aber auch noch an anderen Stellen der Insel (bei Galle, Puttalam und im Norden der Jaffna-Halbinsel). Die zahlreichen, aber nicht sehr ergiebigen mineralischen Bodenschätze sind über die Insel verstreut. Gefördert werden Kaolin, Graphit, Monzanit, Ilmenit und Kalkstein. Eine seit langer Zeit weithin berühmte Stellung nimmt die Gewinnung von Edelsteinen und Halbedelsteinen ein, wie u. a. Rubine, Saphire, Topase, Aquamarine, Berylle, Mondsteine. Sie werden im Bergland von Sabaragamuwa (Ratnapura, Pelmadulla) gefunden, und bei Ambalangoda werden Mondsteine höchster Qualität gewonnen. Die Abbaue sind aber meist verhältnismäßig klein.
Dem Zugang zu den Küsteninseln am Ostrand des Indischen Ozeans ist die *Andamanen-Nikobaren-Inselkette* vorgelagert, deren wirtschaftliche Bedeutung gering ist. Wie bereits an anderer Stelle erwähnt, wurde als zusätzliche Beschäftigungsmöglichkeit zu den kleinen Handels- und Handwerksbetrieben für die in und um Port Blair explosionsartig anwachsende Bevölkerung 1930 eine Zündholzfabrik auf einer kleinen Halbinsel nahe der Hauptstadt gegründet.

Mit dem Eintritt in die *Malakka-Straße* gelangen wir an den Rand des ,,Rubber and Tin Belt" = Kautschuk- und Zinngürtel, der heute richtiger Kautschuk/Palmöl- und Zinngürtel bezeichnet werden müßte. Er reicht über Malaysia bis nach Bangka und Billiton (Belitung) in Indonesien. Zusammen mit den Ölfeldern im Osten des Berglandes von Sumatra (Nord-, Zentral- und Südfelder) und jenen im Norden Javas ergibt sich an der Grenze zwischen Indischem und Pazifischem Ozean eine für die jüngere Wirtschaftsentfaltung, Städteentwicklung und Industrialisierungsmöglichkeit entscheidende und tragende Grundlage. Nochmals wiederholt sich die Entwicklung, die durch den ,,Rubber and Tin Belt" auf Malaysia schon wesentlich früher für die Städtebildung und Landesentwicklung entscheidend war.

Die Insel Penang am Nordeingang in die Malakka-Straße hat durch die Randlage an einem der hervorragendsten Wirtschaftsräume Südostasiens und zugleich an der wichtigen Schiffahrtsstraße nach Singapur schon im 18. Jh. hohen Bedeutungsgewinn gezogen. Vor allem war es die durch breite Mangrovebestände behinderte schwere Zugänglichkeit des Küstenhinterlandes, die die Bedeutung der beiden vorragenden Inseln Penang und Singapur hob und in Verbindung mit den Freihandelsprivilegien zu einer Vorrangstellung führte.

Der Osten *Zentral-* und *Süd-Sumatras* ist bis heute gegen die Malakka-Straße durch Sumpfdschungel und breite Mangrovebestände abgeriegelt, hier führt aber die Erdölerschließung zu einer allmählichen Überwindung der Naturungunst.

Ein Teil der Gebirgsketten, die sich von Yünnan und Birma über Thailand durch Malaysia bis gegen die Java-See erstrecken (siehe Abbildung 22, S. 23), bestehen aus Granit, welches das Muttergestein der längsten Zinnlagerstättenzone der Erde darstellt (H. UHLIG, 1975). Durch die tiefgreifende tropische Verwitterung wurde das Erz aus dem Muttergestein gelöst, und die hohen Niederschläge haben ihre Ablagerung in den alluvialen Niederungen bewirkt. Der Abbau kann daher überwiegend auf sekundären Lagerstätten in Zinn-Seifen im Tagbau leicht erfolgen.

Die beiden *indonesischen Inseln* Bangka und Belitung (Billiton) im Nordwesten der Java-See gehören zur Provinz Süd-Sumatra und zeigen charakteristische Merkmale der Zinngewinnung durch ihre weithin erkennbaren abgedeckten Seifen. Die Primärvegetation ist über die Zinnfelder hinausreichend infolge des hohen Holzbedarfes für den Bergbau (Bauholz und Holzkohlengewinnung) weitgehend vernichtet. Im Abbau, der sich auch auf untermeerische Lagerstätten erstreckt, ist auch ein hoher Anteil Chinesen tätig. Ebenfalls z. T. untermeerische Zinngewinnung erfolgt auch auf der kleineren Insel Singkep nordwestlich von Bangka, welche auch Bauxitlagerstätten besitzt.

Ein erheblicher Teil wenig erschlossener Urwald- und Sumpfdschungelgebiete des *östlichen Sumatra* (Provinz Riau, Jambi und Süd-Sumatra) wurde durch die Erdölgewinnung nachhaltig beeinflußt. Die Nutzung der Talang-Akar-Felder in Zentral-Sumatra durch die Standard Vacuum Oil Company geht schon auf die zwanziger Jahre unseres Jahrhunderts zurück. Der Neuausbau und die weitere Erschließung riesiger, z. T. fast unzugänglicher Gebiete in Sumatra, Java, Borneo und schließlich in West-Irian führte dazu, daß zwischen 1961 und 1980 fast 90 neue Erdöl- und Erdgasvorkommen entdeckt und die Ölförderung von rund 21 Mio. t auf über 78 Mio. t angehoben werden konnte. Ein ausgezeichnetes Bild über Lage der Öl- und Gasfelder, Verteilung und Ver-

lauf der Leitungen, Standorte der Raffinerien und ein Überblick über die statistischen Angaben bietet der Petro-Atlas von F. MAYER (3. Aufl. 1982).
Die Öleinnahmen Indonesiens brachten 1980 zum Staatshaushalt einen Beitrag von fast 79%, und die Ölausfuhren bestritten über 73% des gesamten indonesischen Exports. Im gleichen Jahr machten die Erdöleinkünfte etwa 59% der Exporterlöse aus (Länderkurzbericht Indonesien 1982, S. 10).
Die riesenhafte Ausdehnung der Erdölerschließungsgebiete und der damit verbundene Eingriff in die Naturlandschaft einschließlich des für die Erschließung und Förderung und den Transport notwendigen Verkehrswege- und Pipelinenetzes führt zur Frage, mit welchen ökologischen Schäden diese volkswirtschaftlichen Gewinne bezahlt werden müssen. Die Antwort auf diese Frage kann positiver ausfallen, als dies z. B. aus den Erfahrungen aus anderen Klimagebieten zu erwarten wäre. Schon kurze Zeit (1 bis 2 Jahre) nach Installierung der Einrichtungen und dem Legen der Pipelines sind die schweren und breit aufgerissenen Wunden der Vegetationsdecke durch Sekundärvegetation wieder geschlossen. Da die Eingriffsgebiete meist in den Niederungen und im flachwelligen Hügelland liegen, sind weder Hangrutschungen noch einschneidende Veränderungen der ökologischen Verhältnisse angrenzender Landschaften damit verbunden, und die Vegetation kann sich einigermaßen regenerieren. Im Seifengebiet des Zinnabbaues liegen diesbezüglich die Verhältnisse wesentlich schlechter.
Der hohe volkswirtschaftliche Nutzen, aber auch die Verbesserung der lokalen Infrastruktur und der Verdienstmöglichkeiten in Standorträumen von Raffinerien und petrochemischen Betrieben sind offensichtlich und lassen einen solchen wirtschaftlichen Ausbau auch vom Gesichtspunkt der lokal seßhaften Bevölkerung aus als begrüßenswert erscheinen (siehe Bild 129 der Tafel 72). Vorteile aus dieser Entwicklung, die mit einer Verkehrsnetzverdichtung verbunden ist, ziehen auch die sonst in den Rodungsgebieten der Sumpfwälder und an den Flüssen liegenden, weitgehend isolierten und nur auf die Wasserwege angewiesenen Siedlungen und die Bemühungen um die Anlage von Neusiedelgebieten (siehe Tafel 71).
Auch im *Norden Sumatras* zeigt das Küstenland an der Malakka-Straße zwischen Belawan und Arun Kennzeichen der Erdölwirtschaft. Hier werden die Erdöllager der Rantaufelder und bei Arun Gasfelder ausgebeutet. Bei Arun wurde auch 1978 die zweite Erdgasverflüssigungsanlage Indonesiens in Betrieb genommen. In Nord-Sumatra bahnt sich aber auch – wie in vielen anderen Erdölförderungsgebieten – eine Industrieentwicklung an (Bauxitverhüttung, Aluminiumwerk, Petrochemie), die in der Folgezeit sicher zu einer starken Belastung der Natur und des menschlichen Lebensraumes mit Schadstoffen führen und sich vor allem auch im Meeresgebiet der Malakka-Straße auswirken wird. Es ist aus finanziellen Überlegungen kaum anzunehmen, daß infolge der negativen Erfahrungen aus anderen Gebieten rechtzeitig Vorsorgeeinrichtungen zu ihrer Vermeidung geschaffen werden. Bei dem äußerst angespannten Staatshaushalt Indonesiens wird der industrielle Aufbau sicher nur nach dem verheerenden Grundsatz „Produktion geht vor Lebensqualität" vorgenommen werden.
Die Förderung anderer Bodenschätze ist in Sumatra durch die schlechte Infrastruktur, insbesondere durch die geringe Verkehrswegeerschließung, behindert. Das gilt auch für die Steinkohlenvorkommen der Umbilin-Gruben im Bergland östlich von Padang und in Bukitasem in Süd-Sumatra. Die Abbaurentabilität ist außerdem durch die Kon-

kurrenz des Erdöles etwas beeinträchtigt. Die Eisenerzlager in Süd-Sumatra werden ebenso wie in Südost-Kalimantan, West-Java, Sulawesi und Flores wegen der hohen Erschließungskosten und dem Mangel an Koks zu deren Verhüttung nicht genutzt. Zur umweltfreundlichen Industrie Sumatras zählen die Textilindustrie, u. a. von Badak im Gebiet von Medan gegründet, und die Lebens- und Genußmittelindustrie in mehreren Orten.

Für die indonesische Erdölerschließung und -förderung ist in jüngerer Zeit die Insel Batam südlich von Singapur ausgebaut worden. Auf Batam entstehen so wie auf Merak Basislager. Der Ausbau ist rasch vor sich gegangen und weithin zu sehen. Außer als Rohöl-Entrepothafen soll die Insel auch als Montagebasis für Offshore-Förderplattformen dienen (RÖLL, 1974). Die Nähe des Umschlag- und Versorgungshafens Singapur verleitet dazu, viele kleine Inseln für solche Funktionen und als Standorte von Öllagern und Raffinerien auszubauen (siehe Bild 164 der Tafel 90).

Zu den industriereichsten Inseln Indonesiens zählt *Java,* das mit Industrie und produzierendem Gewerbe überproportional ausgestattet ist. Auf Java und Madura leben etwa 62% der Gesamtbevölkerung Indonesiens, hier befanden sich aber 1980 fast 80% der Industriebetriebe und Betriebe des verarbeitenden Gewerbes mit etwa 900.000 Arbeitnehmern.

Die ungleiche Bevölkerungsverteilung in Indonesien stellt mehr und mehr auch ein unlösbares wirtschaftliches Problem dar, welches nur durch *Umsiedlung* auf weniger dicht besiedelte Inseln gelöst werden kann. Der alte, bisher nicht geglückte Plan wäre also vordringlich durchzuführen. Im Rahmen des letzten Fünfjahresplanes sollten (nach Länderkurzbericht Indonesien 1982) insgesamt 2,5 Mio. Menschen von den übervölkerten Gebieten wie West-Java, Madura und Bali auf nur dünn besiedelte Gebiete umgesiedelt werden. Die Gesamtkosten dieses Projektes waren mit 2 Mrd. US-$ veranschlagt und werden zum Teil von der Weltbank und der Internationalen Entwicklungsorganisation/IDA finanziert. Bis 1981 wurden Kredite in Höhe von 318 Mio. US-$ vergeben.

Die Erdölvorkommen der Offshore-Gebiete nordöstlich der Sunda-Straße sowie von Rembang, Kawengan und Wonokromo sind weniger ergiebig. Alle Erdölvorkommen und die gesamte Förderung in Indonesien unterstehen dem staatlichen Erdölkonzern Pertamina, der außerdem auch noch das Monopol des Inlandsvertriebes von Erdölderivaten und der Erdölraffination besitzt. Ferner erzeugen Unternehmen der Pertamina u. a. Kunstdünger, Chemikalien und sind an Tankschiffahrt, Luftverkehr, Reiseverkehr und Versicherungswesen beteiligt. Es handelt sich also um den mächtigsten Konzern im Lande. 1980 erreichten die Erdöleinkünfte bereits etwa 59% der gesamten Exporterlöse Indonesiens.

Im Rahmen eines Energieprojektes sind auch der Ausbau des kohlebetriebenen Kraftwerkes Surabaya und der Bau einer 500 kV-Hochspannungsleitung von Surabaya nach Semarang vorgesehen. Die Finanzierung erfolgt u. a. durch Kredite der Weltbank (253 Mio. US-$) und der asiatischen Entwicklungsbank.

„Strategische Mineralien" wie Erdöl, Erdgas, Kohle, Uran, Kobalt, Zinn u. a. durften ursprünglich nur von Staatsbetrieben abgebaut werden. Um aber die Beteiligung von Auslandskapital für die notwendigen großen und aus Staatsmitteln nicht aufbringbaren Investitionen zu ermöglichen, wurde gesetzlich eine Regelung vorgesehen, daß auslän-

dische Unternehmen nach Abschluß von Verträgen mit Staatsbetrieben die Betriebsführung für Schürf- und Förderkonzessionen übernehmen können.
80% der Industriebetriebe Indonesiens befinden sich auf Java und konzentrieren sich um Surabaya und ganz besonders um Jakarta. In beiden Städten spielen auch metallverarbeitende Industrie und Textilindustrie eine größere Rolle. Die Mehrzahl der Industriebetriebe und der Betriebe des verarbeitenden Gewerbes ist mit Nahrungs- und Genußmittelherstellung beschäftigt. Im Rahmen der Maßnahmen der Regierung zur Stärkung der einheimischen Unternehmen wurde verfügt, daß für inländische Investitionen von den Staatsbanken begünstigte Kredite nur noch an einheimische Unternehmer, nicht mehr an Chinesen, auch wenn diese indonesische Staatsbürgerschaft besitzen, vergeben werden dürfen. Bei ausländischen Investitionen muß gewährleistet sein, daß der ausländische Besitzanteil nach einer bestimmten Zeit nur noch höchstens 49% der gesamten Unternehmensanteile beträgt. Handel und Dienstleistungen sind überhaupt den Einheimischen vorbehalten.
Die an anderer Stelle bereits erwähnten Schwierigkeiten für Staatsangehörige der chinesischen Volksgruppe und für „Nichteinheimische" zeigen sich auch durch diese gesetzlichen Bestimmungen sehr deutlich.
Aus *Kalimantan,* dem indonesischen Anteil Borneos, stammen bisher nur etwa 2% der Gesamterdölförderung, und zwar aus den Erdölgebieten um Balikpapan. Das bedeutendste Feld ist das 1938 entdeckte Vorkommen Tandjung, das durch eine Pipeline mit der Raffinerie und den Erdölhafenanlagen von Balikpapan verbunden ist. Außerdem lassen Bauxitlager in West-Kalimantan Ausbeutungsmöglichkeiten rentabel erscheinen. Während die verkehrsmäßige Erschließung und die Infrastruktur von West- und Süd-Kalimantan (Kalimantan Barat und Kalimantan Tengah) noch sehr gering sind, bietet Ost-Kalimantan (Kalimantan Timur) wesentlich bessere Voraussetzungen. Hier wurde daher nicht nur die Lagerstättenforschung besonders intensiviert, sondern in Zusammenarbeit mit dem HWWA (Hamburgisches Weltwirtschafts-Archiv) auch die allgemein-wirtschaftlichen Grundlagen analysiert und 1983 ein Atlas „Kalimantan Timur" vorgelegt. Er bildet eine ausgezeichnete Grundlage für weitere Planungsarbeiten.
Der *malaysische Anteil der Insel Borneo* (Ost-Malaysia) wird von der Waldwirtschaft und vom Brandrodungsfeldbau beherrscht und ist industriell nur sehr gering entwickelt. Von den vorhandenen Lagerstätten sind nur wenige erschlossen. In Sabah wird Kupfererz abgebaut und in Sarawak Goldbergbau (südlich der Hauptstadt Kuching) betrieben. Erdöl- und Erdgasfelder liegen nahe der Grenzen von Brunei. Für die Ausfuhr erlangten die Erdölförderung bei Miri und das im Offshore-Bereich geförderte Erdgasvorkommen von Bintulu (Gasverflüssigungsanlage) Bedeutung. Eine Erdölraffinerie arbeitet in Lutong.
Das nach kurzer Zugehörigkeit zur Föderation von Malaysia (1963 bis 1965) selbständige und durch die Erdölfunde 1929 in der Folgezeit reich gewordene Sultanat *Brunei* (Negara Brunei Darussalam – „Staat Brunei, Heimstätte des Friedens") besaß 1985 etwa 270.000 Einwohner und hat weiterhin eine stark steigende Bevölkerung zu verzeichnen. Das Land ist der Rest eines ehemals viel größeren Territoriums, das eine Vorherrschaftsstellung in Borneo und eine Führungsrolle im Islam der östlichen Inselwelt besessen hatte, aber durch Landverkauf an das umgebende Sarawak und Sabah auf 5.765 km² zusammengeschrumpft ist. Seinen Reichtum verdankt es heute fast aus-

schließlich der Erdöl- und Erdgasförderung und den daraus gewonnenen Produkten, die 99% der Ausfuhrgüter bestreiten. Sonst wird noch Kautschuk, Holz und Pfeffer ausgeführt.
Eine prunkvolle ,,goldene" Moschee dokumentiert nicht nur den heutigen Reichtum des jungen Staates und seine alte führende Rolle im Islam, sondern legt auch Zeugnis davon ab, daß 60% der Bevölkerung Mohammedaner (meist Malaien) sind. Wenn auch das kleine Staatsgebiet, das in zwei getrennten Teilen an der Brunei-Bucht liegt, durch die Kennzeichen der Erdölwirtschaft geprägt ist, besitzt es dennoch agrarisch wertvolle Flächen, die allerdings nur zum Teil genutzt werden.
Von den größeren Inseln des indonesischen Inselraumes hat *Sulawesi* wenig bedeutende Erdöllager (Lariang) und Erdgasfelder (Bonge, Kampung-Baru und Walango); östlich von Malili hingegen wird unter japanischer Beteiligung ein ganz bedeutender Nikkel-Bergbau betrieben (Sarpako), der schon 1972 eine Förderung von 935.000 t erbrachte und Japan als Abnehmer besaß. Neue Funde erfolgten in Süd- und Ost-Sulawesi.
Die Hauptstadt Ujung Pandang (Makassar) zeichnet sich durch Textilindustrie und ein vielfältig produzierendes Gewerbe aus.
West-Neuguinea (Irian Jaya = ,,Siegreiches Irian" bis 1972 Irian Barat) besitzt viele Lagerstätten, deren Erschließung rentabel sein könnte, es fehlt aber ein Mindestmaß an Verkehrsverbindungen und anderen infrastrukturellen Voraussetzungen. Besonderes Interesse gilt den Erdöllagerstätten im Westen und Süden der Vogelkopf-Halbinsel. Die Hauptstadt Jayapura (Djajapura; ehemals Hollandia, dann Sukarnapura) liegt in einer so extremen Randlage im Nordosten, hart an der Grenze zu Papua-Neuguinea, daß sie einer Erschließung des indonesischen Inselteiles nicht sehr dienlich sein kann.

Das Maoke-Gebirge (Gunungan Maoke) ist das mächtigste West-Ost streichende Zentralgebirge von Irian Jaya, welches auf einer Länge von 400 km wiederholt an die Schneegrenze (4.000 m) heranreicht oder sogar über diese hinausragt und im Puncak Jaya (Puntjak Djaja) etwa 5.030 m Höhe erreicht. Der steile Südabfall führt in das riesige Sumpfdschungelgebiet des südlichen Tieflandes. Im Norden hingegen trennt eine breite, von den Quellflüssen und dem Oberlauf des Mamberamo durchflossene West-Ost verlaufende Senke einen wesentlich niedrigeren Mittelgebirgszug ab, der dem Zentralgebirge vorgelagert ist. Verkehrsmäßig ist das ganze Gebiet nur punktmäßig durch lokale Fluglinien und einige wenige befahrbare Wege erschlossen. Das Gebiet von West-Neuguinea, welches der Fläche der BRD + DDR + Schweiz entspricht, ist im Inneren von Papuagruppen bewohnt und hat dort Bevölkerungsdichten von 1 Menschen/km² oder darunter. Nur an der Küste ist es ,,dichter" besiedelt. Dort finden sich auch die indonesischen Einwanderer, während die Europäer ab 1963 wieder ausgewandert sind. Die Schwierigkeiten, welche sich durch eine primitive Wirtschaftsstufe und Lebensweise und feindliche Einstellung der weitgehend noch analphabetischen Papuagruppen für die Lagerstättenerschließung ergeben, sind leicht zu verstehen. Dennoch wurde schon 1973 mit der Ausbeute von Kupfererzen am Puncak Jaya begonnen und jährlich etwa 2,5 Mio. t gefördert. In der Nähe befinden sich auch Gold- und Silberlager.

Die Grenzen zur konstitutionellen Monarchie im Commonwealth *Papua-Neuguinea* (Papua-New Guinea, auch Papua-Niugini) verlaufen entlang dem 141. Längenkreis und schneiden die Ost-West verlaufenden Gebirgsketten und das System der in gleicher

Richtung streichenden Täler. Da das Zentralgebirge und das Quellgebiet des Sepik häufig und durch längere Zeiten Kampfgebiet der sich befehdenden Eingeborenengruppen sind, kann hier eine ungestörte wirtschaftliche Entwicklung ohnedies kaum Fuß fassen. Auch die Verfasser konnten 1979 wegen Stammesfehden nicht weiter nach Westen vordringen.

Nach einem deutlichen Höhenverlust und einer Verschmälerung des zentralen Gebirges östlich der Grenze zu Irian Jaya nimmt ab dem 143. Längengrad ostwärts die Mächtigkeit und Höhe wieder zu, erreicht im Mt. Giluwe nochmals 4.088 m, um dann im nördlichen parallel verlaufenden Teil des Bismarck-Gebirges im Mt. Wilhelm sogar 4.508 m Höhe zu erreichen. Die Gliederung dieses Gebirgsraumes in weite siedlungsgünstige Hochtäler und kleinere Seitentäler hat die Voraussetzung für eine verhältnismäßig dichte Besiedelung und wirtschaftliche Nutzung gebracht, die in jüngster Zeit auch den Anreiz zur verkehrsmäßigen Erschließung gegeben hat. Heute erstreckt sich von Lae am Huon-Golf nach Westen bis in den Kernraum des zentralen Gebirges und den westlichen Teil der Bismarck-Kette eine gut ausgebaute Straße mit zahlreichen Seitenstraßen, welche das Hochland erschließen und im alten Süßkartoffelanbaugebiet eine marktwirtschaftlich orientierte Plantagenwirtschaft mit ausgezeichneten Kaffee- und Teekulturen wesentlich erleichtern. Die Verarbeitung dieser Produkte in gut ausgestatteten Betrieben im *Raum von Goroka* war durch hohe Qualität der Kaffee- und Teeprodukte erfolgreich. Weithin ergibt sich ein ausgewogenes Landschaftsbild mit einem Wechsel von Sekundärwaldstreifen und -flecken und von Kulturland mit zahlreichen kleineren Siedlungen, wie es Bild 147 der Tafel 81 zeigt. Die aus Holzscheiten gebauten Hochlandrundhäuser (siehe Tafel 82), oft auch in Höhenlage, auf Bergspornen errichtet, zeichnen sich durch Ordnung und Reinheit des Dorfplatzes und der Häuser und eine strenge Regelung der Pflichten ihrer Bewohner aus. Welche große Bedeutung auch heute noch dem Genuß der Süßkartoffel in der Ernährung der Hochlandpapuas zukommt, kann man in den Dörfern beim gemeinsamen Zubereiten des Essens erkennen (Bild 152 der Tafel 84). Verbunden mit den Lebensgewohnheiten im Hochland ist auch die Schweinehaltung, welche aber nicht für die regelmäßige Ernährung, sondern aus rituellen und Prestigegründen und für den Geschenkeaustausch oder zur Entrichtung des Brautpreises u. dgl. durchgeführt wird. Selbst Zauberer werden bemüht, Futterblätter mit der Fähigkeit zu versehen, einen Masteffekt bei ihrer Verfütterung zu erzielen.

Nicht zu übersehen ist allerdings, welch enormen Einbruch die Verkehrserschließung, das Wirken von noch so kleinen Verwaltungs- und Geschäftsorten (z. B. von Goroka) und die technischen Einrichtungen der Plantagen für das traditionelle Leben der Papuagruppen bewirkt haben. Krieger, wie auf den Bildern 150 und 153 der Tafeln 83 und 84 mit ihrem traditionellen Schmuck, der oft ganz großartigen Bemalung und ihrer leistungsgewohnten Körperbeherrschung werden entlang des Einbruchsweges neuer Wirtschafts- und Lebensformen bald verschwunden sein. Ende der siebziger Jahre waren für diese Änderung und den Rückzug traditionellen Lebens in entlegenere Gebiete bereits sichere Anzeichen zu erkennen. Die zutiefst ergreifenden Geistertänze der Lehmmänner von Asaro sind auch heute noch ein einzigartiges Erlebnis, werden aber mehr und mehr von einem eigenen Erinnerungsfest zu einer Attraktion für Fremde degradiert. Sie stammen aus einer Zeit, als die Bevölkerung des Gebietes durch fremde Krieger in das Asarotal zurückgedrängt wurde. Durch Lehmbemalung des Körpers und

furchterregende, übergestülpte Tonköpfe täuschten die Männer der bedrängten Bevölkerungsgruppen böse Geister vor und schlugen dadurch die Feinde in die Flucht. Die Tänze wurden noch in den Orten Kentiasaro, Komiufa und Makehuku zur Erinnerung an dieses Ereignis durchgeführt (siehe Bild 151 der Tafel 83).
Der Reichtum des die ganze Insel von Westen nach Osten durchziehenden tertiären Faltengebirges und seiner Vorlandzonen an mineralischen Lagerstätten ist bis heute nur zum Teil untersucht und bekannt. Das Hochland von Papua-Neuguinea läuft, nach Osten schmäler werdend, über das Owen-Stanley-Gebirge mit nochmaligem Höhenanstieg im Mount Victoria auf 4.073 m schließlich in ein Mittelgebirge übergehend, aus. Es bildet das Rückgrat der durch den Papua-Golf im Süden und den Huon-Golf im Norden abgeschnürten Halbinsel, welche an ihrer Südwestküste die periphär liegende Hauptstadt Port Moresby mit 1985 nicht ganz 150.000 Einwohnern trägt.
25% der Landoberfläche von Papua-Neuguinea sind über 1.000 m hoch; die darunter liegenden Gebiete sind vom tropischen Regenwald bedeckt, der etwa 70% des Landes einnimmt und meist schwer zugänglich ist. Der Bergbau des Landes war zwischen den beiden Weltkriegen fast ausschließlich auf die Ausbeute der Goldlager von Bulolo und Wau im Gebirge südlich von Lae ausgerichtet, hat aber nach dem Zweiten Weltkrieg etwas an Bedeutung eingebüßt. Der Abbau der vorhandenen Kupfervorkommen in West-Papua (Ok Tedi in den Star Mountains) wird vorbereitet. Hingegen stieg das Land durch die Kupfererzgewinnung auf der zu Papua-Neuguinea gehörenden Insel Bougainville (die westlichste der großen Salomon-Inseln) zu einem der größten Kupferproduzenten der Erde auf. Die 1964 entdeckten Lager (Reserven von rund 900 Mio. t) wurden seit 1972 durch die australisch-japanische Gesellschaft „Bougainville Copper Ltd.“, an der Papua-Neuguinea mit 20% des Kapitals beteiligt ist, im Tagbau abgebaut. Bei einem Cu-Gehalt von 0,47%, leichter Abbauweise mit hohem Goldgehalt ergibt sich höchste Rentabilität des Bergbaues. Schon 1973 wurden rund 30 Mio. t Erz gefördert, die zusammen mit der Gold- und Silberausfuhr 1974 ⅔ des Exporterlöses erbrachten. 1979 betrug die gegenüber den Vorjahren etwas zurückgegangene Produktion von Kupfer 170.800 t, von Gold 19,7 t und von Silber 44,6 t. Diese Werte führten dazu, daß auch 1980 die Außenhandelsbilanz noch positiv sein konnte (Einfuhr 1,023 Mio. US-$, Ausfuhr 1,031 Mio. US-$).
Für den Kupferbergbau ergaben sich allerdings seitens der einheimischen Bevölkerung, die sich mit Recht durch den sorglos durchgeführten Abbau in ihrem Lebensraum bedroht fühlte, manche Schwierigkeiten. Die Zerstörung der Landschaft infolge des großflächigen Tagbaues und der Verwüstung des Entwässerungsgebietes durch Ablagern des Abraummaterials hat Schäden für die weitere Umgebung gebracht, die sich durch finanzielle Ablöse- und Entschädigungsbeiträge nicht ersetzen lassen. Eine solch negative Beeinflussung großer Landschaftsgebiete läßt sich bei einer verantwortungsvollen Einrichtung des Abbaues wesentlich reduzieren. Unternehmerische Gewinnsucht darf niemals zur Zerstörung einheimischer Lebensräume der Menschen und des Landschaftskapitals für spätere Generationen führen.
Die vielen kleinen Erdgasvorkommen und ein kleines Erdölgebiet im Hinterland des Golfes von Papua werden noch nicht ausgebeutet und eröffnen auch keine wesentlichen Zukunftschancen. Die Industrie ist im Lande noch nicht entwickelt.
Wirtschaftlich und erschließungsmäßig kann man die Insel Neuguinea zu dem selten

vorkommenden Typ einer Insel zählen, die im *Umbruch einer Wirtschafts- und Lebensweise* mit noch nahezu steinzeitlichen Zügen zur marktorientierten und technisierten Wirtschaft des 20. Jh.s steht, ohne dafür vorbereitet zu sein. Die Situation in Papua-Neuguinea, für die auch statistische Unterlagen zugänglich sind, kann dafür als charakteristisch angesehen werden: Typisch sind die Zersplitterung der Eingeborenenbevölkerung (1971: 97,8% der Gesamtbevölkerung) in eine unbekannt große Zahl von Volksgruppen mit rund 600 Eingeborenensprachen (nur 4% verstehen Englisch, 28% sprechen Pidgin-Englisch, eine einfache Verständigungssprache), die tiefe Verwurzelung in alten animistischen Glaubensvorstellungen, der hohe Prozentsatz von Analphabeten, der geringe Erschließungszustand des Landes durch Landwege (außer dem Highland Highway nur Straßenfragmente, dafür aber 300 kleine Flugplätze), der fast unüberwindbare Gegensatz von Warenaustausch in Form von Tauschgeschenken zum geldwirtschaftlichen Gewinndenken und viele, viele andere Gegensätze von alten und neuen sozialen Ordnungen. Diese lassen nur eine langsame, nicht aber revolutionäre Entwicklung sinnvoll erscheinen. Deren Basis muß der Aufbau eines regional überall verankerten Grundschulwesens sein.

Die seit 19. 9. 1975 vom unabhängigen Staat Papua-Neuguinea weiterhin bewahrte enge Kooperation mit Australien und die wesentliche wirtschaftliche Hilfe von diesem Staat und anderen Institutionen lassen erwarten, daß sich die inzwischen eingetretene negative Handelsbilanz (1984: 968 Mio. US-$ Einfuhr, 895 Mio. US-$ Ausfuhr) und die hohe öffentliche Auslandsverschuldung (1983: 40,4% des Bruttosozialproduktes) nicht weiter wesentlich verschlechtern.

Für die an Nickelerzen reichen Inseln ist der Preisverfall der Nickelweltmarktpreise vor allem dann von verheerenden Folgen, wenn die Existenzerhaltung und der bescheidene „Wohlstand" der einheimischen Bevölkerung mit dem Abbau des Erzes und seiner Verhüttung eng verbunden sind. Dies trifft z. B. für das französische Überseeterritorium *Neukaledonien* (Nouvelle-Calédonie) besonders zu, wo der melanesische Anteil der Bevölkerung nur etwa 50% beträgt und der Anteil der Europäer sehr hoch ist (1974: 39,2%).

Der führende Wirtschaftszweig auf der Hauptinsel *Neukaledoniens* ist der Nickelerzabbau, der sich auf etwa 100 Mio. t Nickelerzreserven (rund 23% des Weltvorrates) begründet und auch der farbigen Bevölkerung, neben der von ihr in Rückzugsgebieten betriebenen Subsistenzwirtschaft, eine wesentliche Existenzgrundlage bietet. Dies gilt auch für die Verhüttung des hier vorkommenden silikatischen Nickelerzes, welches kupferfrei ist und sich daher hüttentechnisch einfacher verarbeiten läßt. Aufbereitungs- und Verhüttungsanlagen befinden sich bei der Hauptstadt Nouméa, bei Yate und Koné. Rauchen die Hüttenwerke (siehe Bild 155 der Tafel 85), dann herrscht zurückhaltende Zufriedenheit; erlöschen die Feuer, dann brechen die ohnedies stets schwelenden Selbständigkeitsbestrebungen durch, und Unruhen belasten das Verhältnis zwischen Einheimischen und Franzosen. Die Mangan- und Chromerzlager der Insel sind nahezu erschöpft und für die Wirtschaft daher bedeutungslos geworden.

Dem Aussehen nach – das haben wir bereits an anderer Stelle hervorgehoben – ist Neukaledonien eine der für den Tropenraum untypischsten Inseln. Das hängt z. T. auch mit der klimatischen Lage der Insel zum vorherrschenden Passatwind und einer deutlichen Trennung in zwei Jahreszeiten zusammen, nämlich in eine warme Jahreszeit von

November bis März und eine kühlere und trockenere von Juni bis September. Die jährlichen Niederschläge von 1.000 bis 2.300 mm wirken sich besonders stark in dem zum SO-Passat exponierten Ostteil der Insel aus. Der physiognomisch mehr an die Subtropen erinnernde Eindruck wird noch durch das in der Landschaft einseitige Hervortreten von Charakterzügen der Viehfarmwirtschaft und des Bergbaues (siehe Bild 154 der Tafel 85) verstärkt. Eine durch das häufige Abbrennen von Buschwerk zur Gewinnung von Weideland artenmäßig verarmte Graslandschaft, die nur durch die weißen Stämme der feuerwiderstandsfähigen Niaouli (Nationalbaum Neukaledoniens, mit Eukalyptus verwandt) belebt wird, wechselt mit einem nur wenig bewaldeten und durch Narben des Erzabbaues gekennzeichneten Bergland. Das bis in jüngere Zeit erhaltene koloniale Wirtschaftsgefüge der Insel (Lieferung von Rohstoffen nach und Einfuhr von Fertigwaren aus Frankreich) wurde durch neuere Industriebetriebe (Fleischkonserven- und Getränkeindustrie, Kaffeeaufbereitungsanlagen, holzverarbeitende Industrie, Zementwerke) etwas gemildert.
Auf der Nordhemisphäre erstrecken sich die *Philippinen* als jungmesozoisch-tertiärer Inselbogen innerhalb des großen nordwestlichen zirkumpazifischen Kettengebirgsgürtels mit einer maximalen Längserstreckung von 1.850 km von Norden nach Süden. Trotzdem liegt die ganze Inselgruppe mit ihren 586 Inseln mit einer Mindestgröße von 1 km² und Tausenden kleineren und einer Gesamtbevölkerung 1983 von etwa 52 Mio. Einwohnern* im tropisch-feuchten Klimagebiet und war ehemals weitgehend von tropischen Regenwäldern bedeckt.
Das enorme Bevölkerungswachstum (jährliche Wachstumsrate 1975–1983: 31‰) als Ergebnis einer fast gleichbleibenden hohen Geburtenrate, aber stark absinkenden Sterberate nach dem Zweiten Weltkrieg, der hohe Anteil von Jugendlichen an der Gesamtbevölkerung und die immer drückender werdende Arbeitslosigkeit haben den Staat in eine fast ausweglose Situation geführt. Dies um so mehr, als die Besitzstruktur bis in jüngste Zeit durch das Übergewicht des in der Kolonialzeit von den Spaniern eingeführten Großgrundbesitzes und den damit verbundenen Pachtverhältnissen (weit über die Hälfte der Betriebe wurde durch Kleinpächter bewirtschaftet) gekennzeichnet ist. Erst 1972 wurde die Landpacht gesetzlich abgeschafft, die Durchführung der Gesetze ist aber meist sehr behindert. Der entscheidende Einfluß der Großgrundbesitzer im gesamten politischen und wirtschaftlichen Leben des Staates konnte bis in jüngste Zeit nicht beseitigt werden; er wurde von den USA aus militärpolitischen Gründen geduldet. Das zähe Ringen um eine demokratische Regierungsform und um Beseitigung der sozialen und wirtschaftlichen Disparitäten ging auch nach der Entmachtung des ehemaligen Staatspräsidenten MARCOS (25. 2. 1986) weiter vor sich und wird für die wirtschaftliche Gesundung der Philippinen entscheidend sein.
Die Probleme der Philippinen sind nur nach einer vernünftigen Landreform, die mit eiserner Konsequenz durchgeführt werden müßte, und einer Entflechtung privater und staatlicher Interessen zu lösen. Die Verhältnisse in der Landwirtschaft, welche 1983 22% des Bruttoinlandsproduktes bestritt, und die günstigen Voraussetzungen für die Entwicklung des produzierenden Gewerbes und der Industrie sowie des Bergbaues

* Die in den Tabellen (9, S. 92, und 10, S. 95) nach Vorausberechnung aufgrund einer älteren Volkszählung angegebene Bevölkerungszahl für 1982 ist um rund 2 Mio. zu niedrig.

lassen eine positive Beurteilung der Zukunftsmöglichkeiten als gerechtfertigt erscheinen.
Die Förderung von Chromerzen (Nord-Luzon, Vorkommen aber auch auf Mindanao, Palawan und Panay) beträgt rund ein Zehntel der Welterzeugung. Für die Eisenhütten in Mindanao werden derzeit Kohlevorkommen erschlossen, die für die Verkokung geeignet sind. Die Weltbank gewährte dafür ein Darlehen von 17 Mio. US-$. Bei den meisten Kohlevorkommen der Philippinen handelt es sich nämlich um kleine Lager geringer Qualität. Auf Mindanao wurden außerdem bedeutende Nickelvorkommen entdeckt. 1976 wurden vor der Küste der Insel Palawan Erdölvorkommen festgestellt, welche von einem Konsortium aus amerikanischen, kanadischen und philippinischen Firmen gefördert werden. Diese und die kleinen Vorkommen von Cadlao und Matinloc sollten 1983 über 5% des Energiebedarfes des Landes decken.
Der Beitrag des verarbeitenden Gewerbes und der Industrie zum Bruttoinlandsprodukt beträgt etwa ein Viertel. Zentrum der Betriebe ist der Raum um Manila. Zu den wichtigsten Branchen zählen die Nahrungs- und Genußmittelherstellung sowie die Herstellung von Textilien und Bekleidung und anderen Konsumgütern. Die Konsumgüterindustrie leidet aber sehr durch die Konkurrenz aus Hongkong, Japan und Singapur. Fünf Erdölraffinerien (vor und südlich der Bucht von Manila) sind zum Großteil von der Zulieferung ausländischen Erdöls abhängig und produzieren den gesamten Inlandsbedarf.
Die Einrichtung von Exportproduktionszonen in Mariveles (Provinz Bataan), Baguio (Benguet) und Mactan (Cebu) erbrachte 1981 einen Ausfuhrerlös von 230 Mio. US-$. 1983 betrug der Anteil der Industrie am Bruttoinlandsprodukt 36% mit 17% an der Gesamtbeschäftigtenzahl. Die Außenhandelsbilanz ist mit 6,099 Mio. US-$ Einfuhr (1984) und 5.293 Mio. US-$ Ausfuhr negativ; die öffentliche Auslandsverschuldung betrug 1983 30,4% des Bruttosozialproduktes. Im Durchschnitt 1973–1983 war die Inflationsrate 11,7%.
Ganz kurz soll hier noch *Taiwan* (Republik China) erwähnt werden, das mit seinen rund 200 Inseln, davon 60 größer als 1 km², in der Randzone des Tropenraumes liegt.
Seit den fünfziger Jahren unseres Jh.s hat Taiwan mit ausländischer, insbesondere US-amerikanischer Hilfe einen sukzessiven Aufstieg zu einem Volkswohlstand nehmen können und ist heute ein weltwirtschaftlich konkurrenzfähiger Staat. Der reale Zuwachs am Bruttosozialprodukt betrug 1983–1984 10,9%. Die Landwirtschaft ist am Bruttoinlandsprodukt nur mit 6%, die Industrie hingegen mit 50% beteiligt. Die Außenhandelsbilanz ist hoch positiv (Ausfuhr 1985 wertmäßig um rund ⅓ höher als die Einfuhr). Die Inflationsrate betrug 1984 nur 0,52%. Die öffentliche Auslandsverschuldung war 1982 mit 12% des Bruttosozialproduktes hinsichtlich dieser erstaunlichen Entwicklung niedrig. 90% der Ausfuhrgüter bestanden aus elektrotechnischen und elektronischen Erzeugnissen (etwa ⅓), Textilien (⅙), chemischen Produkten und anderen Industriewaren. Eine ausgewogene Wirtschaft mit Industrieschwerpunkten und Industriezonen und einem ausreichend großen landwirtschaftlichen Produktionsgebiet im Hinterland im Westen und Norden der Hauptinsel sorgt für eine gesunde Wirtschafts- und Sozialstruktur. Neben dem Reisanbau spielt in der Landwirtschaft auch die Zuckerrohrproduktion eine große Rolle.
Gegen den zentralpazifischen Raum zu schließen auf der Nordhemisphäre gegen Osten die *Marianen-Inseln, Karolinen-Inseln* und *Marshall-Inseln* (Abbildung 25, S. 90)

mit über 1.650 Inseln größer als 1 ha an, die zwar über einen riesenhaften Meeresraum verstreut liegen, zusammen aber kaum 3.400 km² Landfläche (weniger als das kleine Burgenland in Österreich) besitzen. Mit wenigen Ausnahmen ist die Wirtschaft dieser Inseln auf Selbstversorgung und bei einigen wenigen auch auf die Bedürfnisse des Fremdenverkehrs und militärischer Stützpunktfunktionen (südliche Marianen-Inseln, Marshall-Inseln) ausgerichtet.

Eine Ausnahme bildet nur *Hawaii* – seit 1959 der 50. Bundesstaat der USA – mit seiner 600 km langen Kette von aus andesitischen und basaltischen Laven aufgebauten Vulkaninseln, welche seit dem Pliozän aus einer WNW-OSO verlaufenden, untermeerischen Spalte aufgestiegen sind. Das dank der fast ständig wehenden NO-Passate herrschende milde, ausgeglichene ozeanische Klima im tropischen Randzonenbereich besitzt nicht nur vorzügliche Lebensbedingungen für die Menschen, sondern bietet auch eine geeignete Basis für die Plantagenwirtschaft, die auf Oahu in den Zuckerrohr- und Ananaspflanzungen einen bedeutenden Schwerpunkt hat (siehe Bild 62 der Tafel 32). Die Ananasproduktion von Oahu gehört zu den führenden der Erde.

Die Industrie ist auf den Hawaii-Inseln noch nicht besonders entwickelt und beschränkt sich auf Oahu auf Zuckerraffinerien, Konservenfabriken, Textilindustrie, Schiffsbau und -reparatur (Kriegshafen Pearl Harbor), Möbelindustrie und Landmaschinenbau. Außerdem sind Zementwerke, ein Stahlwerk und eine Erdölraffinerie vertreten. Auch die Insel Kauai besitzt eine Zucker- und eine Konservenfabrik, während auf der Insel Hawaii Textilindustrie und Papierherstellung angesiedelt sind.

Infolge der hohen Bedeutung der Hawaii-Inseln für den Fremdenverkehr und der einmaligen Schönheit der Insellandschaft ist ein weiterer Ausbau der Industrie nur in der Richtung umweltfreundlicher kleinerer Betriebe (z. B. Elektronik) anzustreben.

Die bisher noch nicht behandelten *zentralpazifischen tropischen Inseln* der Südhemisphäre betreiben, mit wenigen Ausnahmen, weitaus überwiegend Subsistenzwirtschaft. Eine dieser Ausnahmen ist die nahe dem Äquator (0°32‘ südliche Breite und 166°55‘ östliche Länge) liegende, nur 21 km² große Insel und seit 1968 unabhängige Republik *Nauru,* auf die wir in den Abschnitten 8.4.4 und 9.1.3 noch näher eingehen werden. Die Wirtschaft der Insel ist durch den Abbau ihrer Phosphatlager, die allerdings Mitte der neunziger Jahre unseres Jahrhunderts erschöpft sein werden, geprägt (siehe die Bilder 17 und 18 der Tafel 9). Die Bevölkerung lebt, außer von etwas Landwirtschaft und Fischfang in dem schmalen Küstenstreifen, von der Pacht und den Entschädigungsgeldern der Phosphatgesellschaft. Der große Arbeitskräftebedarf kann aus der einheimischen Bevölkerung nicht gedeckt werden. Die Arbeiter kommen aus Hongkong, von Kiribati, den Philippinen und anderen pazifischen Inseln. Die Außenhandelsbilanz dieses Kleinststaates ist hoch positiv; 1979 betrug die Einfuhr 11 Mio. Austr. $, die Ausfuhr hingegen 75 Mio. Austr. $. Nauru besitzt eine eigene mit modernen Großraumflugzeugen ausgestattete Fluggesellschaft, die im Pazifischen Raum hohes Ansehen genießt.

Von den *Salomon-Inseln,* die erst spät unter den kolonialen Einfluß Europas gekommen sind, gehört die wegen ihrer mineralischen Lagerstätten (Kupfer) wirtschaftlich wichtige Insel Bougainville zu Papua-Neuguinea. Die anderen großen und gebirgigen Inseln sind in ihren Kerngebieten immer noch von Urwäldern bedeckt und fast unbesiedelt. Dies gilt auch für die Hauptinsel Guadalcanal (Bild 88 der Tafel 49), deren große Waldgebiete nur in küstennahen Bereichen und entlang der großen Flüsse sowie in der Umge-

bung der Hauptstadt Honiara durch Brandrodung aufgelöst wurden. Aus autochthonen Kultvorstellungen waren für die Erforschung der Inseln durch ausländische Expeditionen viele Berggebiete tabu. Eine geologische Detailforschung und Lagerstättenerkundung konnte daher bis auf wenige Ausnahmen nicht in der notwendigen Dichte durchgeführt werden. Siedlungen und Kulturland sind auf spärliche Küstenstriche beschränkt (siehe die Tafeln 50 und 52), und die melanesische Bevölkerung kommt nur in der Hauptstadt Honiara mit der westlichen Zivilisation und ihren überwiegend negativen Einflüssen in Berührung (siehe Tafel 51).
Der Anteil der in der Landwirtschaft tätigen Bevölkerung beträgt 75%, welcher 65% des Bruttosozialproduktes bestreitet. Nur 5% der Bevölkerung sind im produktiven Gewerbe und in kleinen Industriebetrieben tätig, u. a. auch in den Reis- und Ölmühlen an der Küstenstraße im Nordosten von Guadalcanal, wo der Reis der großen Felder der ,,Brewer Solomon Ass." und die Früchte der Ölpalmplantagen der ,,Solomon Island Plantations Ltd." verarbeitet werden. Japanische Fischereigesellschaften errichteten auf Tulagi und Noro Fabriken; außerdem bestehen natürlich Boots- und Fahrzeugwerkstätten und handwerkliche Betriebe. Bei derzeit noch positiver Handelsbilanz (1984: Einfuhr 107 Mio. SI-$, Ausfuhr 151 Mio. SI-$) beschränkte sich die bescheidene Ausfuhr hauptsächlich auf Fleisch, Fische (⅓), Palmöl, Kopra, Holz, Kakao und Muscheln. Die konstitutionelle Monarchie im Commonwealth (Staatsoberhaupt Elisabeth II., vertreten durch einen einheimischen Generalgouverneur) erhält erhebliche Auslandshilfe und betreibt eine schrittweise Entwicklung zum Anschluß an das 20. Jh.
Für den Südsee-Inselraum hat *Fidschi* (Dominion of Fiji; konstitutionelle Monarchie im Commonwealth unter Königin Elizabeth II., seit 1970 vertreten durch den einheimischen Generalgouverneur) zentrale Bedeutung. In diesem Jahrhundert wurden hier die Fiji School of Medicine, die University of the South Pacific, das Fiji Institute of Technology und das Pacific Theological College gegründet. Auf Suva, der Hauptstadt von Fidschi, befinden sich auch der Sitz des Südpazifik-Büros für wirtschaftliche Zusammenarbeit (South Pacific Bureau for Economic Cooperation, gegründet 1937) des Südpazifik-Forums (SPF) und dessen Sekretariat.
Trotz der besseren kulturellen Situation und Ausbildungsbedingungen auf der Hauptinsel Viti Levu, wo ⅔ der Einwohner leben, sind über ¾ der Erwerbstätigen in der Landwirtschaft beschäftigt und betreiben überwiegend Selbstversorgungswirtschaft. Unter den landwirtschaftlichen Produkten steht Zuckerrohr an hervorragender Stelle, was zur Einwanderung vieler indischer Arbeitskräfte geführt und die ethnische Zusammensetzung der Bevölkerung wesentlich beeinflußt hat. 1980 wurden 34 Mio. t Zuckerrohr gewonnen und verarbeitet. Es stammt überwiegend aus den westlichen Teilen von Viti Levu und aus dem Norden der zweitgrößten Insel Vanua Levu. Über 60% der Exporterlöse kommen aus der Zuckerausfuhr. Zum Teil marktbezogen ist auch der Anbau von Kakao, Kaffee, Ananas und Reis, hat aber für die Ausfuhr nur untergeordnete Bedeutung. Wie auf den meisten anderen pazifischen Inseln bestreiten auch Kokoserzeugnisse einen Teil des Außenhandels.
Die Außenhandelsbilanz ist durch die Einfuhr vieler technischer Geräte und hochwertiger Gebrauchsgegenstände für den Detailhandel sehr stark negativ (1981: Ausfuhr 311 Mio. US-$, Einfuhr 632 Mio. US-$). Die staatliche Auslandsverschuldung belief sich 1980 auf 200 Mio. US-$.

Produzierendes Gewerbe und Industrie tragen nur rund 10% zum Bruttoinlandsprodukt bei (1980). Außer der Zuckererzeugung wären diesbezüglich noch die Produktion von Nahrungsmitteln, Bekleidung, Haushaltswaren und die Herstellung von Baumaterial zu nennen. Der geplante Ausbau des Monasavu-Wasserkraftwerkes bis 1984 mit Krediten der Asiatischen Entwicklungsbank (16 Mio. US-$) wird sich auf die Beschäftigungslage vielfältig auswirken.
Im Bergbau war bisher die Goldgewinnung im Norden von Viti Levu, welche vollständig in den Export eingeht, von einiger Bedeutung. Als Bergbauprodukte sind außerdem noch Silber, Eisen, Kupfer und Manganerz zu nennen. Umfangreiche Kupfervorkommen befinden sich bei Namosi nördlich von Suva.
Der 8. Entwicklungsplan 1981 bis 1985 sieht das wirtschaftliche Hauptgewicht weiterhin in der Zuckerwirtschaft und den Einnahmen aus dem Fremdenverkehr, für den die Infrastruktur noch wesentlich verbessert werden soll. Die Steigerung der Lebensmittelproduktion soll u. a. auch durch den Bau einer Wasserversorgungs- und -verteilungsanlage im Norden von Viti Levu gestützt werden.
Für die vielen im zentralen Pazifischen Ozean verstreut liegenden Inseln ist die Situation von *Kiribati* besonders typisch. Die Bewohner leben weitaus überwiegend von der Subsistenzwirtschaft, insbesondere vom Fischfang, der für sie eine Hauptversorgungsquelle darstellt, oder sie finden Arbeitsplätze auf militärischen Stützpunkten und im Bergbau anderer Staaten (z. B. Nauru).
Der Phosphatabbau auf Banaba (Ocean Island), der für Kiribati die wichtigste Deviseneinnahmequelle war (früher 90% der Ausfuhr, heute nur noch Kopra), wurde 1979 eingestellt. Zukunftsaussichten liegen in den Gewässern um die Line-Inseln, in denen eines der bisher größten Manganknollenvorkommen der Welt entdeckt worden ist. Meeressalzgewinnung mittels Verdunstung auf Kiritimati wird nur zur Selbstversorgung betrieben. Der interinsulare Verkehr erfolgt in einfachster Form durch die staatliche „Kiribati Shipping Corporation" und durch zwei weitere kleinere Reedereien. Die inländische Fluggesellschaft „Air Tunguru" stellt nach Bedarf außerdem die Verbindung zu 16 kleinen Inselflugplätzen her; die Flugverbindung Tarawa – Suva besorgt die Air Pacific und Air Nauru.
Die Präsidialrepublik, in deren Parlament Vertreter der Sippenverbände (keine Parteien) tätig sind, hat eine schwer negative Handelsbilanz (1984: Einfuhr 23 Mio. Austr. $, Ausfuhr 7 Mio. Austral. $) und bedarf für ihr weiteres Bestehen erheblicher ausländischer Unterstützung. Kiribati, vor 1979 Gilbert-Inseln (brit.)
Die *Samoa-Inseln,* von denen die beiden westlichen Inseln Savai'i und Upolu mit ihren Nebeninseln den „Unabhängigen Staat Westsamoa", die östlichen mit Tutuila-Insel und anderen Inseln zu Amerikanisch-Samoa gehören, sind ebenfalls landwirtschaftlich orientiert. 70% der Erwerbstätigen sind auch hier im Agrarsektor beschäftigt. Agrarprodukte (Kokosnüsse, Kakao, Taro, Bananen) bestreiten in Westsamoa 95% der Exporterträge. Die überwiegend dörfliche Landwirtschaft produziert aber hauptsächlich zur Deckung des Eigenbedarfes.
7.500 ha landwirtschaftlicher Anbaufläche gehören der „Western Samoa Trust Estates Corporation", welche die größte Kokospalmplantage der Erde betreibt. Produzierendes Gewerbe ist auf die Befriedigung der Inselbedürfnisse ausgerichtet. Die Bemühungen Westsamoas im Rahmen der Entwicklungsaufgaben des eigenen Landes führten Ende

der siebziger Jahre zu einem starken Anstieg des Haushaltsdefizites. Auch die Lebenshaltungskosten stiegen Anfang der achtziger Jahre bedenklich an.

In Amerikanisch-Samoa, dem einzigen US-amerikanischen Territorium südlich des Äquators, sind Konservenfabriken für Fischlebensmittel und für Haustierfutter angesiedelt, die rund 98% des Exportes bestreiten. Der Einfluß der Zivilisation amerikanischer Prägung mit dem Vorteil der höheren Technisierung in der normalen Lebenshaltung und im Gewerbe, aber auch den vielen unleugbaren Nachteilen, ist unverkennbar, obwohl das steile Gebirgsrelief kleinkammerige und isolierte Lebensräume fördert und alte Traditionen das Leben der Einheimischen immer noch wesentlich bestimmen (siehe die Tafeln 47 und 48).

Von den rund 170 Inseln des Königreiches *Tonga* sind nur 36, und zwar fast ausschließlich, von Polynesiern bewohnt, die sich zu christlichen Glaubensgemeinschaften bekennen. Nach wie vor ist der wichtigste Erwerbszweig der Agrarsektor, welcher rund drei Viertel der Erwerbstätigen Beschäftigung bietet. Da die Fischfänge nicht ausreichen, um den lokalen Bedarf der Bevölkerung zu decken, ist kommerzielle Fischerei offiziell untersagt.

Nur 7% der Arbeitskräfte sind im produzierenden Gewerbe, vor allem in Kleinbetrieben, beschäftigt (Verarbeitung von Holz, Kokosnüssen, Herstellung kunstgewerblicher Artikel). Steigende Inflationsraten stellen für die Wirtschaft und die Versorgungsmöglichkeit der Bevölkerung eine ernste Gefahr dar. Die rund 90.000 Einwohner des Staates, auf dessen Inseln noch im Abschnitt 9.1.2 eingegangen werden wird, vermitteln sonst aber einen zufriedenen und selbstgenügsamen Eindruck.

Während Tonga seine wirtschaftlichen Geschicke doch vornehmlich aus eigener Kraft und aus dem Bewußtsein eines einheitlichen Staatsvolkes regelt, ist die einheimische Bevölkerung *Französisch-Polynesiens,* eines französischen Überseeterritoriums mit beschränkter Selbstverwaltung, in die Rolle eines Volkes am Gängelband gedrängt. Das hohe Bevölkerungswachstum von jährlich 32‰ (1975–1978) würde eine Vorsorge für eine eigenständige Wirtschaftsentwicklung sehr notwendig erscheinen lassen. Im Augenblick bleibt der Inselraum, der zu den schönsten der Erde zählt, dennoch lebensfähig, und zwar durch die hohen Investitionen und Zuwendungen des Mutterlandes, welches dieses dem Territorium aus strategischen Gründen zufließen läßt. Dadurch wird bei der einheimischen Bevölkerung eine Rentnermentalität verstärkt. Die katastrophale Bilanz von 1984: Einfuhr 539 Mio. $, Ausfuhr 32 Mio. $ (Kokoserzeugnisse, Phosphate und Erlöse aus dem Auslandtouristenverkehr = 6% des Bruttosozialproduktes) wirft ein bezeichnendes Licht auf die Rolle, die Französisch-Polynesien zu spielen hat.

Wenn wir hier an einigen typischen Inselräumen nur exemplarisch Entwicklungsmöglichkeiten durch produzierendes Gewerbe, Industrieeinrichtungen und bergbauliche Aktivitäten angedeutet haben, dann muß uns doch immer bewußt bleiben, wie regional unterschiedlich die Beurteilung der Entwicklungsmöglichkeiten durch die besonderen ethnischen Verhältnisse, durch die Lagekonfiguration und die gegenseitigen Beziehungen der verschiedenen Inselgebiete trotz ähnlicher Voraussetzungen vorzunehmen ist.

7.2.6 *Bedeutung und Fragwürdigkeit des Fremdentourismus als Entwicklungsfaktor*

Die Rolle des Fremdentourismus als wirtschaftlicher und sozialer Entwicklungsfaktor wurde mitunter sehr verallgemeinernd stark überschätzt. Es zeigt sich immer mehr, daß seine positiven und negativen Auswirkungen auf die Wirtschafts- und Sozialstruktur eines Raumes nicht allein von der volkswirtschaftlichen Erwartung und dem augenblicklichen finanziellen Effekt für den Gesamtstaat (Deviseneinnahmen, Besserung der Zahlungsbilanzsituation) betrachtet werden dürfen, sondern vom erfolgreichen Fortschreiten einer Entwicklungsinnovation, von lokalen Ansatzpunkten ausgehend in die umgebenden Gebiete und von der Dauerhaftigkeit der davon hervorgerufenen positiven Entwicklungstendenzen.
Die Erfolgschancen für eine positive Entwicklung durch den Tourismus hängen von einer sehr großen Zahl auf den einzelnen Inseln sehr unterschiedlich vertretener Kriterien ab. Dazu gehören – um einige wenige beispielhaft anzuführen – die natürliche Ausstattung und die vom Menschen geschaffene Infrastruktur (gesundheitliche Voraussetzungen, Trinkwasserpotential, Kanalisierung und andere hygienische und sanitäre Einrichtungen, Verkehrserschließung, Sicherheit u. a. m.), die ethnische und religionsbedingte Einstellung zum Fremden und dessen Lebensweise, die Sozialstruktur und das politisch vorgegebene Gesellschaftssystem, Traditionsgebundenheit der Siedlungs- und Wirtschaftsweisen, Bildungszustand und sprachliche Verständigungsmöglichkeiten und schließlich die spezifischen Eigenheiten der Fremdenverkehrseinrichtungen. Auf der anderen Seite stehen wieder die Erwartungen und Wünsche der Fremden, die nicht immer mit den Vorstellungen und Vorkehrungen der Fremdenverkehrsinitiatoren, welche mitunter ausschließlich gewinnorientiert denken, übereinstimmen.
Der Fremdentourismus als Heilmittel aus einer sonst wirtschaftlich ausweglosen Situation wird meist schon nach kurzer Zeit prekär, spätestens dann, wenn vorübergehend eingerichtete Fremdenverkehrsstandorte uninteressant geworden sind und als einzige Zeugen solcher Innovationsversuche Hotelruinen die Landschaft verunstalten. Das Gewissen ausländischer Fremdenverkehrsmanager und inländischer Fehlplaner wird dadurch sicher kaum belastet.
Die Ursachen des Ferntourismus liegen in der vermehrten Freizeit, dem stark gestiegenen Einkommen und dem Erlebnishunger der Bevölkerung der Industrieländer, weiters in der Kommerzialisierung des Fremdenverkehrs unter Einsatz aller Werbemethoden und des Ausbaues des Verkehrsnetzes einschließlich des Luftverkehrs zu hoher Dichte und Kapazität. Da sich über den Individualtourismus in der Fremdenverkehrsvermittlung nur beschränkte Gewinne erzielen lassen und für Verkehrsträger und Unterkünfte hoher Kapazität aus diesem keine gleichmäßige und planmäßige vorausschaubare Auslastung ergibt, wurde zur Sicherung höherer Gewinne der Massentourismus ausgebaut und auch für Überseeziele forciert. Gerade dieser birgt für viele Entwicklungsstaaten die Aussicht auf raschen Devisengewinn, zugleich aber auch die große Gefahr der Störung einer ruhigen, überschaubaren und gleichmäßig wirksamen wirtschaftlichen Entfaltung von Entwicklungsgebieten.
Der internationale Tourismus stellt in den Tropenländern einen *Innovationsvorgang* dar, der unter bestimmten Umständen einer echten Entwicklungshilfe gleichkommt, dessen

negative Seiten aber rechtzeitig erkannt und vermieden werden müssen! Durchaus positiv sind folgende Effekte zu beurteilen:

a) Günstige und rasche Verbesserung der Devisen- und Zahlungsbilanzsituation.
b) Impulse zur Verbesserung und Beschleunigung des Infrastrukturausbaues, der sich jedoch nicht nur auf die unmittelbare Umgebung der Fremdenverkehrsbetriebe beschränken darf.
c) Möglichkeiten, die primären und sekundären Verdienstgegebenheiten zu verbessern und Ansätze zur Kapitalbildung zu geben.
d) Innovationen für die Strukturverbesserung der umgebenden Wirtschaftsgebiete, insbesondere auch für Handel, Gewerbe und Transportwesen.
e) Anstoß zur Verbesserung der sanitären Verhältnisse.

Diese positiven Effekte werden aber nur dann voll wirksam, wenn die negativen Auswirkungen der „Fremdenindustrie" vermieden oder zumindest wesentlich eingeschränkt werden können und die Fremdenverkehrseinrichtungen von vornherein in die erwünschte Landschafts- und Gesellschaftsentwicklung eingebunden sind. Dabei sind folgende negative Erscheinungen und Auswirkungen zu berücksichtigen und auszuschließen:

a) Abhängigkeit der Entwicklung durch ausländischen Hotelbesitz. Der größte Teil der Gewinne aus dem Hotelbetrieb geht wieder ins Ausland. Die wirtschaftlichen Beziehungen zum Umland bleiben auf ein Mindestmaß beschränkt. Einrichtungen und Versorgungsgüter einschließlich eines Großteiles der Lebensmittel werden aus dem Ausland oder von auswärts bezogen.
b) Weitgehende Abhängigkeit von ausländischen Touristenbüros. Schmälerung der Einnahmen durch hohe Gewinnanteile der Fremdenvermittler.
c) Landschaftsstörende Baugestaltung der Fremdenverkehrseinrichtungen. In manchen Staaten wurde diesbezüglich von der Gesetzgebung her Vorsorge getroffen, daß Hotelbauten der Landschaft angepaßt werden müssen und die Palmenkronen nicht überragen dürfen (Seychellen).
d) Krasse Isolation von Fremdenverkehrseinrichtungen vom übrigen einheimischen Lebensraum bis zur Fremdenghettobildung. Die dadurch geförderte Kluft zwischen Fremden und Einheimischen verhindert innovatorische Denkanstöße.
e) Behinderung des wirtschaftlichen und persönlichen Freiraumes der Einheimischen durch Inanspruchnahme von deren gewohnten Nutzungs- und Bewegungsgebieten. Eine solche beginnt bereits bei der Strandnutzung anstelle Riff-Fischerei der Eingeborenen und reicht bis zur Errichtung von Golfplätzen, die die Wegefreiheit behindern und bei gleichzeitigem Mangel an Süßwasser und bebaubarem Land stärksten Unwillen der Eingeborenen erregen müssen.
f) Beeinträchtigung des sozioökonomischen Wert- und Normensystems durch Fehlverhalten der Touristen. Der enorme Kontrast finanziellen Leistungsvermögens der Touristen zu jenem der einheimischen Bevölkerung führt zu schweren Mißverhältnissen gegenseitigen Verstehens. Da die meisten Touristen zum Besuchsland keine wirklichen Beziehungen sozialen und kulturellen Verstehens besitzen und eine notwendige Verhaltensinformation nur in den seltensten Fällen erhalten, besteht die Gefahr eines gegenseitigen Mißverständnisses. Die tief verwurzelte Ansicht der Einhei-

mischen, daß der Reichtum und Wohlstand der anderen Menschen ihnen nur vorenthalten wurde, führt schließlich zu jenen Handlungsweisen, die unsere Welt als Betrug und Diebstahl verurteilt und die sich in Gebieten mit Massentourismus (z. B. Bali) in bedrückender Form mehren.

g) Verschärfung der Ernährungssituation der einheimischen Bevölkerung durch bevorzugte Versorgung der Fremdenverkehrsbetriebe und die touristische Nachfrage. Diese Situation kann durch rechtzeitige Produktionsstärkung und Umstellung der einheimischen Betriebe auf die zu erwartenden Bedürfnisse vermieden werden.

h) Verschlechterung der Außenhandelsbilanz durch zu hohe fremdenverkehrsspezifische Einfuhren. Diese ist in den meisten Entwicklungsgebieten abseits größerer, international beschickter Märkte fast unvermeidbar. Die Außenhandelsbilanz wird dabei um so stärker belastet, je höherrangig die Hoteleinrichtungen eingestuft sind.

Die tatsächlichen touristischen Verdienstmöglichkeiten sind gebietsweise und von Insel zu Insel so verschieden, daß jeder Versuch einer Typisierung nach Entwicklungsräumen verfrüht erscheinen muß und dafür auch weder Statistiken noch die notwendigen gesicherten Untersuchungsgrundlagen vorhanden sind. Nur die Fehlschläge lassen sich vielerorts deutlich erkennen und zwingen zum Schluß, daß auch die Fremdenverkehrsfunktionen in solchen Gebieten nur schrittweise und nicht nach gigantomanischen Managervorstellungen aufgebaut werden können. Dann wird die einheimische Bevölkerung mit dem Erscheinen der Touristen auch keine Neidvorstellungen verbinden müssen. Notwendigerweise auf Jahrzehnte zu erstreckende Entwicklungen lassen sich nicht im Handumdrehen vollziehen. Für die tropische Inselwelt bringt der Massentourismus mehr Probleme als echte Lösungen, für die Fremdenverkehrsbüros allerdings hohe Einnahmen!

8 Inseltypengruppen nach dem Aufbau und den klimaökologischen Verhältnissen; Beurteilung der Lebensgrundlagen für ihre Einwohner

8.1 Individuelle Vielfalt und gemeinsame Merkmale einer Typengruppenzugehörigkeit

Aus den bisherigen Ausführungen dieses Bandes ist die unglaublich große Zahl individueller Gestaltungsformen der Inseln erkennbar, welche einer in ihrer ethnischen Zusammensetzung oft ebenso vielfältigen Bevölkerung eine sehr verschieden bewertbare Lebensgrundlage bieten.
Für den Versuch, die große Masse der Erscheinungsformen zu erfassen und ihre Probleme darzustellen, bieten sich zwei Möglichkeiten an. Die eine, für die es bis heute in ozeanweiter Betrachtung leider noch kein Beispiel gibt, wäre die einer Sammlung von Monographien. Sie würde sicher ein mehrbändiges Lexikon füllen und einen wertvollen Nachschlagebehelf darstellen. Eine andere Form bedient sich der exemplarischen Darstellung mittels weniger Beispiele, die für große Typengruppen ähnlich ausgestatteter Inseln charakteristisch sind. Dieser zweite Weg wurde auch in den folgenden Ausführungen beschritten.

8.2 Typisierungsüberlegungen

Dem Typisierungsversuch lag anfangs ein umfangreiches ökologisches Konzept zugrunde, welches gedanklich auf einer umfassenden Ökosystematik aufgebaut war. Es führte schließlich zur Unterscheidung von über 60 Typen, die weder dem geplanten Überblick gedient noch die für eine repräsentative Aussage notwendige statistische Besetzung aufgewiesen hätten. Es war für die Verfasser schmerzlich, sich in einem mehrfachen Reduktionsverfahren bis zur groben Vereinfachung schließlich auf 17 Typengruppen nach geologisch-petrographischen und klimaökologischen Kriterien beschränken zu müssen. Trotz der Erfahrung und Kenntnis aus eigener Anschauung von Hunderten Inseln beider Ozeane wäre für eine weitreichendere Gliederung das hierfür unbedingt notwendige Quellenmaterial über Geologie und Böden, morphologische und hydrologische Verhältnisse, Vegetationsverbreitung und -zusammensetzung, Nutzungsweisen in Vergangenheit und Gegenwart, ethnisch gebundenes Nutzungsverhalten usw., wenn ausnahmsweise vorhanden, doch völlig unzureichend gewesen. Als Angehörige einer wissenschaftlich einigermaßen erschlossenen Welt beginnen wir solche Unternehmen mit meist völlig falschen Erwartungen; es sei daher eine diesbezügliche Bemerkung gestattet:
Die auf Grund wissenschaftlicher Idealziele erhobenen hohen Forderungen, raumstrukturelle Untersuchungen nach gesicherten Ökosystemvorstellungen unter Einsatz mo-

derner formaler Methoden durchzuführen, sind nach ehrlichem Bemühen nur ganz selten und ausnahmsweise erfüllbar. Diese Erkenntnis bleibt niemandem erspart, der unsere kleine Welt nur einigermaßen aus eigener Anschauung und in mühevoller Geländearbeit kennengelernt hat. Die Verfasser haben sich 1982 der Mühe unterzogen, den Anteil der Erdoberfläche, welche die Voraussetzung für die Anwendung moderner Materialaufarbeitungsmethoden überhaupt besitzt, zu errechnen.
Nur für etwa 1/7 der festen Erdoberfläche bestehen derart günstige Verhältnisse ihrer wirtschaftlichen und demographischen Quellen und ökologischen Grundlagen, daß für räumliche Strukturuntersuchungen mathematisch-statistische Methoden überhaupt eingesetzt werden können. Aber auch in diesem sehr geringen Anteil bestehen und verstärken sich sogar noch die fast unüberwindlichen Hindernisse einer Datengeheimhaltung, ganz abgesehen von der vielfach unbrauchbaren regionalen Datenbindung, die zwar eine Auswertung für volkswirtschaftliche Überlegungen, nicht aber für raumwissenschaftliche Zielsetzungen ermöglicht. Als Geograph ist man daher sogar in modernen Industriestaaten oft gezwungen, wissenschaftliche Ergebnisse vorwiegend mittels der herkömmlichen und bewährten hermeneutischen Methoden anzustreben, will man sich nicht von vornherein lediglich mit vielleicht ganz unrealen Modellvorstellungen abfinden. Für wissenschaftlich nicht allzu „modebewußte Geographen" und Raumwissenschaftler, die auch willens und fähig sind, mühevolle Geländearbeit zu leisten, gibt es noch sehr lange umfangreiche Arbeitsziele! Von solchen Arbeiten hängt das Wohl etwa der halben Erdbevölkerung ab.
Das nachstehende Schema der Tabelle 17 bietet eine Übersicht über die Typengruppen sowohl für den Pazifischen als auch den Indischen Ozean und gibt die Signaturen an, welche in den kartographischen Skizzen verwendet wurden. Die Bezeichnung der Typengruppen und die Zuordnung der Inseln wurden nach dem Prinzip der vorherrschenden Eigenschaften vorgenommen. So wurden z. B. unter dem Begriff „Jüngere Vulkaninseln mit weit verbreiteten jungen Lavadecken und Tuffen" nur solche Inseln subsummiert, bei denen die Bodenverhältnisse wesentlich und weithin durch das Auswurfmaterial jüngerer vulkanischer Tätigkeit beeinflußt sind. Jüngere Vulkaninseln, die diese Bedingung nicht erfüllen, wurden der jeweils nächstverwandten Typengruppe zugezählt, so z. B. jüngere Vulkaninseln der tropischen Regenwaldzone den „Inseln der tropisch-feuchten Regenklimate".
In die Bezeichnung der Inseltypengruppen für den tropischen Raum sind die konventionellen klimaökologischen Benennungen eingegangen. Um eine Korrelation mit den Begriffskriterien jüngerer Arbeiten leichter durchführen zu können, wird auf Tabelle 18 das Schema von K. MÜLLER-HOHENSTEIN (1979) angeschlossen.

8.3 Zahl, Fläche und Bevölkerung der Inseln nach ökologischen Typengruppen

Die Zusammenfassung der Inseln in Typengruppen mit annähernd gleicher oder ähnlicher Naturraumausstattung bietet eine für viele ökonomische Überlegungen brauchbare Bezugsbasis. Unter gleichem Klima ist anzunehmen, daß sich die geologisch-petrographischen Verhältnisse über die Böden auf Besiedlung und Bevölkerungsdichte

Tabelle 17: Schema der ökologischen Inseltypengruppen nach ihren geologisch-petrographischen und klimaökologischen Verhältnissen.

<table>
<tr><th>Sign.</th><th>Tropischer Raum</th><th>Außertropischer Raum</th></tr>
<tr><td>○</td><td colspan="2">Alluviale Inseln geringer Höhe über Mittelwasser: Sandbänke, Schlickinseln, Mangroveinseln, unverfestigte Quartärablagerungen</td></tr>
<tr><td>□</td><td colspan="2">Kahle Felsinseln und Inseln mit sehr geringer Vegetation und spärlicher Bodenbildung</td></tr>
<tr><td>+</td><td colspan="2">Aride und semiaride Inseln unterschiedlichen Aufbaues im Randtropengebiet und im mediterranen Klima</td></tr>
<tr><td>⊡</td><td>Inseln aus überwiegend quartären, z.T. auch tertiären verfestigten Sedimenten</td><td>——</td></tr>
<tr><td>×</td><td>Korallenbankinseln: Niedrige Korallenriff- und Korallensandinseln</td><td>——</td></tr>
<tr><td>⊼</td><td>Gehobene Korallenbankinseln mit Höhen zumindest von einigen Dezimetern</td><td>——</td></tr>
<tr><td>▲</td><td colspan="2">Jüngere Vulkaninseln (tätig oder in historischer Zeit erloschen) mit weit verbreiteten jungen Lavadecken und Tuffen</td></tr>
<tr><td>▨</td><td>Inseln aus Sedimentgesteinen aufgebaut (meist Mesozoikum) und Inseln mit weit verbreiteten Kalken verschiedenen Alters</td><td>——</td></tr>
<tr><td>▮</td><td>Granit- und Syenitinseln im tropisch-feuchten Klima</td><td>——</td></tr>
<tr><td>■</td><td>Inseln der tropisch-feuchten Regenklimate mit horizontal geringen ökologischen Unterschieden. Tropische Regenwaldgebiete.</td><td>——</td></tr>
<tr><td>⧄</td><td>Inseln der wechselfeuchten Tropen und der Randtropen mit einer feuchten Jahreszeit sowie Inseln der zentralen Tropen mit abgeschwächtem Regenklima</td><td>Inseln der Randtropen mit ozeanischem Klima oder noch monsunal beeinflußt</td></tr>
<tr><td>⊠</td><td colspan="2">Große Inseln mit wechselndem Formenbild und horizontal wie vertikal weiträumig auftretenden ökologischen Disparitäten</td></tr>
<tr><td>⊟</td><td>——</td><td>Inseln der ständig feuchten sommerheißen Mediterranklimate (z.B. Südjapan, Ostchinesisches Meer, Nord-Neuseeland)</td></tr>
<tr><td>◫</td><td>——</td><td>Inseln der winterfeuchten sommertrockenen Mediterranklimate (Süd- und Südwestaustralien, Mittelchilenische Küste)</td></tr>
<tr><td>⟠</td><td>——</td><td>Inseln des warmgemäßigten ozeanischen Klimas</td></tr>
<tr><td>◇</td><td>——</td><td>Inseln des kühlgemäßigten ozeanischen Klimas und Übergangsgebiete zum subpolaren Klima</td></tr>
<tr><td>⌓</td><td>——</td><td>Inseln im subpolaren und polaren Klimaraum</td></tr>
</table>

Konventionelle Bezeichnungen	Troll/Paffen	Schmithüsen	Walter	Manshard
immerfeuchte Tropen, innere Tropen	V/1: immerfeuchte Regenwald – Klimate (ohne ausgeprägte Trockenzeit)	tropische Regenwälder, tropische Gebirgsregenwälder	immergrüne Regenwälder der Niederungen und Gebirgshänge (Nebelwälder)	feuchter, immergrüner Wald (Regenwald), 10–12 humide Monate über 2000 mm Ns
wechselfeuchte Tropen, äußere Tropen	V/2: Feuchtsavannen-Klimate (Trockenzeit von 2½ bis 5 Monaten, vorwiegend im Winter	tropische halbimmergrüne Regenwälder, regengrüne Monsunwälder, Feuchtsavannen	halbimmergrüne und regengrüne Wälder	teilweise laubwerfender wechselgrüner Feuchtwald (Monsunwald), 9–10 hum. Monate, über 1500 mm Ns + Feuchtsavanne (mit Galerie- und Uferwäldern), 7–9 hum. M. über 1000 mm
	V/3: wechselfeuchte Trockensavannen – Klimate (winterliche Trockenzeit 5–7½ Monate)	Trockensavannen, tropische Trockenwälder, Campos cerrados	trockene Gehölze, natürliche Savannen, Grasland	Trockensavanne 750–1000 mm Ns 3½ bis 6 humide Monate
	V/4: Dornsavannen – Klimate (Trockenzeit von 7½ bis 10 Monaten, vorwiegend im Winter)	Dornsavannen, Dornbaum- und Sukkulentenwälder		Dornstrauchsavanne über 400 mm Ns 2 bis 3½ humide Monate
Randtropen	V/5: tropische Halbwüsten- und Wüstenklimate	Halbwüsten, Trockenwüsten	heiße Halbwüsten und Wüsten (auch außertropische !!)	Halbwüste und Wüste unter 400 mm Ns kein oder 1 humider Monat

Tabelle 18: Die Gliederung der Tropen nach konventioneller Art und nach Troll/Paffen 1964, Schmithüsen 1976, Walter 1970 und Manshard 1968 (nach K. Müller-Hohenstein aus „Die Landschaftsgürtel der Erde“, 1979. S. 54).

signifikant auswirken und die Unterschiede viel deutlicher zum Ausdruck kommen als beim Bezug auf rein regional abgegrenzte Gebiete, welche verschiedene Inseltypen zusammenfassen.
In den einschlägigen Tabellen für den Indischen und Pazifischen Ozean (Tabellen 19, 20 und 21) tritt dieser Umstand für die Einwohnerzahl und Bevölkerungsdichte bestimmter Typengruppen sehr deutlich hervor, so vor allem bei der Gruppe junger Vulkaninseln mit weit verbreiteten jüngeren Lavadecken und Tuffen. Ausschlaggebend für die hohen Dichtewerte sind die eindeutig fruchtbareren Böden dieser Typengruppe und die ausgeglichenen Hangneigungen im Vorgelände der Vulkane, die der Bewässerung des Naßreisbaues sehr entgegenkommen.
Hingegen sind die im Verhältnis zu den kärglichen Bodennutzungsmöglichkeiten viel zu hohen Bevölkerungsdichtewerte auf Korallensand- und Korallenbankinseln* nur durch die günstige Ernährungsbasis des Meeres durch Fischfang zu erklären. Außerdem sind die Bewohner dieser Inseln bei starkem Bevölkerungswachstum nicht immer imstande, in andere Gebiete auszuweichen. Auf andere Schwierigkeiten kommen wir noch in den später folgenden Erörterungen.
Mitunter wird aber auch der Dichtewert einer ganzen Typengruppe durch eine einzige Insel geprägt, so daß dieser für die anderen Inseln keineswegs typisch ist. Dies trifft im Indischen Ozean z. B. für die ariden und semiariden Inseln unterschiedlichen Aufbaues im Randtropengebiet des Roten Meeres, des Arabisch-Persischen Golfes usw. zu. Die 669 km² große Erdölinsel Bahrain mit ihren Erdöllagern, Raffineriebetrieben, sonstigen Einrichtungen und der Hauptstadt Manama zählte bereits 1982 rund 400.000 Einwohner und bestimmt daher mit ihrem quantitativen Gewicht die Dichtewerte aller anderen Inseln dieser Typengruppe, welche selbst nur wenige oder überhaupt keine Einwohner besitzen. Eine ähnliche Situation ergibt sich auch für die alluvialen Inseln, die in den allermeisten Fällen unbewohnt sind oder nur wenige Einwohner besitzen, aber im Mündungsgebiet des Ganges-Brahmaputra infolge der hohen Fruchtbarkeit des Schlicks der Mündungsinseln eine ganz besonders hohe Bevölkerungsdichte aufweisen und daher die Mittelwerte der anderen Inseln entscheidend beeinflussen. Die Angaben der entsprechenden Typengruppen des Pazifischen Ozeans sind durch solche Sonderfälle unbeeinflußt und entsprechen den mehrheitlich vorkommenden Verhältnissen besser.

Mit einer Typisierung der Inseln der Weltmeere ihrer Entstehung nach, befaßt sich H. KLUG (1985, S. 195).

* Als „Korallenbankinseln" werden hier gehobene Koralleninseln meist älterer Entstehung bezeichnet. So konnten wir bis zu 3 Hebungsphasen z. B. bei den nördlichen Tonga-Inseln der Vava'u-Gruppe feststellen (siehe S. 255). Hanns J. BUCHHOLZ spricht von „gehobenen" Koralleninseln (in: Geographische Rundschau, Jg. 39, 1987, S. 14).

Tabelle 19: Indischer Ozean. Zahl, Fläche und Bevölkerung der verschiedenen ökologischen Inseltypen der Tropen (Bevölkerungsstand 1980).

Ökologische Typengruppe (nach den geologisch-petrographischen u. klimaökologischen Verhältnissen)		Zahl		Fläche		Bevölkerung	Bevölkerungsdichte	
Sign.	Kennzeichnung	der Inseln insgesamt	d. Inseln mit Siedlungen	der Inseln insgesamt km^2	d. Inseln mit Siedlungen km^2	d. Inseln mit Siedlungen	bezogen auf alle Inseln Ew./km^2	bezogen auf Inseln mit Siedlungen Ew./km^2
○	**Alluviale Inseln** geringer Höhe über Mittelwasser: Sandbänke, Schlickinseln, Mangroveinseln. Unverfestigte Quartärablagerungen	1.729	46	20.845	11.159	1,058.380	50,8	94,9
+	Aride und **semiaride Inseln** unterschiedlichen Aufbaues im Randtropengebiet d. Roten Meeres, des Arabisch-Persischen Golfes, der nordwestlichen Arabischen See u. Inseln der Kernpassatzone tropisch Westaustraliens	1.213	33	7.506	3.882	358.000	47,7	92,2
×	**Korallenbankinseln** (Korallensandinseln)	2.291	274	4.180	3.484	654.990	156,7	188,0
▲	Jüngere **Vulkaninseln** mit weit verbreiteten jüngeren Lavadecken und Tuffen	226	28	8.796	8.064	1,954.405	222,2	242,4
▨	Inseln aus **tertiären Gesteinen** und aus **Kalken** verschiedenen Alters	345	39	10.500	9.599	403.816	38,5	42,1

Fortsetzung Tabelle 19: Indischer Ozean. Zahl, Fläche und Bevölkerung der verschiedenen ökologischen Inseltypen der Tropen (Bevölkerungsstand 1980).

Ökologische Typengruppe (nach den geologisch-petrographischen u. klimaökologischen Verhältnissen)		Zahl		Fläche		Bevölkerung	Bevölkerungsdichte	
Sign.	Kennzeichnung	der Inseln insgesamt	d. Inseln mit Siedlungen	der Inseln insgesamt km²	d. Inseln mit Siedlungen km²	d. Inseln mit Siedlungen	bezogen auf alle Inseln Ew./km²	bezogen auf Inseln mit Siedlungen Ew./km²
	Inseln aus überwiegend **quartären Gesteinen**	218	21	2.356	2.315	12.300	5,2	5,3
	Granitinseln und Syenitinseln der Seychellen	40	17	230	227	64.000	278,3	282,0
	Inseln im Verbreitungsraum der **tropisch-feuchten Regenwälder** mit klimabedingt horizontal geringen ökologischen Unterschieden	1.072	53	19.882	16.243	1,333.980	67,1	82,1
	Inseln der Subäquatorialzone **Nordwestaustraliens**	424	0	1.029	0	0	0	0
	Große Inseln mit horizontal und vertikal weiträumig auftretenden **ökologischen Disparitäten**	3	3	1,150.495	1,150.495	46,853.423	49,4	49,4
Σ	**Alle Tropeninseln**	**7.561**	**514**	**1,225.820**	**1,205.468**	**52,693.294**	**43,0**	**43,7**
Σ	**Alle Tropeninseln ohne Madagaskar, Sri Lanka und Sumatra (aber mit deren Nebeninseln)**	**7.558**	**511**	**75.324**	**54.973**	**5,839.871**	**77,5**	**106,2**

Fortsetzung Tabelle 19: Indischer Ozean. Zahl, Fläche und Bevölkerung der verschiedenen ökologischen Inseltypen der außertropischen Klimazonen (Bevölkerungsstand 1980).

Gemäßigte und subtropische Zone

Ökologische Typengruppe (nach den geologisch-petrographischen u. klimaökologischen Verhältnissen)		Zahl		Fläche		Bevölkerung	Bevölkerungsdichte	
Sign.	Kennzeichnung	der Inseln insgesamt	d. Inseln mit Siedlungen	der Inseln insgesamt km²	d. Inseln mit Siedlungen km²	d. Inseln mit Siedlungen	bezogen auf alle Inseln Ew./km²	bezogen auf Inseln mit Siedlungen Ew./km²
○	Alluviale Inseln geringer Höhe über Mittelwasser	82	0	1.448,5	0	0	0	0
+	Inseln des sommertrockenen Passatklimas Westaustraliens	56	1	761,8	600	50	0,0	0,0
×	Koralleninseln	102	0	32,4	0	0	0	0
◈	Inseln der warmgemäßigten sommertrockenen Regenklimate Südwest- und Südaustraliens	385	261	5.753,2	5.443,0	6.600	1,1	1,1
Σ	**Alle Inseln der subtropischen und gemäßigten Zone**	**625**	**3**	**7.996**	**6.043**	**6.650**	**0,8**	**1,1**

Subpolare Zone

Sign.	Kennzeichnung	der Inseln insgesamt	d. Inseln mit Siedlungen	der Inseln insgesamt km²	d. Inseln mit Siedlungen km²	d. Inseln mit Siedlungen	alle Inseln Ew./km²	Inseln mit Siedlungen Ew./km²
△	Jüngere Vulkaninseln	175	4	8.117,0	7.011,0	181	0,0	0,0
Σ	**Subpolare Zone des Indischen Ozeans**	**175**	**4**	**8.117**	**7.011**	**181**	**0,0**	**0,0**
Σ	**Gesamter Indischer Ozean**	**8.361**	**521**	**1,241.933**	**1,218.522**	**52,700.125**	**42,4**	**43,3**

Tabelle 20: Pazifischer Ozean. Zahl, Fläche und Bevölkerung der verschiedenen ökologischen Inseltypen der Tropen (Bevölkerungsstand 1982).

Ökologische Typengruppe (nach den geologisch-petrographischen u. klimaökologischen Verhältnissen)		Zahl		Fläche		Bevölkerung	Bevölkerungsdichte	
Sign.	Kennzeichnung	der Inseln insgesamt	d. Inseln mit Siedlungen	der Inseln insgesamt km²	d. Inseln mit Siedlungen km²	d. Inseln mit Siedlungen Ew.	bezogen auf alle Inseln Ew./km²	bezogen auf Inseln mit Siedlungen Ew./km²
○	**Alluviale Inseln** geringer Höhe über Mittelwasser: Sandbänke, Schlickinseln, Mangroveinseln.	7.125	322	44.092,97	26.460,45	248.050	5,6	9,4
□	**Kahle Felsinseln** und Inseln mit magerer Vegetation und kärglicher Bodenbildung	4.914	31	1.518,18	308,50	13.920	9,2	45,1
+	**Aride und semiaride Inseln** unterschiedlichen Aufbaues im Randtropengebiet, in der Trockenklimate und in der Kernpassatzone	55	0	488,10	0	0	–	–
⊡	Inseln aus überwiegend **quartären**, z.T. auch tertiären verfestigten **Sedimenten**	486	103	10.106,35	9.598,50	98.880	9,8	10,3
×	Niedrige **Korallenbank-** und **Korallensandinseln**	12.430	524	2.915,69	1.259,35	128.160	44,0	101,8
⊠	**Gehobene Korallenbankinseln** mit Höhen zumindest von mehreren Dezimetern	160	65	3.249,97	2.480,19	151.660	46,7	61,2
▲	**Jüngere Vulkaninseln** (tätig oder in historischer Zeit erloschen) mit weit verbreiteten jungen Lavadecken und Tuffen	150	100	378.301,34	366.606,84	124,974.181	330,4	340,9

Fortsetzung Tabelle 20: Pazifischer Ozean. Zahl, Fläche und Bevölkerung der verschiedenen ökologischen Inselgruppen der Tropen (Bevölkerungsstand 1982).

Ökologische Typengruppe (nach den geologisch-petrographischen u. klima-ökologischen Verhältnissen)		Zahl		Fläche		Bevölkerung	Bevölkerungsdichte	
							bezogen auf	
Sign.	Kennzeichnung	der Inseln insgesamt	d. Inseln mit Siedlungen	der Inseln insgesamt km^2	d. Inseln mit Siedlungen km^2	d. Inseln mit Siedlungen Ew.	alle Inseln Ew./km^2	Inseln mit Siedlungen Ew./km^2
▨	**Inseln aus Sedimentgesteinen** aufgebaut (meist Mesozoikum) und Inseln mit weit verbreiteten **Kalken** verschiedenen Alters	1.504	242	70.338,65	69.190,97	5,331.486	75,8	77,1
▮	**Granit-** und **Syenitinseln** im tropisch-feuchten Klima	90	29	1.237,53	1.212,95	24.000	19,4	19,8
■	Inseln der **tropisch-feuchten Regenklimate** mit horizontal geringen ökologischen Unterschieden. Tropische Regenwaldgebiete.	2.506	634	200.510,95	192.047,59	16,996.747	84,8	88,5
⧄	Inseln der **wechselfeuchten Tropen** und der **Randtropen** mit einer feuchten Jahreszeit sowie Inseln der zentralen Tropen mit abgeschwächtem Regenklima	532	185	155.350,00	151.766,50	25,956.340	167,1	171,0
☒	**Große Inseln** mit wechselndem Formenbild und horizontal wie vertikal **weiträumig auftretenden ökologischen Disparitäten**	7	7	1,814.807,68	1,814.807,68	36,195.938	19,9	20,0
Σ	**Tropische Klimazone Alle Typengruppen zusammen**	**29.959**	**2.242**	**2,682.917,41**	**2,635.739,52**	**210,119.362**	**78,3**	**79,7**

Tabelle 21: Pazifischer Ozean. Zahl, Fläche und Bevölkerung der verschiedenen ökologischen Inseltypen der Außertropen und des gesamten Ozeans (Bevölkerungsstand 1982).

Ökologische Typengruppe (nach den geologisch-petrographischen u. klima-ökologischen Verhältnissen)		Zahl		Fläche		Bevölkerung	Bevölkerungsdichte	
							bezogen auf	
Sign.	Kennzeichnung	der Inseln insgesamt	d. Inseln mit Siedlungen	der Inseln insgesamt km²	d. Inseln mit Siedlungen km²	d. Inseln mit Siedlungen Ew.	alle Inseln Ew./km²	Inseln mit Siedlungen Ew./km²
○	**Alluviale Inseln** geringer Höhe über Mittelwasser: Sandbänke, Schlickinseln, Mangroveinseln. Unverfestigte Quartärablagerungen	4.842	19	9.169,67	1.286,10	22.250	2,4	17,3
□	**Kahle Felsinseln** und Inseln mit magerer Vegetation und kärglicher Bodenbildung	22.750	2	4.765,31	5,80	500	0,1	86,2
+	**Aride und semiaride Inseln** unterschiedlichen Aufbaues	85	8	1.146,07	810,00	2.350	2,1	2,9
⊠	Inseln mit **randtropischen** Klimazügen	26	13	1.342,90	1.281,10	228.800	170,4	178,6
△	**Jüngere Vulkaninseln** (tätig oder in historischer Zeit erloschen) mit weit verbreiteten jungen Lavadecken und Tuffen	144	41	487.084,15	483.354,75	119,512.820	245,4	247,3
⊟	Inseln der **ständig feuchten** sommerheißen **Mediterranklimate**	1.422	249	86.319,21	84.665,55	1,289.610	14,9	15,2
◫	Inseln der **winterfeuchten**, sommertrockenen **Mediterranklimate**	48	1	194,70	90,00	600	3,1	6,7

Fortsetzung Tabelle 21: Pazifischer Ozean. Zahl, Fläche und Bevölkerung der verschiedenen ökologischen Inseltypen der Außertropen und des gesamten Ozeans (Bevölkerungsstand 1982).

Ökologische Typengruppe (nach den geologisch-petrographischen u. klima-ökologischen Verhältnissen)		Zahl		Fläche		Bevölkerung	Bevölkerungsdichte bezogen auf	
Sign.	Kennzeichnung	der Inseln insgesamt	d. Inseln mit Siedlungen	der Inseln insgesamt km²	d. Inseln mit Siedlungen km²	d. Inseln mit Siedlungen Ew.	alle Inseln Ew./km²	Inseln mit Siedlungen Ew./km²
◊ (quergeteilt)	Inseln des **warmgemäßigten** ozeanischen Klimas	1.163	242	45.692,11	43.573,35	1,110.900	24,3	25,5
◊	Inseln des **kühlgemäßigten** ozeanischen Klimas und Übergangsgebiete zum subpolaren Klima	2.793	105	231.454,98	186.294,30	937.380	4,1	5,0
⌓	Inseln im **subpolaren und polaren Klimaraum**	339	9	65.806,60	12.886,00	6.800	0,1	0,5
⊠	**Große Inseln** mit horizontal wie vertikal weiträumig auftretenden **ökologischen Disparitäten**	1	1	152.015,52	152.015,52	859.840	5,7	5,7
Σ	**Inseln der subpolaren und polaren Klimazone**	**1.567**	**17**	**74.968,15**	**14.835,00**	**11.240**	**0,2**	**0,8**
Σ	**Inseln der gemäßigten Klimazone**	**32.046**	**673**	**1,010.023,17**	**951.427,47**	**123,960.610**	**122,7**	**130,3**
Σ	**Inseln im außertropischen Raum**	**33.613**	**690**	**1,084.991,32**	**966.262,47**	**123,971.850**	**114,3**	**128,3**
Σ	**Inseln im tropischen Klimabereich**	**29.959**	**2.242**	**2,682.917,41**	**2,635.739,52**	**210,119.362**	**78,3**	**79,7**
Σ	**Alle Inseln des Pazifischen Ozeans**	**63.572**	**2.932**	**3,767.908,73**	**3,602.001,99**	**334,091.212**	**88,7**	**92,8**

8.4 Typencharakterisierung

8.4.1 Alluviale Inseln geringer Höhe über Mittelwasser: Sandbänke, Schlickinseln, Mangroveinseln. Unverfestigte Quartärablagerungen

Das gemeinsame Merkmal der in dieser Inseltypengruppe zusammengefaßten Inseln sind ihr Aufbau aus noch nicht verfestigtem Material und ihre geringe Höhe über Mittelwasser. Das bedingt die große Wirkung von Meeresströmungen, Gezeitenbewegungen der Wellen und der Brandung, der Winderosion, aber auch von menschlichen Eingriffen auf die Gestalt der Inseln und die Veränderung ihrer Küsten.

Sandinseln

Vor flachen Küsten erheben sich Sandbänke (sogenannte Außensände) oft bis nahe unter den Wasserspiegel, so daß sie bei Niedrigwasser herausragen und durch weitere Sandanlandungen oder -anwehungen wachsen können. Mitunter erheben sich Sand- und Kiesanhäufungen über den Wasserspiegel und fallen schließlich auch bei Gezeitenhochstand trocken. Bis zum ersten Bewuchs solcher Inseln mit Pionierpflanzen, die eine stellenweise Festigung der Sande herbeiführen, vergehen oft erhebliche Zeiten.
Sandbänke und Sandinseln bilden gefährliche Hindernisse im Küstenvorfeld, die infolge ihrer Form- und Lageveränderungen auch immer wieder die Zufahrtsrinnen der Hochseeschiffe zu den Häfen behindern können und hohe Kosten für deren Freihaltung durch Ausbaggerung verursachen. Außerdem bilden sich vor den Mündungen der Ästuare, ebenso vor den Mündungen der Lagunen und den Mündungslücken zwischen Inselketten Riffbögen oder Barren. Diese fächerförmig angeordneten Untiefen, welche die Mündungsstellen seewärts umgeben, entstehen durch Erlahmung der Transportkraft des ausfließenden Wassers, welches nach dem Ausmünden die schwereren mitgeführten Sedimente ablagert.
Sandbänke und Sandinseln entstehen also nicht nur durch Ablagerung von Transportmaterial vor den Mündungsgebieten von Flüssen ins Meer, sondern an vielen Stellen, wo ein Durchstrom oder Wasseraustausch vor sich geht. Sie entstehen aber auch oft an langgestreckten, ungegliederten Sandstrandküsten unter Mitwirkung von Küstenströmungen infolge Windstaues, Auflaufen der Wellen, Gezeitenwellen oder von weither kommenden Meeresströmungen, welche die hinderliche Küste entlangstreichen. Aus diesen Gründen verändern Sand- und Kiesinseln auch oft ihre Areale und sind für eine Besiedlung und wirtschaftliche Nutzung – außer als Stützpunkt für den Fischfang – ungeeignet. Sie sind vor den Flachküsten der Kontinente (z. B. Ostafrikas), aber auch mancher großer Inseln häufig zu finden. An Ausgleichsküsten, z. B. der Madagaskars (Ostküste), zeigen sie deutlich ihre rasche Veränderlichkeit.

Mangroveinseln

Dieser Inseltypus besteht aus Korallenkalken, Sanden und Schlick und wird im Gezeitenbereich seiner Küsten von einer amphibischen Vegetation, welche zusammen mit einer eigenartigen Tierwelt eine besondere Lebensgemeinschaft bildet, bedeckt. Grundbedingung für die Entwicklung dieser speziellen Mangrovevegetation ist die im Rahmen der Gezeiten vor sich gehende Überflutung mit Meereswasser meist hoher Salzkonzen-

tration, welche im Flachwasser etwa 35‰ beträgt, was einem potentiellen osmotischen Druck von 25 atm oder bar entspricht.
Obwohl man zwischen Schlick-, Sand- und Riffmangroven unterscheiden kann und letztere in den Klüften und Fugen fester Strandplattformen verwurzelt sind, werden auch diese hier behandelt.
Auf beiden Hemisphären reicht die *Verbreitung* der Mangroven weit über die Tropengrenze hinaus, und zwar auf der Nordhalbkugel etwa bis zum 32. Grad nördlicher Breite (Südjapan) und auf der Südhalbkugel sogar um Australien herum bis nach Neuseeland. Die Mangroven des Atlantischen Ozeans sind an Arten ärmer als die des Indischen und Pazifischen Ozeans, welche in ihrer Artenzusammensetzung (Arten im älteren, weitgefaßten Sinn) in Tabelle 22 wiedergegeben sind. Von allen enthaltenen Inseln treten als besonders artenreich Java, Neuguinea, die Philippinen und die birmesischen Küsteninseln hervor (siehe die Tafeln 1, 2 und 53).

Tabelle 22: Verbreitung der östlichen Mangrove (nach FOXWORTHY) aus H. WALTER, 1964.
+: vertretene Art, ●: nicht vertretene Art (Art im älteren, zusammenfassenden Sinn).

	Ostafrika	Madagaskar	Ceylon	Brit. Indien	Burma	Siam u. Cochin-China	Mal. Halbinsel	Sumatra	Java	Borneo	Neu-Guinea	Australien	Philippinen	Formosa	Südjap. Inseln	Japan	China
Rhizophora mucronata . . .	+	+	+	+	+	+	+	+	+	+	+	+	+	+	+	+	●
Rhizophora conjugata . . .	+	●	+	+	+	+	+	+	+	+	+	●	+	●	●	●	●
Bruguiera gymnorrhiza . . .	+		+	+	+	+	+	+	+	+	+	+	+	●	+	●	●
Bruguiera eriopetala	+	+	●	+	●	+	+	+	+	+	+	+	+	+	●	●	+
Bruguiera caryophylloides .	●	●	+	+	+	+	+	+	+	●	+	●	+	●	●	●	●
Bruguiera parviflora	●	●	●	+	+	+	+	+	+	+	+	+	+	●	●	●	●
Ceriops candolleana	+	+	+	+	+	+	+	+	+	+	+	+	+	●	●	●	●
Ceriops roxburghiana . . .	+	●	+	+	+	+	+	+	+	+	+	●	+	●	●	●	●
Sonneratia acida	+	●	+	+	+	+	+	+	+	+	+	●	+	●	●	●	●
Sonneratia alba	●	+	+	+	+	+	+	+	+	+	+	●	+	●	●	●	●
Xylocarpus moluccensis . .	+	●	+	+	+	+	+	+	+	+	+	+	+	●	+	●	●
Xylocarpus granatum . . .	+	●	●	●	+	+	●	●	+	+	+	+	+	●	+	●	●
Lumnitzera litorea	●	●	●	+	+	●	+	+	+	+	+	+	+	●	+	●	●
Lumnitzera racemosa . . .	+	+	+	+	+	●	●	●	+	●	+	+	+	+	+	●	●
Aegiceras corniculatum . . .	●	●	+	+	+	+	+	+	+	+	+	+	+	●	●	●	+
Aegiceras floridum	●	●	●	●	●	●	●	●	+	●	+	●	+	●	+	●	●
Avicennia officinalis	+	+	+	+	+	+	+	+	+	+	+	+	+	+	+	●	+
Scyphiphora hydrophyllacea .	●	●	+	+	+	+	+	+	+	+	+	+	+	●	+	●	●
Acanthus ilicifolius	+	●	+	+	+	+	+	+	+	+	+	+	+	●	+	●	+
Nipa fruticans	●	●	+	●	+	+	+	+	+	+	+	+	+	●	●	●	●
Zahl der Arten im Gebiet .	12	7	15	17	18	17	17	17	20	17	20	14	20	4	10	1	4

Dennoch können wir in einer Kurzdefinition feststellen, daß man unter dem Begriff Mangrove einen artenarmen, buschförmigen bis baumartigen, oft nur wenige Meter hohen Wald im Gezeitenbereich von Flachküsten versteht, der nur in besonders günstigen Gebieten über 10 m, vereinzelt aber auch über 20 bis 30 m Höhe aufragt. Solche hohe Mangrovewälder haben die Verfasser in der Lagune beim Dorf Paya an der Westküste Tiomans (Granitinsel vor der Ostküste West-Malaysias nordöstlich von Mersing, siehe Abbildung 44) und an verschiedenen Küstenstellen der Andamanen gefunden (Bruguiera gymnorrhiza).

Die Auslese der *vorkommenden Arten* unterliegt lokal den besonders scharfen Konkurrenzbedingungen. Einige Mangrovearten zeichnen sich durch ihr dichtes Geflecht von Stelzwurzeln, die als Schlickfänger dienen, und infolge des sauerstoffarmen Bodens durch Ausbildung von Atemwurzeln (Pneumatophoren) aus. Diese sind verschiedenar-

Abbildung 44: Mangrovewald in der Lagune beim Dorf Paya an der Westküste der Granitinsel Tioman vor der Ostküste West-Malaysias nordöstlich von Mersing kurz vor der Flut (Aufnahme E. A., 1986).

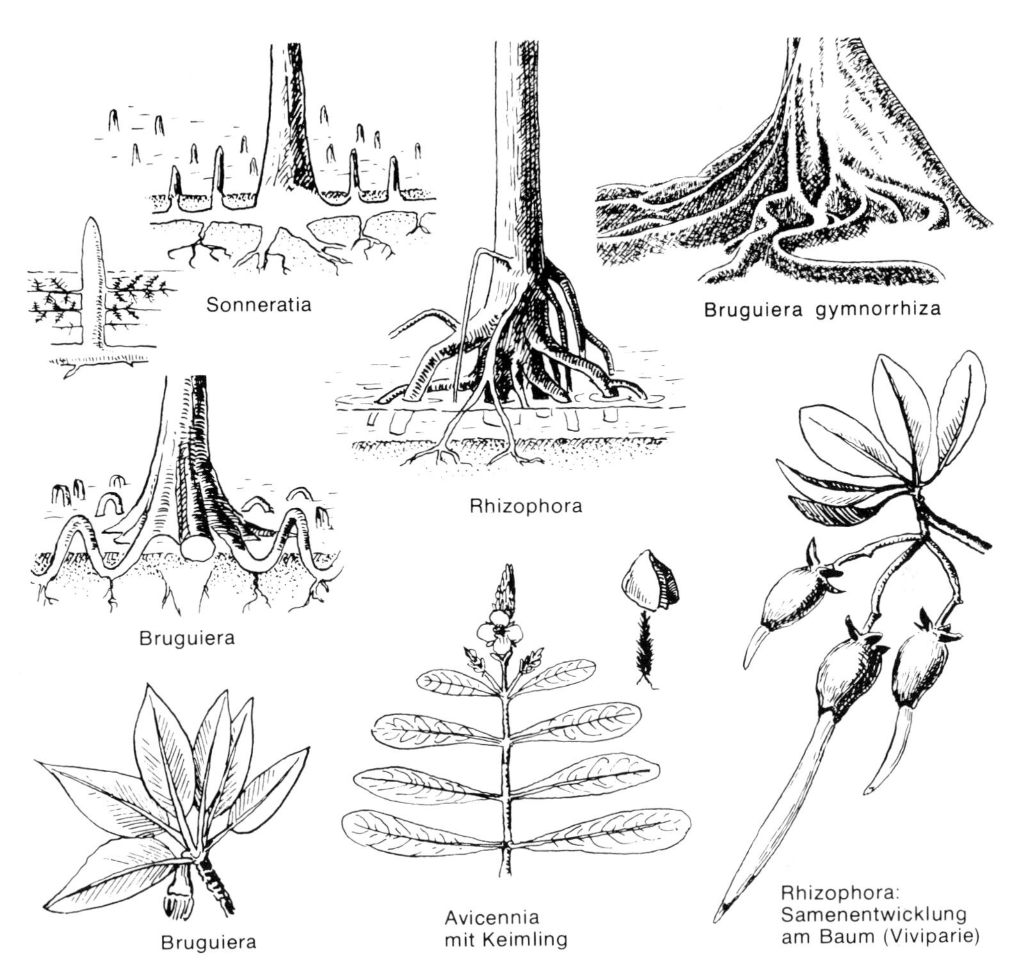

Abbildung 45: Mangrove. Beispiele des Wurzelbaues und der Samenentwicklung in der Gezeitenzone (etwas verändert und ergänzt nach W. GRANDJOT, 1976. S. 205).

tig gestaltet (siehe Abbildung 45), mitunter brettartig geformt, vielfach gewunden und schlangenartig dahinziehend (Xylocarpus moluccensis), knieartig und schlingenförmig aus dem Schlick herausragend (Bruguiera), häufig aber pfahlartig als Gewirr von Spießen emporstehend (Sonneratia und Avicennia).

Auch die Fortpflanzung ist auf das Leben im Gezeitenbereich und auf Schlick abgestimmt. Bei manchen Mangrovearten erfolgt das Auskeimen der Samen auf der Mutterpflanze (Viviparie), so daß diese nach dem Abfallen gleich im schlammigen Boden stekkenbleiben oder sich verankern können und das weitere Wachstum gesichert ist, ohne daß die junge Pflanze von der Gezeitenströmung in Gebiete mit ungünstigen Lebensbedingungen vertragen werden kann (siehe Abbildung 45 unten und die Tafeln 1 und 2).

Mangroven sind hinsichtlich ihrer großräumigen Verbreitung azonale Pflanzen; was aber die lokalen Verhältnisse der verschiedenen Mangrovestandorte betrifft, zeigt sich eine zonare Anordnung vor allem nach der Salzkonzentration. Arten mit höchster Salzresistenz (z. B. Avicennia) besiedeln daher die salzreichen Innenzonen, weniger resistente sind auf die Außenzonen mit reicherer Frischwasserzufuhr angewiesen. Ebenso werden von den einzelnen Arten Sandböden vertragen, andere wieder bevorzugen Schlickböden. Die Vielfalt solcher Gunst- und Ungunstsituationen kennzeichnet die verschiedenen Wettbewerbsbedingungen der Arten, die schließlich zu einer zonalen Anordnung wie in Abbildung 46 führt. Das Beispiel ist allerdings nur für den ostafrikanischen Küstenraum um Tanga und seine gegen die See hin geschützten Mangroveinseln repräsentativ und auf andere Mangrovegebiete nicht ohne weiteres übertragbar.
In den *Salzhaushalt* der Mangroven konnte erst in jüngerer Zeit etwas Licht gebracht werden. Über die vor sich gehenden Prozesse faßt H. WALTER in der 3. Auflage (1977) von „Vegetationszonen und Klima" (S. 204/205) zusammen: „Sie können nicht das Meerwasser als solches aufnehmen, denn es würde sich in kürzester Zeit eine gesättigte Salzlösung in den Blättern bilden, da bei der Transpiration die Pflanzen nur Wasser abgeben, jedoch die Salze zurückbleiben. In neuester Zeit ist der direkte Nachweis gelungen, daß in Blättern der Mangroven Saugkräfte von 35–55 atm oder bar entstehen, die höher sind als der potentielle osmotische Druck der Bodenlösung. Diese Saugkräfte werden durch die Kohäsionsspannung in den Gefäßen auf die Wurzeln übertragen, die zugleich einen Ultrafilter darstellen, d. h. praktisch reines Wasser durchlassen und dieses den Blättern zuführen. Nur eine sehr kleine Salzmenge dringt in die Pflanze ein und wird in den Vakuolen der Blattzellen in gelöster Form gespeichert. Sie ist notwendig, um die Saugkräfte zu erzeugen.

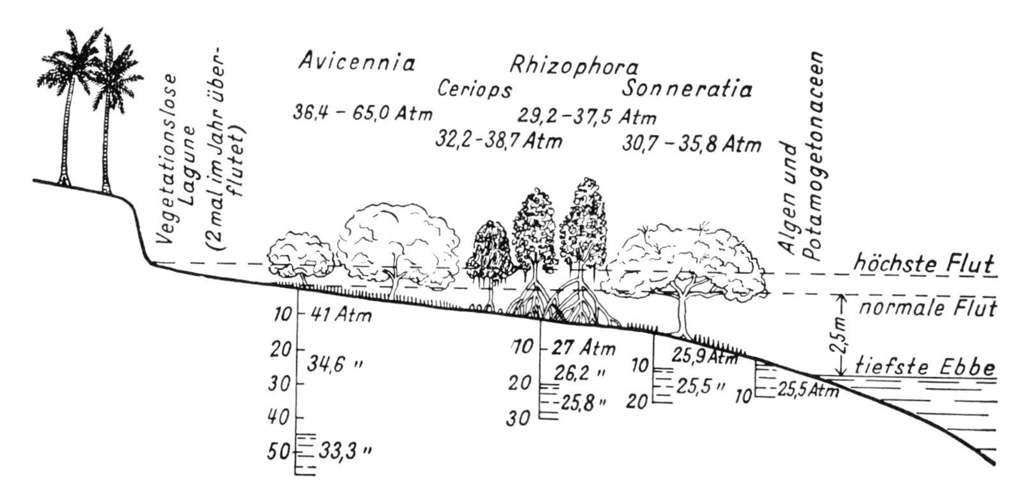

Abbildung 46: Profil einer Mangroveküste mit Angabe der osmotischen Werte der Mangrovearten und der Bodenlösungen (aus H. WALTER, 1964, S. 174). (Bei den Mangrovearten sind die jeweils höchsten und tiefsten osmotischen Werte angegeben, für die Bodenlösungen gelten die Werte für die in cm angegebenen Entnahmetiefen.)

Wie die Regulierung der Salzkonzentration erfolgt, ist noch nicht ganz klar. Den jungen heranwachsenden Blättern kann ein Teil der Salze aus den alten vergilbenden Blättern zugeleitet werden. Ein Überschuß an Salzen ließe sich beim Abfallen der alten Blätter aus der Pflanze ausscheiden. Bei Avicennia ist eine Regulierung durch auf der Blattunterseite befindliche Salzdrüsen möglich. Die Konzentration der ausgeschiedenen Salzlösungen erreicht bei Avicennia 4,1% und ist somit höher als die des Meerwassers. Die ausgeschiedenen Salze sind zu 90% NaCl und zu 4% KCl, was dem Verhältnis im Meerwasser entspricht. Die Ausscheidung unterbleibt im Dunkeln und ist mittags am intensivsten. Sie erreicht in 24 Stunden 0,2–0,35 mg pro 10 cm^2 Blattfläche. In Trockenzeiten reichert sich das Salz auf der Blattunterseite in Form von Kochsalzkristallen an, die bei hoher Luftfeuchtigkeit in der Nacht zerfließen und abtropfen.
Es ist interessant, daß die viviparen Keimlinge fast salzfrei sind und einen potentiellen osmotischen Druck von nur 13–18 atm besitzen. Ihnen muß somit das Wasser durch ein Drüsengewebe im Kotyledonarkörper zugeführt werden. Sobald die Keimlinge abfallen und sich im Salzboden bewurzeln, nimmt der Salzgehalt zu und der potentielle osmotische Druck steigt auf die normale Höhe an. Die Keimwurzel scheint zunächst für Salz permeabel zu sein. Auch die Funktion der Atemwurzeln (Pneumatophoren) konnte aufgeklärt werden. Sie besitzen Lentizellen mit feinen Öffnungen, die unbenetzbar und deshalb zwar für Luft, nicht jedoch für Wasser durchlässig sind. Wenn die Atemwurzeln ganz ins Wasser tauchen, wird der Sauerstoff in ihren Interzellularen durch die Atmung verbraucht, und es entsteht ein Unterdruck, weil das leicht lösliche CO_2 ins Wasser entweicht. Sobald die Atemwurzeln aus dem Wasser auftauchen, tritt ein Druckausgleich ein und Luft mit Sauerstoff wird eingesaugt. Der O_2-Gehalt in den Interzellularen der Atemwurzeln schwankt deshalb periodisch zwischen 10–20%."

Echte Mangroveinseln sind meist in nicht mehr aktiven oder halbaktiven Mündungsgebieten großer Flüsse und Stöme zu finden. Außerdem sind kleine Korallensand- und Korallenriffinseln, welche gegen die schwere Brandung des offenen Meeres geschützt sind, wie z. B. einzelne Inseln vor der Ostküste Afrikas und viele Korallenriffinseln in Mikronesien, von einem breiten Mangrovegürtel umgeben oder von Mangrove weitgehend bedeckt. Wirtschaftlich werden diese kaum genutzt und auch sonst wegen ihrer Unwegsamkeit gemieden. Auch nur wenige Tiere haben mit der Mangrove eine Lebensgemeinschaft eingegangen. Dazu gehören die vielen Winkerkrabben und eine mittels ihrer armartig entwickelten Brustflossen auf die Mangrovewurzeln springende oder „robbende" kleine Fischart (Periophtalmus = Schlammspringer).

Schlickinseln (mit landwirtschaftlicher Nutzung)
Schlickinseln größerer Ausmaße treten häufig in den Mündungsdeltas großer Ströme auf und werden in der Nähe übervölkerter Räume mit hohem Nahrungsmittelbedarf auch landwirtschaftlich genutzt.
Für diesen Typ finden wir besonders interessante Beispiele im ehemaligen und heutigen Gangesmündungsgebiet im Grenzraum Indien/Bangladesh. Es erstreckt sich über einen Küstenraum von über 400 km Luftlinie und wird im Westen von einem 50 bis 90 km ins Land hineinreichenden Mangrovegürtel eingenommen (siehe Abbildung 47, welche das Satellitenbild 1 der Tafel 1 interpretiert). Es handelt sich um einen mehr oder

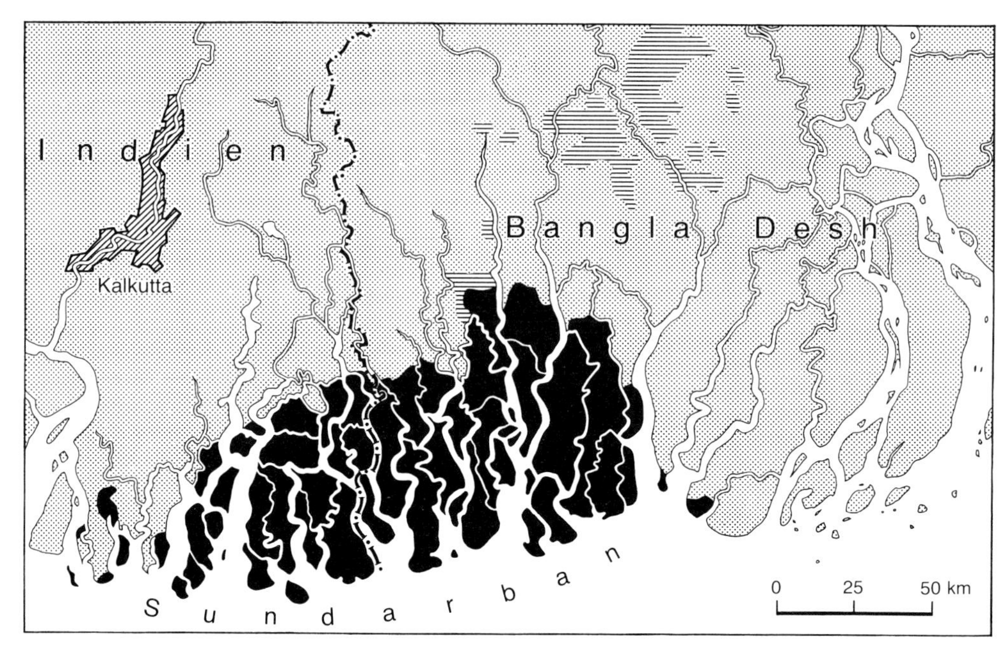

Abbildung 47: Ganges-Mündungsgebiet. Interpretationsskizze zum Satellitenbild 1 der Tafel 1. Mangroveinseln sind schwarz, für den Anbau genutzte Schlickinseln durch Punktraster und Sümpfe durch Horizontalraster gekennzeichnet.

weniger passiven Teil des Deltas. Das Erscheinungsbild ist das Ergebnis der ständigen Ostverlegung der Gangesmündung seit dem 17. Jh.
Östlich der Sundarbans schließt das aktive Stromdelta der vereinigten Ganges- und Brahmaputraströme an. In diesem sind die Böden der Inseln durch die jährlichen flächenhaften Flußwasserüberflutungen und Schlammablagerungen soweit entsalzt, daß eine geschlossene Kultivierung durchgeführt werden konnte und eine maximale Besiedlung auf Uferwällen und Hauswurten erfolgte und selbst auf den Schlickinseln Bevölkerungsdichten von weit über 300 Ew./km² erreicht werden. Hier wirkten sich die spätherbstlichen Sturmfluten im Gefolge der Bengalen-Zyklone mit Spitzengeschwindigkeiten von 240 km/h besonders verheerend aus, was in kurzen Zeitabständen immer wieder zu hohen Verlusten bei der Bevölkerung führte (1970: 500.000 Tote).

8.4.2 Aride und semiaride Inseln unterschiedlichen Aufbaues im Randtropengebiet und im mediterranen Klima

Das gemeinsame Merkmal dieser Inseln ist infolge des Klimas und der Windverhältnisse das wüstenhafte und halbwüstenhafte Aussehen der Landoberfläche, die – mit wenigen Ausnahmen – ohne zusätzliche Bewässerung keinen Feldbau und keine Gartenwirtschaft gestattet. Wo diese aber sinnvoll durchgeführt werden kann, sind meist gute Erträge zu erwarten. Im Raum des Roten Meeres und des Arabisch-Persischen Golfes wurde auf eine Unterscheidung von Koralleninseln und Inseln anderen Gesteinsaufbaues, wie sie im übrigen Raum des Indischen Ozeans durchgeführt wird, verzichtet. Für die Besiedlung und Bevölkerungsentwicklung dieser Inseln waren und sind weitgehend die Erdölförderung, -lagerung und -verschiffung und alle damit in Zusammenhang stehenden Funktionen maßgebend. Das erklärt auch die großen Unterschiede der Bevölkerungsdichten der einzelnen Inseln, deren Bewohner auf die Selbstversorgung mit Nahrungsmitteln und anderen Gütern nicht angewiesen sind.

8.4.3 Korallenbankinseln, aufgebaut aus Korallenriffen und Korallensanden

Im Aufbau von Untiefen, Riffen, zahllosen Inseln und der Bildung von Atollen haben kleine *polypenartige Korallentiere* einen hervorragenden Anteil. Sie leben im Meerwasser in Kolonien und bilden durch die von ihren Zellwänden ausgeschiedenen Kalke ganze stockartige Gebilde großer Härte und Sprödigkeit. Die nur Millimeter großen Polypen leben häufig in Symbiose mit Algenzellen, die an der Kalkproduktion nicht unwesentlich mitbeteiligt sind. Beide stellen an ihre Umgebung ziemlich engbegrenzte ökologische Bedingungen, die die Korallenverbreitung im wesentlichen auf den tropischen Meeresraum beschränken. Nur abgestorbene Korallenriffe reichen darüber erheblich hinaus und legen dafür Zeugnis ab, daß in früheren Zeiten auch dort die Umweltbedingungen erfüllt waren und tropische Verhältnisse geherrscht haben (andere paläoklimatische Verhältnisse als heute)!
Die Produktionsraten des Kalkes sind erstaunlich hoch und werden maximal mit 10^4 g $CaCO_3/m^2$ pro Jahr eingeschätzt (siehe H. G. GIERLOFF-EMDEN, Geographie des Meeres, II, 1980, S. 956, der die Korallenbildung und -verbreitung eingehend behandelt und auch reiche Literaturhinweise bringt). Mit einem vertikalen Wachstum von 1 bis 25 mm im Jahr können Korallenstöcke meist mit eustatischen Meeresspiegelschwankungen Schritt halten.
Für das Gedeihen und Wachstum von Steinkorallen müssen folgende ozeanologische und geographische *Voraussetzungen* erfüllt sein:
Die minimale und (maximale) Toleranzgrenze der Meereswassertemperaturen beträgt 20° (36°) C (±) 1° C und des Salzgehaltes 27‰ (38‰) (±) 1–2‰, wobei die Werte für optimale Wachstumsbedingungen bei Wassertemperaturen von 20° bis 36° und einem Salzgehalt von 33‰ bis 37‰ liegen. Diese Bedingungen sind in tropischen Meeren zwischen den Wendekreisen und meist auch noch zwischen 30° nördlicher und südlicher Breite gegeben.
Riffkorallen benötigen einen nach Arten verschiedenen, jedoch reichlichen Lichteinfall, der in der Wasserschicht von Springniedrigwasser bis 15 m Tiefe (BIEWALD, 1973, 1974) hinreichend und bis 25 m Tiefe unter dem Meeresspiegel regional noch ausreichend vorhanden ist. Bei Annahme einer Ansatztiefe von durchschnittlich 15 m bieten tiefer vorkommende, tote Korallenvorkommen Anhaltspunkte für Meeresspiegelschwankungen.
Die Verbreitung der Korallen über weit auseinanderliegende Ansatzpunkte erfolgt u. a. durch Meeresströmungen, welche die Larven der Korallenpolypen verdriften. Aus den obigen Ausführungen geht aber hervor, daß die Ansatzstellen von einem entsprechend gestalteten submarinen Meeresbodenrelief oder von schon vorhandenen Inseln abhän-

gig sind. Dazu gehören bis nahe an den Meeresspiegel aufragende Untiefen in den Schelfgebieten oder Erhebungen vulkanischen Ursprungs, welche an der Inselbildung in den Ozeanen vorrangig beteiligt sind.

Eine Reihe wachstumsverhindernder Faktoren engt allerdings den möglichen Verbreitungsraum ein, dazu gehören:

Nährstoffarmes Wasser. Regional gebundenes, kaltes Auftriebswasser (kalifornische Küste Nordamerikas und peruanisch-chilenische Küste Südamerikas, australische Südwestküste, Küste von Somalia, Südostküste Arabiens).

Hoher Sedimentgehalt und hohe Flußtrübe in Flußmündungsgebieten.

Biologische Zerstörungsvorgänge durch Pflanzen und Tiere (Überwucherung durch Pflanzen, Blaualgen; Korallenfraß durch den Dornenkronenseestern Acanthaster planci oder thorns starfish, Schnecken, Krabben, Papageienfisch u. a.).

Anthropogene Vernichtungsprozesse. Baumaterialiengewinnung aus lebenden Korallenstöcken, Kalkbrennereien (Mauritius), Zerstörung durch Bergbau und Erdölgewinnung, Verschmutzung der Küstengewässer durch Bevölkerungs- und Industrieagglomerationen und durch die Schiffahrt.

Auswirkungen von Naturkatastrophen. Süßwasserüberschüttungen durch Unwetter, Zerstörungen durch Sturmfluten im Gefolge von tropischen Zyklonen und Tsunami-Wellen, welche ganze Riffe zerschlagen, Vulkanausbrüche und deren Folgen u. a. m.

Mit den Erscheinungsformen von *Korallenriffinseln und ihrer Entstehung* haben sich bereits Forscher in der ersten Hälfte des 19. Jh.s beschäftigt. Unter ihnen entwickelte Ch. DARWIN eine 1842 und 1874 veröffentlichte Theorie, welche die Ansicht über die Entstehung von Korallenriffen und -inseln ein Jahrhundert lang beherrschte. Die DARWINsche Theorie bringt Saum-, Wallriff und Atoll in eine genetische Verbindung, und zwar unter der Annahme eines langsamen und stetigen Anstieges des Meeresspiegels (z. B. in der Postglazialzeit), dem das Korallenwachstum zu folgen vermochte (siehe Abbildung 48). Sicher kann diese Idealvorstellung eines Entwicklungsvorganges für viele Fälle zutreffen; es gibt aber noch andere Möglichkeiten einer gesetzmäßig voneinander unabhängigen Entstehung, die aus den verschiedenen Kombinationen von Entwicklungsvoraussetzungen zu erklären sind. Solche sind z. B. Anstieg des Meeresspiegels bei gleichzei-

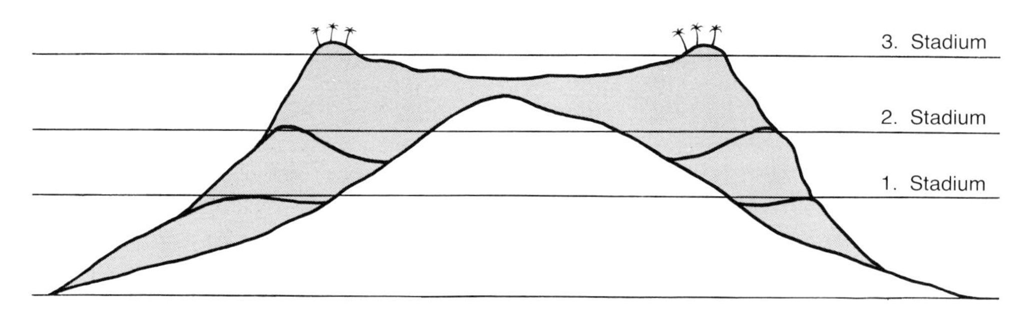

Abbildung 48: Die Entstehung von Saumriff, Wallriff und Atoll durch stetigen Meeresspiegelanstieg nach der DARWINschen Theorie.

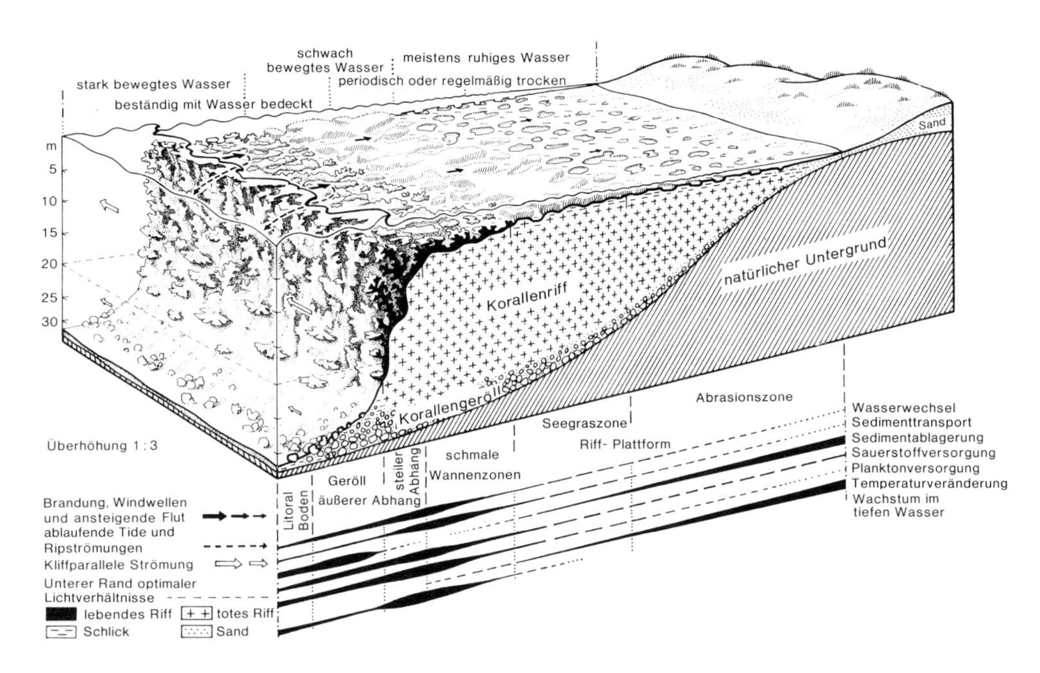

Abbildung 49: Korallen-Saumriff. Das dreidimensionale Diagramm nach A. MERGNER, 1967, zeigt Struktur und Gliederung des Saumriffes während eustatisch stabiler Zeit und die ökologischen Verhältnisse nach ihren Bedingungen im Wirkungsgefüge (aus H. G. GIERLOFF-EMDEN: Geographie des Meeres, II, 1980. S. 965).

tigem Aufsteigen des submarinen Reliefs, Bildung submariner Kuppen und Plateaus bis nahe unter den Meeresspiegel, Abrasion alter Riffe und Neubesiedlung durch junge Korallen, mehrfach unterbrochenes Ansteigen oder Wechsel von Ansteigen und Absinken des Meeresspiegels, positive oder negative Wachstumsveränderungen der Korallen. Die bisher durch Bohrungen nachgewiesenen sehr verschiedenen Mächtigkeiten der Riffe und Korallenüberzüge sowie die äußerst unterschiedlichen Ansatzbasen lassen die verschiedensten Kombinationen von Entstehungsursachen und Schlußfolgerungen für den Entwicklungsvorgang zu, der noch dazu nicht weltweit einheitliche, sondern regional unterschiedliche Voraussetzungen besitzt. Es ist daher mit einer sehr großen Zahl von Entwicklungstypen zu rechnen, die aber für die Betrachtungen in diesem Buch nicht relevant sind. Wir finden mit einigen wenigen Typen, die sich in der Erscheinungsform ausdrücken, das Auslangen. Ausgangstyp unserer Betrachtung ist aber ebenfalls das *Saumriff* mit seinen manchmal auftretenden sehr kleinen Koralleninseln.
Saum- oder Strandriffe stellen die geschlossenste Form der Korallenbauten dar, die bei weiter ansteigendem Seespiegel eine ansehnliche Breite erreichen können, deren Hauptwachstumsrichtung aber einseitig seewärts gerichtet ist. Wie Abbildung 49 zeigt, ist das lebende Riff auf den beständig mit stark bewegtem, sauerstoffreichem Wasser bedeckten äußeren Randstreifen beschränkt.

Die Außenseite des Riffes hebt sich als Wellenbrecher durch die weithin erkennbare Brandung ab (siehe Bild 75 der Tafel 40 und Bild 80 der Tafel 44). Das Donnern der sich mit hoher Gewalt aufbäumenden Wellen ist selbst bei geringem Seegang weithin zu vernehmen und warnt vor der zerschmetternden Kraft der Wellen im Brandungsraum mit seinen messerscharfen und in Zacken aufgelösten Korallenstöcken.
Seewärts fällt das Riff steil zum Litoralboden ab (siehe Abbildung 49). Landwärts folgt eine schmale, ständig vom Wasser bedeckte Wannenzone, die den Abfluß des über die Riffkante eindringenden Meereswassers regelt und durch ihr vielgestaltiges Relief des lebenden Korallenbodens alle nur möglichen Voraussetzungen für andere Riffbewohner (Kopffüßer, Krabben, Schnecken, Muscheln usw.) bietet. Diese Tiere sind z. T. für den Menschen genießbar und werden als besonders wichtige und beliebte eiweißreiche Nahrungsergänzung regelmäßig bei Ebbe eingesammelt.
Je nach Breite und Ausdehnung der Riffzone folgt landseitig im teilweise bereits verschlickten toten Riff eine meist fleckenhaft unterbrochene Seegraszone und weiter gegen den Sandstrand hin schließlich das mehr oder minder blanke, algenüberzogene und durch Sandmulden und Sandrinnen unterbrochene tote Riff.
Saumriffe umgeben sogenannte „Hohe Inseln" meist vulkanischen Ursprungs nicht immer in geschlossener Form. Sie konnten sich nur an bevorzugten Stellen entwickeln, wo die Meeresküste nicht fast senkrecht zu größerer Tiefe abfällt, wo genügend sauerstoffreiches Frischwasser, aber ohne zerstörende Wellengewalt, vorhanden ist, keine starken Sand- und Schlickablagerungen erfolgen und nicht andere Einflüsse (Abwässer, Schadstoffe usw.) das Leben der Korallen gefährden. Auch die Saumriffe bieten einen hervorragenden Schutz für die Küsten und ihre Bewohner vor den Folgen schweren Seeganges; sie bieten überdies eine wichtige ergänzende Nahrungsquelle und die Grundlage zur Gewinnung von Baumaterial und von Kalk für die Kalkbrennerei. Der letztgenannte Umstand allerdings zwingt zu einer sehr überlegten und vorausschauenden Nutzung, da sonst das Riffgebiet derart geschädigt wird, daß es sich aus eigener Kraft nicht mehr regenerieren kann.
Sehr breit werdende Saumriffe neigen dazu, die Wannenzone hinter der Riffkante fast lagunenartig auszubauen und die Riffkante durch Anhäufung von Korallenbruchmaterial, das durch die Brandung losgerissen worden ist, zu erhöhen. Schon auf diese Weise kann der Eindruck eines *Wallriffes* entstehen. Tritt aber eine sukzessive positive Meeresspiegeländerung durch dauernden Anstieg des Meeres oder andauernde Senkung des Inselkörpers ein, dann versucht das lebende Riff mit diesem Spiegelanstieg Schritt zu halten, und es kommt zu einer Wallriffbildung mit deutlicher Abgrenzung einer *Lagune* und an der neuen Küste stellenweise wieder zur Entstehung von Saumriffen. Besonders deutlich lassen sich die Ergebnisse dieser Vorgänge an den „Hohen" Gesellschafts-Inseln Französisch-Polynesiens studieren (siehe Abbildung 50 und die Bilder 69, 70 und 71 der Tafeln 36 und 37).
Das Wallriff im Beispiel der Abbildung 50 (Bora Bora) ist nur im Osten, Nordosten und Nordwesten bis zum Meeresspiegel angewachsen und bildet dort sogar langgestreckte, aus Korallensand über Korallenkalk gebildete und von Kokospalmen bewachsene Inseln. Im Süden und Südwesten aber ist das äußere Riff zwar breit entwickelt, reicht jedoch nur knapp unter den Gezeitenmittel- bzw. Gezeitenniedrigwasserspiegel und wird daher stets überflutet. Das gesamte Außenriff ist nur im Westen durch eine Lücke mit ei-

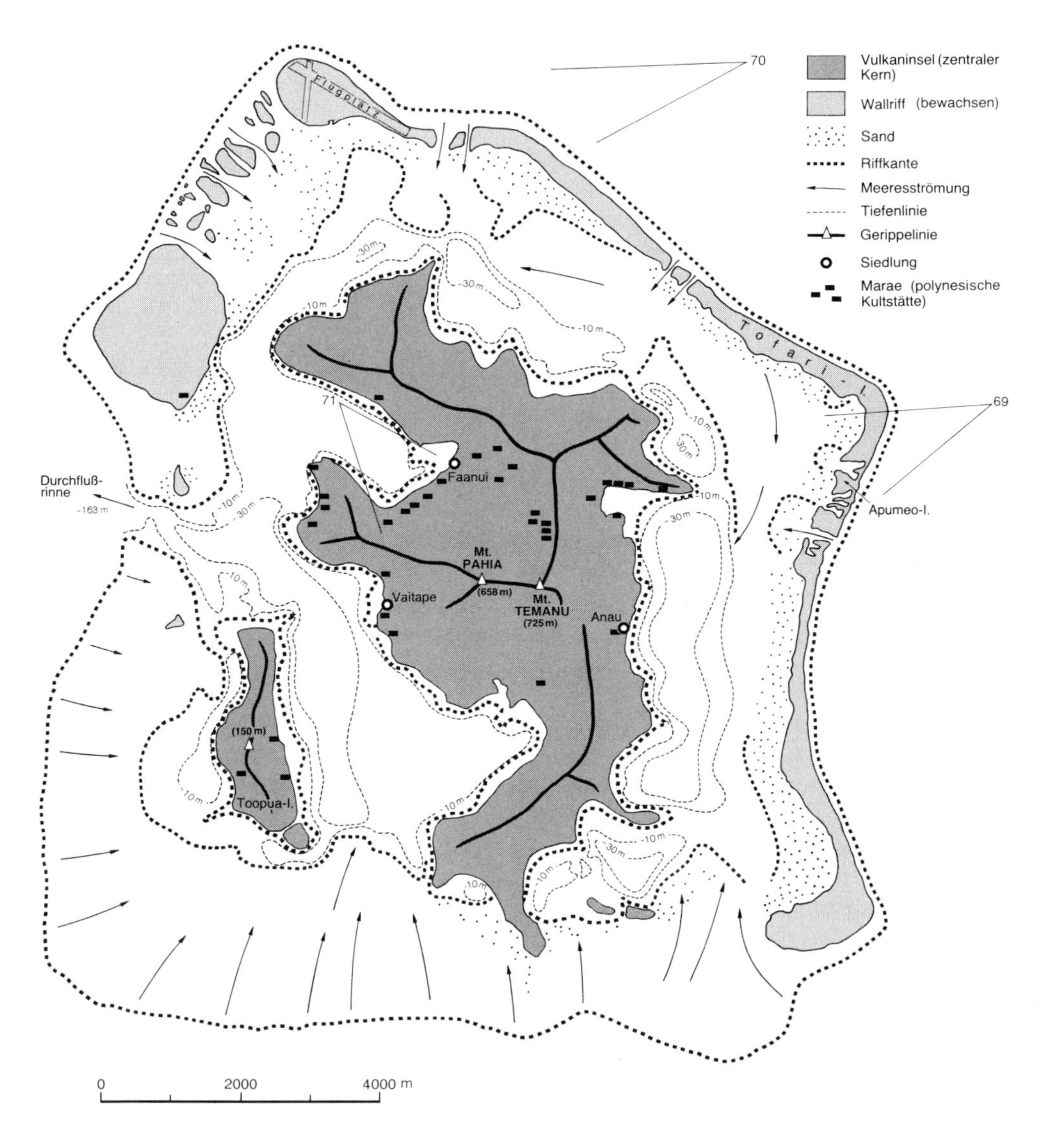

Abbildung 50: Französisch-Polynesien, Bora Bora. „Hohe Insel" vulkanischen Ursprungs mit Saumriffbildungen, Wallriff mit Inseln und ausgedehnter Lagune. In der Abbildung sind die Blickwinkel der Aufnahmerichtungen der Bilder 69, 70 und 71 der Tafeln 36 und 37 angegeben (nach Gierloff-Emden 1980, II. S. 970, und amtlicher Karte). H. A. 1988.

ner mehrere Meter tiefen Durchflußrinne durchbrochen. Alle anderen Rifflücken sind nur mit kleinen Booten durchfahrbar.
Riffe, die über den Wasserspiegel herausragen, üben oft eine Schutzfunktion für das leeseitig gelegene Gebiet aus und bilden daher nicht nur eine Gefahr für die Schifffahrt, sondern mitunter einen Zufluchtsort für Boote bei hohem Seegang. Das gilt z. B.

auch für die als ,,Scherm" bezeichneten, über den Meeresspiegel gehobenen und erosiv durch die Brandung zerschnittenen Korallenbänke in Ufernähe, zu denen mitunter Fischerboote Zuflucht suchen.

Riffe, welche parallel zu den Küsten ziehen und diese vom offenen Meer abriegeln, kommen aber in allen Größenordnungen vor. Riesenhafte Ausmaße hat das *Große Barriere-Riff* (The Great Barrier Reef), das gewaltigste Korallenriff der Erde, das mit 1.900 bis 2.000 km Nord-Süd-Erstreckung vom Vorraum der Fly River-Mündung Neuguineas bis zum Südlichen Wendekreis reicht und z. T. auf dem Schelfrand aufsitzt. Nur im Norden reicht es nahe bis zur Küste, im Süden erstreckt es sich von dieser in fast 300 km Entfernung.

Die *Bildung von Atollen* kann auf sehr verschiedene Art erfolgen: Entweder durch langsamen weiteren positiven Meeresspiegelanstieg, dem das Korallenwachstum folgen kann, durch Zusammenbruch eines niedrigen Vulkankernes der Insel, dessen Krater mit einem Kratersee nahe dem Meeresspiegel ausgestattet war, zu dem sich schließlich das Meerwasser Zugang verschaffte, aber auch durch Emporwachsen von Korallenstöcken entlang eines unter den Meeresspiegel geratenen Kraterrandes einer ehemaligen Vulkaninsel oder von parallel verlaufenden oder ringartig angeordneten Untiefen, welche Ansatzpunkte für Korallen zu bieten vermögen (Tiefe nicht unter 50 m), und durch andere Ursachen mehr, die aber bis heute noch nicht ganz erforscht sind. Unter Atoll versteht man in engerem Sinn eine ringförmige Koralleninsel, die eine Lagune umgibt (siehe Abbildung 51); das abgebildete Atoll aus der Tokelau-Gruppe im Südpazifischen Ozean (Lage: 11° 03' südliche Breite, 171° 06' westliche Länge) kommt in solch geschlossener Form nicht sehr häufig vor und stellt einen Idealtyp einer kleinen Atollinsel dar, mit ringförmiger Anordnung von Riffaußenseite und Strand (hell), wenige Meter höher nach innen folgend einem breiten Kokoswaldgürtel und schließlich in der Mitte der Insel ganz dunkel erscheinenden tieferen Teilen der Lagune mit den hell kontrastierenden Korallenriffbildungen. Das Atoll liegt im Einflußbereich des Südost-Passats. Die anlaufenden Wellenfolgen von Osten werden durch Reflexion und Refraktion am Inselkörper umgeformt; Interferenzerscheinungen sind an der Westküste gut erkennbar.

Im weiteren Sinn verstehen wir unter Atollen von Korallenriffen mit über dem Meeresspiegel aufragenden Inseln ringförmig oder oval umgebene Lagunen, welche über Durchflußrinnen oder Überflußmöglichkeiten mit dem offenen Meer Verbindung besitzen.

Die Tiefen der Lagunen erreichen bei den großen Atollen des Indischen und Pazifischen Ozeans 70 bis 80 m. Während der indo-pazifische Raum eine verhältnismäßig große Zahl von Atollen (über 300?) besitzt, beschränken sich diese in der Karibik des Atlantischen Ozeans auf etwa 10 mit Lagunentiefen bis zu 15 m.

Manche Atollriffe ziehen sich fast insellos über mehrere km Länge (siehe Bild 5 der Tafel 3), auf anderen hingegen folgt Insel auf Insel, nur getrennt durch schmale Strömungslücken, durch die der gezeitenbedingte Wasseraustausch zwischen offenem Meer und Lagune erfolgt (siehe Bild 6 der Tafel 3). Dementsprechend ist auch der Bau des Riffes asymmetrisch. Die dem offenen Meer zugekehrte Seite fällt von der Riffkante sehr steil ins Meer ab. Der Riffabfall gegen die Lagune ist wesentlich geringer geneigt als an der Außenseite.

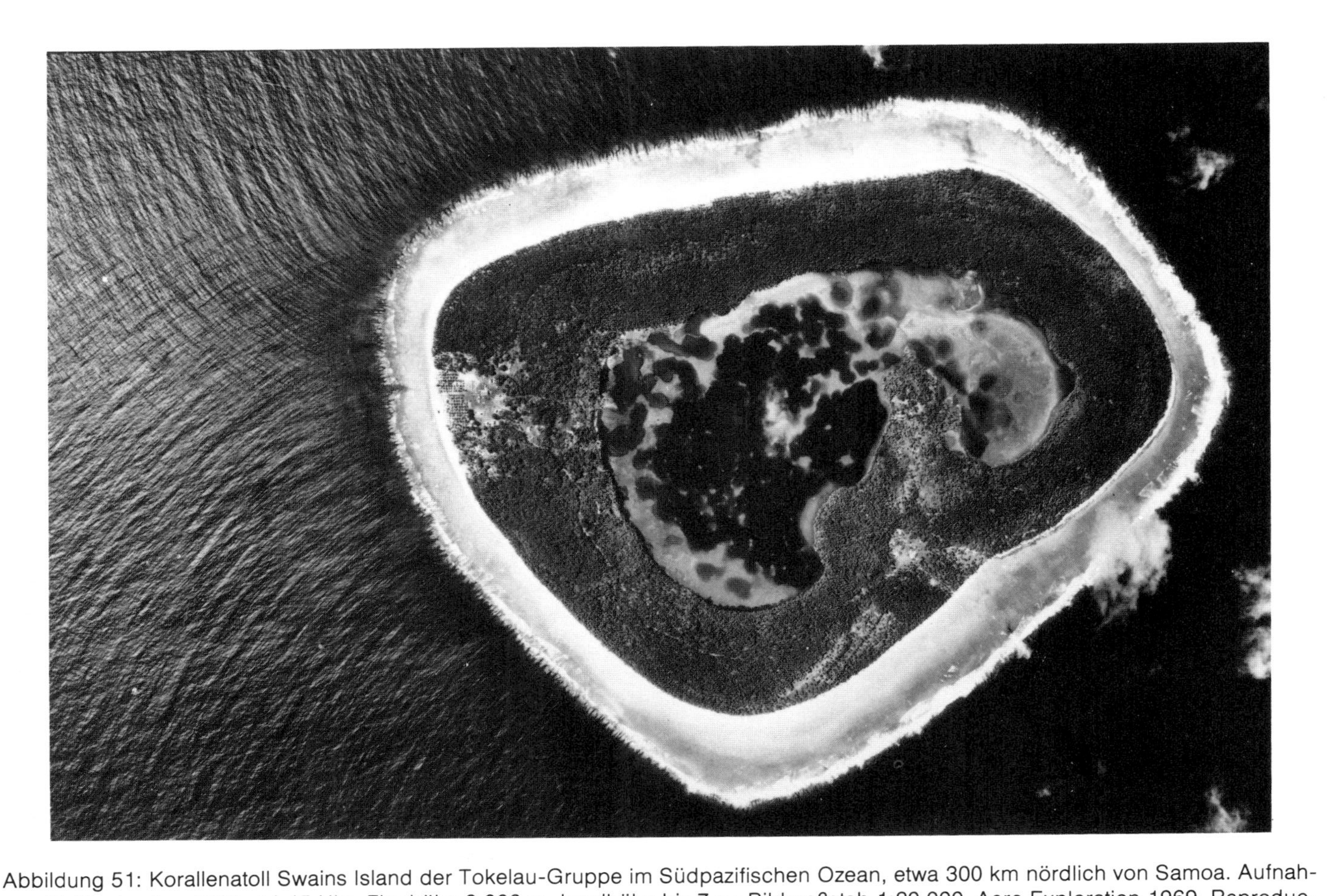

Abbildung 51: Korallenatoll Swains Island der Tokelau-Gruppe im Südpazifischen Ozean, etwa 300 km nördlich von Samoa. Aufnahme 18. September 1961, 14.45 Uhr, Flughöhe 3.000 m, Inselhöhe bis 7 m; Bildmaßstab 1:20.000. Aero Exploration 1969, Reproduction of Official Aerial Photograph Courtesy of U. S. Departement of Commerce Enviromental Science Services Administration, Coast and Geodetic Survey (aus GIERLOFF-EMDEN, 1980, II, S. 968).

Die Riffinseln zeigen oft sichelartige Gestaltung mit konvexer Außenseite und konkaver Innenseite, hervorgerufen durch die starke Brandungswirkung der Wellen an der Luvseite, die auch die Wirkung der Flutströme an und vor den Kanälen zwischen den Inseln verstärkt.

Besonders typische und große Atollgebiete des Pazifischen Ozeans liegen in den Marshall-Inseln, die sich etwa über 1 Mio. km² Meeresfläche erstrecken (vierfache Fläche der BRD), aber nicht einmal ein Fünftausendstel davon an Landfläche einnehmen. Die Atolle und Riffe liegen in 2 NNW-SSO verlaufenden Ketten angeordnet, und zwar der Ralik- und der Ratak-Gruppe (siehe Abbildung 52). In der Ralik-Gruppe (Ralik = Sonnenuntergang) liegt außer den großen Atollen und Inseln Jaluit, Ailinglapalap, Rongelap, Bikini und Enewetak auch das größte Atoll der Erde, Kwajalein, mit etwa 2.500 km² Fläche (siehe Abbildung 53). In der nordöstlichen Ratak-Gruppe (Ratak = Sonnenaufgang) befinden sich die großen Atolle von Mili, Majuro (siehe Tafel 4), Maloelap und Likiep.

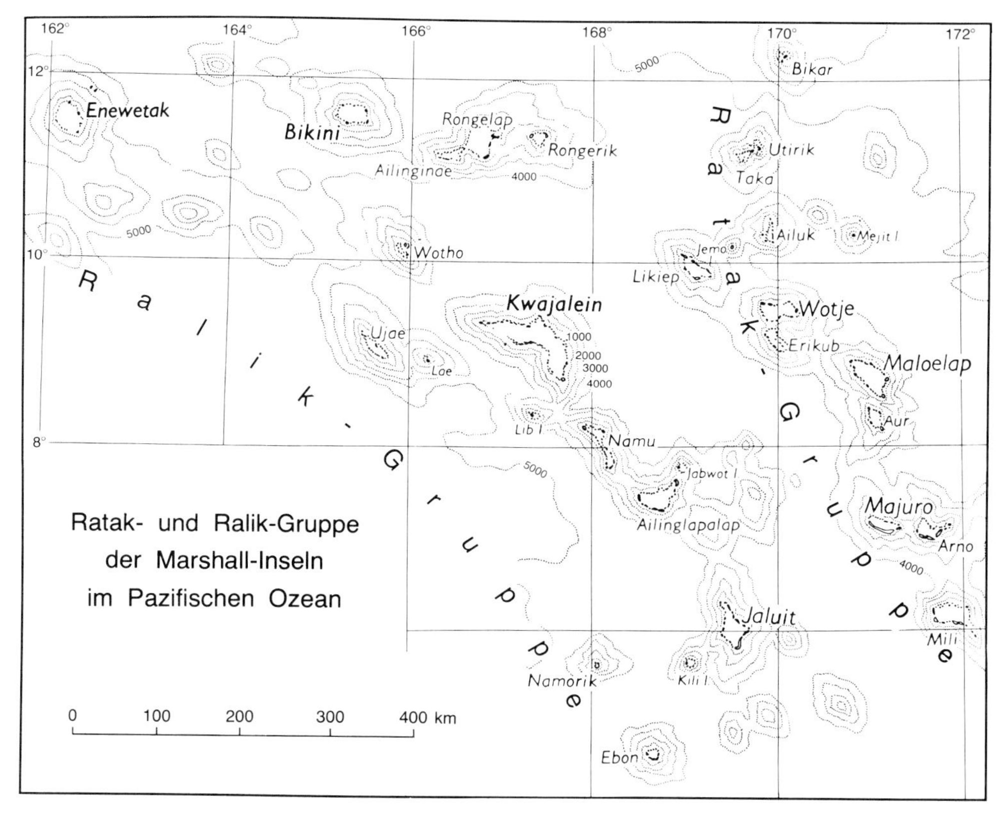

Abbildung 52: Übersicht über die Marshall-Inseln im Pazifischen Ozean (nach Knaurs Großer Weltatlas, 1980).

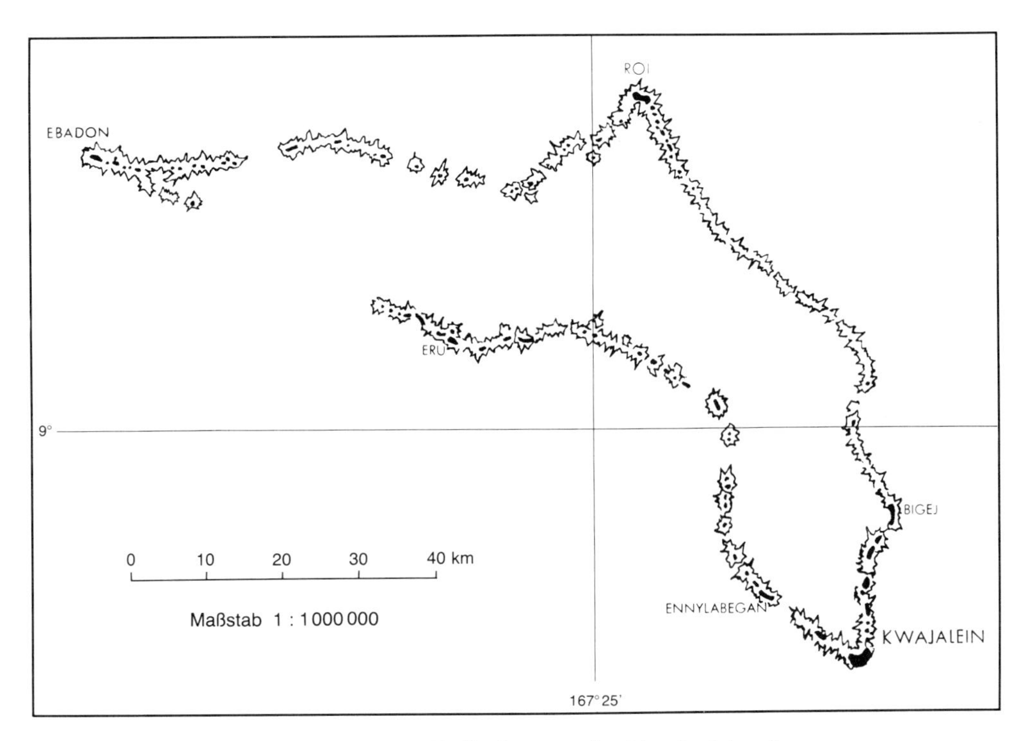

Abbildung 53: Kwajalein-Atoll in der Ralik-Gruppe der Marshall-Inseln.

Die Marshall-Inseln waren von 1885 bis 1914 deutsches Protektorat und haben in dieser Zeit eine friedliche, positiv einzuschätzende Entwicklung mitgemacht. 1914 verlor Deutschland die Inseln an Japan, das zwei Jahrzehnte später auf einigen Atollen Militärbasen ausbaute. Damit begann eine unglückliche Entwicklung für die Marshall-Inseln, die diesen einen sehr unrühmlichen Bekanntheitsgrad eintrugen.
Nach Eroberung der Inseln Kwajalein und Enewetak im Zweiten Weltkrieg durch die Amerikaner und Bombardierung der japanischen Militärbasen verließen alle Überlebenden die Inseln; 1947 wurden die Marshall-Inseln US-amerikanisches Treuhandgebiet. Auch die Amerikaner bauten wieder Militärbasen aus und verwendeten die nördlichen Atolle Bikini und Enewetak 1946 bis 1958 zur *Erprobung ihrer Atombomben* (siehe David STANLEY, 1982, S. 477ff.), was bis heute zur radioaktiven Verseuchung des Raumes geführt hat. Die Insel Kwajalein wurde zum Raketentestgebiet (Abschußrampen in Kalifornien) ausgewählt.
Es ist sicher fast unglaubhaft und tragisch, die Begriffe Schutzherrschaft und Treuhandschaft in solcher Weise mißbraucht zu sehen. Entbehrt der Gebrauch von Atomwaffen im Kriege an und für sich der Berechtigung und widerspricht jeder Vernunft und Menschlichkeit, so sind atomare Versuche im Frieden in Gebieten, deren angestammte Bevölkerung dadurch gesundheitlich gefährdet werden kann und in Zukunft eine Einbuße ihres Lebensraumes hinnehmen muß, aus ethischen Gründen vollständig abzu-

lehnen. Die erkaufte „Duldung" solcher Unternehmen durch Zahlung von Entschädigungen ist höchst unmoralisch und müßte von jedem Kulturvolk abgelehnt werden. Diese Feststellungen scheinen deshalb besonders notwendig, weil Koralleninseln kleine, ökologisch höchst empfindliche Lebensräume sind, welche für ihre Bewohner keine Ausweichmöglichkeiten besitzen.

Auch nach Bildung einer eigenen Regierung im April 1979 blieben die Marshall-Inseln in Abhängigkeit von US-Amerika, da die Existenz des Gebietes wirtschaftlich von der Hilfe Amerikas abhängig blieb und die Bewältigung aller anderen Aufgaben ohne Zahlung der amerikanischen Streitkräfte für die Benützung der Insel Kwajalein unmöglich ist. Etwa 60% der Bevölkerung leben auf den beiden größeren Inseln des Majuro-Atolls der Ratak-Gruppe (siehe Tafel 4) und auf der kleinen Insel Ebeye des Kwajalein-Atolls. Auf der südlichsten gleichnamigen Insel des Atolls wohnen die amerikanischen Bediensteten des Stützpunktes in bestens ausgestatteten Quartieren und Einrichtungen. Auf der Insel Ebeye siedeln nach STANLEY (1982, S. 482) etwa 900 einheimische Arbeiter mit ihren Familien und noch viele andere zugezogene Einheimische, die sich Verdienstmöglichkeiten bei den Amerikanern erhoffen. Von 26 ha Inselfläche stehen rund 8.000 Einheimischen 21 ha zur Verfügung, was einer Bevölkerungsdichte von 38.000 Ew./km² entspricht und es unwahrscheinlich erscheinen läßt, daß bisher noch keine katastrophalen Seuchen ausgebrochen sind.

Mehrere andere Atolle sind durch die nuklearen Versuche so sehr geschädigt, daß sie für sehr lange Zeit als unbewohnbar gemieden werden müssen. Dazu gehören, wie bereits erwähnt, das Bikini-Atoll (1946–1958: 23 nukleare Versuche und Zündung der ersten Wasserstoffbombe), Enewetak im gleichnamigen Atoll (1948–1958: 43 Atomexplosionen) und Rongelap (1954 die bis dahin stärkste Wasserstoffbombe), deren Bewohner später für Studienzwecke über atomare Gesundheitsschäden untersucht wurden. An dieser Stelle muß besonders hervorgehoben werden, daß D. STANLEY in seinem Südsee-Handbuch (1982) den Mut gefunden hat, als Amerikaner einen großen Leserkreis über diese Ungeheuerlichkeiten informiert zu haben.

Die größte Gruppe der Korallen-Atolle der Erde bilden die *Tuamotu-Inseln* in Französisch-Polynesien. In zwei Reihen angeordnet, erstrecken sie sich östlich der Gesellschafts-Inseln über einen riesenhaften Meeresraum. Im Norden der Gruppe liegt das zweitgrößte Atoll der Erde, Rangiroa, mit großartigen Riffbildungen und einer sehenswerten Meeresfauna. Weit im Süden der Atollgruppe liegt das Atoll Hikueru, Zentrum der Perlenzucht und des Perlentauchens.

Aber auch Französisch-Polynesien hat hinsichtlich der Atombombentests eine unrühmliche Vergangenheit. 1962 begannen auf den Atollen Mururoa und Fangataufa Atombombenexplosionen, in jüngerer Zeit auch solche von Neutronenbomben, und wurden trotz andauernder Proteste der einheimischen Bevölkerung und der ganzen Welt weitergeführt. Nach vielen Dutzenden Explosionen und tragischen Opfern in der Bevölkerung war Mururoa auch 1986 wieder Standort eines solchen atomaren Testes.

Atolle verschiedenster Größen finden sich aber auch in vielen anderen Inselgruppen des tropischen Raumes des Pazifischen Ozeans. Einige mögen hier noch genannt werden: Zu den noch paradiesisch einsamen Koralleninseln zählen z. B. jene der westlichen Karolinen und das Atoll Ulithi bei Yap mit seiner 540 km² großen Lagune. Auch im Norden der Salomon-Inseln liegen Atolle, wie Nukumanu (Tasman), Tauu und Nuguria (Fead), die zu Papua-Neuguinea gehören, sowie das dem Territorium der Salomon-Inseln zuzuzählende Atoll Ontong-Java (Liuaniua), früher unter dem Namen Lord Howe-Island bekannt.

Während die Neuen Hebriden, welche seit 30. Juli 1980 die selbständige Republik Vanuatu bilden, nur aus älteren Inseln vulkanischen Ursprungs und aus jüngeren Vulkaninseln bestehen, liegt vor der Nordwestküste Neukaledoniens ein gewaltiges Barriere-Riff mit verschiedenartigen Riffausbildungen. Auch sonst ist die Hauptinsel Grande Terre des französischen Überseeterritoriums von Riffen und Riffsäumen umgeben. Von der Gruppe der im Nordosten gelegenen Loyalitäts-Inseln (Iles Loyauté) hat Ouvéa die Form eines Atolls mit ausgeprägter Lagune.

Die Ellice-Inseln (seit 1978 unter dem Namen Tuvalu selbständig) sind flache Riffinseln und Atolle. 5 Inseln besitzen in ihrem Zentrum eine Lagune, die sie geschlossen umgeben. Mit etwa 8.000 Einwohnern gehört Tuvalu zwar zu den bevölkerungsschwächsten Staaten der Erde, die bewohnten Inseln jedoch besitzen eine verhältnismäßig hohe Bevölkerungsdichte.

Gilbert-Inseln, Phönix-Inseln und Line-Inseln bilden seit 1979 die Republik Kiribati und bestehen aus flachen Koralleninseln und Atollen. 16 Atolle der Gilbert-Inseln, auf denen die meisten Einheimischen wohnen, besitzen allein 264 km² Landfläche. Die Atolle zeichnen sich im Grundriß durch außerordentlich langgestreckte Form aus. Leider sind die Zeugnisse der grauenhaften Kriegsereignisse des Zweiten Weltkrieges vor allem auf den Atollen Butaritari, Tarawa und Abemama (Landung der Amerikaner mit Amphibienfahrzeugen und Vernichtung der japanischen Stützpunkte) überall noch zu sehen. Die Eilande der Phönix-Insel – Canton war in den sechziger Jahren US-amerikanischer Stützpunkt – sind heute unbesiedelt.

Von den über 18 Breitegraden sich von Norden nach Süden erstreckenden Line-Inseln sind nur die nördlichen bewohnt. Auf den südlichen wurde früher Guano abgebaut, sie sind aber heute verlassen. Noch nördlich des Äquators liegen 3 größere Inseln, nämlich die Washington-Insel (13 km²) die Fanning-Insel (33 km²) und die Christmas- oder Weihnachts-Insel (Kiritimati), mit 360 km² eines der größten Atolle, über dem die USA und England in der Atmosphäre 1956 bis 1962 ebenfalls Atomwaffen getestet haben. Ruinen und Schrott aus dieser Zeit verunstalten die Landschaft, die sich sonst durch lange, einsame Strände und durch zahlreiche Lagunenseen im Land auszeichnet.

Von den südlich an die Phönix- und Line-Inseln anschließenden, zu Neuseeland gehörenden Cook-Inseln sind nur die nördlichen aus Korallenkalken aufgebaut. Als Atolle sind Penrhyn und Suwarrow (Suvorov) die einzigen Inseln, in deren Lagune Schiffe und Boote einfahren können. Puka Puka (Danger-Island) zeichnet sich durch ein dreieckiges Atoll aus und durch gefährliche Riffbildungen, die ein Ankern der Schiffe unmöglich machen. Das Atoll Manihiki hat eine Riffbegrenzung mit 39 kleinen Koralleninseln und ist durch seine Perlmuttergewinnung hoher Qualität besonders bekannt. Auf allen Inseln wird von den Eingeborenen Kopra gewonnen und Taro als wichtige Frucht für die Ernährung angebaut. Auf die Inseln des Königreiches Tonga, welche z. T. erheblich über den Meeresspiegel als flache Tafeln herausragen, kommen wir noch an anderer Stelle zu sprechen. Die Hauptinsel Tongatapu mit ihrer großen, flachen Lagune ist ebenfalls als Atoll zu betrachten.

Korallenriffinseln treten im Pazifischen Ozean besonders häufig auf. Sie erreichen hier Größen angefangen von wenigen Aren bis zu vielen Quadratkilometern. Wenn in unserer Übersicht der Tabelle 20 für die niedrigen und die gehobenen Korallenbankinseln zusammen eine Zahl von 12.600 angegeben ist, dann handelt es sich dabei um Inseln mit meist über 5 bis 10 ha Größe, während die ganz kleinen überhaupt nicht erfaßt werden konnten. Einschließlich dieser würde sich die Zahl dieser Inselart sicher auf über 20.000 erhöhen.
Die Ernährungsmöglichkeiten für ihre Bevölkerung sind gering und stützen sich sehr wesentlich auf den Fang und Genuß von Meerestieren. Die geringe Menge des für eine landwirtschaftliche Nutzung brauchbaren Bodens, Windausgesetztheit und Süßwassermangel bieten außer für Kokospalmpflanzungen nur wenig Möglichkeiten einer agrarischen oder gartenwirtschaftlichen Nutzung, wobei Taropflanzungen als wichtige Stärkelieferanten eine besondere Bedeutung zukommt. Bevölkerungsdichten von über 50 Ew./km² müssen daher bereits als sehr bedenklich angesehen werden, tatsächlich sind solche Dichten bezogen auf die bewohnten Inseln vielfach überschritten und erreichen vielerorts sogar Werte von über 100 Ew./km². Das ist aber nur durch eine Lebensmittelunterstützung von außen und durch Nutzung des Arbeitsangebotes ausländischer Einrichtungen (militärische Stützpunkte, Luftverkehrseinrichtungen usw.) möglich, was die Krisenanfälligkeit und außenpolitische Abhängigkeit der einheimischen Bevölkerung außerordentlich erhöht.
Die hohe Zahl der Korallenriffbildungen im Pazifischen Ozean geht auf die weite Verbreitung vulkanisch bedingter submariner Erhebungen zurück, die bisher nur z. T. bekannt und erforscht sind. Wenn von ihnen auch nur ein kleiner Teil die geringe Korallenansatztiefe unter dem Meeresspiegel erreicht, so haben im Laufe der jüngsten geologischen Geschichte die Meeresspiegelschwankungen einen Beitrag zur Wiederbelebung älterer Riffbildungen geleistet. Die Zahl bekannt gewordener, vulkanisch bedingter Untiefen, die bereits mit Korallenkappen bedeckt sind, welche dem Meeresspiegel entgegenwachsen, wird immer größer.

8.4.4 Gehobene Korallenbankinseln und Koralleninseln mit Phosphatlagern

Gesondert bezeichnet und ausgeschieden wurden nur solche, meist ältere Koralleninseln, welche sich zumindest einige Dekameter, oft aber auch über 100 m, über dem Meeresspiegel erheben. Sie sind meist in mehreren Phasen bis zu ihrer heutigen Höhe gehoben worden und haben dadurch auch größere Ausdehnung sowie durch entsprechend lang andauernde Bodenbildung und eine bessere Wasserversorgung Voraussetzungen für eine bescheidene Landwirtschaft und andere Nutzung erhalten. Tafelbergartige Geländeformen mit einem randlichen Steilabfall zur Küstenplattform oder mehreren Steilstufen, wie sie einzelne Tongainseln sehr deutlich zeigen, sind besonders typisch (siehe Bild 19 der Tafel 10). Zum Teil sind die stärker gehobenen Koralleninseln aber auch mit ober- und unterirdischen Karsterscheinungen (z. B. Tropfsteinhöhlen) ausgestattet, und ihre Entwässerung folgt karsthydrographischen Eigenheiten, die sich oberflächlich auch negativ auswirken.
Abschließend muß noch eine wirtschaftlich sehr bedeutsame Inselart besonders her-

vorgehoben werden, nämlich die Koralleninseln mit Guano und Phosphatlagern. Das weltweit bekannteste Beispiel ist die kleine, selbständige Insel Nauru.
Nauru besteht aus einem gehobenen Atoll, das heute bis 65 m Höhe aufragt. Die Ablagerung der Guanoschichten deutet auf die relativen Meeresspiegelschwankungen der Insel in ihrer geologischen Geschichte. Die Guanoablagerungen gingen mit dem Korallenkalk eine Verbindung zu einem geruchlosen Gestein ein, das durchschnittlich zu 85% bis 88% aus Kalkphosphat besteht und zu einem hervorragenden Dünger verarbeitet wird. Absatzgebiete sind u. a. Neuseeland und Australien. Der Behandlung dieser Insel ist ein eigenes Kapitel gewidmet Abb. 70, S. 259).
Im Pazifischen Ozean kommen noch mehrere solche Phosphatinseln vor, die aber meist noch in ihrer Kolonialepoche bis zur Erschöpfung der Lager abgebaut wurden. So auch die Phosphatlager der 306 km östlich gelegenen Insel *Banaba* (Ocean-Island), welche von den Engländern bis 1979 ausgebeutet wurden, bevor die Insel in den Verband von Kiribati entlassen worden war. Alle gerechtfertigten Forderungen der Bevölkerung auf Entschädigung blieben unerfüllt. So wurde der natürliche Reichtum nicht zum Segen, sondern zum Fluch für die Bevölkerung von Banaba, die wegen des Phosphatabbaues Aus- und Umsiedlung erdulden mußte, bis sie schließlich wieder auf ihre nunmehr verwüstete Insel zurückkehren konnte.

8.4.5 Jüngere Vulkaninseln (tätig oder in historischer Zeit erloschen) mit weitverbreiteten jungen Lavadecken und Tuffen

Wenn wir uns Abbildung 54 über die Verbreitung der wichtigsten Vulkane im Indischen und Pazifischen Ozean (nach H. RAST) ansehen und uns an die Ausführungen des Abschnittes 3 erinnern (siehe Abb. 14, S. 63, u. 16, S. 66), dann erkennen wir sofort die engen Beziehungen zu den Grenzen der Lithosphärenplatten und verstehen die perlenschnurartige Aneinanderreihung der Vulkane entlang der Subduktionszonen der Platten. Besonders eindrucksvoll tritt dieser Zusammenhang an den Rändern der Pazifischen Platte und im Osten des Indischen Ozeans in Erscheinung. Ein großer Teil der Inseln ist hier morphologisch und bodengeographisch durch jungen Vulkanismus und weite Verbreitung von Lavadecken und Tuffen geprägt.
Das häufige Vorkommen intermediärer Laven (52–65% Kieselsäure) und anderer vulkanischer Förderprodukte, ist für die Bildung landwirtschaftlich nutzbarer Böden nicht ungünstig. Dazu kommt noch der Umstand einer auch im tropisch-feuchten Regenklima sich über Jahrhunderte erstreckenden langsamen und durch variable Zusammensetzung, Konsistenz, Hohlraumverteilung und Durchlässigkeit der Effusiva sehr ungleich wirkende Verwitterung, die den im vulkanischen Substrat enthaltenen Mineralbestand für die Vegetation sukzessive erschließt. Selbst bei höherem Kieselsäuregehalt dürften sich dadurch noch immer mehr für das Pflanzenleben erschließbare Restmineralien ergeben, als sie sonst die äußerst nährstoffarmen Böden und gleichmäßig tief verwitterten Gesteine im tropischen Regenwald auf anderem Substrat enthalten.
Dazu kommt aber noch die nicht hoch genug einzuschätzende Bedeutung der *Aschendüngung* anläßlich der Vulkanausbrüche, die nach Masse und Verbreitungsraum meist sehr erheblich ist und weit über den engeren Inselraum hinausgehen kann. Vulkankegel auf einer breiten Landbasis besitzen auch noch den großen Vorteil bei meist radialer

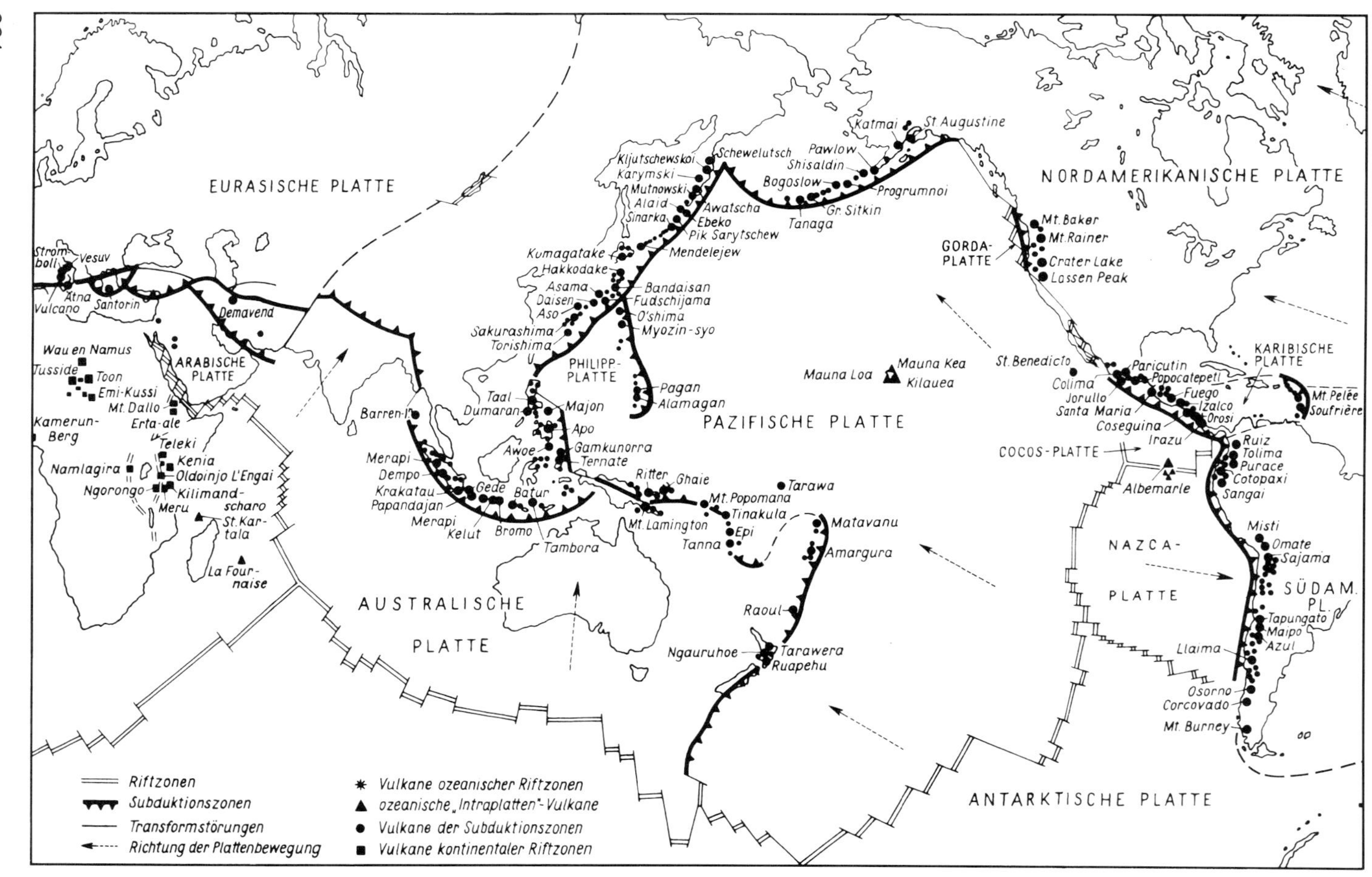

Abbildung 54: Verbreitung der wichtigsten aktiven Vulkane des Indischen und des Pazifischen Ozeans und ihre Beziehungen zu den Grenzen von Lithosphärenplatten (etwas verändert nach H. RAST: Vulkane und Vulkanismus, Verlag Enke, Stuttgart, 1980. S. 200/201).

Anordnung des Gewässernetzes und geringer Neigung der auslaufenden Vulkanhänge (Vulkanschleppen), diese für die Anlage von Naßreiskulturen bestens nützen und vor Bodenabspülung schützen zu können (z. B. die Vulkane auf Bali, Java, viele Vulkane der Philippinen; siehe die Tafeln 13, 14, 15 und 80).
Wo allerdings Vulkane in unmittelbarer Küstennähe liegen, wie im Indischen Ozean z. B. der Karthala (2.400 m) im Süden von Groß-Komoro oder der Bory (2.631 m) mit dem Cratère Brulant („brennender Krater", 2.361 m) im Südosten von La Réunion, sind solche Vorteile nicht zu erwarten.
Die Völker Südost- und Ostasiens verstehen es, das land- und gartenwirtschaftliche Potential vulkanischer Landschaften maximal zu nützen. So vermag der Wechsel von jüngeren Vulkaninseln und tropischen Regenwaldinseln das geringe Ernährungspotential der letzten wenigstens etwas auszugleichen.
Wie wir aus den Tabellen 19 und 20 ersehen können, liegen die Bevölkerungsdichtewerte der jüngeren Vulkaninseln besonders hoch (im tropischen Raum des Indischen Ozeans über 240 Ew./km², des Pazifischen Ozeans über 340 Ew./km²). Im Pazifischen Ozean ist bei diesem Inseltyp die Tragfähigkeit meist längst überschritten, was zu überwiegend mindergeglückten Umsiedlungsaktionen (Indonesien) geführt hat.
In diese Typengruppe wurden für die statistische Verarbeitung des Erhebungsmaterials und die Darstellung der Verbreitung der Inseltypen nur jene Inseln einbezogen, auf denen sich der junge Vulkanismus über weite Flächen durch sein Auswurfmaterial entscheidend ausgewirkt hat. In allen anderen Fällen wurden die Inseln einer klimaökologisch nahestehenden anderen Typengruppe zugeordnet (z. B. Inseln im Verbreitungsraum der tropisch-feuchten Regenwälder dieser Typengruppe).

8.4.6 Inseln aus Sedimentgesteinen aufgebaut (meist Mesozoikum) und Inseln mit weitverbreiteten Kalken verschiedenen Alters

Viele dieser Inseln besitzen durch die Nutzung vorhandener Lagerstätten eine zusätzlich zu versorgende Bevölkerung. Die Böden auf den Sedimentgesteinen sind häufig für den Pflanzenbau verwendbar. Er wird großflächiger aber nur in weiten Mulden oder auf flachen Talsohlen betrieben. Sonst herrschen auch hier Subsistenzwirtschaft und Brandrodungshackbau vor. Die Nutzungsweisen und Bodenverhältnisse sind nach den petrographischen und morphologischen Verhältnissen sehr unterschiedlich und kaum durch Durchschnittsangaben zu beurteilen.
Da in dieser Typengruppe auch die aus Kalken verschiedenen Alters aufgebauten Inseln aufgenommen wurden, spielen stets die sehr ungleichen lokalen Verhältnisse eine ausschlaggebende Rolle. Kalkinseln geringer Ausdehnung besitzen meist so spärliche Bodenbildungen und eine so kärgliche Vegetationsdecke, daß sie nicht oder nur an ihren Küsten von Fischern besiedelt sind.
Die meist sehr prekäre Trinkwassersituation spielt dabei ebenfalls eine entscheidende Rolle. Soweit die Inseln auch noch windausgesetzt liegen und ihre geringe Höhe ein Abregnen der herangeführten Luftmassen an der Luvseite nicht bewirken können, vermitteln diese Inseln mitunter einen semiariden Eindruck. Diesen Typ finden wir im Bogen der Kleinen Sunda-Inseln (Nusa Penida zwischen Bali und Lombok) ebenso wie vor der Westküste Australiens oder vor der Ostküste des südchinesischen Karstberglandes.

8.4.7 Granit- und Syenitinseln im tropisch-feuchten Klima

Dieser Inseltyp weist fast immer ein sehr einheitliches Formenbild auf. Mit nur in geringer Breite ausgebildeten Küstenebenen und vielen kleinen Buchten, allerdings mit einem oft stattlichen Riffvorfeld, ragen die Granitberge steil ansteigend und randlich in Türme aufgelöst zu ansehnlichen Höhen empor. Fast immer sind nur die sehr schmalen Küstenstreifen und das kleinflächige Hinterland der Buchten dichter besiedelt. Bei großen Granitinseln haben sich entlang der inselüberquerenden Wege auch Höhensiedlungen bilden können. Im Indischen Ozean bieten dafür die Granitinseln der Seychellen

Abbildung 55: Seychellen, Mahé – Ostküste. Blick von der Küste südöstlich von Cascade gegen die über 500 m Höhe aufragenden Felstürme des Mt. Sebert-Gebietes mit Rillenbildungen in der Fallrichtung (Aufnahme E. A., 1972).

ausgezeichnete Beispiele. Auf kleineren Inseln, wie z. B. Tioman im Südchinesischen Meer vor der Ostküste West-Malaysias (vor Mersing), ist die Küste so stark gegliedert und durch steile, wandartige Gebirgsabfälle unterbrochen, daß alle Siedlungen in den kleinen Buchten isoliert liegen und nur mit Booten erreicht werden können. Beide Gebiete werden im Abschnitt über exemplarische Inselbeispiele noch eingehender behandelt (siehe auch die Bilder der Tafeln 43 bis 45 und das Bild 83 der Tafel 46).

Infolge der schweren Zugänglichkeit des Hinterlandes der meisten Granitinseln haben sich auf ihnen z. T. noch dichte Urwaldbestände erhalten. Die natürliche Vegetation unterscheidet sich unwesentlich von jener anderer Inseltypengruppen mit weit verbreiteten tropisch-feuchten Regenwäldern und wird auch dort näher behandelt (siehe Kapitel 8.4.8).

Da mit Ausnahme der Kokospalmbestände die Feld- und Gartenkulturen auf das engbegrenzte Hinterland der Siedlungen in den windgeschützten Meeresbuchten beschränkt sind, bietet sich die Ergänzung der Ernährungsbasis durch Fang von Meerestieren besonders an, was aber von den einzelnen ethnischen Gruppen in sehr unterschiedlicher Weise genutzt wird.

Sehr interessant sind die im tropisch-feuchten Klima entstehenden Verwitterungsformen des Granits. Es handelt sich dabei nicht nur um die deutliche Erscheinung der Zurundung von Granittürmen und der Kanten nach jüngeren Verbrüchen, sondern auch um Rillen- und Rinnenbildungen in der Abflußrichtung des Wassers (siehe Abbildung 55 von der Westseite der Insel Mahé der Seychellen).

Mikroorganismen in der obersten Bodenschicht, vor allem aber Säuren, welche die Pflanzen abgeben, verstärken die Wirkung des abrinnenden Wassers und führen auch heute noch zu diesen rillen- und rinnenkarstähnlichen Erscheinungen. Natürlich sind auch im Boden in einiger Tiefe die Reste gerundeter Granitblöcke zu finden, die konzentrisch (schalenartig) verwittern, bis sie schließlich ganz zerfallen.

Nicht alle Rinnenbildungen sind rein rezenter Entstehung. Mitunter findet man in verschiedenen Höhenlagen bis zu einigen Dekametern über dem heutigen Meeresspiegel 30 cm bis 1 m breite und tief ausgearbeitete Rinnen, welche isolierte und von Vegetation nicht bedeckte Granitkörper in der Fallrichtung durchziehen. Die Größenordnung solcher Granitfelsen reicht von einigen Metern Durchmesser bis zum Volumen und der Höhe eines mehrstöckigen Hauses. Solche Erscheinungen, von den Verfassern in verschiedenen tropischen Granitgebieten und auf mehreren tropischen Granitinseln der Erde gefunden, sind aber besonders eindrucksvoll und typisch auf der Insel La Digue der Seychellen vertreten (siehe Abbildungen 56 und 57). Die Neigung der Rinnen größerer Breite reicht bis etwa 40 Grad, bei noch höherem Neigungswinkel erreichen die Rinnen zwar noch immer erhebliche Tiefe, aber meist nicht mehr so große Weiten.

An mehreren Stellen konnten bedeutende Kippungen haushoher Blöcke festgestellt werden, so daß das Rinnennetz nicht mehr in der Fallrichtung verläuft. Kippungen bis zu 30 Grad wurden von uns beiden an einigen Stellen beobachtet. Die Rinnensysteme blieben dennoch weitgehend ursprünglich erhalten und zeigen im Längs- und Querprofil nur wenige Veränderungen. Alle Beobachtungen deuten darauf hin, daß die ursprüngliche Anlage dieser sehr breiten Rinnenbildungen nicht rezent ist, sondern viel früher erfolgte und unter Umständen auch große Meeresspiegelschwankungen und Klimaänderungen überwunden hat.

Abbildung 56: Seychellen, La Digue. Rinnenartig zerschnittene Granitblöcke südlich Pte Source d'Argent. Leichte Verkippung des Blockes (Aufnahme E. A., 1973).

Granitblöcke mit alten Rinnenbildungen sind im Uferbereich auch unter den Einfluß des Spritzwassers und der Brandung gekommen (Bild 81, Tafel 45 u. Abb. 57) und werden an ihrem Fuß unterschnitten. Die Ausbildung einer richtigen Brandungskehle findet man aber an einer solchen Blockwerkküste verständlicherweise nicht, noch dazu wo ihr ein Riff vorgelagert ist.
Interessant ist aber die Wirkung des Spritzwassers, das meist nicht – wie häufig angenommen – zu einer Vertiefung und Weitung der Rillen und Rinnen führt, sondern auch zu ihrer mechanischen Zerstörung und zur Verflachung des Reliefs durch Krustenbildung und Abschuppung, wie dies Abbildung 58 deutlich zeigt. Die unter Einwirkung der starken Sonnenbestrahlung sich abblätternden Krustenstücke sind an flachen Felspartien dicker als in den Vertiefungen, welche der Austrocknung weniger ausgesetzt sind (auf Abbildung 58 Unterschiede zwischen 10 mm und 3 mm).

Abbildung 57: Seychellen, La Digue. Vorzeitliche Rinnenbildung am SW-Abfall eines 30 m hoch aufragenden Granitfelsens in der Plantage l'Union im Westen der Insel. Rinnen bis zu 1 m oberer Weite (Aufnahme H. A., 1973).

Abbildung 58: Seychellen, La Digue. Granitfelsen in der Anse Bonnet Carré im Spritzwasserbereich der Brandung. Ablösung von Krustenteilen bis etwa 10 mm Stärke (Aufnahme E. A., 1973).

Je nach der umgebenden Vegetation, der Lage zu den vorherrschenden Winden, den Bodenverhältnissen, der Höhenlage und den Einwirkungsmöglichkeiten der Brandung im Küstenbereich und der Vorprägung durch Vorzeitformen sind die lokalen Ausbildungen der Formentypen doch recht unterschiedlich. Da hinsichtlich der Kleinformen weder die mechanischen noch die chemischen Prozesse in den tropischen Granitgebieten ausreichend untersucht sind, bedarf die gesicherte Erklärung ihrer Entstehung noch umfangreicher Forschungsarbeiten.

Der besondere landschaftliche Reiz der bizarr geformten Granitinseln, der Kontrast von hochaufragenden turm-, mützen- und glockenartigen Felsgebilden zu den Riffen, weißen Stränden und dem klaren, blaugrünen Meerwasser, die üppige urwaldartige Vegetation, verbunden mit meist reichlich vorhandenem, gutem Trinkwasser aus den zahlreichen Bergbächen und Flüssen, eröffnen für den Fremdenverkehr gute Voraussetzungen und hohe Anziehungskraft.

Die günstige landschaftliche und gesundheitsmäßige Situation der Granitinseln hat sicher dazu beigetragen, daß ihre Wohnbevölkerung ein großes Beharrungsvermögen besitzt und sich dies auch in ihrer Bevölkerungsentwicklung niederschlägt. Die Granit- und Syenitinseln der Seychellen stechen diesbezüglich besonders hervor, auf denen die Bevölkerungsdichte, bezogen auf die Fläche der Inseln mit Siedlungen, 280 Ew./km² überschritten hat.

Nähere Ausführungen über die Vegetation und die landwirtschaftlichen Nutzungsmöglichkeiten werden im folgenden Kapitel erörtert.

8.4.8 Inseln im Verbreitungsraum der tropisch-feuchten Regenwälder mit klimabedingt horizontal geringen ökologischen Unterschieden

Wer erstmals mit den Feuchttropen in Verbindung kommt und den fast undurchdringlich dichten Regenwald kennenlernt, gewinnt ein ganz falsches Bild von der Tragfähigkeit und pflanzlichen Produktionskraft dieser Räume. Der Eindruck üppig wuchernder Vegetation führt zum falschen Rückschluß auf Nutzungsmöglichkeiten und einer hohen Produktionskapazität im Pflanzenbau.

Aber auch in der Wissenschaft hielt sich die Irrlehre von der Fruchtbarkeit der Tropen bezüglich des Pflanzenbaues für die Ernährung bis in die siebziger Jahre unseres Jahrhunderts, und zwar angefangen von PENCK*, der 1924 für die feuchtwarmen Urwaldgebiete eine mögliche Bevölkerungsdichte von 200 berechnet hatte, bis zu H. CAROL**, der um 1970 allein für Tropisch-Afrika eine „Theoretische Ernährungskapazität" für mindestens 3 Mrd. Menschen (Weltbevölkerung heute etwa 5 Mrd. Menschen, wovon ¾ auf Entwicklungsländer, ¼ auf Industrieländer entfallen) annahm.

Nicht nur weitgehend noch unveränderte Urwälder, sondern auch die nach menschlichen Eingriffen sehr rasch dschungelartig nachwachsenden, allerdings bereits degra-

---

* PENCK, Albrecht: Das Hauptproblem der physischen Anthropogeographie. In: Sitzungsber. der Preußischen Akademie der Wissensch., Phys.-mathem. Klasse. 24, 1924. S. 249–257. Wiederabdruck in Eugen WIRTH (Hrsg.): Wirtschaftsgeographie. Darmstadt, Wissenschaftliche Buchgesellschaft, 1969, S. 157–180.

** CAROL, Hans: The Calculation of Theoretical Feeding Capacity for Tropical Africa. In: Geographische Zeitschrift. 61. Jg., 1973, Heft 1. S. 81–94.

dierten Sekundärwälder sind noch immer so sehr beeindruckend, daß eine *Fehlbeurteilung ihrer Produktionskraft* zumindest in der Vergangenheit entschuldbar ist. Bevor wir aber die neuen bodenchemischen und bodenbiologischen Untersuchungen in ihrer Bedeutung für eine richtige Beurteilung des agrarischen Potentials tropisch-feuchter Räume erörtern, mögen kurz das Wesen und die Physiognomie tropischer Regenwälder vorgestellt werden.

Halten wir uns vorerst noch einmal einige wesentliche Grundtatsachen vor Augen: Die tropischen Regenwälder beschränken sich auf Teile des Äquatorgürtels etwa zwischen 10° nördlicher und 10° südlicher Breite. Hier ist die Bedingung, daß der Niederschlag das ganze Jahr hindurch fällt, am ehesten gegeben, wobei die Niederschlagsmengen oft mehrere Meter im Jahr erreichen. Die feuchten Tropen bilden aber keinen geschlossenen Gürtel um die ganze Erde, sondern werden im östlichen Teil des äquatorialen Afrikas und im Nordwesten Südamerikas und an anderen Stellen durch die Wirkung länger anhaltender austrocknender Winde unterbrochen.

Von den größten tropischen Regenwaldgebieten der Erde, Amazonasbecken, Indo-Malaiisches Gebiet und Westafrika bis Kongobecken, liegt nur das zweitgrößte, aber sehr bedeutungsvolle im südostasiatisch-pazifischen Raum unserer beiden Ozeane. Vor allem besitzt Indonesien sehr große Gebiete, die das ganze Jahr hindurch ständig feucht sind, dazu gehört z. B. auch die ganze Insel Borneo.

Typisch für die ständig feuchten Tropen sind die geringen Jahresschwankungen, aber hohen Tagesschwankungen der Temperatur, wie sie uns die repräsentative Station Buitenzorg (heute Bogor) auf Java um 260 m Höhe zeigt. Einem Monatsmittel von 24,3° C im Februar steht ein solches von 25,3° C im Oktober gegenüber. Die Tagesschwankungen der Temperatur hingegen erreichen an sonnigen Tagen aber 9° C, an trüben Tagen 2° C. Von dem 4.370 mm hohen Jahresniederschlag entfallen auf den regenreichsten Monat 450 mm, auf den regenärmsten 230 mm. In den feuchten Tropen fallen die Niederschläge meist am Nachmittag als kurze, aber schwere Güsse.

Bei klarem Himmel ist die Wirkung der Sonnenstrahlung außerordentlich. Deshalb legt auch die Bevölkerung die gewaschene, nasse Wäsche zum Trocknen auf die Wiesen, um die Wirkung der senkrecht einfallenden Sonnenstrahlen voll nützen zu können. Auch bei hoher Luftfeuchtigkeit ist diese in kürzester Zeit trocken.

Auch die nicht abgeschirmten Blätter der Vegetation, insbesondere der hohen Baumwipfel, erhitzen sich an ihrer Oberfläche um 10° C und mehr über die schon sehr hohe Lufttemperatur. Aus diesem Grund treten an den Blattoberflächen selbst bei dampfgesättigter Luft hohe Wasserdampf-Sättigungsdefizite auf, welche nur durch starke Transpirationswiderstände ertragen werden können. Wir finden daher häufig die Ausstattung mit einer dicken Kutikula, welche ein ledriges, xeromorphes Aussehen zeigt. Philodendron und Gummibaum (ficus elastica) ertragen daher auch bei uns die trockene Luft in den winterlich geheizten Wohnräumen sehr gut.

Die *Wipfel der Bäume* reichen bis in verschiedene Stockwerke (siehe Abbildung 59), wobei man oft bis zu 3, mitunter sogar 4, Straten (Wipfelschichten) unterscheiden kann. Die höchste Wipfelschicht erreicht Höhen von 50 bis 55 m, vereinzelt sogar 60 m. Die höchste Strate wird allerdings nur von einzelnen Urwaldriesen eingenommen. Ihre Kronen sind oft so kleinblättrig und locker, daß sie noch viel Licht in die darunterliegende Strate durchlassen (siehe Bild 102 der Tafel 57). Die mittlere und untere Baumschicht

	Mech. Fakt.	Wasser	Boden	Energie
60 40 20 (1) (2) (3) (4) (5) (6) (7) (8) (9) (10) (11) (12) (13) (14)	$\bar{T}$ 24–30° C Tageszeitenklima $\Delta T_d > \Delta \bar{T}_m$ Strahlungsabschwächung durch häufigen *Dunst* Nettotrockenproduktion um 30–35 t/ha. J bei einem BFI > 10	NS: 1800–(>) 4000 mm TM: höchstens 3 oberhalb der Kronen und im oberen Kronenraum Sättigungsdefizit zeitweise hoch! (Welkeerscheinungen, deshalb Transpirationswiderstände) xeromorphe Arten	Laterisierte Böden (auf Sand Podsol möglich) Nährstoffe in der lebenden Pflanzenmasse fixiert zu ca. 30–40% (Europa 5–10%) schnelle Mineralisierungsvorgänge	z.T. starke Windwürfe möglich
	Kräuter wachsen noch bei 0,5%, Farne, Moose bei 0,1% des Freilandwertes	± ohne Sättigungsdefizit, also Transpirationserleichterungen, hydromorphe Arten mit dünnen Blättern und Guttationsspalten	Brandrodung führt zu oberflächlich totaler Nährstoffverarmung. Nach Kultur-Verunkrautung mit Gras, Farn, Stauden, Sträuchern (Lantana) Bildung von wenigartigem Sekundärwald **kaum Steine**	**geringe Huftierdichte**
Im allgemeinen stark stufiger Aufbau. 60–100 Baumarten/ha, meist mit großen, lederigen (‹Magnolien›-) Blättern: mit Träufelspitzen, Wasserkelchen, Schüttellaub. Anemochore Baumarten und myrmekochore Epiphyten! Bestäubung aber auch z. T. durch Vögel (Kolibris) und Fledermäuse (1) Hartblättrige Epiphyten (z. B. Bromeliaceen) (2) Weichblättrige Epiphyten (z. B. Begoniaceen, Piperaceen) (3) Epiphytische Orchideen (4) Palmen (5) Spreizklimmer (6) Kleinkronige, gerade, schlanke Stämme mit dünner Rinde (7) Rankenliane (8) Weichblättrige Kräuter (Begonia, Araceen) (9) Farne (10) Kauliflorie (11) Hochstauden (z.B. Bananen) (12) Würger (13) Brettwurzeln, sonst oft flachwurzelnd (⟶ Wassermangel in Dürrezeiten) (14) ähnlich (11): Zingiberaceen (Ingwer)		Profil ± immer feucht	infiltrierter Humus im Oberboden (2,5–4%) Rotlehm (Latosol)	ertragreiche Plantagen ohne Düngung meist kaum möglich (Kautschuk, Ölpalme, Kakao [= kauliflor!], Chinarinde, Kaffee, Tee, Bananen usw.)

Abbildung 59: Tropischer Niederungs-Regenwald nach F. KLÖTZLI (aus W. DOLDER: Tropenwelt, 1976. S. 36).

besitzt ein wesentlich dichteres Blätterdach, so daß zum Urwaldboden nur noch 0,5 bis 0,1% der Lichtmenge der freien Atmosphäre vor Eintritt in das Kronendach durchdringen. Aus diesem Grunde fehlt auch meist ein nennenswert dichter Unterwuchs. Nur Sträucher und Kräuter, welche mit ganz wenig Licht das Auslangen finden, können hier noch gedeihen, wie z. B. das auch als Zimmerpflanze geschätzte Usambara-Veilchen, welches wir in den Urwäldern um den Mt. Kinabalu auch noch an ganz dunklen Standorten fanden. Ganz eigenartig und oft nicht erklärbar ist das häufige Auftreten von samtigen Blättern oder von Buntblättrigkeit.
Für den tropischen Regenwald ist typisch die große Zahl von Holzarten, 60 bis 100 Arten pro ha, die meist auch noch verschiedenen Familien zugehören. Wirtschaftlich wertvolle Hölzer kommen aber nicht in flächenhaftem Zusammenhang, sondern nur in größeren Abständen voneinander und getrennt durch viele andere Holzarten vor. Die selektive Exploitation (Nutzbarmachung) ist aber mit einer derart starken Verwüstung des Standortes und Transportweges verbunden, daß ein Vielfaches des gewonnenen Edelholzvolumens an Waldmasse zerstört wird.

Für die Größe der Blätter kann die Regel gelten, daß sie um so größer sind, je feuchter und wärmer die Standortverhältnisse sind. Bei ein und derselben Art sind aber die dem Licht exponierten Blätter stets viel kleiner.
Im tropisch immerfeuchten Regenwald ohne ausgeprägten Jahresgang der Temperatur gibt es keine Periodizität der Entwicklung, wie sie sich z. B. bei uns in den Jahresringen des Holzzuwachses ausdrückt. Eine Periodizität des Sproßwachstums und des Blühens ist zwar vorhanden, richtet sich aber nicht nach bestimmten Jahreszeiten, sondern nach einer endogenen Rhythmik. Verschiedene Individuen derselben Art oder sogar verschiedene Äste desselben Baumes blühen zu verschiedenen Zeiten. Im Regenwald gibt es deshalb keine allgemeine Blütezeit, und die großen leuchtenden Blüten einzelner Gewächse gehen im üppigen Grün der nichtblühenden unter. Außerdem muß hervorgehoben werden, daß die Pflanzenwelt der inneren Tropen auf die Kurztage eingestellt ist. Langtagpflanzen können zwar in den Tropen gedeihen, kommen aber nicht zur Blüte.
Der tropische Regenwald und der nachfolgende Sekundärwald zeichnen sich durch das Vorkommen von *Schling- und Kletterpflanzen* und ein Gewirr von Lianen aus. Unerbittlich ist der Kampf der Pflanzen um das zum Leben notwendige Licht. Die Lianen können in den notwendigen Lichtgenuß nur dadurch kommen, daß sie die Bäume als Stütze für ihren außerordentlich rasch in die Höhe wachsenden Sproß benützen. Nach der Art des Festhaltens der Lianen an den Stützbäumen können unterschieden werden:
Spreitzklimmer, die mit ihren spreitzenden Zweigen in das Zweigsystem des Stützbaumes hineinwachsen und ein Abrutschen durch Dornen und Stacheln verhindern (Kletterpalme Calamus, Rubus-Liane u. a.).
Wurzelkletterer, die sich mit ihren zahlreichen kleinen Wurzeln in den Rindenrissen festhalten oder den Stamm umschlingen.
Windepflanzen bedienen sich zum Festhalten rasch wachsender, windender Astspitzen mit sehr langen Internodien, an denen die Blätter zunächst unterentwickelt bleiben.
Rankenpflanzen verwenden umgewandelte Blätter oder Seitensprossen als Greiforgane.

Wegen des hohen Lichtbedarfes der Lianen sind Waldränder durch sie oft zu einer grünen Mauer verwachsen. Auch in Rodungsgebieten und im Sekundärwald bilden sie einen alles verhüllenden Bewuchs (siehe Bild 106 der Tafel 60). Selbst Autofriedhöfe am Rande großer Städte werden von ihnen innerhalb von 2 Jahren so dicht überwachsen, daß die Verfasser einmal glaubten, darübergehen zu können.
Im Gegensatz zu unseren Lianengewächsen bestehen tropische Lianenstränge nicht aus einem kompakten Holzkörper, sondern aus durch Parenchymgewebe und breite Markstrahlen gegliederte Stränge, welche außerordentlich zäh und belastbar sind (siehe Abbildung 60). Oft bieten sie die einzige Möglichkeit, Hindernisse zu überqueren (Überquerung von Klüften und Flüssen).
Bei etwa 1.000 tropischen Holzarten vorwiegend der unteren Baumschicht finden wir *Kauliflorie,* das heißt eine Ausbildung der Blütenzweige am alten Holz bzw. am Stamm. Sie tritt häufig bei Baumarten auf, bei denen Fledermäuse oder Flughunde die Bestäubung oder Verbreitung der Samen besorgen.
Für tropische Regenwälder in Berghanglagen mit sehr häufigen Steigungsregen ist das Vorkommen von *Epiphyten* und Hemi-Epiphyten besonders charakteristisch. Epiphyten keimen nicht am Boden, sondern auf den höheren Stammteilen, Ästen und Astgabeln der Bäume. Diese besiedeln sie nicht als Schmarotzer, sondern sie dienen ihnen lediglich als lichtreiche Standortsunterlage. Voraussetzung für ihr Gedeihen ist die sehr häufige Benetzung mit Wasser, welche außer durch Niederschläge auch durch das Abtropfen der darüber befindlichen Blätter (besonders stark in der Nebelwaldregion) vor sich gehen kann. An günstigen Standorten sind die Stämme und dickeren Äste der Bäume von Epiphyten ganz überwuchert (siehe Bild 110 der Tafel 62).
Die Hemi-Epiphyten nehmen eine Zwischenstellung zwischen Lianen und Epiphyten ein. Sie keimen am Boden, ranken sich dann meist als Wurzelkletterer aufwärts zu einem geeigneten Standort und setzen sich dort fest (z. B. viele Araceen). Allmählich stirbt dann der untere Teil des Stämmchens ab, und das weitere Leben erfolgt als Epiphyt, der allerdings durch Luftwurzeln oft noch mit dem Boden in Verbindung steht.

Wie ist es im tropischen Regenwald nun mit den *Wurzelstöcken* und ihrer Verankerung im Boden bestellt? Die Bodenbildungen und die Verwitterungsschicht sind unter den tropischen Regenwäldern, mit Ausnahme von Gebieten mit jüngeren vulkanischen Decken, sehr alt. Die Verwitterung silikatischer Gesteine reicht meist viele Meter, mitunter sogar einige Zehner von Metern in die Tiefe. Die Verwitterung und Auswaschung durch die regelmäßig vorkommenden, hohen Niederschläge bei gleichzeitig hohen Temperaturen ist so gründlich, daß man oft bis in große Tiefen keine Mineralbruchstükke des Muttergesteins – also keinen Restmineralgehalt – vorfindet. Unter der Grenzschichte der Biomassenstreu an der Oberfläche weist die tiefgreifende Verwitterung keine deutliche Gliederung in Horizonte auf.
Die Wurzelstöcke der Holzgewächse müssen also zur Nährstoffversorgung nicht in tiefere Verwitterungsschichten vorstoßen, sondern sind diesbezüglich auf die oberste Grenzschichte und die darüber lagernde Biomassenstreu angewiesen.

Unter den Holzgewächsen des tropischen Regenwaldes finden wir daher hauptsächlich Flachwurzler, deren Wurzelstöcke zu 75% nur bis in eine Tiefe von 30 cm oder wenig

Abbildung 60: West-Malaysia, Insel Penang. Lianen (Aufnahme: E. A., 1981).

Abbildung 61: Seychellen, Praslin. Stelzen von Pandanus im Vallée de Mai (Aufnahme E. A., 1972).

tiefer verankert sind. Um trotzdem die notwendige Standfestigkeit zu erreichen, sind verschiedene Stützvorrichtungen vorhanden, die besonders auffallen.
Eine der eindrucksvollsten sind die mächtigen *Brettwurzeln* (siehe Bild 104 der Tafel 59), die bis zu 9 m Höhe den Stamm hinaufreichen und den Baum radial ebensoweit nach allen Seiten hin abstützen. Wir finden dies bei verschiedenen Baumarten; die Stützfunktion dürfte die wesentliche, aber wahrscheinlich nicht die einzige Aufgabe dieser Wurzelform sein.
Bei manchen baumartigen Pflanzen wird der Hauptstamm von deutlich ausgeprägten *Stelzwurzeln* getragen. Diese erfüllen eine mehrfache Aufgabe, wie z. B. besseren Halt in schlammigem Untergrund (Mangrove), sicherere Verankerung auf Lockermaterial, auf Schottern und in Bachbetten bzw. feuchten Talgründen (Bild 105 der Tafel 59). Bei Bäumen des Regenwaldes ist diese Ausbildungsform meist nur bei solchen der unteren Baumschicht vorhanden; die typischste Ausbildung zeigt die Schraubenpalme (Pandanus), die als Pionierpflanze eigentlich hauptsächlich dem Küstenbereich angehört, aber auch in der unteren Baumschicht der Regenwälder zu finden ist und dort Höhen von über 10 m erreicht. Die Abbildung 61 zeigt die mächtigen, über 3 m hohen Stelzwurzeln einer Pandanusart in einem feuchten Talgrund im Vallée de Mai auf der Insel Praslin der Seychellen.
Oft findet man bei Baumarten mit sehr breiter ausladender Krone eine Stützfunktion, welche die *Luftwurzeln* übernehmen. Von den größeren und schwereren Seitenästen

Abbildung 62: Bali. Banyan-Baum (Ficus bengalensis) beim Batur-See am Fuße des Baturvulkans in etwa 1.300 m Höhe (Aufnahme E. A., 1980).

wachsen Luftwurzeln zum Boden, verankern sich dort und bilden starke, tragende Seitenstämme, so daß schließlich der Eindruck nicht eines Einzelbaumes, sondern einer ganzen Baumgruppe entsteht. Ein bekanntes Beispiel für diese Wuchsform ist der Banyan-Baum (siehe Abbildung 62).

Die Verfasser haben Banyan-Bäume noch viel mächtigerer Art in Indien kennengelernt. Die Heimat von Ficus bengalensis sind das Himalayagebiet und die Berggebiete Südindiens. Der Stammdurchmesser des Hauptstammes kann bis 15 m bei durchschnittlicher Kronenhöhe von 20 bis 30 m erreichen. Die Auskeimung erfolgt oft als Epiphyt, wobei das dicht werdende Stammwerk den Trägerbaum so eng umrankt (daher auch der Name Würgfeige oder Baumwürger), daß dieser schließlich zum Absterben verurteilt ist. Das Holz ist geeignet für Unterwasserbauten und als Schellacklieferant.

In *lichteren Sekundärwäldern,* Gebieten mit Waldlücken und gegen die Waldränder zu finden wir einen dichter werdenden Unterwuchs (siehe Bild 56 der Tafel 29, Bild 106 der Tafel 60), Baumfarne treten auf (Bild 108 der Tafel 61), und Heliconia, Gattung der Bananengewächse mit rund 150 Arten, erfreut mit ihren herrlichen Blütenständen das Auge (Bild 109 der Tafel 61).

Steigen wir aber von den Regenwäldern der Niederungen und der submontanen Zone an den meist recht steilen und dicht verwachsenen Berghängen zur Nebelwaldgrenze aufwärts, dann können wir von Glück sprechen, einen Eingeborenenpfad zu finden und benützen zu können. Er erspart oft äußerst mühevollen Dschungelkampf. Diese Eingeborenenpfade führen oft sehr steil durch das Gelände und sind durch die gewaltige Kraft des abrinnenden Wassers nach den täglichen Gewittern und Güssen schluchtartig eingeschnitten (siehe Bild 107 derTafel 60). Während und kurz nach den Niederschlägen sind sie von reißenden Bächen durchflossen und unbenützbar. An ihren Hängen und Rändern hat sich dichte kraut- und strauchartige Vegetation entwickelt. Schon nach wenigen Jahren, mitunter auch schon nach Monaten sind solche Wegspuren durch die unvorstellbar rasch fortschreitende Tiefenerosion ungangbar.

Beim Aufstieg von den Niederungen in die obere montane Zone des Regenwaldes erkennen wir den klimabedingten Wandel, den wir uns nochmals vor Augen halten wollen:

Im *Niederungswald* gibt es eine bemerkenswerte Schwankung der Luftfeuchtigkeit zwischen den einzelnen Regenfällen und, infolge schlechterer Bedingungen für den Abfluß, vorübergehend stauende Nässe. Der Niederungswald ist daher ärmer an Lianen und Epiphyten, die gleichmäßig hohe Luftfeuchtigkeit und häufige Beregnung benötigen, dafür ist er aber reicher an Palmen, die wechselfeuchte Böden und zeitweise Überschwemmungen vertragen (siehe H. WALTER, Band I, 1964, S. 199 ff.). An besonders nassen Standorten finden sich Pandanusarten.

Am typischsten ist der *montane Regenwald* an den untersten Hängen von Gebirgen, die sich durch gleichmäßigere Wärme und infolge des Wolkenstaues durch andauernd hohe Luftfeuchtigkeit auszeichnen, ausgebildet. Bei weiterem Aufstieg gelangt man in die Höhenstufe des unteren und oberen montanen tropischen Regenwaldes, der sich floristisch z. T. schon aus anderen Baumarten zusammensetzt. Die Niederschläge haben im Vergleich zu den niedriger gelegenen Gebieten zugenommen, und die mittlere Jahrestemperatur liegt bereits niedriger. Die Zahl der Baumfarne ist ersichtlich größer, und der

Lianen- und Epiphytenreichtum ist ganz besonders offensichtlich. Unter den Epiphyten überwiegen mit zunehmender Höhe Farne und Bärlappgewächse (Lycopodium) mehr und mehr. Bambusarten bilden mitunter einen undurchdringlichen Unterwuchs (siehe Bild 110 der Tafel 62). Die Stauwirkung steiler Bergflanken bewirkt auch bei sonst günstiger Wetterlage lang anhaltende Nebel, und man wird sich des Begriffes *„Nebelwald“* in seiner vollen Bedeutung bewußt (siehe Bild 111 der Tafel 63), dessen Höhenlage in den einzelnen Gebieten natürlich sehr unterschiedlich sein kann.

Den typischen höhenmäßigen Wandel des tropischen Regenwaldes kann man im Inselraum beim Aufstieg auf den 4.175 m hohen Mt. Kinabalu in Nordborneo (Ost-Malaysia, Sabah) erleben. In größeren Höhen über 2.500 bis 3.000 m – in der *subalpinen Stufe* des tropischen Regenwaldes – nehmen die Niederschläge schließlich wieder ab, und die Tagesschwankungen der Temperaturen werden größer. In den Nächten kann es schon empfindlich kalt werden, und ohne dicken Daunenschlafsack friert man erbärmlich. Die Epiphyten im niedriger gewordenen Waldbestand sind artenärmer, und die Orchideen unter ihnen sind verschwunden. Deutlich steigt aber nun der Behang der Äste mit Bartflechten.

Im Granitgebiet des Mt. Kinabalu ändert sich nun die Waldzusammensetzung sehr rasch.In 3.000 bis 3.600 m Höhe folgen weitaus überwiegend baumförmige Ericaceaen und darüber ein 300 m breiter Rhododendrengürtel, der in der Blütezeit wie ein rotes Band die fast kahle, steil abfallende Granitfelsregion umgibt (Bild 113 der Tafel 64).

Oberhalb der Baumgrenze steigt die Zahl der Frostwechseltage rasch an, und in der *alpinen Stufe* ist die Pflanzendecke in einzelne Polster aufgelöst, die an den äußeren Steilabfällen der Granitstöcke überhaupt nur sporadisch auftreten.

Kurz soll hier nochmals auf die in der submontanen und montanen Stufe vorkommenden *Bambusarten,* welche mitunter fast undurchdringliche Bestände bilden, eingegangen werden. Die Bambusgewächse bilden mit über 200 Arten z. T. waldartige Bestände (siehe auch Bild 103 der Tafel 58). Sie erreichen Höhen von etwa 20 m, einige Arten sogar bis 40 m (z. B. Gigantochloa verticillata). Ihre Wuchsgeschwindigkeit ist erstaunlich hoch (40 cm bis 1 m im Tag). Die wirtschaftliche Bedeutung des Bambus ist sehr groß. So dienen z. B. Baumbussprossen als Gemüse, ebenso werden die Früchte verschiedener Arten gegessen; die hohlen, durch Internodien gegliederten stammartigen Halme, welche häufig Querschnitte von über 10 cm besitzen, werden als Wasserleitungsrohre, Bauholz, Material zur Herstellung von Hausgeräten, Flechtwerk u. dgl. verwendet, und die Kieselsäureablagerungen in den Internodien kommen als Medizin in den Handel.

Wenn Waldgebiete gerodet und das Holz verbrannt wird, findet schon durch die folgenden Regengüsse eine starke Auswaschung der durch das Feuer plötzlich mineralisierten Nährstoffe statt. Der nach einer gewissen Zeit landwirtschaftlicher Nutzung (2 bis 3 Jahre) sehr schnell nachwachsende *Sekundärwald* ist viel artenärmer. Nach jeder Rodung degradiert der Sekundärwald weiter, bis nur noch Adlerfarne (Pteridium Pteris) und andere Farnarten (siehe Bild 112 der Tafel 63) oder Gleuchenia-Arten den Boden bedecken. Werden auch diese Flächen wieder abgebrannt, so tritt oft eine Vergrasung durch Alang-Alang-Gras (Imperata), das man bestenfalls für die Dachbedeckung verwenden kann, oder andere unnutzbare Arten ein.

Dem *enormen Kontrast zwischen produktionsstarkem Wald und produktionsschwachen anderen Kulturflächen* nach seiner Rodung bei Vornahme einer andersgearteten Nutzung ist Wolfgang WEISCHET in seinem Buch ,,Die ökologische Benachteiligung der Tropen" (2. Auflage, 1980) nachgegangen. Die eingangs erwähnte Fehleinschätzung der feuchten Tropen hinsichtlich ihrer Produktionskraft und Potenz des Pflanzenbaues für die Ernährung der Menschen wird damit verständlich. Die nachstehenden kurzen Hinweise halten sich an die Ausführungen von W. WEISCHET, können aber auf die dort beigegebenen Materialien und zusätzlichen Hinweise nicht eingehen. Bodenchemische und bodenbiologische Untersuchungen haben in jüngster Zeit zu einer ganz neuen ökologischen Sicht geführt. Wir haben bereits an anderer Stelle erwähnt, daß die Verwitterungstiefe des Substrates in den feuchtwarmen Tropen sehr groß ist und zumindest mehrere Meter beträgt. Das Verwitterungsergebnis besteht aus steinlosem Feinlehm (Gemisch von Feinsand, Schluff und Ton) mit nur äußerst geringem Restmineralgehalt. Es fehlen also weithin nicht zersetzte Gesteinsreste, die in ihrer mineralischen Verbindung die wichtigsten Nährstoffe für die Pflanzen enthalten. Die für das Pflanzenwachstum unabdingbaren mineralischen Pflanzennährstoff-Kationen (also positiv geladen) sind u. a. Ca^{++}, Mg^{++}, K^{+}, Na^{+} oder P^{+++}.

Ein weiterer wichtiger Faktor für das Pflanzenleben ist der Gehalt des Oberbodens an Humusstoffen. ,,Sie liefern zunächst beim schrittweisen Abbau der organischen Substanz eine gewisse Menge in ihr enthaltener mineralischer Nährstoffe, die beim sogenannten recycling wieder in den Nährstoffkreislauf der lebenden Pflanzen einbezogen werden können. Außerdem ist die organische Materie mit ihren verschiedenen Huminsäuren gleichzeitig eine Trägerin der dritten entscheidenden Bodenqualität, nämlich der Kationenaustauschkapazität. Sie ist die Fähigkeit des Bodens, ihm zugeführte Pflanzennährstoffe, die meist (positiv geladen =) Kationen sind, durch Anlagerung an bestimmte Bodenbestandteile vorübergehend zu speichern, zu sorbieren, um sie später an die Bodenlösung oder im Wirkungsfeld der Nährwurzeln der Pflanzen an diese abzugeben" (W. WEISCHET, 1980, S. 19/20).

Die quantitativ entscheidenden Träger der Austauschkapazität sind neben den oben genannten Humusstoffen die Tonminerale!

Die vorhandenen Tonminerale geben also die obere Grenze der möglichen Kationenaustauschkapazität an, die durch künstliche Düngung nicht vergrößert werden kann, da beim Überschreiten der vorhandenen Kapazität der Überschuß mit dem Sickerwasser ungenützt abgeführt wird.

In den letzten 2 bis 3 Jahrzehnten wurde von Bodenkundlern und Mineralogen erkannt, daß es sich bei dem Bodenbestandteil Ton zu einem erheblichen Teil um Bodenneubildungen handelt, die aber verschiedene physikalische und chemische Eigenschaften besitzen und außerdem eine streng gesetzmäßige, dominante Abhängigkeit von exogenen klimatischen Einflußfaktoren aufweisen.

Als Maß für die Kationenaustauschfähigkeit der Tonminerale wird das Milliäquivalent (= mval) pro 100 g Tonsubstanz verwendet. Es ergeben sich folgende sehr unterschiedliche Werte:

Zweischichten-Tonminerale der Kaolinit-Gruppe: 3 bis 15 mval/100 g, dreischichtige Illit- und Chloritgruppen: 10 bis 40 mval/100 g, Montmorillonite: 60 bis 100 mval/100 g.

Die Austauschkapazität der natürlichen Böden hängt also vom Gehalt an Huminsäuren und von der Menge und Art der Tonsubstanzen in den verschiedenen Bodenhorizonten ab.
Größte Bedeutung für unsere Betrachtung besitzt aber die ausschlaggebende Klimaabhängigkeit der Boden- und Tonmineralbildung, die bei gleichem Ausgangsgestein zu ganz verschiedenen Ergebnissen führen kann, wie dies aus der folgenden Gegenüberstellung der Verhältnisse in den feuchten Tropen und in den Außertropen zu entnehmen ist:

Merkmale	Perhumide und humide Tropen	Außertropen
Chemische Verwitterung	sehr rasch ablaufend	langsam ablaufend
Verwitterungstiefe	mehrere Meter, mitunter sogar mehrere Dekameter	mehrere Dezimeter bis etwa 1 bis 1½ m
Bodenbenennung	Kaolisole (= Ferralite der französischen Schule, Oxisole der Engländer und Amerikaner)	verschiedene Böden (hier nicht genannt)
Bodenzusammensetzung und Bewertung	steinlose Feinlehme, Gemisch von Feinsand, Schluff und Ton. Geringer Restmineralgehalt, in hohem Grade verarmt und ausgewaschen	hoher Restmineralgehalt
Tonmineralien	dominierend sind die kieselsäurearmen Endprodukte Kaolinit und Gibbsit	wechselnde Zusammensetzung von Illiten, Chloriten und Montmorilloniten (relativ siliziumreiche Zwischenstadien der Tonmineralentwicklungskette)
Kationenaustauschkapazität	niedrige tonmineralgebundene Austauschkapazität. Sonst ist die Austauschkapazität an die oberste, wenige Zentimeter mächtige Bodenschicht mit seinem organischen Material und deren Mineralisierungsprodukten gebunden	hohe tonmineralgebundene Kationenaustauschkapazität in allen Schichten mit Tonmineralbildungen und Restmineralreichtum
Biomassenproduktion des Waldes	sehr hohe Biomassenproduktion	geringere Biomassenproduktion

Natürlich gibt es auch in den humiden Tropen Ausnahmegebiete, in denen die Bodenverhältnisse für eine agrarische Nutzung wesentlich günstigere Voraussetzungen bieten. In unseren Inselräumen handelt es sich um jene Gebiete, in denen rezenter *Vulkanismus* für eine *Aschendüngung* sorgt. WEISCHET betont (S. 25): ,,Ist der Untergrund zudem noch aus relativ jungen basischen Vulkaniten zusammengesetzt, wirken vulkanische Mineraldüngung und Basisverwitterung am Gestein dahingehend zusammen, daß relativ nährstoffreiche und austauschstarke, im ganzen aber fruchtbare ‚Andosole' entwickelt werden. Andererseits können Weißwasserflüsse mit ihren periodischen Überschwemmungen Rohböden mit feinstratigraphischen Mineralneuauflagen schaffen."
Aus der oben gegebenen Gegenüberstellung läßt sich erkennen, daß im tropisch-feuchten Klima die tatsächlich vorhandenen austauschbaren Kationen und das potentielle Austauschvermögen an wenige Zentimeter der obersten Bodenschicht mit ihrer mächtigen organischen Materialüberlagerung gebunden sind. Daß es hier nicht zu der zu erwartenden raschen Mineralauswaschung kommt, hängt mit dem Vorkommen von Mycorrhiza, einem Wurzelpilz, zusammen, der auch aus unseren Wäldern bekannt ist, aber in den Regenwäldern der Tropen eine überaus wichtige und erst in jüngster Zeit richtig erkannte Rolle spielt.
Die richtige Würdigung der *Wurzelpilze* und des Wurzelmutualismus im Leben der Regenwaldgewächse bringt schlagartig ein neues Licht in die Beurteilung der wirtschaftlichen Nutzungsmöglichkeiten tropischer Regenwaldgebiete. Unter Mycorrhizae verstehen wir Bodenpilze, ,,welche in Form von Geflechten, Mäntel oder Anhäufungen rund um die Wurzeln tropischer und außertropischer Bäume liegen, zum Teil in die Cortex der Wurzeln eindringen und mit den höheren Pflanzen in Form eines Mutualismus, eines Dienstes auf Gegenseitigkeit, leben" (WEISCHET, S. 23). Die Pilze erhalten von den Pflanzen die lebensnotwendigen Photosynthate und versorgen dafür deren Wurzeln mit Nährstoffen, zu denen diese sonst nicht gelangen könnten.
Die Wurzelpilze sind nämlich imstande, Mineralverbindungen, welche den Pflanzen nicht zugänglich sind, in solche zu transformieren, die von ihren Wurzeln aufgenommen werden können (Phosphor). Noch viel wichtiger ist aber deren Eigenschaft als *,,Nährstoff-Falle"* für die aus Biomasse und Boden gelösten Nährstoffe, die sonst durch die heftigen Niederschläge raschest fortgespült werden würden. Wie ein Schwamm vermögen sie die gelösten Verbindungen in den Pilzkörper aufzunehmen und dann sukzessive den Pflanzenwurzeln zuzuführen.
Dieses Versorgungssystem funktioniert aber nur im ursprünglich belassenen Regenwald und in etwas eingeschränkterer Form wieder im nachfolgenden Sekundärwald. Es funktioniert nicht bei waldfremder Bodennutzung. Jetzt wird uns zweierlei klar, und zwar, weshalb dem produktionsstarken tropischen Regenwald so produktionsschwache andersartige Kulturflächen gegenüberstehen, die nur eine geringe Bevölkerungszahl zu ernähren vermögen, und weshalb die Bäche und Flüsse der urwaldartigen Vegetation so arm an mineralischen Nährstoffen sind und die Schwarzwässer der tropischen Tieflandregion zwar einen hohen Gehalt an austauschstarken Huminsäuren, zugleich aber eine auffallende Armut an anorganischen Mineralstoffen besitzen.
In ursprünglicher Weise sind die tropisch-feuchten Waldgebiete nur in der Form einer einfachen Sammelwirtschaft nutzbar, die nur ganz wenige Menschen zu ernähren vermag. Mit zunehmender Bevölkerungszahl entsteht ein Zwang zum Übergang auf einen

Fruchtanbau, der durch „*shifting cultivation*" oder ihrer Weiterentwicklung, der „Wald-Feld-Wechselwirtschaft", betrieben wird. Auf diese sind wir im Kapitel 6.1.2 näher eingegangen und haben betont, daß dies nur bis zu einer maximalen Bevölkerungsdichte von 50 Ew./km² überhaupt möglich ist. Die Umwandlung des tropischen Regenwaldes in eine andere landwirtschaftliche Nutzungsform erscheint aus ökologischen und wirtschaftlichen Gründen in vielen Fällen als nicht sinnvoll.

Abschließend bleibt uns ein Hinweis nicht erspart! Die Menschen sind dabei, den Rest der noch erhaltenen tropischen Regenwälder in bedrohlichem Ausmaß weiter zu verringern. Nach R. CORDES (1982) werden jährlich 250.000 km² (= Fläche der Bundesrepublik Deutschland) durch wirtschaftliche Nutzung und Ausbeutung vernichtet. Von den ehemals rund 16 Mio. km² großen tropisch-feuchten Urwaldgebieten der Erde sind heute nur noch rund 50% erhalten. Die weitere Ausdehnung des Brandrodungsfeldbaues, der immer größer werdende Brennholzbedarf und landwirtschaftliche Fehlplanung, aber auch bedenkenloses Gewinnstreben von Unternehmern, die den Zukunftsproblemen kommender Generationen gleichgültig gegenüberstehen, haben zu dieser gewissenlosen und nicht reversiblen Vernichtung geführt.

In den tropisch-feuchten Wäldern der Erde beträgt der jährliche Waldverlust durch den Brandrodungs-Wanderfeldbau 175.000 km², wovon auf Südostasien rund 85.000 km² entfallen. Weitere 75.000 km² des jährlichen Verlustes an tropischen Regenwaldgebieten der Erde gehen auf das Konto der Brennholzgewinnung und der selektiven Exploitation des Nutzholzeinschlages, welche beide zusammen seit 1950 fast auf das 20fache angestiegen sind.

Diese seit der Mitte unseres Jahrhunderts mit erschreckender Geschwindigkeit vor sich gehenden Vorgänge der Waldvernichtung führen nicht nur zum Aussterben vieler Pflanzen- und Tierarten und ganzer Ökosysteme, sondern auch zur Veränderung des Wasserhaushaltes größerer Räume, zur Bodenerosion und zu Klimaänderungen, die weit über die direkt betroffenen Schadensgebiete hinausgehen. So werden in der 2. Hälfte des 20. Jh.s noch am Ende des 2. Jt.s auf Kosten vieler folgender Generationen die natürlichen Ressourcen gewissenlos ausgebeutet und verändert, so daß die Folgewirkungen das weitere Schicksal der Menschen mit einer untragbaren Hypothek belasten.

8.4.9 Inseln der wechselfeuchten Tropen und der Randtropen mit einer feuchten Jahreszeit sowie Inseln der zentralen Tropen mit abgeschwächtem Regenklima

Die hohe Bevölkerungsdichte (über 170) dieser Typengruppe zeigt uns bereits, daß günstige Lebensverhältnisse und vielfältige Nutzungsmöglichkeiten eine stärkere Besiedlung ermöglichen und diese Inseln bereits z. T. außerhalb des Hungergürtels der Erde liegen. Der Restmineralgehalt der Böden ist infolge geringerer Auswaschung deutlich höher als im tropischen Regenwaldklima und gestattet ein höheres Maß an Selbstversorgungskapazität. Allerdings herrschen lokal sehr verschiedene Voraussetzungen für die weitgehend im Pflanzenbau und im Gewerbe verankerte Wirtschaft.

8.4.10 *Große Inseln mit wechselndem Formenbild und horizontal wie vertikal weiträumig auftretenden ökologischen Disparitäten*

Selten sind große Inseln mit über 10.000 km² Fläche naturräumlich und ethnisch so einheitlich, daß man sie mit gutem Gewissen einer der vorher beschriebenen Inseltypengruppe zuordnen könnte. Vor allem dann, wenn sie durch Berggebiete eine natürliche Gliederung und Kammerung erhalten, die Hauptwasserscheide quer zur vorherrschenden Windrichtung verläuft oder geologisch-petrographische Großeinheiten eine wesentlich unterschiedliche Basis für die natürliche oder wirtschaftliche Entwicklung von Teilräumen vorzeichnen. Solche Disparitäten drücken sich in Landschaften mit vorherrschender Subsistenzwirtschaft und in einer Gesellschaft, die auf der Großfamilie und dem Sippenleben basiert, besonders deutlich aus.
Sulawesi (Celebes) mit rund 176.000 km² (nur Hauptinsel) und fast 10 Mio. Einwohnern ist hierfür ein ausgezeichnetes Beispiel. Im zentralen Teil bis über 3.000 m ansteigend (Rantekombola 3.455 m), aus Graniten und kristallinen Schiefern aufgebaut, werden diese von jüngeren, meist tertiären Gesteinen flankiert und durch ein tief eingeschnittenes Flußnetz gegliedert. Vom Turmkarst im Südwesten der Insel bis zu den Vulkanlandschaften im Norden sind die verschiedensten morphologischen Einheiten typisch vertreten. Im Kapitel 9.6.3 werden wir auf diese interessante Insel noch näher eingehen.
Neben dem altansässigen Gewerbe konnte in jüngerer Zeit mit Hilfe ausländischen Kapitals auch Industrie angesiedelt werden. Aber im wenig erschlossenen Gebirgsland hat die Bevölkerung ihre traditionellen Lebensformen vielfach bewahrt. Eine ethnische Vielfalt mit Makassaren und Bugi im Süden, Mandaren an der Westküste, den Torajas (Toradjas) in Zentralcelebes und Minahassa und Gorantalen im Norden, schließlich noch den Chinesen in den Städten hat auch vielfältige Lebens- und Wirtschaftsweisen ausgeprägt. Dazu kommen noch die Unterschiede der vertretenen Religionen. Der Vorteil dieser naturräumlichen und kulturellen Vielfalt ist leicht zu erkennen. Er liegt in der wirtschaftlichen Ergänzung und kulturellen Befruchtung, die mitunter vorhandene Gegensätze eher abzubauen als zu verschärfen vermag. Außerdem sind bei Übervölkerung einzelner Räume immer noch Ausweichgebiete vorhanden, die schließlich trotz allen Beharrungsvermögens doch in Anspruch genommen werden.
Im benachbarten Indischen Ozean zeigt uns die große Insel Madagaskar aber auch ein negativ einzuschätzendes Beispiel. Auf die Entwicklung ihrer unterschiedlichen natürlichen Raumgegebenheiten haben sich humanökologische Einflüsse sehr erheblich ausgewirkt (siehe Kapitel 9.6.1). Vor allem sind es hier vorkoloniale Wirtschaftsformen und Sitten zahlreicher Volksgruppen, die negativ landschaftsprägend in Erscheinung treten. Eine extensive Weidewirtschaft, verbunden mit aus Prestigegründen viel zu hohen Viehbeständen wirtschaftlich geringer Qualität, wirkt mit an der Degradierung weiter Landstriche (siehe Bild 126 der Tafel 70).
Die entwicklungsmäßigen Kausalkomplexe solcher Inseln müssen zuerst richtig erkannt und analysiert werden. Es hätte daher keinen Sinn, gleichartige Landschaften herauszugliedern und einem bestimmten Inseltyp zuzuordnen, weil eine solche isolierte Betrachtungsweise wohl Auskunft über Zeitpunktfakten, aber nicht Einblick in die Prozesse zu vermitteln vermag, die zu diesen geführt haben.

9 Ausgewählte Inseltypenbeispiele

Die bisher gebotenen allgemeinen Ausführungen sollen in diesem Abschnitt durch besonders typische Inselbeispiele belegt werden, die zugleich repräsentativ für die Auswirkungen der Kolonisationsgeschichte, für die naturräumliche Ausstattung und die Nutzung der Ressourcen, die Bevölkerungsentwicklung und die damit verbundenen Ernährungsprobleme sowie die Zusammenhänge der ethnischen Eigenarten der Bevölkerungsgruppen hinsichtlich der wirtschaftlichen Entwicklungsmöglichkeiten sein können. Die Verbreitung der Inseltypen wird zu diesem Zweck in Kartenskizzen nochmals zum Ausdruck gebracht, wobei – wie in Abbildung 63 über den Indischen Ozean – ein Zeichen oft für mehrere zu einer Typengruppe gehörende Inseln gesetzt werden mußte. Um jede einzelne Insel signieren zu können, wären wesentlich größere Maßstäbe notwendig.
Die einzelnen Ausführungen über die Inseln dürfen aber nicht als Monographien aufgefaßt werden, da solche den vorgegebenen Umfang des Bandes ganz gewaltig sprengen würden. Die so besonders interessanten kultur- und kunsthistorischen Aspekte müssen fast ganz entfallen, und es darf diesbezüglich auf die in dieser Hinsicht besonders umfangreiche Literatur verwiesen werden. Somit sind die folgenden Ausführungen lediglich als Kurzinformationen zu betrachten, die in notwendiger Weise die Problemstellungen anreißen und gedankliche Anstöße geben sollen.
Die ersten Ausführungen beginnen mit Inseltypen im Indischen Ozean und vergleichen diese mit gleichen Inseltypen des pazifischen Raumes.

9.1 Korallenbankinseln

9.1.1 Korallenatolle der Malediven

Rund 30% aller tropischen Inseln des Indischen Ozeans sind Korallenbankinseln, von denen allerdings nur jede 9. bewohnt ist. Diese besitzen jedoch eine sehr hohe Bevölkerungsdichte, nämlich 188 Ew./km². Die Verteilung der Koralleninseln im Indischen Ozean ist sehr ungleichmäßig. So liegen zahlreiche im küstennahen Schelfgebiet der ostafrikanischen Küste. Weiters trägt die sichelförmige Seychellen-Amirantenschwelle außer den berühmten Granitinseln der Seychellen noch zahlreiche Koralleninseln, die aber infolge der Meerabgewandtheit der schwarzen Bevölkerung dieses Kolonisationsraumes unbesiedelt geblieben sind.
Im mittleren Indischen Ozean tritt ganz besonders die langgestreckte Atollreihe des Maledivenrückens in Erscheinung (siehe Abbildung 63), die sich über fast 20 Breitengrade von den Lakkadiven im Norden über die Malediven bis zu den Tschagos-Inseln im Süden erstreckt und damit zu den längsten Atollketten der Erde zählt.
Die Bevölkerung der Lakkadiven und Malediven besteht aus verschiedenen indischen Gruppen (Singhalesen und Tamilen), weist aber auch starke arabische Einflüsse auf

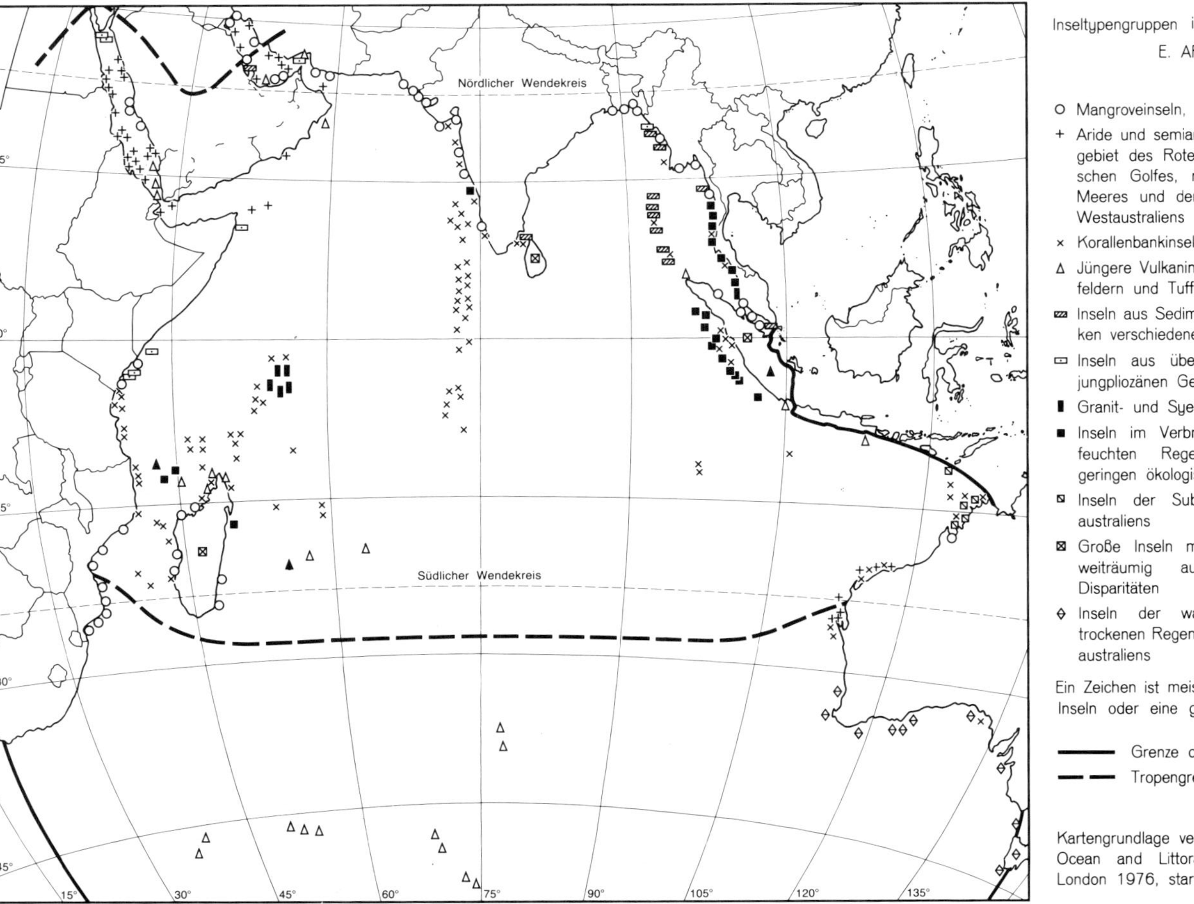

Nördlicher Wendekreis
Südlicher Wendekreis
15°
0°
15°
30°
45°
15°
30°
45°
60°
75°
90°
105°
120°
135°
Inseltypengruppen im Indischen Ozean nach E. ARNBERGER
○ Mangroveinseln, Schlickinseln, Sandbänke
+ Aride und semiaride Inseln im Randtropengebiet des Roten Meeres, Arabisch-Persischen Golfes, nordwestlichen Arabischen Meeres und der Kernpassatzone tropisch Westaustraliens
× Korallenbankinseln
△ Jüngere Vulkaninseln mit verbreiteten Lavafeldern und Tuffen
Inseln aus Sedimentgesteinen und aus Kalken verschiedenen Alters i.d.Tropen
Inseln aus überwiegend quartären oder jungpliozänen Gesteinen
Granit- und Syenitinseln der Seychellen
Inseln im Verbreitungsraum der tropisch feuchten Regenwälder mit horizontal geringen ökologischen Unterschieden
Inseln der Subäquatorialzone Nordwestaustraliens
Große Inseln mit horizontal und vertikal weiträumig auftretenden ökologischen Disparitäten
Inseln der warmgemäßigten, sommertrockenen Regenklimate Südwest- und Südaustraliens
Ein Zeichen ist meist für mehrere benachbarte Inseln oder eine ganze Inselgruppe gesetzt.
Grenze des Indischen Ozeans
Tropengrenze im Meeresraum
Kartengrundlage vereinfacht nach "The Indian Ocean and Littoral Countries" 1 : 36 Mio. London 1976, stark verkleinert.

Abbildung 63: Inseltypengruppen im Indischen Ozean. Die Signaturen der noch aktiven jüngeren Vulkaninseln sind schwarz ausgefüllt.

(siehe Bild 12 der Tafel 6), die sich seit dem 12. Jh. auch in der Islamisierung des Raumes äußern. Für diese Bevölkerung stellt nicht nur die volle Nutzung des Fischreichtums in den großen Atollen eine Selbstverständlichkeit dar, sondern sie wagt sich auch mit ihren bereits früher erwähnten mittelgroßen Segelbooten (Dhoni: Boote mit 1 bis 3 Dreieckssegeln und Raum für 6 bis 10 Personen, siehe Bild 10 der Tafel 5) und den größeren Segelschiffen (Batheli: überdachte Schiffe mit Schlaf- und Kochgelegenheit, welche auch dem interinsularen Verkehr und Handel dienen) ins offene Meer hinaus. Nur so ist eine Bevölkerungsdichte von über 500 Ew./km² auf den Malediven und von sogar fast 1.350 Ew./km² auf den Lakkadiven zu erklären, wenn auch diese Werte die Tragfähigkeit dieser Inseln um ein Vielfaches überschreiten. Auf die besonders repräsentative Situation der Malediven möge aber noch kurz eingegangen werden:

Aufgebaut sind die Inseln aus Korallenkalken, Korallensandsteinen und Korallensanden. Die Oberfläche besteht aus einer lockeren Schicht von Korallensand und organischen Stoffen, auf die eine Schicht von etwa 1 m Sand folgt. Die darunter anschließende 50 bis 70 cm dicke Sandsteinschicht, die wieder in Sande übergeht, ist von besonderer Bedeutung, da sie den Grundwasserspeicher für den monsunalen Niederschlag (überwiegend Oktober bis Jänner) darstellt und damit für die Trinkwasserversorgung verantwortlich ist.

Die Malediven bestehen aus 19 Atollen mit 816 Inseln größer als 1 ha, von denen allerdings nur 409 eine Fläche von mehr als ¼ km² besitzen und lediglich 203 von ingesamt 151.000 Einwohnern (1980) bewohnt sind. Die in der Literatur häufig vorkommende Angabe von 2.000 Inseln ist eine reine Phantasiezahl, die nicht einmal erreicht werden kann, wenn man alle bei Wasserhochstand überfluteten Sande einbezieht.

Die Inseln und Atolle sind größtenteils von Korallenriffen umgeben, welche als Wellenbrecher dienen. Dies ist deshalb von größter Wichtigkeit, weil die höchsten Punkte der Landoberfläche nur selten mehr als 2½ m über den Meeresspiegel aufragen und die Inseln meist in Randlage liegen, wie dies das Beispiel des Süd-Male-Atolls deutlich zeigt (siehe Abbildung 64).

An dieser Stelle möge noch vermerkt werden, daß die Malediven zu den klassischen Atollgebieten der Erde zählen und das Wort „Atoll" für die typischen, ovalen bis ringförmigen Korallenriff-Strukturen aus diesem Inselgebiet stammt. Es ist aus dem maledivischen „Atolu" abgeleitet und wurde von dem Franzosen PYRARD nach Europa gebracht (N. SCHMIDT, 1981, S. 15).

Die *natürliche Vegetation* besteht aus Pionierpflanzen, niedrigem tropischem Gebüsch und Dickicht, idealen Brutstätten von Insektenschwärmen. Bewohnbar können diese Inseln erst dadurch gemacht werden, daß man Durchlüftungsstreifen anlegt und daß zumindest ein Teil des Dickichts zugunsten von Kokospalmbeständen weicht. Menge und Verteilung der Niederschläge entsprechen weitgehend den Verhältnissen am offenen Meer; der Jahresniederschlag beträgt hier 1.400 bis 2.000 mm und ermöglicht – soweit Windschutz gewährleistet werden kann – vielfältigen Frucht- und Gemüseanbau zur Selbstversorgung. Eine wirtschaftliche Entwicklung ist aber in jeder Hinsicht nur sehr beschränkt möglich, wodurch einer weiteren positiven Bevölkerungsentwicklung engste Grenzen gesetzt sind.

Die *Besiedlungsgeschichte* des Inselraumes erfolgte ohne besonders aufregende Wendepunkte: Anfangs standen die von Indien her besiedelten Malediven unter buddhisti-

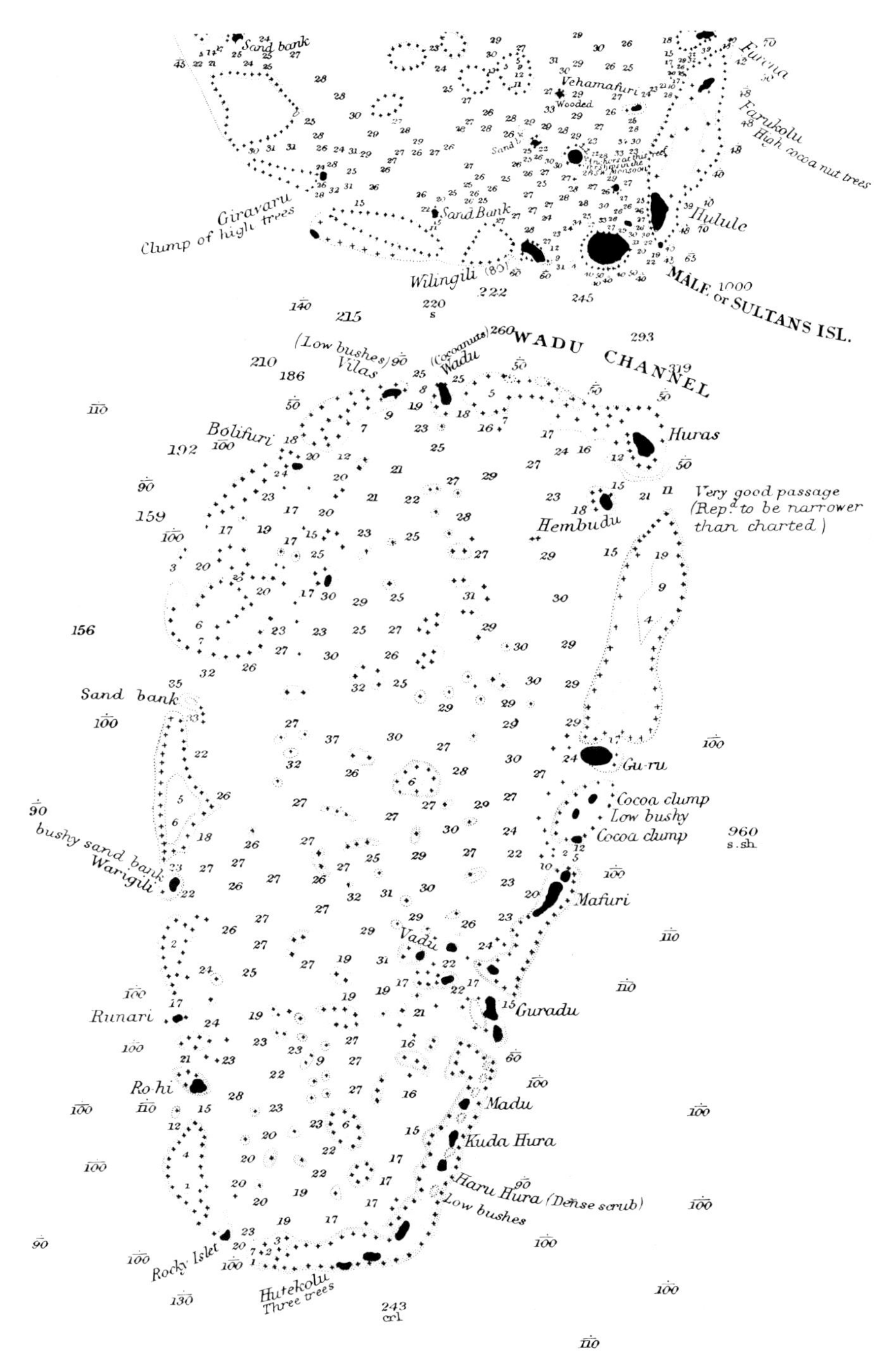

Abbildung 64: Malediven. Süd-Male-Atoll. Ausschnitt aus der Seekarte 1:292.000. Angabe der Meerestiefen in Feet.

schem Einfluß, der aber – wie bereits erwähnt – um die Mitte des 12. Jh.s vom Islam verdrängt worden ist. Seitdem waren seine Würdenträger die eigentlichen Herrscher über die Inseln. Von den Portugiesen 1518 unternommene Kolonisierungsversuche scheiterten schon nach wenigen Jahren. Lediglich die häufigen Seeräuberüberfälle von der Malabarküste her führten dazu, daß sich die Malediven 1645 unter den Schutz der Niederländer auf Ceylon begaben. 1887 schloß das Sultanat (seit 1759 Dynastie der Didi) einen Schutzvertrag mit Großbritannien. Mit der Unabhängigkeit Ceylons, zu dem die Malediven verwaltungsmäßig gehörten, erhielten auch diese die Selbstverwaltung mit Ausnahme der Außenpolitik, die weiter von Großbritannien abhängig blieb.

1965 wurden die Inseln in die volle Selbständigkeit entlassen und mit Verfassung vom 11. November 1968 zur Republik mit dem offiziellen Staatsnamen ,,Republic of Maldives". Der Name Malediven ist aus dem Hindi abgeleitet, und zwar aus den Worten ,,Mahal" = Burg, Palast und ,,Diva" = Insel, aus dem schließlich Malediva wurde, was soviel wie Palast- oder Sultansinseln bedeutet.

Auf den Malediven ist das Rückgrat der Wirtschaft und der Versorgung der Bevölkerung die *Fischerei.* Die Fische werden gekocht, getrocknet und als ,,Maldive Fish" exportiert. Außerdem spielt noch der Export von Kopra und Kokosöl nach Südindien eine gewisse Rolle. Haupthoffnung und Devisenbringer seit 1972 ist der *Fremdenverkehr,* der einen Anstieg von 2.575 Fremden 1973 auf 20.000 im Jahr 1980 zu verzeichnen hatte. Alle Inseln zusammen verfügen jedoch nur über etwa 1.000 Betten, und ein weiterer Ausbau wäre auch aus ökologischen Gründen mit großen Gefahren verbunden. Für die einfachen, jedoch funktionell recht brauchbaren Unterkünfte (siehe Bild 13 der Tafel 7) wird ein Raubbau an Korallenstöcken, welche als Baumaterial verwendet werden, durchgeführt. Der Vernichtung der Unterwasserfauna durch Unterwasserjäger wurde durch ein strenges Verbot der Unterwasserjagd und der Verwendung von Harpunen wenigstens einigermaßen Einhalt geboten. Die Entsorgungsfrage ist aber für ein stärkeres Ansteigen des Fremdenverkehrs unlösbar.

Nur ein Achtel der Inseln der Malediven besitzt 1 km² und mehr Fläche; auf ihnen wohnen 70% der 151.000 Einwohner (1980). Selbst der Hauptstadt *Male* (Name abgeleitet vom Hindi-Wort Mahal = Festung, Schloß) stehen für ihre 45.000 Einwohner (1982) nur 1,2 km² Inselfläche zur Verfügung, die an einzelnen Stellen bis über den Inselrand in den Gezeitenbereich hinaus genutzt werden. Die Hauptstadt – die einzige städtische Siedlung der Malediven – ist erst in der 2. Hälfte unseres Jahrhunderts so stark gewachsen. Ende der sechziger Jahre wurden ihre Mauerumgürtung und der Sultanspalast niedergerissen; die Neubauten für die Verwaltung (Ministerien), Polizei, Schulen und für Handel und Verkehr einschließlich der Hafenanlagen befinden sich an der Nordküste, aber auch sonst erreichte die Bebauungsfläche nach allen Seiten hin die Ufer und überschritt diese sogar durch künstliche Aufschüttung.

Nach einem starken Rückgang der *Bevölkerung* auf den Malediven im 18. und 19. Jh. kam es schließlich wieder zu einer positiven Entwicklung, so daß seit der ersten Volkszählung 1921 mit einem Bevölkerungsstand von 70.400 Ew. bis 1963 94.500 Ew. und bis 1980 rund 151.000 Ew. erreicht wurden. Für 1985 kann die Bevölkerung mit rund 170.000 Ew. angenommen werden.

Nicht ganz ein Drittel der Bevölkerung lebt auf 95 Inseln mit unter 1 km² Fläche. Eine Übersicht über die Lage der Inseln und Atolle bieten die Abbildungen 65 und 66. Weitere 206 Inseln sind unbewohnt, werden aber meist von der nächstgelegenen größeren, bewohnten Insel wirtschaftlich mitgenutzt, wie z. B. Klein Bandos von der in Sichtweite liegenden Insel Bandos (siehe Bild 9 der Tafel 5). Da der gesamte Grund und Boden dem Staat gehört, müssen die unbewohnten Inseln zum Zweck ihrer wirtschaftlichen Nutzung zugemietet werden. Dies kann über das Innenministerium für einen kleinen Betrag pro Palme geschehen oder über einen „Hauptmieter" – meist einer einflußreichen wohlhabenden Familie in Male –, welcher natürlich mit Gewinn seinerseits die Weitervermietung an lokale Honoratioren vornimmt. *Rentenkapitalistisches Denken* in Verbindung mit einer sehr deutlich hervortretenden höheren Wertschätzung des Stadtbewohners gegenüber den Bewohnern der anderen Inseln entspricht der islamischen Mentalität.

Bei zunehmender Bevölkerung ist der Verbrauch an Korallenstöcken als Baumaterial nicht nur in der Hauptstadt, sondern auch auf den anderen Inseln groß, obwohl dort doch ein erheblicher Teil der Wohnhütten und Wirtschaftsgebäude (Bootshäuser) aus Geflechten von Palm- und Pandanusblättern hergestellt wird (siehe Bild 11 der Tafel 6). Wie wir bereits festgestellt haben, ist der *Islam,* welcher bereits 1153 zur Staatsreligion erhoben wurde, das tragende politisch-soziale Element des einheimischen Lebens. Die Malediven sind ein hundertprozentiger Moslemstaat. Auch die Rechtsprechung richtet sich nach religiösen Normen, obwohl sie seit 1932 in den Händen öffentlicher Richter liegt. Wie kann sich nun in einem so weitgehend in kleinste Teillebensräume zersplitterten und schwer kontrollierbaren Gebiet, das sich auf eine Wasserfläche in der Größe etwa der Deutschen Demokratischen Republik erstreckt, die Staatsverwaltung durchsetzen? Jede bewohnte Insel hat ihren Vorsteher oder Bürgermeister (Bodu Katibu) und einen Stellvertreter (Kuda Katibu), welche dem jeweiligen Atoll-Chief (Atoluveri) unterstehen. Letzterer wird von Male aus ernannt und stammt auch in den meisten Fällen aus der Hauptstadt. Die 3. Amtsperson einer besiedelten Insel ist der Mudimu, der Verantwortliche für die Moschee. Zur Verbindung mit den Vorgesetzten und mit Male dient ein Funkgerät, das jeder bewohnten Insel zur Verfügung steht. Außerdem besitzt jedes Atoll auch einen Richter (Kazu), der aber nur kleinere Delikte aburteilt, alle anderen kommen in Male zur Verhandlung.

In der Wirtschaft und für die Selbstversorgung spielt der *Fischfang* im freien Meer die dominierende Rolle (Gelbflossenthun, Bonito, Makrelen). Der Fischerei innerhalb der Atolle (verschiedene Fischarten, die als Riffisch zusammengefaßt werden) kommt nur eine nebenrangige Bedeutung zu. Der Erfolg bei den Fängen hängt nicht allein vom Besitz eines Dhonis (mittelgroßen Bootes) ab, sondern sehr wesentlich auch davon, daß dieses mit einem tauglichen stärkeren Motor und nicht nur mit Segeln ausgestattet ist, um den rasch schwimmenden Fischschwärmen folgen zu können.

Die Zahl der Segel-Dhonis ging daher auch rasch zurück (1976: 3.400, 1979 nur noch 500 Boote). Motor-Dhonis gab es bis dahin nicht einmal 200. Erst nachdem Japaner 365 Bootsdiesel und England weitere 100 Motoren gestiftet hatten (N. SCHMIDT, 1981, S. 47), war der Grundstein für eine erfolgreichere Fischerei gelegt.

Soweit die Fänge nicht im Land selbst verbraucht werden, gehen sie als Trockenfisch oder in Form von Fischprodukten in den Außenhandel. Bis Anfang der siebziger Jahre war Sri Lanka bei weitem der wichtigste Abnehmer. Durch eine Einfuhrbeschränkung von Sri Lanka im Jahre 1972 kamen die Malediven in eine schwierige Situation, die

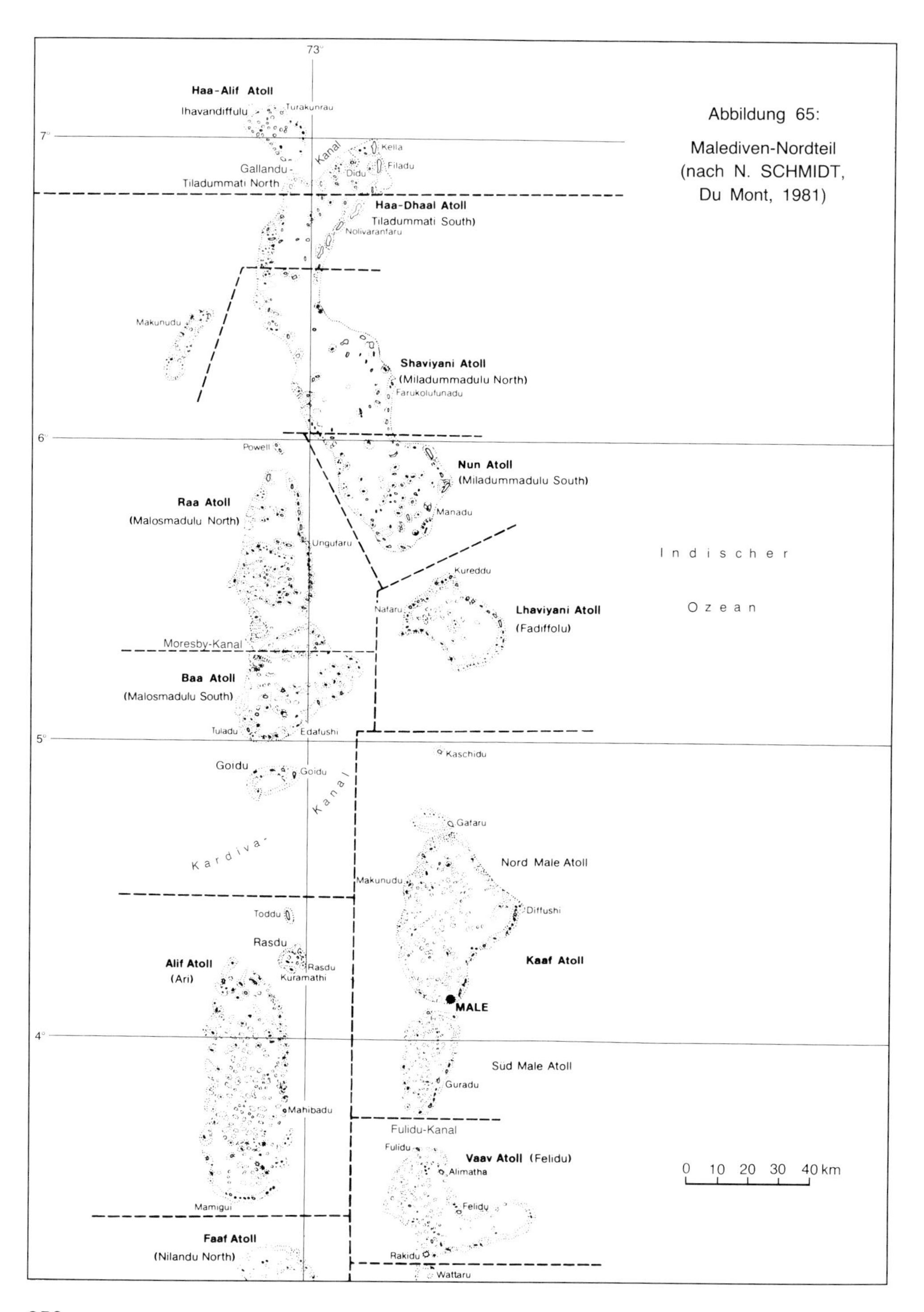

Abbildung 65:
Malediven-Nordteil
(nach N. SCHMIDT, Du Mont, 1981)

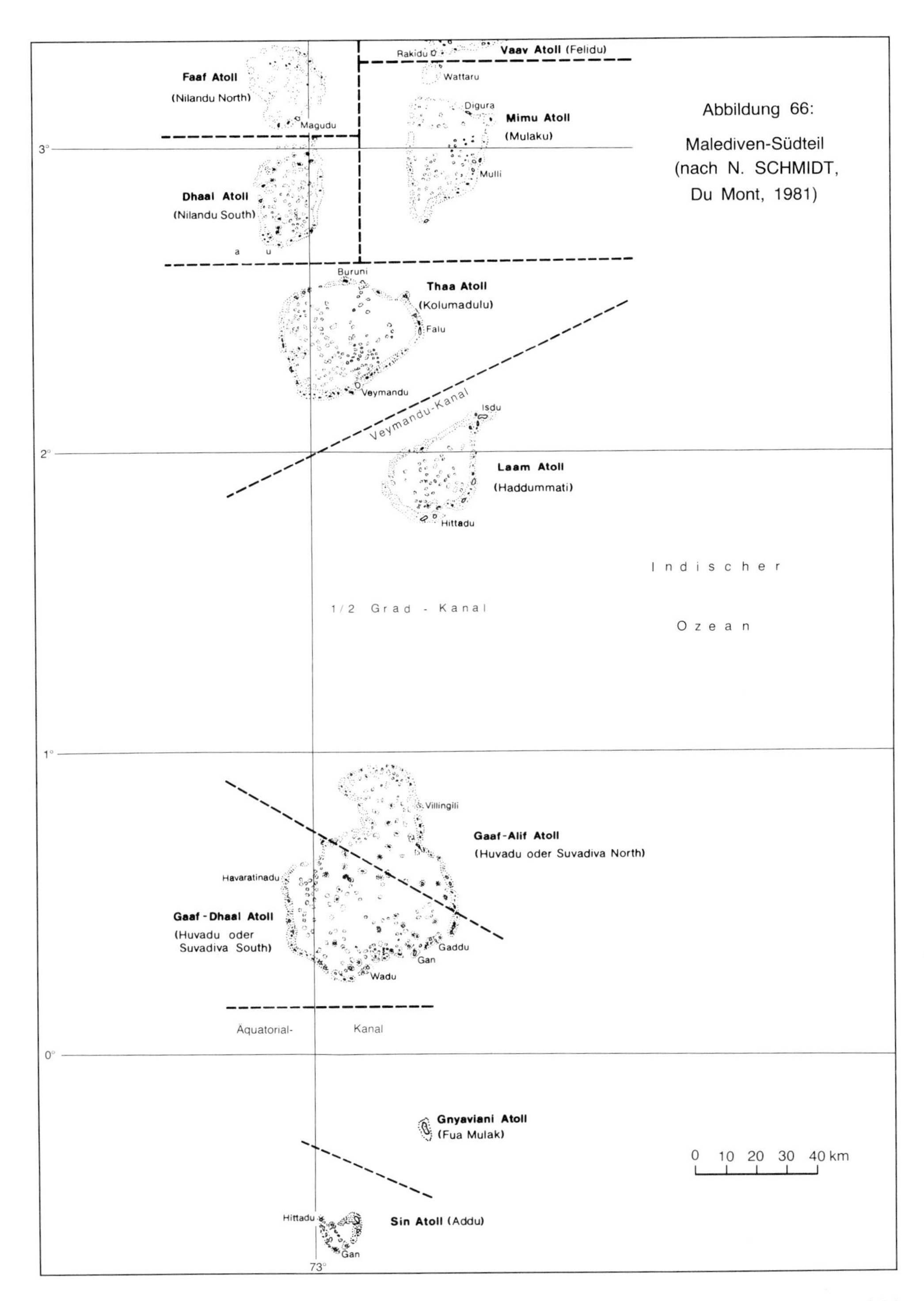
Abbildung 66:
Malediven-Südteil
(nach N. SCHMIDT,
Du Mont, 1981)
Vaav Atoll (Felidu)
Rakidu
Wattaru
Faaf Atoll
(Nilandu North)
Magudu
Digura
Mimu Atoll
(Mulaku)
Mulli
3°
Dhaal Atoll
(Nilandu South)
Buruni
Thaa Atoll
(Kolumadulu)
Falu
Veymandu
Veymandu-Kanal
Isdu
2°
Laam Atoll
(Haddummati)
Hittadu
Indischer
Ozean
1/2 Grad - Kanal
1°
Villingili
Gaaf-Alif Atoll
(Huvadu oder Suvadiva North)
Havaratinadu
Gaaf-Dhaal Atoll
(Huvadu oder
Suvadiva South)
Gaddu
Gan
Wadu
Äquatorial-
Kanal
0°
Gnyaviani Atoll
(Fua Mulak)
0 10 20 30 40 km
Hittadu
Sin Atoll (Addu)
Gan
73°

aber durch ein Fischereiabkommen mit Japan überwunden werden konnte. Außer in getrocknetem Zustand werden Fische heute noch in anderer Form ausgeführt. Dazu dienen Kühlboote der Firma „Hoko-Maldives", welche in mehreren Atollen stationiert sind, eine Thunfischkonserven-Fabrik auf Felivaru (Lhaviyni-Atoll) und mehrere Kühlstationen.
Einen wesentlich geringeren Anteil an der Ausfuhr bestreiten *Kopra* und Kokosfaserprodukte, die in Hausarbeit hergestellt werden. Bei einer Ausfuhr von 17,3 Mio. US-$ und einer Einfuhr von 40 Mio. US-$ ist der Außenhandel schwer passiv. Der Import umfaßt auch erhebliche Reismengen, welche eine wichtige Ernährungsbasis für die Bevölkerung bilden.
Am Bruttosozialprodukt von etwa 70 Mio. US-$ sind die Landwirtschaft etwa mit einem Drittel, die Industrie und das Gewerbe mit nur 12% beteiligt. 22% der Erwerbspersonen sind der Industrie und dem Gewerbe zuzuzählen (1984). Wichtigste Handelspartner sind Japan, Sri Lanka, Thailand und Südkorea.
Die Malediven beweisen, daß auch reine Koralleninselstaaten lebensfähig sind, wenn deren Bevölkerung den Reichtum des Meeres zu nützen vermag, den Fischfang auf dem offenen Meer nicht scheut und mit seetüchtigen Booten zu betreiben versteht. Gleichzeitig müssen aber die spärlichen Möglichkeiten der Gartenwirtschaft und der Fruchtbaum- und Kokospalmpflanzung voll genutzt werden. Nicht unabhängig können sie jedoch von der Reiseinfuhr werden, die durch Ausfuhr eigener Erzeugnisse gedeckt werden muß. Die Bevölkerungsdichte der Malediven übersteigt allerdings schon seit längerer Zeit das Potential von Koralleninseln um ein Vielfaches.

9.1.2 Gehobene Korallenbankinseln an Beispielen im Königreich Tonga

Als Beispielsraum wurde deshalb das einzige noch existierende Königreich in Polynesien herangezogen, weil seine Inselwelt sowohl aus aktiven Vulkaninseln als auch zum großen Teil aus gehobenen Koralleninseln besteht. Die Zusammenhänge der Hebungsprozesse der Koralleninseln mit den Vorgängen der Plattentektonik entlang des Tonga-Grabens sind hier deutlich zu erkennen. Andererseits sind aber auch die sozioökonomischen Verhältnisse auf diesen Inseln sehr typisch und interessant.
Als einziges Gebiet im polynesischen Kulturkreis waren die Tonga-Inseln nie unter einer Fremdherrschaft. Die rund 170 Inseln mit 699 km² Fläche liegen über einem riesigen Raum verstreut und erstrecken sich zwischen 15°30' und 24° südlicher Breite. Die Besiedlung ist wahrscheinlich von Samoa aus erfolgt. Die traditionsreiche Geschichte beginnt mit dem ersten Herrscher Ahoeitu in der 2. Hälfte des 10. Jh.s.
Die über 100.000 Bewohner (1980) der Inseln sind zu über 98% Polynesier und bekennen sich zum christlichen Glauben (77% Methodisten, 15,6% Katholiken). Amtssprachen sind Tongaisch und Englisch.
Die Tonga-Inseln verlaufen von NNO nach SSW fast parallel zum unweit östlich von ihnen, in gleicher Richtung ziehenden, 1.400 km langen Tonga-Graben, der in der Witjastiefe 10.882 m erreicht (nach dem Marianen-Graben mit 11.022 m Tiefe der zweittiefste Tiefseegraben des Pazifischen Ozeans und aller Meere der Erde). Die Inseln liegen auf zwei parallel verlaufenden Rücken, dem Tofua-Rücken im Westen und dem Tonga-Rücken im Osten, die voneinander durch den seichten Tofua-Graben getrennt sind

(siehe Abbildung 67). Die Inselketten des Tofua-Rückens zeichnen sich durch ihre aktiven Vulkane aus, die des Tonga-Rückens durch ihre zahlreichen Koralleninseln, welche morphologisch deutliche Kennzeichen einer mehrfachen Hebung aufweisen.

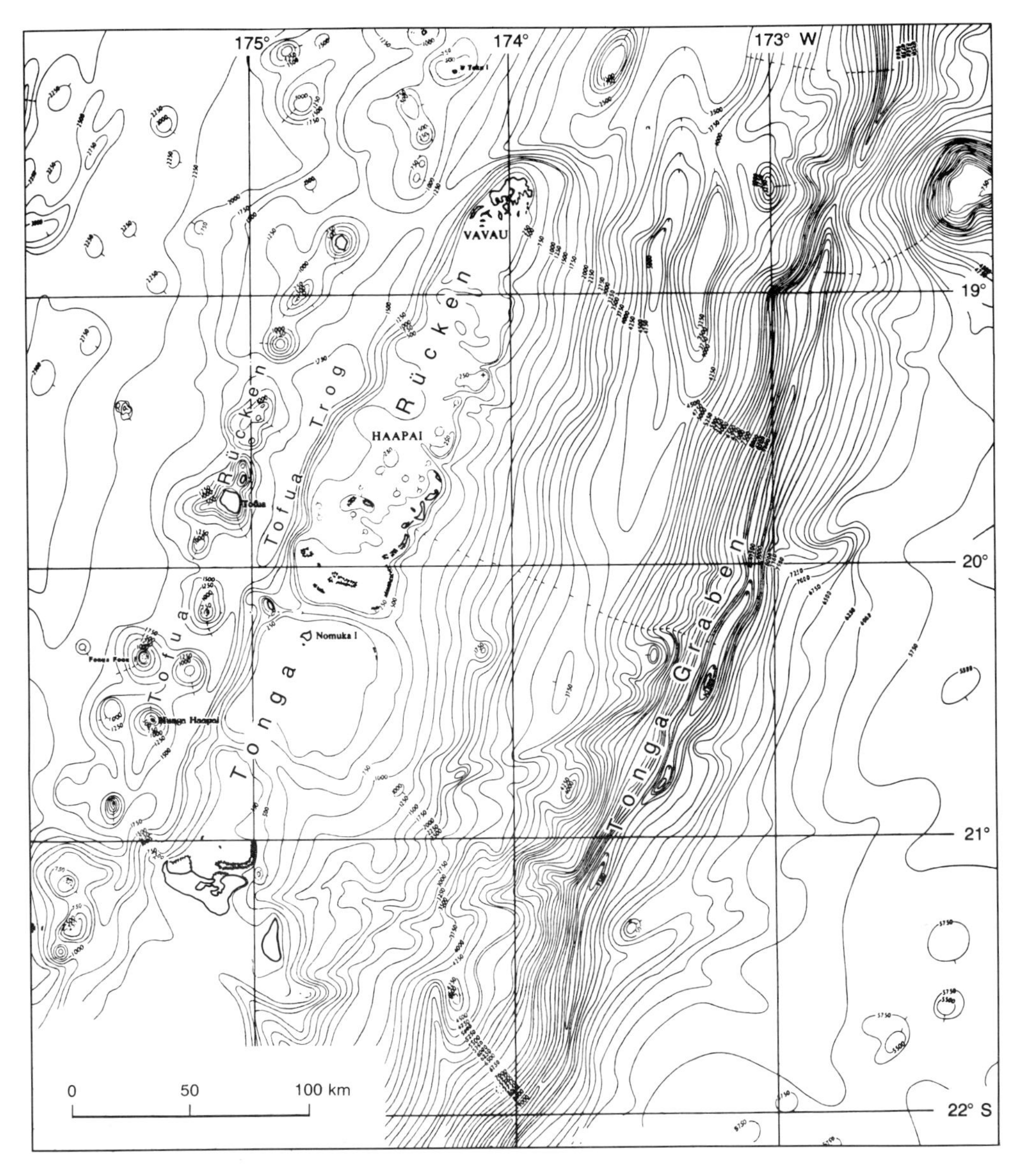

Abbildung 67: Tonga. Meeresbodenrelief und Lage der Tonga-Inseln und des Tonga-Grabens im südlichen Pazifischen Ozean (aus E. A. CRANE, 1979).

Entlang des *Tonga-Grabens* schiebt sich die Pazifische Platte in westlicher Richtung unter die Australische Platte (siehe Abbildung 68). Der tiefe Tonga-Graben und der im Süden anschließende Kermadek-Graben (siehe Abbildung 16, S. 66) bilden jene Linie, an der diese ungeheuer gewaltigen Vorgänge vor sich gehen. Auf die geologischen Grundlagen und Folgeerscheinungen sind wir bereits in Abschnitt 3 dieses Bandes näher eingegangen.
Mit dem schräg abwärtsgerichteten Unterwandern erfolgen nicht nur erhebliche tektonische Spannungen, die sich immer wieder durch starke Erdbeben und Bruchbildungen vorübergehend lösen, sondern durch die gewaltigen Pressungen und damit verbundenen Temperaturerhöhungen entstehen Aufschmelzungen, die zu intensivem *Vulkanismus* führen. An der Unterwanderungsgrenze entsteht aber auch ein Druck nach oben, der sich in aufsteigenden Bewegungen am Rande der darüber liegenden Platte äußern kann.

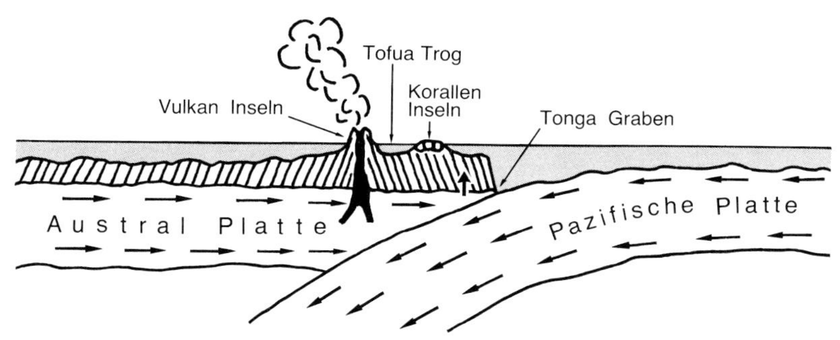

Abbildung 68: Die Plattentektonik im Bereich der Tonga-Inseln und des Tonga-Grabens (aus E. A. Crane, 1979, S. 7).

Welche Auswirkungen haben diese Vorgänge für die Tonga-Inseln? Wie bereits festgestellt, lassen sich auf den Koralleninseln des nahe am Tonga-Graben liegenden Tonga-Rückens deutlich bis zu 3 *Hebungsphasen* erkennen. Die Inseln des Tofua-Rückens aber werden alle durch z. T. bis in jüngste Zeit sehr aktive Vulkane gebildet. Die gewaltigen Vorgänge in derTiefe äußern sich auch immer wieder durch Erdbeben; ein schweres Erdbeben im Juni 1977 hat sogar die aus Stein besonders fest gebaute Kirche von Kolovai auf Tongatapu zerstört.
Die verschieden alten, aber dennoch verhältnismäßig jungen Vulkane sind zu erheblichem Teil bis in die Gegenwart nicht zur Ruhe gekommen und verändern oft in kurzen Zeitspannen ihre Oberflächenformen. Die meisten Vulkanbauten sind Stratovulkane, aufgebaut aus einer Wechselfolge von explosiv geförderten Lockerstoffen und effusiv ausgeflossenen Lavaströmen. Der *Vulkanismus der Subduktionszonen* gehört zu den eindrucksvollsten Erscheinungen. Die beiden Vulkane Niuafo'ou im Norden Tongas und Tofua der Ha'apai-Gruppe zeigten vor 20.000 bis 10.000 Jahren heftige Eruptionen, die schließlich auch ihre Gipfel sprengten. Vulkanisches Auswurfmaterial – riesige Aschen- und Staubmassen, Lapilli, Vulkantrümmer – überdeckten einen riesigen Raum der Umgebung und fielen auch auf fast alle damals schon bestehenden Koralleninseln. Sie sind heute die Quelle des Reichtums an guten, landwirtschaftlich nutzbaren Böden der Tonga-Inseln (siehe Abbildung 69, S. 257).

Die heutige Insel Niuafo'ou ist nur der Rest eines ehemals viel größeren, höheren Vulkans. Die derzeitige 260 m hohe Caldera umschließt einen Kratersee (d = 5 km), die Insel ist aber noch nicht zur Ruhe gekommen. Der Kraterrand von Tofua erreicht 506 m Höhe und umschließt einen Kratersee von 6 km Durchmesser. Die Tätigkeit des Vulkans im 19. Jh. führte zu einer Evakuierung der Bevölkerung, die aber später zu einem kleinen Teil wieder auf die Insel zurückkehrte und in zwei Dörfern lebt.
Auch Hunga Tonga (148 m) und Hunga Ha'apai (122 m) sind nur Reste eines ehemals großen Vulkans. Nördlich der Insel Tofua liegt auf der Insel Kao der Zuckerhut-Vulkan, welcher mit 1.030 m der höchste und ständig tätige Vulkan der Tonga-Inseln ist. Über die steilen Vulkanflanken fließt die Lava bis ins Meer.
Die Vulkaninsel Late westlich der Vava'u-Gruppe hatte 1854 die letzte Eruption. Die nahe dem 19. Breitengrad südwestlich gelegene Insel Lateiki allerdings, welche 1890 eine Höhe von 480 m besaß, vollführt ein neckisches Spiel. Sie ist seitdem bereits wieder zweimal im Meer verschwunden und tauchte 1979 neuerlich auf.
Bei 18° südlicher Breite liegt die derzeit ruhige Insel Fonualei, deren 3 Aschenausbrüche im Jahre 1864 sich bis in einen Umkreis von 800 km als ausgezeichnete Aschendüngung auswirkten. Die beiden Vulkaninseln Tafahi (610 m) und Niuatoputapu nahe dem 16. Grad südlicher Breite befinden sich derzeit in Ruhe.

Die *Koralleninseln* erstrecken sich, angefangen von 'Eua der Tongatapu-Gruppe, über die vielen kleineren Inseln der Ha'apai-Gruppe bis zur Vava'u-Insel der Vava'u-Gruppe in etwa 18°30' südlicher Breite im Norden. Alle höheren und etwas älteren Korallenbankinseln zeichnen sich durch deutlich ausgeprägte Hebungsterrassen und mitunter auch durch pultförmige Kippung aus. Unterirdische Karsterscheinungen, wie Höhlen mit reichen Sinterbildungen (Stalaktiten), sind an den Steilabfällen der tafelartigen Erhebungen aufgeschlossen.
Einen dreifachen Hebungsprozeß und eine Kippung von Osten gegen Westen zeigt die Insel 'Eua. Die *Tongatapu-Insel,* die Hauptinsel des Königreiches Tonga, fällt von Südost gegen Nordwest ab, so daß das Meer in einer sehr flachen und verzweigten Lagune weit in die Insel eindringen konnte. Die höchsten Erhebungen erreichen im Süden über 60 m. Die jüngstgebildete und daher tiefstliegende Terrasse fällt mit 15 bis 20 m Höhenunterschied fast senkrecht, stark gegliedert und zerbuchtet sowie mit einer deutlich ausgeprägten Brandungskehle ausgestattet, zur heutigen Riffplattform ab (siehe Bild 20 der Tafel 10). Der Abfall des Landes gegen Norden erfolgt ziemlich gleichmäßig zu einer Sandstrandküste in der Umgebung der Hauptstadt Nuku'alofa.

Die größte Zahl an Korallenbankinseln liegt zwischen 19°30' und 20°30' in der Ha'apai-Gruppe, von denen aber nur ein Teil bewohnt ist. Die größten Inseln, wie Ha'ano, Foa, Lifuka und 'Uiha, besitzen sogar mehrere kleine Siedlungen, und auf der Insel Lifuka liegt in Pangai der Sommerpalast des Königs. Selbst auf kleineren Inseln deuten gut ausgebildete Geländestufen und Terrassen Hebungsprozesse an, die vereinzelt sogar zu tafelartigen Querschnitten der Erhebungen geführt haben.
Am ausgeprägtesten zeigen aber die Geländeformen der Inseln der *Vava'u-Gruppe* den dreifachen Hebungsprozeß an (siehe Bild 19 der Tafel 10). Die Ausbildung fast fjordartig anmutender Buchten überrascht und läßt sich von den morphologischen Prozessen her nur unter der Annahme einer weit zurückreichenden Entstehungsgeschichte verstehen. Die Vava'u-Gruppe gehört sicher zu den interessantesten hohen Korallenbankin-

seln der Erde. Die *Bevölkerungsverteilung* auf den Tonga-Inseln ist außerordentlich ungleich: Auf der 257 km² großen Insel Tongatapu leben über 63% der Gesamtbevölkerung des Königreichs (1982 rund 100.000). Hier liegt im Norden hinter einem flachen Strand die Hauptstadt *Nuku'alofa* mit einem Fünftel der Gesamtbevölkerung des Staates. Als Zentrum aller weltlichen und kirchlichen kulturellen Einrichtungen, des Gewerbes, der Versorgung und des Handels und als Sitz der königlichen Familie (siehe die Bilder 22 und 21 der Tafel 11) besitzt es hohe Anziehungskraft und dadurch auch eine hohe Zuwanderung. Schon 1972 waren von den Bewohnern der Hauptstadt nur noch 60% in ihr gebürtig gewesen. Die Zuwanderung hat sich auch aus Gründen einer mangelnden Landzuteilung für die landwirtschaftliche Nutzung verstärkt.

Alles Land gehört nämlich der Krone, die es seit 1862 als Lehen an die Adelsfamilien weitergibt, von denen dann die Zuteilung an die Tongaer erfolgt. Jeder männliche Tongaer hat mit Vollendung des 16. Lebensjahres außer einem kleinen Wohngrundstück den Anspruch auf eine Fläche von 3,34 ha auf Lebenszeit zur landwirtschaftlichen Nutzung gegen eine geringe Gebühr in Pacht zu erhalten. Infolge Mangels an landwirtschaftlich nutzbarer Fläche konnte dieser Anspruch nur teilweise erfüllt werden. Dazu ist die heutige Bevölkerungsdichte (1980) von über 130 Ew./km² viel zu hoch, was nachstehende Zahlen für die einzelnen Inselgruppen noch besonders unterstreichen:

Bevölkerungsdichten nach Inselgruppen und Inseln (1980):
Tongatapu-Gruppe 194 Ew./km²; Tongatapu-Insel 242 Ew./km²;
Ha'apai-Gruppe 99 Ew./km²; Ha'apai-Gruppe ohne unbewohnbare Vulkaninseln 162 Ew./km²;
Vava'u-Gruppe 99 Ew./km²; Vava'u-Inseln 134 Ew./km².

Bei einer außerordentlich geringen Sterberate und verhältnismäßig günstigen sanitären Verhältnissen (3 Krankenhäuser und 7 Gesundheitszentren bieten freie Behandlung) betrug die durchschnittliche jährliche Zuwachsrate der Bevölkerung um 1980 fast 30‰. Die staatlich geförderte Familienplanung verfolgt aber einen Rückgang der Geburtenrate und damit den besten Weg, um den jährlichen Bevölkerungszuwachs der Tragfähigkeit des Raumes und seiner wirtschaftlichen Möglichkeiten anzupassen.

Die *Landwirtschaft* hat überwiegend Subsistenzcharakter. Für die Selbstversorgung werden Maniok, Yams, Süßkartoffeln, Melonen, Mais, Erdnüsse, Zuckerrohr und Orangen gepflanzt. Dazu kommen noch die auch für den Export wichtigen Kokos- und Bananenkulturen.

Bei annähernd gleichbleibender landwirtschaftlicher Fläche (1980: 57.000 ha, davon 53.000 ha Ackerland) ist der Index der landwirtschaftlichen Produktion (1969–1971 = 100) von 1970 bis 1981 auf 135 angestiegen. Nach der Produktionsmenge folgten 1981 auf Kokosnüsse (122.000 t) Wurzel- und Knollenfrüchte (94.000 t), Süßkartoffeln (80.000 t), Maniok (14.000 t) sowie Früchte und Gemüse (25.000 t). Im Viehbestand haben außer der Hühnerhaltung (1981: 170.000 Stück) noch die Schweinehaltung (1981: 78.000 Stück) größere Bedeutung, während die Zahl der Rinder (1981: 10.000 Stück) und der Pferde (1981: 15.000 Stück) die gegebenen Möglichkeiten nicht ausschöpfen.

Die kommerzielle Fischerei ist untersagt. Die Fänge reichen nicht aus, um den Eigenbedarf der Bevölkerung zu decken. Die Regierung besitzt hingegen eigene Fischereifahrzeuge.

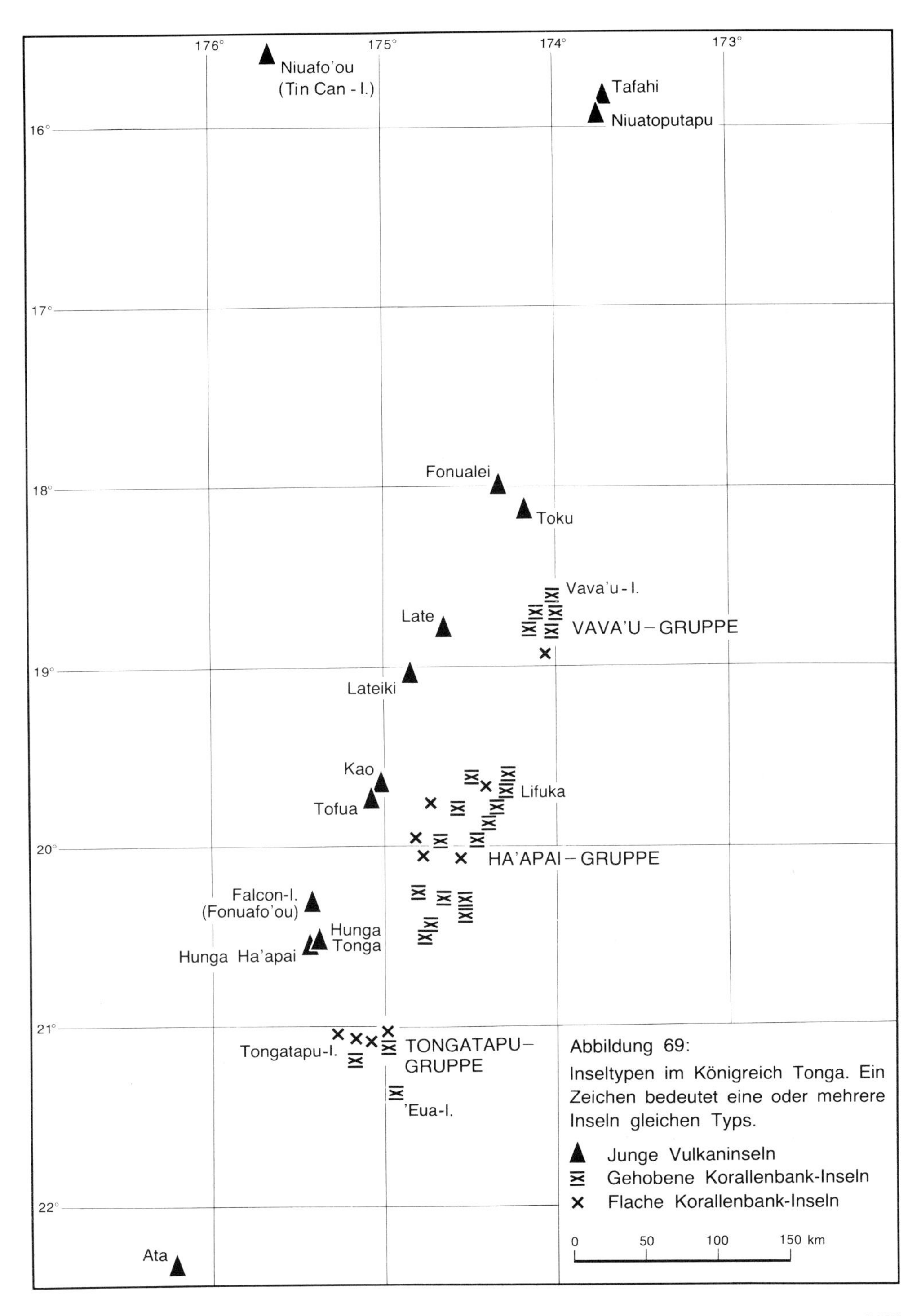

Abbildung 69:
Inseltypen im Königreich Tonga. Ein Zeichen bedeutet eine oder mehrere Inseln gleichen Typs.

Der wichtigste Erwerbszweig ist der Agrarsektor. *Industrie und Gewerbe* beschränken sich weitgehend auf Klein- und Kleinstbetriebe. Außer der Verarbeitung von Holz (Bananenkisten) und von Kokosnüssen (seit 1962 eine staatliche Koprafabrik) wird viel Heimindustrie (kunstgewerbliche Artikel) betrieben. Die Zahl vollbeschäftigter Arbeitnehmer ist gering, jene der Arbeitsuchenden vor allem auf der Hauptinsel hoch.
Natürlich besitzt Tonga eine negative Handelsbilanz, die allerdings nicht so katastrophal wie in anderen Inselstaaten aussieht. Einer Einfuhr im Wert von über 29 Mio US-$ stand 1979 eine Ausfuhr von 7,6 Mio. US-$ gegenüber. Wichtigste Handelspartner sind Neuseeland und Australien.
Die zur Verbesserung seiner Infrastruktur notwendigen Mittel will Tonga auch durch den Ausbau des Fremdenverkehrs decken. In den siebziger Jahren hat sich die Zahl der eingereisten Ausländer bereits von 30.000 auf über 42.000 erhöht, wobei als Hauptherkunftsländer Neuseeland, USA und Australien an der Spitze standen (65%) und dann die BRD, Kanada, Großbritannien und Japan folgten. Eine wesentliche Steigerung der einreisenden Touristen erhofft sich Tonga vor allem seitens Japans.
Anfang 1977 schloß Tonga mit der BRD einen Vertrag über Freundschaft und Zusammenarbeit ab, in dem die BRD technische Hilfestellung zusagte. Damit wurden die guten Beziehungen, welche in der Zeit zwischen den beiden Weltkriegen bestanden, weiter fortgesetzt.

9.1.3 Nauru, eine gehobene Korallenbankinsel mit reichen Phosphatlagern im Pazifischen Ozean

In Kapitel 8.4.4 haben wir bereits auf die Phosphatinsel Nauru hingewiesen, die sich als gehobene Koralleninsel heute bis 65 m Höhe über den Meeresspiegel erhebt. Es handelt sich um ein ehemaliges Atoll, in dem es infolge Meeresspiegelschwankungen zur Wechsellagerung von Korallenkalken aus den Überflutungszeiten und Guanoschichten von hier während der Landzeiten nistenden Seevögeln gekommen ist. Da bei vorherrschenden Passatwinden die Niederschläge auch in der Äquatorzone nur mäßig sind, wurden die Guanoschichten nicht abgespült, sondern konnten hier und auf der benachbarten Insel Banaba (Ocean Island) mit dem Korallenkalk eine Verbindung hohen Phosphatgehaltes (85–88%) eingehen.
Die heute 21 km² große ovale Insel, welche man in 4 Wegstunden leicht umwandern kann, ist von einem lückenlosen Korallenriff, das nur an wenigen Stellen künstlich durchbrochen wurde, und von weißen Korallensandstränden umgeben (siehe Abbildung 70). Der Außenrand des Korallenriffes fällt steil ins Meer ab und bietet für Schiffe keinen Ankergrund (Anbringung von Festmachertonnen). Bei Ebbe liegt die Riffplattform frei und zeigt die bizarren Reste mehrere Meter hoch aufragender Kalkfelsen, von denen die leichter löslichen und weicheren Phosphatverbindungen erodiert und ausgelaugt wurden und nur die härteren reineren Korallenkalke der Erosion länger standhalten konnten (siehe Bild 14 der Tafel 7 und Bild 15 der Tafel 8).
Die durchschnittlich 2.000 mm hohen Jahresniederschläge fallen zu erheblichem Teil in der Zeit zwischen November bis Februar, in der Westwinde stärker zur Auswirkung kommen. In der übrigen Zeit wehen beharrlich die trockeneren, östlichen Passatwinde. Die Voraussetzungen für Kokospalmkulturen und die landwirtschaftliche Nutzung sind

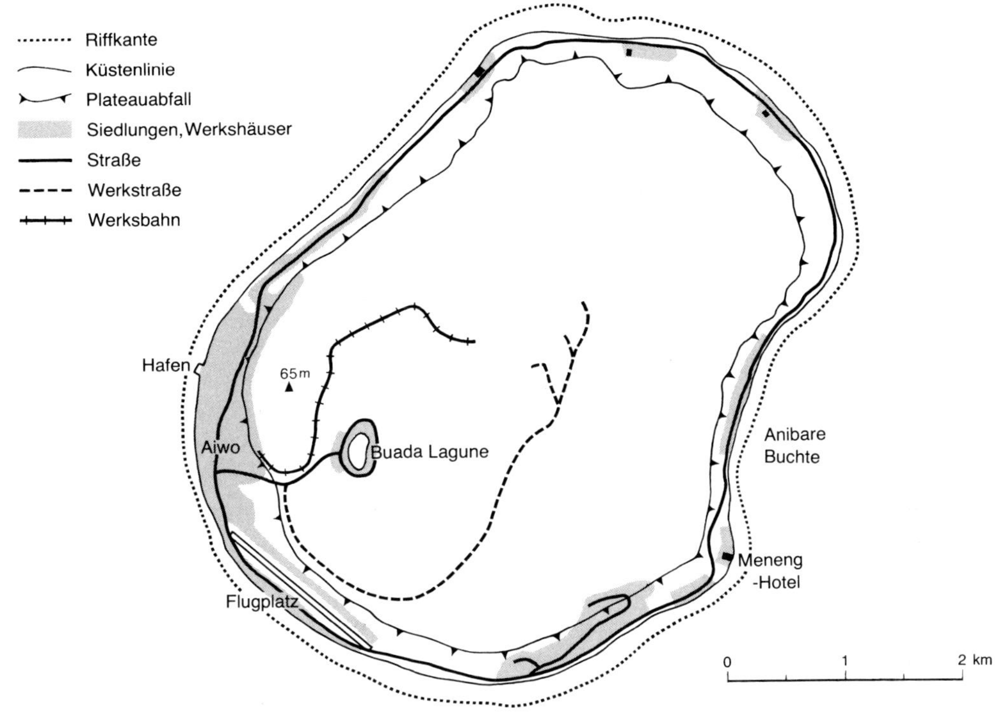

Abbildung 70: Nauru.

nicht ungünstig, aber auf einen schmalen, 100 m bis 300 m breiten Küstenstreifen und auf ein kleines Gebiet um die Buada-Lagune – vielleicht der letzte Rest einer ehemals viel größeren Lagune – beschränkt. Außer der Nutzung der Kokospalmen werden Bananen, Ananas und Gemüse gepflanzt und Hühner und Schweine gehalten. Alle übrigen Lebensmittel werden eingeführt.

Seine wesentliche wirtschaftliche Entwicklung verdankt Nauru allein der Phosphatgewinnung, die auch die jüngere Geschichte der Insel wesentlich beeinflußt hat.

Entdeckt wurde Nauru erst 1798 durch einen britischen Walfischfänger, blieb aber weitere 90 Jahre unbehelligt. 1888 wurde die Insel von den Deutschen aus Neuguinea besetzt, welche die bereits über 10 Jahre andauernden Stammesfehden beendigten, Waffen und Munition beschlagnahmten und ein Alkoholverbot aussprachen. Sie bauten eine Handelsstation und Kokospalmplantagen auf und leiteten auf der Insel eine friedliche, geordnete Entwicklung ein. Anfang des 20. Jh.s hatte man auf Banaba Phosphatlager entdeckt, weshalb diese Insel sofort von den Engländern annektiert wurde. Als diese sich auch der großen *Phosphatvorkommen* auf Nauru bewußt wurden – sie wurden später von Hambruch (1927) auf 300 Mio. t geschätzt –, kam es nach Verhandlungen zu einer Zusammenarbeit und 1905 zur Gründung der „Pacific Phosphate Company". Nach Ausbruch des Ersten Weltkrieges verlor Deutschland seine Anteile, Nauru wurde von Australien übernommen, das die Verwaltung auch nach Kriegsende im Auftrag Englands und Neuseelands fortführte.

1920 kauften die „British Phosphate Commissioners“, welche unter Kontrolle von Australien, England und Neuseeland standen, alle Rechte des Phosphatabbaues auf Nauru auf und setzten diesen weiter fort. Eine einschneidende Unterbrechung entstand 1942–1945 durch die japanische Besetzung, welche auch zu einer Verschleppung eines erheblichen Teiles der Bevölkerung als Zwangsarbeiter auf die Insel Truk führte. Die für viele pazifische Inseln typisch wechsel- und leidvolle Geschichte setzte sich auch nach dem Zweiten Weltkrieg noch einige Jahre fort, führte aber schließlich dazu, daß die Einwohner ab 1951 nach und nach doch den Aufbau einer Selbstverwaltung erreichen konnten und am 31. Jänner 1968 die Unabhängigkeit erlangten. Nauru ist heute die kleinste, unabhängige Republik der Welt, die aber seit Übergabe der Phosphatminen an die „Nauru Phosphate Corporation“ (1970) auch eine der Inseln mit dem höchsten Pro-Kopf-Einkommen der Erde ist.
Die positive Entwicklung der gesamten Wirtschaft, der hohe Anteil an Erwerbstätigen, die hoch positive Handelsbilanz und der positive Staatshaushalt beruhen fast nur auf dem Abbau und der Ausfuhr des Apatitgesteins (jährlich 2 Mio. t), für das Australien und Neuseeland die Hauptabnehmer sind. Im Staatshaushalt standen 1981/82 Einnahmen von 109,5 Mio. US-$ Ausgaben von 25,6 Mio. US-$ gegenüber.
Für diese Entwicklung mußte aber der Inselstaat hinnehmen, daß außer den Randgebieten der gesamte innere Inselraum, also das Gebiet des ehemaligen alten Atolls, zu einem Abbaugebiet und damit zu einer karstähnlichen Felslandschaft wurde (siehe Bild 16 der Tafel 8 und Bild 17 der Tafel 9), die nicht mehr regenerierbar ist. Das gesamte südwestliche Küstengebiet, einschließlich der Hänge unterhalb des Plateaurandes, wird von Werksgebäuden, Verladeeinrichtungen (siehe Bild 18 der Tafel 9 und Abbildung 70) sowie dem Flugplatz eingenommen; dazwischen schieben sich die niedrigen Häuser der Hauptsiedlung Yaren und der angrenzenden Wohngebiete. Nur die Siedlungen im Westen und Norden der Insel zeigen ländlichen Charakter. Bei einer Wohnbevölkerung von 8.000 Personen (1981) ergibt sich eine Bevölkerungsdichte von 381 Ew./km², die aber der Realität nicht entspricht, da fast ⅔ der Inselfläche infolge des Bergbaues unbesiedelbar sind und außerdem noch die ausländischen Gastarbeiter den Wohnraum belasten. Der heimische Arbeitsmarkt kann den Bedarf an Arbeitskräften für die Phosphatindustrie nicht decken und ist auch nur an den besser bezahlten Stellen interessiert. Nur ein kleiner Teil der heimischen Bevölkerung ist in der Staatsverwaltung und bei der „Nauru Phosphate Corporation“ tätig und betreibt nebenbei Gartenbau, Fischfang und Handwerk.
Die für den Abbau der Rohphosphate benötigten Arbeiter kommen aus Hongkong, Kiribati und von anderen pazifischen Inseln. Mit einem Jahresvertrag erhalten sie außer freier Unterkunft und Verpflegung eine verhältnismäßig niedrige Entlohnung. 1979 handelte es sich um 1.248 Arbeitskräfte, und zwar 831 aus Kiribati und Tuvalu, 226 Chinesen, 92 Europäer und 99 Nauruer. Die Zusammensetzung der Gastarbeiter nach Herkunftsländern ist aber nicht immer gleich.

Die *„Nauru Phosphate Corporation“* besitzt – weit über ihr engeres Aufgabengebiet hinaus – für das ganze Leben der Insel eine entscheidende Rolle. Sie führte viele Infrastrukturmaßnahmen durch, errichtete gemeinnützige Einrichtungen und Wohnbauten, zahlt die Pacht- und Entschädigungsgelder an die einheimische Bevölkerung, die dadurch zur wohlhabendsten Inselbevölkerung des Pazifiks geworden ist, betreibt die

Elektrizitätsversorgung durch ihre eigenen Werke und finanziert mit ihren Abgaben die Staatsverwaltung. Nauru besitzt in der „Nauru Pacific Line" eine eigene Schiffslinie und in der „Air Nauru" eine eigene zuverlässige, moderne und bestens ausgerüstete Fluggesellschaft, die im pazifischen Raum bereits Bedeutung erringen konnte.
Obwohl Nauru infolge seiner schönen Strände und bizarren Riff-Formationen touristische Anziehungskraft nicht abgesprochen werden kann, besitzt der Fremdenverkehr wegen der anderen Einnahmequellen bis heute keine Bedeutung. Die wenigen Besucher der Insel können meist im schön gelegenen Meneng-Hotel an der Südostküste untergebracht werden.
Das goldene Zeitalter der heimischen Phosphatnutzung geht aber bald dem Ende zu. Man schätzt, daß Mitte bis Ende der neunziger Jahre unseres Jahrhunderts der Abbau erschöpft bzw. unrentabel geworden sein wird. Dennoch gehört Nauru zu den wenigen Inseln, deren Phosphatlager die koloniale Ausbeutung überlebt und auch noch der einheimischen Bevölkerung Reichtum gebracht haben.
Gut überlegte Vermögensanlagen in Australien und Neuseeland sichern der Bevölkerung eine günstige wirtschaftliche Situation auch nach Einstellung des Phosphatabbaues. Es ist allerdings abzuwarten, wieweit diese dann auf der Insel weiter verbleiben wird.

9.1.4 Beispiele für „Hohe Atolle" und „Hohe Saumriffinseln" in den Gesellschafts-Inseln in Französisch-Polynesien

Die Gesellschafts-Inseln Französisch-Polynesiens werden von weltbereisten Leuten zu den landschaftlich schönsten und paradiesischen Inseln gezählt. Dieses Urteil geht vor allem auf den hier besonders ausgeprägten Kontrast von steil aufragenden, bizarren Bergmassiven vulkanischen Ursprungs und vorgelagerten weißen Korallenriffen mit ihren tiefblauen Lagunen zurück (siehe die Tafeln 36 bis 42).
Es handelt sich dabei um einen kombinierten Inseltyp, den wir schon am Beispiel der Insel Bora Bora, die zu den schönsten tropischen Inseln der Erde zählt, in Kapitel 8.4.3 (siehe Abbildung 50, S. 215, und Bild 69 der Tafel 36) kennengelernt haben.
Ihrem Charakter und ihrer wirtschaftlichen Struktur nach dürfen wir diese Inseln natürlich nicht zu den Koralleninseln zählen, sondern zu jener Inseltypengruppe, zu der sie klimaökologisch und ihrem Aufbau nach vorherrschend gehören.
Von landwirtschaftlicher Bedeutung ist jeweils nur ein verhältnismäßig schmales Band entlang der Küste bis etwa 200 m Höhe, das nur ausnahmsweise Höhen von 500 m erreicht. Die Täler, welche in die Zentralmassive dieser hohen Inseln führen, werden sehr bald schluchtartig eng und unwegsam. Die Berghänge nehmen Neigungen von weit über 60° an, sind aber immer noch von fast undurchdringlicher Strauch- und Farnvegetation bedeckt (siehe die Tafeln 38 und 39). Nur an den konvexen Außenflanken der Rücken zwischen den radial von den Zentren der Gebirge nach den Küsten strebenden Talfurchen ist die Anlage von Wegen überhaupt möglich.
Der Vergleich von Grundriß und Aufriß der Höhenverteilung z. B. der Doppelinsel *Tahiti* zeigt, daß auch noch das Restgebirge dieses alten Vulkans als massige Erscheinung den Lebensraum der Menschen an die Küsten drängt und durch seine Unzugänglichkeit jede Ausbreitung landeinwärts beschränkt (siehe Abbildung 71). In gewaltiger Steilheit fällt der nordwestliche Hauptgipfel Orohena (2.241 m) gegen sein Vorland ab.

Er birgt im Zentrum einen mehrere Kilometer breiten Krater mit kleineren Seitenkratern an den Flanken. Die alten Basaltgesteine haben gegen die Abtragung erstaunlichen Widerstand geleistet, die Bergformen sind aber immer steiler, schärfer profilierter und für eine menschliche Besiedlung abweisender geworden (siehe Bild 77 der Tafel 42). Auch der kleinere südliche Teil der Doppelinsel Tahiti, Tahiti uti, war ehemals eine selbständige Vulkaninsel, erreicht aber heute im Rooniu nur noch 1.332 m (siehe Abbildung 71). Ein wesentlicher Teil der Gesellschafts-Inseln sind solche „Hohe Inseln“ mit gleicher

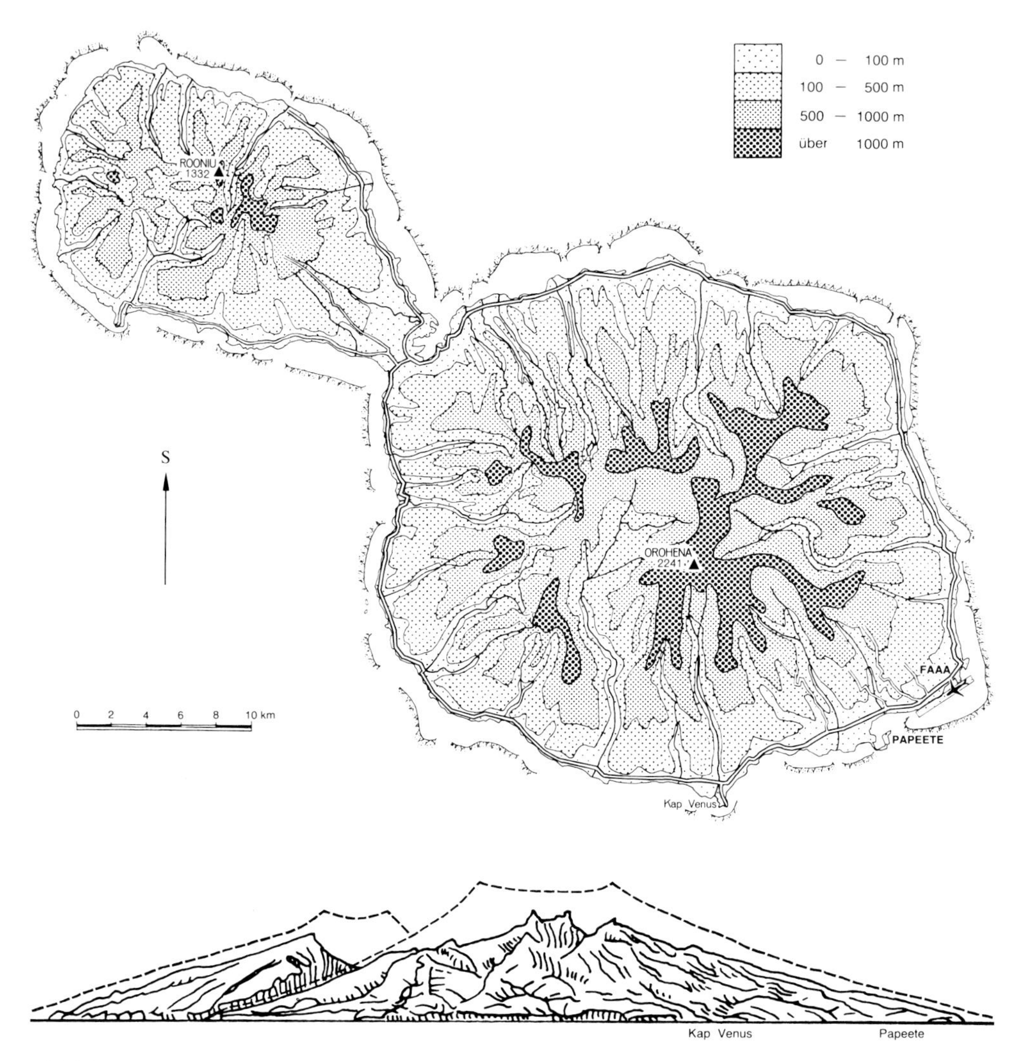

Abbildung 71: Französisch-Polynesien, Doppelinsel Tahiti als Beispiel einer „Hohen Saumriffinsel“, von Norden nach Süden, Höhenverteilung im Grundriß. Aufriß mit Blickrichtung von NNW-SSO. Karte gesüdet. (Nach amtlichen und anderen Unterlagen.)

Entstehungsgeschichte, die uns heute entweder als ,,Hohe Saumriffinseln" oder als ,,Hohe Atollinseln" entgegentreten. Die Art der Riffbildung geht wesentlich auf den Meeresspiegelanstieg seit der letzten Eiszeit zurück.
Die Gesellschafts-Inseln werden in *Inseln über dem Winde,* welche dem SO-Passat ausgesetzt sind (Tahiti, Mooréa u. a.), und solche *unter dem Winde,* welche im Windschutz liegen (Huahine, Raiatea, Tahaa, Bora Bora, Tupai, Maupiti, Mopelia, Scilly und Bellinghausen), gegliedert. Die Inseln unter dem Winde haben durchschnittlich bessere Voraussetzungen für die landwirtschaftliche Nutzung, sind niedriger und mit Ausnahme von Bora Bora auch nicht so extrem geformt.

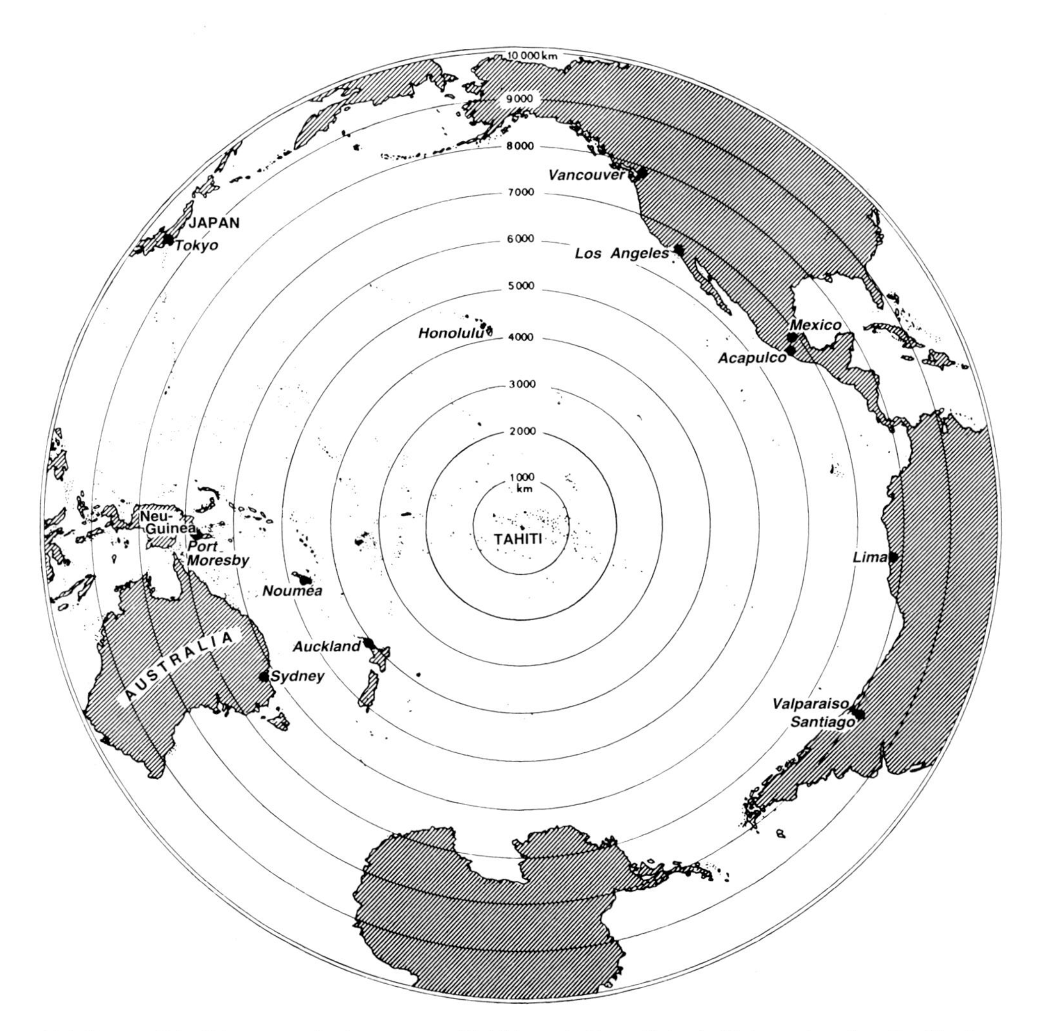

Abbildung 72: Die zentrale Lage von Tahiti und Französisch-Polynesien im Pazifischen Ozean (nach der Karte der Hydrographischen Dienstes der Marine S. H. 151, Paris, 1963, aus Société des Océanistes, Dossier, 1979).

Im Pazifischen Ozean nehmen die Gesellschafts-Inseln und besonders Tahiti eine zentrale Lage ein. Sie waren für die Polynesier zusammen mit den Marquesas-Inseln eine der Drehscheiben ihrer weiten Eroberungsfahrten. Wenn wir allerdings die Entfernungen von Tahiti zu den anderen Inselgebieten betrachten (siehe Abbildung 72), dann wird man sich der außerordentlichen Seetüchtigkeit dieses Volkes erst richtig bewußt. Bis zur Nordinsel Neuseelands sind rund 4.000 km zurückzulegen, und die kontinentalen Festlandküsten liegen 6.000 km und mehr von Tahiti entfernt. Damit erklärt sich aber auch die strategische Bedeutung dieser Inselgruppe, die vor allem für die Südhemisphäre ein Sprungbrett über den Pazifischen Ozean darstellt.

Außer den Gesellschafts-Inseln gehören weitere vier Inselarchipele zu Französisch-Polynesien. Im Norden liegen zwischen 7°55' und 10°20' südlicher Breite die *Marquesas-Inseln,* welche als alte Vulkaninseln große Ähnlichkeit mit den Gesellschafts-Inseln besitzen, deren Küsten aber so steil ins Meer abfallen, daß sich keine Korallensäume bilden konnten. Sie waren zu Beginn des 19. Jh.s noch von rund 50.000 Einwohnern besiedelt (D. STANLEY, 1982), die aber durch Sklavenhandel, Krankheiten und Opiumgenuß bis 1842 auf 20.000 Menschen dezimiert wurden. 1926 lebten nur noch 2.000 Menschen auf diesen tropischen Inseln, welche an den Luvseiten von dichten Regenwäldern bedeckt sind. Bis Anfang der achtziger Jahre ist die Bevölkerung wieder auf rund 6.000 Menschen angestiegen.

Zwischen Marquesas-Inseln und Gesellschafts-Inseln erstreckt sich der sehr große Verbreitungsraum des *Tuamotu-Archipels* (siehe Abbildung 73), der aus Koralleninseln und Korallenatollen besteht, auf die wir in Kapitel 8.4.3 eingegangen sind. Die etwa 8.000 Bewohner besiedeln einzelne nördliche Inseln des Archipels; die südlichen Atolle sind unbewohnt; hier haben auf Mururoa und Fangataufa die Atombombenversuche der Franzosen stattgefunden.

Die *Gambier-Inseln* südöstlich des Tuamotu-Archipels sind von 3 Seiten von einem gewaltigen Barriere-Riff umgeben, liegen also in einem sehr großen Atoll, das man als „Hohes Atoll" bezeichnen kann. Die Hauptinsel Mangareva erhebt sich im Mt. Duff bis 482 m über den Meeresspiegel. Hier befand sich ehemals eine hohe, blühende polynesische Kultur, die aber durch das Wirken einer unbedachten, rücksichtslosen Missionstätigkeit zerstört wurde.

Der südlichste Inselarchipel Französisch-Polynesiens sind die *Austral-Inseln* oder *Tubuai-Inseln.* Außer einem unbewohnten Atoll sind alle Inseln vulkanischen Ursprungs, erheben sich aber nicht sehr hoch über den Meeresspiegel. Auf der Hauptinsel Tubuai erreicht der Mt. Taita 310 m Höhe. Die Lage der Inseln, nahe des südlichen Wendekreises, bewirkt bereits ein Übergangsklima von den Randtropen zum warmgemäßigten ozeanischen Klima und eine diesbezügliche Änderung der Anbausituation.
Von den rund 1.500 Inseln Französisch-Polynesiens besitzen nur 168 eine Fläche von 1 km² und mehr. Der Hauptanteil der Landfläche entfällt auf die „Hohen Inseln", die auch in ihrem wirtschaftlichen Potential an der Spitze stehen und auf denen ein hoher Prozentsatz der Wohnbevölkerung siedelt. An erster Stelle steht die Doppelinsel Tahiti, die fast ⅔ der rund 150.000 Einwohner des gesamten Inselraumes beherbergt.

Die erste *Besiedlung* erfolgte etwa schon 300 n. Chr. und ist vielleicht von Samoa aus erfolgt. Um 500 n. Chr. gelangten dann die Polynesier von Marquesas aus nach Hawaii

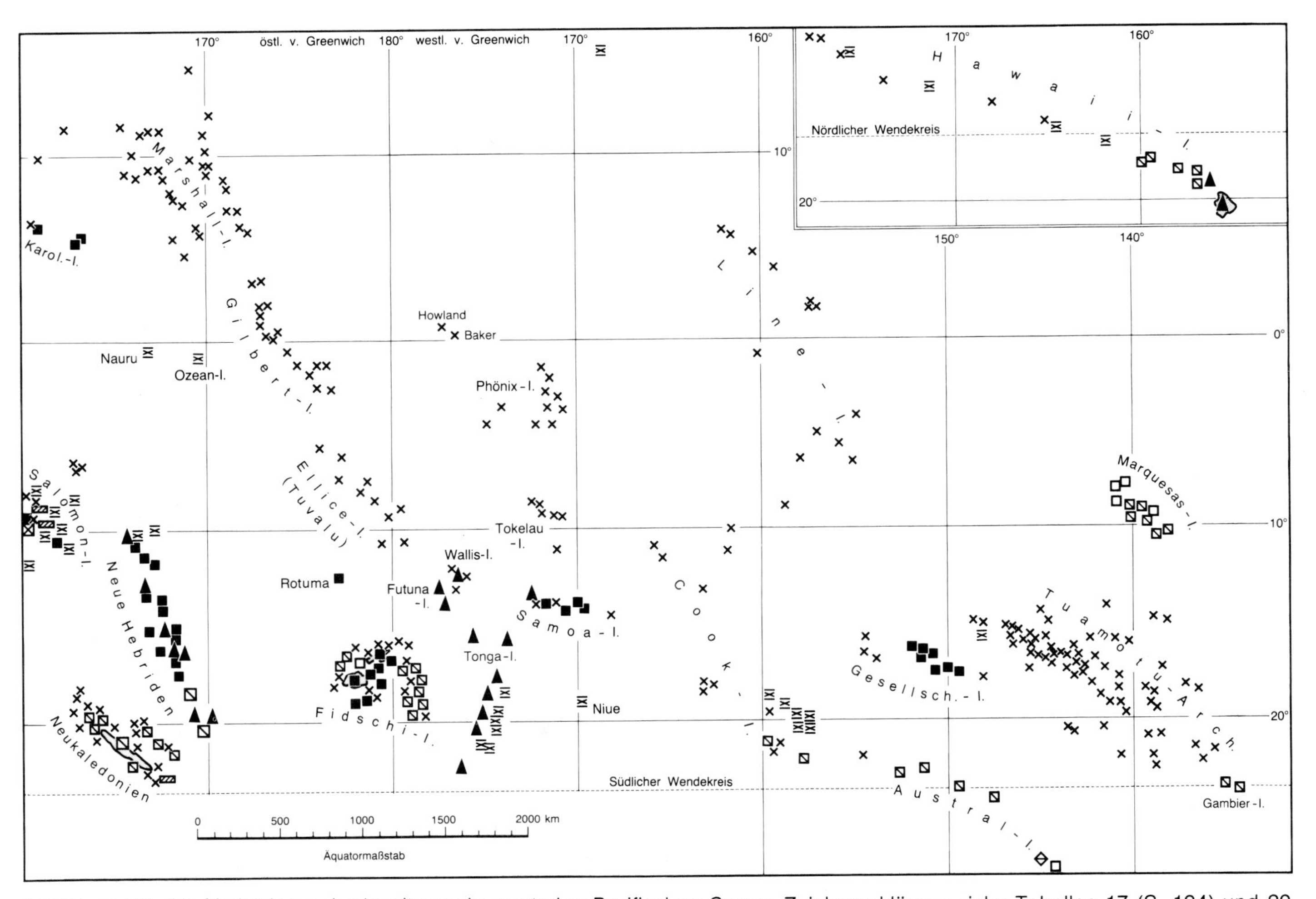

Abbildung 73: Die Verbreitung der Inseltypen im zentralen Pazifischen Ozean. Zeichenerklärung siehe Tabellen 17 (S. 194) und 20 (S. 200). Eine Signatur ist oft für mehrere Inseln gesetzt.

und auf die Oster-Inseln. Um 1.000 n. Chr. führten ihre Fahrten von den Gesellschafts-Inseln ausgehend auf die Cook-Inseln und nach Neuseeland.

Auf hoher ethischer Grundlage bauten die Polynesier ein hierarchisches, aber auch auf gegenseitiger Achtung beruhendes und mit den Glaubensvorstellungen tief verwurzeltes, komplexes Gesellschaftssystem auf, welches ihrem Lebensraum optimal angepaßt war. Im Mittelpunkt des Gemeinschaftslebens und des religiösen Kultes standen die „Maraes", die heiligen, den Göttern geweihten Bauwerke. Es sind das rechteckige aus Steinlagen ohne Mörtel gefügte Plattformen oder auch rechteckige Pyramiden, die bis auf den heutigen Tag meist noch gut erhalten sind (siehe Abbildung 50, S. 215). Leider muß aber auch vermerkt werden, daß die oft in Bergtälern verhältnismäßig isoliert lebenden Stämme (z. B. auf den Marquesas-Inseln) und ihre Häuptlinge, von denen sie demokratisch-liberal regiert wurden, häufig untereinander in ständiger Fehde lebten.

Tahiti wurde 1767 von dem britischen Kapitän WALLIS entdeckt. Die später erfolgten Berührungen mit den Europäern waren nur selten glückhafter Natur. „Ende des 18. Jahrhunderts begann die christliche Mission, und während des 19. Jahrhunderts versuchten die Missionare allenorts, wo sie Eingang finden konnten, die Lebensordnung der Einheimischen nach ihren Begriffen zu verändern. Händler ließen sich auf den Inseln nieder, Sklavenfänger erschienen vor vielen Eilanden, und bald teilten europäische Großmächte die Gebiete untereinander auf." (G. KOCH, 1976, S. 33–34.)

1842 wurde Tahiti von den Franzosen zum Protektorat erklärt und mit steigender Bedeutung der Südseeverbindungen durch den Bau des Panamakanals 1880 als Kolonie noch stärker an Frankreich gebunden. Es wurden auch alle anderen Inseln Ost-Polynesiens unter der Bezeichnung „Etablissements Français de l'Océanie" in die Kolonie einbezogen. Nach dem Zweiten Weltkrieg (1957) erfolgte sogar die Umwandlung in ein Überseeterritorium Frankreichs unter dem Namen „La Polynésie Française", wodurch die Unlösbarkeit von dem französischen Staatsgebiet unterstrichen werden sollte.

Ob dadurch eine Stärkung der Lösungstendenzen vermieden werden kann, bleibt noch abzuwarten.

Eine selbständige Weiterentwicklung der *Wirtschaft* jener Betriebe, die sich im Besitz alteingesessener, einheimischer Bevölkerung befinden, hat sich in nennenswerter Weise nicht vollzogen. Selbst die Betriebe der französischen Farmer stagnieren zum Teil. Eine unproportional große französische Verwaltung und militärische Präsenz, verbunden mit hohen finanziellen Zuwendungen von Frankreich, und die Befreiung der Bevölkerung von der Einkommensteuer haben den Polynesiern zu erheblichem Teil ganz angenehme Lebensverhältnisse geschaffen. Selbst die bescheidensten Wohnhütten (siehe Bild 74 der Tafel 40) strahlen noch soviel Gemütlichkeit, Freude und Zufriedenheit wie ihre Bewohner aus. Zu sehr sind die Schwierigkeiten der anderen, jüngst gegründeten Südseestaaten bekannt, um eine breite und vehemente Unterstützung einer Selbständigkeitsbewegung aufkommen zu lassen.

Der Wert der Importe beträgt gegenüber den Exporten das 11- bis 12fache. Die Einnahmen aus der Ausfuhr landwirtschaftlicher Produkte (Kopra, Vanille), aber auch aus den berühmten Zuchtperlen (schwarze Perlen) sind verschwindend. Die hohen Zölle auf eingeführte Waren fördern die Inflation und verteuern das Leben auch für die Touristen in bedenklicher Weise.

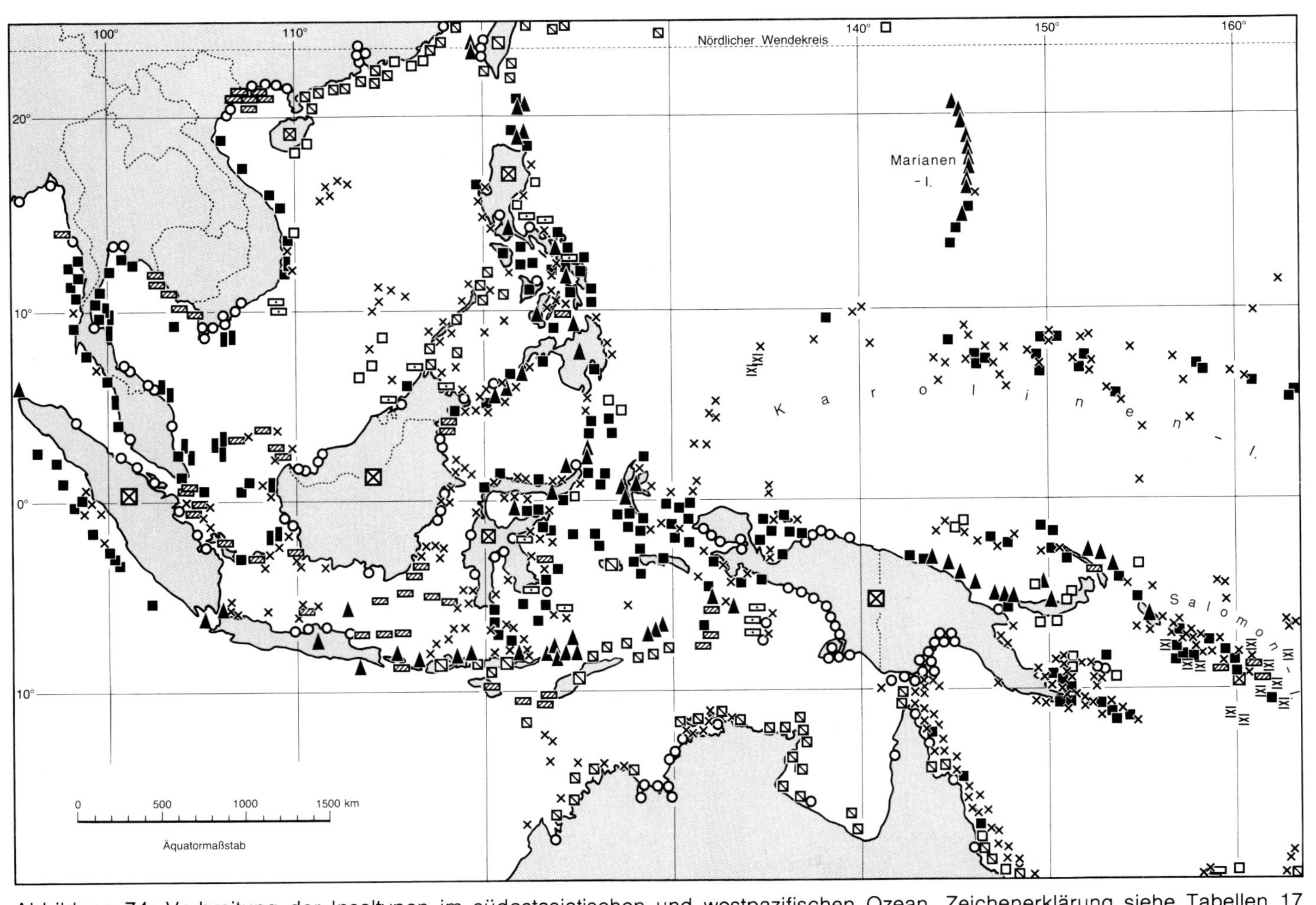

Abbildung 74: Verbreitung der Inseltypen im südostasiatischen und westpazifischen Ozean. Zeichenerklärung siehe Tabellen 17 (S. 194) und 20 (S. 200). Eine Signatur ist oft für mehrere Inseln gleichen Typs gesetzt.

Dennoch ist der Fremdenverkehr die Haupteinnahmequelle und das Haupthoffnungsgebiet in der Wirtschaft und hat auch in den achtziger Jahren weiter an Bedeutung gewonnen.

9.2 Junge Vulkaninseln im westlichen Indischen Ozean. Die Beispiele Groß-Komoro und Réunion

Im gesamten Raum des Indischen Ozeans findet sich neben älterem auch noch junger Vulkanismus, der nicht nur bis zum heutigen Tag wesentliche Veränderungen des Meeresbodenreliefs mit sich gebracht hat, sondern sich auch vielerorts über dem Meeresspiegel auf den Inseln deutlich bemerkbar macht. Tertiären und quartären Vulkanismus mit z.T. rezenten Vulkanen besitzen wir auch im westlichen Indischen Ozean auf Inseln im Süden des Seychellen-Maskarenen-Rückens und auf den Komoren (siehe hierzu Abbildung 63, S. 245).

9.2.1 Groß-Komoro (Njazidja)

Als besonders typisches Beispiel der naturräumlichen Bedingungen und ihrer wirtschaftlichen Nutzung durch eine überwiegend auf einem afrikanischen und semitischen Bauerntum aufbauenden, aber auch später noch stark ostafrikanisch beeinflußten und geprägten Bevölkerung wäre die Insel Groß-Komoro (heute Njazidja) der ,,République Fédérale Islamique des Comores" zu nennen. Auf 1.148 km² lebten auf dieser Hauptinsel der Komoren um 1980 212.000 Menschen (Dichte 184 Ew./km²), von denen 25.000 auf die Hauptstadt *Moroni* entfielen. Da die natürliche Bevölkerungsentwicklung auf allen Komoren-Inseln sehr stark ansteigende Tendenz besitzt (Verdoppelung der Bevölkerung in den letzten 20 Jahren), vom größten Teil der Bewohner aber Subsistenzwirtschaft betrieben wird und die Zahl der Arbeitsplätze infolge der überwiegend bäuerlichen und kleingewerblichen Struktur abnormal gering ist, wird die Übervölkerung der Insel zu einem fast unlösbaren Problem. Dieses verschärft sich sogar von Jahr zu Jahr dadurch, daß nach einer Schätzung der Internationalen Arbeitsorganisation/ILO um 1980 rund 43% der Gesamtbevölkerung jünger als 15 Jahre waren und das Bevölkerungswachstum (1980–1983) zwar etwas zurückgegangen ist, aber noch immer 24‰ beträgt. Etwa 95% der Bevölkerung bekennen sich zum Islam, der Rest sind Christen (meist Katholiken). Aus der ethnischen Vielfalt der Bevölkerung stechen die Araber besonders heraus, die nicht nur die kulturelle Oberschicht darstellen, sondern auch in Verwaltung und Handel die wichtigsten Positionen innehaben.
Zu diesen sehr unterschiedlichen Voraussetzungen einer ethnisch vielfältigen, auf Subsistenzwirtschaft orientierten und viel zu rasch wachsenden Bevölkerung kommen noch ungünstige infrastrukturelle Voraussetzungen und einengende natürliche Gegebenheiten: Trotz der hohen Niederschläge (bis 4.000 mm, überwiegend als Sommerregen) herrschen Wassermangel für eine genügende Bewässerung im Feld- und Gartenbau und arge Probleme für die *Trinkwasserversorgung.* Sowohl auf den jüngeren, noch ganz sterilen, als auch auf den älteren, von Vegetation bewachsenen Lavadecken, ver-

sickert das Regenwasser sehr rasch, und nach kurzer Sonnenbestrahlung leiden die landwirtschaftlich genutzten Flächen (Weide-, Acker- und Gartenland) unter zu großer Trockenheit. Das Regenwasser wird in zahlreichen, aber ungenügend großen Zisternen aufgefangen, welche gerade noch die notwendigste Trinkwasserversorgung decken, nicht aber in hinlänglichem Maße der Nutzwasserversorgung dienstbar gemacht werden können. Brunnenbohrungen auf der 1 bis 2 km breiten Ebene der Westküste von Groß-Komoro haben nur brackiges Wasser erbracht. Für die Anlage großer Stauseen bietet das Gelände keine günstigen Voraussetzungen, und außerdem fehlen hiezu die notwendigen finanziellen Mittel.

Die ungünstigen Gegebenheiten werden fallweise noch durch *Katastrophen* verstärkt. Dazu gehören die mitunter den Inselraum streifenden Wirbelstürme (besonders schwerer Wirbelsturm 1959) und die Ausbrüche des im Süden der Insel bis 2.263 m aufragenden, noch fallweise tätigen Vulkans Karthala, der außer bei der letzten schweren Eruption 1918 noch bei kleineren Ausbrüchen in den siebziger Jahren Lavaströme bis zur Küste entsandte (siehe die Abbildungen 75 und 77). Das feuchtwarme Klima bewirkt eine raschere Verwitterung der Lavadecken als in anderen Klimaten, die als Starkregen fallenden Niederschläge führen aber auch zu einer laufenden Abschwemmung des Lockermaterials und im Gefolge dazu, daß sich eine Boden- und Vegetationsbil-

Abbildung 75: Groß-Komoro (Njazidja). Ausbruch der Karthala im April 1977. Der glühende Lavastrom überfließt die Hauptstraße bei Singani (nach einer käuflichen photographischen Aufnahme).

Abbildung 76: Groß-Komoro (Njazidja). NW-Küste. Baobab (Affenbrotbaum), davor Korallensandhaufen zur Kalkmörtelgewinnung (Aufnahme E. A., 1984).

Abbildung 77: Groß-Komoro (Njazidja) mit Vulkan Karthala (2.361 m), von Norden nach Süden gesehen (Aufnahme E. A., 1984).

dung am Ort nur sehr langsam vollzieht und jede unüberlegte Verletzung der Vegetationsdecke zu katastrophalen Erosionserscheinungen führt. Der Norden und Nordwesten der Insel empfangen weniger Niederschlag, was sich in der Vegetation und im Vorkommen wasserspeichernder Pflanzen, wie des Baobab (Abbildung 76), äußert. Diese Landwirtschaft entspricht schon fast den Vorstellungen einer Busch- und Baumsavanne; hier wird etwas Weidewirtschaft (Zeburinder) betrieben. An den Außenhängen der vielen höhergelegenen, begrasten, sekundären Vulkankegel finden wir aber auch immer wieder Kleinfelder für den Bergreisanbau, welche außerordentlich erosionsgefährdet sind.

Der große Durchmesser des Vulkans, der den Süden der Insel in ihrer ganzen Breite einnimmt und auch nach Norden große Areale mit Lavamassen überdeckte (siehe Abbildung 77), führte zu einem Mangel an Siedlungsraum in niedrigen, ufernahen Lagen und über weite Strecken zu abweisenden Lavasteilküsten (Abbildung 78).

Abbildung 78: Groß-Komoro (Njazidja), Lavasteilküste mit Pandanus, der als Pionierpflanze den ersten Bewuchs vorbereitet (Aufnahme E. A., 1984).

Die Flur um die durchwegs *bevölkerungsstarken Höhensiedlungen* ist ebenso wie im Küstengebiet durch kleinstfeldrigen Anbau verschiedener tropischer Früchte, die bei weitem nur der Selbstversorgung dienen, in der dafür typischen kunterbunten Zusammensetzung genutzt. Nur wenige unter ihnen – wie z. B. Maniok – nehmen etwas größere, geschlossenere Flecken ein. Einen geregelten Anbau über größere Flächen, wie er

für eine marktwirtschaftliche Orientierung notwendig ist, läßt sich mit Ausnahme der Plantagen der nunmehr meist arabischen Großgrundbesitzer selten finden. In der Besitzverwaltung der Araber wieder zeigt sich ihr Hang zum Rentenkapitalismus. Wir sehen sehr deutlich und einprägsam die ethnischen Unterschiede der Nutzung vorhandener Möglichkeiten, denn unter gleichen naturräumlichen Voraussetzungen sieht die Bodenstruktur auf ähnlichen Vulkaninseln im asiatischen Raum ganz anders aus.
Die genannten *wirtschaftlichen Eigenheiten* sind für den gesamten Inselraum der Komoren typisch. In der Islamischen Republik der Komoren betrug vom Pflanzenanbau für die menschliche Ernährung im Jahre 1982 im Wert von 6.110 Mio. Comoren Fr. (FC) der Selbstverbrauch 76%; beim Vieh erreichte der Wert der Produktion nur 620 Mio. FC, der Selbstverbrauch lag aber sogar bei 86,5%. Für den Export wurden 1982 259 t Vanille, 585 t Nelken und 64 t Ylang-Ylang produziert (aus den Blüten des Ylang-Ylang-Baumes wird ein ätherisches Öl, welches in der Parfumindustrie Verwendung findet, destilliert). Die geringen Produktionsmengen solcher ausfuhrfähiger Produkte zeigen schon die Außenhandelsschwäche des jungen Staates.

Zur Islamischen Republik der Komoren gehören noch die älteren vulkanischen Inseln Anjouan (Nzwami) mit 424 km² und über 140.000 Ew. und Mohéli (Mwali) mit 290 km² und 19.000 Ew. Die 4. beanspruchte Insel (4. Stern im Halbmond der Staatsflagge) Mayotte hat sich in einem Votum gegen die Eingliederung entschieden und ist französisches Überseeterritorium geblieben. Die Bodenverhältnisse für den Anbau sind auf diesen Inseln z. T. günstiger als auf der Hauptinsel, die Niederschläge sind aber wesentlich geringer (Nzwami 1400 mm, Mwali 700 mm). Auf den Inseln der Islamischen Republik haben sich die gesundheitlichen, wirtschaftlichen und kulturellen Verhältnisse nach dem Bruch mit Frankreich (1975) und dem Abzug des französischen Fachpersonals wesentlich verschlechtert. Besonders wirkte sich dies auf die ärztliche Versorgung und auf das Schulwesen aus, da viele Krankheiten, darunter Malaria und Lepra, die Bevölkerung belasten und Ende der siebziger Jahre die Analphabetenquote noch immer über 40% lag.
Internationale Finanzhilfen und die Bemühungen in der Plantagenwirtschaft, wieder die früheren Produktionsmengen zu erreichen, haben in einzelnen Gebieten Erfolge erzielt. Es ist aber fraglich, ob die Ausfuhrmengen der ausgehenden siebziger Jahre an Parfumgrundstoffen (Ylang-Ylang, Basilikum, Jasmin, Citronella) wieder erreicht werden können und die Komoren jemals wieder 70% des Weltbedarfes decken werden und können.

9.2.2 Réunion

Eine handels- und marktwirtschaftlich orientierte Kolonisationstätigkeit verschiedener Staaten (England, Frankreich, Holland) hat in der Vergangenheit auf vielen jüngeren Vulkaninseln dazu geführt, daß eine hochproduktive Plantagenwirtschaft eingerichtet werden konnte, deren Arbeitskräftebedarf allerdings von auswärts ergänzt werden mußte und die ethnische Zusammensetzung der Inselbevölkerung nicht unerheblich verändert hat.
Ein Beispiel dafür ist das französische Übersee-Departement Réunion. Zwischen

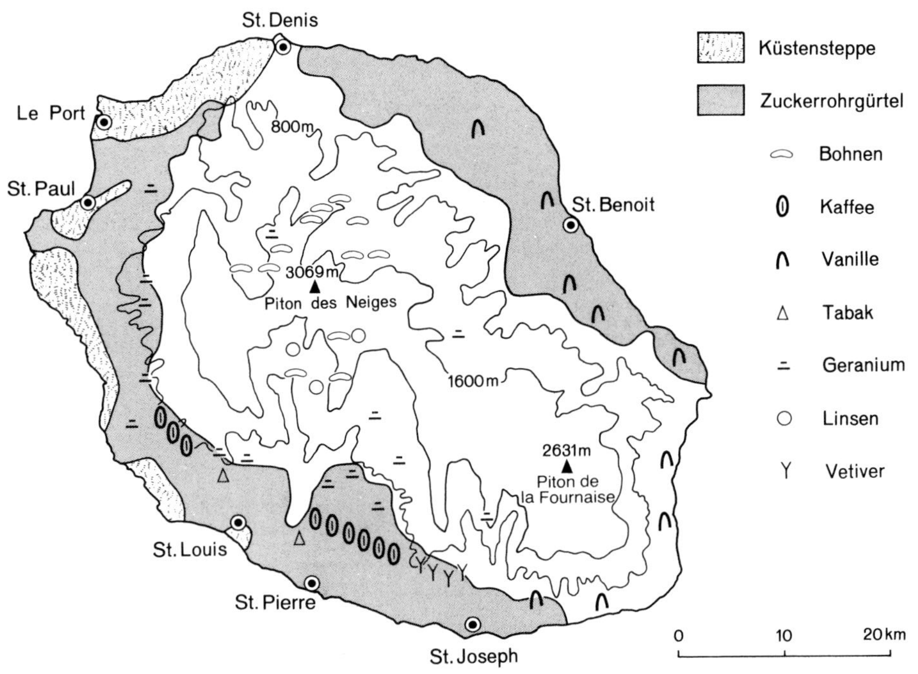

Abbildung 79: Réunion, Typus einer Vulkaninsel, deren flachere Außenhänge bis hoch hinauf durch Plantagenwirtschaft (Zuckerrohr) genutzt werden (aus E. ARNBERGER 1983, ergänzt H. A. 1988).

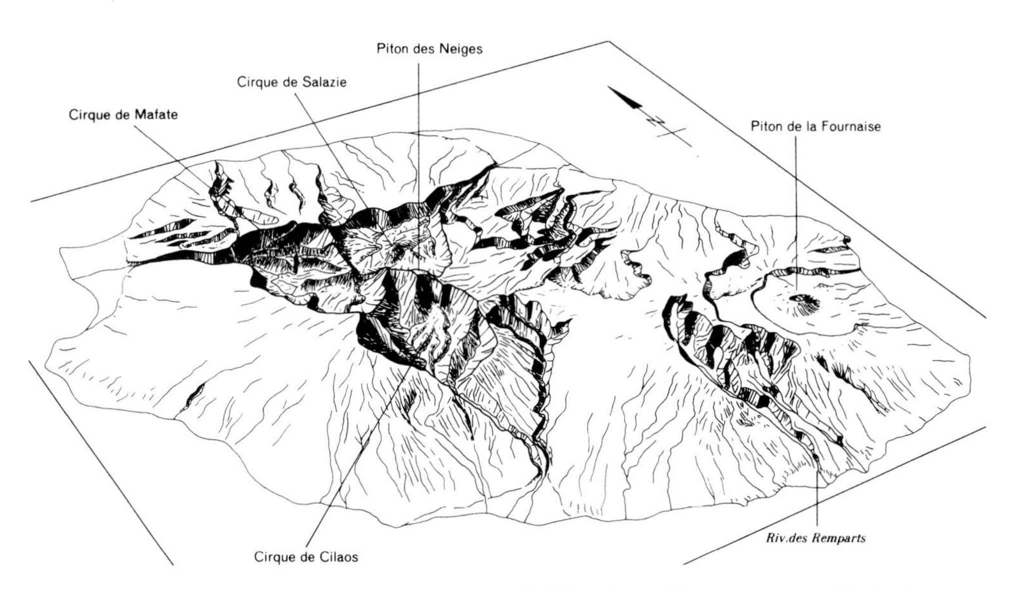

Abbildung 80: Réunion. Schrägansicht von SSW (nach A. WIRTHMANN und K. HÜSER aus Geographischer Rundschau, 39. Jg 1987, Heft 1, S. 29).

20°50' und 21°22' südlicher Breite gelegen, weht fast das ganze Jahr der SO-Passat. Der NO-Monsun bringt Regen im Nordwinter. Durch das zentrale NW–SO verlaufende hohe Vulkangebirge entstehen große Unterschiede zwischen östlicher Luvseite („über den Winden") und westlicher Leeseite („unter den Winden"). Der Anbau besonders feuchtigkeitsliebender tropischer Gewächse – z. B. von Vanille – beschränkt sich daher auf den feuchteren Osten der Insel (siehe Abbildung 79).

Der zentrale Raum des Nordwestteiles der Insel wird von vermutlich tertiären Vulkanen eingenommen und trägt den Hauptgipfel Piton des Neiges (3.069 m). Typisch sind die alten, erosiv zerschnittenen, fast kreisförmigen Kraterränder mit ihren breiten Lavafußebenen (cirques), welche den zentral gelegenen Hauptgipfel umgeben. Die inneren Lavafußebenen sind zum Teil noch nicht der Erosion zum Opfer gefallen und bieten, von den Resten der alten Vulkane steil überragt (siehe Bild 63 der Tafel 33) Platz für die Anlage von Siedlungen und Kulturflächen. Zugänglich sind diese Gebiete nur durch die tiefen Schluchten, welche die Gewässer auf ihrem Weg zur nächstgelegenen Küste in die äußeren Vulkanbegrenzungen eingeschnitten haben (siehe Abbildung 80).

Die südlichen Talkessel (cirques) sind größer und geräumiger als die nördlichen und bieten sogar Platz für bedeutendere geschlossene Siedlungen (siehe Bild 64 der Tafel 33) und für eine bescheidene *landwirtschaftliche Nutzung* ihrer Umgebung (Tafel 34). Selbst in Höhenlagen zwischen 1.000 und 2.000 m findet man z. B. im Cirque de Cilaos noch Kleinfelderwirtschaft mit Anbau von Bohnen und einer sehr begehrten kleinen Linsenart. Außerdem gedeiht hier auch ein hervorragender Wein, der von der klimatisch günstigen Schutzlage dieser intermontanen Kessel Zeugnis gibt. Mengenmäßig ist dieser Feldbau natürlich nur von rein lokaler Bedeutung. Das günstige Bergklima in diesen Hochbecken hat zum Ausbau kleiner Fremdenverkehrsbetriebe geführt, die den innerinsularen Bedarf an Erholungs- und Touristenstützpunkten decken. Der kleinere Südostteil der Insel wird von dem noch tätigen Vulkan Piton de la Fournaise (2.631 m) eingenommen, dessen steile, bewaldete Ost- und Südhänge hart an die Küste drängen und den äußeren Plantagengürtel der Insel unterbrechen. Beide Inselteile sind durch eine 900 bis 1.200 m hohe Hochflächenlandschaft miteinander verbunden, welche von vielen kleinen Vulkankegeln besetzt ist. Großangelegte Aufforstungen sollen hier, oberhalb des von beiden Seiten der Insel eingreifenden Zuckerrohrgürtels, ein Waldland schaffen, das den weitgeschwungenen Sattel ausfüllt (siehe Abbildung 81).

Im Unterschied zu den steil umgrenzten inneren Kesseln des zentralen, aus Basalten, Trachyten, Syeniten und Gabbro aufgebauten Berglandes besitzen die Außenhänge des alten Vulkangebirges wesentlich geringere Neigung und sind zur Anlage großräumiger Kulturflächen geeignet, welche in der unteren Region hauptsächlich von Zuckerrohr eingenommen werden (siehe Tafel 35). Dazwischen und nach oben hin angrenzend, in 600 bis 1.200 m Höhe, finden wir Kulturen mit Vetiver und vor allem Geranium zur Herstellung von Duft-Essenzen; Réunion gehört auf diesem Gebiet zu den wichtigsten Produzenten der Erde. Als koloniales Erbe beherrscht aber bis heute der Zuckerrohranbau das agrarwirtschaftliche Bild. Dieser ist auch schuldtragend an der Veränderung der ethnischen Struktur der Bevölkerung. Da die Auswirkungen der Einrichtung von Zuckerrohrplantagen für viele Inseln ähnlich sind, soll auf die Entwicklung der Kolonisation und die Veränderungen der Besitz- und Betriebsstruktur der Insel seit ihrer ersten *Besiedlung* kurz eingegangen werden:

Abbildung 81: Réunion. Blick vom Nez de Bœuf (2.136 m), dem alten nordöstlichen Calderarand des Piton de la Fournaise (2.631 m) nach Westen über Plaine des Cafres mit kleinen, sekundären Vulkankegeln auf die tertiäre Vulkanlandschaft im WNW um den Piton des Neiges (3.069 m, im Bildhintergrund rechts). Aufnahme E. A. 1978.

Auf portugiesischen Seekarten erscheint die Insel erstmals im 16. Jh.; sie war vor ihrer Entdeckung unbewohnt. Erst ab 1638 kamen vereinzelt Franzosen auf die Insel, welche nach dem französischen Königshaus mit dem Namen „Ile Bourbon" benannt wurde. Nach mehreren erfolglosen Besiedlungsversuchen gelang 1665 die erste Ansiedlung. Die Entwicklung des Kulturlandes vollzog sich anfangs unter dem Einfluß der „Compagnie des Indes" und umfaßte entsprechend der vielfältigen Möglichkeiten lokaler Klimaausbildung einen breiten Fächer von Pflanzen für die Ernährung, aber auch Tabak. 1717 begann man mit dem Anbau von Kaffee, der in den vierziger Jahren des 16. Jh.s als „Bourbon-Kaffee" weithin bekannt wurde.

1767 übernahm Frankreich die volle Verwaltung der Insel, welche nun den Namen „Ile de la Réunion" erhielt (1793 unter Napoleon in „Ile Bonaparte" geändert, 1810–1815 von britischen Truppen besetzt, ab 1848 wieder in „La Réunion" umbenannt). Ein vorher eingetretener Rückgang der Kaffee-Ernten und Schäden durch schwere Wirbelstürme führten zur Verlegung des Schwergewichtes auf die Pflanzung von Gewürzen (Nelken, Muskat, Zimt, Pfeffer). Entscheidend wurde aber Anfang des 19. Jh.s die Umstellung auf Zuckerrohranbau, die durch den Verlust von Domingo (Haïti) und Mauritius für Frankreich besonders notwendig geworden war. Durch Rodung der Berghänge wurde innerhalb von 35 Jahren die landwirtschaftliche Nutzfläche verdoppelt und die Ernäh-

rungsbasis der Bevölkerung durch Getreideeinfuhr ergänzt. Mit dem Ausbau der Zuckerproduktion änderte sich die Besitzstruktur grundlegend.
Noch um die Mitte des 19. Jh.s überwogen Klein- und Mittelbetriebe in der Landwirtschaft. In der zweiten Hälfte des 19. Jh.s kauften die Zuckermühlenbesitzer Land von verarmten Kleinbauern auf und gestalteten es zu Zuckerrohrplantagen um. Der soziale Kontrast zwischen Großgrundbesitzern und der großen Zahl von Zwergbauern und Landlosen verstärkte sich erheblich. Mit der Änderung der Produktionsrichtung und der Betriebsstruktur entstand eine ganze Reihe von Problemen, die sich bis in die heutige Zeit auswirkten.
Einen entscheidenden Einschnitt auf dem Arbeitskräftesektor hatte das Jahr 1848 durch die Abschaffung der Sklaverei gebracht. Viele der weißen Kleinbauern („petits blancs" = kleine Weiße), die ihr Land an die Großgrundbesitzer verkauft hatten, konnten sich auf dem ärmlichen Rest ihres verbliebenen Besitzes nur durch ihre Sklaven, die sie zur Zuckerrohrkampagne und bei anderen Gelegenheiten vermieteten, über Wasser halten. Nach Abschaffung der Sklaverei und Verbrauch der Abfindungen, welche sie von der französischen Regierung für die Freilassung der Sklaven erhalten hatten, zogen sich viele von ihnen in die Berge zurück und begannen dort mit Subsistenzwirtschaft ein neues Leben, abseits vom brutalen, marktwirtschaftlich orientierten Konkurrenzkampf.
Die Bevölkerung bestand bisher aus Weißen (in der Mehrzahl Franzosen), 60.000 Sklaven (1850, meist schwarzafrikanischer Herkunft) und Madagassen. Die Bevölkerungszahl erhöhte sich 1717 bis 1804 bei den Weißen auf das 18fache, bei den Schwarzen auf das 46fache der Ausgangsbevölkerung (siehe die Gegenüberstellung nach K. Hänel, 1958):

1717:	900 Weiße	1.100 Schwarze
1777:	6.612 Weiße	28.437 Schwarze
1804:	14.812 Weiße	50.350 Schwarze

Nach 1850 konnte der große Arbeitskräftebedarf für die Zuckerrohrkampagne ebenso wie in Mauritius nur noch durch Anwerbung von Arbeitern aus dem übervölkerten indischen Subkontinent gedeckt werden. In der Zeit von 1861 bis 1885 wurden über 100.000 Malabar-Inder angeworben, von denen aber nur ein Teil auf Dauer in Réunion verblieb.
In dieser Zeit verschärfte sich nämlich bereits die Konkurrenz auf dem Zuckermarkt (Rübenzucker aus Europa, Rohrzucker aus Kuba), welche nur durch Erweiterung der Anbauflächen bei gleichzeitiger Modernisierung der Verarbeitungsanlagen hätte überwunden werden können. Die von den Pflanzern dafür notwendigen finanziellen Mittel konnten aber nicht aufgebracht werden; außerdem traten auch immer wieder große Schäden durch Zyklonen und durch Schädlingsbefall ein, so daß die Produktion merklich zurückging.
Eine *Verlegung auf andere Kulturen* sollte die geringeren Einnahmen aus der Zuckerproduktion ausgleichen. Der Vanilleanbau – vorwiegend an der feuchten Ost- und Südseite – und Kulturen von Parfumpflanzen, wie Geranien (Pelargonium krappeanium für Geraniumöl oder Franz. Rosenöl), Vetiver (Vetiveria, Vetiver-Öl aus dem Wurzelstock und den Wurzeln gewonnen), Ylang-Ylang (Cananga odorata der Gattung Annonengewächse, Gewinnung des Ylang-Ylang-Öles aus den frischen Blüten) wurden forciert. Im Laufe der Zeit wurde Réunion zu einem der größten Geraniumexporteure der Erde, was

allerdings die Vernichtung weiter Waldgebiete bewirkte, da für die Destillation der Geraniumessenzen sehr viel Brennholz notwendig war. Dem Ausweichen auf andere Exportkulturen war – mit Ausnahme des Tabaks – kein dauernder Erfolg beschieden.
Der Zweite Weltkrieg brachte eine radikale Umstellung der Wirtschaft auf die Notwendigkeit erhöhter Lebensmittelproduktion, die aber den Mindestbedarf zu decken nicht imstande war. Die Zuckerrohrkulturen wurden reduziert, der Anbau von Maniok, Mais und Reis wesentlich ausgeweitet.
Die *jüngste Entwicklung* setzte nach 1948 ein, nachdem die Insel 1946 zum Übersee-Departement (Département d'Outre-Mer/DOM) erklärt worden war. Durch Gründung des französischen Entwicklungsfonds für die französischen Übersee-Departements (FI DOM) wurden wesentliche Entwicklungen in den Bereichen der Wirtschafts- und Sozialpolitik erreicht. Durch finanzielle Anreize ließen sich die notwendigen Fachkräfte und große Baufirmen in Réunion nieder. Erhebliche Fortschritte zeigten sich im Straßen- und Wohnungsbau, in der Energieversorgung, der medizinischen Betreuung und im Schulwesen. Außer der Lohngesetzgebung wurde auf Réunion auch die französische Sozialgesetzgebung eingeführt.
Eine erwähnenswerte Verbesserung trat dadurch auch für die landwirtschaftlichen Pächter ein. Viele Landbesitzer bearbeiteten von ihren großen Grundbesitzflächen nur die ertragreichsten und bestgelegenen Gründe selbst. Das übrige Land verpachteten sie an sogenannte „colons" oder überließen es der Brache. Der Colon mußte als Landpacht ⅓ seines Ertrages an den Grundherrn abliefern, und es konnte ihm jederzeit die Pacht wieder entzogen werden. Die Zahl der Pächter ist auch heute noch sehr groß. Fast die Hälfte des bebauten Landes ist verpachtet, und rund 7.000 Landeigentümern stehen 20.000 Pächter gegenüber, die häufig zur Bewirtschaftung nur Grundstücke von unter 2 ha besitzen.
Réunion ist bis heute eine hauptsächlich landwirtschaftlich orientierte Insel geblieben. Infolge des Gebirgscharakters ist aber nur etwa ¼ der Gesamtfläche von 2.512 km² in Kulturland umgewandelt. Noch 65% der landwirtschaftlichen Nutzfläche ist dem Zukkerrohranbau gewidmet. Außerdem werden Kaffee-, Ananas- und Parfumpflanzenkulturen betrieben. Als Pflanzen für die Ernährung werden Reis, Mais und Maniok gebaut. In trockenen Lagen treten Baumwollpflanzungen dazu, und für die Ernährung besitzen außer Mais auch Weizen und Gemüse größere Bedeutung. Trotzdem sind für die Ernährung der Bevölkerung hohe Lebensmitteleinfuhrmengen notwendig. Viehwirtschaft wird u. a. im Hochland betrieben (Rinder, Ziegen und Schafe); natürlich spielt auch die Schweinehaltung eine große Rolle. Auf die Landwirtschaft entfallen 18% der Erwerbstätigen, sie trägt aber nur zu etwa 8% zum Bruttosozialprodukt bei.
Wie fast alle Vulkaninseln der tropisch-feuchten Region ist auch Réunion mit einer *Bevölkerung* von 515.808 Ew. (1982) und einer Bevölkerungsdichte von 206 Ew./km² übervölkert, vor allem, wenn man den hohen Anteil an nicht nutzbarem Gebirgsland bedenkt. Auf die gesamte Kulturfläche bezogen, ergibt sich nämlich eine Dichte von über 820 Ew./km².
Fast die Hälfte der heutigen Bevölkerung besteht (FISCHER, Weltalmanach, 1987) aus Kreolen und Madagassen, 110.000 Weiße sind zum Großteil Nachkommen der französischen Siedler, 133.000 Inder, im Laufe der Zeit größtenteils als Arbeitskräfte für die Zuckerrohrwirtschaft ins Land geholt worden und hier geblieben; dazu kommen 11.000

Franzosen und 16.000 Chinesen. Im Vergleich zu Mauritius hat sich die ethnische Bevölkerungsstruktur durch die Arbeitskräfteeinwanderung weniger drastisch verändert. Dort besteht nämlich eine nicht ganz doppelt so große Bevölkerung zu 66% aus Indern, Nachkommen der im 19. Jh. aus Vorderindien eingewanderten Pflanzungsarbeiter, denen nur 29% Kreolen und 1,6% Weiße gegenüberstehen. Der englische Kolonialismus hat aus Mauritius eine ,,Indische Insel" gemacht, auf der es heute noch 21% Analphabeten gibt.
Wie in Mauritius lebt auch in Réunion fast die Hälfte der Bevölkerung in Städten. An der Spitze steht die Hauptstadt St. Denis mit 104.603 Ew. (1982), es folgen St. Paul mit 52.781 Ew. und St. Pierre mit 46.752 Ew. sowie noch über ein Dutzend anderer größerer Siedlungen mit z. T. städtischem Charakter. Sehr zum Unterschied von Mauritius entfallen aber in der Bevölkerungsverteilung 85% auf Küstenregionen, obwohl die wenig gegliederte Küste keine natürlichen Häfen besitzt.
Bei einem so hohen Anteil an städtischer Bevölkerung würde man einen adäquaten Anteil der Beschäftigten in Industrie und produzierendem Gewerbe erwarten. Der ist aber infolge der wirtschaftlich einseitigen Ausrichtung enttäuschend niedrig. Die Produktion beschränkt sich hauptsächlich auf die Herstellung von Zucker, Rum, landwirtschaftlichen Geräten und Haushaltsartikeln und trägt daher noch ganz koloniale Züge. Ein Achtel der Erwerbstätigen ist in ihr beschäftigt und erwirtschaftet 15% des Bruttosozialproduktes. Sehr hoch hingegen und für Frankreich sehr typisch sind die Beschäftigtenzahl und der Anteil am Bruttosozialprodukt in der Verwaltung und im Fremdenverkehr, der in erster Linie ebenfalls Verwaltungsaufgaben dient und erst sekundär einen echten Touristenfremdenverkehr betreut.
Réunion ist eines der französischsten Überseegebiete, die Frankreich derzeit noch besitzt; es ist aber auch ein ausgesprochenes Zuschußgebiet, für das der französische Steuerzahler aufkommen muß. Das erkennt man aus der Handelsbilanz und den Aus- und Einfuhrziffern. Einem Wert der Ausfuhr von 77 Mio. US-$ im Jahr 1984, hauptsächlich für Zucker, Vanille, Rum und Essenzen, stand ein 13mal so hoher Einfuhrwert von 791 Mio. US-$ gegenüber.

9.3 Junge Vulkaninseln im Pazifischen Ozean

9.3.1 Java und Bali, zwei südostasiatische Vulkaninseln im immerfeuchten Monsunklima

Die beiden Inseln werden deshalb beispielhaft hervorgehoben und behandelt, weil sie in engem Zusammenhang mit dem südostasiatischen Raum liegen, eine Kette noch tätiger Vulkane das Landschaftsbild prägt und sie einer immerfeuchten Sonderform des Monsunklimas zugehören. Ihre Fruchtbarkeit hat bereits früh zur Besiedlung und zur Entwicklung bedeutender überregionaler Kulturzentren geführt, so daß ihnen die Stellung eines insularen Kernraumes im westlichen Pazifischen Ozean zugesprochen werden muß.
Beide Inseln liegen am Südostrand des eurasischen Festlandsockels hart an der Sub-

duktionszone, an der die Australische Platte (Indisch-Ozeanisch-Australische Platte) unter die Eurasische Platte taucht (Abbildung 16, S. 66). Durch die enormen Kräfte der Plattenbewegungen wurden die Gebirgszüge an die kontinentale Platte angefaltet und mit ihr verschweißt, und ebenfalls parallel zur Subduktionszone wurden durch aufdringende Gesteinsschmelzen magmatische Gürtel geschaffen. Als jüngstes Glied ist die Vulkangirlande zu betrachten, welche den eurasischen Plattenrand landeinwärts begleitet und Sumatra, Java sowie Bali und die anderen Kleinen Sunda-Inseln durchzieht (siehe Abbildungen 22, S. 73, und 54, S. 224).

Von den rund 300 Vulkankegeln der indonesischen Inselwelt waren 76 in den letzten 400 Jahren tätig, und 49 zeigten ihr jugendliches Alter noch durch Fumarolen- und Solfatarentätigkeit an. Nach der Aufstellung von G. A. MACDONALD 1972 waren 16 Vulkane von Java und 2 Vulkane von Bali noch in diesem Jahrhundert durch Gas-, Aschen-, Lapilli-, Trümmer- und Lavaeruptionen aktiv. Diese Ausbrüche haben oft große Schäden verursacht und hohen Tribut an Menschenopfern gekostet, seit Jahrtausenden bis in jüngste Zeit sorgten sie aber auch für das Substrat einer agrarwirtschaftlich geeigneten Bodenbildung und eine sich über riesenhafte Areale erstreckende *Aschendüngung,* die die Vulkaninseln in ihrer landwirtschaftlichen Produktionskapazität über viele andere Inseln weit erheben. Gerade die bodenverbessernde und regenerierende Wirkung der Aschenfälle wurde oft nicht richtig gewürdigt. Vulkanische Aschen und Staube tragen durch Wind- und Wassertransport zur Bodenverbesserung oft in weiter Entfernung von Vulkanen bei, so daß Inseln in den Genuß der Aschendüngung kommen, die selbst gar keine Vulkane besitzen.

Natürlich sind die vulkanischen Förderprodukte für die Bodennutzung nicht als gleichwertig zu betrachten. Für die Bodenbildung ist hierbei der SiO_2-Gehalt der Ergußgesteine wesentlich. Basische Ergußgesteine (basaltoide Gesteine) mit unter oder bis 52% SiO_2-Gehalt, aber auch intermediäres Material (andesitoide Gesteine) mit 52–65% SiO_2-Gehalt sind Substrate, die häufig zu fruchtbaren Böden verwittern. Saure Ergußgesteine (rhyolithoide Gesteine) mit 65% und mehr SiO_2-Gehalt ergeben wesentlich schlechtere Böden und zeichnen sich auch in der Landschaft durch eine andere Zusammensetzung der Vegetationsdecke, geringere landwirtschaftliche Nutzung und daher auch geringere Siedlungs- und Bevölkerungsdichte aus. In Verbindung mit Subduktionszonen haben die intermediären Laven besondere Bedeutung. Durch die kräftige Beanspruchung an den Stoßfronten der Kontinentalplatten kommt es zur Bildung von Faltengebirgen und zum Aufreißen tiefer Spalten sowie zu explosivem Vulkanismus. Da man den intermediären Charakter der Erstarrungsprodukte solcher an Subduktionszonen gebundener Schmelzen in den südamerikanischen Anden zuerst erkannt hatte, wurden diese Andesite benannt.

Da sich der rezente Vulkanismus im indonesischen Inselraum zwischen 105° und 116° östlicher Länge auf den Sunda-Inseln häuft und jüngste Aktivitäten schwerwiegende Konsequenzen für die Siedlungen und die Bevölkerung hatten, soll hier beispielhaft auf ihn eingegangen werden.

Dabei darf auch auf die jüngste Geschichte des *Krakatau* nicht vergessen werden, die sich auf den Westen Javas in katastrophaler Weise ausgewirkt hat. In der Nacht vom 26. zum 27. August 1883 wurde mit der unvorstellbaren Energie von 200 Billionen kWh, was etwa 430 herkömmlichen Wasserstoffbomben oder 21.550 Atombomben äquivalent ist, die Insel Krakatau in die Luft gesprengt (nach H. SCHEFFLER)*. Die Explosion wurde noch in Entfernungen von 3.000 bis 5.000 km gehört. Etwa 18 km³ Gestein wurden in die Luft gesprengt, und die Aschenfälle erstreckten sich über ein Gebiet von 827.000 km². In Jakarta wurde die Sonne bis zur völligen Finsternis verdunkelt. Der feinere Staub umkreiste die Erde durch Jahre, und in einzelnen Gebieten wurde die Jahrestemperatur um einige Grade herabgesetzt (H. RAST 1980, S. 87). Die durch die Explosion hervorgerufene Luftdruckwelle wurde von allen Barographen der Erde registriert. Die durch den Zusammenbruch des Vulkans in die leergeblasene unterirdische Magmakammer gebildete Flutwelle bis 40 m Höhe verwüstete die Westküste Javas und traf mit voller Wucht die Städte Marak, Anjer und Tjaringan, die gänzlich zerstört wurden. 36.000 Menschen fielen dieser Katastrophe zum Opfer. Der Krakatau hatte sich vollständig verändert (siehe Abbildung 82). Eine neue Vulkantätigkeit begann ab Ende 1927. Im Kern der submarinen Caldera wuchs im Jänner 1928 ein neuer kleiner Inselvulkan, der Anak-Krakatau (= Kind des Krakatau) über den Meeresspiegel empor; er

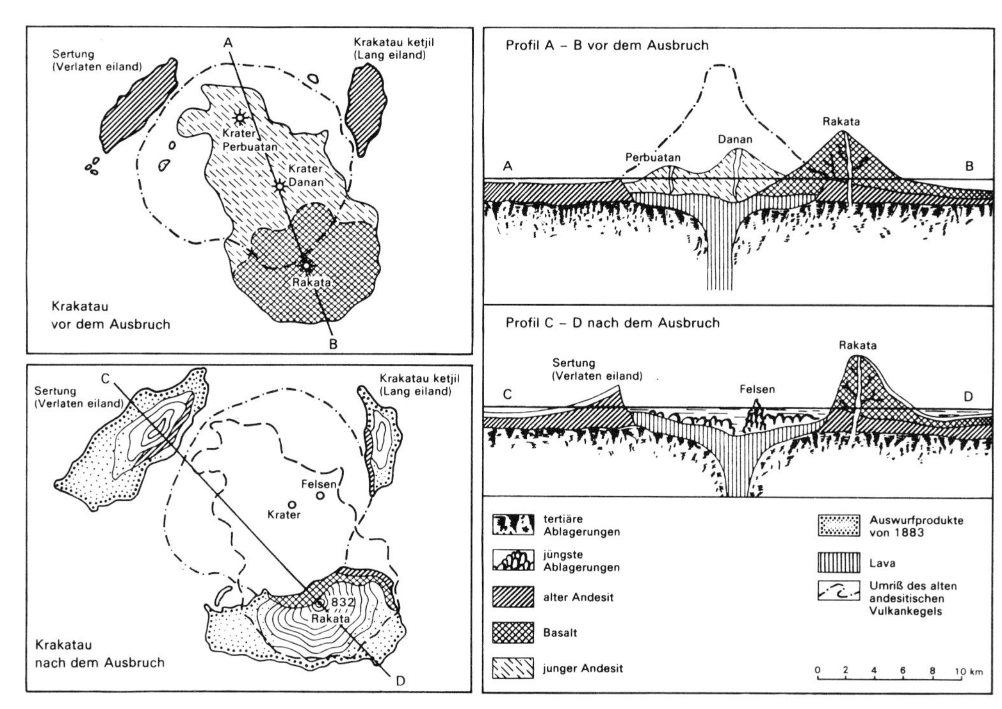

Abbildung 82: Der Krakatau-Archipel vor und nach dem Ausbruch von 1883 (etwas verändert nach I. A. REZANOV: Katastrophen der Erdgeschichte, 1985, S. 64/65).

* Angaben nach „100 Jahre Krakatau – Rückblick auf einige vulkanische Katastrophen der Erdgeschichte". In: Der Harz. Harzmuseum Wernigerode, 1948. S. 26.

war aber durch Ausbrüche und Brandungswirkung großen Veränderungen unterzogen. 1952 erreichte er 151 m Höhe.
Wir haben oben die submarine *Caldera* des Krakatau erwähnt. Durchmesser und Umfang solcher Calderen sind unvergleichlich größer als jene der Krater von Stratovulkanen. Calderen entstehen durch kesselförmigen Einbruch des Gesteinsmaterials über entleerten Vulkanherden nach deren fast immer explosionsartigem Ausbruch; sie sind von ringförmigen Aschenwällen umgeben. In unserem Betrachtungsraum besitzt die größte Caldera der 2.800 m hohe Idjen im östlichen Java mit rund 16 km Durchmesser. Aber auch im Tengger-Gebirge erreicht eine Caldera noch Ausmaße von 8,5×10 km und gehört damit zu den größten der Erde (über die Lage der Vulkane orientiert Abbildung 86, S. 285).
Vulkanausbrüche haben aber mitunter auch die Geschichte Javas beeinflußt. So der Ausbruch des zwischen Semarang und Jogjakarta (Yogyakarta) gelegenen Merapi (= Feuerberg, heute 2.911 m; es gibt noch andere Vulkane gleichen Namens in Indonesien und auf Java), der zu den gefährlichsten und auch häufig tätigen Vulkanen Javas zählt. Man nimmt an, daß der Untergang des bedeutenden hindu-javanischen Staates Mataram durch seinen katastrophalen Explosivausbruch um 1.006 n. Chr. mitverschuldet wurde.
Nach gewaltigen Beben bekam damals der Stratovulkan einen Riß, und ein Teil des Kegels bewegte sich zu Tal; eine weitere ungeheure Explosion vollendete das Todeswerk. Auch in jüngster Zeit verbreitete der Merapi wieder Angst und Schrecken. Aschenausbrüche von 1922 und 1930 waren besonders gefährlich. 1930 wurden 1.369 Menschen und Tausende Stück Vieh getötet, 13 Dörfer vollständig und 20 teilweise zerstört. 26 km² Anbaufläche wurden verwüstet (H. UHLIG, 1980). 1956 wurden wieder 15 Orte bedroht, und 30.000 Einwohner mußten vorsichtshalber evakuiert werden. 1961 und 1967 begruben Asche und Schlammströme (Lahars) mehrere Dörfer. Auch 1972 war der Merapi wieder tätig.
Der explosive Vulkanismus ist in der Nähe von Subduktionszonen besonders typisch und daher auch in Java weit verbreitet. 1822 förderte der Galunggung 2.174 m (7°15' südlicher Breite, 108°3' östlicher Länge) 22 Mio. m³ Lockermassen und breitete diese über 25.660 km² aus. 4.000 Menschen starben bei diesem Ausbruch. Er war auch in unserem Jahrhundert wieder aktiv (1918).
Einer der heimtückischsten Vulkane von Java ist der nur 1.731 m hohe Kelut (7°56' südlicher Breite, 112°18' östlicher Länge) nordnordöstlich der Stadt Blita. Seine Explosivausbrüche waren deshalb so katastrophal, da sie durch Wassermassen seines Kratersees verstärkt wurden, die gewaltige Schlammströme verursachten. Der Kratersee kann bis zu 44 Mio. m³ Wasser beinhalten, die mit heftiger Explosion ausgeworfen werden. Beim Ausbruch von 1586 soll es 10.000 Tote gegeben haben. 1919 wurden 38 Mio. m³ Wasser ausgeworfen, welche gewaltige Schlammströme bildeten, furchtbare Verwüstungen anrichteten und 5.500 Menschen töteten. Man entschloß sich daher 1927 zum Bau eines Tunnelsystems durch die Kraterwand, um den größten Teil des Wassers abzuleiten (siehe Abbildung 83).

Aber auch Vulkane, welche längst als erloschen gelten, werden plötzlich wieder aktiv, wie das im Bereich von Subduktionszonen häufig vorkommt. So brach nach 5 Stunden

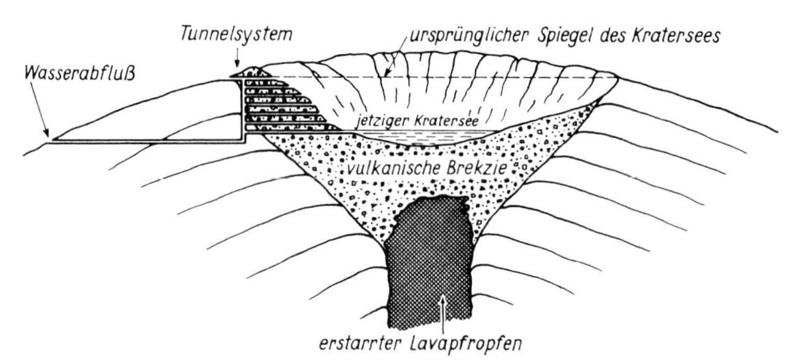

Abbildung 83: Java. Ableitung des Wassers des Kratersees des Vulkans Kelut durch ein Tunnelsystem (1927) durch die Kraterwand (aus H. RAST, 1980, S. 197).

andauernden Erdstößen der Sinila-Vulkan auf Zentral-Java, der zu der 2.000 m hohen Diëng-Gebirgskette gehört, am 21. Februar 1979 plötzlich wieder aus und bedeckte große Gebiete mit einer meterhohen Lavaschicht. Mindestens 155 Menschen sollen dabei ums Leben gekommen sein, 17.000 Menschen aus einem Umkreis von 3 km um den Vulkan wurden evakuiert.
Die Kette der tätigen Vulkane setzt sich über die Inseln Bali, Lombok und Sumbawa nach Osten weiter fort. Der Batur-Vulkan im Nordosten von Bali (1.717 m, siehe Bild 37 der Tafel 19) erhebt sich aus einem Calderakessel, der aus 2 ineinandergeschachtelten Calderen von 12 und von 7 km Durchmesser zusammengesetzt ist. In der östlichen befindet sich der Batur-See, an dessen Süd- und Nordostufer inmitten fruchtbarer Gärten kleine Siedlungen liegen (siehe die Bilder 38 und 39 der Tafel 20). Im Süden senkt sich der besiedelte Calderarand bis etwa 1.400 m ab und bot durch seine geringere Neigung der inneren Hänge die Möglichkeit, den Calderakessel durch Wege und eine Straße zu erschließen. Die inneren Siedlungen und Kulturflächen liegen aber bereits im unmittelbaren Gefahrenbereich des jungen Vulkankegels, dessen Ausbrüche 1917 und 1926 einen Teil von ihnen mit Lava überdeckten (siehe Bild 37 der Tafel 19, zur Orientierung siehe auch die Abbildung 84).
Es stellt sich natürlich die Frage, weshalb die Bewohner eine solche Beharrlichkeit hinsichtlich der Lage ihres Wohnplatzes im Kampf gegen die Übermacht der Natur zeigen und die Gefahr der Vernichtung auf sich nehmen. Es sind mehrere Gründe, die hier zusammenwirken und sich an diesem Beispiel erklären lassen. Schon aus den zitierten Bilddokumenten ersieht man die Fruchtbarkeit der verwitterten Lavadecken, die in Verbindung mit der Aschendüngung in windgeschützter Lage gute Voraussetzungen für den Gartenbau bieten. Ganz abgesehen von der landschaftlichen Gunstsituation bietet auch die Nähe der Wohnstätten zu den Wirtschaftsflächen eine arbeitsmäßige Erleichterung, auf die bei einer Siedlungsverlegung auf den Calderarand verzichtet werden müßte. Darüber hinaus sind die günstigen Siedlungsstellen und kultivierbaren Flächen am Calderarand und den Außenhängen schon seit längerer Zeit von anderen Bewohnern genutzt, was bei einer Bevölkerungsdichte von rund 450 Ew./km² auf Bali (Fläche 5.561 km², auf der rund 2½ Mio. Menschen leben) verständlich ist. Außerdem kommen

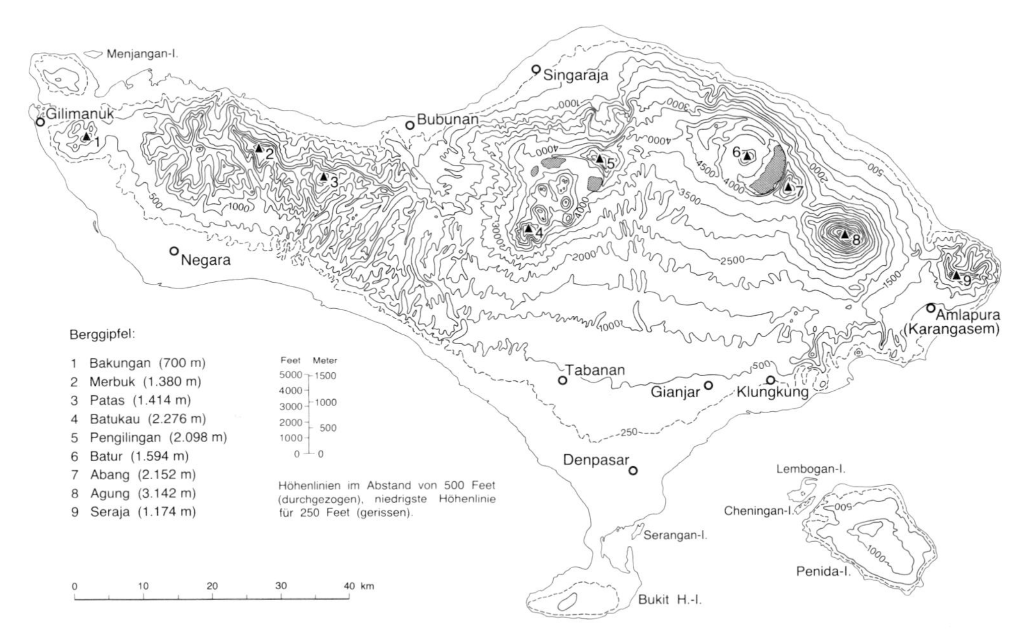

Abbildung 84: Bali. Orientierungsskizze über die Höhenverteilung und die wichtigsten Berggipfel.

Abbildung 85: Bali. Besakih-Tempel in etwa 900 m Höhe am Südfuß des steil aufsteigenden Gunung Agung (3.142 m). Aufnahme E. A. 1975.

aber auch noch religiöse Gründe dazu, wie die nachstehenden Ausführungen beweisen werden.
Das Dorf Batur, welches seit etwas über 50 Jahren auf dem westlichen Calderarand zwischen Penelokan und Kintamani liegt, befand sich ehemals am auslaufenden Südhang des jungen Batur-Vulkankegels. Während der Eruption von 1917 wurden sowohl der Ort Batur als auch viele andere Siedlungen des südlichen inneren Calderaraums von Lava überdeckt und vernichtet. Nur der Tempel Pura Ulan Danu, der sich nach alter Sitte und Glaubensvorstellung auf einem erhöhten Punkt über dem Dorf befand, wurde von den Lavamassen verschont. Diese von den Balinesen als göttergewolltes Wunder angesehene Rettung des Tempels veranlaßte die ehemaligen Dorfbewohner, den Ort an derselben Stelle wieder aufzubauen. Erst nachdem 1926 infolge einer noch stärkeren Aktivität des Vulkans die Siedlung nochmals vollständig vernichtet wurde und auch der Tempel der Zerstörung nicht mehr entgangen war, waren die Bewohner schweren Herzens gezwungen, eine Verlegung des Siedlungsplatzes durchzuführen.
Die östlich des Batur-Sees aufsteigenden Hänge der Caldera sind so schroff, daß der letzte kleine Ort am Seeufer, Trunyan, nur mit dem Boot erreichbar ist (siehe Bild 39 der Tafel 20). In weitgehender Abgeschiedenheit haben die Bewohner unberührt von der hindu-javanischen Kultur den alten Glauben der Urbevölkerung (Bali-Aga) an die Naturkräfte erhalten können. Eine 3½ m hohe Statue ihres Gottes wird hier aufbewahrt und streng vor fremden Blicken geschützt, damit deren magische Kräfte erhalten bleiben. Andere Bali-Aga-Siedlungen sind noch im verkehrsarmen Nordosten der Insel in abgeschiedenen Gebieten zu finden.
Südöstlich des Batur-Vulkans liegt der höchste und bedeutendste tätige Vulkan Balis, der 3.142 m hohe Agung. Sein letzter großer Ausbruch erfolgte 1963, durch den über 1.000 Todesopfer zu beklagen waren und ein großes Areal an Kulturflächen vernichtet wurde.
In der hinduistischen Mythologie spielen Vulkane als Sitz der Götter eine wichtige Rolle. Daher erheben sich an ihren Hängen oft bedeutende Tempel. So auch in Bali an den Südhängen des Agung das größte Heiligtum der Insel, der Besakih-Tempel, ein ganzer Komplex von Schreinen und vieldächrigen Merus (pagodenähnliche Türme), deren Dächer aus schwarzen Zuckerpalmblättern verfertigt sind (siehe Abbildung 85).
Wenn auch die rezenten Vulkane die Landschaft Javas und Balis weithin beherrschen und der größte Teil der für die Landwirtschaft brauchbaren Böden direkt oder indirekt (durch Verfrachtung) auf sie zurückgeht, so gibt es doch ausgedehnte Gebiete, welche aus *nichtvulkanischen Gesteinen* bestehen. Auf Java können wir diesbezüglich eine nördliche nichtvulkanische Plateau- und Hügelzone, z. T. mit höheren Rücken, und eine südliche, stärker zerschnittene und höher aufsteigende Gebirgszone (siehe Abbildung 86) unterscheiden. Diese nichtvulkanischen Zonen bestehen aus tertiären Kalken, Sandsteinen, Mergeln und Konglomeraten.
Die südlichen, stärker zerschnittenen Bergländer, wie das Jampang-Plateau oder das Bergland südöstlich von Jogjakarta (Yogyakarta), treten bereits nahe an die Südküste heran und sind mitunter in eine verwirrende Zahl von Rücken, Kämmen, Kuppen und mitunter auch Karstformen aufgelöst. Bezüglich der *Karsterscheinungen* wäre besonders der „Halbkugelkarst“ von Gunung Sewu (Südküste, südlich Surakarta) zu erwähnen, den u. a. H. UHLIG (1976) näher untersucht hat. Auf den nährstoffreichen und gut

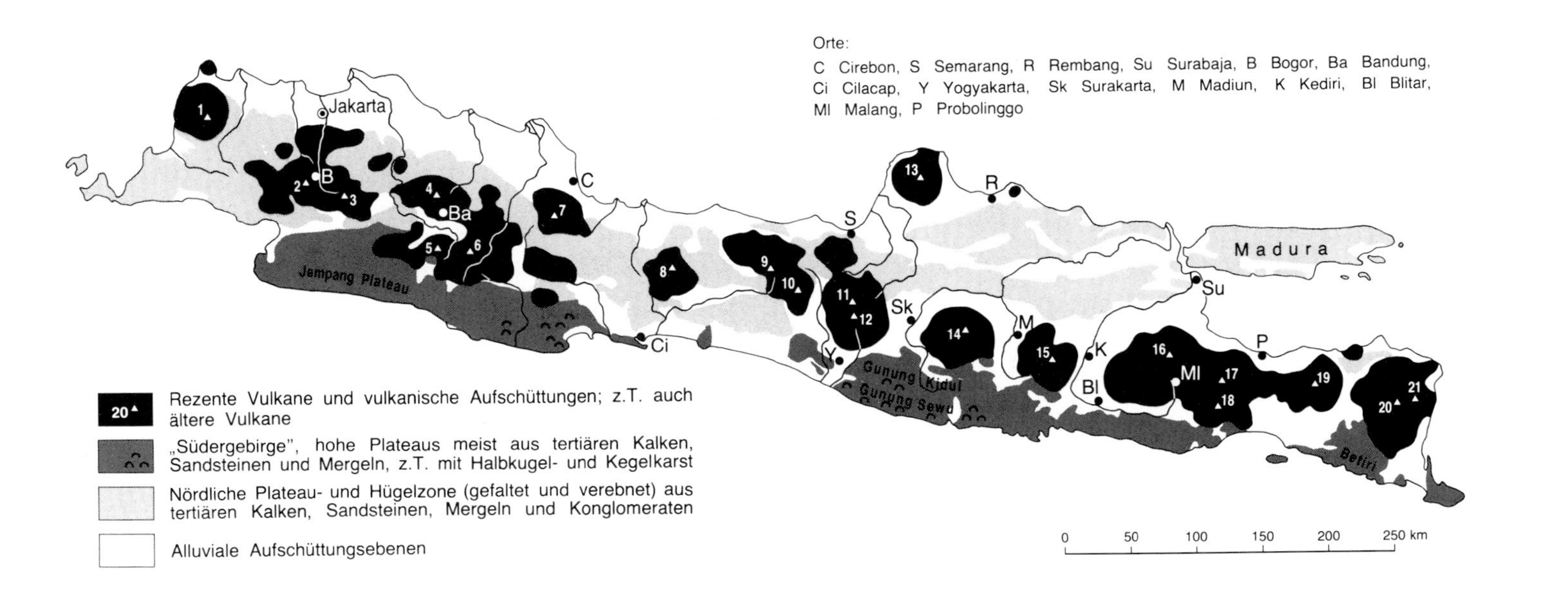

Junge Vulkanberge:

1 Karang (1.778 m)
2 Salak (2.211 m)
3 Pangrango (3.022 m)
4 Tangkubanprahu (2.075 m)
5 Malabar (2.321 m)
6 Guntur (2.249 m)
7 Ciremay (3.076 m)
8 Slamet (3.428 m)
9 Dieng Plateau (Sundoro, 3.135 m)
10 Sumbing (3.371 m)
11 Merbabu (3.142 m)
12 Merapi (2.911 m)
13 Muria (1.603 m)
14 Lawu (3.265 m)
15 Wilis (2.169 m)
16 Ardjuno (3.339 m)
17 Tengger mit Bromo (2.392 m)
18 Mohameru (3.676 m)
19 Argopuro (3.088 m)
20 Raung (3.322 m)
21 Merapi (2.800 m)

Abbildung 86: Java. Die großen Baueinheiten der Insel (nach A. J. PANNEKOEK, L. RUTTEN und H. UHLIG).

wasserspeichernden Böden wird ein kontinuierlicher Trockenfeldbau („Tegalan") in jeder Regenzeit mit Brachen im trockenen Sommer betrieben. Umgekehrt zu sonst fällt nicht der höchste Prozentsatz auf Dauer-Naßreisfelder (Sawah), sondern auf Dauer-Trockenfeldbau (Tegalan). Durch den zunehmenden Bevölkerungsdruck hat sich in den letzten Jahrzehnten ein deutlicher Anbauwandel vollzogen, den H. UHLIG (1976, S. 322) wie folgt charakterisiert: „In den älteren Beschreibungen erscheint die anspruchslose – aber auch im Ernährungswert geringwertige – Cassava (Maniok) als die Hauptanbaufrucht. Das hat sich unter dem wachsenden Bevölkerungsdruck und dem Einfluß erster Entwicklungsmaßnahmen (seit einigen Jahren bescheidene Kunstdüngergaben) aber gewandelt. Der Anbau von *Trockenreis** (padi gogo), auf größeren Flächen im Pflugbau, auf den schmalen Terrassen und zwischen den Karren mit Hacken oder Pflanzstöcken (Aussaat im September/Oktober, Ernte im Jänner) bildet heute während der Regenzeit die dominierende Landnutzung.**
Im *Fruchtwechsel* folgen Sojabohnen, Erdnüsse, Mais, Bohnen, etwas Sorghum, Chilli und die erwähnte anspruchslose Cassava (Stecklinge zwischen dem Trockenreis gepflanzt, dann 8 bis 9 Monate auf dem Feld). Wo etwas günstigere Bodenfeuchte erhalten bleibt – z. B. in den Sohlen der Trockentäler nahe der Küste –, tritt die anspruchsvolle Fruchtfolge Trockenreis – Tabak auf. Der letztere, noch bis in den Sommer auf den Feldern, ist eines der letzten Handelsgewächse dieser überwiegend von Selbstversorgung bestimmten Karstregion. Ganzjährige Nutzung und eine Diversifikation des Anbaues bieten daneben noch die Baumhaine und Gemüsegärten um die Siedlungen, auf begünstigten Standorten in den Karstwannen."
Die hohe Bevölkerungsdichte (meist über 300 Ew./km², mitunter aber auch über 400 Ew./km²), die weiterhin noch ansteigt, hat sogar in den Karstgebieten einen Wechsel von extensiven zu intensiveren Nutzungsformen erzwungen, für die hier allerdings auch klimatisch die notwendigen Voraussetzungen gegeben waren. Sie wäre im vollhumiden Klima mit hohen, über das ganze Jahr verteilten Niederschlägen nicht möglich, da diese, noch dazu im Karst, in kurzer Zeit zu einer völligen Auslaugung des Bodens führen würden. Die etwas geringeren Niederschläge und die eingeschaltete Trockenzeit – mit aufsteigender Bodenfeuchte und Nährstofftransport an die Oberfläche – im wechselhaften monsunalen jährlichen Ablauf bietet dafür die notwendige Voraussetzung. Bis zu einem gewissen Grad gilt dies auch für die ganze Übergangszone an der Grenze von den Großen zu den Kleinen Sunda-Inseln, also vom immerfeuchten zum wechselfeuchten Monsunklima. Der Süden Lomboks, der allerdings nicht mit den vorher behandelten Karstlandschaften Javas verglichen werden kann, bietet dafür ebenfalls ein gutes Beispiel (siehe Tafel 26).
Die Inseln Java, Bali und Lombok zeichnen sich durch ein äquatoriales Monsunklima aus, das M. DOMRÖS (1979) in der typischen immerfeuchten Ausbildung als Sonder-

---

* „Trockenreis" bezeichnet den in Acker-Rotationen ohne Bewässerung (auch ohne Dämmchen zum Stau des Niederschlages) im Dauerfeldbau bestellten Reis. Er wird vom „Bergreis" auf periodisch genutzten Brandrodungsflächen (Schwendbau; Wanderfeldbau oder Landwechselwirtschaft) unterschieden (UHLIG und HILL, 1969).

** Das gilt auch über den Karst von Gunung Sewu hinaus für das gesamte Notstandsgebiet von Gunung Kidul (= „Süd-Gebirge", das ist praktisch der ganze Kapubaten [etwa Landkreis] Wonosari, der auch das Karstgebiet von Gunung Sewu mit umschließt). In der Ebene von Wonosari (nördl. Gunung Sewu) herrscht ebenfalls Trockenreis-Anbau auf Kalk- und Mergeltafeln vor, im Bereich des übrigen Gunung Kidul-Berglandes ist er auf durchlässigen Sandsteinen und Konglomeraten ebenfalls recht häufig – nirgends freilich so ausschließlich wie im Karst.

form des Monsunklimas betrachtet. Die umgebenden warmen Meeresflächen des Indischen und Pazifischen Ozeans führen zu einer verstärkten Labilisierung der über sie hinwegziehenden Luftmassen. Ansehnliche Niederschläge fallen in allen Jahreszeiten und erreichen in den beiden Monsunzeiten (vornehmlich in der Wintermonsunzeit) besondere Höhen (siehe Abbildung 87). Infolge der äquatorialen Lage herrscht ein thermisches Tageszeitenklima.

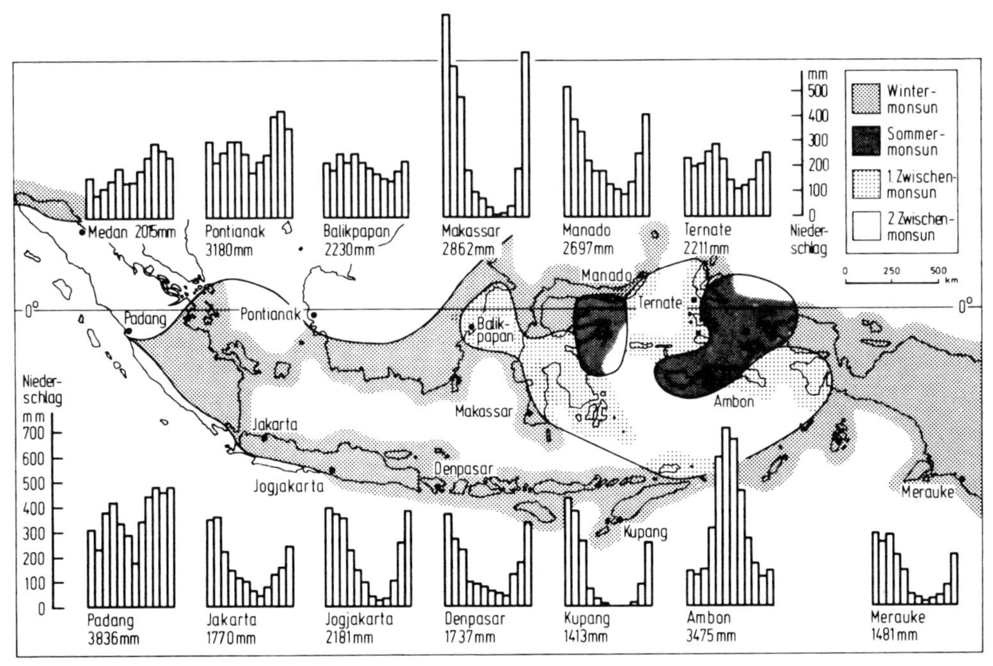

Abbildung 87: Indonesien. Der Jahresgang des Niederschlages nach M. DOMRÖS (aus: Indonesien. H.-Erdmann-Verlag, 1979. S. 27).

Die jährlichen Niederschlagsmengen nehmen von Westen nach Osten deutlich ab. Für den westlichen Teil Javas liegen die Jahresniederschläge zwischen 2.000 und 3.000 mm, für den östlichen Teil und für Bali bei 1.000 bis 2.000 mm. Auffallend ist die große Häufigkeit von Gewitterregen, die in Bogor mit 322 Gewitterregentagen das absolute Maximum in Indonesien, vielleicht sogar überhaupt auf der Erde erreichen.
Der ausgeglichene Jahresgang der Temperatur (Isothermie) reicht bis in große Höhen (Jahresamplitude von 1,2°C am Gunung Pangrano in 3.022 m Höhe in West-Java). Höhenstufenmäßig finden wir bis 1.250 m Höhe ein tropisches Regenwaldklima. Nur der trockenere Südosten des indonesischen Inselarchipels gehört bereits zum Typ des Savannenklimas mit wintermonsunaler Trockenzeit (Kleine Sunda-Inseln und östliche Inselgebiete), der sich bereits auch auf Bali und Lombok ankündigt. Über 1.250 m herrscht feuchtgemäßigtes Klima, über 3.000 m das Tundrenklima in typisch tropischer Ausbildung.

Wenn man die naturräumlichen Verhältnisse von Java und Bali mit denen vieler anderer Inseln des südostasiatischen Raumes vergleicht, dann kann man auf ihnen eine unverkennbare Gunstsituation für die landwirtschaftliche Entwicklung feststellen. Dazu kommen noch die zentrale Lage und die Brückenstellung der beiden Inseln, die schon in ihrer Geschichte zur Bildung bedeutender Herrschaftszentren geführt haben. Nur so sind die hohen Werte der Bevölkerungsdichte, die auf Java 1985 fast 760 Ew./km² und auf Bali fast 490 Ew./km² betrugen, zu erklären. Nahezu ⅔ der Bevölkerung Indonesiens lebten zu den Stichtagen der Volkszählung des 20. Jh.s jeweils auf dem Gebiet von Java, Madura und Bali (siehe auch Tabelle 23, S. 294).
Auch die Karte der Bevölkerungsverteilung auf den Inseln Indonesiens nach dem Stande Mitte bis Ende der sechziger Jahre unseres Jh.s (siehe Abbildung 88), in der das Bevölkerungswachstum der letzten 20 Jahre und die eingetretenen Wanderbewegungen noch nicht berücksichtigt sind, zeigt das gravierende Übergewicht der genannten Inseln, die sich zugleich mit dem Raum höchster rezenter Vulkantätigkeit decken. Eine besondere *territoriale Bedeutung Javas* wurde schon im 9. Jh. unter der Dynastie der Shailendra-Könige eingeleitet, welche die Hauptstadt des buddhistischen Srivijaya-Reiches (7. bis 11. Jh.) von Palembang in Südost-Sumatra in das fruchtbare Zentral-Java verlegten. Sie errichteten dort um 800 n. Chr. den Borobudur, eines der großartigsten buddhistischen Heiligtümer und zugleich das bedeutendste Bauwerk der javanischen Kunst (siehe Bild 33 der Tafel 17 und Bild 34 der Tafel 18). Der über 40 m hohe, auf einem nach den Himmelsrichtungen orientierten quadratischen Sockel von 117 m Seitenlänge errichtete pyramidenartige Bau besteht aus neun Terrassen und ist von einer großen zentralen Stupa gekrönt. Die um die Terrassen laufenden galerieähnlichen Umgänge sind u. a. mit 1.300 steinernen Reliefs geschmückt.
Die Herrschaft der Shailendra war auf Java zu Ende gegangen. Die Dynastie hatte im Reiche Srivijaya Zuflucht gefunden, als kurz nach Vollendung des Borobudur sich das hinduistische Reich Materam zu einer neuen kurzen Blütezeit erheben konnte.
Zeugnis für den Hinduismus geben die Ruinen der großen im 9./10. Jh. entstandenen Tempelanlage von Prambanan, etwa 20 km ostnordöstlich von Jogjakarta (siehe Bild 32 der Tafel 17) gelegen. Die drei Haupttempel sind der hinduistischen Götterdreiheit Brahma, Shiwa und Wishnu geweiht. Abbildung 89 zeigt in der Mitte den etwa 40 m hohen Haupttempel Lara, welcher Shiwa geweiht ist.
Buddhismus und Hinduismus haben aber auf Java und später auf Bali und Lombok eine stark lokale Prägung erhalten. Stammeskulte, Natur- und Ahnenverehrung und viele andere tief verwurzelte Traditionen wurden vom einfachen Volk in den Hinduismus integriert. Das Kastenwesen – das für Java einen empfindlichen Rückschlag bedeutet hätte – kam nie zur vollen Auswirkung. Reiner erhalten hat sich der Buddhismus und Hinduismus lediglich in den höfischen Kreisen.

Im 11. Jh. verschob sich der Schwerpunkt der Macht immer mehr nach Ost-Java, so daß schon AIRLANGA (1018–1042) nicht nur Bali und Madura, sondern auch noch Lombok und Sumbawa beherrschte. Das 10. bis 12. Jh. hatte auch für die kulturelle Entwicklung eine tiefgreifende Bedeutung. Schon unter den Shailendras wurden die himmlischen Buddhas den großen Naturmächten und die buddhistischen Heilande den Geistern der toten Könige und Königinnen gleichgesetzt. In der Zeit der nachfolgenden Dy-

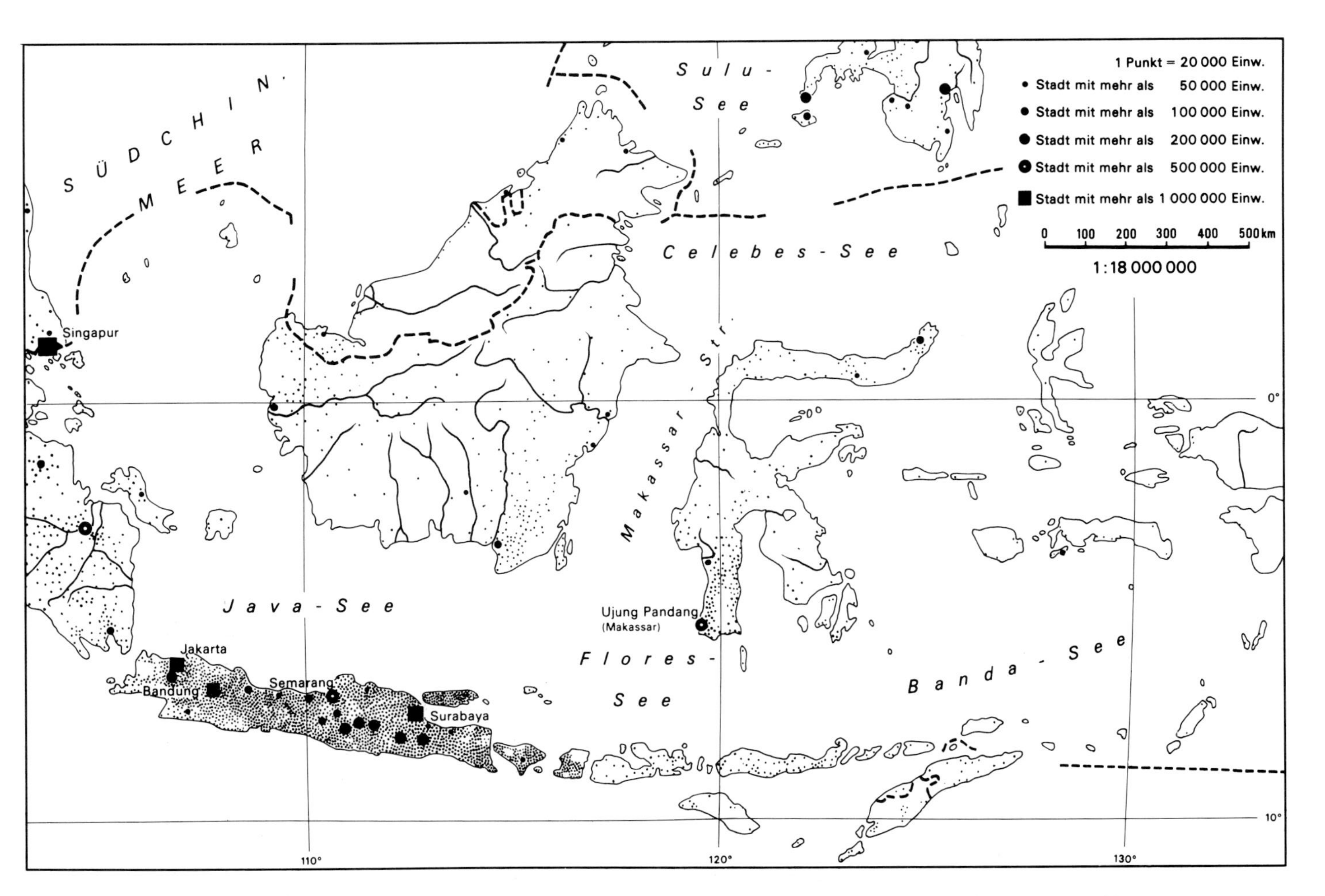

Abbildung 88: Indonesien. Bevölkerungsverteilung Mitte der sechziger Jahre nach H. UHLIG (aus W. IMBER, 1973).

Abbildung 89: Java. Hinduistische Tempelanlage bei Prambanan aus dem 9./10. Jh. mit Merapi (2.911 m, nach einer käuflichen photographischen Aufnahme).

nastien vollzog sich eine Angleichung der Hindugötter und -göttinnen an den Natur- und Ahnenkult. Es entstand eine javanische, allerdings stark mit Sanskrit durchsetzte Literatur. Die Epen Mahabharata und Ramayana, die bis zum heutigen Tag in Bali großes kulturelles Gewicht besitzen, wurden ins Javanische abgewandelt. Der Höhepunkt dieser Kultur fällt in die Zeit des Reiches von Madjapahit (Majapahit), dessen Hauptstadt südlich des heutigen Surabaja lag. Es symbolisierte schon fast vor 600 Jahren erstmals die Einigung des indonesischen Raumes. Unter König KERTANAGARA (1268–1292) unterwarf nämlich dessen Minister GADJAH MADA (GAJAMADA) mit einer Flotte ein Gebiet, das etwa dem heutigen Indonesien entspricht, wobei die Einflußsphäre des Reiches aber weit über diesen Raum hinausging und von Neuguinea bis Madagaskar reichte. Nicht darf man aber vergessen, daß zu allen Zeiten zu den buddhistischen und hinduistischen Normen höfischer Kreise und den indonesisch-javanischen Traditionen der übrigen Bevölkerung ein großer Unterschied bestand. Der Einfluß des Buddhismus und Hinduismus konnte sich im javanischen Volk nur insoweit durchsetzen, als er sich mit der bodenständigen Kultur und dem Gewohnheitsrecht (Adat) vereinen, also angleichen ließ. Dieser Assimilierungsprozeß führte jeweils zu einem ganz erheblichen Wandel übernommener Kultur, also auch zu einem javanischen Hinduismus und später zu einer javanischen Prägung des vordringenden Islam, die sich sehr stark von dem strengen Islam z. B. in Nord-Sumatra unterscheidet. Da sich bei zeitweiser starker *Feudalisierung* auch die Herrschaftshierarchie oft nur auf lockeren Verpflichtungen aufbaute, war das ganze Machtgefüge der Reiche oft sehr eingeschränkt. Das hat sich schon nach den Tempelbauten des Borobudur und von Prambanan – für die sicher eine Massenfron der Bevölkerung notwendig war – durch Zerfallserscheinungen in der Folgezeit gezeigt.

Die Ausbreitung des Islam in Indonesien erfolgte mit Hilfe der Kaufleute, welche sich – nachdem im 13. Jh. das indische Handelszentrum Gujerati unter islamischer Herrschaft gefallen war – aus Nützlichkeitsgründen mehr und mehr zum Islam bekannten. Die Bekehrung zum Islam begann Ende des 13. Jh.s in Nordsumatra und setzte sich langsam an den Küsten nach Süden fort, fand aber Mitte des 14. Jh.s im ostjavanischen Reich „Madjapahit" Widerstand. Erst als Malakka, das im 15. Jh. ein islamischer Staat geworden war, die Kontrolle des Gewürzhandels erreicht hatte, konnte sich der Islam über die Handelsplätze vorerst der Nordküste Javas ausdehnen. Das Vordringen des Islam führte 1516 zu inneren Wirren und zur Auflösung des Reiches. Ein Teil des Hofstaates übersiedelte nach Bali und konnte dort die Kultur der Madjapahits vor dem Untergang retten. Sie lebt in der bali-hinduistischen Kultur bis auf den heutigen Tag fort. In der Geschichte Indonesiens hat sich gezeigt, daß die Konzentration höherer gesellschaftlicher Funktionen, verbunden mit einer Entwicklung von Wirtschaft und Verwaltung auf Java als Zentralraum Indonesiens, unaufhaltsam vor sich gegangen ist und damit auch unter den jungindonesischen Völkern, die bis in weit zurückliegende Zeiten von Hochreligionen geprägt wurden, Javaner, Sundanesen und Maduresen an hervorragender Stelle stehen, zu denen auf Bali und Lombok noch die Balinesen treten.

Mit der *Kolonisation* Indonesiens durch europäische Kolonialmächte beginnt ein neuer, für die Entwicklung der Wirtschaft und die Territorialgeschichte entscheidender Abschnitt. Kolonisierungsversuche und Besitznahmen durch Portugiesen und andere europäische Mächte waren nur von kurzer Dauer. Ende des 17. Jh.s hatten die Niederländer ihre europäischen Konkurrenten im indonesischen Archipel weitgehend verdrängt. Trotz erbitterten Widerstandes der einheimischen Reiche dehnten die Niederländer ihre Herrschaft systematisch weiter aus. Nur 1811 bis 1816 war Java vorübergehend von England besetzt. Bis Mitte des vergangenen Jh.s wurde immer wieder die Auflehnung gegen die niederländische Ausbeutungspolitik offensichtlich, die 1825 bis 1830 sogar zu mehreren vehementen Aufständen gegen die Kolonialmacht geführt hat und diese zwang, sich nach 1830 sehr zögernd doch zu einer liberalen Verwaltung zu entschließen. Alle liberalen Maßnahmen ließen aber ein Einfühlungsvermögen in die Verhältnisse des einheimischen bäuerlichen Lebens vermissen, und der Erfolg einer Befriedung blieb ihnen daher versagt. Dazu half auch nicht die Befreiung der Einheimischen von ihren eigenen skrupellosen und korrumpierten Steuereintreibern, da sich die Bevölkerung nur als Arbeitssklaven der Plantagenbesitzer betrachtete und keine Möglichkeiten für einen sozialen Aufstieg sah. Die Hoffnung, z. B. bessere Stellen in der Kolonialverwaltung einnehmen zu können, blieb bis in das 20. Jh. hinein eine Domäne der javanischen Aristokratie, die damit eine Wandlung vom Geburtsadel zum Beamtenadel vollzog (siehe B. DAHM, 1978).

Noch zu Beginn des 20. Jh.s war die endgültige Eroberung des Inselarchipels durch die Niederländer nicht abgeschlossen; es fehlten noch einige bisher quasi-autonome Insel-

gebiete. Nach Unterwerfung der kleinen, unmittelbar Java benachbarten Inseln war 1908 der Widerstand für Bali sinnlos geworden, und ganze Fürstenfamilien suchten den Freitod, um dem Schicksal der Kolonisation zu entgehen.
1908 wurde auf Java unter Dr. WAHIDIN von Schülern einer medizinischen Fachschule die Vereinigung Budi Utomo (= edles Streben) gegründet, die sich als Nothilfeorganisation verstand und auch die Aufgabe verfolgte, das Einheitsgefühl unter den Studenten des Archipels zu verbreiten. Wenn sich auch die Zielsetzung später mehr auf die Förderung javanischer Kultur verlagerte, so kann Budi Utomo doch als Begründer der indonesischen Unabhängigkeitsbewegung betrachtet werden. Noch im Ersten Weltkrieg, der auch für die kriegführenden europäischen Kolonialmächte eine machtpolitische Schwächung herbeiführte, forderte 1917 die islamische Partei „Sarekat Islam" auf ihrem Nationalkongreß in Batavia erstmals ein nationales Parlament und die Unabhängigkeit. Es folgten Parteigründungen und 1920 mit Hilfe niederländischer Kommunisten die Gründung der Kommunistischen Partei Indonesiens. 1921 begann ein Guerilla-Krieg gegen die Niederlande. In der Zwischenkriegszeit flammten immer wieder Selbständigkeitsbestrebungen auf. Im Zweiten Weltkrieg vertrieben schließlich 1941 die Japaner die Niederländer, besetzten das Land und versuchten den Anschein zu erwecken, die indonesischen Unabhängigkeitsbestrebungen zu unterstützen. In Wirklichkeit verfolgten sie nur ihre radikalen kriegswirtschaftlichen Ziele. Erst wenige Tage vor ihrer Kapitulation gelang es in den Vormittagsstunden des 17. August 1945 vor dem Haus von SUKARNO, die Proklamation der Unabhängigkeit durchzuführen.
Am 18. August wurden vom Vorbereitungskomitee für die unabhängige Regierung SUKARNO und HATTA als Präsident bzw. Vizepräsident der Republik Indonesien durch Akklamation gewählt. Die Einrichtung des politischen Lebens erfolgte vielerorts mit großem Schwung, aber schon in der japanischen Besetzungszeit hatten sich fast unüberwindliche Differenzen zwischen nationalen, kommunistischen und anderen Interessengruppen gezeigt, die in den Folgejahren schließlich auch hohe Offiziere der Armee zum Eingreifen veranlaßten. Es folgten Jahre *mörderischen Machtkampfes* und staatsgefährdender Unruhen, anfangs auch noch verstärkt durch Bedrohung der Selbständigkeit von außen.
Obwohl am 17. August 1945 die unabhängige Republik Indonesien ausgerufen worden war, kehrten nach Ende des Zweiten Weltkrieges die Niederländer nach Indonesien zurück und verursachten dadurch einen Befreiungskampf. 1948 übergab aber die UNO alle Souveränitätsrechte des ehemaligen Niederländisch-Ostindien an die Republik Indonesien, die nach Aufgabe West-Irians (West-Neuguinea) durch die Niederlande den gesamten ehemals niederländischen Kolonialbesitz Indonesiens vereint.
Unter dem ersten Staatspräsidenten SUKARNO waren die innenpolitischen Spannungen noch nicht überwunden. Erst nach seiner Entmachtung 1966, der Unterdrückung der kommunistischen Erhebung auf Java 1968 und der Revolte in West-Irian 1969 erscheint das neue Regime unter SUHARTO als gesichert.
In früheren Ausführungen wurde bereits festgestellt, daß die Bevölkerungsverteilung in Indonesien äußerst ungleich ist und fast ⅔ der Gesamtbevölkerung auf der Insel Java (mit Madura) und Bali leben. Außer den günstigen Bodenverhältnissen infolge des rezenten Vulkanismus ist dafür die historische Entwicklung verantwortlich zu machen, die eine wirtschaftliche und kulturelle Heraushebung dieses Zentralraumes schon in der

Kolonialzeit bewirkte, frühzeitig einen Urbanisierungsprozeß einleitete und die Handelsbedeutung vieler Küstenorte steigerte.

Eine offensichtliche Ungleichheit der Bevölkerungsverteilung im indonesischen Inselraum zeigte sich mit allen damit verbundenen Nachteilen schon in der zweiten Hälfte des vergangenen Jahrhunderts. Wenn man den Bevölkerungsschätzungen von G. HEILIG (1985) und W. RÖLL (1979) glauben darf, dann lag die Bevölkerungsdichte auf Java bis etwa 1850 noch unter 100 Ew./km², also für die guten Bodenverhältnisse noch immer in einer erträglichen Größenordnung. Gegen Ende des 19. Jh.s war aber die Bevölkerung so stark angewachsen, daß um 1900 die Dichte bereits über 210 Ew./km² betrug. Nach dem Ersten Weltkrieg erfolgte ein immer stärker werdender Anstieg und schließlich nach 1950, nachdem die Verluste der Kriegswirren und der Freiheitskämpfe überwunden waren, eine Bevölkerungsexplosion (siehe Übersicht 23). Seit der Jahrhundertmitte verdoppelte sich die Bevölkerung, und die Bevölkerungsdichte erreichte untragbare Werte (1930 etwa 311 Ew./km², 1961 471 Ew./km², 1971 567 Ew./km² und 1980 bereits über 680 Ew./km²). Gegenwärtig beträgt die durchschnittliche Bevölkerungsdichte Javas schon fast 760 Ew./km², und die von Bali fast 490 Ew./km². Die Werte liegen aber in den dichtbesiedelten Gebieten Zentral-Javas außerhalb der Städte z. T. über 1.500 Ew./km² (siehe Abbildung 90). Diese erschreckende Entwicklung beruht auf der großen Kinderzahl pro Familie, welche das Sozialprestige stärkt, als bester Weg zu einer gesicherten Altersversorgung und Familienerhaltung betrachtet wird, den Arbeitskräftebedarf deckt und auch ganz der hohen Kinderliebe in den Familien entspricht. Eine vernünftige *Bevölkerungspolitik* läßt sich bei dieser Einstellung nicht erzielen. Dazu kommen noch die positiven Auswirkungen eines frühen Aufbaues des Gesundheitswesens und der Verbesserung der sanitären Einrichtungen, die das durchschnittliche Lebensalter erhöhen und eine sinkende Sterberate bewirken. Außerdem wirken sich das niedrige Heiratsalter und die hohe Fruchtbarkeit mit einer Geburtenrate in manchen Gebieten von noch über 40‰ aus.

Schon vor der Kolonialzeit war in Java eine herrschaftlich organisierte Agrargesellschaft mit Dauersiedlungen und Dauerfeldbau und einer hoch entwickelten Bewässerungstechnik weit verbreitet. Jungindonesier (Deuteromalaien) sind bis zum heutigen Tag die Träger der Hochkulturen und der wirtschaftlichen Produktionskraft. Altindonesier (Protomalaien) – wie z. B. die Tenggaresen in Ost-Java – sind in Java nur noch in wenigen Gebieten zu finden.

Ein fremdes Volk, welches außer den Europäern durch seine besondere Bedeutung für die wirtschaftliche Entwicklung Javas hervortritt, sind allerdings die *Chinesen.* Schon seit dem 13. Jh. ließen sich chinesische Händler und Handwerker in verschiedenen indonesischen Hafenorten nieder. Die Zuwanderung verstärkte sich in der frühen niederländischen Kolonialzeit, als auch Zuckerrohr- und Gewürzpflanzer zur Niederlassung im Umkreis von Batavia veranlaßt wurden. Noch bedeutender wurde die Chineseneinwanderung ab dem 19. Jh. und vor allem zur Zeit der Wirtschaftskrise in China im 20. Jh. Einen nennenswerten Anteil an der Bevölkerung besitzen die Chinesen vor allem in den größeren Orten und Städten, wo sie wegen ihrer vielseitigen Begabung und einem staunenswerten Fleiß in den unterschiedlichsten handwerklichen Berufen im Handel, im Geld- und Bankwesen, im Speditionswesen, aber auch in höheren Berufen

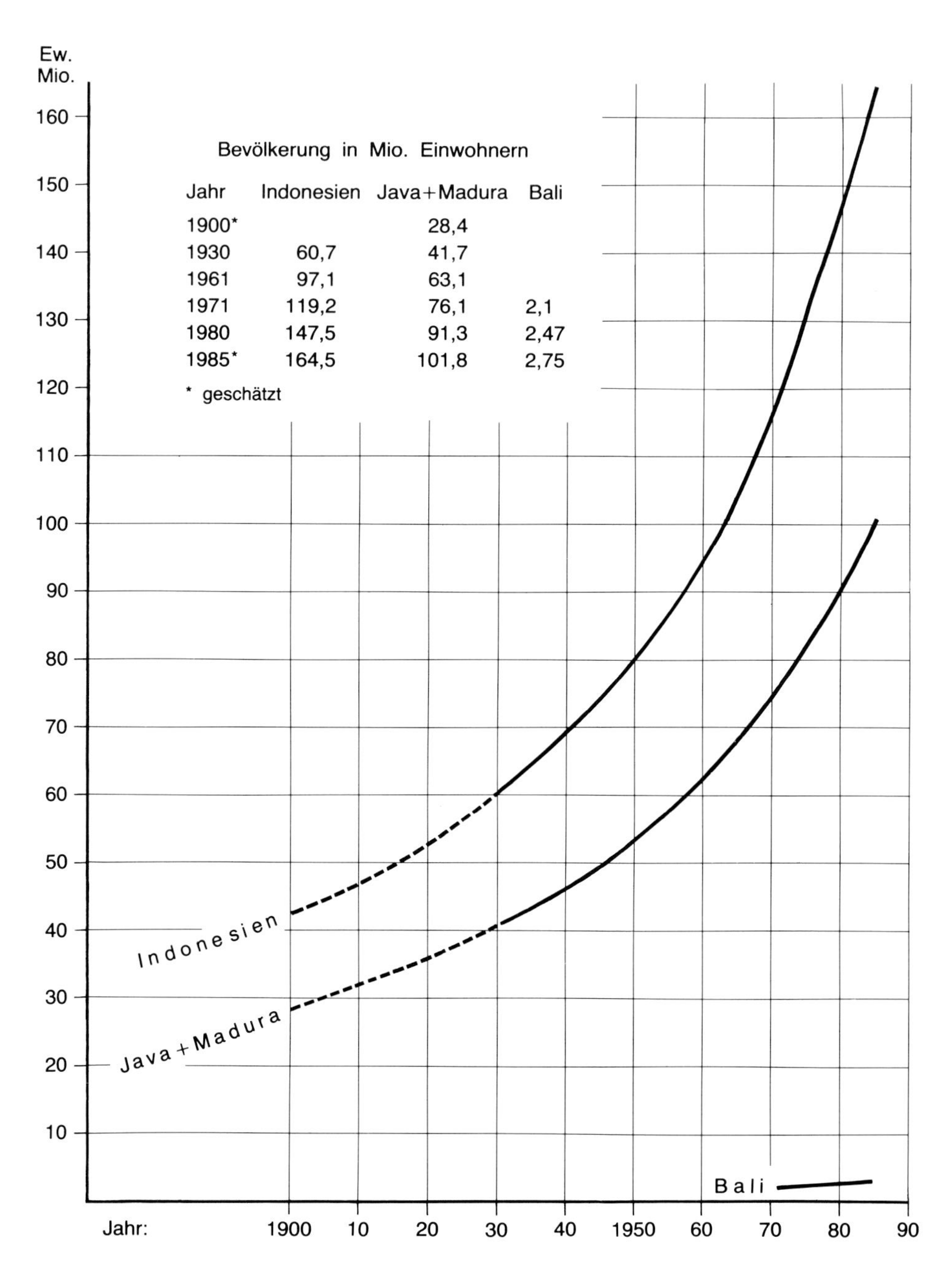

Bevölkerung in Mio. Einwohnern

Jahr	Indonesien	Java+Madura	Bali
1900*		28,4	
1930	60,7	41,7	
1961	97,1	63,1	
1971	119,2	76,1	2,1
1980	147,5	91,3	2,47
1985*	164,5	101,8	2,75

* geschätzt

Übersicht 23: Die Bevölkerungsentwicklung Indonesiens, von Java mit Madura und von Bali seit dem Anfang des 20. Jh.s bis 1985. Die Bevölkerungszahlen vor 1930 sind geschätzt.

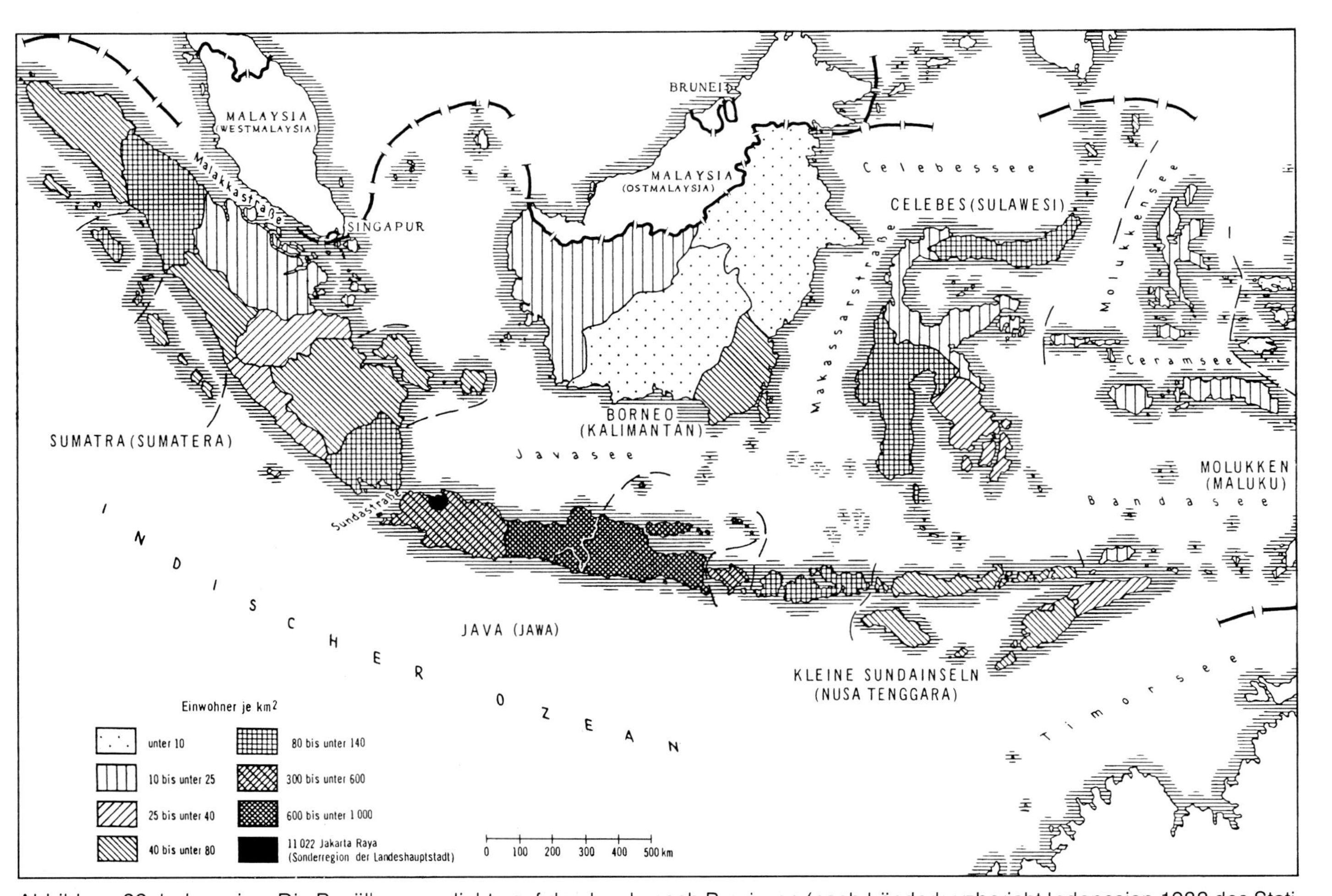

Abbildung 90: Indonesien. Die Bevölkerungsdichte auf den Inseln nach Provinzen (nach Länderkurzbericht Indonesien 1982 des Statistischen Bundesamtes Wiesbaden).

– z. B. als Dentisten und Ärzte – in Erscheinung treten und bald Wohlhabenheit erreichen.
Von den 4 bis 5 Mio. Chinesen in Indonesien dürfte etwa die Hälfte (2,5 Mio.) eingebürgert sein. Viele leben im ehemaligen Gastland schon seit mehreren Generationen und betrachten es voll und ganz als ihre Heimat. Neid und mitunter auch Haß haben das Verhältnis der einheimischen indonesischen Bevölkerung zu den zugewanderten, erfolgreichen Chinesen häufig belastet. Da sie in *wirtschaftlichen Schlüsselstellungen,* als Besitzer von Reismühlen in den großen Reisanbaugebieten und als Geldverleiher tätig waren und sind, wurde der schwelende Haß gegen die ethnisch fremde Gruppe dauernd genährt. In den größeren Städten befinden sich ganze Stadtviertel im Besitz von Chinesen, wie z. B. Glodok, das alte Handels- und Gewerbezentrum von Jakarta. Die Konkurrenzsituation im Handel ist ganz besonders groß!
Im Jahr 1965 kam es nach dem kommunistischen Umsturzversuch in Indonesien, der von der VR China unterstützt worden war, zu furchtbaren Ausschreitungen gegen die chinesischen Mitbewohner mit einer unbekannten Zahl von Todesopfern.
Die Staatsführung Indonesiens war sich aber bewußt, welche wirtschaftliche Bedeutung den Chinesen in Indonesien zukommt. In einer Rede vor dem Parlament am 16. August 1967 betonte SUHARTO: „Indonesische Staatsbürger chinesischer Abstammung haben dieselben Rechte und Verpflichtungen wie alle anderen Indonesier . . ."
Das enorme *Bevölkerungswachstum* auf Java und die hohen Bevölkerungsdichtewerte im ländlichen Raum führten zu einer unlösbaren Ernährungssituation und zu einem sehr bedenklich hohen Anteil landloser oder extrem landarmer Agrarbevölkerung an der Landbevölkerung. Nicht einmal die Abwanderung von jährlich rund 1 Mio. Menschen in die große Zahl javanischer Städte konnte im ländlichen Raum der Insel tragbare Verhältnisse schaffen, dafür aber wurde durch sie die erdrückende Arbeitslosigkeit in den Städten wesentlich verschärft. Wie katastrophal die Zunahme der Stadtbevölkerung auf Java in den letzten 60 Jahren erfolgt ist, läßt sich aus Tabelle 24 für die 9 größten Städte Javas erkennen. 1971 besaß Java bereits 14 Städte mit einer Einwohnerzahl von über 100.000, das ergibt allein schon eine Bevölkerung von über 10 Mio. Einwohner (1981 etwa 14 Mio.) und zeigt die steigende Verstädterung Javas.

Tabelle 24: Java: Die Zunahme der Bevölkerung in den Provinz-Hauptstädten 1920 bis 1981 (nach den amtlichen Statistiken, nach W. RÖLL, 1975, und Schätzungen der Verfasser).

Stadt	Bevölkerung in 1.000 Personen					Zunahme
	1920	1930	1961	1971	1981	1920/1981
Jakarta	253,8	533,0	2.971,1	4.576,0	6.500,0	25,6fach
Bandung	94,8	166,8	972,8	1.153,7	1.400,0	14,8fach
Surabaya	192,2	341,7	1.007,9	1.549,9	2.000,0	10,4fach
Cirebon	33,1	54,1	135,9	204,0	272,0	8,1fach
Semarang	158,0	217,8	503,1	614,2	740,0	4,7fach
Bogor	46,6	65,4	154,1	186,4	220,0	4,7fach
Jogjakarta	103,7	136,6	312,6	390,4	468,0	4,5fach
Surakarta (Solo)	134,3	165,5	367,6	448,5	530,0	4,0fach
Malang	42,9	86,6	341,4	397,6	450,0	10,5fach

Der jährliche Bevölkerungszuwachs von rund 20‰ stellt das Hauptproblem der beiden Inseln Java und Bali dar, das durch die bisherigen *Transmigrationsbemühungen* nicht gelöst werden konnte. Sie haben meist nur die natürliche Zuwachsrate ausgleichen können. Seit 1971 setzte jedoch auf Grund einer verstärkten Familienplanung eine vorerst nur geringe Verminderung des Bevölkerungswachstums ein. Auf Java und Bali wandten infolge der Aufklärungsaktionen über 25% aller verheirateten Frauen im Alter von 15 bis 49 Jahren Verhütungsmittel an (1976). Für den weiteren Ausbau der Familienplanung war vorgesehen, bis 1984 72,6 Mio. US-$ bereitzustellen, und zwar mit Hilfe eines Weltbankdarlehens in der Höhe von 35 Mio. US-$. Es ist inzwischen bewußt geworden, daß nur dieser Weg auf Dauer zum Erfolg führen kann.
Die Umsiedlungsaktionen sind aber deshalb nicht wertlos, sie haben den Zweck, eine günstige Ausgangssituation für die weitere Entwicklung zu schaffen. Die Zielsetzung müßte in erster Linie verfolgen, die ländlichen Räume um eine große Zahl landloser Bauernfamilien zu vermindern und die agrare Bevölkerungszahl konstant zu halten sowie die Städte von landwirtschaftlichen Zuwanderern zu entlasten. Gleichzeitig muß aber auch eine Verringerung nicht nur der arbeitslosen Familienerhalter, sondern auch der unfaßbar hohen Zahl von Teilzeitbeschäftigten erreicht werden. Wir haben bereits

Tabelle 25: Indonesien. Siedlungsgebiete und Zahl der Umsiedler zwischen 1905 und 1973 (nach G. R. Zimmermann, 1975).

Siedlungsgebiete (Provinzen)	1905–41 (Personen)	1942–45 (Personen)	1950–73 (Personen)	zusammen (Personen)
1 Aceh			695	695
2 N-Sumatra	11.426		10.582	22.008
3 W-Sumatra	1.945		13.150	15.095
4 Riau			1.814	1.814
5 Jambi			9.771	9.771
6 Bengkulu	7.443		7.270	14.713
7 S-Sumatra	25.153		146.858	172.011
8 Lampung	173.959	8.819	284.569	467.348
9 W-Java			5.032	5.032
10 W-Kalimantan			13.824	13.824
11 Zentral-K.			9.825	9.825
12 O-Kalimantan	164		21.160	21.324
13 S-Kalimantan	3.950		15.546	19.496
14 N-Sulawesi			6.322	6.322
15 Zentral-S.	146		17.144	17.290
16 SO-Sulawesi	984		7.291	8.275
17 S-Sulawesi	13.464		13.283	26.747
18 Maluku			1.863	1.863
19 W-Nusatenggara			654	654
20 Irian Jaya			1.132	1.132
Zusammen:	238.634	8.819	587.785	835.238

mehrfach festgestellt, daß die bisherigen Ergebnisse geplanter Transmigration keinen nennenswerten Erfolg zu verzeichnen hatten. Das gilt vor allem für die Umsiedlungsaktionen in der niederländischen Kolonialzeit. Aufgrund der Unabhängigkeitskämpfe und innenpolitischen Auseinandersetzungen ruht in der Zeit 1945 bis 1950 überhaupt jede staatliche Umsiedlungstätigkeit. Erst 1950/1951 begannen die ersten Aktivitäten des unabhängigen Indonesien mit der Ansiedlung von Kriegsveteranen und erreichten 1950 bis 1973 einschließlich privater und kirchlicher Umsiedlungsprogramme eine jährliche Kapazität von durchschnittlich 30.000 Menschen oder 6.000 umgesiedelten Familien (G. R. ZIMMERMANN, 1975, siehe Tabelle 25).

Diese Ergebnisse sind für die Lösung der brennenden Probleme eines Ausgleiches von übervölkerten Gebieten mit höchstem Bevölkerungsdruck und schwach besiedelten Räumen mit geringer Bevölkerungsdichte völlig unzulänglich. Berücksichtigt man die sonst eingetretenen Wanderbewegungen, die teilweise Rückwanderung umgesiedelter Personen und die Zuwanderung in die großen Städte (auch von anderen Inseln), dann ergibt die Wanderungsbilanz das Bild eines noch viel geringeren Erfolges (siehe Abbildung 91). Detaillierte Angaben über die Umsiedlungserfolge 1950 bis 1970 sind außer in den Berichten der Umsiedlungsinstitutionen auch in J. M. HARDJONO „Transmigration in Indonesia" (1977) enthalten. Die Umsiedlungaktionen sollen im Zeitabschnitt 1985 bis 1989 wesentlich intensiviert und beschleunigt werden. Nach Aussage des Leiters der Umsiedlungsbehörde im April 1984 sollen mehr als 3,7 Mio. Menschen aus Java und Bali einbezogen werden, deren Transferierung nach Sumatra und anderen unterbesiedelten Inseln des Staates vorgesehen ist. 689.000 Javaner sollen eine neue Heimat in Irian Jaya finden. Mit dieser verstärkten Transmigration wird auch das Ziel ver-

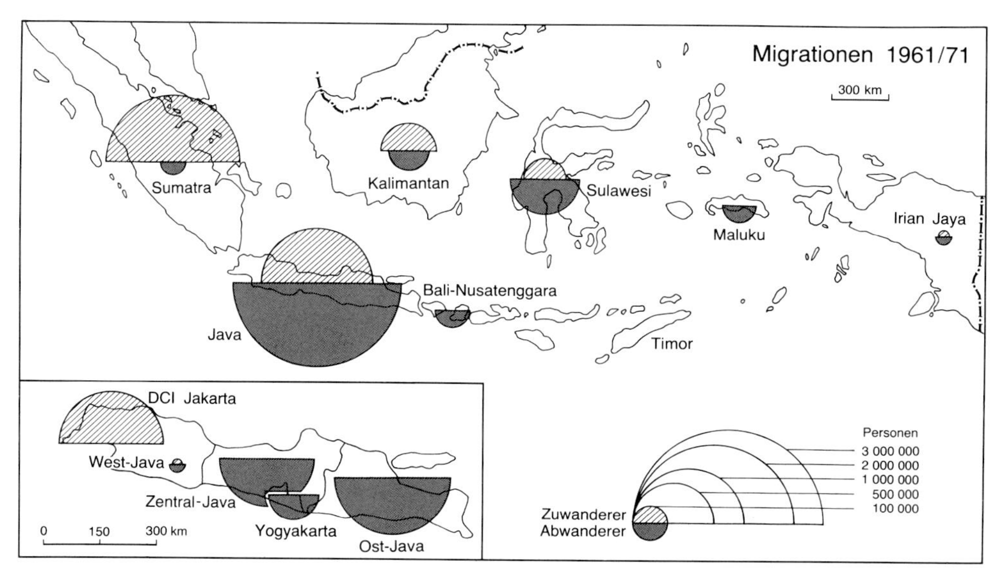

Abbildung 91: Indonesien. Ergebnisse der Migrationen 1961 bis 1971 (aus G. R. ZIMMERMANN, 1975).

folgt, die wirtschaftliche Entwicklung zu verbessern und die Einheit Indonesiens zu fördern. Es herrscht natürlich in den betroffenen Gebieten die Befürchtung, daß auf diese Weise die ethnische Struktur der Bevölkerung von Irian Jaya, die in den erschlossenen Gebieten hauptsächlich dem Christentum angehört, wesentlich verändert wird.
Auf Java dient etwas über die Hälfte der Inselfläche dem *agrarischen Anbau,* der dank der weithin fruchtbaren Böden und der Be- und Entwässerungsanlagen bis zu 3 Ernten im Jahr ermöglicht. In den küstennahen Niederungen im Norden des Landes wurden schon in der Kolonialzeit großzügige agrarische Regulierungen vorgenommen und auch nach 1950 weitergeführt (siehe auch Bild 36 der Tafel 19). Das Wachstum der Hauptstadt Jakarta vollzieht sich ebenso wie das anderer Städte sehr rasch auch in die fruchtbaren Randgebiete hinein, wodurch wertvolle Flächen für die Ernährungswirtschaft verlorengehen (siehe Bild 35 der Tafel 18).
Die *Hauptanbaukultur* der bäuerlichen Betriebe ist Reis, der in Java und auf Bali überwiegend als Naßreis gebaut wird. Dazu kommt in Ost-Java als wichtigste Feldfrucht noch Mais. Außerdem werden Kassava (Maniok), Süßkartoffeln, Erdnüsse und Sojabohnen gebaut. Wegen des großen Nahrungsmittelbedarfes wurden auf Java die Anbauflächen für Handelsfrüchte, insbesondere für Zuckerrohr, zugunsten des Naßreisanbaues stark reduziert. Plantagen produzieren Kautschuk, Tee (West-Java), Kaffee (Ost-Java) und Chinarinde (Umgebung von Bandung). Die Viehhaltung ist wenig bedeutend und erfolgt in den Kleinbetrieben auf Java und Madura.

In den dichtbesiedelten Bewässerungsreis-Anbaugebieten (West- und Zentral-Java) herrschen agrare Besitzgrößen von unter 0,5 ha vor. Für ganz Java betrug 1980 die durchschnittliche Besitzgröße 0,7 ha. Die Inbesitznahme ehemaliger niederländischer Plantagen durch landlose Bevölkerungsgruppen war wirtschaftlich ein arger Fehlschlag, der die Ernährungsbasis nicht verbessern konnte. Die Reisproduktion in ganz Indonesien stieg zwar bis 1980 erstmals auf 29,7 Mio. t und hätte den Gesamtbedarf decken können, es mußte aber hauptsächlich für die Ernährung der Bevölkerung Javas weiterhin Reis eingeführt werden.
Mindestens über ⅔ aller in der Landwirtschaft Beschäftigten besitzen keine eigene agrare Nutzfläche und sind auf *Wanderarbeit, Teilbeschäftigung* oder *Saisonbeschäftigung* angewiesen.
Um die enorme Arbeitslosigkeit vor allem auch der jungen Arbeitskräfte etwas zu dämpfen, ist die Regierung um eine Steigerung und einen weiteren Ausbau der gewerblichen und industriellen Produktion bzw. der Betriebe bemüht. Ende der siebziger Jahre konnte bei der Produktion mit einer jährlichen Zuwachsrate von 10 bis 12% gerechnet werden. Obwohl sich etwa 80% der *Industriebetriebe* in Java befinden, ist die Zahl ihrer Arbeitsplätze viel zu gering. Der Anteil der Industrie am Bruttoinlandsprodukt ist für ganz Indonesien bis 1983 jedoch auf 39% gestiegen (Anteil der Landwirtschaft 26%).

Im *verarbeitenden Gewerbe* nehmen Nahrungsmittel- und Tabakwarenherstellung einen vorrangigen Platz ein. Als weitere wichtige Zweige treten Textil-, Gummi- und Gummiwarenerzeugung hinzu. Meist handelt es sich aber um kleinere und mittlere Gewerbebetriebe mit nur beschränkten Arbeitsplatzzahlen. Die Zahl der größeren Betriebe ist im Verhältnis zum riesigen Arbeitskräfteangebot verschwindend gering und beschränkt sich hauptsächlich auf die Produktion von Zement, Glas, Kunstdünger und anderen chemischen Produkten sowie auf Metallwaren. Die Erzeugung für den laufenden und

täglichen Inlandsbedarf steht ganz im Vordergrund. Als Industriestandorte mit z. T. bereits entwickelten Industriezonen sind Jakarta, Bandung, Cirebon, Semarang, Cilacap und Surabaya hervorzuheben. Die erste Industriezone wurde in einer Ausdehnung von 800 ha in Gulo Gadung am östlichen Stadtrand von Jakarta mit direktem Zugang zum Hafen Tanjung-Priok errichtet, und bis 1978 wurden dort 142 Unternehmen mit 8.652 Beschäftigten angesiedelt. Die Eisen- und Stahlerzeugung soll in Tjalegon (Westjava) weiter ausgebaut werden. Auch für die Erdölraffinerie in Zentraljava ist eine wesentliche Kapazitätssteigung vorgesehen.
Verkehrsmäßig ist Java die einzige große Insel Indonesiens, welche zufriedenstellend erschlossen ist und von ihrer Infrastruktur her eine wesentliche Voraussetzung für eine weitere Industrialisierung besitzt. Für die weitere Entwicklung von Industrie, produzierendem Gewerbe und für die Versorgung der Bevölkerung genügte die Stromkapazität um 1980 nicht, obwohl ohnedies 80% der damaligen Kapazität auf Java konzentriert waren. Bis zu einer zukünftigen Nutzung geothermischer Energie, für die auf Java, Bali und Lombok günstige Bedingungen gegeben wären, sollen der Ausbau des kohlebetriebenen Kraftwerkes Surabaya und der Bau einer 500 kV-Hochspannungsleitung von Surabaya nach Semarang die herrschende Mangelsituation überbrücken. Das mit 700 Mio. US-$ veranschlagte Projekt soll u. a. durch Kredite der Weltbank von 253 Mio. US-$ und der Asiatischen Entwicklungsbank gestützt werden. Begonnen wurde außerdem mit dem Bau des größten Wasserkraftwerkes des Landes, Saguling am Citarumfluß in der Region Bandung (700 MW). Sehr große Hoffnungen setzt man auf die weitere Erschließung von Erdölfeldern und die Steigerung der Fördermengen. Schon 1980 machten die Erdöleinkünfte etwa 59% der Exporterlöse aus. Die wichtigsten Erdölfelder liegen auf Sumatra und Borneo. Man hofft aber auch im Raum Java und über dem Schelf der Java-See auf positive Ergebnisse der geplanten Versuchsbohrungen.
Große Erwartungen hat man für Java in die Entwicklung des *Tourismus* gesetzt, die sich aber nicht oder nur z. T. erfüllt haben. Als Zentrum des Tourismus wurde Jakarta in überdimensionaler Weise ausgebaut. Es besaß bereits um die Mitte der siebziger Jahre 43 moderne, bestens ausgestattete Hotels mit einer Kapazität von rund 5.300 Zimmern, die aber, ausgenommen zu Kongreßzeiten, unterbelegt und wirtschaftlich unretabel waren. Ähnlich erging es anderen Hotels an landschaftlichen und kulturell reizvollen Punkten der Insel, die in das Reiseangebot der internationalen Fremdenverkehrsorganisationen nicht hinlänglich eingebaut waren. Nur wenige Gebiete, wie Bogor mit seinem berühmten Botanischen Garten, die alten Fürstenstädte und Kulturzentren Jogjakarta und Surakarta und die weltberühmten Tempelanlagen des Buddhismus (Borobudur) und des Hinduismus (Prambanan) mit den jährlich veranstalteten Ramayana-Festspielen, haben zu einer lokal spürbaren Verbesserung des Wirtschaftslebens geführt. Die Deviseneinnahmen für den Staat blieben aber weit unter den Erwartungen. Deutlich wirkte sich für Java die Konkurrenz des kleinen benachbarten Bali aus, in dem Wirtschaft, Siedlungsgestaltung und kulturelle Erscheinungsformen auch heute noch eine lebende Einheit bilden und daher eine unvergleichlich größere Anziehungskraft besitzen!
In den landwirtschaftlichen Möglichkeiten und ihren natürlichen Grundlagen besitzt *Bali* große Ähnlichkeiten zu Java. Vulkanbergland bildet auch in Bali und Lombok das Rückgrat der Inseln. Hier fallen aber die Bergflanken steil nach Norden zu schmalen Küstenebenen ab, während die auslaufenden Vulkanhänge nach Süden mit wesentlich

geringeren Neigungen an die Küste führen oder in Küstenebenen übergehen (siehe Abb. 84, S. 283, bzw. Abb. 92).
Auf Bali besteht der Westen des Berglandes aus durch tiefe Taleinschnitte gegliederte basaltischen Gebirgsketten, die kaum besiedelt sind. Gegen Osten schließen an sie die jüngeren und mächtigeren Vulkane des Batukau (2.276 m), Bratan (2.020 m), Batur (1.717 m), Agung (3.142 m) und Seraja (1.174 m) an. Ihre Hänge sind bis hoch hinauf besiedelt. Die auf den mineralreichen, andesitisch vulkanischen Aschen entwickelten Andosole ergeben sehr fruchtbare Böden, die unter Nutzung eines ausgeklügelten Bewässerungssystems für den Naßreisbau mit bis zu 3 Reisernten bestens genutzt werden. Nach einer breiteren alluvialen Aufschüttungsebene schließt im Süden die aus tertiären und jüngeren Kalken aufgebaute und herausgehobene Halbinsel Bukit (ehemals Tafelhuk) an. Sie ist Teil der zerstückelten Kalkzone, die sich im Süden von der Halbinsel Blambangan Ostjavas über Bali bis zur Penida-Insel zieht.
Klimatisch gehört Bali dem Monsunklima an, mit dem Einfluß eines noch relativ feuchten NW-Monsuns im Winter und eines trockeneren Südostmonsuns im Sommer. Die Trockenzeit wird nördlich der Vulkankette und des Basaltberglandes durch leeseitige Föhnwirkung zur Zeit des SO-Monsuns noch verstärkt und verlängert.
Obwohl sich bei erster Betrachtung eine *Großgliederung der Insel* in vier Hauptzonen anbietet, nämlich das zentrale Gebirgsland, die schmalen Niederungen mit dem Hügelvorland der Nordabdachung, die breite Zone auslaufender Gebirgshänge mit den quartären Niederungen an der Südabdachung und schließlich das Kalkplateau der Halbinsel Bukit, erweist sich doch eine weitere Teilung in Landschaftseinheiten als unbedingt notwendig (siehe Abbildung 92). Es handelt sich dabei um Gebiete, die mitun-

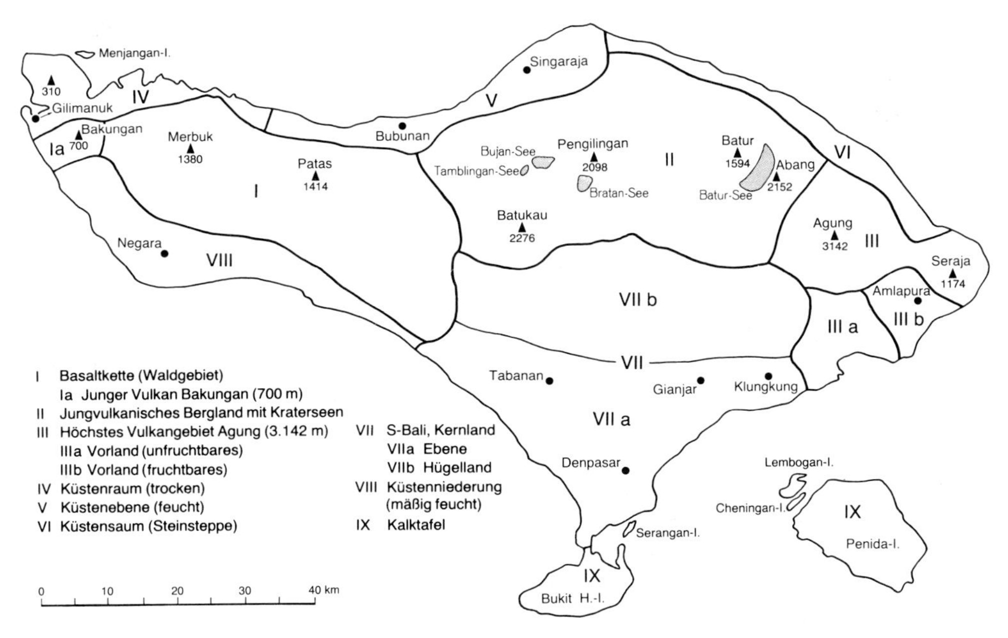

Abbildung 92: Bali. Gliederung in ökologische Einheiten (H. A. 1988).

ter in großem landschaftlichen Kontrast zueinander stehen und deren wirtschaftliche Entfaltungsmöglichkeiten sehr unterschiedlich sind.
Die schwierigst zu bewältigende Durchgängigkeit und daher auch stärkste Naturbelassenheit unter den Vulkanlandschaften besitzt die *Basaltkette* (I) im Westen von Bali. Eine starke Talgliederung ihrer Südabdachung war für eine Besiedlung nicht einladend, da die Täler eng sind und die beidseitig steilen Hänge zu schmalen Rücken hinaufführen. Das erst 1916 bis 1918 vermessene Gebirge (siehe K. HELBIG, 1939) ist dicht bewaldet und wird selten betreten. Es ist ein Rückzugsgebiet für die Tier- und Pflanzenwelt, das die Zugehörigkeit zum südostasiatischen Raum westlich der WALLACE-Linie beweist. Die Wasserscheide überschreitet nur einmal, und zwar im zentral gelegenen Patas, 1.400 m Höhe, dann sinkt sie nach mehrfachem Auf und Ab nach Osten an der Grenze zu den aktiven Vulkanbergen auf rund 1.000 m ab und bietet hier die Möglichkeit einer Nord-Süd-Verbindung. Im äußersten Westen wurde, anscheinend durch jüngere Hebungen verursacht und auf Spaltenergüssen beruhend, der junge sechsköpfige Vulkan Bakungan (700 m, Ia) angeschweißt.
Der gesamte *nordwestlich gelegene Küstenraum* (IV) gehört zu den trockensten und unfruchtbarsten Gebieten der Insel. Siedlungstätigkeit hat sich wegen Trinkwassermangels nie lange gehalten und erlitt auch in jüngerer Zeit anläßlich des Ausbruches des Bakungan 1804 einen Rückschlag. Erst in jüngster Zeit wurde durch Anschluß der Gilimanuk-Bucht an die Südweststraße und Einrichtung eines Fährverkehrs von Gilimanuk über die schmale Bali-Straße nach Ost-Java sowie durch Verbesserung der Straßenverbindung an die Nordküste eine bescheidene Neusiedeltätigkeit bewirkt (siehe Abbildungen 93 und 94).
Der Nordwestzipfel Balis zeigt deutlich Hebungserscheinungen des Landes und dürfte erst in jüngster Zeit, im Osten und Westen von tief ins Land eingreifenden Buchten abgeschnürt, eine Landverbindung erhalten haben. Landeinwärts gelegene Kalkklippen geben Zeugnis von diesen Vorgängen. Die unmittelbar aus dem Meer im NW der Insel aufsteigenden Kalkmassen des G. Prapat Agung erreichen eine Höhe von 310 m, und die kleine Kalktafel der Insel Menjangan (Hirscheninsel) vor der Nicolaas-Bucht, welche gegen Osten bis auf 70 m Höhe ansteigt, dürfte tertiäres bis quartäres Alter haben.
Die Täler, welche an der Nordabdachung des Basaltgebirges zur Küste ziehen, besitzen nur kurze, wasserarme Flüsse und Bäche, die einer Bewässerung für eine landwirtschaftliche Nutzung keine Grundlage bieten. Feldbau ist daher erst im mittleren *N-Küstenabschnitt* zwischen Telukanbawang und Buleleng möglich (V), wo die Wasserscheide etwas weiter nach Süden zurückreicht, die Niederschläge des zentralen Berglandes höher werden und daher die Flüsse länger und wasserreicher sind. Die schmalen Alluvialebenen zwischen Bubunan und Singaraja bieten außerdem mehr ebenen Raum mit günstigen Bodenverhältnissen, welche einen großflächigeren Pflugbau gestatten (siehe Bild 42 der Tafel 22). Wir befinden uns hier in einem Gebiet, in dem auf Bali auch der Islam stärker verbreitet ist. Der Fruchtanbau wird infolge der ausgeprägteren Trockenperiode etwas weiter aufgefächert betrieben als im Süden. Die Fruchtfolge richtet sich nach den Niederschlagszeiten; es werden verschiedene Fruchtarten, wie Erdnüsse, Mais, Maniok, Hülsenfrüchte, Reis und auch Tabak gebaut. Zum Teil ist der Anbau ausgesprochen marktwirtschaftlich orientiert und wird auf verhältnismäßig großen Feldern durchgeführt. Wo im Küstenland mit nur rund 1.200 mm Jahresnieder-

Abbildung 93: NW-Bali, Gilimanuk. Blick über die Bucht mit Mangrovebeständen an den Ufern auf das Prapat Agung-Bergland (310 m, Aufnahme E. A., 1976).

Abbildung 94: NW-Bali. Neusiedlungen an der Straße zwischen Sumberkampung und Gilimanuk im Gebiet der Dornbuschsavanne (Aufnahme E. A., 1976).

schlag die Anlage von Sawahs möglich ist, wird Naßreis gebaut. Auch Tarokulturen, welche bei den Mohammedanern beliebt sind, werden angelegt. Die Küste vor der alluvialen Aufschüttungsebene ist von einem langen Streifen von Kokospalmbeständen besetzt. Um Singaraja, einst Sitz der niederländischen Kolonialverwaltung, wurden Ende der siebziger Jahre neue Nelkenbaumkulturen eingerichtet. Die Niederländer hatten von hier aus auch für die Verbreitung der Kaffeekulturen Sorge getragen. Kaffee ist bis in jüngste Zeit eines der wichtigsten Ausfuhrprodukte Balis.

Im *jungvulkanischen Bergland* (II) schließen vier große Massive aus Andesiten und Basalten, durch Hochlandsättel aus vulkanischem Lockermaterial miteinander verbunden, vom Westen bis hart an die Küste im Osten aneinander. Es handelt sich um Kegelvulkane, z. T. mit großen, von Seen erfüllten Calderen. Das lagemäßig zentralste Vulkanmassiv – die Bratangruppe – besitzt eine riesige Caldera, deren Rand sich im Norden und Osten noch deutlich abhebt. In ihr liegen mehrere düstere Seen (Bratan-See, Bujan-See und Tamblingan-See) in dem meist von Wolken und Nebel verhangenen Vulkangebirge. Der Batukau (Batu Kohu, 2.276 m), der massige Vulkankegel im Süden der Bratangruppe, dürfte den Südrand der alten Caldera verschüttet haben. In seiner Gesellschaft erheben sich innerhalb der Caldera die jüngeren Eruptionskegel G. Lesong (1.860 m), G. Gedah (1.903 m) und G. Pohen (2.069 m). Es ist kein Wunder, daß sich in diesem Vulkangewirr im Zentrum des Gebirges die Wolken verfangen und Niederschlagshöhen von bis über 3.300 mm ergeben. Nebelwälder sind hier noch weithin geschlossen vorhanden.

Anfang des 19. Jh.s (siehe HELBIG, 1939, S. 369/370) dürften die Kraterseen noch einen gemeinsamen Wasserspiegel gebildet haben. 1915 oder 1918 brachen ihre Wassermassen anläßlich eines Ausbruches des Pengilingan durch und vernichteten mit ihren Stein- und Schlammströmen, die bis in das Küstengelände reichten, 17 Dörfer und forderten angeblich 10.253 Menschenleben. Die Besiedlung des Vulkanlandes ist mit Ausnahme des Baturmassivs gering. Nur an letzterem reicht das Kulturland sowohl von Süden als auch von Norden her fleckenhaft aufgelöst bis an und über den Calderarand. Über das Schicksal der Siedlung Batur haben wir schon früher (S. 284) berichtet (siehe auch die Bilder 37 bis 39 der Tafeln 19 und 20). Die Vegetation an und in der Caldera unterscheidet sich völlig von der in der Bratangruppe, obwohl die Niederschläge meist noch über 2.000 mm im Jahr erreichen. In der Höhenzone über 1.400 m treten gegen Osten mehr und mehr Kasuarinabestände und -einzelbäume auf, vergesellschaftet mit Farn- und Grassteppenvegetation. Es ist das Ergebis der Brandrodungswirtschaft des Menschen und der Nutzung der Hochländer durch die Viehhaltung, die eine Veränderung der Pflanzengesellschaft bewirkte.

Weiter gegen Osten wird das Vulkanland immer unwirtlicher, und der hochaufragende Kegel des Agung (3.142 m, III) ist von tiefen, steilen, radial verlaufenden Gräben durchzogen. Seine dichte Vegetationsdecke wird bei Ausbrüchen immer wieder vernichtet, so daß nicht nur sein Auswurfmaterial Siedlungen und Kulturen seiner Umgebung gefährdet, sondern auch Geröllmassen immer wieder das Vorland bedrohen.

Am 8. März 1963 wurde der als erloschen betrachtete Gunung Agung zu einem Zeitpunkt aktiv, als im heiligsten Tempel Balis, im Besakih (Abbildung 85, S. 283), gerade das größte, nur alle 100 Jahre stattfindende Opferfest, Eka Dasa Rudra, begangen wer-

den sollte. Glühende Lavaströme ergossen sich über die Bergflanken, umgingen wie durch ein Wunder den Tempel Besakih, zerstörten aber große Gebiete Ost-Balis.
Die Gebirgshänge und die Küste von Nordost-Bali (VI) zwischen Nord- und Ostkap haben das Aussehen einer schwarzbraunen Steinsteppe. Mit wenigen Ausnahmen reichen die steilen Gebirgsabfälle bis zum Meer. Das Pflanzenkleid dieses niederschlagsarmen Gebietes besteht aus niedrigen Sträuchern, Akaziengebüsch, Opuntien, Wolfsmilchgewächsen sowie u. a. auch Säulenkakteen, Lantanagestrüpp und halbverdorrten Büschelgräsern. Weiter im Südosten gesellen sich Lontarpalmen hinzu. Die Niederschläge fallen während weniger Wintermonate, rinnen an den sehr steilen Berghängen sehr rasch ab, so daß sich keine länger anhaltenden Feuchtigkeitsreserven bilden können. In den sieben Monaten zwischen Mai und November fallen überhaupt nur selten Niederschläge. Auch für die Viehhaltung ergibt sich daher nur eine sehr magere Basis. Der Fruchtbau beschränkt sich auf Mais, Erdnüsse, Tabak, etwas Trockenreis bei einmaliger Ernte im Jahr. Im Verbreitungsgebiet der Lontarpalmen werden Wein und Zukker aus den Fruchtsprossenstengeln gewonnen, und die Blätter werden zur Herstellung von Flechtwerken verwendet.
Südlich des Agung schiebt sich das aus Basalten und rötlich verwittertem Lockermaterial aufgebaute *Massengebirge des Sidemen* (IIIa) ein. Es ist durch Erosion stark gegliedert und in lange Kämme, viele Gipfel und kleine Plateaus aufgelöst. Fast waldlos, bietet es nur an seinem Westrand die Möglichkeit einer Nutzung durch Sawahkulturen. Zwischen diesem Gebirge und dem Agung spannt sich die Hochfläche von Selat, die nach Osten nach Amlapura (Karangasem) hinüberführt. Karangasem war die alte Hauptstadt und Mittelpunkt eines der reichsten balinesischen Königreiche, dessen Macht sich zeitweise bis nach Lombok erstreckte. Das fruchtbare Land wurde aber immer wieder von Geröllablagerungen und anderen Akkumulationen bedroht (III b). Eine kaum befahrbare Straße führt über einen Sattel, und die reich gegliederten Hänge mit wohl ausgebauten Reisterrassen an den Talhängen zwischen Agung und Seraja zu dem Fischerdorf Amed an der armen „Hungerküste" Nordost-Balis.
Der Eindruck einer *paradiesisch fruchtbaren Landschaft,* in der sich vor düsteren, mächtigen Vulkankegeln im Sonnenlicht strahlend leuchtende Reisfelder aneinanderreihen, stammt von Süd-Bali, dem dichtest besiedelten Teil der Insel (VII). Hier werden die höchsten Reishektarerträge erzielt, hier hat die Balikultur nicht nur ihre schönsten Zeugnisse hinterlassen, sondern hier lebt sie auch noch. Sie bestimmt das Leben der Balinesen von der Geburt bis zum Tode. Die alten Siedlungsformen, Tempelanlagen, die zahllosen Haustempel, die täglichen Sitten und Gebräuche, gemeinsame Kultveranstaltungen, Prozessionen und Zeremonien, Tänze und das ganze tägliche Leben finden im Adat und den religiösen Riten ihre Einbindung und sichern den Balinesen die Geborgenheit in ihrer Gesellschaft im Widerstreit der Naturmächte. Die Mauern, die die Dörfer vor bösen Geistern beschützen (Bild 43 der Tafel 22), gehören ebenso zu lebendiger Kultur dieses Volkes wie die Tänze und Epen, mit denen die Menschen sich zutiefst verbunden fühlen (siehe auch die Bilder der Tafeln 23 bis 25). Die Sitten und Bräuche zeigen aber auch die engen Beziehungen zu den Naturkräften, deren Mächte sich die Menschen durch Riten und Zeremonien dienstbar zu machen oder vor deren bedrohenden Kräften sie sich zu bewahren suchen. So hegen sie den ununterbrochenen Kontakt zu Göttern und Dämonen in Glaubensverbindungen, deren mystische und

mythische Grundlagen durch die Naturmächte der Vulkane zusätzlich genährt werden. Welch großartige Harmonie und innere Einheit spricht aus der Darstellung der Reisgöttin Sir am Sidan-Tempel und der Tänzerin in Batubulan (siehe Tafel 24). Diese Einheit von Natur und Mensch zu zerstören, hieße diesem Volk die Lebensgrundlage zu entziehen!

Von Natur aus bieten gute Böden vulkanischen Ursprungs, genügend Niederschläge (über 2.000 mm) und längere, im zentralen Gebirgsraum wurzelnde, wasserreiche Flüsse eine hervorragende Grundlage für die Sawahkulturen (VII). Den Wassergemeinschaften (Subak's), die eine ausgeklügelte Wasserverteilung und die Überwindung oft großer Geländeschwierigkeiten (tiefe Gräben, tief eingeschnittene Flußläufe, Geländeunebenheiten) mit ihren Wasserleitungen aus Bambus, hohlen Palm- und Baumstämmen vorzunehmen haben, sind die bestmögliche Nutzung und die hohen Erträge, welche jene Javas pro Flächeneinheit weit überschreiten, zu danken.

Der zentrale Sawahraum südlich der Bratan- und Baturgruppe kann höhenmäßig in zwei Teile gegliedert werden: Über 250 m Höhe schneiden die Gewässer und Flüsse noch in tiefen Gräben in das akkumulierte vulkanische Material ein, und steile Talflanken müssen in mühsamer Arbeit für die Reiskulturen terrassiert werden (VIIb, siehe auch Bild 40 der Tafel 21). Die Orte und Radialstraßen ins Gebirge liegen auf den breiten Rücken der stehengebliebenen Lockermassen, die ebenfalls für den Naßreisanbau genützt werden. Die Querstraßen müssen die tiefen Gräben aufwendig überwinden.

Unter 250 m Höhe werden die Reliefunterschiede und die Neigungen der auslaufenden Hänge geringer und gehen schließlich in die flachen Alluvialebenen über, in denen die Be- und Entwässerung durch Wassergräben besorgt wird (VIIa, Bild 41 der Tafel 21). Die *Küstenniederungen in SW-Bali* (VIII) besitzen als südliches Vorland des Basaltberglandes immer noch genügend Niederschlag, um in Verbindung mit noch hinreichend wasserführenden Flüssen Sawahkulturen zu ermöglichen. Allerdings ist oft nur noch eine Ernte möglich, und Naßreiskultur wechselt mit Brachland, das als Viehweide genutzt wird. Negara ist die Hauptstadt des viel weniger dicht besiedelten Djembrana-Distriktes. Um Negara werden die Flüsse für die Sawahbewässerung angezapft. Weiter gegen Nordwesten nimmt der Niederschlag rasch ab, es fehlen Zuflüsse aus dem Bergland, und die Naßreiskulturen verschwinden.

Nach Enteignung des Djembrana-Besitzes kam es zu einer Siedlungsverdichtung und neuen Kultivierungen, an denen auch Kolonisten aus Ost-Java beteiligt waren. In den Ebenen wurden die Bewässerungsanlagen erweitert, das Hügelland für Kaffee- und Kokospalmkulturen und als Weideland für das sehr geschätzte Djembrana-Vieh erschlossen. Diese Entwicklungen bildeten die Grundlage für die Verdopplung der Bevölkerung zwischen den beiden Weltkriegen.

Ein ganz anderes Bild bietet die *Halbinsel Bukit* (IX), eine Kalktafel, welche durch eine mit Schlick bedeckte und teilweise von Dünen überwehte Korallenbankbrücke mit der Insel verbunden wird. Erst der Bau des Flugplatzes hat diese Brücke noch verstärkt. Im Süden ragt diese Kalktafel über 200 m aus dem Meer. Wenn auch die Niederschläge etwa gleich wie im anschließenden Raum von Bali sind, so sind doch die Wasserarmut, der magere Boden und der Windreichtum ausschlaggebend für die nur wenigen und nicht sehr ertragreichen Trockenkulturen. Viehhaltung, Fischfang an der Küste, Kalkge-

winnung und etwas Beteiligung am Fremdenverkehr in den angrenzenden Randgebieten bilden die Lebensgrundlage des spärlich besiedelten Raumes.
In der zweiten Hälfte der sechziger Jahre unseres Jahrhunderts hat der *Fremdenverkehr* in Bali sehr rasch und in geradezu bedenklicher Weise zugenommen. Er bietet heute die Haupteinnahmsquelle der Insel, aber auch die Hauptgefahr für die ethischen Werte ihrer liebenswerten Bevölkerung. Der Einzeltourismus wurde durch den Massentourismus völlig verdrängt, und das Einfühlungsvermögen der Fremden in balinesische Kultur- und Lebensweise hat einen beschämenden Tiefstand erreicht.
Abbildung 95 zeigt die Verteilung der Hotelzimmer 1973, als Bali bereits in das Angebot der großen Reisebüros der Welt zu Billigpreisen einbezogen worden war. Inzwischen haben sich die Bettenzahlen und Fremdenzimmerzahlen wesentlich erhöht, das relative Gewicht der Übernachtungsplätze ist aber ziemlich gleichgeblieben.
Außer Denpasar, der Hauptstadt der Insel, die mit ihrer Umgebung etwa 65.000 Einwohner der heute rund 2,7 Mio. starken Bevölkerung Balis beherbergt, besitzen nur noch Singaraja, Tabanan und Negara etwas größere Zimmerangebote. Die anderen Orte bemühen sich durch Privatzimmervermietung am Fremdenverkehr teilnehmen zu können oder aus dem Restaurationsangebot und dem Handel mit Andenken Nutzen zu ziehen. Da Denpasar im Lande liegt, fällt den nahen Küstenorten der Hauptverdienst an den Übernachtungen zu. Es sind dies die erstklassigen Hotels am schwarzen Strand von Sanur (Sand aus vulkanischem Material) und die Mittelklassehotels und billigen Unterkünfte am Sonnenstrand (Korallensandstrand) der Küste von Kuta im Westen. An

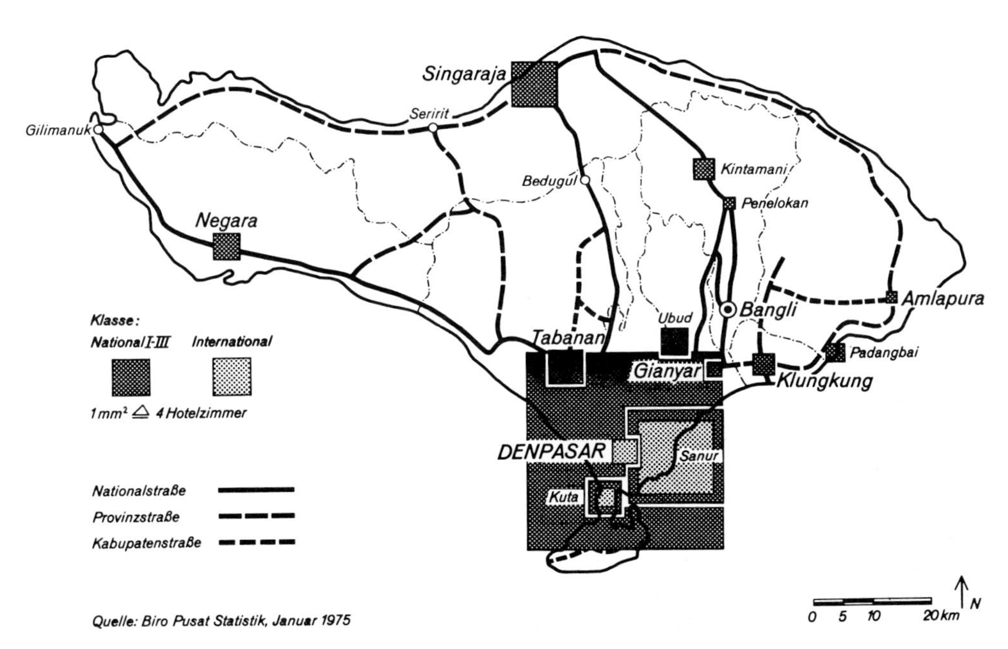

Abbildung 95: Bali. Verteilung der Hotelzimmer 1973 auf die Übernachtungsstandorte (aus G. Dress, 1979).

dem herrlichen, bisher einsamen Strand von Nusa Dua im Nordosten der Halbinsel Bukit wurde 1979/80 ein Hotel mit etwa 200 Zimmern erbaut. Ein weiterer Ausbau der Strände um Denpasar erscheint wegen der ohnedies schon zu hohen Besatzziffern nicht sehr sinnvoll. Als Vulkaninsel ist Bali ein Musterbeispiel für eine optimal genutzte wirtschaftliche Kapazität, die sogar eine Bevölkerungsdichte von rund 480 Ew./km² ohne katastrophale Konsequenzen bewältigen konnte. Es ist aber sicher auch ein Ausnahmsfall, der sonst auf der Erde nicht oft vorkommen wird.

9.3.2 Hawaii, Vulkaninsel im nördlichen Randtropengebiet der Nordost-Passatzone und ihre Sonderstellung in der Hawaii-Gruppe

Die Hawaii-Inseln (Hawaii Islands, früher Sandwich Islands) bilden seit 1959 den 50. Bundesstaat der USA und liegen im zentralen Nordpazifik zwischen 18° 54' und 28° 15' nördlicher Breite sowie 154° 40' und 178° westlicher Länge. Von den über 1.000 Inseln liegen die acht Hauptinseln vulkanischen Aufbaues, von denen sieben besiedelt sind, mit über 1 Mio. Bewohnern südlich des Wendekreises. Alle anderen kleineren, aus vulkanischen Gesteinen und Korallenbänken aufgebauten Inseln erstrecken sich nach WNW bis an die Tropengrenze und sind unbewohnt.

Tabelle 26: Hawaii-Inseln. Fläche, Bevölkerung und Bevölkerungsdichte der acht Hauptinseln des Bundesstaates 1985.

	Fläche in km²	Einwohner 1985	Dichte Ew./km²
Hawaii	10.458	88.200	8
Maui	1.888	55.000	29
Oahu	1.574	881.000	560
Kauai	1.515	42.000	28
Molokai	676	7.500	11
Lanai	365	3.100	9
Niihau	248	340	2
Kahoolawe	117	0	0

Die Hauptinseln sind *Musterbeispiele effusiver Vulkanbauten eines ozeanischen Intraplattenvulkanismus*. Sie bestehen vorwiegend aus olivinbasaltischen Lavaströmen. Besonders typisch für die Hawaii-Gruppe ist die Bindung der *Schildvulkane* an ein tiefes Spaltensystem, welches die ozeanische Lithosphäre durchsetzt und von WNW nach OSO streicht. Vermutlich an Kreuzungsstellen mit Querbrüchen drangen ab dem Pliozän aus der Asthenosphäre basische Schmelzen auf und bauten in unter 5.000 m Meerestiefe die ersten submarinen Schildvulkane auf, bis diese, von einem submarinen Rücken aufragend, den Meeresspiegel erreichten und über diesen hinauswuchsen. Wie das Alter der Gesteine beweist, vollzog sich der Vorgang im WNW beginnend immer weiter nach OSO, so daß die ältesten Vulkane inzwischen der Erosion zum Opfer gefallen sind und nur noch durch ihren Korallenbewuchs als Atolle in Erscheinung tre-

ten. Die jüngeren Vulkane liegen daher im Südosten. Das über 2.500 km lange Spaltensystem verzweigt sich auf Oahu in zwei Paralleläste. Im Südosten besitzt die jüngste Insel Hawaii mit dem Schildvulkan Mauna Loa (4.169 m) und seinem Seitenkrater Kilauea (1.248 m) noch hochaktiven Vulkanismus. Der submarine Rücken, dem die Vulkane der Hawaii-Gruppe angehören, wurde im Laufe der Zeit durch Querbrüche und lokale Absenkungen zerstückelt, wodurch die erheblichen Tiefen zwischen den Inseln zu erklären sind.
Interessant sind die Altersbestimmungen für die nordwestlichen Inseln der Hawaii-Gruppe, die man nach Basaltproben für die höheren Teile der Vulkanberge vorgenommen hat. Sie ergaben (nach MacDonald und Abbott, 1983) für die Midway-Inseln ein Alter von 18 Mio. Jahren, für French Frigate Shoals 12, für Necker Island 10 und für Niihau 7 Mio. Jahre. Die Entwicklungsstadien dieser Inseln kann man sich, wie Abbildung 97 zeigt, vorstellen. Das Alter der Hauptinseln der Hawaii-Gruppe, aus Abbildung 96 zu entnehmen, verjüngt sich von Westen nach Osten linear. Es nimmt von 7 Mio. Jahren für Niihau auf 0,4 Mio. Jahre für die Kohala-Halbinsel von Hawaii ab, was einer Driftrate der Lithosphäre von etwa 10 cm im Jahr entspricht.

Ein Vergleich der *Bevölkerungszahlen* der Hauptinseln (siehe Tabelle 26) zeigt die sehr unterschiedliche Bevölkerungsdichte, die auf der Insel *Oahu* 560 Ew./km² erreicht, sonst aber auf allen anderen Inseln weit unter 50 Ew./km² liegt. Das hängt vor allem damit zusammen, daß Oahu an der windabgewandten Südküste zwei geräumige Buchten für den Hafenausbau besitzt und der besiedelbare Raum im Verhältnis zum steilen, unwegsamen Bergland – verglichen mit anderen Inseln – einen hohen Anteil einnimmt. Die beiden NW-SO verlaufenden Bergketten sind die Erosionsreste zweier langgestreckter Schildvulkane. Durch Rückverlegung der stark zerschnittenen, steilen Abhänge ist eine flache, für die landwirtschaftliche Nutzung günstige Fußzone entstanden, die die ganze Insel durchzieht und auf keiner anderen Hawaii-Insel so günstige Voraussetzungen für die Anlage von Siedlungen und Plantagen bietet.
So konnte sich im Süden von Oahu (hawaiianisch = Versammlungsplatz) die Hauptstadt Honolulu entwickeln (siehe Bilder 58 bis 61 der Tafeln 30 bis 32), die 1985 etwa 385.000 Ew. (1980: 365.048 Ew.), als Metropolitan Area aber über 800.000 Ew. (1980: 762.020 Ew.) zählte. Seit der Missionierung (1820) wurde der Ort zur bevorzugten Residenz der Könige von Hawaii und 1845 Hauptstadt des Königreiches. Weiter im Westen wurden die natürlichen Hafenbecken des südlichen Alluviallandes im Hinterland der Mamala Bay von den US-Amerikanern zum Kriegshafen ausgebaut, umgeben von Militär- und Zivilflughäfen und ständig wachsenden Wohngebieten.
Da Honolulu nur wenig Ausdehnungsmöglichkeit für das Wachstum der Stadt besitzt, haben sich nördlich der Koolau-Kette, die heute von zwei Autobahnen in Tunnelstrekken durchfahren wird, die Trabantenstädte Kaneohe und Kailua gebildet. In ihrer Umgebung leben noch viele Hawaiianer, und man findet entlang der Küste Tarofelder, Gartenkulturen und Viehhaltung in Kleinbetrieben.
Die großen Plantagenbetriebe von Oahu liegen im intramontanen weiten Sattel zwischen nördlicher Koolau-Kette und den Waianae-Bergen. Die durch das abschirmende Bergland bewirkte Verminderung der Niederschläge wird durch Wasserzufuhr aus der östlichen Bergkette (z. T. in Tunnels von der Passatseite her) und Bewässerungsanla-

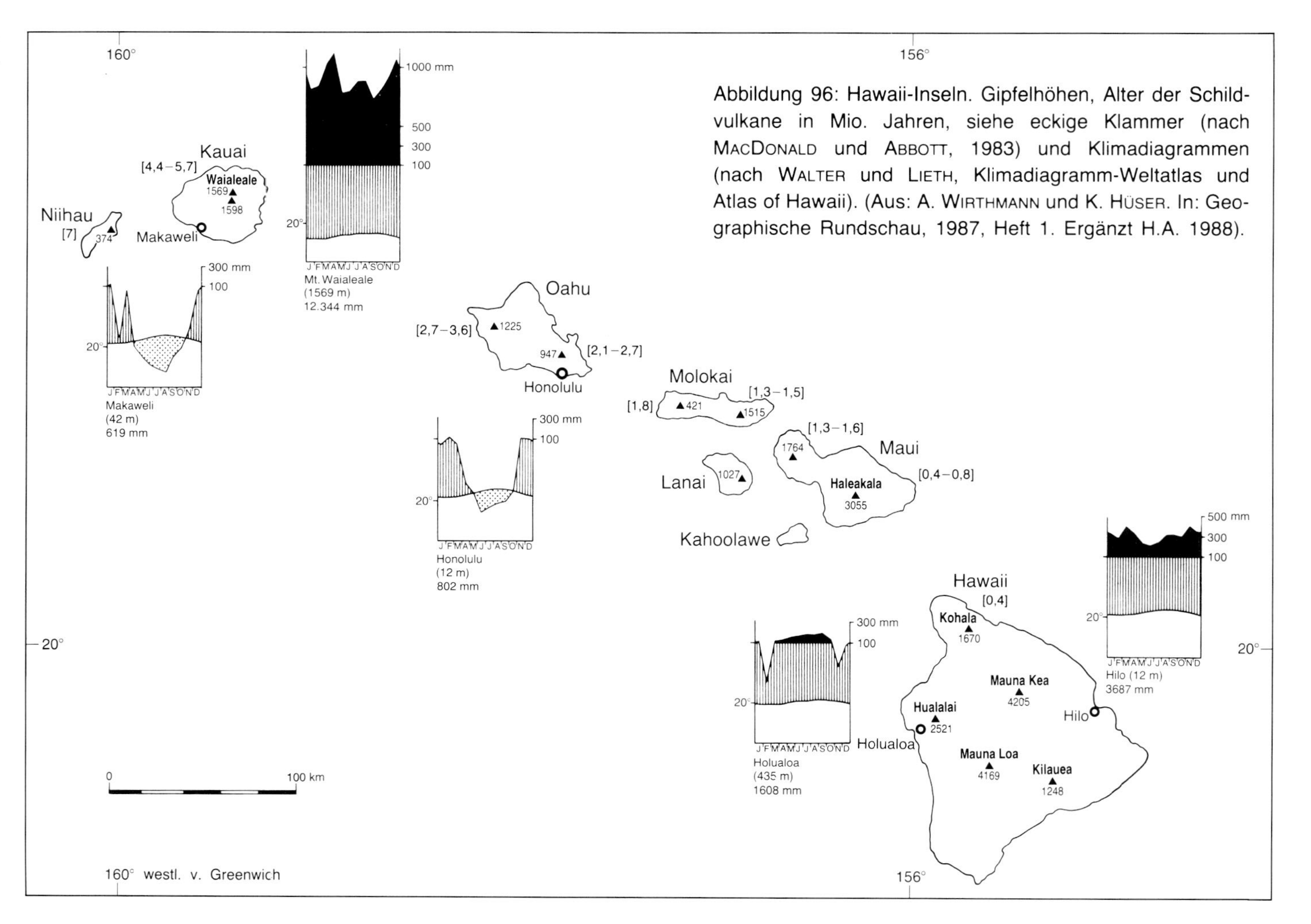

Abbildung 96: Hawaii-Inseln. Gipfelhöhen, Alter der Schildvulkane in Mio. Jahren, siehe eckige Klammer (nach MACDONALD und ABBOTT, 1983) und Klimadiagrammen (nach WALTER und LIETH, Klimadiagramm-Weltatlas und Atlas of Hawaii). (Aus: A. WIRTHMANN und K. HÜSER. In: Geographische Rundschau, 1987, Heft 1. Ergänzt H.A. 1988).

gen ausgeglichen. Sie ermöglichen den weitflächigen Zuckerrohranbau und die wegen ihrer einzigartigen Qualität weltberühmten Ananasplantagen von Dole und Del Monte (siehe Bild 62 der Tafel 32).

Die wenig entwickelte Industrie im Raum von Honolulu ist auf die Verarbeitung landeseigener Agrarprodukte ausgerichtet (Zuckerraffinerien, Obstkonserven, Kaffeeaufbereitung). Außer einem Stahlwerk, etwas Maschinenindustrie und Werkstättenbetrieben gibt es noch eine aufblühende Textilindustrie, Bekleidungsbetriebe und Möbelindustrie. Von ganz überragender Bedeutung ist aber der *Fremdenverkehr,* dessen Einnahmen weit über das Doppelte der Einkünfte aus der Landwirtschaft erreichen.

Damit ergibt sich nicht nur ein bevölkerungsmäßiges, sondern auch wirtschaftlich eminentes Übergewicht von Oahu über alle anderen Inseln.

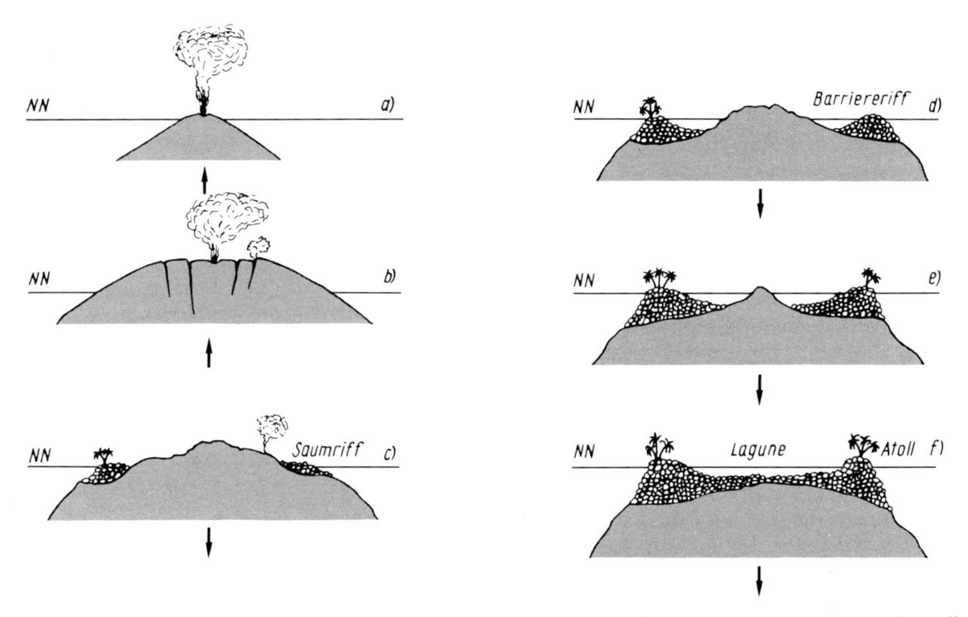

Abbildung 97: Hawaii-Inseln. Entwicklungsstadien der südöstlichen (a, b, c) und nordwestlichen Inseln (d, e, f) aus H. RAST (1980, S. 74), der die Stadien folgendermaßen erklärt:

a) Ein submariner Vulkan beginnt über den Meeresspiegel hinauszuwachsen. Infolge Zutritts von Wasser zur Förderzone erweist sich der Vulkanismus zunächst als explosiv (phreatisch).
b) Vergrößerung der Vulkaninsel. Bei Verhinderung des Wasserzutritts zum Förderkanal erfolgt Lavaförderung. Entstehung eines Domvulkans.
c) Beginnendes Absinken der umfangreich gewordenen Lavaakkumulation. Nachlassen der Vulkantätigkeit. Einsetzende Erosion und Kliffbildung. An den Inselrändern bilden sich Saumriffe von Korallenbauten.
d) Beim Fortgang des Absinkens und der Erosion kommt es zur Bildung eines Barriereriffes.
e) Beginnende Atollbildung. In der Lagune ist nur ein Rest der einstigen Vulkaninsel verblieben.
f) Atollstadium. Die Vulkaninsel ist tief abgesunken und von Korallenriffen, die eine Lagune kranzartig einschließen, überwuchert.

Nordwestlich von Oahu besitzt die Insel Kauai zunehmende Fremdenverkehrsbedeutung, nicht nur durch ihren abwechslungsreichen, landschaftlich anziehenden Küstensaum, sondern vor allem durch die grandiose Landschaft des Waimea-Canyons, der zusammen mit anderen tief eingeschnittenen Tälern das domartige Bergland, welches im Kawaikini am Südostende des Alakai-Plateaus 1.598 m Höhe erreicht, zertalt. Im Bergland werden bis zu 12.500 mm Niederschläge erreicht (Mt. Waialeale).

Im jungvulkanischen Lihue-Vorland im Osten nehmen Zuckerrohrplantagen größere Flächen ein, und hier nimmt auch die Zahl der Fremdenverkehrsunterkünfte zu. Die reichlichen Niederschläge und aus dem Bergland zufließenden Gewässer werden an der Nordostküste für Tarokulturen genützt. An der nordwestlichen Napali-Küste treten die wandartigen Steilabfälle des Berglandes so nahe an das Meer heran, daß auf weite Strecken jede Siedlungs- und Nutzungsmöglichkeit unterbrochen ist.

Annähernd gleich dicht wie Kauai ist die südöstlich von Oahu gelegene, entstehungsmäßig jüngere Doppelinsel *Maui* besiedelt. Sie ist aus den beiden Vulkanen Pu'u Kukuii (1.764 m) im Westen und dem mächtigeren Haleakala (3.055 m) im Osten zusammengewachsen. Die letzte Eruption des Haleakala soll 1750 stattgefunden haben.

Die größte Bevölkerungsdichte wird am West- und Nordabfall des Haleakala und im Küstenland der im Norden in die Insel tief eingreifenden Bucht erreicht. In den Niederungen im Norden und zwischen den beiden Vulkanen liegt ein erheblicher Teil des Agrarlandes mit Zuckerrohranbau und Ananaskulturen. Die Berghänge werden als Viehweide genutzt. In der Vegetation und der landwirtschaftlichen Nutzung ist die Auswirkung von Luv und Lee zu den Passatwinden deutlich erkennbar.

Wesentlich dünner besiedelt ist die nahe gelegene Insel *Molokai,* welche im Komakou 1.515 m Höhe erreicht. Die Luvseite der Insel im Norden ist unzugänglich und fällt steil zum Meer ab. Ein im Vergleich mit West-Maui etwas jüngerer Vulkan nimmt etwa ⅔ der Inselfläche ein und überdeckt mit seiner Lava randlich einen viel älteren, flachen Schild. Wirtschaftlich wird die Insel durch Ananaskulturen und durch Rinderfarmen genutzt. Die kleine Insel *Lanai* besteht aus einem einzigen flachen, vulkanischen Dom, dessen heutiger Gipfel Lanaihale 1.028 m Höhe erreicht. Da die Insel im Windschatten von Maui liegt, ist sie niederschlagsarm. Die ganze Insel ist ein Ananas-Anbaugebiet der Dole Company.

Auf der bisher nicht erwähnten Insel *Niihau* westlich von Kauai, die sich in Privatbesitz befindet, wird Rinderhaltung betrieben, während *Kahoolawe* unbewohnt ist und der US-amerikanischen Marine und Luftwaffe als Bombenzielgelände dient.

Die besondere Eigenart der *„Großen Insel" von Hawaii* ist die Entstehung aus fünf Schildvulkanen verschiedenen Alters, von denen die zwei südlichsten auch heute noch hochaktiv sind. Die Kohala-Berge (1.671 m) sind die Reste eines etwa vor 400.000 Jahren entstandenen Vulkans. Der Mauna Kea (4.207 m) erlebte seinen letzten Ausbruch vor etwa 4.500 Jahren, der Hualalai (2.521 m) um 1801, Mauna Loa (4.169 m) und Kilauea (1.248 m) sind bis heute tätig.

Bei den Eruptionen des Mauna Loa von 1949 und besonders von 1950 erreichte die Lava südlich von Honaunau in mehreren Strömen die Westküste. Die heftigsten Ausbrüche des Kilauea in der Gegenwart ereigneten sich 1959 und 1960 und in der Folgezeit, wie 1987.

Zur besonderen Stellung als Insel mit noch tätigen Schildvulkanen kommt noch das ausgeprägte randtropische Passatwindklima mit das ganze Jahr hindurch gleichartig wehenden Winden aus Nordost. Hawaii soll daher als weiteres Beispiel für den Typus tätiger Vulkaninseln behandelt werden.

Hawaii, die größte und jüngste Insel der Gruppe, ist allein etwa 2⅔mal so groß, wie alle anderen Inseln zusammengenommen. In polynesischer Zeit war die „große Insel" auch die volkreichste, heute beträgt ihre Bevölkerung nur etwa 1/10 jener von Oahu.

Der größte Teil der Inselfläche wird von Lavafeldern verschiedenen Alters des erloschenen älteren Mauna Kea (siehe Bild 52 der Tafel 27) und des jüngeren noch aktiven Mauna Loa (siehe Abbildung 98) mit seinem Seitenkrater Kilauea (1.248 m) eingenommen. Daß die Form des weitgeschwungenen Schildvulkanes in idealer Weise gegeben ist, erkennt man am besten aus gegenüberliegenden Standorten größerer Höhe.

Mauna Loa und Kilauea sind besonders typische Beispiele für den noch aktiven Eruptionstyp des Intraplattenvulkanismus, der zu mächtigen Schildvulkanen führt. Explosivtätigkeiten, welche die Eruptionen manchmal einleiten, spielen nur eine sehr untergeordnete Rolle. Weniger als 5% der Hawaii-Insel bestehen daher aus Lockermaterial. Meist beginnen die Ausbrüche damit, daß in sich öffnenden Spalten die aufsteigende Lava infolge plötzlicher Druckentlastung aufzuschäumen beginnt, expandierende Gase zerspratzende Lava mitreißen und Lavafontänen auswerfen; danach werden Lavafluten ausgestoßen, welche rasch hangabwärts fließen. Infolge der Häufigkeit der Aufeinanderfolge solcher Ausbrüche kommt es weithin zu keiner Bodenbildung.

Abbildung 98: Hawaii-Insel. Blick auf den Mauna Kea (4.207 m) und Mauna Loa (4.169 m) im Hintergrund im Winter. Blickrichtung von NNO nach SSW (nach einer käuflichen Luftaufnahme).

Der *Mauna Loa* bildet einen Lavaschild von annähernd 90 km Länge und 50 km Breite. Er ist aus unzähligen Lavaströmen aufgebaut, die meist nur wenige Meter mächtig sind. Wie Abbildung 98 zeigt, sind seine Hänge außerordentlich sanft geneigt. Er dürfte der größte Einzelberg der Erde sein und, zusammen mit dem Mauna Kea aus einer Meerestiefe von etwa 5.000 m aufsteigend, zugleich auch den größten Höhenunterschied aller Gebirge der Erde vom Bergfuß bis zum Gipfel weit überschreiten.

Der Gipfel des Mauna Loa besitzt im Mokuaweoweo eine große Caldera, die sich durch Absenkungen des Bodens, Wiederausfüllung mit Lava sowie Nachbrüche laufend verändert. Besonders umfangreiche Lavaförderung hatte der Mauna Loa in historischer Zeit, 1859 während einmonatiger Tätigkeit, und 1950 aus dem Südwestteil des Spaltensystems mit einer geschätzten Lavamenge von 450 Mio. m³, die in westlicher Richtung zum Meer abfloß und z. T. Siedlungsgebiet vernichtete. Er gehört zu den am häufigsten tätigen Vulkanen der Erde. Besonders bekannt ist an seiner Südflanke der nur 1.248 m hohe, aber sehr aktive *Kilauea,* der ebenfalls mit einer ausgedehnten Caldera ausgestattet ist und zwei aktive Spaltenzonen besitzt. Eruptionen explosiver Art (phreatische Eruptionen) sind auch bei ihm selten, aber aus den Jahren 1790 und 1924 bekannt. Dabei spielte das Eindringen von Grundwasser in die heiße Magmazone eine große Rolle. Der Eruption von 1924 ging das Verschwinden des Lavasees im Halemaumau in der Caldera voraus, der zeitweise flüssige und in Austauschbewegung befindliche Lava enthielt und von den Hawaiianern als Wohnstätte der hawaiianischen Vulkangöttin Pele betrachtet wurde. Es folgte der Ausstoß von Dampfwolken und Dampfsäulen, die am 18. Mai 6,5 km Höhe erreichten und Lockermaterial, darunter auch Lavablöcke von 8 t Gewicht, mit sich rissen und in die Luft schleuderten. Der Ausstoß von Dampf hielt 16 Tage an. Seit diesem Ausbruch scheint die Eruptionstätigkeit vermindert zu sein. Der letzte stärkere Ausbruch erfolgte Anfang 1987.

Wie bei allen Gebirgsinseln innerhalb der Passatwindströmung der Randtropen ist die Lage zur Hauptwindrichtung für die *Niederschlagsmengen* ausschlaggebend. Die Nordsüdrichtung des Verlaufes der Haupterhebungen führt dazu, daß bei dem vorherrschenden NO-Passat die Ost- bzw. Nordostküste mit 2.000 bis über 6.000 mm Jahresniederschlag die höchsten Niederschlagsmengen erhält und hier in geschützten Lagen Regenwälder tropischen Charakters vorkommen (siehe Tafel 29). Das Klima wechselt aber in verhältnismäßig kleinen Räumen infolge lokaler Geländebedingungen und der großen Höhenunterschiede sehr stark.

Außer bei dem weitaus vorherrschenden NO-Passat haben thermisch bedingte West- und Südwestwinde (Kona-Winde) nur eine geringere Bedeutung. Die günstigsten Lagen an der Südostküste und im Westen der Insel genießen mit 1.000 bis 3.000 mm wesentlich geringere Jahresniederschläge als der Nordosten.

Höhe und Altersverschiedenheit der Vulkanberge prägen in erster Linie die Gliederung in *Landschaftseinheiten* der Insel. In zweiter Linie folgen Klima, Vegetation, morphologische Gestaltung und Einfluß durch die Wirtschaft des Menschen. Auf diese Weise wurde durch A. WIRTHMANN 1966 eine Gliederung der Insel versucht (siehe Abbildung 99). Die Höhenregion von Mauna Loa und Mauna Kea ist durch Fehlen einer Vegetationsdecke gekennzeichnet. Diejenige des *Mauna Kea* ist aber infolge der geringeren räumlichen Ausdehnung des Schildes und einer angehobenen oberen Waldgrenze bis etwa 3.000 m, über der sich noch ausgedehntere Flecken von Gebüsch und Krummholz be-

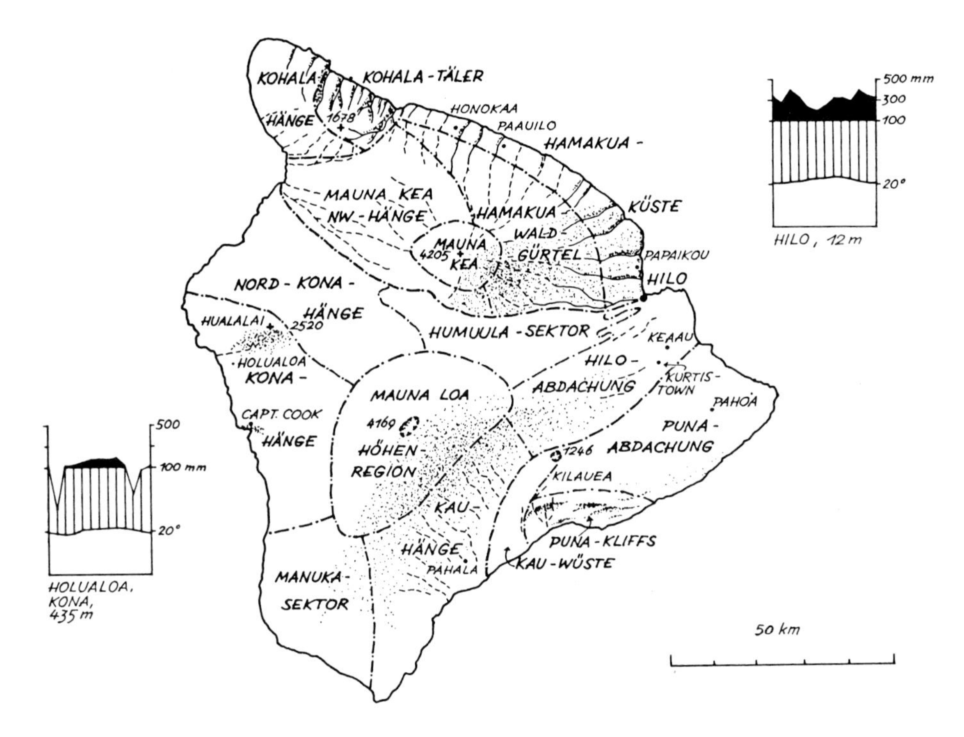

Abbildung 99: Hawaii-Insel. Landschaftsgliederung (nach A. WIRTHMANN, 1966, S. 21).

finden, weniger ausgedehnt als am Mauna Loa. Die Temperaturen sind das ganze Jahr hindurch niedrig. Noch Ende Juli haben die Verfasser unmittelbar im Gipfelniveau des Mauna Kea größere Schneefelder mit Büßerschneebildung (Zackenfirn) vorgefunden, ein Zeichen der bis in den Sommer hineinreichenden niedrigen Temperaturen, bei geringer Luftfeuchtigkeit und umso größerer Sonneneinstrahlung. Im Winter sind die Gipfel beider Vulkane von Schnee bedeckt, und man kann sich leicht vorstellen, daß sie zumindest in der letzten Eiszeit eine Firnkappe getragen haben (siehe Abbildung 98, S. 313).

Die ursprünglich flache Schildform des *Mauna Loa* ist noch weitgehend erhalten und die Höhenregion auch wegen der niedriger liegenden oberen Waldgrenze sehr ausgedehnt. Der Vegetationsbewuchs ist äußerst spärlich. Von der ovalen Gipfelcaldera Mokuaweoweo aus erstrecken sich sowohl in südwestlicher als auch nordöstlicher Richtung Spaltenzonen, von denen aus die tieferen Hauptteile des Humuula- und Manuka-Sektors mit jüngerer Lava überflutet wurden (siehe Abbildung 100). Diese Lavaströme zeichnen sich unterhalb des ,,Waldgürtels" noch weitgehend unverwittert ab.

Die im Nordwesten auslaufenden *Nord-Kona-Hänge* leiden stark unter den geringen Niederschlägen und erscheinen hauptsächlich als lockeres Grasland, das lediglich als extensive Viehweide genutzt wird. Baumgruppen an etwas feuchteren Standorten in Mulden und Gräben, gebildet durch den Kiawe-Baum (Prosopis pallisa), Lantana-

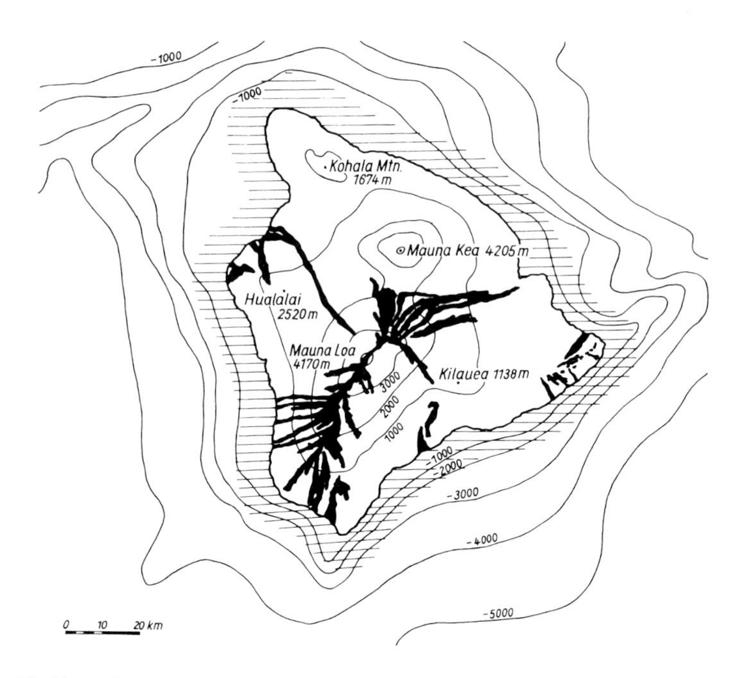

Abbildung 100: Hawaii-Insel. Die fünf Lavadome, aus denen die Insel zusammengeschweißt ist, und die zwischen 1800 und 1955 ausgeflossenen jungen Lavaströme (aus H. RAST, 1980, S. 75).

Sträucher (Lantana camara) und andere Xerophyten (z. B. Opuntien), beleben das sonst eintönige Vegetationsbild.

Schon seit der frühen Besiedlungsgeschichte der Insel gehören die Kona-Hänge zu den wichtigsten Siedlungsräumen Alt-Hawaiis und sind bis zum heutigen Tag verhältnismäßig dicht besiedelt und durch wertvolle Kulturen genützt. Die Hänge des Mauna Loa sind an der Westseite infolge Absinkens an einer Bruchlinienstaffel steiler, Bodenbildungen kommen aber nicht weniger mächtig und zusammenhängend wie in anderen günstigen Lagen vor. Die Kona-Hänge liegen zwar im Lee des Passats, es entstehen hier aber ganz besonders in der Sommerzeit täglich Konvektionswolken und Niederschläge.

Über einem trockenen, aber nur sehr schmalen Küstenstrich dehnt sich ein lockerer, verhältnismäßig sehr breiter Waldgürtel aus, der in 800 m Höhe seine feuchteste und üppigste Entwicklung zeigt.

An der Küste haben sich südlich des Ke-àhole-Airports zahlreiche Siedlungen entwikkeln können, wie Kailua (Kona), Holualoa, Kealakekua, Captain Cook u. a. m. Es sind dies die zentralen Orte für die landwirtschaftlichen Bereiche des Kona-Gebietes mit Kaffeekulturen, Macadamiahainen, aus denen die wertvolle Macadamia-Nuß gewonnen wird, und den landwirtschaftlichen Flächen für die Versorgung des Landstriches mit Gemüse und Früchten. Der ganze Küstensaum hat aber auch für den Fremdenverkehr

zunehmende Bedeutung gewonnen, für den die Stadt Kailua (Kona) mit ihrem Sportfischereihafen, zahlreichen Hotels und Gaststätten ein lokales Zentrum darstellt.
Bis auf den heutigen Tag leben hier auch noch viele Hawaiianer, welche hier früher schon vom Regenfeldbau und von Baumkulturen gelebt haben. Am heutigen Kaffeeanbau haben sie aber nur wenig Anteil; er liegt zu hohem Prozentsatz in den Händen japanischer Kleinfarmer und Pächter (siehe A. WIRTHMANN, 1966, S. 33). Die Hawaiianer betreiben gemischten Anbau, Viehhaltung im Waldgebiet und Fischfang.

Während die höheren Teile der Kau-Hänge fast geschlossenen Regenwald tragen, der nur von wenigen subrezenten bis historischen Basaltströmen unterbrochen wird, liegen die tiefen Bereiche im Windschatten des Kilauea und bieten nur Weideland. Die wenigen vorkommenden Zuckerrohrflächen müssen bewässert werden. Innerhalb der *Puna-Abdachung* sind der Raum um den Kilauea und die südlich anschließende Treppe von Bruchstufen zusammen mit der Kau-Wüste unbesiedeltes Land. Die Kau-Wüste hat ihre Decke von Aschen und Schlacken durch explosive Ausbruchsphasen des Kilauea erhalten. Der Bewuchs ist äußerst spärlich, während weiter im Osten die fleckenhaft auftretenden Vegetationsinseln immer dichter werden und schließlich die stärkere Beregnung in der Umgebung von Pahoa auf den Böden über älteren Vulkaniten Zuckerrohrkulturen möglich macht.
Die flache *Hilo-Abdachung* des Mauna Loa nach Osten besitzt sehr hohe Niederschläge (4.000 bis 6.000 mm Jahresniederschlag), ist in über 600 m Höhe von sehr feuchten Regenwäldern bedeckt, von denen aus Ansätze eines Bachnetzes zu den niedriger gelegenen Hangteilen führen, wo auf gut entwickelten Böden Zuckerrohrkulturen ohne Bewässerung gedeihen.
Die Lavafelder des Mauna Loa springen hier weit ins Meer vor und bilden mit den nördlich angrenzenden Hängen des Mauna-Kea-Fußes eine breite Bucht, an deren Ende sich schon in polynesischer Zeit ein Siedlungsschwerpunkt entwickelt hat. Die Stadt Hilo besaß 1970 26.353 Ew., vereint also 41,5% der Gesamtbevölkerung der Hawaii-Insel. Sie ist die Hauptstadt der Insel und das Zentrum und der Hafen der Zuckerrohranbaugebiete, welche sich von der Hilo-Abdachung im Süden die ganze Küste entlang nach Norden erstrecken. Außerdem sind hier auch noch die Orchideengärten und die Kulturen anderer tropischer Blütenpflanzen für den Export nach Honolulu und zum amerikanischen Kontinent konzentriert. Orchideen kommen auch massenhaft wild auf der Strecke zum Sattel zwischen Mauna Loa und Mauna Kea vor. Die im ganzen Jahresablauf gleichmäßig verlaufende Temperatur von über 20°C, verbunden mit stets hoher Feuchtigkeit, begünstigt das Vorkommen vieler tropischer Pflanzen.
Als zweitgrößte Stadt (sowohl nach ihrer Ausdehnung als auch ihrer Bevölkerungszahl) des ganzen Inselarchipels ist Hilo mit Verwaltungsfunktionen, Geschäften und anderen zentralen Einrichtungen gut ausgestattet. Außer durch die hohen Niederschläge sind die Stadt und ihr Umland auch durch den das ganze Jahr hindurch fließenden Wailuku mit Wasser versorgt. Er entspringt zwar an den Südosthängen des Mauna Kea, fließt dann aber entlang der Grenze beider großer Vulkanmassive nach Osten zum Meer.

Die nach Osten und Nordosten schauenden Hänge des *Mauna Kea* bilden in mittleren Höhen ein undurchdringliches Regenwaldgebiet, gegliedert durch tiefe, mitunter gestufte, wasserführende Gräben (siehe die Bilder 55 und 56 der Tafel 29), das in seinen tieferen Lagen an den tropisch-feuchten, äquatornahen Regenwald erinnert, aber natürlich nicht so artenreich ist. Nur nach oben hin wird der Wald ab 1.800 m schütterer und schließlich durch Weidewirtschaft und das Einwirken verwilderter Schafe aufgelöster. An die obere Waldgrenze schließt in etwa 3.000 m Höhe eine Strauch-, Krummholz- und Rasenvegetation an.

Der ganze *Hamakua-Küstensaum* ist bis zur Waipio Bay durch Zuckerrohrkulturen verändert. Der geschlossene Zuckerrohrgürtel wird lediglich durch die tief eingeschnittenen Wildbachgräben zerrissen. Der Wasserreichtum dieses im Luv der NO-Passate liegenden Gebietes ist überall offensichtlich.

Durch das Kohala-Forstreservat wird der Zuckerrohrgürtel im geologisch ältesten Teil Hawaiis – dem *Kohala-Bergland* – im Raum der Kohala-Täler unterbrochen. Letztere führen weitgehend unerschlossen und durch Bergrücken mit außerordentlich steilen Küstenabfällen getrennt nach Nordosten zum Meer und bilden hier eine wild anmutende Szenerie (siehe Bild 57 der Tafel 30). Nur im wieder dichter besiedelten Norden der Kohala-Halbinsel gibt es noch größere Zuckerrohrkulturen.

Die südwestlichen Kohala-Hänge, das etwas feuchtere Gebiet des Waimea-Sattels und die Mauna Kea-Nordwesthänge zeigen hinsichtlich ihrer wirtschaftlichen Nutzung ein ähnliches Bild. Hier finden sich riesige Viehfarmen und im Raum des Waimea-Sattels auch sehr gute und gepflegte Weideflächen (siehe auch Bild 54 der Tafel 28). Teilweise betreiben die großen Betriebe auch Molkereiwirtschaft. Viele Hawaiianer sind in den patriarchisch geführten Viehfarmen tätig.

Blicken wir abschließend von den Nordhängen des Mauna Loa mit seinen noch ganz unbewachsenen und unverwitterten Lavafeldern von 1935 über den Sattel zwischen den beiden Riesenvulkanen (Humuula-Sektor) auf den Mauna Kea (siehe Bild 52 der Tafel 27), dann wird uns die Problematik dieser Schildvulkaninsel bewußt. Obwohl eine kleinräumige Gliederung der Insel infolge der lokal deutlich abgrenzbaren Unterschiede sinnvoll ist, ergeben sich die großen wirtschaftlichen Verschiedenheiten doch in ausschlaggebender Weise durch die Lage zum vorherrschenden Passatwind und durch das Alter der Lavafelder. Als Gunstgebiete treten in erster Linie die Hänge und Küsten an der Luvseite im Nordosten und in zweiter Linie erst die Kona-Hänge mit ihren konvektionsbedingten Niederschlägen hervor. Ungunsträume sind alle jene Gebiete, in denen junge Laven und junges Auswurfmaterial die Vorherrschaft besitzen. Unser Bild zeigt uns auch, daß die Mächtigkeit der hohen Vulkanschilde ein Durchgreifen der feuchten Passatwinde von der Luv- zur Leeseite verhindert und hier eher der Föhncharakter gebirgsüberschreitender Strömungen wirksam wird. Deutlich erkennen wir das an den Auflösungserscheinungen der Wolken am rechten Bildrand, welche an einem ausgesprochenen Passatwindtag zwar gerade noch den Sattel erreicht haben, ihn aber nicht mehr überschreiten konnten. Gut ist auch zu erkennen, daß die Waldgrenze im Osten (rechte Bildseite) höher reicht als im Westen. Deutlich ist aus dem Bild der Tafel 27 zu entnehmen, daß der Gipfelaufbau des Mauna Kea aus einer etwas steileren Kuppe besteht, die einem flacheren Schild aufgesetzt ist. Es weist dies schon auf mehrere unterschiedliche Entstehungsphasen des Vulkanes hin. In einer jüngeren Phase wurden auch basaltische und andesitische Aschen gefördert. Zahlreiche Vulkankegel liegen in der Gipfelregion verstreut nebeneinander (siehe Bild 53 der Tafel 28). Im Gebiet über 3.400 m ist allerdings infolge der eiszeitlichen Vereisung wenig Asche erhalten geblieben.

Wegen der besonders günstigen Sichtbedingungen in der Gipfelregion wurden in jüngerer Zeit an den höchsten Stellen *Observatorien* der NASA und im Zusammenwirken mit Großbritannien, Kanada, Frankreich und Hawaii die Ausrüstung mit Teleskopen und anderen Einrichtungen durchgeführt. Damit hat Hawaii auch für die astronomische Forschung einen besonderen Stellenwert erhalten.
Hawaii und die anderen Hawaii-Inseln wurden oft als Vorbild einer Entwicklung für den ganzen Südseeraum hingestellt. Das sind sie aber sicher nicht! Die Hawaii-Inseln sind eher als Sonderfall, sowohl nach ihrer naturräumlichen Ausstattung als auch ihrer staatlichen Bindung, zu betrachten. Der wirtschaftliche und der Infrastrukturwandel sind auf Kosten der polynesischen Substanz vor sich gegangen und kommen am wenigsten den angestammten Bewohnern zugute. Mit Ausnahme von Niihau und Molokai liegt der Anteil der Hawaiianer an der Gesamtbevölkerung auf allen Inseln um oder sogar unter 10%. Neben dem Großteil der eingewanderten Filipinos gehören sie weitgehend zu den Besitzlosen. Von der Gesamtbevölkerung ist der Anteil der nicht in Hawaii Geborenen bereits auf ⅓ der Gesamtbevölkerung angestiegen. Auch aus der Zunahme des Fremdenverkehrs ziehen die Hawaiianer kaum Nutzen, da sich die Fremdenverkehrsbetriebe hauptsächlich in der Hand von Amerikanern befinden, die in Hawaii nicht alteingesessen sind. Der wirtschaftliche Aufstieg der Hawaii-Gruppe war mit dem Verlust der hawaiianischen Identität dieses Inselgebietes verbunden.

9.4 Inseln aus Sedimentgesteinen, insbesondere aus Kalken aufgebaut

Selbst im tropisch-feuchten Regenwaldklima heben sich Inseln, welche aus Kalken verschiedenen Alters aufgebaut sind, von den aus vulkanischen Gesteinen bestehenden Inseln mit großem Kontrast ab. Die meist sehr magere und oft nur wenige Zentimeter mächtige Bodenbildung ist im immerfeuchten Klima ausgelaugt und besteht aus einem hohen Rohhumusanteil. In wechselfeuchten Gebieten oder in Räumen mit lang anhaltenden Trockenzeiten sind die auf Kalk gebildeten Böden in Mulden, wohin sie von den Hängen zusammengeschwemmt wurden, dann nutzbar, wenn eine Bewässerung der Anbaupflanzen in der Vegetationszeit möglich scheint. Im folgenden mögen zwei extrem unterschiedliche Beispiele diese Typengruppe belegen.

9.4.1 Die Kalkinsel Penida südöstlich von Bali

Die verwaltungsmäßig zu Bali gehörende Insel (= Nusa) Penida (IX, Abbildung 92, S. 301) mit ihren kleinen Nebeninseln im Nordwesten stellt ein Teilstück des Kalkgürtels dar, der heute über Inselbrücken von der südöstlichen Halbinsel Javas, Blambangan, über die Halbinsel Bukit im südlichen Bali bis nach Süd-Lombok weiter verfolgbar ist und sich in großem Kontrast zu den anderen Insellandschaften abhebt. Auch die Meeresstraßen beiderseits von Penida, Selat Badung im Westen und Selat Lombok im Osten, sind durch bedeutende Meridionalverwerfungen vorgezeichnet.
Die nur aus Kalken aufgebaute Insel bildet einen bis auf 529 m aufsteigenden Bergrükken, dessen karge Vegetationsbedeckung aus Gräsern, Dorngebüsch und Kaktusge-

wächsen besteht, die die lange Trockenzeit und die austrocknenden Winde zu überwinden vermögen. Auf der schmalen Alluvialebene im Norden liegt der einzige größere Ort der Insel, *Sampalan,* gegenüber von Klungkung auf Bali, zu dem sie verwaltungsmäßig gehört. Der Anbau beschränkt sich wegen der geringen Bewässerungsmöglichkeiten hauptsächlich auf Mais, sonst bildet die Fischerei im fischreichen Meeresarm von Selat Badung die Ernährungsgrundlage.
Daß die Kalke von Nusa Penida von der unterirdischen Verkarstung nicht verschont geblieben sind, zeigt die große Höhle (= Goa) Karangsari südlich von Sampalan, zu der man von oben her absteigt, um in ein großes Stalaktitengewölbe und schließlich zu einem unterirdischen See zu kommen.
Zum Unterschied von den *Siedlungen* auf Bali sind die Häuser auf Nusa Penida aus Kalkstein gebaut, was ihnen einen etwas anderen Charakter der Baugestaltung und ein gleichmäßiges Innenklima verleiht. Trotz der ärmlichen Lebensverhältnisse besitzt aber auch diese Insel schöne Tempelanlagen, so westlich der Hauptstadt den Tempel Pura Ped und südlich in der Nähe von Swana den Tempel Pra Batu Medau mit zwei pagodenähnlichen Merus.
Im Nordwesten der Hauptinsel schließen noch zwei kleinere Inseln, nämlich Cheningan und, nach außen folgend, Lembogan an. Letztere besitzt im Norden ein besonders breit entwickeltes Korallenriff, das dem Ort Jungulbatu zusätzliche Fangmöglichkeiten von

Abbildung 101: Kleine Sunda-Inseln. Kalkzone Bukit – Nusa Penida. Für den Kalkabbau zum Zweck der Kalkbrennerei und der Bausteingewinnung genutzter Steilabfall auf der Halbinsel Bukit (Aufnahme E. A., 1975).

Meerestieren bietet. Auch dieses Dorf ist aus Kalkstein aufgebaut und besitzt auf seiner Anhöhe einen kunstvoll gestalteten Tempel.
Die kärglichen Lebensbedingungen auf Nusa Penida haben dazu geführt, daß früher die Könige von Bali unerwünschte und kriminelle Elemente hierher verbannten, was im Volksmund zur verbreiteten Bezeichnung „Banditen-Insel" geführt hat.
Das Kalkgestein wird außer für den Hausbau auch für das Brennen von Kalk genutzt. Auf der Halbinsel Bukit auf Bali ist der Kalkabbau für diesen Zweck ein einträgliches Geschäft, der weite Antransport von Nusa Penida ist aber für diesen Zweck zu unrentabel; hier hat Kalk als Baumaterial nur lokale Bedeutung (siehe auch Abbildung 101).
Zuletzt darf noch auf frühere Ausführungen über Grenzlinien biologischer Verbreitung (Abbildung 22, S. 73) verwiesen werden. Penida liegt zwar nahe bei Bali, aber bereits östlich der sogenannten WALLACE-Linie, die eine biologische Trennlinie zwischen südostasiatischer und australisch beeinflußter Tierwelt ist. Das zeigt sich auch sehr deutlich bei den hier vertretenen Arten der Vogelwelt, die auf Bali nicht mehr vorkommen.

9.4.2 Beispiele von Inseln eines vom Meer überfluteten Kegel- und Turmkarstes im Golf von Tonking

Zu den eigenartigsten, bizarrsten und landschaftlich besonders eindrucksvoll hervortretenden Geländeformen gehört der tropische Kegel- und Turmkarst, der im Raum von Tonking und in Südostchina besonders typisch hervortritt. Mit ihm haben sich in der ersten Hälfte unseres Jahrhunderts u. a. H. HANDEL-MAZZETTI, H. LEHMANN und H. von WISSMANN eingehend beschäftigt. Für die Bildung dieser Formen ist besonders geeignet der lichte, reine und dichtgebankte uralopermische Kalkstein, der von West-Kwangtung (Guang-dong) und Kweitschou (Guizhou) bis Ost-Birma und Nord-Thailand große Mächtigkeiten erreicht und von Nanking bis Süd-Sumatra zu finden ist. Klimatisch ermöglichen nur hohe, ganzjährig fallende Niederschläge, zumindest langzeitlich hohe Temperaturen und das Fehlen des Frostes die Bildung des Kegelkarstes.
Die bisherigen Untersuchungen haben gezeigt, daß in Hinterindien und Süd-China – also ganzjährig feuchtheißen oder zumindest humid-sommerheißen Gebieten der Erde – die Verwitterung so tiefgründig ist, daß sie schneller als in anderen Klimaten Teilebenen geringen Gefälles durch Unterschneidung erweitert und auch tieferschaltet (W. C REDNER, 1935, H. von WISSMANN, 1954). Im Kalkstein können sich senkrechte und sogar z. T. überhängende Wände halten, soweit der Unterschneidungsprozeß weiter vor sich geht.
Wo der *Kegelkarst* nicht Teilraum höherer Gebirge ist, treten nicht nur Randebenen eines Karstgebietes entlang von Klüften unterschneidend in dieses ein, sondern der Prozeß erfolgt auch in den Karstgebieten durch Vertiefung von Dolinen und Dolinenreihen bis in das Unterschneidungsniveau und ebenso von großen eingetieften Karstwannen aus. Schließlich entsteht eine Schar von getrennten Kegeln und Türmen.
Der Kegelkarst und die senkrecht abfallenden burgartigen Türme des Turmkarstes sind in ihrer Vergesellschaftung besonders schön in der Bucht von Ha-Long in Nord-Vietnam zu finden (siehe Abbildung 102). Da das Meer nacheiszeitlich eustatisch über die Unterschneidungsebene vorgedrungen war, bilden die Karsttürme heute Inseln, welche infolge Lösungsunterschneidung des Meeres zwischen Ebbe und Flut noch weiter ver-

Abbildung 102: Nord-Vietnam, Raum Tonking. Vom Meer überfluteter Turmkarst in der Bucht von Faitsilong östlich der Ha-Long-Bucht (Zeichnung nach einer Flugaufnahme aus H. v. WISSMANN, 1954, S. 126).

steilt wurden. Flachwellige Hügeln der Inselgruppe von Faitsilong aus altpaläozoischen und durchlässigen Gesteinen (im Bildhintergrund) schützen den ertrunkenen Karst vor der Brandung der offenen See.
Die Dracheninsel in der Bucht von Ha-Long (siehe Abbildung 103) zeigt ein besonders schönes Beispiel eines 85 m hohen Karstturmes mit angeschnittenem Karstschlot und Hohlräumen.
Die Turmkarstinseln sind nicht bewohnt und bieten keine Möglichkeit für die Anlage von Kulturen. In die Inselstatistik wurden sie als kahle Felsinseln oder als Kalkinseln aufgenommen.

Abbildung 103: Die Dracheninsel in der Bucht von Ha-Long (aus H. v. WISSMANN, 1954, S. 126).

9.5 Beispiele von Granitinseln und zugleich für Inseln der tropisch-feuchten Regenklimate

Reine Granitinseln sind im Indischen und Pazifischen Ozean nicht sehr häufig anzutreffen. Wo sie aber als Teile meist sehr alter Landmassen erhalten sind, zeichnen sie sich entsprechend dem herrschenden Klima durch ihre typischen Landschaftsformen und sehr einheitlichen Lebensbedingungen für die Bevölkerung, für die Anlage der Siedlungen und Einrichtung landwirtschaftlicher Kulturflächen aus. Diese werden allerdings von den einzelnen ethnischen Gruppen sehr unterschiedlich genutzt.
Im Indischen Ozean können als besonders typische Beispiele die nördlichen Seychellen gelten, im Pazifischen Ozean scheint den Verfassern die Insel Tioman, vor der Ostküste West-Malaysias, die ausgeprägtesten Merkmale dieser Typengruppe zu besitzen. Da für die Seychellen auch die wechselhafte Kolonisationsgeschichte wesentliche Änderungen der Infrastruktur hinterlassen hat, soll auch auf diese näher eingegangen werden.

9.5.1 Die Granitinseln der Seychellengruppe

Die Seychellen liegen mitten im westlichen Indischen Ozean. Die Kerngruppe erstreckt sich zwischen 4° und 5° südlicher Breite und 55° und 56° östlicher Länge von Green-

wich. Die Hauptinsel Mahé mit der Hauptstadt Victoria liegt damit rund 1.600 km Luftlinie östlich von Mombasa an der afrikanischen Ostküste von Kenia entfernt. Zu den Seychellen im engeren Sinn zählen 35 Inseln von vier Inselgruppen mit einer Gesamtfläche von rund 227 km². Der ehemaligen britischen Kronkolonie waren aber bereits weitere verstreut liegende Inseln und Inselgruppen des halbmondförmigen untermeerischen Rückens, angefangen von den Cosmoledo-Inseln bei der Aldabra-Gruppe im Westen über die Amiranten und Seychellen bis zur Coëtivy-Insel im Süden als Schutzgebiete zugeordnet. Von den insgesamt 84 Inseln (die Angaben über die Zahl der Inseln schwanken, da oft ganz kleine Inseln mit kaum 100 m Durchmesser auch mitgezählt werden) sind die oben genannten 35 Inseln – darunter alle großen – aus Graniten und Syeniten aufgebaut, die übrigen sind Koralleninseln.
Trotz der ausgleichenden Wirkung des tropisch-ozeanischen Klimas unterscheiden sich ökologisch die Koralleninseln von den Granitinseln wesentlich und bieten für Besiedlung und Wirtschaft sehr verschiedene Voraussetzungen:
Die Koralleninseln sind durchwegs sehr klein und flach und erheben sich nur wenige Meter über den Meeresspiegel. Sie bestehen entweder aus Korallensand und Sandstein oder sind herausgehobene Korallenriffe, die allerdings durch Witterungseinflüsse sehr rasch bis wenige Meter Meereshöhe abgebaut werden. Sie alle zeichnen sich durch eine artenarme Vegetation, den Mangel an Süßwasser, das Fehlen einer Vertikalgliederung und damit auch klimatischer Höhenunterschiede aus und vermögen dadurch auch nur kärgliche oder überhaupt keine Voraussetzungen für eine Siedlungs- und Wirtschaftsentfaltung zu bieten.
Die vertikal und horizontal *reich gegliederten Granitinseln* besaßen einen artenreichen Primärwald und boten auch für die Zusammensetzung der Sekundärvegetation wesentlich günstigere Voraussetzungen. Die durch die Staubewölkung bewirkten höheren Niederschläge garantieren in Verbindung mit dem undurchlässigen Gestein das ganze Jahr hindurch eine Süßwasserversorgung, welche allerdings bei weiterem Bevölkerungszuwachs und Siedlungsausbau nicht mehr auszureichen vermag. Berglagen in 300 bis 600 m Höhe bieten außerdem die Möglichkeit der Anlage von Teeplantagen und des Anbaues von Nutzpflanzen, denen das feuchtwarme Küstenklima nicht zuträglich ist. Die reiche Küstengliederung und die landschaftliche Vielfalt kommen der Erschließungsmöglichkeit für den Fremdenverkehr entgegen, dies um so mehr, als die Seychellen zu den klimatisch günstigsten Inselgebieten aller tropischen Meeresbereiche gehören (Abbildung 104, S. 327).

Das *Klima* wird durch den jahreszeitlichen Wechsel von NW-Monsun und SO-Passat geprägt:
Von Mai bis Oktober, einer Zeit, in der der äquatoriale Kalmengürtel weit im Norden liegt, herrscht der Passatwind. Er tritt als stetiger, frischer und verhältnismäßig trockener Wind auf, der Tag und Nacht gleichmäßig anhält. In diesem Zeitraum sinken die Monatsmittel der Niederschläge in Meereshöhe auf 75 mm (August), die durchschnittliche Windgeschwindigkeit beträgt über 22 km/h, die Zahl der Tage, in denen auch Windstärken von 4–7 (also bis 61 km/h) erreicht werden, ist nicht unerheblich (siehe auch Tabelle 27).
Die mittleren Temperaturen in Meereshöhe liegen etwa um 26° C, was in Verbindung

Tabelle 27: Seychellen. Langjährige Klimadaten von Victoria (Mahé), bezogen auf Meereshöhe.

	I	II	III	IV	V	VI	VII	VIII	IX	X	XI	XII	Jahr
Luftfeuchtigkeit %	**80**	78	76	74	75	76	76	76	77	76	75	78	76,4
Niederschlag mm	**387,3**	273,3	221,2	190,8	174,0	91,9	85,9	75,2	139,2	163,1	223,3	332,0	2.357,2
Monsunzeiten	NW-Monsun				SO-Passat							NW-	
Vorh. Windrichtung	NW	NW	NW	NW O	O SO	SO	SO	SO	SO	SO	OSO NW	NW	–
Durchschn. Windgeschwindigkeit in km/h	13,0	13,0	9,3	7,4	14,8	20,4	**22,2**	**22,2**	20,4	14,8	9,3	13,0	14,8
Vorherrschende Häufigkeit der Windstärken %													
bis unter 1 km/h	5	4	6	13	13	0	0	0	0	10	**23**	**15**	7
1 bis 19 km/h	82	80	81	69	57	50	**24**	**27**	30	51	**67**	**77**	58
20 bis 61 km/h	13	16	13	18	30	50	**76**	**73**	70	39	10	8	35
Mittl. Temperatur °C	26,7	27,0	27,6	**27,9**	27,7	26,5	25,8	25,8	26,1	26,3	26,6	26,7	26,7
Mittl. tägl. Max. °C	29,0	29,4	30,2	30,8	30,2	28,6	27,7	27,6	27,9	28,6	29,2	29,3	29,0
Mittl. tägl. Min. °C	24,6	24,9	25,3	25,5	25,5	24,9	24,2	24,3	24,5	24,4	24,1	24,4	24,7
Extreme Temp. Max. °C	31,2	31,9	34,1	33,4	32,7	30,5	30,2	29,0	30,6	31,7	32,2	32,9	34,1
Extreme Temp. Min. °C	23,2	23,4	24,4	24,6	24,6	22,0	23,6	20,9	21,9	22,9	22,6	22,9	20,9
Sonnenscheindauer in Stunden täglich	5,6	6,3	7,4	8,1	**8,3**	7,0	7,4	7,2	6,9	7,2	7,0	6,1	7,0
Klimat. günstige Zeit													

mit dem stets wehenden Meereswind als für die Tropen sehr angenehm empfunden werden kann. Die täglichen Schwankungen der Temperaturen sind gering.
Von Dezember bis März herrscht der NW-Monsun, der sich durch geringe Windgeschwindigkeiten, nicht zu große Stetigkeit und sehr hohe Niederschläge auszeichnet. Er bewirkt bei häufig bedecktem Himmel ein feuchtheißes Treibhausklima. Die Niederschläge erfolgen in Form heftiger Regengüsse, welche an der Küste im Jänner bis 400 mm erreichen und in den Höhenlagen der Gebirge auf bis über das Doppelte ansteigen. Als Jahresniederschläge ergeben sich entsprechend den Höhenlagen auf Mahé 2.300 bis über 3.800 mm.
Das NW-SO-Streichen der höchsten Erhebungen auf Mahé entspricht der Richtung der beiden vorherrschenden Windsysteme und bewirkt in gleichen Höhen auch eine annähernd gleiche Niederschlagsverteilung und -höhe. Die Stauwirkung kommt lediglich an der Gebirgsumrahmung der NW-Bucht und der jäh abfallenden NW-Flanke stärker zur Geltung. Eine besondere Gunstlage ergibt sich für den großen Tälerzirkus des Grande Anse River, der sowohl gegen den NW-Monsun als auch gegen die SO-Passate abgeschirmt ist und günstige Voraussetzungen für die Anlage von Teeplantagen besitzt (siehe Abbildung 104). Der im Sommerhalbjahr stetig wehende SO-Passat bewirkt gefährliche Meeresströmungen, die in Verbindung mit einem hohen Wellengang und starker Brandung an der Küste besonders die Buchten im SW bedrohen und diesen landschaftlich hervorragenden Raum gerade in der klimatisch günstigen Jahreszeit einer Erschließung für den Badefremdenverkehr entziehen.

Der Schutz der Küste durch einen *breiten Korallenriffsaum* besitzt für die Besiedlung der Seychellen größte Bedeutung, und zwar in mehrfacher Hinsicht:
1. Sicherheit vor der harten Brandung und Küstenzerstörung.
2. Der Küstensaum kann daher bis an den Rand der Gezeitenflut besiedelt werden.
3. Der breite Riffsaum bietet bei Ebbe auch einer weniger meerzugewandten Bevölkerung die Möglichkeit einer zusätzlichen täglichen Nahrungsmittelquelle durch Einsammeln einer Vielzahl ausgezeichnet genießbarer Meerestiere (kleine Fische, Muscheln, Kopffüßer usw.), die zur Vermeidung von Mangelerkrankungen infolge einer sonst eiweißarmen Ernährung von wesentlicher Bedeutung ist.

Die Küsten und Buchten der meisten besiedelten Granitinseln der Seychellen – z. B. Mahé, La Digue, Praslin – besitzen solche ausgedehnten Saumriffe. Der Kontrast zwischen riffgeschützten und -ungeschützten Küstenabschnitten tritt auch auf La Digue besonders deutlich in Erscheinung, wo sich der hohe Wellengang zur Zeit des SO-Passats besonders auf die landschaftlich prachtvollen Buchten Grande Anse, Petite Anse und Anse Cocos ungebrochen auswirken kann (siehe Abbildung 105).
200 Jahre Besiedlung haben die ursprüngliche *Vegetation* der Seychellen ganz wesentlich verändert. Die Urwälder waren reich an Edelhölzern, und der bis 60 m Stammhöhe erreichende „bois de fer" oder Eisenbaum war häufig vertreten. Alle Harthölzer wurden im Laufe der Zeit für den Export, für den Bau der Siedlungen und für den Schiffsbau einer Raubwirtschaft unterworfen. Damit hat sich die Zusammensetzung des Sekundärwaldes zugunsten der Palmenarten, deren Holz wirtschaftlich nicht oder nur wenig verwertbar ist, verschoben. Auf Mahé und der Silhouette-Insel lassen sich drei, auf Praslin und La Digue zwei Höhenstufen der Vegetation deutlich unterscheiden:
Die unterste Stufe des Regenwaldes der feuchtheißen Niederungen reicht von der Küste

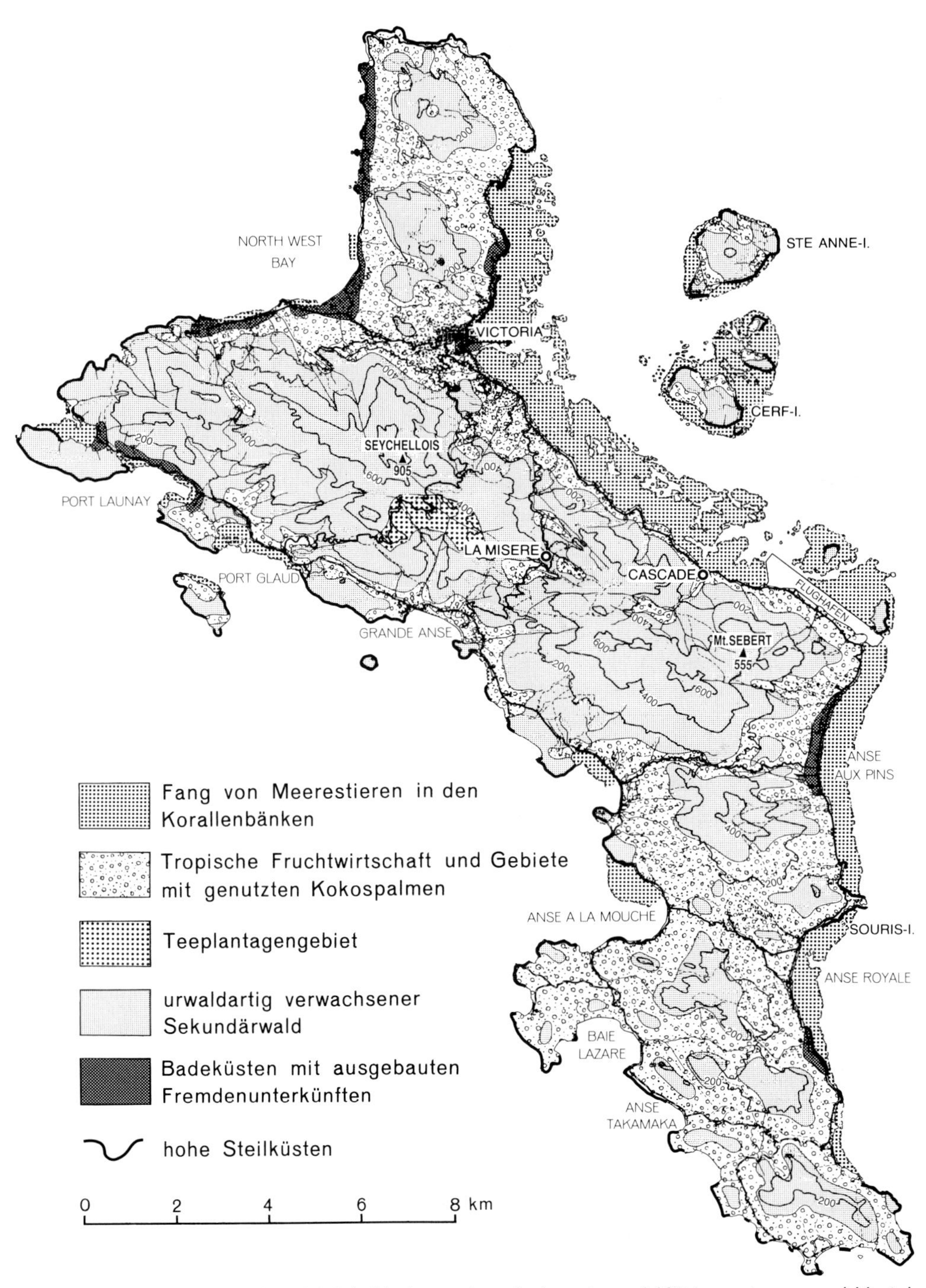

Abbildung 104: Seychellen, Mahé. Vorherrschende Land- und Küstennutzung und Verteilung des Sekundärwaldes (aus E. ARNBERGER, 1977, ergänzt H. A. 1988).

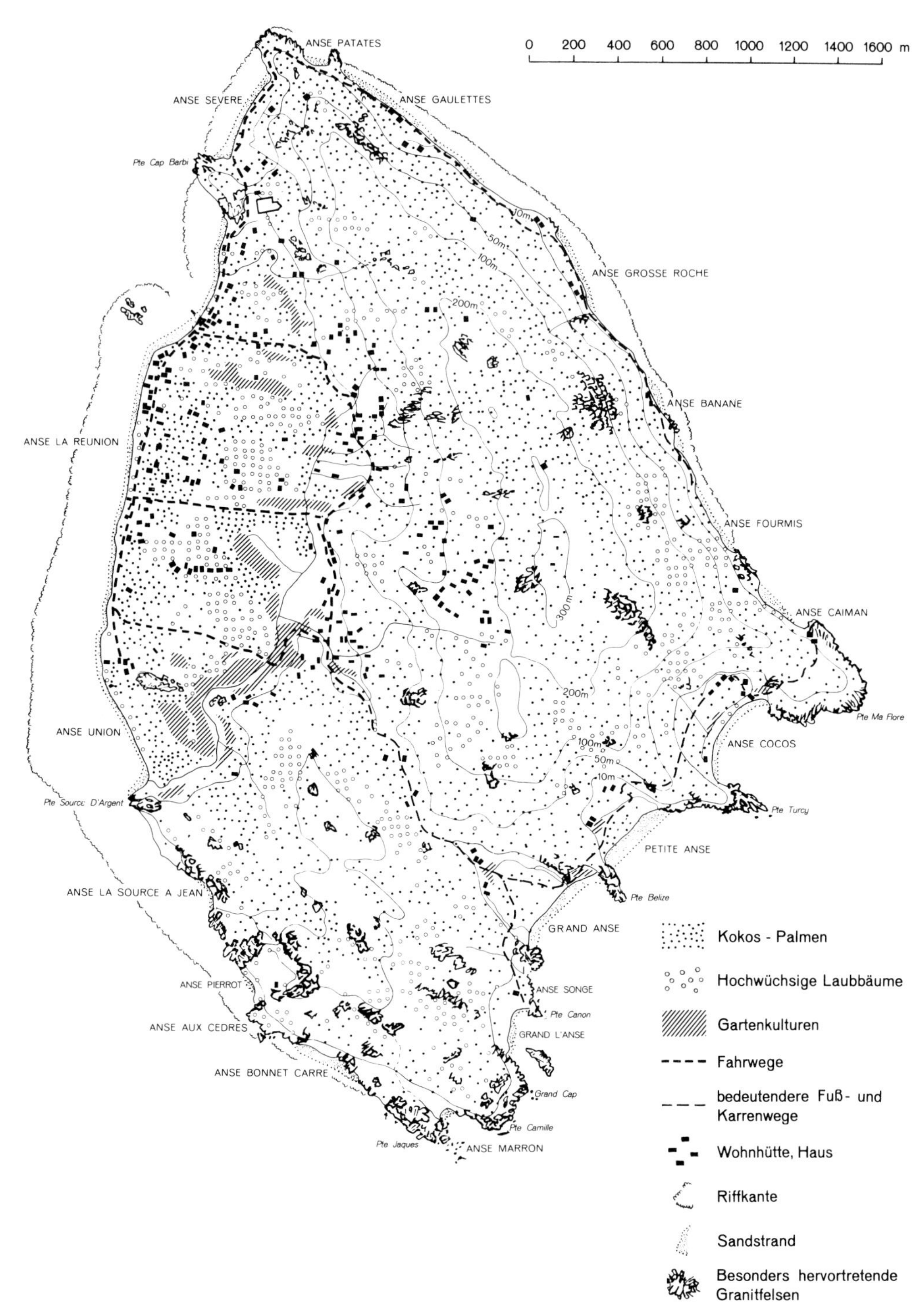

Abbildung 105: Seychellen, La Digue. Besiedlung, Verkehrserschließung und wirtschaftliche Nutzung der Insel. (Nach E. ARNBERGER, 1977, fortgeführt auf den Stand von 1980.)

bis etwa 200 bis 300 m Höhe. Die Pflanzen sind ihrem Lichtbedarf entsprechend ihrer Wuchshöhe in zwei bis drei Straten oder Etagen angeordnet. Die Baumriesen der höchsten Etage mit ihren meist feinen, fiederartig angeordneten Blättchen lassen noch genügend Licht für das zweite Stockwerk, und beide zusammen gerade noch so viel Helligkeit durch, daß auch die bodennahe Vegetation ihr Auslangen finden kann.
Von den alten Urwaldbeständen dieser Höhenstufe ist in ihrer ursprünglichen Zusammensetzung fast nichts mehr vorhanden. Überall werden aber die hohen Baumkronen wie früher von wolkenkratzerartigen Granitblöcken und -türmen überragt, die mit ihren rinnenartigen Verwitterungsformen das für die Seychellen typische landschaftliche Gepräge verleihen (siehe die Abbildung 55, S. 226, und Bild 79 der Tafel 43).

Die mittlere, nach oben hin anschließende Waldstufe (bis etwa 600 m Höhe) ist am artenreichsten. Sie vereinigt noch Vertreter der Obergrenze des tropischen Regenwaldes mit den verschiedensten Laubhölzern, Farnen, einer reichen Blütenpflanzenwelt, verschiedenen selten vorkommenden Orchideenarten und den Arten im Übergangsbereich zum tropischen Nebelwald. Durch den menschlichen Eingriff wurde hier die Verbreitung von Bambus (in den feuchteren Tal- und Quellmulden) und der Zimtsträucher sehr gefördert. Die Baumkronen erreichen in dieser Höhenstufe nur noch 20 bis 25 m Höhe. Steile, windausgesetzte Granitfelsflächen sind vegetationsfrei.

Über 600 m Höhe schließt ein wegen der außerordentlichen Steilheit der Gehänge nur sehr schwer begehbarer, pfadloser Nebelwald an, der häufig auch in der Schönwetterperiode (April bis August) zumindest in den Mittags- und frühen Nachmittagsstunden von Wolken verhüllt ist.
Am stärksten haben sich in den letzten 200 Jahren natürlich die *Küstengebiete* verändert. Die früher im Mündungsgebiet der Bäche und kleinen Flüsse so zahlreich vorhandenen Lagunen, ehemals von Krokodilen massenhaft bevölkert, sind bis auf Reste im Westen und Süden der Insel Mahé und weniger Küstenstriche der anderen Inseln verschwunden. Sie waren und sind Brutstätten der verschiedensten Krankheiten, und man hat sie daher teilweise aufgeschüttet. Das gleiche gilt für die *Mangrovesümpfe,* die im Westen und Nordwesten von Mahé noch kleinere Flächen einnehmen und die nunmehr gerodet werden. Noch immer ist in der sonst so gesunden Inselwelt der Seychellen die Elefantiasis nicht ausgerottet, die sich bei den von ihr befallenen armen Menschen durch unförmige Verdickung meist der Beine als Folge einer Verlegung von Lymphgefäßen und chronischer Lymphstauung äußert. Sie wird hervorgerufen durch Filariosen (Fadenwürmer), die über in den Sumpfgebieten reichlich vorhandene blutsaugende Insekten als Zwischenwirt auf den Menschen übertragen werden.
Die Seychellen sind die Heimat mehrerer, nur in diesem Inselraum vorkommender, also endemischer, *Pflanzenarten.* Zu diesen zählt auch die weltberühmte „Coco de mer" (Lodoicea Maldivica), die ausschließlich auf Praslin und Curieuse beheimatet ist und dort heute noch große Bestände bildet. Diese mächtige Palmenart erreicht erst mit rund 1.000 Jahren ihre volle Größe und Höhe von etwa 60 m. Ihre 15 bis 20 kg schweren Nüsse benötigen zur Reife sieben Jahre. Ihr sulziges Fruchtfleisch wird weder als Nahrungsmittel noch sonstwie verwendet, lediglich die harte dunkelbraune bis schwarze Schale wird kunstgewerblich zu Tragkörben und Vasen verarbeitet. Die riesigen Blätter dieser Palmenart, von denen jedes einzelne leicht einer ganzen Familie vor dem tropischen Regen Schutz bieten kann, verdunkeln den Waldboden so sehr, daß sich kaum

andere Vegetation ansiedeln kann. Im Hauptverbreitungsgebiet, dem Vallée de Mai auf Praslin, kommen weitere fünf Palmenarten endemisch vor. In den Gerinnebetten wird die Coco de mer von verschiedenen Pandanusarten mit ihren oft über 3 m hohen Stelzen der Luftwurzeln abgelöst (Abbildung 61, S 235). Die eigenartige und z. T. einmalige Pflanzenwelt der Inseln hat für Fremdenverkehr und Forschung eine hohe Anziehungskraft.

Wie bei den Pflanzen gibt es auch in der *Tierwelt* der Seychellen sehr zahlreiche endemische Arten, die sonst nirgends in der Welt vorkommen. Es würde aber den Rahmen dieser Arbeit überschreiten, auch darauf einzugehen. Erwähnenswert ist aber, daß es auf dem Land, mit Ausnahme der früher reich vertretenen, inzwischen längst ausgerotteten Krokodile und einzelner Krankheiten übertragender Insekten, überhaupt keine Tiere gab und gibt, die dem Menschen gefährlich werden könnten (wie z. B. Schlangen). Das hat nicht nur für die rasche Erschließung und Besiedlung der Inseln größte Bedeutung gehabt, sondern wirkt sich auch heute sehr günstig für den Fremdenverkehr aus.

So kurz der Zeitraum der Geschichte von Besiedlung und Kolonisation der Inselgruppe war, so verschiedenartig und einschneidend waren doch die einzelnen *Kolonisationsperioden* für die Zukunft des Archipels. Interessant ist das Beharrungsvermögen kultureller Einrichtungen aus der französischen Kolonialzeit, welche die englische Herrschaftsperiode überdauert haben.

Den seefahrenden Völkern war die Inselgruppe seit langer Zeit bekannt. Bis zum 18. Jh. wurde sie aber niemals auch nur vorübergehend besiedelt. Natürlich hatten auch die Portugiesen die Inseln wiederentdeckt, und wir finden sie daher auch auf einer portugiesischen Seekarte von 1501 vermerkt. 1609 landeten Angehörige der Ostindischen Kompanie als erste Europäer auf der Hauptinsel und verblieben dort 10 Tage.

Ab 1742 erfolgte die Erkundung und Besitznahme durch die Franzosen. Damit hatten sie die Inselgruppe, die auf dem wichtigen Seeweg nach Indien liegt, nicht nur für sich sichern wollen, sondern sie verfolgten außerdem den Plan, hier Gewürzpflanzen anzubauen und damit das Monopol der Niederländer zu brechen. Die *erste französische Ansiedlung* entstand 1770 auf der kleinen Insel Ste Anne, 5 km östlich der heutigen Hauptstadt Victoria. Dieser Siedlungsversuch mißglückte aber, da die Kolonisten ihre Aufgabe, Pflanzungen anzulegen, nicht ernsthaft verfolgten, sondern sich lieber von der Jagd auf die hier heimischen Schildkröten ernährten und den Überfluß der tropischen Natur nutzten.

Ein anderer Versuch der Schaffung eines Stützpunktes auf Mahé 1772 in der Anse Royale konnte sich zwar halten, wurde aber von der „Ile de France", dem 1775 in französischen Besitz gekommenen Mauritius, dem Brückenkopf der Seychellenbesiedlung, kaum unterstützt. 1778 bis 1811 standen die Seychellen schließlich unter französischer Militärverwaltung. Der Zuzug französischer Siedler und schwarzer Sklaven aus den verschiedensten Gebieten Afrikas legte den Grundstock der Bevölkerungsentwicklung auf den Seychellen, zu dem aber auch noch ein Zuzug aus Madagaskar, China und Indien kam. 1811 wurden die Seychellen durch die englische Flotte in Besitz genommen und die englische Herrschaft durch den Vertrag von Paris besiegelt*.

* Über die Kolonisationsgeschichte der Seychellen siehe: J. T. BRADLEY: The History of Seychelles. Vol. 1, Seychelles 1940; P. L. DAYER: Les Iles Seychelles. Esquisse Historique. Fribourg 1967; G. LIONNET: The Seychelles. Newton Abbot 1972; A. W. T. WEBB: Story of Seychelles. Seychelles 1964. Die historischen und historisch-statistischen Angaben sind diesen Werken entnommen.

Wie vollzog sich nun die Bevölkerungs- und Wirtschaftsentwicklung der Insel, angefangen von ihrer Funktion als Unterschlupf französischer Seeräuber zu Beginn des 18. Jh.s bis zum Anschluß an die Welt des 20. Jh.s durch den Flugverkehr? Wir können in dieser Entwicklung vier Zeitabschnitte unterscheiden:

1. Französische Besiedlung und Bewirtschaftung der Plantagen durch Sklaven bis 1835.
2. Erste englische Kolonialperiode seit Abschaffung der Sklaverei 1835 bis 1903.
3. Entwicklung der Kronkolonie Seychellen seit 1903 bis um die Mitte des 20. Jh.s.
4. Übergang zur Selbstverwaltung und Umstellung der Wirtschaft auf die Bedürfnisse des Fremdenverkehrs ab 1950 bis zur Gegenwart.

1. *Französische Besiedlung* und Bewirtschaftung der Plantagen durch Sklaven bis 1835:
Den Seefahrern waren die Seychellen und ihre Hauptinsel Mahé als „Paradies von Fisch, Geflügel und Süßwasser" und damit als Versorgungsstützpunkt bekannt. Diese Funktion konnte die Inseln auch weiter erfüllen. Zentrum der Besiedlung und Erschließung der Inselgruppe war die Hauptinsel Mahé mit 145 km² Fläche. Diese über 30 km lange und 3 bis 10 km breite Insel hatte die wirtschaftlich besten Voraussetzungen für eine Kolonisation, und in der geschützten Lage der Anse Royale konnten auch die ersten französischen Ansiedler auf Dauer Fuß fassen.

Wie bereits erwähnt, erfüllte sich der Plan, aus Mahé in kurzer Zeit eine Gewürzinsel zu machen, nicht. Dazu fehlten einerseits genügend große zusammenhängende, ebene Flächen günstiger und gleicher Bodenbeschaffenheit sowie geschulte Arbeitskräfte und ein ausreichender Gerätepark, andererseits fehlte die Wirtschaftskraft, einige Jahre von der Substanz leben zu können. Mit einer Handvoll Sklaven kann man nicht einen tropischen, urwaldverwachsenen Berginselraum durch Gewürzplantagen erschließen, auch nicht mit französischer Phantasie und französischem Elan. Die von den Molukken beschafften Samen für die Pflanzung von Muskatnußbäumen, Pfeffergewächsen und Gewürznelkenbäumen gediehen auf Mahé nur schlecht, und die Isolierung der Siedler gab auch gar keinen Anreiz, Handelsprodukte zu produzieren, deren Absatz und Gewinnchancen dem Zufall und Glück unterworfen sind. Die daher von Anfang an erzwungene Autarkie der Siedler in Verbindung mit dem Mangel an Investitions- und Nachschubmöglichkeiten waren die Ursachen für eine einsetzende Raubwirtschaft der von Natur aus vorhandenen Produkte.

Bevölkerungs- und Siedlungswachstum blieben vorerst gering. Die Militärverwaltung ab 1778 lockte französische Siedler an, die mit Holz, Schildkröten und anderen Produkten einen unbedeutenden Handel auch zur Versorgung der Seefahrt und etwas Export betrieben. Zur Zeit der Französischen Revolution Ende des 18. Jh.s sollen auf den Seychellen etwa 600 Menschen gelebt haben; fast 4/5 davon waren Sklaven. Am hohen Anteil von Sklaven konnte auch die Französische Revolution nichts ändern, denn die französischen Siedler waren nicht gewillt, sich die billigen Arbeitskräfte nehmen und damit die Plantagen verfallen zu lassen. Allerdings darf die Tatsache nicht verschwiegen werden, daß die Plantagenbesitzer meist wenig finanzkräftig waren und die meisten Sklaven, wenn man ihnen die Freiheit gegeben hätte, kaum ein neues Arbeitsverhältnis mit ihren ehemaligen Herren eingegangen wären. Dies um so weniger, als die tropische Natur damals noch genügend Möglichkeiten für Ansiedlung und Ernährung, unabhängig von harter Plantagenarbeit, geboten hat.

Im Gefolge der Napoleonischen Kriege wurden 1814 die Seychellen und Mauritius formal an die Briten abgetreten. Die Verwaltung der Seychellen erfolgte aber weiter vom ehemaligen französischen Militärkommandanten bis zu seinem Tod 1827.

Damit ist aber auch der erste, französische, Zeitabschnitt der Kolonisation und die abenteuerlichste Geschichtsperiode der Seychellen abgeschlossen. Wir können mit Recht annehmen, daß alle Küstengebiete der Inselgruppe in ihrer naturräumlichen Ausstattung bekannt waren und zumindest auch fallweise genutzt worden sind. Die Produkte des Pflanzenbaues dienten in dieser Periode zu einem sehr erheblichen Teil der Selbstversorgung der Bevölkerung der Seychellen. Die erhoffte Bedeutung des Gewürzanbaues war ausgeblieben. Für die Ernährung wurden Mais, Reis, Wurzel- und Knollenfrüchte sowie Gemüse gepflanzt. Die Anbaufläche für Nahrungsmittel steigerte sich von 89,5 ha im Jahre 1788 auf 1.012,5 ha (also auf das 11fache) im Jahre 1810, während die Bevölkerung im gleichen Zeitraum von 257 auf 3.467 (also auf das 13½fache) anwuchs (G. LIONNET, 1972, S. 136). Die notwendige Nahrungsmitteleinfuhr auf dem Schiffswege war aber nicht gegeben. Als Ausfuhrgüter wurden in großen Mengen Holz und Riesenschildkröten verschifft! Der *Raubbau an den wertvollen Waldbeständen* war derart arg, daß die tropischen Starkregen ganze Ströme wertvollen Bodens in die Täler rissen und ins Meer führten und große Vegetationslücken entstanden.

Es wird angenommen, daß allein in der französischen Periode 85.000 bis 140.000 m³ Hartholz exportiert wurden, wozu noch der Verbrauch für den Siedlungs- und Schiffsbau kommt (G. LIONNET, 1972, S. 128). 1808 besaß die Seychellen-Handelsflotte neun Schiffe mit 26 bis 27½ t Tragfähigkeit, die alle auf den Inseln gebaut worden waren.

Das Schicksal der Ausrottung war auch den Riesen-Landschildkröten, welche eine Länge von 1½ m und ein Gewicht von 225 kg erreichten, ebenso aber auch den Seeschildkröten wegen ihres Fleisches beschieden. Allein in den Jahren 1782 bis 1789 wurden über 1.100 Land- und Seeschildkröten verschifft (G. LIONNET, 1972, S. 130). Für die Ausfuhr gewann Ende des 18. und Anfang des 19. Jh.s die Baumwolle besondere Bedeutung. Um 1810 betrug die Baumwollplantagenfläche 1.116 ha. Der Export fand auf Mauritius seinen Absatzmarkt. Die Konkurrenz aus Amerika war aber derart groß, daß die Baumwollproduktion um 1922 wieder zum Erliegen kam.

2. *Erste britische Kolonialperiode* seit Abschaffung der Sklaverei bis 1903:
Die Siedlung und der Verwaltungssitz, der sich seit der französischen Militärregierung in der großen nordöstlichen Bucht von Mahé gebildet hatte, besaß keinen Namen und wurde von den Briten nach der jungen Königin „Victoria" benannt.

1815 besaß Victoria bereits 200 Häuser, zwei Billardsalons und vier Schenken. Die Häuser waren alle in fast einheitlichem Stil aus Holz gebaut und mit je einer großen Veranda ausgestattet. Die ersten britischen Familien hatten sich ab 1815 angesiedelt.

Die dreißiger Jahre des vergangenen Jahrhunderts brachten in der Geschichte der Inselgruppe eine bedeutende Wende: 1835 wurde die *Sklaverei abgeschafft.* Ein Teil der ehemaligen Sklaven war in der Folgezeit nicht mehr bereit, für seine früheren Herren zu arbeiten. Die finanzschwachen Plantagen waren am meisten betroffen. Plantagen, die

sich nicht auf eine handelsorientierte und sehr gut organisierte Bewirtschaftung umstellen konnten, waren dem Verfall ausgeliefert.
Die britische Marine fing viele arabische Segelschiffe ab, die Gefangene zu dem bedeutenden Sklavenmarkt von Sansibar bringen wollten. Die Befreiten – meist Afrikaner – wurden auf die Seychellen gebracht und dort angesiedelt. Dadurch ergab sich ein bedeutender Zuwachs des farbigen Bevölkerungsanteiles.
Um die Mitte des vergangenen Jahrhunderts waren mit etwa 7.000 Bewohnern, von denen die Farbigen über 80% ausmachten, die bevölkerungsmäßige Basis für den Siedlungsausbau auf Mahé und die Besiedlung der anderen großen Inseln gegeben. Nicht gegeben waren allerdings die Voraussetzungen für eine schulische und religiöse Betreuung der Bevölkerung. Die französischen Ansiedler waren alle Katholiken, während die Sklaven den Glauben ihrer Stämme mitbrachten und erst später christlich missioniert wurden. Wegen der geringen Bevölkerungszahl gab es bis in die erste Hälfte des 19. Jh.s keine Priester irgendeiner Weltreligion. Erst in der britischen Kolonialzeit kam 1843 ein anglikanischer Priester, der aber von den französischen Siedlern abgelehnt wurde. Auf die dringenden Bitten des französischen Bevölkerungsteiles wurden 1853 zwei *katholische Priester* auf die Insel entsandt, denen später weitere Priester und Nonnen folgten. Ihnen verdankt die Bevölkerung schließlich noch im 19. Jh. den Aufbau eines vorbildlichen Schulwesens, das bis zur Entkolonialisierung von schweizerischen Priestern und irischen Nonnen betreut wurde und der schwarzen Bevölkerung den Anschluß an das 20. Jh. ermöglichte.
Die *französische Sprache* war auf den Seychellen die verbreitetste Sprache des weißen Bevölkerungsanteiles. Der schwarze Bevölkerungsanteil spricht bis heute weitaus überwiegend einen Kreolendialekt. Dieser hat sich in den früheren französischen Kolonialbesitzen Réunion und Mauritius aus der alten französischen Sprache unter Anreicherung von Wörtern aus dem Madagassischen, Hindi und Englischen entwickelt. Wenn man die dunkelhäutige Bevölkerung der Seychellen französisch anspricht, dann dankt einem diese es durch doppelte Freundlichkeit, während Englisch in der Kolonialzeit anscheinend als „Sprache des Herrenvolkes" weniger beliebt war.
Die *Veränderungen der Landschaft* waren in diesem Zeitabschnitt bedeutend. Bis um die Mitte des vergangenen Jahrhunderts wurden die in den Küstenniederungen häufig vorkommenden Krokodile ausgerottet. Ein ähnliches Schicksal war den Riesen-Landschildkröten schon Anfang des 19. Jh.s beschieden gewesen, so daß sie dzt. nur noch in Gefangenschaft anzutreffen sind. Auch die bis 150 kg schwer werdenden grünen Seeschildkröten, welche Fleisch und Fett für die berühmte Schildkrötensuppe lieferten und als Schiffsproviant begehrt waren, wurden erheblich dezimiert. Sie sind heute in der Umgebung der Felsinseln nicht mehr zu finden, sondern nur noch auf den Aldabra-Inseln, wo sie unter strengem Schutz stehen.
Auch der Raubbau am Hartholz ging nun sogar verstärkt weiter, hatte er doch nicht nur die Holzausfuhr zu decken, sondern den stark angestiegenen eigenen Schiffsbau zu versorgen. Für letzteren sind bis heute ganz bestimmte Hölzer besonders gefragt, so das „Takamaka-Holz", welches sich besonders für das Schiffsgerippe und die Verstrebungen eignet. In der Zeit von 1810 bis 1818 wurden mindestens 48, nach anderen Angaben sogar 75 Handelsschiffe gebaut, nicht eingerechnet die zahlreichen Fischerboote für den lokalen Bedarf.

Schon 1772 hatte der Indentant von Mauritius, Pierre POIVRE, den Zimtbaum eingeführt. Er gedieh besonders gut auf den regenreichen Felsinseln Mahé und Silhouette. Die durch den Raubbau entstandenen Waldlücken wurden z. T. durch *Zimtbäume* ausgefüllt. Diese Bestände blieben vorerst Gott sei Dank unbehelligt, da die Zimtrindenausfuhr erst Anfang unseres Jh.s Bedeutung erlangte.

Gegen Ende des 19. Jh.s war die heimische Kokosnuß das wichtigste Produkt der Seychellen. Die Kokosnüsse wurden auf den Inseln selbst zu Öl verarbeitet, um dieses vor allem nach Mauritius, dann aber auch nach Ceylon und Großbritannien zu exportieren. 1866 wurden aus Réunion die ersten *Vanillepflanzen* eingeführt. Sie erlangten in der Folgezeit für den Export eine wesentliche Stellung. Die Ausfuhr von Vanille steigerte sich von 50 kg im Jahr 1877 auf 71.000 kg im Jahre 1901.

Eine wichtige Stellung im Export nahm auch das Schildpatt der Hawksbillschildkröte, die die Gewässer um die Felsinsel bevölkert, ein. Schon um 1786 wurden jährlich 450 bis 550 kg Schildpatt ausgeführt. Auch die gewerbliche Verarbeitung von Schildpatt konnte auf den Seychellen Fuß fassen.

3. Entwicklung der *Kronkolonie Seychellen* von 1903 bis um die Mitte des 20. Jh.s: Diese Periode ist gekennzeichnet durch einen weiteren Ausbau des Verwaltungswesens und der Schulen, dem Ansteigen der Bevölkerung auf das Doppelte (Tabelle 28, S. 338), was gleichzeitig mit einer bedrohlichen Verstärkung der Arbeitslosigkeit auf der Insel Mahé und einer weitgehenden Rassenmischung verbunden war.

Zur *Rassenmischung* hat am meisten die Verarmung der weißen, landbesitzenden Bevölkerung französischer Herkunft beigetragen. Letztere geht einerseits auf die wirtschaftlichen Schwierigkeiten seit der Sklavenbefreiung und auf den Preisverfall der Ausfuhrprodukte auf dem Weltmarkt zurück, andererseits steht sie ursächlich mit dem immer noch geltenden französischen Erbgesetz der Realteilung im Zusammenhang.

Dank der hauptsächlich katholischen *Missionstätigkeit* standen für die rund 19.000 Bewohner der Seychellen im Jahr 1904 27 Schulen zu Verfügung, welche von 2.825 Kindern besucht wurden. Für die damalige jüngere Generation – den heutigen Alten – war der Analphabetismus also bereits weitgehend überwunden.

Ihrer konfessionellen Zugehörigkeit nach waren 1904 84% der Bevölkerung Katholiken, 14% Anglikaner und 2% Hindus. Aus diesen Anteilswerten kann man ableiten, daß der Zuzug von Briten in den letzten Jahrzehnten nicht unerheblich war.

Die großen Anstrengungen, den Export weiter zu steigern, führten in diesem Zeitabschnitt bei mehreren Produkten zu einer Erschöpfung der Vorräte und Produktionsmöglichkeiten und damit zu einem radikalen Absinken des Angebotes. Dies gilt auch für den Abbau der *Guanolager,* welche vorwiegend aus der letzten Glazialperiode stammen, in der sich eine reiche Vogelwelt und riesige Schwärme von Seevögeln auf den äquatornahen Inseln niederließen. Das besonders für tropische Böden notwendige Düngemittel enthält bis zu 55% Tricalciumphosphat und wurde in großen Mengen zu den Zuckerrohrplantagen nach Mauritius exportiert. Seit Ende des 19. Jh.s (besonders seit 1905) wurden Guanolager so stark abgebaut, daß es heute kaum noch abbauwürdige Stätten gibt.

Seit Anfang des 20. Jh.s wurde auch die *Zimtrinde* geerntet. 1908 belief sich der Export auf etwa 1.220 t Zimtrinde. Um 1915 waren aber bereits alle großen Zimtbäume gefällt, und die Erzeugung ging sprunghaft zurück, da zur Gewinnung nur noch jüngere Hölzer zur Verfügung standen. Ein gewisser Ausgleich konnte durch die Produktion von Zimtöl aus den Zimtblättern erreicht werden. Das Pflücken der Blätter ist aber viel zeitraubender und mühsamer als die Rindengewinnung von altersmäßig geeigneten Zimtbäumen. Auch die äußerst mühsame *Vanilleerzeugung* ging in den Jahrzehnten nach 1900 auf 5 bis 7 t im Jahr zurück, während Madagaskar – der größte Vanilleproduzent der Erde – 600 bis 800 t jährlich produziert.

Nach wie vor waren die *Kokospalmplantagen* die Hauptstütze der Wirtschaft. Seit 1902 wurde statt des Öls Kopra exportiert, zuerst nach Marseille für die Seifenindustrie und nach England, seit 1951 aber vor allem nach Indien (1964 Spitze der Ausfuhr mit 10.000 t). Zeitweiser Preisverfall und verschiedene Parasiten, die die Palmbestände gefährden und deren Bekämpfung hohe finanzielle Mittel erfordern, haben die Plantagenbesitzer in eine sehr schwierige Situation gebracht.

Günstige Absatzbedingungen ergaben sich in dieser dritten Periode für die *Patschuliprodukte.* Um die Mitte des vergangenen Jh.s hatte man erkannt, daß der eigenartige Duft teurer indischer Stoffe von den getrockneten Blättern der Patschulipflanze herkam. Patschuliblätter wurden später auch bei uns als Mottenschutzmittel verwendet. Durch Destillat der Blätter erhält man das Patschuliöl, ein starkes Parfum, das heute noch das beste Fixativ für einzelne schwere Parfums wie Ambra und Fougère ist und sich mit den Parfums der Seifenindustrie mischen läßt. Auf den Seychellen wurde Patschuli in den zwanziger Jahren kultiviert. Exportiert wurde vorerst das Patschuliöl, später die getrockneten Blätter. Die Hauptabsatzzeit waren die Jahre 1943 bis 1947. Dann ging der Bedarf wieder stark zurück.

Bis um die Mitte unseres Jahrhunderts hat die *Verarmung der Plantagenbesitzer* zusehends zugenommen. So konnten sich die französischen Besitzer vor allem auf den kleineren Inseln oft gerade noch halten oder mußten ihre Wirtschaft aufgeben. Nur der schwarze Bevölkerungsanteil stieg weiterhin an, und ihre Siedlungen verteilten sich sogar über die steileren Hänge des Berglandes bis unter die Bergkuppen, wofür die Insel La Digue ein gutes Beispiel gibt (siehe Abbildung 105, S. 328).

Der Hauptort mit dem Marktplatz und der Schiffsanlegestelle liegt im Westen im Bereich des riffgeschützten flachen Sandstrandes an der Anse la Réunion. Hier lagen auch die Siedlungen und Kulturflächen der französischen Plantagenbesitzer mit ihren schönen Farmerhäusern, von denen allerdings nur noch wenige erhalten sind (siehe Abbildung 106). Viele andere wurden von ihren ehemaligen Besitzern aufgegeben, verfielen zusehends und wurden dann abgerissen und durch andere, meist kleinere Häuser ersetzt.

Einer der schönsten und größten Plantagenbesitze auf La Digue, La Union, der durch Jahre unbewirtschaftet war, wurde in den siebziger Jahren von einem Hamburger erworben und wieder aktiviert. Er brachte in der damaligen Zeit einem erheblichen Teil der Bevölkerung von La Digue Arbeit und Verdienst. 1978 war bereits wieder ein wesentlicher Teil des bebaubaren Bodens außer durch Kokospalmbestände durch Vanillekulturen, Bananen, Tomaten und Bohnen genutzt (siehe Abbildung 105).

Abbildung 106: Seychellen, La Digue. Haus in typisch französischem Kolonialstil, später renoviert und mit Zubau versehen (Aufnahme E. A., 1973).

Auf die *tropische Fruchtwirtschaft,* einschließlich der geschlossenen Plantagenflächen, dürften etwa 20% Festlandfläche der Seychellen entfallen. Aber mit genauen Flächenangaben kann man in solchen Gebieten überhaupt nicht dienen, da die in eine wirtschaftliche Nutzung einbezogenen Gebiete nicht genau abgrenzbar sind und die Sammelwirtschaft noch immer erhebliche Bedeutung besitzt. Von der Gesamtfläche der Seychellen z. B. sind etwa 40% von Kokospalmen bestanden, welche genutzt werden. Davon ist aber nur ein geringer Prozentsatz als Kokospalmplantagen zu bezeichnen, beim größeren Teil der Fläche handelt es sich um Kokospalmbestände im mehr oder minder verwachsenen Gelände.

Der urwaldartige entwickelte Sekundärwald wird in leichter zugänglichen Gebieten ebenfalls in Form der Sammelwirtschaft genützt, vor allem für die Gewinnung von Zimtblättern und der Zimtrinde. Die Besitze der dunkelhäutigen Mischbevölkerung sind meist Klein- und Kleinstbetriebe, und zwar entweder hineingerodet in den Sekundärwald mit Kleinstfeldern oder nur mit ganz geringem Pflanzenbau und hauptsächlich angewiesen auf die Sammelwirtschaft aus den natürlichen Beständen des Pflanzenwuchses der Umgebung. Brotfruchtbaum, Mango und Bananen erweitern die Ernährungsbasis.

Die Kolonialverwaltung erwarb außerdem große Landgüter und rodete geeignete Flächen, welche sie in kleine Grundbesitze aufteilte und der Bewirtschaftung von Gemeinschaften kleiner Farmer überließ. Meist erhielt jeder kleine Grundbesitz ein 2-Zimmer-

Häuschen und 5 acre (2 ha) Land. Darauf sollte gemischter Pflanzenbau mit besonderer Betonung der Nahrungsmittelproduktion betrieben werden. Diese Kleinstfarmgemeinschaften haben einzelne gemeinsame Einrichtungen, wie Trinkwasserversorgung, Lager- und Geräteschuppen u. dgl. Die Sicherung der Ernährungsbasis lediglich in solchen Siedlungen löste aber das große Problem der Übervölkerung und des fehlenden Arbeitsplatzangebotes nicht.
In zahlreichen *Staatsgütern* werden Saatgutuntersuchungen, Anbaumethodenerprobung, Schädlingsbekämpfung u. dgl. durchgeführt und die Bevölkerung geschult. Sehr erfolgreich war 1962 der Versuch der Anlage von *Teepflanzungen* mit aus Assam eingeführten Teepflanzen durch Pflanzer aus Indien und von Kenia. Über 100 ha wurden bepflanzt und Kleinpächtern zur Bewirtschaftung übergeben. Die Verwertung liegt in den Händen der Seychelles Tea Company. Der hergestellte Tee zählt zu den besten Tee-Erzeugnissen der Erde, die produzierten Teemengen allerdings reichen für eine bedeutende Ausfuhr noch nicht.
Hauptnutznießer der jüngeren Entwicklung der ausgehenden Kolonialzeit war allerdings hauptsächlich die größte Insel Mahé. Auf Praslin konnten die alten Plantagenbesitze mit wenigen Änderungen weitergeführt werden. Außerdem wird im Süden der Insel eine erhebliche Fläche von dem berühmten Nationalpark Vallée de Mai mit seinen einzigartigen Coco-de-mer-Palmbeständen eingenommen, während das Bergland im Norden durch Brandrodungswirtschaft stark geschädigt ist. Weitgehend abseits von jüngeren Entwicklungsimpulsen stand La Digue. Alle anderen Inseln sind in den regelmäßigen Schiffsverkehr nicht eingebunden und halten einen Dornröschenschlaf. Nur Cousin Island, eine 0,3 km² große Insel südwestlich von Praslin, welche dem „International Council of Bird Reservation" des „World Wild Life Funds" gehört und wegen ihrer seltenen Vogelwelt streng geschützt ist, und Bird Island, auf der rund 1 Mio. Rußseeschwalben brüten, nehmen eine Sonderstellung ein.

4. Periode des Überganges zur *Selbstverwaltung* und des Aufblühens des Fremdenverkehrs ab 1970:
Diese letzte koloniale Entwicklungsperiode führt die Seychellen seit 1970 zur selbständigen Verwaltung, löst sie von einer kolonialen Wirtschaftsstruktur und bringt über den Fremdenverkehr Verdienstmöglichkeiten für alle Schichten der Bevölkerung und den Anschluß an die Welt des 20. Jh.s.
Für Großbritannien waren die Seychellen immer nur ein Zuschußgebiet mit einer negativen Handelsbilanz. Seit Ende des vergangenen Jahrhunderts besitzt diese Inselgruppe auch keinerlei strategische Bedeutung. Es war daher die Stärkung der Selbstverwaltung seitens der alteingesessenen weißen und farbigen Bevölkerung jener Schritt, der Großbritannien von der Verantwortung für das weitere Gedeihen dieses Gebietes zu entheben vermochte.
Die Probleme wirtschaftlicher und sozialer Art sind allerdings inzwischen vor allem auf Mahé bis zu einer fast unlösbaren Form gestiegen.
Das Hauptproblem ist die stark ansteigende Bevölkerungsentwicklung. Sie hat bei gleichbleibendem Siedlungsraum und nur wenig ausweitbarer Wirtschaftsfläche in der Zeit von 1940 bis 1981 zur Verdoppelung der Bevölkerungszahl geführt (Tabelle 28). Wenn diese weiter so vor sich geht, dann ist zu Ende unseres Jahrhunderts die Zahl

100.000 erreicht; das ist mehr als das Doppelte der derzeitigen wirtschaftlichen Tragfähigkeit bei ausgeglichenem Staatshaushalt.
Von der *Überbevölkerung* sind hauptsächlich die Inseln Mahé, La Digue und Praslin sowie die Hauptstadt Victoria betroffen. Sie ist das Ergebnis der sehr hohen Geburtenrate (um 1970 31,4‰) bei gleichzeitiger für ein Entwicklungsgebiet im tropischen Raum außerordentlich niedriger Sterberate (8,3‰, siehe Tabelle 28). Wie in anderen tropischen Gebieten entspricht die Häuserzahl annähernd der Zahl der Haushalte, und die in diesen lebenden Familien sind infolge des frühen Heiratsalters verhältnismäßig klein. Die Siedlungen bestehen also, mit Ausnahme der Stadt Victoria, überwiegend aus kleinen Hütten. Nur die französischen Plantagenbesitzer besaßen stattliche Wohnhäuser und Wirtschaftsgebäude, deren Bestand sich aber infolge der Verarmung und des wirtschaftlichen Abstieges gerade dieses Bevölkerungsanteiles zunehmend verringert.
Der Anschluß an die Welt des 20. Jh.s kann nur vollzogen werden, wenn die Einrichtung von Bildungsstätten mit der stark zunehmenden Bevölkerungszahl Schritt hält. Bis zur Mitte unseres Jahrhunderts mußten sich die Missionsschulen mit Ausnahme geringer Regierungssubventionen selbst erhalten. Mit der Verordnung über Erziehung 1944 übernahm die Regierung die Finanzierung des Bildungswesens. Um 1970 gab es 35

Tabelle 28: Bevölkerungsentwicklung der Seychellen und von Victoria und Entwicklung der Geburten und Sterbefälle auf den Seychellen.

Seychellen				Victoria	
Jahr	Einwohner	Jahr	Einwohner	Jahr	Einwohner
1771	28	1951	34.370		
1821	5.782	1961	42.887		
1871	11.179	1971	53.361		
1921	24.523	1980	66.000	1921	5.825
1931	27.444	1985	76.000	1971	13.622
1941	32.654	1990	89.000	1977	23.000

Jahr	Geburten		Sterbefälle	
	absolut	Rate ‰	absolut	Rate ‰
1966	1.895	39,8	515	10,8
1967	1.827	37,5	536	11,0
1968	1.738	34,8	538	10,8
1969	1.715	43,4	561	10,9
1970	1.660	31,4	437	8,3
1971	1.837	34,4	463	8,7
1972	1.723	31,5	529	9,7
1973	1.639	29,5	474	8,5
1974	1.860	32,8	496	8,8
1975	1.806	31,1	433	7,5

Geburtenrate ∅ 1980–1983: 26 ‰
Sterberate ∅ 1980–1983: 6,9 ‰

Volksschulen mit rund 9.000 Schülern, 11 Unterstufen mit 2.000 Schülern und zwei Oberstufen (Colleges) mit 500 Schülern.
Eine der beiden höheren Schulen, die „Regina Mundi", eine Klosterschule für Mädchen, wurde von Klosterschwestern geführt, die 1861 auf die Seychellen kamen. Die andere für Buben, das „Seychelles College", ist Regierungseigentum, hier waren geistliche Brüder tätig. 1970 wurde außerdem eine Technische Hochschule eröffnet. Darüber hinaus gibt es eine Krankenschwestern-Schule, eine Lehrerbildungsanstalt und Berufskurse für Hauswirtschaft.
Es gibt eine ganze Reihe *ungelöster soziologischer Probleme,* die die Einstellung zur Familie, zu einer Gesellschaftsordnung und zu einem geregelten Arbeitsverhältnis betreffen:
Für den Unterhalt der Familie sorgt zwar der Mann, trotz einer Erziehung im christlichen Geist war aber seine Bindung an diese oft recht locker. Besondere Sorge bereitete der Kirche und der Regierung der hohe Anteil unehelicher Kinder (45%). Das aus dieser Tatsache abgeleitete Urteil, die Seychellaner wären unmoralisch, ist aber falsch! Freie und unproblematische Liebesbeziehungen finden wir auf tropischen Inselgebieten nicht selten, und wir müßten diesbezüglich eher von einer amoralischen sexuellen Lebensweise sprechen. Zu Unrecht werden die dunkelhäutigen Seychellenbewohner oft als faul bezeichnet. Diesbezüglich ist zu beachten, daß der Lebensrhythmus in tropischfeuchten Gebieten anders ist und eine strenge Arbeitszeitregelung meist abgelehnt wird. Das Leben in einer tropischen Vegetation und in einem Klima mit geringen Temperaturamplituden und das ganze Jahr hindurch fast gleich hoher Feuchtigkeit, in dem selbst hölzerne Gartenzäune plötzlich wieder auszutreiben beginnen, verleitet zu einer sorglosen Lebenseinstellung, wie sie dem kreolischen Sprichwort „Geld ist gut, aber zu teuer" entspricht.
Nicht leicht konnte sich nach der Entkolonisierung die Bevölkerung in ein höheres selbständiges Gemeinwesen hineinfinden. Zwar gibt es durch Vermischung der französischen Kolonisten mit der dunkelhäutigen Bevölkerung und den Angehörigen asiatischer Gruppen keine Rassenvorurteile, es fehlten aber noch das Bewußtsein eines Staatsvolkes und die Einsicht in die Konstruktion und notwendigen Verhaltensweisen eines höheren Gemeinwesens sowie die Notwendigkeit langfristiger Planung.
Der Weg zur Selbstverwaltung wurde aber in der zweiten Hälfte unseres Jh.s konsequent beschritten. 1948 wurde die Wahl eines Teiles der Mitglieder des gesetzgebenden Konzils, welche vorher alle vom Gouverneur ernannt wurden, durch das Volk vorgesehen. Aus Vereinen entstanden schließlich politische Parteien, und nachdem 1966 das allgemeine Wahlrecht eingeführt worden war, bewarben sich die „Seychelles-Demokratic Party" und die „Seychelles People's United Party" um die Gunst der Wähler. Bis auf eine nicht sehr große Zahl leitender Stellen und Posten mit besonderen Spezialkenntnissen hatte schon vor 1976 die dunkelhäutige Bevölkerung zumindest in die untere und mittlere Laufbahn der Verwaltung in reichem Maße Eingang gefunden und stellt auch fast den ganzen Polizeikader.
Die Lösung des *verkehrsmäßigen Anschlusses an die Welt* und der Verkehrserschließung der Inseln war für die Entwicklung des Fremdenverkehrs ausschlaggebend! Bis Ende der sechziger Jahre waren die Seychellen nur über den Seeweg, und zwar von Mombasa in drei Tagesreisen und von Bombay oder Karatschi in fünf bis acht Tages-

reisen erreichbar. Für die Entwicklung des Touristenverkehrs wurden auch die Fahrten des unter norwegischer Flagge fahrenden 2.480-BRT-Touristenschiffes „Lindblad Explorer" wesentlich.
1963 wurde von der US-Luftwaffe eine Satellitenbeobachtungsstation bei „La Misère" errichtet. Seitdem wurde Mahé von Mombasa aus durch ein kleines Wasserflugzeug einmal wöchentlich angeflogen. Der Wendepunkt in der Passagierverbindung weltweiter Art trat aber 1971 mit der Fertigstellung des großen, seit 1969 im Riffgebiet südlich von Victoria erbauten Flughafens ein, welcher 1972 offiziell von Königin Elisabeth eröffnet wurde. Damit war der Anschluß an die Welt vollzogen, und von diesem Tag an begannen eine neue Zeit und ein rapider Ausbau von Verwaltung und Fremdenverkehr auf Mahé. Mahé selbst ist durch einige verhältnismäßig gute, aber schmale Straßen erschlossen. Von den anderen Inseln besitzt nur noch Praslin einige Autostraßenstrecken, die allerdings kein geschlossenes Netz bilden.
Mit der Einrichtung eines internationalen Flughafens auf Mahé war auch ein starker Entwicklungsimpuls für die *Hauptstadt Victoria* verbunden. Der Siedlungsausbau der auf über 13.600 Einwohner angewachsenen Stadt hatte sich bisher in die Steilhänge des Hinterlandes vollzogen. Weitere Ausdehnungsmöglichkeiten sind hier aber nur sehr beschränkt gegeben. Vor allem für die Entwicklung der Verwaltungs- und Fremdenverkehrsfunktionen mußte dem Meer neuer Raum abgerungen werden, was im Riffgebiet durch Aufschüttung auch noch im gegebenen finanziellen Rahmen möglich erschien. Dieser Ausbau hat sich seit 1973 sehr rasch vollzogen und hat für die Stadt eine neue Verkehrssituation, die Anlage neuer Hafeneinrichtungen und die planmäßige Gestaltung einer Neustadt, welche funktional durch Verwaltungsaufgaben, Fremdenverkehrseinrichtungen und den Warenumschlag gekennzeichnet werden kann, mit sich gebracht. Die Bevölkerung der Stadt hat sich seitdem verdoppelt.
Der Weg zur Unabhängigkeit der Seychellen war bereits durch die Verfassung vom 13. November 1967 vorgezeichnet, die der Bevölkerung der Inselgruppe Exekutive und Legislative – allerdings noch unter einem eingesetzten Gouverneur – zugestand. Die Vorbereitungen zur Übernahme der vollen Selbständigkeit wurden von den beiden damaligen Parteien der prowestlich orientierten Seychelles Democratic Party (SDP, Vorsitzender J. R. M. MANCHAM) und der sozialistisch ausgerichteten Seychelles People's United Party (SPUP, Vorsitzender F.-A. RENÉ), getragen.
Am 29. Juni 1976 wurden die Seychellen *unabhängig* und J. MANCHAM erster Präsident des neuen Staates. Während der Abwesenheit von Präsident MANCHAM anläßlich einer Commonwealth-Konferenz in London, übernahm Innenminister F.-A. RENÉ in einem unblutigen Putsch die Macht und wurde neuer Präsident. Nach Umbenennung der SPUP in Seychelles Peoples Progressive Front (SPPF) am 5. Juni 1978 besitzt diese Partei seit 1979 den Charakter einer sozialistischen Einheitspartei, welche alle 25 Sitze der Volksvertretung einnimmt. Durch eine neue Verfassung haben die Seychellen seit 1979 den Weg einer *„sozialistischen Demokratie"* beschritten. RENÉ wurde 1979 und 1984 als Präsident wiedergewählt. Einer sehr klugen und erfahrenen politischen Staatsführung RENÉS ist es zu danken, daß der junge Staat nicht in den Strudel von Afrika ausgehender Agitationen gerissen wurde und die anfänglichen Startschwierigkeiten überwunden werden konnten. Dennoch führten die Umerziehung der Bevölkerung und die Ausrichtung des Schulwesens im Sinne des neueingeschlagenen Weges zum sozialisti-

schen Staat nach 1979 zu Unruhen, Einmischungen von außen und einem Putschversuch (1980). Diese Vorgänge und der immer größer werdende Kontrast zwischen Staatsideologie und Denkungsweise der Touristen aus den fast ausschließlich kapitalistischen Herkunftsländern führten zu Problemen im Fremdenverkehr, die bisher nicht gelöst werden konnten.
Die Seychellen besitzen nur eine geringe Zahl *ausfuhrfähiger Güter* mit noch dazu bescheidenen jährlichen Produktionsmengen. Schon im Zeitraum 1960 bis 1971 (siehe Tabelle 29) zeigten sich, mit Ausnahme von Kokosnüssen und Kokosnuß-Öl, stark rückläufige Ausfuhrmengen. Besonders das Absinken der Produktion und der Ausfuhr von Vanille, Zimtrinde, Patschuli-Blättern und -Öl bewirkte erhebliche Einbußen der Einnahmen aus der Ausfuhr, da diese Güter auf dem Weltmarkt immer noch hohe Preise erzielten. Wertmäßig erreichte der gesamte Export im Jahre 1971 lediglich rund 8 Mio. S-Rupien (das entspricht 38,5 Mio. öS oder 5,4 Mio. DM; siehe hiezu auch Tabelle 30).

Tabelle 29: Seychellen. Exportgüter und Ausfuhrmengen ausgewählter Produkte 1960 bis 1971.

Waren	Menge	1960	1962	1964	1966	1968	1970	1971
Kokosnüsse	Stück	–	18.600	30.600	209.600	203.980	**369.320**	**239.100**
Salzfisch	kg	**79.368**	28.912	28.775	12.435	17.668	18.014	544
Haifische	kg	2.914	**3.064**	1.495	1.303	2.763	2.873	1.934
Vanille	kg	**7.575**	6.821	1.445	4.724	878	829	331
Zimt-Stangen	kg	8.920	7.116	6.036	**11.156**	9.375	7.961	395
Zimt-Rinde	t	987	1.207	1.193	1.542	**3.108**	1.327	1.318
Kokosbast-Fasern	t	–	–	2	847	**965**	42	135
Kopra	t	4.764	5.859	**7.206**	5.797	6.111	4.487	3.546
Guano	t	**7.214**	5.511	3.910	3.928	6.120	6.534	6.337
Patschuli-Blätter	t	11	**27**	19	19	7	6	3
Schildpatt	kg	905	1.700	1.457	1.150	1.898	**2.010**	1.108
Zimtblatt-Öl	kg	60.694	**93.038**	75.577	48.078	20.559	17.206	17.419
Patschuli-Öl	kg	435	119	303	**1.156**	460	541	151
Kokosnuß-Öl	kg	–	–	–	–	–	26.372	**28.281**

Die Außenhandelsbilanz der Seychellen war schon um die Jahrhundertwende negativ; 1904 stand einem Export im Wert von 724.187 S-Rupien ein Import von 829.211 S-Rupien gegenüber. Bis 1970 verschärfte sich die negative Handelsbilanz auf –45,7 Mio. S-Rupien (Export 10,2 Mio. S-Rupien, Import 55,9 Mio. S-Rupien). Das *Handelsbilanzdefizit* wurde vor allem auch durch die notwendige Einfuhr von Waren für den Fremdenverkehr und für die Schaffung und den Ausbau von Fremdenverkehrseinrichtungen, für den Ausbau des Verkehrs und Einrichtungen der Staatsverwaltung immer größer. Hingegen war die eigene Produktion für den Welthandel kaum noch interessant. So stand 1982 einer Ausfuhr im Wert von 20,4 Mio. S-Rupien eine Einfuhr von 641,3 Mio. S-Rupien gegenüber. Handelspartner waren Großbritannien (bis ¼), Frankreich und andere EG-Länder (insges. ⅓), Pakistan, Südafrika, Kenia, VR Jemen, Réunion und Mauritius.

Tabelle 30: Seychellen. Export 1971 (Menge und Wert).

Waren (Auswahl)		Menge	S-Rupien	Wert in öS	DM
Kokosnüsse	Stück	239.100	**53.909**	258.763	35.980
Gesalzener Fisch	kg	544	898	4.310	599
Haifische	kg	1.934	**42.804**	205.459	28.568
Vanille	kg	331	14.496	69.581	9.675
Gewürznelken	kg	214	4.066	19.517	2.714
Zimt-Stangen	kg	395	4.234	20.323	2.826
Zimt-Rinde	t	1.318	**3,322.405**	15,947.544	2,217.400
Kokosbast-Fasern	t	135	58.186	279.293	38.834
Kopra	t	3.546	**3,574.021**	17,155.300	2,385.331
Guano	t	6.337	331.532	1,591.354	221.267
Patschuli-Blätter	t	3	14.141	67.877	9.438
Schildpatt	kg	1.108	**77.152**	370.330	51.492
Zimtblatt-Öl	kg	17.419	**403.993**	1,939.166	269.628
Patschuli-Öl	kg	151	6.052	29.050	4.039
Kokosnuß-Öl	kg	28.281	**46.314**	222.301	30.910
Sonstiges	–	–	72.069	345.931	48.099
Summe (nur Wert)			8,026.272	38,526.105	5,356.800

Der Anteil der Landwirtschaft am Bruttoinlandsprodukt betrug Anfang der achtziger Jahre nur noch 4% (1981), der von Industrie und produktivem Gewerbe 17%.
Seit Anfang der siebziger Jahre wurde der *Fremdenverkehr* zur Haupteinnahmsquelle, und der gesamte Staatshaushalt wurde mehr und mehr von ihm abhängig. Anfang der achtziger Jahre stammten 40% des Bruttosozialproduktes aus dem Fremdenverkehr. Diese einseitige und krisenanfällige Abhängigkeit wird auch weiterhin erhalten bleiben.

Tabelle 31: Die Entwicklung des Fremdenverkehrs auf den Seychellen 1970 bis 1980 nach offiziellen Angaben.

Jahr	Besucher	Durchschn. Aufenthalt	Übernachtungen	Bettenanzahl
1970	1.622	42,3 Tage	21.426	141
1971	3.175	28,5	34.700	164
1972	15.197	13,1	149.073	631
1973	19.353	10,5	203.206	836
1974	24.812	10,2	253.082	1.060
1975	36.305	11,1	402.985	1.390
1980	71.762	9,1	653.034	2.648*

* davon 2.064 Betten in 19 Hotels, 438 Betten in 35 Gasthäusern und 146 Betten in 29 Privatquartieren

Der Fremdenverkehrsausbau vollzog sich auf Mahé in einem erstaunlichen Ausmaß. 1971 gab es im Raum der Seychellen nur 20 Hotels. In der Zeit vor 1971 war keines mit mehr als 50 Betten Kapazität vorhanden. ¾ aller Unterkünfte der Seychellen liegen auf der Insel Mahé, nur fünf auf Praslin, alle anderen Inseln boten bis 1972 für Fremde keine Unterbringungsmöglichkeiten.
In der Zeit von 1970 bis 1975 konnte die Gesamtbettenzahl auf das Zehnfache gesteigert werden. Als erstes Großhotel stand 1971 das ,,Reef Hotel" auf Mahé mit 150 Fremdenzimmern und Einrichtungen internationalen Standards zur Verfügung. Bis 1975 folgten vier weitere Großhotels und der Vollausbau des Hinterlandes der ideal gelegenen NW-Bucht mit ihren herrlichen weißen Stränden und kleinen Buchten. Die Fremdenverkehrseinrichtungen auf Praslin wurden neuzeitlichen Erfordernissen angepaßt, und zwei kleinere Hotels erschlossen die Trauminsel La Digue. Die Gesamtentwicklung des Fremdenverkehrs zeigt Tabelle 31.

Der Fremdenverkehr, der als einzige Rettung aus der wirtschaftlichen Katastrophe herauszuführen versprach, birgt für die Seychellen eine Gefahr in sich, der es nun mit allen Mitteln zu begegnen gilt. Der Ausverkauf der Inselgruppe an das ausländische Kapital hat schon fünf Jahre vor ihrer Unabhängigkeit begonnen und sich von Jahr zu Jahr beschleunigt. Die anfänglich streng gehandhabten Vorschriften, welche die Regierung den Architekten auferlegt hatte – die Hotels durften nicht höher gebaut werden, als die Wipfeln der sie umgebenden Kokospalmbestände –, wurden nunmehr immer häufiger umgangen. Man mußte sich den Pressionen der ausländischen Investoren fügen, die in skrupelloser Weise eines der letzten Paradiese unserer Erde finanziell ausschlachten wollten. Sehr bedenklich waren auch die vielen Grundkäufe durch Ausländer überwiegend deutscher, italienischer, französischer und amerikanischer Herkunft, welche sich nicht nur auf kleinere Grundstücke beschränkten, sondern vereinzelt sogar ganze Inseln betrafen. So wurde z. B. sogar die viertgrößte Insel, ,,Silhouette", vor Jahren von einem amerikanischen Syndikat gekauft, und ebenso kam die Insel ,,Cousine" in privaten Besitz. Die Situation des Fremdbesitzes und des Besitzerwerbes hat sich nach 1979 geändert, aber nicht unbedingt in jeder Hinsicht verbessert.
Probleme liegen allein schon in dem von der Regierung angestrebten *,,selektiven Tourismus"*, der den Besuch der Inseln lediglich Fremden höherer Einkommensschicht vorbehält. Dadurch wird bei der einheimischen Bevölkerung der Kontrast Sozialismus – Kapitalismus in einer Form bewußtgemacht, die vom ethischen Standpunkt aus nicht verständlich ist. Außerdem liegen Fremdenverkehr und Fremdenverkehrsbetriebe in den Händen internationaler Hotelketten und Fremdenverkehrsagenturen, die nach rein kapitalistischem System arbeiten und nur einen geringen Anteil der Gewinne im Land lassen. Um vom Staat aus eine ,,Umverteilung des Kapitals" zu erreichen, sollen in Zukunft nur noch Projekte mit einer Mindestbeteiligung von 51% an Staatskapital zur Durchführung kommen. Die Verfolgung solcher Grundsätze läßt sich aber nicht ausnahmslos durchführen, wie der Bau eines Großhotels der Sheraton-Kette im Val Mer auf Mahé zeigt (H. D. WOLF, 1983).
Die Regierung will auch hinsichtlich der Fremdenzahl in Zukunft eine freiwillige Begrenzung und einen ,,kontrollierten Tourismus" verfolgen, obwohl sie in ihren eigenen Publikationen bereits mit einem Ausbau bis 124.000 Fremde für das Jahr 1985 gerechnet

hat. Die Begrenzung ist aber bereits 1980 – allerdings unfreiwillig – durch ein erstmaliges Absinken der Besucherzahl infolge der unsicheren politischen Verhältnisse eingetreten.

9.5.2 *Tioman, eine überwiegend aus Graniten aufgebaute und von tropischem Regenwald bedeckte Insel vor der Ostküste West-Malaysias*

Die Insel Tioman ist mit 35 km² die größte Insel vor der Ostküste der Malaiischen Halbinsel und wurde von ihr ausgehend erst in jüngster Zeit besiedelt. Das malaiische Element tritt in der aus etwa 2.300 Einwohnern bestehenden Gesamtbevölkerung beherrschend hervor. Die Bevölkerungsdichte, berechnet auf die Gesamtfläche der Insel, beträgt nur 66 Ew./km², was allerdings wenig aussagt, da der Anteil des Siedlungs- und Kulturlandes am Gesamtareal der Insel nur äußerst gering ist. Bezieht man die Einwohnerzahl auf den Siedlungs- und Kulturraum der Insel, dann beträgt die Dichte mehrere 100 Einwohner pro km². Die Ernährungsgrundlage der Bevölkerung bietet das Meer. Größere Siedlungen sind überhaupt nur an der Küste der Ayer Batang Bay zu finden, in der sich auch der Hauptort Tekek mit einer weithin sichtbaren kleinen Moschee, die Polizeistation und Verwaltung sowie einige Geschäfte befinden. Hierher führt auch die erste, regelmäßig verkehrende Schiffsverbindung von der 60 km Seeweg entfernten Stadt Mersing (im Südosten an der Küste West-Malaysias gelegen) und die mit einem kleinen Flugzeug von Singapur durch die Singapore Airlines hergestellte Flugverbindung. Letztere wurde für den Touristenverkehr notwendig.
Nach Freigabe der Insel für die Besiedlung durch den König von Malaysia baute nämlich 1976 die Merlin-Kette an dem traumhaft schönen Strand südlich von Tekek ein Hotel im einheimischen Stil, das sich mit seinem Dach unter die Wipfel der Kokospalmen duckt und als Beispiel einer landschaftsangepaßten Bauweise angesprochen werden darf. Seitdem gilt Tioman sowohl in West-Malaysia als auch in Singapur als Geheimtip für jene ruhebedürftigen oder naturverbundenen Menschen, die eine tropische Regenwaldinsel mit reinen Stränden und Küsten, klarem, naturbelassenem Wasser und unzerstörten Korallenriffen kennenlernen wollen. Aber auch die übrige Bevölkerung hat sich auf Fremdenbesuch eingestellt und vermietet einfache Übernachtungslager (mitunter nur Holzpritschen, daneben aber auch anspruchslose, sehr reinliche Unterkünfte in kleinen Holzhäuschen) und bietet ein bestens gekochtes Essen gegen geringe Bezahlung. Das muß deshalb besonders hervorgehoben werden, weil sich auf dieser Insel die vorbildlichen Möglichkeiten des *Individualtourismus* zeigen, dessen Einflüsse sich auf die Gastgebergebiete nicht negativ auswirken, wie sonst meist der Massentourismus. Der Verdienst kommt auch hauptsächlich der Bevölkerung zugute und nicht nur der Gewinnsucht extrem kapitalistisch ausgerichteter Unternehmen.
Es ist beispielhaft, welch gutes Verhältnis hier in einem rein islamischen Lebensraum die Bevölkerung zu ihren Gästen besitzt und wie sehr sich der Individualtourismus im Unterschied zum Massentourismus in lokale Verhältnisse und ethnische Gegebenheiten einzufühlen vermag. Von der Gesamtbevölkerung Tiomans erzielt ein erheblicher Teil einen bescheidenen, aber befriedigenden Gewinn und zugleich das Bewußtsein gegenseitiger Achtung und gegenseitigen Verstehens. Diese Art des Fremdenverkehrs dient der Völkerverständigung.

Tioman zeichnet sich durch eine reiche Küstengliederung und den Wechsel von steiler Felsküste und flachen Sandstränden an den Enden der meist kleinen Buchten aus. Zwei gegenüberliegende größere Buchten, die Ayer Batang Bay im Nordwesten und die Juara Bay an der mittleren Ostküste (siehe Abbildung 107), verengen die Insel zu einem sich nach Norden erstreckenden Flaschenhals. Die wenigen Siedlungen im Hinterland der Buchten sind nur an der Ayer Batang Bay durch ein kurzes Straßenstück miteinander verbunden. Sonst sind alle Wohnplätze entweder über mühsam begehbare Dschungelpfade oder mittels Boot über den Wasserweg erreichbar. Selbst die beiden größten Siedlungen, Tekek und Juara, sind über das Gebirge nur durch einen oft schwer auffindbaren Dschungelpfad verbunden.

Die *Isolierung der Wohnplätze* hat dazu geführt, daß ihre Bewohner im einigenden Geist der einheitlich herrschenden islamischen Religion ein sonst weitgehend unabhängiges, autarkes Leben führen, welches sich aber durch eine strenge Einhaltung der Pflichten gegenüber den Mitbewohnern und eine hohe Achtung ihres Besitzes auszeichnet. Der Lebensraum ist auf einen schmalen Küstenstreifen beschränkt, weit über 90% der Insel wird vom Urwald (weitgehend noch Primärurwald) eingenommen. Menschlicher Kultur- und Siedlungsraum und Bergurwald (siehe die Tafel 57) grenzen hart aneinander, so daß die Eigenart dieser beiden Lebensräume eindringlich bewußt wird.

Aus Abbildung 107 sind auch die große *Reliefenergie* der Insel und die reiche Gliederung ihrer Hänge durch ein dichtes Bach- und Flußnetz zu erkennen. Ebenso reich ist auch die Gliederung des Granitberglandes in Gipfel und Sättel, deren Höhe nach Süden zunimmt, bis schließlich im Südteil der Insel im Hauptgipfel Gunong Kajang 3.406 ft (= 1.049 m) Höhe erreicht werden. Die höchsten Werte der Reliefenergie liegen im Gebiet zwischen Gunong Kajang und den aus Leucogranit bestehenden Gipfeln an der Südküste in der Umgebung von Mukut (siehe Abbildungen 107 und 108). Die Gipfel in nur 1.000 m Entfernung von der Küste fallen zu dieser mit einem Höhenunterschied von über 700 m mit enormer Steilheit ab (siehe Tafel 46).

Das Dorf Mukut an der Südküste ist nur über den Wasserweg erreichbar. Die gepflegte Siedlung besitzt in ihrem Hinterland, zu den Berghängen ansteigend, große, vorwiegend von Mangobäumen gebildete, von Bächen durchflossene Fruchthaine, umgeben von einer landschaftlich einmaligen Bergwelt. Jedes Haus hat seinen Hausgarten und ist mit Drahtzäunen vom Besitz des Nachbarn und von den schmalen Wegen abgegrenzt. Der große *Fischreichtum* des Meeres bietet auch hier in erster Linie die Ernährungsgrundlage. Hackfruchtbau und Gemüsegartenbau wird in Ermangelung größerer ebener Flächen nur wenig betrieben. Beide sind im wesentlichen auf das Hinterland von Tekek und der Juara Bay beschränkt. Maniok, Bananen, Tomaten und anderer Gemüseanbau dienen fast nur der Selbstversorgung. Hier wird auch etwas Rinderhaltung betrieben. Als Kleinvieh sind auf der ganzen Insel schon wegen der Eier Hühner sehr beliebt, die sich von den Abfällen und von allem anderen, was auf dem Boden zu finden ist und hier herumkriecht, ernähren.

Die weithin noch unveränderte Flora und der *Urwald Tiomans* enthalten nach Untersuchungen, die von der Universität Malaya in den siebziger Jahren durchgeführt wurden, 23% endemische Pflanzen. An einigen Bacheinmündungen ins Meer, wie in der Lagune beim Dorf Paya, haben sich auch einmalig hohe Mangrovenbestände gebildet, wie man sie sonst nur sehr selten findet (siehe Abbildung 44, S. 206).

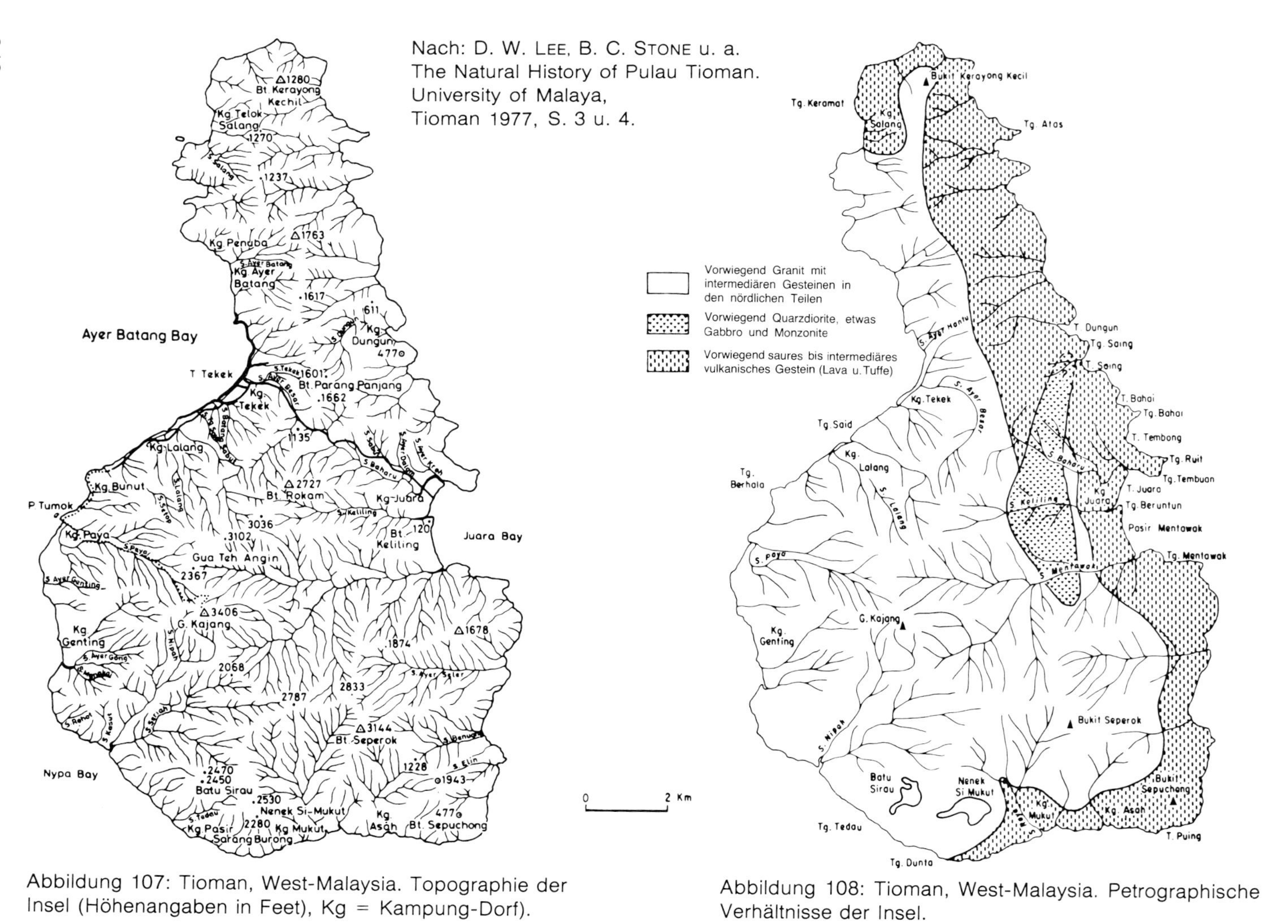

Abbildung 107: Tioman, West-Malaysia. Topographie der Insel (Höhenangaben in Feet), Kg = Kampung-Dorf).

Abbildung 108: Tioman, West-Malaysia. Petrographische Verhältnisse der Insel.

Infolge des Höhenunterschiedes von über 1.000 m sind auch auf Tioman drei Höhenstufen des Waldes deutlich ausgeprägt. In die höchste Stufe mit typischem Moos- und Nebelwald ragt mit seiner Gipfelzone der Gunong Kajang hinein. Die Stämme und Äste des Waldes sind hier mit einer dicken Moosschicht umgeben, und die vorkommenden Pflanzengesellschaften sind in ihrer Zusammensetzung auf den stets vorherrschenden Nebel und die nur selten auftretende volle Sonneneinstrahlung ausgerichtet.
Auch die *Tierwelt* ist in ihrer ursprünglichen Zusammensetzung weitgehend erhalten geblieben. Sie ist aber wesentlich artenärmer als in den Urwäldern der Malaiischen Halbinsel. Es fehlen alle Großtiere und großen Raubtiere. Unter den Säugetieren sind u. a. Maushirsch, Stachelschwein, Zibetkatze, Affenarten, Fledermausarten, verschiedene Eichhörnchenarten, fliegender Lemur, fliegender Hund, Riesenechsen, mehrere Eidechsenarten und Geckos, mehrere Schlangenarten, darunter auch Python reticulatus, Königskobra und Schwarze Kobra vertreten. Am Land wird daher der Mensch lediglich durch Schlangen ernstlich bedroht.
Tioman kann als Beispiel immerfeuchter tropischer Regenwaldinseln betrachtet werden, die ihren ursprünglichen Charakter noch weitgehend erhalten konnte, da sich die Wirtschaft der Siedler vorwiegend auf Fischerei und geringen, punkthaft vertretenen Individual-Fremdenverkehr beschränkt. Vom Brandrodungs-Wanderhackbau blieb die Insel weitgehend verschont.

9.6 Beispiele großer tropischer Inseln mit wechselndem Formenbild und horizontal wie vertikal weiträumig auftretenden ökologischen Disparitäten

Fast immer handelt es sich bei diesen Inseln um solche, welche durch ein höheres Bergland eine klimaökologische Gliederung erhalten und in ihrer Kolonisationsgeschichte durch verschiedene ethnische Gruppen besiedelt wurden. Größe und Bevölkerungszahl solcher Inseln, wie z. B. Madagaskar, Sumatra oder Sulawesi (Celebes), würden bei einer Zuordnung zu den vorher behandelten Inseltypengruppen die statistischen Ergebnisse völlig verfälschen. Auch wenn sowohl Sumatra wie auch Sulawesi räumlich auf einen Teil der Insel beschränkt aktiven Vulkanismus besitzen, wäre es falsch, dies als Kriterium einer Zuordnung der ganzen Insel zu den Vulkaninseln anzuerkennen, da diese Eigenschaft nur für einen kleinen Teil der Insel repräsentativ ist. Es wird die Aufgabe der folgenden Ausführungen sein, die unterschiedlichen Strukturen der Regionen aufzuzeigen und ihr Zusammenwirken im Gesamtraum der Insel zu untersuchen.

9.6.1 Madagaskar; verschiedene Landschafts- und Bevölkerungsstruktur als Grundlage eines Inselstaates im südlichen Indischen Ozean

Für die reiche ökologische Gliederung von Madagaskar sind zwei naturräumliche Ursachen besonders maßgeblich:
1. Die ansehnliche N-S-Ausdehnung der Insel von 1.580 km, welche eine Erstreckung vom 12. bis zum 25. Grad südlicher Breite quer zur Passatstromregion aus dem Osten

bewirkt. In Verbindung mit dem durch eine jüngere tektonische Kippung verursachten *Pultschollencharakter* der Insel mit einer kurzen steilen Abdachung nach Osten und einer weiträumigeren flacheren Abdachung nach Westen, wirkt sich dies auf die unterschiedlichen Feuchtigkeitsverhältnisse der einzelnen Regionen entscheidend aus. Die Ostabdachung ist durch ein tropisches Regenklima gekennzeichnet, während sich der Westen durch ein wechselfeuchtes Tropenklima und der Südwesten und Süden durch ein tropisches Trockenklima auszeichnen (Jahreszeitenklimate nach TROLL-PAFFEN). Die Westseite des dazwischenliegenden Hochlandes ist dem sommerhumiden Feuchtklima und seine Abwandlung durch die Höhenstufen und durch die Entfernung vom Hauptkamm nach Westen zuzuordnen (siehe Abbildung 109).
Infolge der Küstenströmungen hat sich im Osten Madagaskars vor dem jäh aufsteigenden Bergland eine wenig gegliederte Ausgleichsküste mit einer von einem Kanal durchzogenen Lagunenkette als Küstenvorland bilden können (siehe Bild 119 der Tafel 67). Die Westküste ist stärker gegliedert, besonders im Nordwesten. Die zahlreichen Buchten, Ästuare und vorgelagerten Inseln kennzeichnen sie als Ingressionsküste.

2. Deutlich ergibt sich eine geologische Gliederung in zwei große Einheiten:
Das *Grundgebirge* bildet im Osten ⅔ der Oberfläche. Es besteht überwiegend aus Gneisen sowie Tonschiefern, Kalken, Marmoren, Quarziten, Glimmerschiefern, Amphiboliten und intrusiven Graniten in Domen und Gängen. Die meisten Gesteinsserien wurden bereits im Präkambrium gefaltet. Petrographisch finden wir eine Vielfalt von Gesteinen vor, wie sie auf kleineren Inseln nicht erwartet werden kann.
Der Westen der Insel – etwa ⅓ des Landes – ist aus *Sedimentgesteinen* aufgebaut, welche allen Formationen von der Permotrias bis zum Tertiär angehören. Die Verbreitung verschiedener Kalke vermag besonders im Südwesten den Eindruck der Trockenheit noch wesentlich zu verschärfen.
Im reichen Formenbild der Insel treten Zeugnisse des *Vulkanismus* immer wieder deutlich hervor. Er begann in der Kreidezeit mit der Bildung ausgedehnter Basaltdecken und dauerte bis ins Quartär an. Es bildeten sich Schild- und Kegelvulkane.
Die höchsten Erhebnungen bestehen entweder aus Vulkankegeln oder Granitdomen, die bis über 2.600 m Höhe aufragen (Tsaratanana-Gebirge 2.876 m, Ankaratra-Gebirge 2.643 m, Andringitra-Gebirge 2.658 m). Sonst bietet aber Madagaskar zwischen 800 m und 1.600 m das Bild eines kuppigen Hochlandes (siehe die Tafeln 68 und 69).
Auf die Entwicklung der sehr unterschiedlichen natürlichen Raumgegebenheiten haben sich humanökologische Einflüsse sehr erheblich ausgewirkt. Vor allem sind es aber verschiedene vorkoloniale Wirtschaftsformen und Sitten der sehr zahlreichen Volksgruppen, die sich landschaftsprägend dokumentieren.
Die *Geschichte der Besiedlung* Madagaskars ist eine sehr bewegte, sie reicht aber nicht, wie man vielleicht aus den altsteinzeitlichen Funden des benachbarten Ostafrika vermuten könnte, sehr weit zurück. Erst um die Wende des 1. Jt.s n. Chr. waren einzelne Gebiete der Insel schwach besiedelt. Woher diese Siedler kamen, ist heute nicht mehr genau feststellbar. Sicher ist nur, daß sie sowohl vom benachbarten Afrika als auch aus Südostasien stammen.
W.-D. SICK hat in seinem ausgezeichneten Buch über Madagaskar (1979, S. 7ff.) die verschiedenen Forschungsergebnisse einander gegenübergestellt und ist ebenfalls zu dieser Schlußfolgerung gekommen:

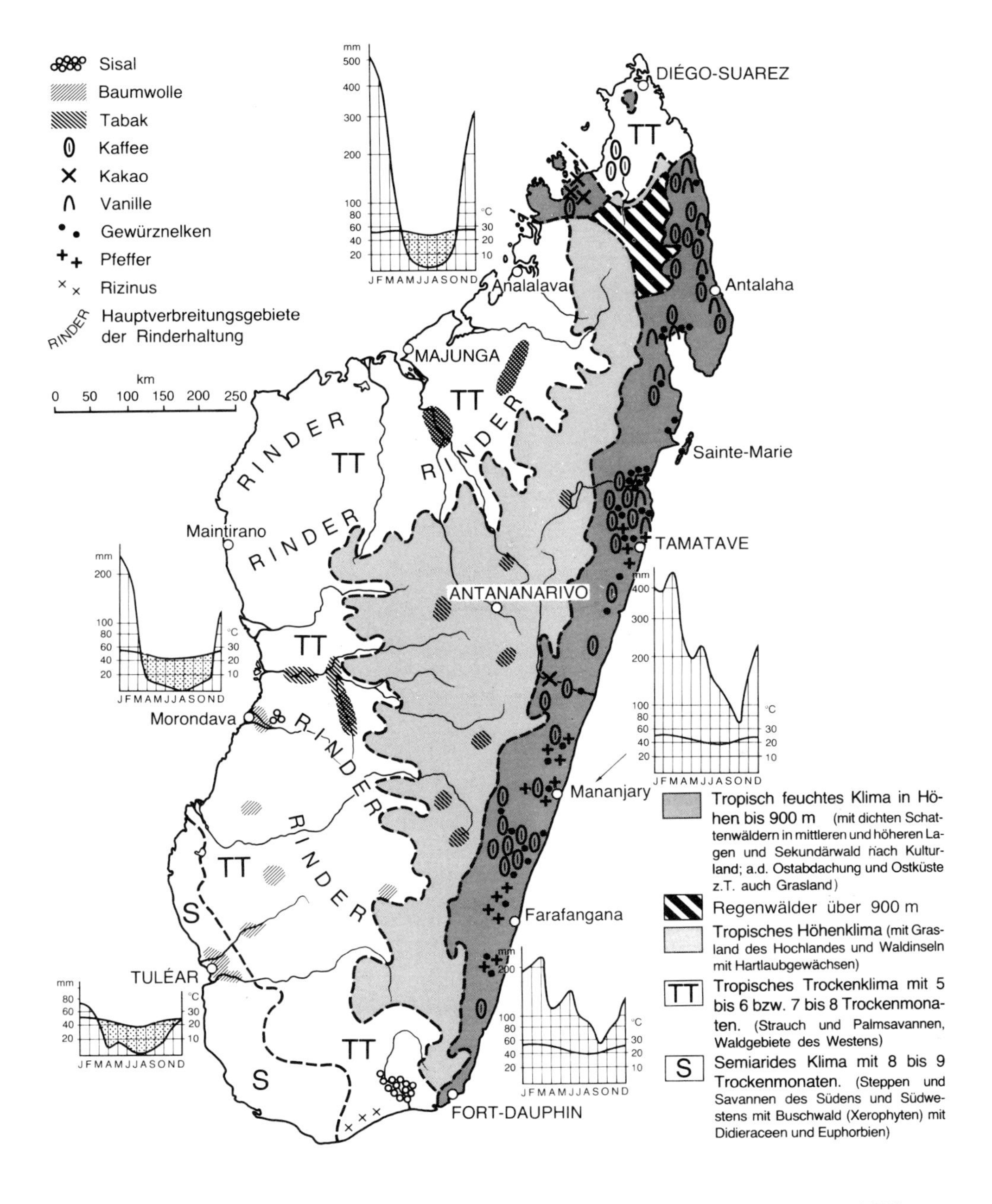

Abbildung 109: Madagaskar. Klima und Bodennutzung um 1980. (Nach E. ARNBERGER 1978, unter Benützung von Atlas de Madagascar 1969; G. DONQUE 1971; W.-D. SICK 1979 und Länderkurzberichte 1982 des Statistischen Bundesamtes Wiesbaden.)

„Unbestritten ist der große Einfluß Indonesiens, belegt durch eine Fülle anthropologischer, linguistischer und kulturgeschichtlicher Zeugnisse. Die trotz regionaler Unterschiede in der Wurzel einheitliche Sprache, das malagasy, weist in ihrer Syntax und ihrem Wortschatz eindeutig nach Indonesien (J. POIRIER)." Und an anderer Stelle: „Der geringe Anteil von Sanskritworten im Madagassischen und manche archaischen Sprachelemente lassen darauf schließen, daß die Trennung und eigenständige Weiterentwicklung bereits vor oder bei Beginn der Hinduisierung Südostasiens erfolgte, d. h. um die Mitte des ersten Jahrtausends n. Chr. Das Madagassische ist jedenfalls ein Zweig der malayo-polynesischen Sprachfamilie."
Aber auch eine Übereinstimmung von Rassenmerkmalen (besonders bei den Merina im Zentrum Madagaskars, die 44% der Bevölkerung einnehmen) und von Kulturelementen weist auf diese Verwandtschaft hin.
Eine lange Reihe von Zeugnissen spricht jedoch auch für den Einfluß Afrikas, von denen SICK (S. 8) folgende rassischen Merkmale anführt: „Ein großer Teil der Bevölkerung Madagaskars, vor allem im Westen und Süden (bei den Bara über 54% n. M. C. CHAMLA), doch auch im Hochland bei den Betsileo (51%) und Merina (ca. 30%) trägt eindeutig afrikanische, d. h. bantuide, und nicht, wie GRANDIDIER meinte, melanesische Rassenmerkmale. Neben dunkler Hautfarbe und Kräuselhaar sind die starke Prognathie und die dolichokephale (längliche) Schädelform zu nennen."
Die Grundlage der späteren Besiedlung und Kultur wurde um die Mitte oder gegen Ende des 1. Jt.s durch Proto-Indonesier (Proto-Madagassen) von Nordwesten gegen das Landesinnere gelegt. Dieser frühesten Einwanderungswelle werden die Vazimba zugeordnet, die nach älterer Ansicht fälschlich als Reste einer afrikanischen Urbevölkerung betrachtet wurden. Es können aber außerdem afrikanische Volksgruppen nach Madagaskar gekommen sein.
Nach den derzeitigen Forschungsergebnissen nimmt man an, daß, räumlich und zeitlich von der ältesten Besiedlung getrennt, die Einwanderung der Hochlandbewohner (Teile der Merina, Betsileo und Sihanaka) erfolgt ist, die sich bis heute durch ausgeprägte indonesische Merkmale von der Mischbevölkerung unterscheiden. Dieser Einwanderungswelle der Neo-Indonesier (oder Deutero-Madagassen) zwischen 9. und 15. Jh. (?) wird der Naßreisanbau zugeschrieben.

Die *jüngere Besiedlung* soll von der Ostküste in das Hochland vorgedrungen sein und sich dort durchgesetzt haben. Die Vazimba wurden verdrängt oder assimiliert, die Sprache der Proto-Madagassen aber übernommen. Aus den Ansiedlungen am Oberlauf der Flüsse Ikopa und Sisaony entwickelte sich die Volksgruppe der Merina. In dieser Zeit beginnt aber bereits die Einwirkung der Araber und des Islam, wobei der Sklavenhandel eine große Rolle spielte. Zu den islamisierten, aus Arabern, Persern, Afrikanern und Indern zusammengesetzten Einwanderern gehörten Teilgruppen, die im Nordwesten und Nordosten Fuß faßten. Die ältere Besiedlungsschichte Madagaskars ist jedoch noch weitgehend hypothetisch.
Seit dem 15. Jh. entwickelten sich aber größere Volksgruppen oder „Ethnien", die sich als territoriale Einheiten bis in die zweite Hälfte unseres Jh.s behaupten konnten (siehe Abbildung 110).
Die bis heute größte und staatsbildende Gruppe sind die *Merina* (1972: 2,1 Mio. Menschen). Sie betrieben Naßreisanbau in den Niederungen des Hochlandes (mindestens

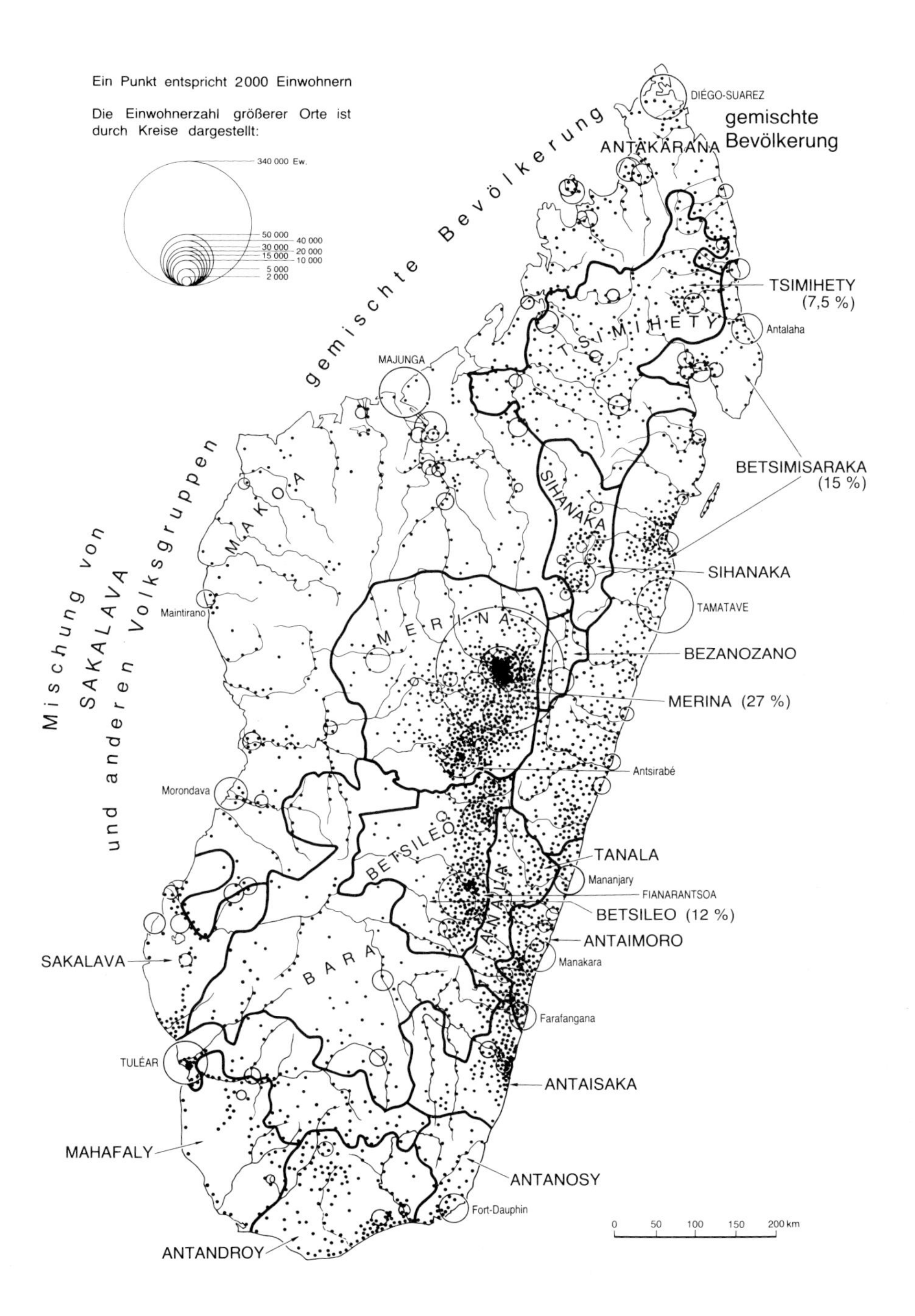

Abbildung 110: Madagaskar. Bevölkerungsverteilung und Verbreitungsräume einiger Volksgruppen um 1970 (nach Atlas de Madagascar).

seit dem 17. Jh.), daneben Regenfeldbau und Viehhaltung. Die intensive Bodenkultur und das starke Bevölkerungswachstum führten zu einem besonderen Gewicht dieser Volksgruppe im zentralen Hochland, das durch das Wirken zweier besonders bedeutender Herrscher, nämlich von ANDRIANAMPOINIMERINA (1787–1810) und seinem Sohn RADAMA I. (1811–1828), zu einer Vormachtstellung in Madagaskar ausgebaut werden konnte.

Südlich der Merina sind im Hochland um den heutigen Bevölkerungsschwerpunkt Fianarantsoa die *Betsileo* verbreitet, welche ebenfalls von Osten her in das ehemals von den Vazimba besetzte südliche Hochland eingewandert sind. Auch die Betsileo entwickelten einen intensiven Naßreisanbau mit künstlicher Terrassierung. Mit Höhenfestungen schützten sie sich gegen die Sakalava im Westen.

Nördlich der Merina wohnen um den Alaotra-See die Sihanaka, ein Volk der Fischer, der Viehzüchter und Reisbauern, das sich nach seiner Unterwerfung unter die Merina mit diesen vermischt hat. Noch weiter im Norden anschließend – südlich des Ambregebirges –, folgen die *Tsimihety.* Sie sind wahrscheinlich eine Mischbevölkerung von Sihanaka und an der Ostküste wohnenden Betsimisaraka, welche von Osten über den Paß von Androna eingewandert sind. Sie betreiben Brandrodungsfeldbau, Ackerbau und Viehhaltung und gehören eigentlich nicht mehr zur staatstragenden, wirtschaftlich und kulturell besonders hervorragenden Hochlandbevölkerung mit ihrem auf Naßreiskultur aufbauenden Bauerntum und den alten Königsstädten.

Ganz im Norden des Landes sind die *Antakarana* verbreitet, eine Mischbevölkerung aus Sakalava und Betsimisaraka mit einer ehemals arabisch-islamischen Oberschicht. Diese Mischbevölkerung war im 18. Jh. dem Sakalava-Königreich von Boina eingegliedert und wurde im 19. Jh. von den Merina unterworfen (W.-D. SICK, 1979, S. 15).

Der Westen der Insel wird von den *Sakalava* sowie von diesen abstammenden verwandten Gruppen und einer Mischbevölkerung in der Übergangszone zum Hochland eingenommen. Auf Grund der natürlichen Verhältnisse, vor allem der wesentlich geringeren Niederschläge und der weithin vorherrschenden Wirtschaftsform der Wanderviehhaltung (Bild 126 der Tafel 70), ist in dem heutigen, sehr großen Verbreitungsraum die Bevölkerungsdichte außerordentlich gering. Die Sakalava waren früher am Onilahy-Fluß im Süden ansässig und haben sich nach Norden ausgebreitet. Sie bildeten die Königreiche Menabe im Süden und Boina im Norden. Zeitweise waren sie sogar gefährliche Gegner der Merina im Hochland und erreichten ihre höchste Macht um 1780 unter der Königin RAVAHINY. Die Bevölkerungszahl dieser Gruppe war aber zu gering und ihre Wirtschaft und Lebensform zu unstet, um eine dauernde Machtposition ausbauen zu können.

Die semiariden bis ariden Gebiete im Süden der Insel werden von den dort verbreiteten Volksgruppen extensiv bewirtschaftet. Die im Übergangsgebiet vom Hochland in die südöstlichen Flußniederungen lebenden *Bara* sind ein kriegerisches Hirtenvolk mit stark afrikanischem Einschlag. Neben der extensiven Viehhaltung betreiben sie auch Regenfeldbau. Nur sehr klein ist das Verbreitungsgebiet der Vezu um Tuléar, einer Fischerbevölkerung, die den Sakalava zugerechnet wird.

Südlich von Tuléar erhebt sich mit ausgeprägtem Steilabfall zum Meer das trockene Mahafaly-Plateau (siehe Abbildung 111), welches infolge der geringen Bodenbildung und der Niederschlagsarmut hauptsächlich nur von Euphorbien und endemischen Di-

Abbildung 111: Madagaskar, Südteil der Insel. Steilabfall des Mahafaly-Plateaus bei Saint Augustin südlich von Tuléar (Aufnahme E. A., 1978).

Abbildung 112: Madagaskar, Südteil der Insel. Grabstätten der Mahafaly. Steinaufschüttung mit Ochsenhörnern und geschnitzten Gedenkpfählen (Aufnahme E. A., 1978).

dieraceen (Fantsiholitra) bewachsen ist. Gegen Osten geht dieses Kalkgebiet in eine weite, savannenartige Landschaft über. Es ist dies das Verbreitungsgebiet der stolzen Hirtenbevölkerung der *Mahafaly.* Die mit geschnitzten Pfählen verzierten riesigen Steingräber sind in der weglosen Graslandschaft das deutlichste Kennzeichen ihres Siedlungs- und Weidegebietes (siehe Abbildung 112), in dem diese Gruppe weitgehend unabhängig und autark lebt. Da in ihrem Verbreitungsraum kleine Lagerstätten von Kohle und Eisenerz vorkommen, gewinnen sie in Lehmöfen Eisenschmelze und verarbeiten diese sehr kunstvoll zu schön geschmiedeten Lanzen und Arbeitsgeräten. Infolge der entlegenen und schwer auffindbaren Siedlungen wurden auch in vergangenen Zeiten weder die Mahafaly noch die im Südosten angrenzende Volksgruppe der *Antandroy* von den Merina unterworfen. Zeitweise haben sie Königsdynastien der benachbarten Antanosy übernommen. Sie sind sicher die einzigen auch heute vom politischen Geschehen noch unbehelligten Volksgruppen Madagaskars.

Im Grenzsaum der Verbreitung der Antandroy zur östlichen *Antanosy*bevölkerung durchzieht der wasserreiche Mandrare eine Flußniederung, die infolge der günstigen Grundwasserverhältnisse inmitten einer semiariden Landschaft den Bestand einiger Urwaldinseln ermöglicht. Hier haben noch Restpopulationen der berühmten madagassischen Lemuren überlebt (siehe Abbildung 113).

Die sehr trockene und ehemals nur von Dornengestrüpp, Euphorbien und Didieraceen bestandene Baobab-Savanne der westlich der Flußmündung aufsteigenden Hänge wurde in jüngerer französischer Kolonialzeit für große Sisalagaven-Plantagen erschlossen und in einer Intensivkultur nutzbar gemacht. Nur z. T. konnten sich diese vorbildlich angelegten und geführten Sisalagaven-Plantagen (siehe Abbildung 114) über die Entkolonisierungsperiode hinüberretten und damit auch der sonst sehr armen Bevölkerung die wichtigen Arbeitsplätze erhalten.

Abbildung 113: Madagaskar, Südteil der Insel. Lemuren im Naturreservat Berenty, Flußurwaldinsel am Unterlauf des Mandrare nahe dem Mündungsgebiet (Aufnahme E. A., 1978).

Die Ostküste ist durch die reiche Gliederung seines Waldlandes in Talschaften und viele kleine Lebensräume zersplittert, so daß selbst die größte Bevölkerungsgruppe dieses Raumes, die *Betsimisaraka,* als Volk niemals größere Macht gewinnen konnte. Nur unter König RATSIMILAHO gelang im 18. Jh. eine vorübergehende Einigung und Stärkung, die aber nach seinem Tode rasch wieder verlorenging, so daß den Merinas die Unterwerfung dieser Volksgruppe unschwer gelang.
Andere im Regenwaldgebiet lebende Gruppen, wie die Tanala (östlich der Betsileo) oder die Bezanozano (im Mangorotal), haben lange Zeit von Sammelwirtschaft und Brandrodungs-Wanderfeldbau gelebt, sind aber schließlich doch zur Seßhaftigkeit übergegangen und widmen sich nunmehr dem Naßreisanbau und der Kaffeekultur. Die Kolonialzeit hat für das östliche Küstenland manche neue Möglichkeit eröffnet.

Die ökologisch und ethnisch sehr unterschiedlichen und z. T. im Widerstreit stehenden Gebiete Madagaskars wurden unter RADAMA I. geeint. Madagaskar trat erstmals in seiner Geschichte in Europa als selbständige Macht auf, und RADAMA I. führte Schulen, die lateinische Schrift, moderne Handwerkstechniken ein, organisierte ein Heer zur Verteidigung des Staates und Festigung seiner Einheit. Unter ihm begann auch das Wirken der christlichen Missionen, die sich später als eine tragende Kraft im Schulwesen erwiesen.
Leider folgte dieser großartigen Entwicklungsphase eine reaktionäre und unsichere Staatsführung, und die Kluft zwischen der Bevölkerung und der herrschenden Oberschicht vergrößerte sich in einer Form, die koloniale Bestrebungen von außen begünstigte. Frankreich hatte bereits 1885 im Norden Diégo-Suarez besetzt und beanspruchte das Protektorat über Madagaskar. Diplomatische Konflikte führten schließlich zum Krieg mit Frankreich, das von Nordwesten her ins Hochland vorstieß und nach Einnahme der Hauptstadt ganz Madagaskar zur *Kolonie Frankreichs* erklärte.

Die Kolonialzeit führte zu weiterer Zentralisierung der Verwaltung und zu einer Reihe wirtschaftlicher Maßnahmen einer exportorientierten landwirtschaftlichen Produktion. Dabei standen vorerst Kaffee, Vanille, Gewürzpflanzen, Zuckerrohr und Tabak im Vordergrund des Interesses der Kolonialverwaltung. Die Vergabe von Konzessionen an europäische Pflanzer und Gesellschaften wirkte sich hauptsächlich im Norden und Osten aus. Das dichtbesiedelte Hochland schied für solche Unternehmen von vornherein aus. Aus diesen Gründen überschritt auch der europäische Grundbesitz niemals 1% der Fläche der Insel.
Die Infrastruktur konnte seit der Jahrhundertwende vor allem im Hochland, im Nordwesten und im Osten der Insel wesentlich verbessert werden. Die Weiterentwicklung eines Netzes „Zentraler Orte“ ist nicht zu übersehen. Die verkehrsmäßige Erschließung durch Straßen war auf die Verbindung der Hauptorte ausgerichtet, und der Bahnbau 1901 bis 1913 verfolgte vorerst den Anschluß der Hauptstadt an die Ostküste. Ab der Jahrhundertwende zog der Ausbau der Verkehrswege und der Arbeitskräftebedarf der Plantagen einen Zustrom von Chinesen und Indern nach sich. Die im Lande verbliebenen Chinesen erreichten bis 1972 eine Zahl von etwa 10.000 (1981: 9.000), die hauptsächlich an der Ostküste und im Hochland als Händler tätig waren. Die verstärkte Zuwanderung von Indern wirkte sich mehr auf den Westen (Majunga, Tuléar, Morondava) aus. Sie erreichte bis 1972 etwa 18.000 Personen (1981: 10.000).
Nach dem Ende des Zweiten Weltkrieges wurde auch Madagaskar von *Unabhängig-*

Abbildung 114: Südost-Madagaskar. Sisalagaven-Plantagen auf dem Gebiet einer ehemaligen Baobab-Savanne bei Berenty im Mandrare-Mündungsgebiet (Aufnahme E. A. 1978).

Abbildung 115: Südost-Madagaskar. Dornbusch-Savanne an den Hängen oberhalb der Sisalagaven-Plantage der Abbildung 114. Schwarze Eingeborene stampft Reis für das Abendessen (Aufnahmen E. A. 1978).

keitsbestrebungen erfaßt, die 1947 zu einem blutigen Aufstand führten, der aber infolge der Uneinigkeit der Volksgruppen zusammenbrach. Der französischen Regierung gelang es schließlich in den fünfziger Jahren, einen friedlichen Übergang zur Selbständigkeit im Rahmen der Französischen Gemeinschaft vorzubereiten, welcher nach dem Besuch von DE GAULLE 1958 durch Annahme einer entsprechenden Verfassung gerade noch gelang und zur Proklamation der neuen Republik führte. Nach mehreren weiteren Verhandlungen erhielt Madagaskar 1960 die volle Unabhängigkeit.
Der erste Staatspräsident Ph. TSIRANANA, Vorsitzender der sozialdemokratischen Regierungspartei, strebte einen sozialen Ausgleich an, ließ aber das private Eigentum unangetastet und genoß im In- und Ausland großes Ansehen. Die alten Gegensätze zwischen den Volksgruppen und die unterschiedliche Meinung über deren Bevorzugung oder Benachteiligung durch die Regierung führten neuerlich zu Unruhen und zum Kampf gegen die etablierte Bürokratie und ihre Bindung an den Westen.
Unruhen in Tananarivé (heute Antananarivo) führten 1972 zur Machtübernahme durch eine Militärregierung unter General RAMANANTSOA, der aber neue Entwicklungsvorstellungen ebenfalls nicht durchsetzen konnte und 1975 auf die Präsidentschaft verzichtete. Sein Nachfolger wurde unmittelbar nach Amtsantritt ermordet. Damit war der Weg für Didier RATSIRAKA, Seeoffizier und früherer Außenminister, zum Präsidenten frei. Er vertrat einen *revolutionären Sozialismus* im Sinne der Gedankengänge MAO TSE-TUNGS und des nordkoreanischen Präsidenten KIM IL SUNG. Seine Ziele, die für die Entwicklung der zweiten „Demokratischen Republik Madagaskar" maßgeblich waren, hat er in seinem „Roten Buch" niedergelegt. RATSIRAKA wurde 1982 erneut gewählt.
Die politische Neuorientierung verursachte eine wesentliche *Verschlechterung der Situation* der Plantagenbesitzer. Sie wurden – soweit sie französischer Herkunft waren – enteignet oder in ihrer Handelsfreiheit, Betriebsführung und Verdienstmöglichkeit derart beschnitten, daß viele von ihnen ihren Besitz aufgaben und aus Madagaskar flüchteten. Die Handelsbeziehungen, besonders mit Frankreich, reduzierten sich auf ein Mindestmaß, da die Einhaltung von Lieferfristen und -bedingungen nicht mehr gewährleistet war und aus politischen Gründen das Interesse an Handelsbeziehungen erlosch. Außerdem war der zeitgerechte Umschlag und Transport auf den Verladehäfen Madagaskars nicht mehr garantiert. Die Verfasser konnten die katastrophalen Folgen dieser politischen Neuorientierung 1978 auf einigen Plantagen in Madagaskar selbst erleben. Große Neuanlagen von Kulturen – wie z. B. im Südosten der Insel – waren in Gefahr, wieder zu verfallen und sich in Dornbuschsteppe zu wandeln (siehe Abbildungen 114 und 115).

Betrachten wir die naturräumlichen, volklichen und wirtschaftlichen Faktoren in Madagaskar, dann erkennen wir das enge Wirkungsgefüge dieser Faktoren, welche bei gleichartiger wirtschaftlicher Nutzung zu weiteren Degradierungsprozessen und unlösbaren Problemen führen muß.
Der zentrale Kernraum der Insel, das von Merina, Betsileo und Sihanaka besiedelte und geprägte Gebiet, ist ein hochstehendes *Reisbauernland,* dicht besiedelt mit hohem Stand des Gewerbes und ausgestattet mit vielen „Zentralen Orten" und Kultureinrichtungen. Es war immer schon der Kernraum eines madagassischen Reiches, und hier hat sich auch die Hauptstadt *Antananarivo* (früher Tananarivé) als Macht- und Kulturzentrum entwickelt. Die Provinz Antananarivo hatte mit einer Fläche von 58.283 km²

1984 rund 2,5 Mio. Einwohner, also eine Bevölkerungsdichte von 43 Ew./km². Die Zunahme der Bevölkerung in der Hauptstadt erfolgte von 1933 (100.000 Ew.) bis 1975 (406.000 Ew.) auf das Vierfache und hat sich im folgenden Dezennium fast verdoppelt (1984 etwa 800.000 Ew.).
Das starke Anwachsen der Bevölkerung der Hauptstadt besonders nach 1960 ist auf die enorme Zuwanderung infolge der nach 1950 einsetzenden Bevölkerungsexplosion Madagaskars vornehmlich im gesamten Hochland und im Osten der Insel zurückzuführen. Bis 1950 erfolgte die natürliche Bevölkerungsentwicklung der Insel langsamer und erhielt Rückschläge durch Epidemien und Kriegsverluste. So in den Jahren 1919/20 durch Grippe, Pest und Meningitis, die die Bewohner oft ganzer Orte ausrotteten, und 1942 bis 1948 durch den Zweiten Weltkrieg und den blutigen Aufstand von 1947. Nach 1950 stieg die Bevölkerung durch die hohe Fruchtbarkeit und die infolge verbesserter sanitärer Verhältnisse wesentlich abgesunkenen Sterbeziffern in 30 Jahren auf das Doppelte an (siehe die Tabelle 32).

Tabelle 32: Entwicklung der Bevölkerung Madagaskars seit 1901 und der Bevölkerung Antananarivos von 1933 bis 1984.

Madagaskar				Antananarivo	
Jahr	Einwohner in Mio.	Jahr	Einwohner in Mio.	Jahr	Einwohner in Tausend
1901	2,242	1966	6,200	1933	100
1920	3,119	1970	6,750	1950	180
1940	4,016	1975	7,604	1965	322
1950	4,143	1980	8,742	1975	406
1960	5,183	1984	9,735	1984	800

1972 entfielen auf 1.000 Einwohner 35 Lebendgeburten und 10 Todesfälle. Das entspricht einem natürlichen Bevölkerungszuwachs von 25‰. Im Durchschnitt 1973 bis 1983 stieg das Bevölkerungswachstum auf 26‰ an.
Besorgniserregend ist der Altersaufbau der Bevölkerung, dessen graphische Darstellung eine niedrige Pyramide mit sich rasch verjüngender Spitze ergibt. 1972 waren 38,7% der Bevölkerung in einem Alter von unter 15 Jahren und 58,1% unter 20 Jahren. Der Anteil der Jugendlichen war und ist in den östlichen Provinzen höher als in den westlichen und läßt für die Zukunft ein weiteres rasches Anwachsen der Bevölkerung und, infolge der nur sehr geringen Zahl von Arbeitsplätzen, einen erschreckenden Anstieg der Arbeitslosigkeit besonders bei der jüngeren Bevölkerung im arbeitsfähigen Alter erwarten. Die arbeitslosen Jugendlichen strömen aber mehr und mehr in die Städte, bilden dort Unruheherde und verunsichern ihre Bewohner.
Der dichtbesiedelte Kernraum des Hochlandes erstreckt sich von Anjozorobe, nördlich von Antananarivo gelegen, über die Hauptstadt und ihre weitere Umgebung nach Süden über Antsirabé und die zweite größere Stadt Fianarantsoa bis Ambalavao. In diesem dichtest besiedelten Gebiet der Insel liegt die Bevölkerungsdichte überall über 50 Ew./km², meist sogar über 100 Ew./km². Das Straßennetz ist in diesem Raum leidlich gut ausgebaut, und 2 Bahnlinien sorgen für eine Verbindung zur Ostküste, nämlich von der Hauptstadt (bzw. Antsirabé) aus dem Verbreitungsraum der Merina nach Tamatave an der Nordostküste, und von Fianarantsoa, der zentralen Stadt im Verbreitungsgebiet

der Betsileo, nach Manakara an der Südostküste. In den Becken und weiten Talmulden finden wir außer den Städten auch sonst seltener auftretende *Großdörfer* mit einigen 100 bis etwa 2.000 Einwohnern, welche Verwaltungs- und Versorgungsfunktionen niedriger Stufe erfüllen. Im mittleren Hochland ist die *feste Bauweise aus Lehmziegeln* und Backstein weit verbreitet und beherrscht vor allem den Verbreitungsraum der Merina und Betsileo auch im rein ländlichen Gebiet der Weiler und Hofgruppen (siehe Bild 124 der Tafel 69). Auch die Häuser nichtstädtischer Siedlungen sind häufig eingeschossig; als Baumaterial dienen aber luftgetrocknete Ziegel, und die Dächer werden mit Reisstroh gedeckt.

Madagaskar ist noch immer ein Entwicklungsland in einem *frühzeitlichen Stadium der Urbanisierung,* obwohl die Stadtbevölkerung in den letzten 12 Jahren (1973 bis 1985) von 15 auf 20% angestiegen ist. Die Zahl der Orte mit über 5.000 Einwohnern hat sich zwar erheblich vermehrt (1900: 2, 1940: 12, 1971: 41 Orte), es handelt sich aber in der Mehrzahl nur um volkreiche Bauernorte ohne besondere zentrale Funktionen. Die Zahl der wirklichen Städte ist gering geblieben und beschränkt sich hauptsächlich auf die von den Europäern gegründeten Handelsstützpunkte. Als alte gewachsene Stadt ist vor allem *Antananarivo* (frz. Tananarivé) anzusehen, welche bereits Anfang des 19. Jh.s 10.000 Ew. besessen haben soll (W.-D. SICK, 1979) und ihren Aufstieg König ANDRIANAMPOINIMERINA und dessen Sohn RADAMA I. verdankt. Die heutige Stadt ist um eine Hügelkette angelegt und erstreckt sich von hier aus in die Reisniederungen der Umgebung. Schon im 17. Jh. hatte der Imerinafürst ANDRIANJAKA den Hügel des heutigen Rova in eine Festung umgewandelt, die der Verteidigung gegen die Vazimbas diente.

Die Einigung des Merinastammes unter ANDRIANAMPOINIMERINA führte 1796 auch zur Funktion des nur wenige 1.000 Einwohner zählenden Ortes als Hauptstadt des geeinigten Königreiches. Zentrum der Stadtentwicklung war und blieb das in 1.470 m Höhe errichtete, mächtige viertürmige Königsschloß mit seinem steilen Giebeldach, von dem man den ganzen alten Kernraum der Merinas überblicken kann. Um das Schloß entwickelte sich auch die Oberstadt, welche früher die Rolle als Residenzstadt, Ort der Volksversammlungen und Markt ausgeübt hat. Die Mittelstadt auf den benachbarten Hügeln und umgebenden Hängen dient heute der Wohnfunktion, dem Gewerbe und kleinen Geschäften. Die Ziegelhäuser der winkeligen Altstadt lassen an vielen Stellen den frühen Kolonialstil erkennen.

Erst die regelmäßige Anlage der Unterstadt ab 1925 entlang der Hauptachse Avenue ny Fahaleovantena (Avenue de L'Indépendence) zwischen dem Bahnhof und dem Stadtviertel Analakely mit dem Hauptmarkt (Zoma) wurden den Bedürfnissen einer modernen Kolonialverwaltung gerecht und sind durch den französischen Kolonialstil geprägt. Die jüngste Entwicklung nach der Befreiung von der Kolonialverwaltung vollzog sich durch Bau eines modernen Regierungsviertels westlich des noch zu Beginn des 19. Jh.s am Fuße des Rova von RADAMA I. angelegten Lac d'Anosy (siehe Bild 121 der Tafel 68). Die Stadt ist nach allen Richtungen in die fruchtbaren Reisfelder hineingewachsen. Im Nordwesten ist die Stadt mit dem großen Vorort Ambohimanerina, Standort vieler kleiner Betriebe der Leichtindustrie, zusammengewachsen.

Sonst ist aber im mittleren Hochland die *traditionelle Agrarwirtschaft* beherrschend. Die feuchten Beckenniederungen und Tallandschaften sowie die angrenzenden terrassierten Hänge sind durch block- und streifenförmige Reisfelder genutzt, welche in der Trok-

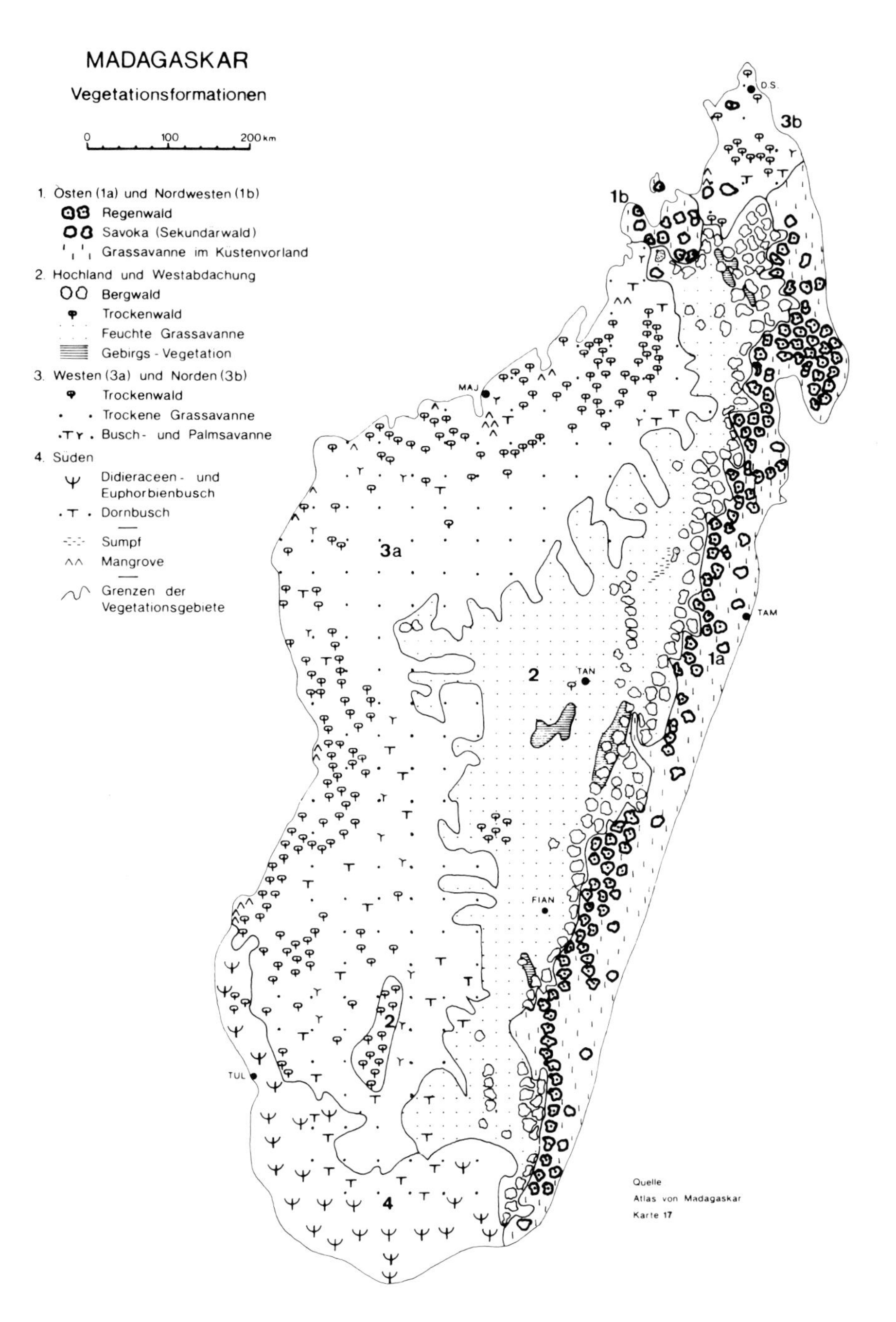

Abbildung 116: Madagaskar. Vegetationsformationen. (Aus W.-D. SICK, Madagaskar, 1979, S. 63.)

kenzeit künstlich bewässert werden und die Möglichkeit von 2 bis 3 Ernten im Jahr (bzw. von 5 Ernten in 2 Jahren) ergeben. Sehr günstige Bedingungen bieten im Westen des Hochlandes die alten Vulkanberge um den Itasy-See (siehe Bild 123 der Tafel 69), wo in den Niederungen auf ausgezeichneten Böden je nach vorhandener Feuchtigkeit und Lage angefangen von Reis und Zuckerrohr über verschiedene Gemüsearten bis hin zu Bohnen, Maniok, Mais, Weizen und Tabak fast alles mit ausgezeichneten Erträgen angebaut wird.
In vielen Gebieten des Hochlandes fallen die großen Schäden auf, welche die *Bodenerosion* infolge unsachgemäßer Anlage von Wegen und Kulturen und des weithin fehlenden Waldes verursacht. Aufforstungen mit Eukalyptusarten, welche auch als Bauholz und zur Herstellung von Möbeln brauchbar sind, haben bisher nur unzulängliche Teilerfolge erzielen können. Die Erosionsnischen (lavaka) sind nach W.-D. SICK hauptsächlich im Gebiet mobilisierbarer, toniger Ferralitböden mittlerer Hangneigung verbreitet, fehlen bei Lateritkrusten und treten auch auf vulkanischen Böden selten auf. Nach oben greifen sie in halbkreisförmiger und fingerartiger Form in das Gelände ein. Die Aufrißstellen in den roten Böden erreichen bei Niederschlägen enorme Abtragungsbeträge und hohe Bodenverluste.
Während die Grenze des Hochlandes zur bewaldeten Ostabdachung ausgeprägt hervortritt, erfolgt der Übergang nach Westen von der feuchten zur trockenen Grassavanne nur allmählich, ist aber morphologisch durch zunehmende Zerschneidung des Geländes durch die Gewässer ersichtlich.
Die westliche, unter der 800 m Höhe liegende Florenregion umfaßt den *Randteil des Grundgebirges und das Schichtstufenland.* Es handelt sich um den Lebensraum der *Sakalaven,* z. T. vermischt mit den Antaisaka (siehe Abbildungen 110, S. 351 und 116). Die natürliche Pflanzenformation dieser Region ist der lichte Trockenwald, der sich der gegen Süden länger werdenden niederschlagslosen Zeit durch eine entsprechende Vegetationsruhe mit Laubabwurf und vielen Verdunstungsschutz-Vorrichtungen, wie feingefiederten, kleinen, behaarten Blättchen oder Dornen, wasserspeicherndem Stamm usw., anpaßt. Die früher viel häufiger vertretenen Ebenholz- und Palisanderbestände und Akazienbäume wurden wegen ihres wertvollen Holzes sehr vermindert.
Im südlichen Sakalavaland verdichtet sich südlich des Tsiribihina-Flusses bis zum Raum von Tuléar das Auftreten von *Baobab* (Affenbrotbäume, in Madagaskar allein durch etwa 6 endemische Arten vertreten). Unter diesen ist Andamosia Grandidieri (siehe Bild 125 der Tafel 70) die mächtigste und beeindruckendste Art, welche hier weithin die Trockensavanne prägt, so daß man diese mit Recht als Baobab-Savanne bezeichnen kann. Stammdurchmesser von mehreren Metern (3 bis 8 m) – in einer Höhe von 2 m über dem Boden gemessen – sind überall zu finden. Die maximal verdickten Stämme dienen der Wasserspeicherung. Aus den großen orangenfarbigen Blüten bilden sich gurkenförmige Früchte, deren Fleisch von fliegenden Hunden, Lemuren und Eingeborenen verzehrt wird.
Der *Hirtenfeudalismus mit Wanderviehhaltung,* der für die etwa ½ Mio. Sakalavas typisch ist, hat durch eine aus Prestigegründen gehaltene viel zu große Rinderzahl zu einer fortschreitenden Auflösung und Verminderung der Trockenwaldbestände geführt und auch die Buschvegetation der Trockensavanne weiter vermindert und degradiert. Weidegründe gibt es in der Trockenzeit nur in den Niederungen an den verstreuten klei-

nen Seen und entlang der Flüsse vor ihrer Mündung in geringer Höhe über dem Meeresspiegel. Die riesigen Wanderstrecken bis zum Absatzmarkt von Antananarivo oder den anderen bedeutenderen Städten führen zu einem Gewichtsverlust des ohnedies leichten Fleischviehs, der die Wirtschaftlichkeit einer so extensiven Viehhaltung in Frage stellt (siehe Bild 126 der Tafel 70).
Die ehemals weit verbreitete Sklavenhaltung hat ihren rassischen Niederschlag in mehr oder minder vermischter Form im gesamten Raum gefunden. Auch die kleine, von Sklaven abstammende Gruppe der Makoa im Raum zwischen Majunga und Maintirano gehört dazu.
Der *wenige Feldbau* ist auf besondere Gunstlagen und auf die jährlich überschwemmten, ehemals von palmenreichen Galeriewäldern bedeckten Uferbänke der Flüsse beschränkt. An den dünen- und mangrovereichen Küsten wird Fischfang für den Eigenbedarf betrieben, der in der Nähe großer Orte auch der lokalen Marktversorgung dient. Mit Ausnahme der wenigen, an der Küste liegenden Städte und in den Flußniederungen vorkommenden Großdörfer sind die sonst überall verbreiteten *Kleindörfer und Weiler aus Holz und anderem pflanzlichen Material* gebaut.

Im gesamten Raum des Westens und Südwestens werden die klimatisch negativen Erscheinungen der gegen Süden zunehmenden Trockenheit in den Karstlandschaften noch wesentlich verschärft. Die Bodendecke ist aufgelöst oder fehlt überhaupt, und die Reste der Bodenbildungen sind in Klüften und Spalten zusammengespült. Die Kalkplateaus, vom Norden angefangen bis in die extrem semiariden Gebiete im Süden der Insel (Karst von Ankarana in Nord-Madagaskar, Nmoroka südlich Majunga, Kalifely, Bemaraka, Mahafaly), stehen zu den Niederungen und Flußlandschaften in scharfem Kontrast und bieten lediglich einer xerophytischen Vegetation mit tief in die Spalten eindringenden Wurzeln eine Existenzmöglichkeit. Von den Siedlungen der Menschen und den Weidewegen ihres Viehs werden diese Karstlandschaften umgangen. Sie sind daher weitgehend siedlungsleer und ungenutzt.
Wir haben bereits auf Seite 354 hervorgehoben, daß die von Rinderhaltung lebenden Hirtenvölker im Süden der Insel noch die ursprüngliche Lebensweise beibehalten und sich bis heute weitgehend jeder Beeinflussung aus dem Norden entzogen haben. Nur im Südwesten ist es gelungen, durch Sisalagavenpflanzungen eine neue, marktwirtschaftlich orientierte Nutzungsform zu etablieren. Diese Veränderung geht aber auf die französische Kolonialzeit zurück (siehe Abbildung 114, S. 356).

Die durch stark afrikanischen Einschlag auffallende Volksgruppe der *Bara* in dem großen Übergangsgebiet zwischen Hochland und den südlichen Niederungen ist zwar ebenfalls eine kriegerische Hirtenbevölkerung mit extensiver Viehhaltung, die auf verstreut liegenden kleinen Feldern etwas Regenfeldbau (Maniok, Batate, Erdnüsse) für die Selbstversorgung betreibt. Da hier mehr als in anderen Gebieten der Viehbesitz den sozialen Rang des Besitzers bestimmt, ist die Stückzahl pro Einwohner besonders hoch.
Der Westen und Süden Madagaskars ist noch sehr stark von althergebrachten Lebens- und Wirtschaftsformen geprägt. Eine *extensive Weidewirtschaft,* verbunden mit viel zu hohen Viehbeständen wirtschaftlich geringer Qualität, wirkt mit an der Degradierung weiter Landstriche. Es handelt sich meist um das widerstandsfähige, aber wirtschaftlich *ertragsschwache Zeburind,* welches im Mittel hier nur 115 kg Fleisch je Stück und 100

bis 200 l Milch je Kuh im Jahr liefert (W.-D. SICK, 1979, S. 157). In Europa liefern gute Milchviehrassen im Vergleich dazu über 3.500 l Milch/Jahr je Kuh. Das madagassische Zebu von mittlerem Wuchs (1,25 bis 1,35 m) ist ein wenig frühreifes Rind, das bei guten Weideverhältnissen in 6 bis 7 Jahren ein Gewicht von 300 kg erreichen kann (J. RANDRIANARISON, 1976) und 50% reines Fleisch liefert. Unter Mast (Grünfutter, Maniok, Kartoffelblätter) in einer Grube gehalten, kann es auf 600 bis 700 kg aufgefüttert werden. Als schlechte Milchkuh liefert das Zebu auch bei guten Weideverhältnissen kaum mehr als 800 l/Jahr. Durch Kreuzung versucht man in einzelnen Gebieten die Fleischleistung zu erhöhen.

Der Ausbau einer ertragsfähigen Landwirtschaft wäre in weiten Gebieten der Trockensavanne bei entsprechender Bewässerung möglich, aber die finanzielle Schwäche des Staates vermag die notwendigen Mittel zum forcierten Bau von Bewässerungsstaubecken ebensowenig aufzubringen wie zum weiteren Ausbau des Straßennetzes und vieler anderer notwendiger Verbesserungen der Infrastruktur.

Kehren wir nochmals zur Westabdachung zurück. Nach Norden verschmälert sich das Ausbreitungsgebiet der hier stark mit Tsimihety, Merina und anderen Volksgruppen vermischten Sakalava durch die *großen Wälder* des bis 2.876 m Höhe ansteigenden Tsaratanana-Massivs. Es stellt naturräumlich die Verbindung von der Ostküste zur Nordwestküste mit der Nossi-Bé-Inselwelt her und ist das größte zusammenhängende Urwaldgebiet Madagaskars geblieben. Es bildet ein großes Hindernis für die unter Landmangel leidenden, stark ackerbaulich orientierten Tsimihety, welche sich sehr vermehren und von Naßreis- und Regenfeldbau leben.

Das Massiv erhält sowohl durch den SO-Passat als auch durch den NW-Monsun reichlich Niederschläge und ist durch sein Relief und sein Wesen als Regenwaldgebiet siedlungsfeindlich und daher auch fast unbesiedelt.

Abgeriegelt durch das Tsaratanana-Massiv ist die wieder trockenere *nördlichste Insellandschaft isoliert.* Sie zeichnet sich durch ein Vegetationsgemisch von Sekundärwald, Trockenwald, trockener Grassavanne und ganz im Norden durch eine tief ins Land greifende Meeresbucht um Diégo-Suarez aus. Hier wohnt eine Mischbevölkerung, u. a. im Westen die Antakarana, welche früher eine arabisch-islamische Oberschicht besaßen. Durch die besonderen Lagevorteile und die günstigen Hafenbedingungen in der geschützten Bucht konnte sich die Stadt Diégo-Suarez in Verbindung mit dem von den Franzosen ab 1885 angelegten und ausgebauten Flottenstützpunkt für den Indischen Ozean entwickeln (etwa 50.000 Ew.).

Von besonderer wirtschaftlicher Bedeutung auch für den Export ist der *schmale, tropisch-feuchte Raum des Ostens* der Insel bis über 900 m Höhe. Schon vor der Kolonialzeit ist die Ostküste durch arabische Seefahrer und europäische Stützpunkte mit dem Handel in Berührung gekommen. Außer dem Brandrodungsfeldbau hat daher auch früh der Anbau von Exportprodukten durch europäische Pflanzer Fuß fassen können. Heute bestreiten vorwiegend einheimische Kleinbetriebe den Export, der stark zurückgegangen ist. An der Luvseite zum SO-Passat sind die Niederschläge hoch, und die Jahresmittel der Temperaturen von 23°C (im Süden) bis 25°C (im Norden) schaffen ein tropisch-feuchtes Klima mit allen Möglichkeiten des Anbaues tropischer Pflanzen.

Der *dichtest besiedelte Raum der Ostküste liegt im Süden* zwischen Fort-Dauphin und Mananjary. Hier siedeln mehrere kleinere Volksgruppen, und zwar um Fort-Dauphin die

Antanosy (im Stadtraum gemischt mit Antaifasy) und im Norden anschließend die Antaisaka (siehe Abbildung 110, S. 351), die vom Westen aus der Gruppe der Sakalava stammen sollen.
Fort-Dauphin (madagassisch Farodofay) ist der Hauptort des *Antandroylandes* und zugleich die südlichste Stadt an der schärfsten Klimascheide des Landes. Über die weißen Strände der weitgeschwungenen Meeresbuchten erhebt sich sehr steil das vom artenreichen Regenwald hier nur locker bedeckte Gebirge (siehe Abbildung 117). Gegen Westen geht die Vegetation fast unvermittelt in die Dorn-Savanne über (siehe Abbildung 116). An der Grenze zu den Trockengebieten gelegen und nur mit einem kleinen, wirtschaftlich schwachen Hinterland ausgestattet, hat die Stadt mit ihren heute vielleicht 15.000 Einwohnern den Kampf gegen die Nachteile ihrer Randlage zu führen gehabt. Da sich die erste, 40 km nördlich liegende französische Niederlassung in St. Luce als ungesund erwies, gründeten hier die Franzosen 1643 einen 2. Handelsstützpunkt mit Fort, der bis 1674 gehalten wurde. Lange Zeit diente dann das Fort nur als Piratenschlupfwinkel, bis der Ort unter den Merina und Franzosen im 19. Jh. wieder Garnisons- und Handelssitz wurde. Handelsmäßig hat er als Ausfuhrhafen für Sisalfasern, Glimmer und Vieh einige Bedeutung erlangt, als Verwaltungsstadt und „Zentraler Ort" bietet der Stadtkern ein anziehendes Bild. Für den Fremdenverkehr, der hier Zukunft haben könnte, liegt er trotz Flugverbindung doch zu sehr in Randlage (siehe auch Abbildung 117).

Abbildung 117: Madagaskar, Fort-Dauphin. Blick nach Norden in die weitgeschwungene Bucht mit Sandstrand und dahinter auf das steil aufsteigende, von lockeren Regenwaldbeständen bedeckte Bergland (Aufnahme E. A., 1978).

Die *hohe Bevölkerungsdichte* in Fort-Dauphin und im Küstenraum der Provinz Fianarantsoa (über 50 Ew./km², häufig auch über 100 Ew./km²) zwingt viele Antanosy und Antaisaka in andere, weniger dicht besiedelte Gebiete Madagaskars umzusiedeln. Im Gebiet zwischen Fort-Dauphin am südöstlichsten Steilrand des hier nahe an die Küste herantretenden Gebirges und Manambondro im Norden steht wenig bebaubares Land zur Verfügung, das eine weitere Expansion gestatten würde.
Erst ab der Mündung des Manambondro beginnt sich nach Norden die Küstenebene zu weiten, an die sich schließlich gegen Westen vor dem steilen Gebirgsabfall noch ein niedriges Bergland anschließt. Als nächste größere Volksgruppe leben hier im Raum um Vangaindrano dicht gedrängt die *Antaisaka,* welche infolge des immer knapper werdenden Lebensraumes und hohen Bevölkerungsdruckes in andere Gebiete Madagaskars, insbesondere in den gesamten Verbreitungsraum der Sakalava im Westen, ausgewandert sind. An sie schließen im Küstenland weitere Volksgruppen an, deren größte die der Antaimoro ist, die ebenfalls noch bedenklich hohe Bevölkerungsdichten erreichen.
Obwohl die Bevölkerung in ihren Gebräuchen und in ihrer Sozialstruktur, differenziert und z. T. noch durch Reste einer Kastengliederung geprägt ist, hat sich in den Niederungen ein recht einheitliches Kulturlandschaftsbild entwickelt (siehe Bild 119 der Tafel 67). Neben weitabständig liegenden größeren Orten mit zentralen Funktionen befinden sich viele Kleindörfer und Weiler, deren Häuser in Holzbauweise errichtet sind. Im Bergland haben sich neben den Höhensiedlungen seit Erlöschen der Stammesfehden auch Siedlungen in Tallagen entwickelt.
Naßreisanbau nimmt die Flußauen und bewässerungsfähigen Niederungen ein und bietet die wichtigste Ernährungsgrundlage der Bevölkerung, die noch durch Gemüse, Bananen, Zuckerrohr, Batate, Taro und eine Vielfalt tropischer Baum- und Strauchfrüchte ergänzt wird. Dazu kommt noch der Fischfang in den Flüssen, Kanälen und Lagunen. An den Hängen und im Bergland wird Regenfeldbau mit Maniok, Bohnen, Mais und Erdnüssen hauptsächlich zur Selbstversorgung betrieben.
Für den Export sind vor allem die *Gewürznelkenkulturen, Kaffeepflanzungen* und *Pfefferanlagen* besonders um Manakara und Mananjary von großer Bedeutung. Farafangana und Mananjary haben sich durch ihre Verwaltungsfunktionen und anderen zentralörtlichen Einrichtungen sogar zu Mittelzentren aufgeschwungen, wobei Mananjary, inmitten des Kaffeeanbaugebietes, mit Hafen und den notwendigen Straßenverbindungen ins Hochland auch eine hervorstechende Stellung als Umschlagsort zukommt. Im Außenhandelsumschlag wird es jedoch von *Manakara* übertroffen, das die Hauptmenge des Kaffees exportiert und für die Importe des südlichen Hochlandes sorgt. Von Manakara, mit den leider oft durch Sandablagerungen behinderten Einfahrten zu den Hafenanlagen und seinen kulturellen Einrichtungen, führt auch die Bahn durch das Bergland nach Fianarantsoa ins Hochland. Die städtischen Siedlungen haben sich alle erst in der Kolonialzeit entwickeln können und zeigen dies auch in ihrer baulichen Gestaltung und ihrem Aussehen.
Die größeren Orte im Küstenland sind durch eine Längsstraße, parallel zur Küste verlaufend, verbunden, die jedoch nur zwischen Manakara und dem südlich gelegenen Vangaindrano gut ausgebaut ist. Der Pangalaneskanal, welcher die Flußmündungsgebiete und z. T. auch alte Lagunen miteinander verbindet, ist nur für den lokalen Bootsverkehr,

nicht aber für einen größeren Lastenverkehr geeignet. An ihm liegen viele kleine Fischersiedlungen.
Im Bergland, hinter den im Küstenland ansässigen Antaimoro und den anderen kleinen Volksgruppen, siedeln seit langer Zeit die Tanala und betreiben neben wenig Naßreisfeldern, Bergreisanbau, Brandrodungshack- und -feldbau und Sammelwirtschaft.
Nördlich von Mananjary leben im Küstenland und in den *tropisch-feuchten Regenwäldern* allein die Angehörigen der zweitgrößten Volksgruppe Madagaskars, nämlich die *Betsimisiraka.* Auch sie waren, wie die anderen südöstlichen Volksgruppen, ursprünglich Waldbauern. Doch entstanden hier bereits in vorkolonialer Zeit Handelsstützpunkte und ausfuhrorientierte Pflanzungen. Im 18. Jh. haben die Betsimisiraka sogar eine bedeutende politische Einheit gebildet, wurden aber dann von den Merina unterworfen. Bis heute stehen sie mit der Hochlandbevölkerung in einem immer wieder aufflammenden Konkurrenzkampf um gleichberechtigte Behandlung.
Die Bevölkerungsdichte ist im Betsimisirakaland etwas geringer als im südöstlichen Küstenland. Die Verbindung mit der Hauptstadt Antananarivo ist durch eine Bahn gegeben, die bis zur drittgrößten Stadt der Insel mit etwa 70.000 Ew., Tamatave, führt. *Tamatave* ist eine Gründung der französischen Kolonialzeit mit schachbrettartigem Grundriß, angelegt auf einem Platz, der im 16. Jh. in die Hände der Franzosen kam. Heute ist Tamatave ein beachtliches Zentrum der Verwaltung, Kultur, Versorgung und des Handels und besitzt den größten Handelshafen der Insel.
Die Voraussetzungen und Möglichkeiten für den *tropischen Fruchtbau* entsprechen dem südlichen Küstenabschnitt. Die günstigen Transport- und Umschlagmöglichkeiten erweitern aber den Fächer und die Ausfuhrmöglichkeiten für verschiedene Produkte. Das Umland von Tamatave ist Hauptproduktionsgebiet für Kaffee, Gewürznelken und Pfeffer. In den umliegenden Tallandschaften erreichen Bananenkulturen nicht nur Bedeutung für die Ernährung der einheimischen Bevölkerung, sondern auch für die Bananenausfuhr. Südlich von Tamatave bis in den Norden der tropisch-feuchten Waldregion tritt zu den bisher genannten Produkten noch ein weiteres sehr arbeitsintensives hinzu, nämlich Vanille. Südlich von Tamatave an der Bahnstrecke bei Brickaville liegen große Flächen mit Zuckerrohrpflanzungen (siehe die Tafeln 67 bis 70).
So wie an der Nordwestküste Madagaskars die Inselgruppe Nossi-Bé zu einem Hauptanziehungspunkt für den Fremdenverkehr geworden ist, besitzt auch die der nordöstlichen Küste vorgelagerte Insel Sainte-Marie hervorragende landschaftliche Eigenschaften als tropische Trauminsel für den Fremdenbesuch. Während aber Nossi-Bé schon in der Kolonialzeit einen Ausbau seiner Fremdenverkehrseinrichtungen erhielt, ist Sainte-Marie die verträumte Tropeninsel mit den herrlichen von Kokospalmen bestandenen Sandstränden geblieben und seinen Fächerpalmen, Brotfruchtbäumen u. a. m. (Bild 120, Tafel 67).
Wie fast im gesamten ländlichen Gebiet des östlichen Küstenlandes herrscht im Siedlungs- und Hausbau *Holzbauweise* vor. Wegen der hohen Niederschläge stehen Wohnhütten und Vorratshäuser auf Pfählen (siehe Abbildung 118). Die Pfähle der Vorratshütten sind wesentlich höher und nach oben hin, vor allem zum Schutz vor Ratten, mit Steinplatten (Steinrädern) abgeschirmt.
Die Insel ist zwar leicht erreichbar (Flugverbindung von Tamatave aus), sonst aber weder durch brauchbare Straßen noch durch ausreichende Fremdenunterkünfte und

Abbildung 118: Madagaskar. Insel Sainte-Marie. Kleines Fischerdorf im Schutz von Mangobäumen südlich Betty Plage an der Westküste. Wohnbauten, in der Mitte ein Vorratshaus auf Pfählen (Aufnahme E. A., 1978).

Versorgungseinrichtungen erschlossen. Die wenigen vorhandenen Quartiere entsprechen nicht den Mindestansprüchen ausländischer Gäste. Langusten, welche hier in großer Menge gefangen werden, sind zwar ein ausgezeichneter Leckerbissen, sich aber viele Tage allein nur von ihnen und von gekochten Kohlblättern zu ernähren, entspricht sicher nicht den Erwartungen weitangereister Besucher.
Die vorangegangenen, streiflichtartigen Ausführungen, welche keinen Anspruch auf Vollständigkeit im Sinne einer Monographie erheben können und wollen, zeigen doch sehr deutlich, daß Madagaskar zu den tropischen Inseln mit den größten regionalen Disparitäten zu zählen ist. Diese sind durch naturräumliche Voraussetzungen begründet und können durch die ethnische Vielfalt nicht gemildert, sondern in einzelnen Regionen eher noch verschärft werden. Die Kennzeichen eines Entwicklungslandes treten vor allem in der Bevölkerungsentwicklung und -struktur, Schulbildung und einseitigen Wirtschaftsstruktur, deren Schwergewicht in der Landwirtschaft liegt, hervor.
Bei einer durchschnittlich niedrigen Bevölkerungsdichte von etwa 16 Ew./km² (1984) schwanken die Werte für die einzelnen Großregionen zwischen 1 bis 5 Ew./km² und über 100 Ew. km/². Durch eine starke Binnenwanderung, hervorgerufen durch zu geringe Verdienstmöglichkeiten in vielen Regionen, ist der Anteil der Bevölkerung in Orten mit über 5.000 Einwohnern auf 20% gestiegen und hat dort die sozialen Probleme noch mehr verschärft. Der Anteil an Analphabeten liegt noch immer bei etwa 50% der Bevölkerung und erstreckt sich nicht nur auf die älteren Geburtenjahrgänge.

Wie wenig die Insel bisher noch durch den Verkehr erschlossen ist, zeigt der hohe Anteil der Naturreligionen, zu denen sich 54% der Bevölkerung bekennen. Wir haben bereits an anderer Stelle erwähnt, daß der Altersaufbau der Bevölkerung einer flachen Pyramide mit sich rasch verjüngender Spitze entspricht. 50% der Bevölkerung gehören den Jahrgängen mit bis zu 20 Jahren an.
1981 waren noch 87% der Erwerbspersonen in der Landwirtschaft, hingegen nur 4% in der Industrie und im produzierenden Gewerbe tätig. Der Anteil der Landwirtschaft am Bruttoinlandsprodukt betrug 1983 41%, der der Industrie 15%. Industrie und produzierendes Gewerbe sind auf nur wenige Standorte beschränkt (Antananarivo, Tamatave, Fianarantsoa, Majunga, Tuléar, Antsirabé und wenig andere). Die Mehrzahl der gewerblich Beschäftigten ist im Gebiet von Antananarivo und Antsirabé sowie in den großen Hafenstädten der Ostküste tätig.
Die Industrialisierung steckt bisher noch in den Anfängen. Die reichen Bodenschätze Madagaskars können infolge der schlechten Infrastruktur (Fehlen der Verkehrswege) und der geringen Finanzierungsmittel kaum erschlossen und abgebaut werden.
Die schwach negative Handelsbilanz resultiert auf selbst eingeschränkten Einfuhrmengen, die weit unter den benötigten Gütern liegen, und einer Ausfuhr, die durch die Betriebseinschränkungen und Enteignungen nach der Entkolonisierung nur in sehr begrenztem Maße möglich und später steigerungsfähig war. 1983 standen einer Einfuhr im Wert von 387 Mio. US-$ eine Ausfuhr von 293 Mio. US-$ gegenüber. Die Auslandsverschuldung betrug 1983 bereits 52,3% des Bruttosozialprodukts.

9.6.2 Sri Lanka (Ceylon), Kultur- und Wirtschaftsraum im Kontrast von tropisch-feuchtem und tropisch-trockenem Monsunklima im nördlichen Indischen Ozean

In eingeschränkterem Ausmaß, wie auf Madagaskar, dennoch unverkennbar sind ökologische Disparitäten auch auf Ceylon, das seit 22. Mai 1972 wieder zu seinem alten singhalesischen Namen Sri Lanka zurückgekehrt ist, wirksam. Die in N-S-Erstreckung 435 km lange und maximal 225 km breite Insel liegt auf dem Kontinentalschelf im Südosten Indiens. Sie ist von diesem Subkontinent durch die an der schmälsten Stelle nur 30 km breite Palkstraße getrennt.
Sri Lanka ist als Teil des „Gondwanalandes“ *aus kristallinen vorkambrischen Gesteinen* aufgebaut, die im nordwestlichen Küstenabschnitt und im Bereich der Jaffna-Halbinsel von *miozänen Kalken* überlagert werden. In der Mitte der Südhälfte der Insel steigt das in (3 bis 4) Rumpfflächen gegliederte zentrale Bergland im Pidurutalagala treppenförmig mit besonders steilen Abfallstufen nach Süden bis 2.524 m Höhe an. Die unterste Rumpffläche mit ihren typischen Inselbergen deckt sich weitgehend mit den Küstenebenen und nimmt zusammen mit diesen fast ⅘ der Gesamtfläche der Insel ein.
Die Bedeutung des Berglandes liegt nicht nur im vertikalen Wandel ökologischer Voraussetzungen der Vegetation (tropisches Höhenklima), sondern vor allem als massige *Klimascheide* der im Jahresablauf wechselnden Monsunwindrichtungen aus SW und NO, wobei nach M. DOMRÖS (1977, Fischer-Taschenbuch, Band 2, S. 290) vier Jahresabschnitte unterscheidbar sind:

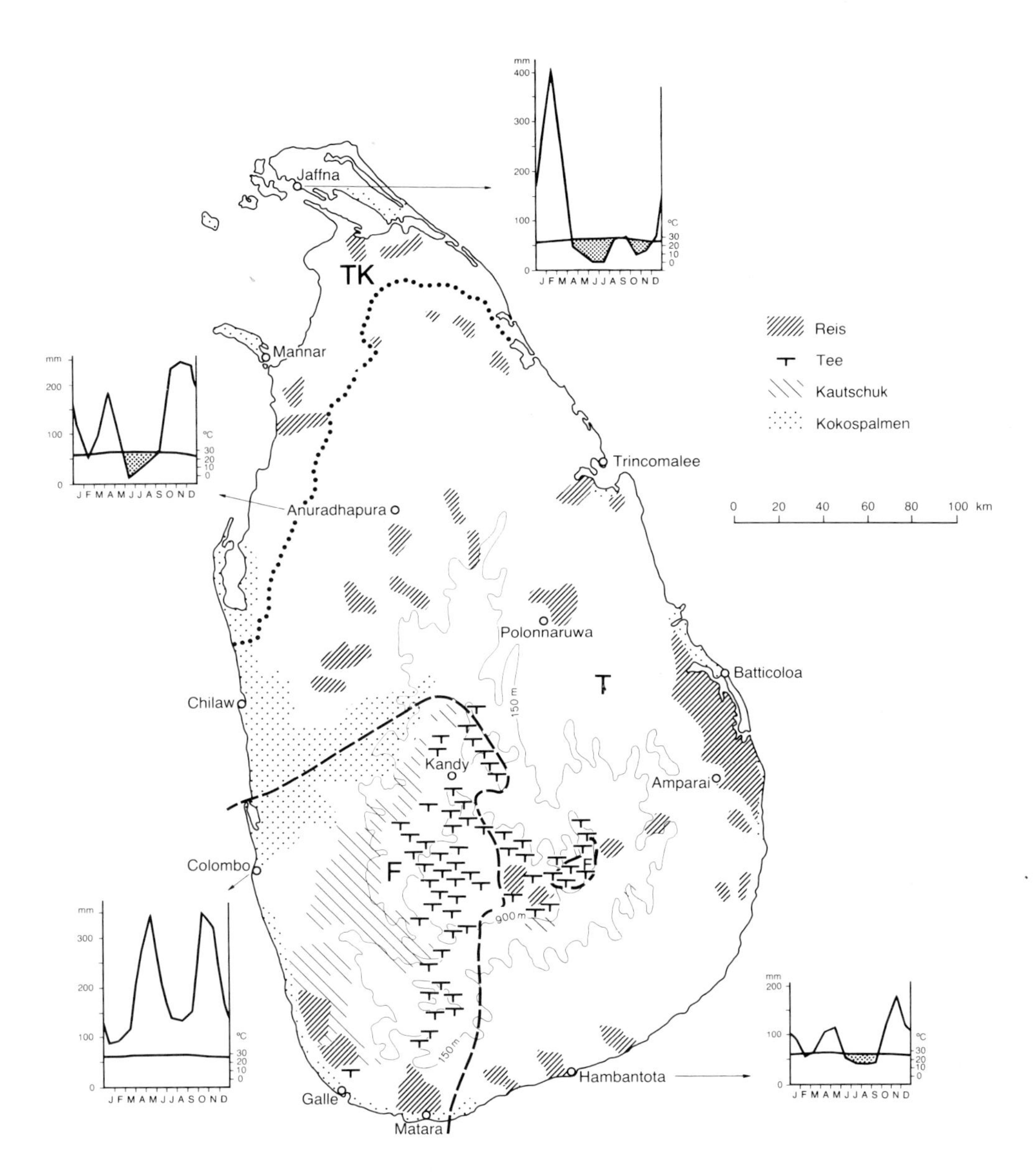

Abbildung 119: Sri Lanka (Ceylon). Klimaökologische Großgliederung und Landnutzung. In der Kartenskizze sind die 150 m-Höhenlinie und die 900 m-Höhenlinie eingetragen. Die dick strichlierte Linie bezeichnet die Grenze zwischen Trockenregion (T), definiert durch mindestens drei aufeinanderfolgende Monate mit jeweils unter 100 mm Niederschlag im Jahresablauf, und der Feuchtregion (F) im Südwesten (übernommen nach M. DOMRÖS). TK: Verbreitung der Trockenregion über miozänen Kalken und im Bereich der Kalkböden. Eintragung der wichtigsten und arealmäßig verbreitetsten Kulturarten in stark generalisierter Weise.

März bis Mitte Mai: 1. Intermonsunperiode.
Mitte Mai bis September: SW-Monsunperiode, sehr ergiebige Niederschläge in der Feuchtregion.
Oktober bis November: 2. Intermonsunperiode, Intermonsunregen auf der ganzen Insel.
Dezember bis Februar: NO-Monsunperiode (= NO-Passat), geringere Regenfälle bei weitgehendem Fehlen der Luv- und Leewirkung des Hochlandes.

Damit kommt es zur Ausbildung zweier extrem klimabedingter, ökologischer Großlandschaften, nämlich einer ganzjährigen *Feuchtregion* im SW, welche ins Hochland eingreift, und einer *Trockenregion,* die ⅔ von Sri Lanka einnimmt (siehe Abbildung 119) und in ihrem Kernraum bereits in der singhalesischen Königszeit durch Stauteiche, sogenannte „Tanks", für den Reisanbau vorbildlich erschlossen worden war, so daß man letztere auch für die Gegenwart wieder reaktivierte.
Die Feuchtregion umfaßt wenig mehr als ⅕ der Insel. In ihr lebt ein Großteil der Bevölkerung, wobei sie auch den bevölkerungsstärksten Distrikt Colombo mit heute weit über 3 Mio. Einwohnern einschließt. Die Bevölkerungsdichte erreicht in ihr einen Durchschnittswert von über 500 – also eine katastrophale Höhe. Allerdings ist diese Feuchtregion auch im Nutzpflanzenanbau (Plantagen + Bauernwirtschaften) um ein Vielfaches produktiver als alle anderen Gebiete der Insel zusammengenommen.
Die *Trockenregion* zeichnet sich in den Niederungen durch 3 bis 8 aride Monate aus. Die Höchstwerte (7 bis 8 Monate) werden im Verbreitungsgebiet miozäner Kalke im Nordwesten und Norden erreicht. Östlich des Hochlandes wird die Trockenheit in der Zeit des SW-Monsuns durch trockene Fallwinde verstärkt. Außer den erwähnten Landstrichen im Nordwesten gehören auch Küstengebiete im Südosten zu jenen Räumen, die sich pflanzengeographisch durch eine trockenheitsangepaßte Vegetation auszeichnen. Dennoch gehört die Trockenregion Sri Lankas zu den Hoffnungsgebieten der Insel, da die Bevölkerungsdichte noch gering ist und, bei entsprechender Erschließung und Bewässerung, weiteres fruchtbares Land gewonnen werden könnte.
Die naturräumlichen Unterschiede der Insel gehen aber nicht nur auf den Wechsel der Richtungen der Monsunwinde und der Lage der Landschaften zu den Luv- und Leeseiten des zentralen Gebirges zurück, sondern die Trockenzone wird im Norden auch noch durch den petrographischen Wechsel zu den miozänen Kalken verstärkt. Der gesamte Nordteil der Insel gehört der Trockenregion an.
Die Zweiteilung Sri Lankas in eine Feuchtregion („Wet Zone") und eine Trockenregion („Dry Zone") betrifft hauptsächlich den Südteil der Insel und beeinflußt dort auch das Hochland, welches in der Feuchtregion um Nuwara Eliya auf eine durchschnittliche Höhe von 1.900 m bis 2.000 m ansteigt und im Pidurutalagala 2.524 m Höhe erreicht. Der Anteil der Feuchtregion des Gebirges östlich der Wasserscheide ist erheblich trockener als jener im Westen und Südwesten.
Die *eigentliche Feuchtregion* beschränkt sich daher auf den SW-Sektor der Insel und auf das Hochland, nicht aber auf die Ostabdachung des zentralen Gebirges. Zwischen 6° und 7° nördlicher Breite gelegen, war hier ehemals auch der Kernraum des tropischfeuchten Regenwaldes, von dem nur noch Reste in steilen und unzugänglichen Lagen erhalten geblieben sind. Aber auch der Sekundärwald ist in dieser Zone verhältnismä-

ßig dicht und artenreich. Das westliche feuchtheiße Küstentiefland ist nur bis maximal 60 km breit und als altes Kolonialland weitgehend unter Kultur genommen.

Die Gliederung der Landoberfläche in 3 (oder 4) Rumpfflächen tritt besonders deutlich im Südwesten und Süden in Erscheinung, wo sie durch hohe und sehr ausgeprägte Steilabfälle voneinander getrennt sind. Besonders deutlich läßt sich aber auch erkennen, daß drei wesentliche Hauptnutzungen marktwirtschaftlich orientierter Pflanzungen („major commercial crops"), nämlich Kokospalmen, Kautschuk und Tee, infolge ihrer unterschiedlichen klimatischen Bedürfnisse höhenmäßig und damit räumlich getrennt liegen. Kokospalmen sind an das Tiefland (insbesondere küstennaher Gebiete), Kautschuk an das untere und mittelhohe Bergland und Tee an die höheren Lagen gebunden. Dabei reicht der Tee bei günstiger Hangneigung und in Sonnenlage oft bis knapp unter die Gipfel des Hochlandes, während deren steile, weniger günstigen Flanken bis zum Gipfel fast urwaldartig verwachsen sind.

Für den Naßreisanbau werden die feuchten, fruchtbaren Alluvialböden in den Niederungen und im Küstenhinterland meist mit zwei Ernten im Jahr („Maha"- und „Yala"-Ernte) genutzt. Dort wird auch noch eine Reihe anderer tropischer Nutzpflanzen zur Selbstversorgung gehalten. Diese höhenzonenmäßige Gliederung entspricht den Niederschlägen, welche im Jahresmittel von den Küstenniederungen im Luv des SW-Monsuns von 2.500 mm bis über 5.000 mm (nördlich von Ratnapura) reichen, mit zunehmender Höhe weiter anwachsen, um schließlich im Hochland über 1.800 m Höhe wieder bis auf 2.500 mm abzusinken. Die erheblichen Höhenunterschiede im Südteil der Insel spiegeln sich natürlich in den Jahresmittelwerten der Temperatur wider. Im Tiefland bis etwa 200 m Höhe über dem Meeresspiegel liegen die Jahresmittel um 27° bis 28°C. Das Bergland zwischen 500 m und 1.000 m Höhe besitzt noch immer solche von 24° bis 21°C, das Hochland über 1.800 m Höhe hingegen nur noch 15° bis 13°C (Domrös, 1976: Nuwara Eliya in 1.882 m Höhe 15,4°C). Hier im Hochland können vom Dezember bis April in Mulden und Tälern auch Bodenfröste auftreten.

Der stärkste aneinandergrenzende klimaökologische Kontrast ergibt sich beim Wechsel vom Südwest- zum Südost-Sektor der Insel, der vom vollhumiden Gebiet plötzlich in einen deutlich geprägten Trockenraum führt. Im südöstlichen Küstenland fällt die Stauwirkung beider Monsunwindrichtungen weg, und die Trockenzeit erstreckt sich auf 4 bis 5 Monate. Auf Roterdeböden ist Trockenwald und Dornbusch-Savanne weit verbreitet, und die vom Menschen und seinen Kulturen immer mehr zurückgedrängte Tierwelt konnte sich hier in Resten erhalten. WNW von Hambantota, einem Hauptort der Südprovinz mit großer Meersalzgewinnung, wurde rechtzeitig ein großes Tierreservat eingerichtet und zum Nationalpark erklärt. Es handelt sich um den Yala-Nationalpark (Ruhuna-Nationalpark), der von den Salzböden an der Küste an etwa 45 km weit, die Gewässerniederungen umfassend, gegen Nordwesten ins Land reicht. Elefanten, Hirscharten, Wildschweine, Leguane, Krokodile haben hier ihren Fortbestand gesichert.

Die Jahresniederschläge liegen in diesem Raum unter oder um 1.250 mm, die Tümpel und Gewässerläufe im Alluvialland behalten aber auch in den 5 Trockenmonaten meist eine für das Überleben der Tiere notwendige Mindestfeuchte, obwohl die Zahl der Wasserstellen sehr eingeschränkt ist.

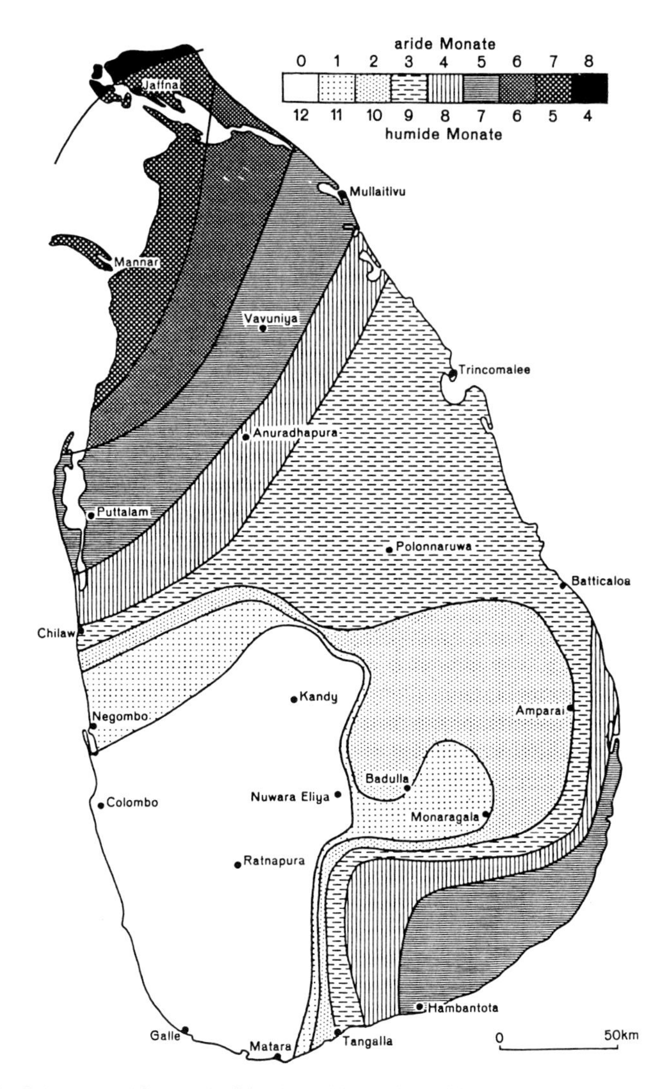

Abbildung 120: Sri Lanka (Ceylon). Die Anzahl der humiden und ariden Monate, berechnet nach dem Ariditätsindex von MARTONNE/LAUER, Beobachtungsperiode 1931 bis 1960 (aus M. DOMRÖS, 1976, S. 77).

Die Abnahme der Jahresmitteltemperatur mit der Höhe vollzieht sich an der Westabdachung des Gebirges rascher als an der Ostabdachung, deren niedrigeres Bergland mit den Küstenniederungen der Trockenzone angehört (siehe Abbildung 120). Dies hängt mit der Föhnwirkung des SW-Monsuns an der Leeseite zusammen, der als trokken-heißer Fallwind (Kachchan genannt) die Ostküste erreicht. Diese Föhnwirkung bringt auch den höher gelegenen Teilen der östlichen Gebirgsabdachung gegenüber dem Westen ein Niederschlagsdefizit. An der Ostabdachung ist der tropische Monsunwald als ein Gemisch von immergrünen und wintergrünen, laubabwerfenden Bäumen vertreten, der meist als Sekundärwald mit unterschiedlich großen Lücken und verschieden dichten Beständen den Boden bedeckt. Auf die höhenmäßige und lokale Ausbildung der Vegetation an der Ostabdachung und im Übergangsgebiet vom tropischen Regenwald zum Monsunwald kann hier nicht näher eingegangen werden, die Unterschiede der vertikalen Vegetationsdifferenzierung von West- und Ostabdachung sind nach M. DOMRÖS (1976, S. 118) der folgenden Gegenüberstellung zu entnehmen (siehe Tabelle 33).

Tabelle 33: Sri Lanka (Ceylon). Schema der vertikalen Vegetationsdifferenzierung (aus M. DOMRÖS, 1976, S. 118).

WESTABDACHUNG		OSTABDACHUNG	
WALD	SAVANNE	SAVANNE	WALD
Tropischer Nebelwald	Feuchte Patanas	Feuchte Patanas	Tropischer Nebelwald
	1800	1800	1800
1500		1500	
Tropischer Bergwald		Trockene Patanas	
			900
		750	Intermonsunwald
			600
500		Talawa-Baumsavanne	
		300	Tropischer Monsunwald (Dschungel)
Tropischer Regenwald		Damana-Strauchsavanne	

Die durch eine mindestens 3 zusammenhängende Monate lange Trockenperiode mit Niederschlägen von 100 mm und darunter gekennzeichnete *Trockenregion* Sri Lankas nimmt etwa ¾ der Insel ein. Hauptverbreitungsraum sind – wie bereits festgestellt – der Nordteil und der Osten der Insel mit wechselfeuchtem Monsunwald (Dschungel) und sehr weit verbreiteten Baumsavannen. Zu ihnen kommen noch räumlich sehr begrenzte, überwiegend edaphisch bedingte (bodenbedingte) Vegetationstypen, wie Strand-, Mangrove-, Überschwemmungs- und Flußufervegetation.
Die Tiefländer dieses Raumes sind durch Anlage vieler *Stauteiche (= Tanks)* für den Reisanbau genutzt. Sie gehen auf das Vorbild der singhalesischen Königreiche zurück, und zwar besonders des 12. Jh.s n. Chr., als im Polonnaruwa-Reich die Bewässerungskultur durch die großen Tanksysteme ihre höchste Vollendung und die Reisbauernkulturen ihre weiteste Verbreitung erreichten.

Aber auch die ungünstigsten Lagen im *Verbreitungsgebiet der miozänen Kalke* und der mit mehr als 6 bis 7 Monaten längsten Andauer der Trockenzeit wurden durch den außerordentlich hohen Fleiß der Ceylon-Tamilen z. T. in Gartenbaulandschaften verwandelt. Hier ist der Kontrast zwischen fast kahlen Karstflächen, Dornbusch-Savanne und intensivst genutzem Kulturland besonders groß.
Die heutige Wirtschafts- und Bevölkerungsstruktur kann nur als Ergebnis sehr weit zurückreichender Bemühungen um eine Landkultivierung und Infrastrukturverbesserung betrachtet werden, die in der folgenden, rund 450 Jahre andauernden *Kolonialgeschichte* durch einen einseitigen Wandel zur Exportwirtschaft umgeprägt wurde. Ausgangsbasis war eine hochstehende Reisbauernkulturlandschaft.
Für die Entwicklung der Insel war entscheidend, daß schon vor über 2.000 Jahren Singhalesen aus Nord-Indien auf der Insel „Lanke" Fuß fassen konnten und sich gegenüber den dort ansässigen Yaksas behaupteten. Sie waren Reisbauern, welche in den nordwestlichen Trockengebieten der Insel siedelten und daher auch auf die Verwendung von Bewässerungsanlagen angewiesen waren. Aus ihrer Verbindung mit der vorher ansässigen Bevölkerung, den Yaksas, entstanden die Weddas, welche heute auf der Insel fast ausgestorben sind.
Im *altsinghalesischen Königreich* (250. v. Chr. bis 1505 n. Chr.) kam es schon im 1. und 2. Jh. n. Chr. zur ersten Blütezeit einer singhalesischen Tankkultur. Längst hat im Anuradhapura-Reich auch der Buddhismus seine beherrschende kulturelle Stellung erlangt. In der Anuradhapura-Periode wurde das Reich aber immer wieder durch Angriffe südindischer Tamilen bedroht, bis im 10. Jh. n. Chr. schließlich die Heere des Cholareiches 993 bis Anuradhapura vordrangen und die Stadt zerstörten. Es begann die Chola-Herrschaft über die ganze Insel.
Erst in der Polonnaruwa-Periode (1017 bis 1235) gelang die Rückeroberung Ceylons von den Tamilen. Die neue Hauptstadt Polonnaruwa, mitten in einer fruchtbaren Reislandschaft gelegen, besaß den Vorteil einer strategisch sicheren Lage. Der maximale Ausbau des Bewässerungswesens und die Errichtung des größten Staudammes Parakrama Samudra nahe bei Polonnaruwa mit 15,5 km² Fläche fallen in diese Zeit.
Die Konsequenz dieser ceylonesischen Machtkämpfe war eine räumliche Trennung der Kernräume von Tamilen und Singhalesen. Die Tamilen verfolgten auf der Jaffna-Halbinsel ihre eigenständige, mit dem Tamilen-Lebensraum Süd-Indiens verwandte Kultur, verbunden mit einer durch Brunnen bewässerten intensiven Gartenwirtschaft.
Anfang des 16. Jh.s begann auf der Insel, welche für die damalige Zeit eine hohe kulturelle und wirtschaftliche Entwicklung erreicht hatte, die *europäische Kolonialherrschaft*, deren Einfluß sich vorerst nur auf die Küsten erstreckte. Sie konnte um so leichter Fuß fassen, als die politische Situation der Singhalesenkönige in den vorangegangenen 2 bis 3 Jh. immer wieder wesentlich geschwächt wurde. Nach der Polonnaruwa-Periode standen sie in ständigem Kampf gegen einfallende Eroberer. Zeitweise wurde die Insel überhaupt von auswärts beherrscht. Da auch im Norden das Königreich der Tamilen mächtiger wurde, zogen sich die Singhalesen immer mehr nach dem Südwesten zurück.
Die Landung der *Portugiesen* auf Ceylon erfolgte in einer Zeit des Ringens um die Vorherrschaft im Gewürzhandel zwischen Europa und dem Orient, der damals noch weitgehend in arabisch-islamischer Hand war. Erst um die Wende vom 15. zum 16. Jh.

(nach der Umsegelung des Kaps der Guten Hoffnung durch Vasco da GAMA 1497) war es der starken Flotte der Portugiesen gelungen, die Handelswege im Indischen Ozean zu kontrollieren und Handelsstützpunkte zu gründen. Bei einer dieser Kontrollfahrten wurde ein kleiner Schiffsverband der portugiesischen Seemacht infolge Schlechtwetters zufällig an die Westküste Ceylons getrieben und konnte dort landen. Eine gerade prekäre innenpolitische Situation im singhalesischen Königreich Kotte, verbunden mit der bedrohlich wachsenden islamischen Macht durch die Araber, ermöglichte 1505 einen Allianzvertrag zwischen den Portugiesen und dem damaligen schwachen König (P ARAKRAMA BAHU VIII., 1484 bis 1509) des Königreiches Kotte.

Die Portugiesen verfolgten von Anfang an 3 Ziele ihrer Kolonialtätigkeit, nämlich die Schaffung eines starken Handels- und Flottenstützpunktes, Übernahme der Zimtausfuhr für den europäischen Markt und Missionierung durch die römisch-katholische Kirche. Der portugiesische Territorialbesitz beschränkte sich auf den Westen der Insel und nahm in Kotte seinen Anfang. Aus einer portugiesisch-singhalesischen Allianz entwikkelte sich infolge der Schwäche des nachfolgenden jungen Königs DHARMAPALA, der noch dazu wegen seines Übertritts zum Christentum vom eigenen Volk mißachtet wurde, 1551 bis 1597 eine Schutzherrschaft. Der Scheinkönig dankte schließlich 1580 ab und designierte den König von Portugal zu seinem Nachfolger (M. DOMRÖS, 1976, S. 33). Nach dem Tod von DHARMAPALA begann der volle Herrschaftsanspruch der Portugiesen, der sich schließlich nach Annektion des Königreiches Jaffna auf die ganze Insel erstreckte. Das Königreich Kandy konnte sich aber als Hort buddhistischer Religion und singhalesischer Kultur gegenüber den Portugiesen siegreich behaupten (Abb. 121).

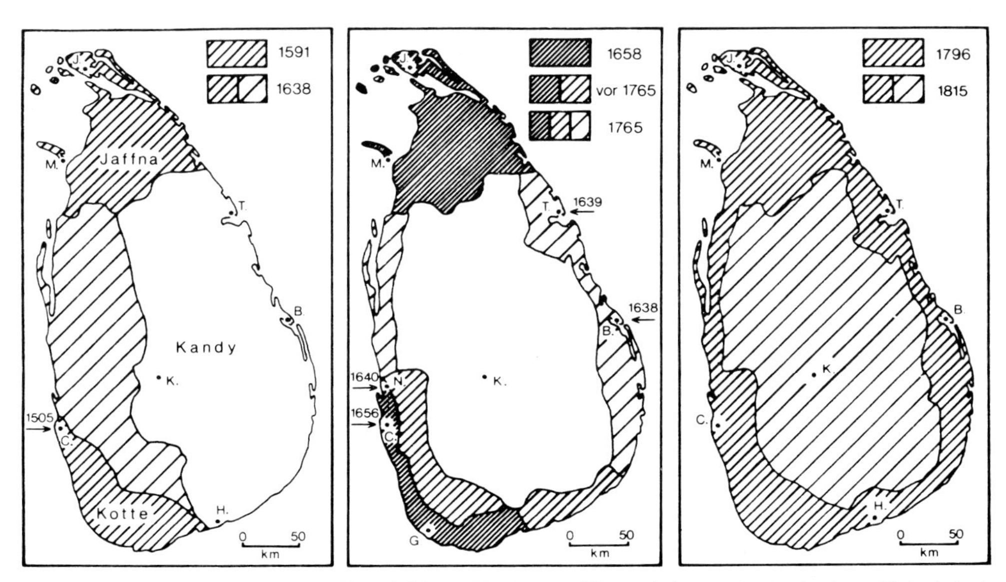

Abbildung 121: Die politische Entwicklung Ceylons während der portugiesischen (links), holländischen (Mitte) und britischen Kolonialzeit (rechts). Die schraffierten Gebiete stellen jeweils das koloniale Territorium dar. (Aus M. DOMRÖS, 1976, S. 32.)
C Colombo, K Kandy, M Mannar, J Jaffna, T Trincomalee, B Batticaloa, H Hambantota, G Galle.

Was ist aus dieser ersten portugiesischen Kolonialzeit als Erbe verblieben? Außer einigen alten Befestigungsanlagen und Bauwerken, die später von den Niederländern benutzt und aus- und umgebaut wurden, hat sich diese erste Kolonialzeit in der Landschaft wenig ausgewirkt. Dazu war auch das einstige Interesse der Portugiesen am Erwerb von Edelsteinen, Elfenbein und Zimt damals doch zu wenig geeignet, langanhaltende landschaftliche Veränderungen zu hinterlassen. Von nachhaltiger Wirkung war lediglich die Missionstätigkeit für das römisch-katholische Christentum. Viele christliche Standorte im Küstengebiet gehen letztlich auf dieses Wirken zurück.
Die Portugiesen hatten sich durch die Kämpfe gegen den König von Kandy so sehr geschwächt, daß sie in der ersten Hälfte des 17. Jh.s der aufstrebenden Seemacht der Niederländer und ihren Vorstößen an den Küsten der Insel erliegen mußten. Dieses Schicksal blieb ihnen vor allem deshalb nicht erspart, da sich die *Niederländer* mit dem König von Kandy ab 1636 verbündet hatten. Mit der Eroberung der wichtigen Stützpunkte Batticaloa 1638, Trincomalee 1639, Negombo 1640, Colombo 1656 (nach 6 Monaten Belagerung) und Mannar 1658 war die portugiesische Kolonialzeit beendet.
Auch die niederländische Kolonialzeit (1658 bis 1796), welche in Bündnispartnerschaft mit dem König von Kandy begann, mündete schließlich in territorialen Ansprüchen der Niederländer auf die gesamte Küstenregion Ceylons und auf das Königreich Kandy.
In den ersten 50 bis 80 Jahren ihrer Herrschaft verstärkten die Niederländer ihre Küstenpositionen, holten Tamilensklaven für den Reisanbau ins Land, heirateten einheimische Frauen – wodurch die Volksgruppe der „Burgher“ entstand –, übernahmen mehr und mehr von den ansässigen Moslems den Handel und beuteten die Zimtbaumbestände der Regenwälder bis zur deutlichen Produktionsverminderung aus. Die kolonialen Produktionsmethoden führten zur wesentlichen Verschlechterung der Arbeitsbedingungen und Werteinschätzung der einheimischen Bevölkerung und schließlich in den dreißiger Jahren des 18. Jh.s zu einem Streik der Zimtpflücker und Aufstandsbestrebungen, die immer deutlicher in Erscheinung traten. Um diese zu unterbinden und der wachsenden Schwierigkeiten mit dem Königreich Kandy Herr zu werden, holten die Niederländer laufend Truppenverstärkung ins Land.
Im *Königreich Kandy* hingegen vollzog sich eine Besinnung auf die alten Aufgaben als buddhistischer Kernraum Ceylons. 1741 strömten buddhistische Priester aus Burma ins Land und begannen den Buddhismus zu reformieren. König KIRTI SRI ließ alte Tempel restaurieren und wiederaufbauen und führte den Buddhismus zu neuer Blüte.
Die blutigen Auseinandersetzungen mit den Niederländern rissen in dieser Zeit nicht ab und führten infolge ihrer militärischen Übermacht zu deren Sieg und zur Abtretung des gesamten Küstengebietes von Kandy an die Kolonialmacht. Damit wurde dem Königreich jeder Überseehandel unmöglich gemacht, und dem König von Kandy wurde außerdem verboten, mit anderen ausländischen Mächten diplomatische Beziehungen aufrechtzuerhalten.
Der Niedergang der Handelsstellung der Niederländer in Europa und die Bemühungen Englands um den weiteren Ausbau und die Sicherung seiner kolonialen Weltmachtstellung kündigten aber gegen Ende des 18. Jh.s bereits das Ende der niederländischen Kolonialzeit in Ceylon an. Nachdem der britische Gouverneur von Madras in Südindien mit König KIRTI SRI von Kandy in Verbindung treten konnte und 1782 die *Engländer* vorübergehend sogar Trincomalee eingenommen hatten, eroberten sie 1795 bis 1796

die Hafenstädte und zwangen die Niederlande 1802 zum Verzicht auf alle Rechte in Ceylon. Als bleibende Wahrzeichen der niederländischen Zeit ist bis auf den heutigen Tag ein Teil der baulichen Substanz des Ausbaues der Küstenstützpunkte verblieben, die große Anziehungskraft auf den Fremdenverkehr ausübt, allerdings im Schatten der großen Bauwerke der Könige nur sekundäre Bedeutung besitzt. So bauten die Niederländer in Negombo (nördlich von Colombo) 1678 ein Fort, Bastionen, eine Kirche und einen Bewässerungskanal. Im Süden der Insel weist die Stadt Galle, deren Naturhafen schon im Altertum bekannt war, in ihrem alten Kern typische Kennzeichen niederländischer, städtebaulicher Gestaltung und einen großzügigen Ausbau der bis heute vorzüglich erhaltenen Stadtbefestigungen auf. Auch Matara wurde in der niederländischen Kolonialzeit schwer befestigt, da dieser Ort auch Zentrum des ceylonesischen Gewürzhandels war und in seiner Umgebung viele Halbedelsteinfundplätze liegen (weißer Zirkon, bekannt als Matara-Diamant). Aber auch andere Orte Ceylons erinnern an die niederländische Kolonialzeit.

Sonst ist aus dieser Epoche wenig Erbe erhalten. Die Burgher sind heute nur noch eine ganz kleine Minderheit (1971 zusammen mit den verbliebenen Europäern etwa 44.000 Menschen). Die Niederländer haben nach Ceylon einige neue Kulturpflanzen eingeführt und den vorhandenen Anbau von Reis, Kaffee und Pfeffer verbessert. Um 1770 führten sie die Pflanzung des Zimtbaumes in kultivierter Strauchform im Südwesten der Insel in Zimtgärten („Caneel Landen") ein, um die Produktionsausfälle infolge des Raubbaues an den natürlichen Zimtvorkommen auszugleichen. An Strukturverbesserungsmaßnahmen haben sich die Instandsetzungsarbeiten an den alten singhalesischen Bewässerungsanlagen und Tanks und die Wegeerschließung im Südwesten auch für spätere Zeiten ausgewirkt.

Von viel tiefergreifender Bedeutung war für Ceylon die *britische Kolonialzeit* (1796 bis 1948). Mit der rechtlichen Übernahme der Insel im Jahre 1802 durch den Vertrag von Amiens wurde Ceylon im gleichen Jahr auch zur britischen Kronkolonie erhoben. Nur das Königreich von Kandy blieb unter singhalesischer Herrschaft, bis auch dieses 1815 von den Engländern erobert wurde. 1848 lehnte sich zwar die Bevölkerung gegen die britische Herrschaft auf, mußte aber nach Erklärung des Standrechtes seinen Widerstand aufgeben. Ab 1832 wurden von den Engländern soziale Reformen durchgeführt, die auf die Beseitigung des bisher herrschenden Feudalwesens abzielten. Die ehemalige Form der Vergabe von Land gegen Dienstleistungen an den König wurde auch für alle anderen Landbesitzer abgeschafft.

Wirtschaftlich war die Umstellung tiefgreifend. Da die Nachfrage nach Zimt gesunken war, wurde ab 1823 der planmäßige, exportorientierte Anbau von Kaffee im südwestlichen Bergland forciert. Die Errichtung einer Straße von Colombo nach Kandy in den zwanziger Jahren und Anfang der dreißiger Jahre des 19. Jh.s war sehr entscheidend für die weitere Ausbreitung der Plantagen, so daß es in der Folgezeit zu einem Kaffeeboom kam und die Kaffeeausfuhr (M. MAURI, 1974) von 322.760 Zentnern im Jahre 1850 auf 1,013.904 Zentner im Jahre 1870 ansteigen konnte. Infolge Kaffeerostbefalls (Hemileia vastatrix) wurden später aber viele Pflanzen vernichtet, und 1890 betrug die Kaffeeausfuhr nur noch 87.144 Zentner. Der Kaffeeanbau wurde ab 1867 durch *Teeplantagen* ersetzt, deren weitere Ausbreitung zur tragenden Ausfuhrstütze Ceylons bis in die Gegenwart beitrug. Außer diesem Teeanbau verfolgten die Briten auch die kommerziell orientierte Pflanzung von Kautschukbäumen und Kokospalmen. Hand in Hand mit der Ausweitung der Plantagenwirtschaft erfolgte auch die verkehrsmäßige Erschließung der Insel.

Die britische Kolonialzeit führte Ceylon zu einem ausfuhrmäßig und wirtschaftlich *einseitig orientierten Agrarland.* Es basierte zur Deckung der eigenen Ernährung ganz auf dem Reisanbau, konnte aber bei der sehr stark ansteigenden Bevölkerung die notwendigen Mengen kaum noch decken. Im Sinne der kolonialen Wirtschaftspolitik beruht die landwirtschaftliche Erzeugung sonst auf einigen wenigen Produkten (Tee, Kautschuk und Kokospalmprodukten) der großzügig ausgebauten Plantagenwirtschaft. Um diese einrichten und durchführen zu können, wurden billige fremde Arbeitskräfte aus Südindien, hauptsächlich Tamilen, angeworben, welche z. T. auf der Insel seßhaft wurden und damit die ethnische Struktur der Bevölkerung veränderten und ihren Lebensstandard, ihre Verdienstmöglichkeiten und ihre Ernährungsbasis belasteten. So entstand in Ceylon um Jahrzehnte früher als z. B. in Europa das brennende Fremdarbeiterproblem, das in der BRD und in der Schweiz gegenwärtig zu fast unlösbaren Schwierigkeiten geführt hat. In Ceylon wurde es durch die zwangsweise Aussiedlung von Hunderttausenden Tamilen gelöst, die als besonders fleißige und geschickte Plantagenarbeiter (z. B. als Teepflückerinnen) ehemals die hohe Produktivität der Plantagen und die riesigen Gewinne der Kolonialmacht begründeten.

Um den *Aufbau einer Industrie* und die Schaffung nichtlandwirtschaftlicher Arbeitsplätze haben sich die Briten kaum bemüht. Es wurden von ihnen jedoch nach dem Ersten Weltkrieg Maßnahmen zum Aufbau einer Selbstverwaltung getroffen und Aktivitäten der Willensbildung zugelassen (1919 Gründung der ersten Partei, 1927 Einführung des Wahlrechtes für Erwachsene), welche zur politischen Mündigkeit führen sollten. Der Übergang in die *Unabhängigkeit* erfolgte – nach wiederholter Forderung der Bevölkerung Ceylons in der Zwischenkriegszeit – ohne größere Konflikte erst am 4. Februar 1948 in der Form eines Dominiums des British Commonwealth of Nations.

Die anfangs bewußt konservative westliche Orientierung der Regierungsmitglieder und der führenden Partei änderte sich infolge der unbewältigbaren wirtschaftlichen Probleme, steigender Reispreise und des unüberbrückbaren Gegensatzes zwischen Singhalesen und Tamilen. Mit der Gründung der Sri Lanka Freedom Party (SLFP) 1951 durch Salomon W.R.D. BANDARANAIKE waren die Weichen für die zukünftige politische Entwicklung des Landes gestellt. Das Ziel war eine neutralistische Außenpolitik, Verstaatlichung von Schlüsselbereichen (einschließlich der Plantagen), Stärkung der singhalesisch-nationalen Bewegung und Hinwendung zu einer sozialistisch-demokratischen Regierungsform.

Am 7. Juli 1957 wurde an Stelle von Englisch Singhalesisch als einzige Staatssprache bestimmt. Damit war die ethnische Kluft zwischen Singhalesen und Tamilen noch weiter aufgerissen. Die folgenden schweren Unruhen führten zur Ausrufung des Notstandes und zum Eingreifen der Armee. Tatsächlich wurde erst 1964 Singhalesisch als Staatssprache durchgesetzt und 1966 Tamil als Amtssprache in tamilischen Mehrheitsgebieten zugelassen.

Premierminister BANDARANAIKE fiel 1959 dem Mordanschlag eines buddhistischen Mönches zum Opfer. Erst 1960 konnte die Witwe des Ermordeten, Frau Sirimanov R. D. BANDARANAIKE, eine tragfähige Regierung bilden, die aber weder in dieser noch in

den folgenden Perioden imstande war, dem Land auf Dauer den inneren Frieden und die wirtschaftliche Konsolidierung zu bringen. Für die angestrebte Verwirklichung eines ceylonesischen Sozialismus wurde am 22. Mai 1972 eine neue Verfassung verabschiedet. In dieser ist auch als neuer Staatsname „Sri Lanka" festgelegt. Die Präsidialrepublik mit der Bezeichnung „Demokratische Sozialistische Republik Sri Lanka" hat bis Mitte der achtziger Jahre die *Kluft zwischen Tamilen und Singhalesen* noch immer nicht überwunden, und die Armee steht in ununterbrochenem Kampf mit den tamilischen Guerillagruppen, die einen selbständigen Tamilenstaat auf Ceylon fordern.
Die *Bevölkerungsentwicklung* in Ceylon läßt sich durch Volkszählungen ab 1871 genauer verfolgen und ist auffallend unausgeglichen. In den ersten 50 Jahren nach 1871 (1871: 2,4 Mio. Ew., 1921: 4,5 Mio. Ew.) hat sich die Einwohnerzahl nicht ganz verdoppelt, in den folgenden 50 Jahren bis 1971 (12,7 Mio. Ew.) fast verdreifacht, und seitdem ist sie bis 1985 auf etwa 16,3 Mio. Ew. angestiegen. Diese Bevölkerungsexplosion nach dem Zweiten Weltkrieg führte zu ernsten Versorgungsschwierigkeiten. Dies um so mehr, als die Bevölkerungsverteilung äußerst ungleich ist und die Bevölkerungsdichte in den einzelnen Provinzen voneinander sehr abweicht (von über 1.056 Ew./km² bis 79 Ew./km², siehe Tabelle 34).

Tabelle 34: Sri Lanka (Ceylon). Fläche, Bevölkerung und Bevölkerungsdichte in den neun Provinzen des Staates nach der Volkszählung 1981.

Provinz	km²	Einwohner 1981	Dichte Ew./km²
Western	3.708,8	3,915.001	1.056
Central	5.590,2	2,005.956	359
Southern	5.558,8	1,882.912	339
Northern	8.882,1	1,111.468	125
Eastern	9.951,3	976.475	98
North-Western	7.811,7	1,706.099	218
North-Central	10.723,2	850.575	79
Uva	8.481,9	922.636	109
Sabaragamuwa	4.901,6	1,478.879	302
Sri Lanka	65.609,6	14,850.001	226

Von der Gesamtbevölkerung waren 74% Singhalesen, 12,6% Ceylon-Tamilen, 5,6% Indien-Tamilen, 7,12% Moors (Nachfahren der arabischen Moslems) und ein ganz geringer Anteil Burgher (1981). Die religiöse Zugehörigkeit ergab 1981 69,31% Buddhisten (Hinajana-Buddhisten unter besonderem staatlichen Schutz), 15,46% Hindus, über 7,49% Christen (davon ⅘ Katholiken) und 7,46% Moslems.
Unter den Städten steht *Colombo* mit rund 660.000 Ew. (1985) bei weitem an der Spitze. Obwohl die Zunahme der Bevölkerung nach der Entkolonialisierung in mehreren Provinzstädten überdurchschnittlich erfolgte, ist doch das deutliche Überwiegen der ländlichen Bevölkerung (74%) auf der Insel typisch. Die Bevölkerungszunahme hat sich nach einem rapiden Anstieg nach der Unabhängigkeit, Gott sei Dank, im letzten Jahrzehnt wieder abgeschwächt. Sie betrug im Durchschnitt 1973 bis 1983 jährlich

1,7%. 1983 war die Geburtenziffer 27‰, die Sterbeziffer aber nur 0,6‰, was auf das in der letzten Kolonialperiode von den Briten hervorragend geförderte Gesundheitswesen zurückzuführen ist.
Der Bevölkerungsaltersaufbau entspricht einer Pyramide mit sehr hoher Besetzung der jungen Jahrgänge und einem bedenklich hohen Anteil der Bevölkerung im arbeitsfähigen Alter bei gleichzeitig verschwindend geringer Zahl zur Verfügung stehender nichtlandwirtschaftlicher Arbeitsplätze. Von den Erwerbspersonen entfielen 1981 54% auf die Landwirtschaft und nur 14% auf die Industrie und das produzierende Gewerbe.
Der Hauptteil der *landwirtschaftlichen Produktion* dient der Ernährung der Bevölkerung, die aus eigener Kraft nur ausnahmsweise in dem notwendigen Umfang bestritten werden kann. Die Ernährungsbasis ist außerdem zu einseitig auf den Reisanbau ausgerichtet, zu dem in den Küstengebieten noch Fischfang kommt. Der Anbau und die Nutzung anderer tropischer Früchte – wie z. B. in anderen südostasiatischen Inselgebieten – wird zur Deckung der Ernährung nur in viel zu bescheidenem Maße durchgeführt. 1981 wurde nach langen Jahren wieder eine Rekordernte von mehr als 2 Mio. t Reis erzielt, welche u. a. auch auf die im Rahmen des Mahaweli-Projekts neu gewonnenen Flächen zurückzuführen ist.
Der Ertrag auf der Ernährungsfläche ließe sich unter zwei Bedingungen noch wesentlich steigern; Einschränkung des Brandrodungsfeldbaues in der Trockenzone, von dem vor allem auch die extremen Trockengebiete im Südosten der Insel betroffen sind, und Schaffung großzügiger Bewässerungsanlagen, wie dies schon die Singhalesenkönige in weiser Voraussicht getan hatten. Grundlage der marktwirtschaftlich orientierten Produktion für die Ausfuhr sind weiterhin die *Plantagen* im Südwesten und Süden. Es handelt sich in erster Linie um Tee-, Kautschuk- und Kokospalmenpflanzungen. Hauptbedeutung besitzt für die Ausfuhr der wegen seiner hervorragenden Qualität weltbekannte Tee. Er wurde bis 1.200 m Höhe auch in kleinbäuerlichen Betrieben (small holders) bis 4 ha Größe gepflanzt, über 1.200 m Höhe fast nur noch in Plantagen, welche aber inzwischen alle verstaatlicht worden sind (siehe Abbildungen 122 und 123). Schon 1971 wurden 7 britische Teeplantagen durch die „Ceylon State Plantations Corporation" gegen Entschädigung übernommen. Nach dem Landreformgesetz von 1972 sind 80.000 ha Land vom Privat- ins Staatseigentum übergegangen (siehe Länderkurzbericht 1982). 1975 erfolgte die Verstaatlichung der letzten Plantagen. Die nach den Reformgesetzen von 1972 und 1975 enteigneten Gebiete umfassen nach Angaben der „Central Bank of Ceylon" 63% der Tee-, 33% der Kautschuk- und rund 10% der Kokospalmpflanzungen, deren Leitung dem „Janatha Estates Development Board" (Janawasama) übertragen wurde.
Da die staatlichen Plantagen rund 70% der gesamten Exporte bestreiten, die erwarteten Ernten aber nicht nur aus witterungsabhängigen Gründen, sondern auch wegen unrentabler Produktionsbedingungen in erhoffter Höhe ausbleiben, soll eine Reorganisation der Betriebe durchgeführt werden.
Die landwirtschaftliche Nutzfläche erreicht nur 40% der Gesamtfläche, und nur ⅕ von ihr ist bewässert. Von den bisher geplanten, aber viel zu langsam verwirklichten Projekten ist das größte das Mahaweli-Bewässerungsprojekt. Die Zukunft der landwirtschaftlichen Produktion hängt außer von der Ausweitung der Bewässerungsfläche auch noch von einer viel weitgehenderen Diversifikation der Anbaupflanzen und der Entwicklung

Abbildung 122: Sri Lanka (Ceylon). Teelandschaft mit Teemanufaktur, Gerätehäusern und Unterkünften im Bergland bei Badulla in etwa 700 m Höhe (Aufnahme E. A., 1974).

Abbildung 123: Sri Lanka (Ceylon). Teepflückerinnen aus der Volksgruppe der Tamilen im südlichen Bergland bei Badulla in etwa 700 m Höhe (Aufnahme E. A., 1974).

der Agrartechnik ab. In der Trockenzone der Insel liegt dann sicher die Zukunft der Produktionssteigerung und der Ernährungsbasis für die weitere Bevölkerungsentwicklung.

Jene *Möglichkeiten der Nahrungsmittelproduktion,* welche in der Nutzung einer Fleischviehhaltung und in der Fischerei liegen, sind durch religiöse Tabus behindert. So lehnen die Buddhisten eine Viehhaltung für Schlachtzwecke ab, Hinduisten betrachten Kühe als heilige Tiere, Moslems verbieten den Genuß von Schweinefleisch, und in der Kastenordnung ist das Töten von Tieren nur der niedrigsten Kaste gestattet. Die *Fischer* nahmen daher in Ceylon immer schon eine niedrigere gesellschaftliche Stellung ein, gleichgültig welcher Religionsgemeinschaft sie angehören. Da die Küsten keine breite Schelfzone besitzen und verhältnismäßig fischarm sind, hat sich eine moderne Fischereiwirtschaft nicht entwickeln können. Aus finanziellen Gründen können sich die Fischer auch nur sehr einfache Boote und Fanggeräte leisten (Einbäume, Auslegerboote, Plankenboote hauptsächlich bei den Jaffna-Fischern), welche eine Hochseefischerei nicht zulassen. So beschränkt sich der Fischfang auf eine Küstenfischerei und eine Uferwadenfischerei (Zugnetzfischerei), die nach der Fangmenge noch vor kurzer Zeit an erster Stelle stand. Zu den kennzeichnenden Zügen der Fischereiwirtschaft Ceylons gehörte die jährlich sich wiederholende periodische Saisonwanderung eines Teiles der singhalesischen Fischer zur Zeit des SW-Monsuns (hoher Wellengang an der Westküste) an die Ostküste (siehe F. BARTZ, 1959). Auch die Fischerbevölkerung der Tamilen im Norden der Insel hat, räumlich eingeschränkt, eine Wanderfischerei entwickelt. Eine Verteilungskarte der Fischer und Fischersiedlungen spiegelt die Bevölkerungskonzentration an der Küste wider. An der Westküste ist die größte Fischerzahl im Küstenabschnitt zwischen Chilaw und Matara, im Norden an der Küste der Halbinsel Jaffna und im Osten südlich von Batticaloa zu finden.

Nur noch ein Drittel der Insel ist von *Wald* bedeckt, der hauptsächlich aus Sekundärwald verschiedener Güte besteht. Die Savannenwälder im Nordosten sind wirtschaftlich kaum erschlossen. Eine wirtschaftliche Nutzung erscheint erst sinnvoll, wenn vorher weite entwaldete Savannengebiete mit Nutzhölzern aufgeforstet werden.

Die *Industrialisierung* steht noch weithin am Anfang und ist einseitig auf die Westprovinz konzentriert. 80% der Betriebe, welche 90% der industriellen Produktion bestreiten, liegen noch immer in einem Umkreis von 35 km um Colombo. In der Nähe des Flughafens von Colombo wurde eine Industrie- und Freihandelszone geschaffen, deren exportorientierte Betriebe vorerst ihr Schwergewicht in der Textilverarbeitung besitzen. Große Bedeutung kommt dem Ausbau der Wasserkräfte für die Energieversorgung zu, welche bisher noch mit 30% von Erdölimporten abhängig war.

Das Vorkommen an *mineralischen Bodenschätzen* ist gering. Erdöl wurde bei Mannar und in der Palk Bay gefunden und vermag für einige Zeit die umfangreichen Erdölimporte zu entlasten. Edelsteine und Halbedelsteine (wie Rubine, Saphire, Topase, Aquamarine, Berylle u. a.) werden in den Zentren Ratnapura und Pelmadulla im Bergland von Sabaragamuwa gefunden. Für die Gewinnung von Mondstein hoher Qualität ist das Gebiet bei Ambalangoda bekannt. Von den anderen Mineralien hat seit langer Zeit Graphit erhebliche Ausfuhrbedeutung. Die Gewinnung und Verarbeitung von schwermineralhaltigen Sanden, die zu etwa 80% aus Ilmenit (Titaneisenerz) und Rutil bestehen, soll an der Nordwestküste bei Pulmoddai begonnen werden.

So berühmt Sri Lanka wegen seiner großartigen buddhistischen Denkmäler aus der singhalesischen Königszeit seit jeher war und so verlockend auch seine schönen Strände für Fernreisende sein mögen, der *Fremdenverkehr* hat sich nicht so rasch wie in anderen tropischen Reiseländern entwickeln können. Dies hat seine Ursachen in der viel zu geringen Zahl von Fremdenunterkünften mit geeigneter Infrastruktur und z. T. auch in den unsicheren innenpolitischen Verhältnissen. Große Investitionen wären zur Förderung dieses Wirtschaftszweiges notwendig, die aber nur dann sinnvoll eingesetzt werden, wenn die Tendenz zur Fremdengettobildung nicht weiter verfolgt wird.
Für die wirtschaftliche Entwicklung hat Sri Lanka aus der letzten Kolonialperiode auch brauchbare infrastrukturelle Werte in Form einer hinreichenden Verkehrserschließung, eines sanitären Versorgungsnetzes und einer allgemeinen Grundschulausbildung (sehr niedriger Prozentsatz an Analphabeten) übernommen. Um bei der stark angestiegenen Bevölkerung die notwendigen wirtschaftlichen Strukturänderungen und Arbeitsmöglichkeiten erreichen zu können, wären ein viel höherer finanzieller Entwicklungseinsatz und eine bessere Zukunftsplanung notwendig.

9.6.3 Sulawesi (Celebes), ökologisch vielfältige Äquatorinsel im Pazifischen Ozean

Sulawesi ist mit rund 190.000 km² (mit Nebeninseln) die drittgrößte der Großen Sunda-Inseln und zeigt horizontal wie vertikal eine große ökologische Vielfalt. Während Sumatra, Java und Borneo dem Sunda-Schelf aufsitzen, steigt Sulawesi unmittelbar aus der Tiefsee auf (siehe Abbildungen 18, S. 69, und 28, S. 108). Von Kalimantan, dem indonesischen Anteil Borneos, wird es durch die Makassar-Straße, von den Kleinen Sunda-Inseln durch die Flores-See, von den Molukken durch die Banda-See und schließlich von den Philippinen durch die Celebes-See getrennt.
In dem weit überwiegenden Gebirgsland herrscht eine kleinkammerige Gliederung, die der Erhaltung ethnischer Eigenart und den damit wirtschaftlich verbundenen Strukturen sehr entgegenkommt.
Die *starke Gliederung* der Insel ist durch Bruchtektonik bedingt. Ihr zentraler Teil erreicht Höhen zwischen 2.000 und 3.000 m, der Süden des Gebirgskernes im Rantekombola sogar 3.455 m. Tief eingeschnittene Täler mit steil abfallenden Berghängen und langgestreckte, tektonische Senken führen zu einer hohen Reliefenergie, die einer verkehrsmäßigen Erschließung hinderlich ist. Der zentrale Teil der Gebirgsinsel besteht hauptsächlich aus Graniten und kristallinen Schiefern, welche von jüngeren, meist tertiären Gesteinen flankiert werden. Oft reichen die Gebirge bis nahe an die Meeresküste und verhindern die Bildung breiterer Küstenebenen und von Flußvorländern (Abb. 124). Besonders deutlich tritt die Gliederung der Insel durch tief eingreifende Buchten in Erscheinung, zu deren größten der Golf von Tomini im Norden, der Golf von Bone im Süden und der Golf von Tolo im Osten zählen, die eine Zerlappung Sulawesis in langgestreckte Halbinseln ähnlich der Form einer exotischen Blüte bewirken, welche der Insel den Namen ,,Orchidee des Äquators" oder ,,Orchidee Indonesiens" eingebracht haben. Die nördliche Halbinsel besitzt in Minahassa in der weiteren Umgebung der Stadt Manado mehrere jüngere Vulkanberge (Bild 146 der Tafel 80), die eine besondere Fruchtbarkeit ihrer Umgebung bewirken. An sie schließen sich gegen W zwei stark gegliederte Gebirgszüge an, welche durch die Limbottosee-Senke voneinander getrennt

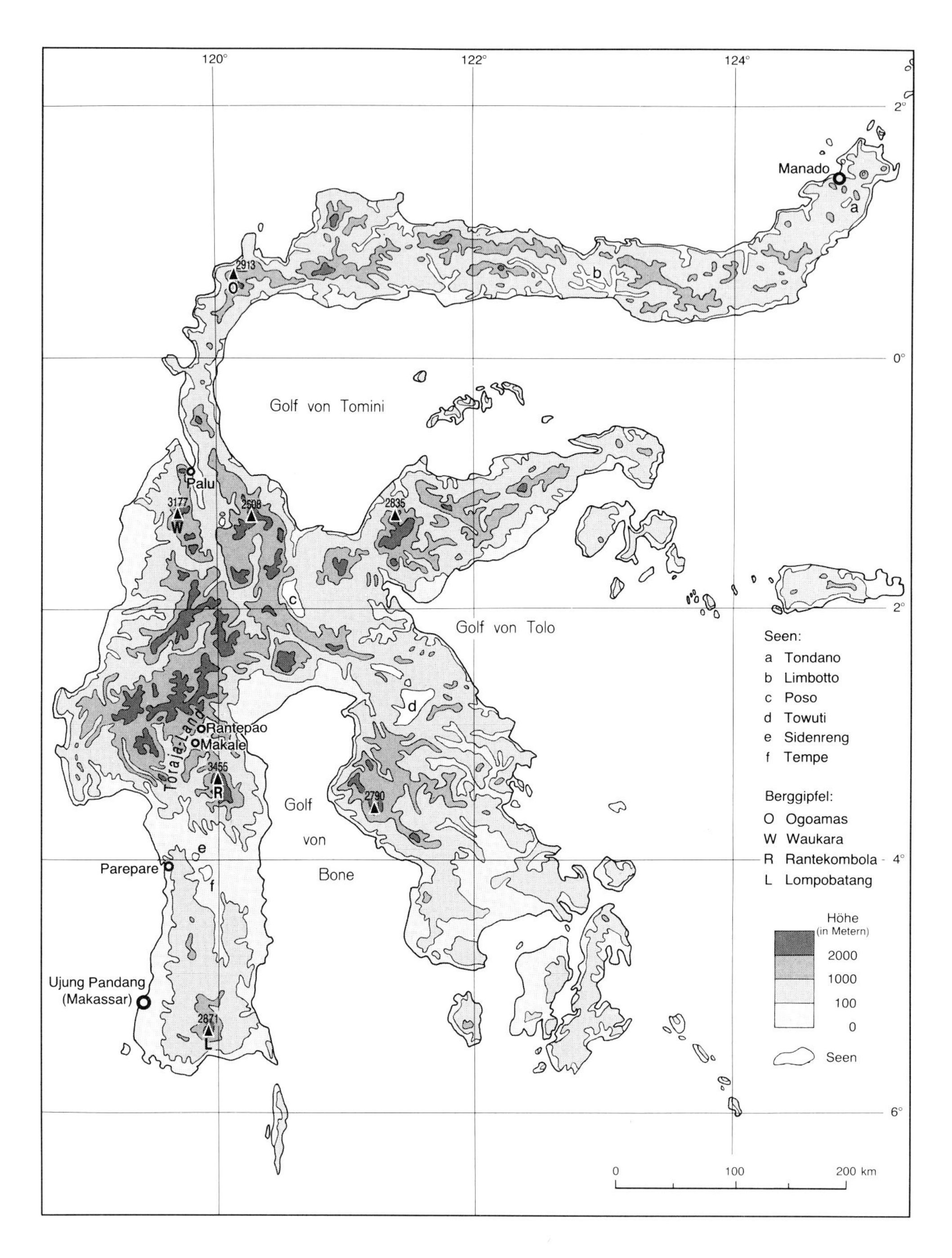

Abbildung 124: Indonesien, Sulawesi (Celebes). Gliederung und Höhenverteilung (Kartenskizze) H. A., 1988.

werden. Der zweite Gebirgszug steigt gegen Westen immer höher an und erreicht im Ogoamas sogar 2.913 m Höhe.
Die *südliche Halbinsel* wird vom zentralen Teil durch eine Senke mit marinen und fluviatilen Ablagerungen, in der auch zwei größere Seen, der Sidenreng- und Tempe-See, liegen, getrennt. Das Rückgrat dieser bevölkerungsmäßig und wirtschaftlich besonders bedeutenden und auch verkehrsmäßig einigermaßen erschlossenen Halbinsel bilden zwei Nord-Süd verlaufende Höhenzüge, von denen der westliche, mächtigere und längere im Vulkankegel des Lompobatang sogar 2.871 m Höhe erreicht. Das parallel verlaufende östliche Bergland ist viel kürzer, weniger mächtig und wesentlich niedriger (757 m). Beide Höhenzüge sind durch ein breites, von N nach S verlaufendes Längstal voneinander getrennt.
Landschaftlich tritt in Südsulawesi der Turmkarst (siehe Tafel 76) besonders in Erscheinung. Im Karst von Bone fördern wasserundurchlässige Mergelschichten auf ebenem Poljeboden ertragreichen Naßreisanbau. Im Turmkarstgebiet von Maros, nördlich der Hauptstadt der Insel Ujung Pandang (Makassar) ist der Kontrast zwischen den, oft senkrecht aufsteigenden und dennoch bewachsenen Kalktürmen des Turmkarstes und den ebenen grünen Naßreiskulturen besonders stark. Permanente Karstquellen und das ganze Jahr hindurch gleichmäßig hohe Temperaturen ermöglichen zwei Naßreisernten im Jahr. Vaucluse-Quellen unterirdischer Flüsse versorgen die Wasserverteilungsanlagen und technischen Bewässerungssysteme fast ununterbrochen, während Areale in den Karstrandgebieten auf Regenstau-Anbau angewiesen sind (siehe auch Bild 136 der Tafel 75).
Auch die beiden östlichen Halbinseln werden von Gebirgen durchzogen, deren höchste Erhebungen auf rund 2.800 m ansteigen. Der Südteil der südöstlichen Halbinsel zeichnet sich durch breitere Tiefenzonen aus, welche auch quer über die Halbinsel hinweg durch Siedlungen und eine diese verbindende Straße erschlossen sind.

Die oft sehr mächtigen und steil aufsteigenden Gebirge Sulawesis haben eine durchgehende Verkehrserschließung der Insel verhindert. Die rudimentären Straßenstücke – Eisenbahnen gibt es keine – sind nur in wenigen Gebieten, vorwiegend auf der Südhalbinsel und im äußersten Norden, in der Umgebung von Manado, ganzjährig befahrbar. Ebenso fehlen schiffbare Flüsse, welche mit Booten einen Verkehr weiter ins Landesinnere ermöglichen würden. Die größeren Siedlungen – überwiegend Küstenorte – sind von der Küstenschiffahrt abhängig, welche nur unzulänglich entwickelt ist.
Die Hauptinsel von Sulawesi reicht von etwa 1°40' nördlicher bis 5°40' südlicher Breite, gehört also der inneren Tropenzone mit ganzjährig hohen Niederschlägen an, die im Gebirge sogar 5.000 mm im Jahr überschreiten. Rund 50% der Insel sind von immergrünen Tiefland- und Bergwäldern eingenommen. In manchen altbesiedelten Berggebieten wurde allerdings der Wald durch „shifting cultivation" schon früh degradiert und über weite Flächen überhaupt vernichtet.
Nur die südliche Halbinsel reicht bereits in das z. T. wechselfeuchte, monsunbeeinflußte Klima hinein, so daß außer den vertikal bedingten Höhenstufen des Klimas und der Vegetation sich auch ein horizontaler Klimaunterschied ergibt.

Die weit verbreiteten Niederungen der südlichen Halbinsel mit ihren günstigen Wasser- und Bodenverhältnissen stellen einen Gunstraum dar, der sich auch schon früh durch höhere Bevölkerungsdichten ausgezeichnet hat. Auch der Nordosten der Nordhalbinsel

ist durch seine geringere Massigkeit, die bessere Durchgängigkeit und die guten vulkanischen Böden naturräumlich begünstigt und hatte für die Besiedlung größere Anziehungskraft. Auch er tritt durch höhere Bevölkerungsdichtewerte und größere Siedlungen im Verhältnis zu den anderen Gebieten von Sulawesi besonders hervor.
Infolge der abweisenden Landesverhältnisse und schlechten Durchgängigkeit blieb Celebes von durchgreifenden Herrschaftsauswirkungen lange Zeit verschont. Seit dem 14. Jh. gehörten der Süden und Osten der Insel zwar zum ostjavanischen Reich Madjapahit, die Auswirkungen dieser Zugehörigkeit blieben jedoch gering. Der Norden kam Mitte des 16. Jh.s unter die Herrschaft des Moslem-Sultanats Ternate, und im Laufe des 17. Jh.s dehnte sich die Herrschaft des Islam über die ganze Insel aus.
Um die Mitte des 16. Jh.s waren die Portugiesen auf Celebes gelandet, wurden aber im Süden 1660 bis 1669 von den Niederländern vertrieben, welche das Reich Makassar eroberten. 1683 trat der Sultan von Ternate seinen Besitz an die Niederländer ab. Die vollständige Unterwerfung von Celebes gelang erst 1860. Seit 1949 gehört die Insel zu Indonesien. Kurze Intermezzi von anderen lokalen Besitzergreifern – z. B. der Briten (Makassar 1812 britisch) – blieben in diesem gerafften Überblick unberücksichtigt.

Ethnisch weist Sulawesi bemerkenswerte Unterschiede auf. Als eine der bedeutendsten altmalaiischen Gruppen leben die *Toraja* (Toradja; das Wort bedeutet „Oberländer", „Binnenländer") im zentralen Gebirge westlich der Bucht von Bone. Unter Toraja müssen wir eine Sammelbezeichnung für eine große Zahl von Stämmen und Gruppen verstehen, die sich vereinfacht nach KRUYT in eine West-, Süd- und Ostgruppe gliedern lassen. Für viele Stämme sind mächtige Pfahlbauten mit geschwungenen, vorkragenden Dächern typisch, die eine stilistische Ähnlichkeit mit den Häusern und Speichern der Toba-Batak auf Sumatra zeigen (vergleiche die Abbildung 125 mit dem Bild 130 der Tafel 72 und siehe die Tafeln 77 bis 79).
Wie bei den Batak-Siedlungen sind auch bei den Torajas die Häuser um einen großen Rechteckplatz angeordnet, und zwar auf einer Längsseite die einstöckigen Wohnhäuser und gegenüber an der anderen Längsseite die Speicher. Alle Bauten stehen auf Pfählen, deren Länge und Stärke der sozialen Stellung der Besitzer entsprechen. Die geschwungenen, weit vorspringenden Dächer erheben sich hoch über die schwarzrotweiß bemalten und geschnitzten Fassaden der nur mit kleinen Fenstern ausgestatteten Häuser und werden durch einen Mittelpfosten gestützt, an dem die Gehörne der geopferten Büffel aufgehängt sind (siehe Abbildung 126). Sie sind ein Symbol der Ahnenverehrung und des Ansehens der Familie innerhalb der hierarchisch gegliederten Gesellschaftsordnung der Torajas. Wie die Wohnhäuser sind auch die Reisspeicher durch Größe, Zahl und Höhe der Pfähle nach dem Prestige ihrer Besitzer differenziert.

In zahlreichen Bergdörfern fällt auf, wie viele Menschen ein sehr hohes Alter erreichen und dennoch bewegungsfähig sind. Es scheint fast wie ein Wunder, wenn man eine hundertjährige Frau trifft, die noch ohne Hilfe über die sehr steilen Holzstiegen oder Leitern zu ihrem Zimmer hochsteigen kann. Viele Menschen sind noch in hohem Alter aktiv, wie dies das Beispiel des ehemaligen Dorfchefs Paulus PONG in Pangli, der ein Alter von 120 Jahren erreichte (Bild 145 der Tafel 80), zeigt. Es dürfte auch die Lebenserwartung der Bevölkerung etwas höher als in anderen Gebieten liegen. Die Torajas wurden im Laufe des letzten Jahrhunderts z. T. christianisiert. Wenn sie auch seit längerer Zeit die kultisch bedingte Kopfjagd aufgegeben haben, vermochten sie doch in erstaunlich

Abbildung 125: Sulawesi. Wohnhaus im Torajaland im Dorf Siguntu bei Makale (Aufnahme E. A., 1980).

Abbildung 126: Sulawesi. Mittelpfahl mit Büffelkopf und -hörnern eines Toraja-Wohnhauses bei Makale (Aufnahme E. A., 1980).

hohem Maße alte Traditionen mit dem neuen christlichen Glauben zu verschmelzen und fast unverändert beizubehalten. Zu den eindrucksvollsten zählen die in der besiedelten Landschaft überall deutlich hervortretenden Bestattungssitten.
Die Bestattung der Torajas erfolgt in Felsengräbern, die ein weithin sichtbares Zeichen des Gedenkens der Lebenden an die Verstorbenen darstellen. Die Vorbereitungsarbeiten für ein Felsengrab dauern oft Jahre, die notwendig sind, um einen entsprechenden Hohlraum im festen Fels auszuarbeiten. Diese Arbeit ist im Granitgestein besonders mühevoll und langwierig (siehe Bild 144 der Tafel 79).
Vom Tode eines Torajas bis zu seiner Beisetzung im vorbereiteten Felsengrab vergeht aber noch ein langer Zeitraum. Der Verstorbene wird vorerst mit pflanzlichen Hilfsmitteln einbalsamiert und in einem neu errichteten Totenhaus in unmittelbarer Nähe des Dorfes untergebracht (siehe A. LEEMANN in W. IMBER/H. UHLIG, 1973, S. 188ff.). In dem Totenhaus (Tongkonan), das von Totenwächterinnen ununterbrochen bewacht wird, ist dem Leichnam auch sein persönliches Besitztum beigegeben, und er ruht dort meist einige Monate (in Ausnahmefällen sogar Jahre), bis die Vorbereitungen für die Bestattungsfeierlichkeiten vorgenommen und die letzten Wünsche des Verstorbenen erfüllt wurden.

Zu diesen Vorbereitungen gehört der Aufbau eines speziellen Dorfes als Unterkunft für die zahlreichen Trauergäste des oft lange dauernden Totenfestes (siehe Bild 142 der Tafel 78). Vor der Bestattung erfolgt die Einhüllung des Leichnams in neue Tücher und der Transport zum Reisspeicher der Familie, wo ihm eine bekleidete Holzfigur, die den Verstorbenen darstellen soll, zugesellt wird. Trauergäste bringen der Familie des Verstorbenen Büffel, Schweine, Ziegen und Geflügel mit, Geschenke, die laut verkündet werden und damit das Ansehen des Gebers erhöhen. Der Brauch bewirkt aber auch eine gewisse gegenseitige Verpflichtung anläßlich späterer Traueranlässe und führt damit zu einer erheblichen wirtschaftlichen Belastung, mitunter sogar zu schwerer Verschuldung sich gegenseitig verpflichteter Familien und Trauergäste.
Nach der Feier führt der letzte Weg des Toten auf einer Totenbahre in Form eines Bootes – bei reichen Familien auch in der Form eines Toraja-Hauses – zum Felsengrab, wo er mit seinen persönlichen liebgewonnenen Gegenständen bestattet wird. Die hölzernen Abschlußdeckel der Felsengräber sind oft sehr schön geschnitzt und bemalt (Bild 144 der Tafel 79). Oft stehen über oder bei den Steingräbern hölzerne Ahnenfiguren (Tau Tau) auf eigens dafür geschaffenen Nischen oder Balkonen, um die Lebenden an die verstorbenen Generationen zu erinnern (siehe Bild 143 der Tafel 79). Aber auch natürliche Höhlen dienen mitunter als Orte der Bestattung, wie dies die Karsthöhle bei Londa beweist.
Ein nicht unbedeutender Anteil der Torajas betreibt auch heute noch Brandrodungsfeldbau. Allerdings reicht auch der Naßreisbau in den Hochtälern des Gebirges bei günstiger Geländegestaltung und günstigen Wasserverteilungsmöglichkeiten bis über 1.000 m Höhe. Der zentrale Siedlungsraum der Torajas mit den beiden Orten Makale (Verwaltungs-Hauptort und Stadt) und Rantepao liegen in einer Höhe von 700 bis 800 m; die Jahresmitteltemperatur liegt hier noch bei 21° bis 22° C, und es ist eine feuchtere Jahreszeit von Oktober bis März und eine trockenere von April bis September zu unterscheiden (siehe Bild 140 der Tafel 77).
Nicht unbedeutend ist die Viehhaltung, wobei Wasserbüffel meist nur aus Sozialprestige

als rituelle Schlachttiere gehalten werden und Büffelfleisch nur von jenen Tieren auf den Markt gebracht wird, die mit einem schlechten Omen behaftet sind. Als Zug- und Lasttiere werden Büffel (Kerabau) nicht oder nur sehr selten verwendet. Auch Schweine werden nur bei besonderen Gelegenheiten – wie bei Totenfesten – geschlachtet (siehe Bild 141 der Tafel 78).
Die Fläche von Tanah Toraja beträgt 3.597 km² und umfaßt ein Bergland von 300 m bis 2.884 m Höhe. Etwa ¼ dieser Fläche ist dichter besiedelt und wies 1985 eine Bevölkerungszahl von rund 360.000 Menschen auf. Im Raum um Makale und Rantepao werden Bevölkerungsdichten von 100 Ew./km² überschritten, die aber in der weiteren Umgebung und in Höhenlagen von über 800 m auf unter 25 Ew./km² absinken. Das übrige von Torajas besiedelte zentrale Bergland weist ganz niedrige Bevölkerungsdichten auf und ist unerschlossen.
Nach dem Zensus 1972 betrug die Bevölkerung des Verwaltungsgebietes Tanah Toraja 309.380 Einwohner, von denen 62% der christlichen Religion zugehörten (51% Protestanten und 11% Katholiken) und sich 6% als Moslem bezeichneten. Alte kultische Vorstellungen wurden aber in alle neuen religiösen Anschauungen einbezogen und sind bis heute erhalten geblieben. Bei einem Teil der Bevölkerung konnte sich auch noch lange Zeit die Polygamie erhalten.

Zur altmalaiischen bzw. altindonesischen Bevölkerung Sulawesis gehören auch die *Minahassa,* welche noch im vergangenen Jahrhundert Anhänger eines Geisterglaubens, eines Megalithkultes und, wie die Torajas, auch Kopfjäger waren. Seit 1827 wurde die auf der nördlichen Halbinsel verbreitete Volksgruppe durch die Barmer Mission (evangelische Mission mit dem Sitz in Barmen/Wuppertal) zum Christentum geführt; sie sind heute zum erheblichen Teil Protestanten. Bei den Minahassa-Stämmen sind die alten Lebensformen und Gesellschaftsverbände (Großfamilien) weitgehend zerstört. Damit sind auch viele alte Bräuche seit Jahrzehnten erloschen. Als Bestattungsform waren früher freistehende Särge in der Form von Häuschen häufig. In einzelnen Orten sind solche noch zu finden. Ein besonders schönes Beispiel eines sehr alten Friedhofs mit Gräbern aus dem 10. bis 18. Jh., in deren Häuschen die Toten in Hockstellung bestattet wurden, findet sich bei Air Madidi östlich von Manado.
Unter den vier Provinzen Sulawesis (Sulawesi Utara oder Nord-Celebes, Sulawesi Tengah oder Mittel-Celebes, Sulawesi Selatan oder Süd-Celebes und Sulawesi Tenggara oder Südost-Celebes) ist Sulawesi Utara mit dem Minahassaland die zweitdichtest besiedelte Provinz der Insel. Von den fast 11 Mio. Einwohnern Sulawesis (1985) lebten mehr als ⅕ in dieser Provinz, von denen etwa 45% der Minahassa-Volksgruppe zugerechnet werden können.

Die Ernährungssituation ist im Minahassaland infolge der z. T. vulkanischen Böden und geeigneten Anbaulagen günstig und die landwirtschaftliche Produktion vielfach auch marktwirtschaftlich orientiert. Kokospalmbestände, besonders in den schmalen Küstenebenen, Naßreisanbau in bewässerbaren Ebenen und am Fuß der Vulkane (siehe Bild 146 der Tafel 80), Nelken-, Muskatnuß- und Kautschukkulturen wechseln mit Kaffee-, Tabak- und Kapokflächen auf weniger feuchten, höher gelegenen Hängen. Umschlagplatz und Ausfuhrhafen ist die Stadt Manado. An den vielen kleinen Flüssen, die hier mit geringerem Gefälle zum Meer streben, liegen zahlreiche kleine Betriebe mit dem typischen Durcheinander tropischer Kulturpflanzen, die der Selbstversorgung dienen (sie-

Abbildung 127: Indonesien, Sulawesi. Minahassa-Land, Blick vom Ostufer über den Tondano-See in etwa 600 m Höhe nach SW (Aufnahme E. A., 1980).

Abbildung 128: Indonesien, Sulawesi. Flußlandschaft im Minahassa-Land südöstlich Manado (Aufnahme E. A., 1980).

he Abbildung 128). Fischreiche Binnenseen, wie der Tondano-See mit 50 km² Fläche (siehe Abbildung 127), erweitern die Versorgungsbasis.
Im Nordosten der Provinz liegt am Ende einer weiten Bucht das Verwaltungszentrum und die Hauptstadt der Provinz, Manado, zugleich die zweitgrößte Stadt der Insel, die nach starker Zuwanderung bereits 1971 170.000 Ew. (1930 nur 28.000 Ew.) besaß. Sie ist nicht nur Zentrum des Agrar- und Holzwirtschaftsgebietes von Minahassa, sondern auch Sitz eines katholischen Bischofs sowie staatlicher Universitätseinrichtungen und ist mit Hafeneinrichtungen und einem nahe gelegenen Flugplatz ausgestattet. Nord-Celebes besitzt Lagerstätten von Kupfer und Gold. Die Goldgewinnung geht schon auf eine alte Tradition zurück, da bereits vor der europäischen Kolonialzeit Gold gewonnen und gehandelt wurde.
Die gegen den zentralen Gebirgsraum der Insel anschließende Provinz *Mittel-Celebes* (Sulawesi Tengah) ist mit etwa 21 Ew./km² der am schwächsten besiedelte Raum Sulawesis. Die Hauptstadt Palu liegt an der Mündung des Paluflusses in der fjordartigen Palubucht im Nordwesten. Das SO-NW verlaufende Flußtal ist gegen Osten und gegen Westen durch 1.500 m bis 3.000 m hohe Bergketten abgeschirmt, ebenso auch das Quellgebiet, welches gegen Süden von hohen Berggipfeln umgrenzt ist. Besonders augenscheinlich lernten wir hier ein auch für andere Täler Sulawesis typisches Problem kennen, nämlich die hohen Niederschläge in höheren Berglagen, welche oft zu Hochwassersituationen in den Tallandschaften führen, wogegen die Niederschläge in den Talniederungen durch Abschirmung und Föhnwirkung oft nur minimale Beträge erreichen. So kann es vorkommen, daß an tropisch feuchte Bergwälder an den Berghängen unmittelbar eine sukkulentenartige Vegetation mit Feigenkaktus über den Schottern der nur wenig Niederschlag erhaltenden Talböden angrenzt. Diese Situation ist häufig zu finden und auch kennzeichnend für den Mündungsraum um Palu. Flußüberschwemmungen sind nach jedem größeren Gewitter zu erwarten und überschwemmen nicht selten die an den Flußmündungen liegenden Städte, wie dies die Verfasser sehr eindrucksvoll erleben konnten. Auch an den unteren steil ansteigenden Berghängen, an denen sich die Wolken stauen, wird Regenfeldbau mit Trockenreis betrieben, während die Talsohlen oft nur als Weideland dienen.
Der Kontrast zwischen dem bevölkerungs- und wirtschaftsschwachen Mittel-Celebes und dem wirtschaftsstarken und übervölkerten Süd-Celebes beruht auf der abschirmenden Wirkung der Gebirge für den nördlichen Kernraum.
Wie wir bereits an anderer Stelle festgestellt haben, ist in den Niederungen der *Südhalbinsel* der Naßreisanbau mit mindestens 2 Ernten weit verbreitet Bild 136 der Tafel 75). Von der gesamten landwirtschaftlich genutzten Fläche von Sulawesi von rund 1 Mio. ha entfällt etwa ¼ bis ⅓ auf bewässerte Anbauflächen, die wieder zu ⅔ auf der südlichen Halbinsel gelegen sind. Das Schwergewicht der landwirtschaftlichen Produktion für die Ernährung liegt also hier. Der nicht immer wünschenswerte Zustand der landwirtschaftlichen Nutzfläche der Insel ist darauf zurückzuführen, daß ein hoher Anteil der Bauern Teilpächter sind und sich ¼ des Kulturlandes im Besitz des Ortsadels befindet oder sich noch vor kurzer Zeit befunden hat. Auch ist der Anteil an Trockenfeldbau (Reis, Mais, Maniok, Hirse) noch immer viel zu groß.
Im südwestlichen Sulawesi befinden wir uns im Verbreitungsraum zweier jungindonesischer (jungmalaiischer) Kulturvölker, nämlich der Makassaren und der Bugi, mit denen

erstere nahe verwandt sind. Trotz ihrer gemeinsamen Herkunft sind sie sprachlich scharf geschieden und haben auch eine Anzahl ganz verschiedener Bräuche. Sie sind aber beide seit Anfang des 17. Jh.s Mohammedaner. Makassaren und Bugi gehörten bis in jüngere Zeit zu den gefürchtetsten Seeräubern des indonesischen Archipels.
Ujung Pandang (früher Makassar) war bereits gegen Ende des 16. Jh.s, als die Portugiesen sich festzusetzen versuchten, eine bedeutende Stadt und in der Folgezeit Streitobjekt der Kolonialmächte. Städtebaulich finden sich neben historischen Resten aus der Zeit des Königreiches Goa (alte Befestigung) vor allem Zeugnisse aus der niederländischen Zeit und des Ausbaus zu einem modernen Verwaltungs- und Handelszentrums.
Das Wachstum der Stadt ab 1930 ist besorgniserregend; ihre Bevölkerung hat sich bis 1971 fast versechsfacht (1930: 84.900 Ew., 1961: 384.200 Ew. und 1971: 497.000 Ew.). Sie ist durch ihre Vollausstattung als moderner „Zentraler Ort" auch weiterhin Anziehungspunkt einer Zuwanderung aus der übervölkerten Provinz, in der rund 60% der Gesamtbevölkerung der Insel leben (1980: Sulawesi 10½ Mio. Ew., Sulawesi Selatan über 6 Mio. Ew.). Außer als bedeutendster Handelsplatz der Insel erfüllt Ujung Pandang die Funktion als Ausfuhrhafen für Reis, Kaffee, Kopra und andere Güter, besitzt Zement-, Papier-, Textilindustrie und Erdölraffinerie, ist Sitz eines katholischen Erzbischofs und einer staatlichen Universität (gegr. 1949) sowie zweier privater Universitäten und hat eine Fernsehsendestation. Die Ausstattung der Geschäfte für den täglichen und langfristigen Gebrauch entspricht allen Bedürfnissen (Bild 135 der Tafel 75).
Sulawesi Tenggara ist mit 27.686 km² die im SO gelegene Provinz mit der geringsten Bevölkerungszahl (1980: 942.000 Ew.). Verteilungsmäßig findet sie ihr Schwergewicht in den Niederungen des südlichen Teils der Halbinsel, wo auch Naßreisanbau betrieben werden kann. Die Bevölkerungsdichte, bezogen auf die Fläche der Gesamtprovinz, betrug 1980 34 Ew./km², liegt aber im Bergland, das ⅔ der Insel einnimmt und durch Wege fast nicht erschlossen ist, sehr niedrig.
Aus den gegebenen Ausführungen läßt sich erkennen, daß auch Sulawesi trotz seiner Lage im inneren Tropenraum zu den Inseln mit horizontal wie vertikal deutlich auftretenden ökologischen Disparitäten zu zählen ist.

10 Singapur und Hongkong, zwei Weltstädte im tropischen Lebensraum

Beide Stadtinseln konnten sich dank ihrer günstigen Lage am *Knotenpunkt von Schifffahrtswegen und Handelsbeziehungen,* ausgestattet mit hervorragenden Hafenbedingungen und Erdölversorgungseinrichtungen sowie Ausbaumöglichkeiten der Industrie, in den sechziger Jahren zu bedeutenden *Wirtschafts-, Handels- und Finanzzentren in SO-Asien* entwickeln. Sehr entscheidend war der *starke Zustrom* der vorwiegend gewerbe- und handeltreibenden, fleißigen, anpassungsfähigen und organisatorisch begabten *chinesischen Bevölkerung* (Singapur fast 77%, Hongkong 98%).
Ähnlich ist beiden Stadtstaaten – die nur unzulängliche natürliche Ressourcen haben – die geschichtliche Entwicklung ab Mitte des 19. Jh.s als britische Kronkolonie mit Unterbrechung im Zweiten Weltkrieg durch japanische Besetzung. Durch die britische Kolonialzeit verfügen beide über vergleichbare Verkehrssysteme, relativ leistungsfähige Schulsysteme, ähnliche Bevölkerungsstrukturen und entwickelten sich zu chinesischen Überseemetropolen, die jeden Besucher faszinieren. Beide Weltstädte kämpfen mit dem Problem des *Raummangels* einerseits und der *Übervölkerung* andererseits. Hier herrscht einerseits ein stetes Planen, Umbauen, Niederreißen von ganzen Stadtteilen, besonders der alten, kleinen chinesischen „shophouses" (siehe Tafeln 86 und 93), andererseits kommt es zur Errichtung von Hochhäusern für Banken, Industrie und Versicherungen (siehe die Tafeln 87, 89 sowie 91 und 94) und von Wohnblocks sowie zur Entstehung reiner Industriezonen neuer Satellitenstädte am Stadtrand und *Neulandgewinnungsgebieten.* Diese Neulandgewinnungen betrugen seit Ende der siebziger Jahre bis 1987 in Singapur 50 km²* und in Hongkong 59 km². Beide Inselstaaten haben kaum landwirtschaftlich genutztes Gebiet (Singapur 6% der Hauptinselfläche, Hongkong 8,8% ausschließlich im Norden der New Territories). Wegen ihrer Funktion als Umschlagplätze kam es zum Ausbau der Wirtschafts-, Handels- und Finanzmacht und zuletzt des Tourismus mit internationalen Flughäfen als wichtige Einnahmequellen.
Die chinesische Welt war und ist in Wirtschaft und Handel im westlichen Pazifik hauptsächlich durch die „Stadtrepublik" Singapur und Hongkong sowie Taiwan (National-China) vertreten. Die Ausstrahlung dieser drei Brückenköpfe chinesischer Kultur und Wirtschaft reicht weit in den tropischen Raum und nach Festland-China, wo es zu einer Wiederbelebung der alten Handelsfunktionen in Kanton (Guangzhou) und Schanghai (Shanghai) kam. Der Gütertransport hat derzeit auf den Weltmeeren fast unvorstellbare Ausmaße erreicht (siehe S. 30), wobei den beiden Schiffahrtsknotenpunkten Singapur und Hongkong besondere Bedeutung zukommt. Beide Stadtinseln versuchen durch Ausbau, Vergrößerung und Verbesserung ihrer Hafenanlagen besonders eine schnellere Abfertigung beim Ein- und Ausladen der Schiffe zu erzielen. Singapur (PSA, Year in Review, S. 6) gibt zum Be- bzw. Entladen von 600 Containern sieben Stunden an. H. J. Buchholz (1986, S. 516) erwähnt bei Hongkongs Containerhafen ca. 13,2 Stunden für Ein- und Ausladen der Schiffe (im konventionellen Reedehafen ca. 2,7 Tage).

---

* Bis 1992 60 km², the mirror, Singapore, 1986, Nr. 3, S. 1ff.

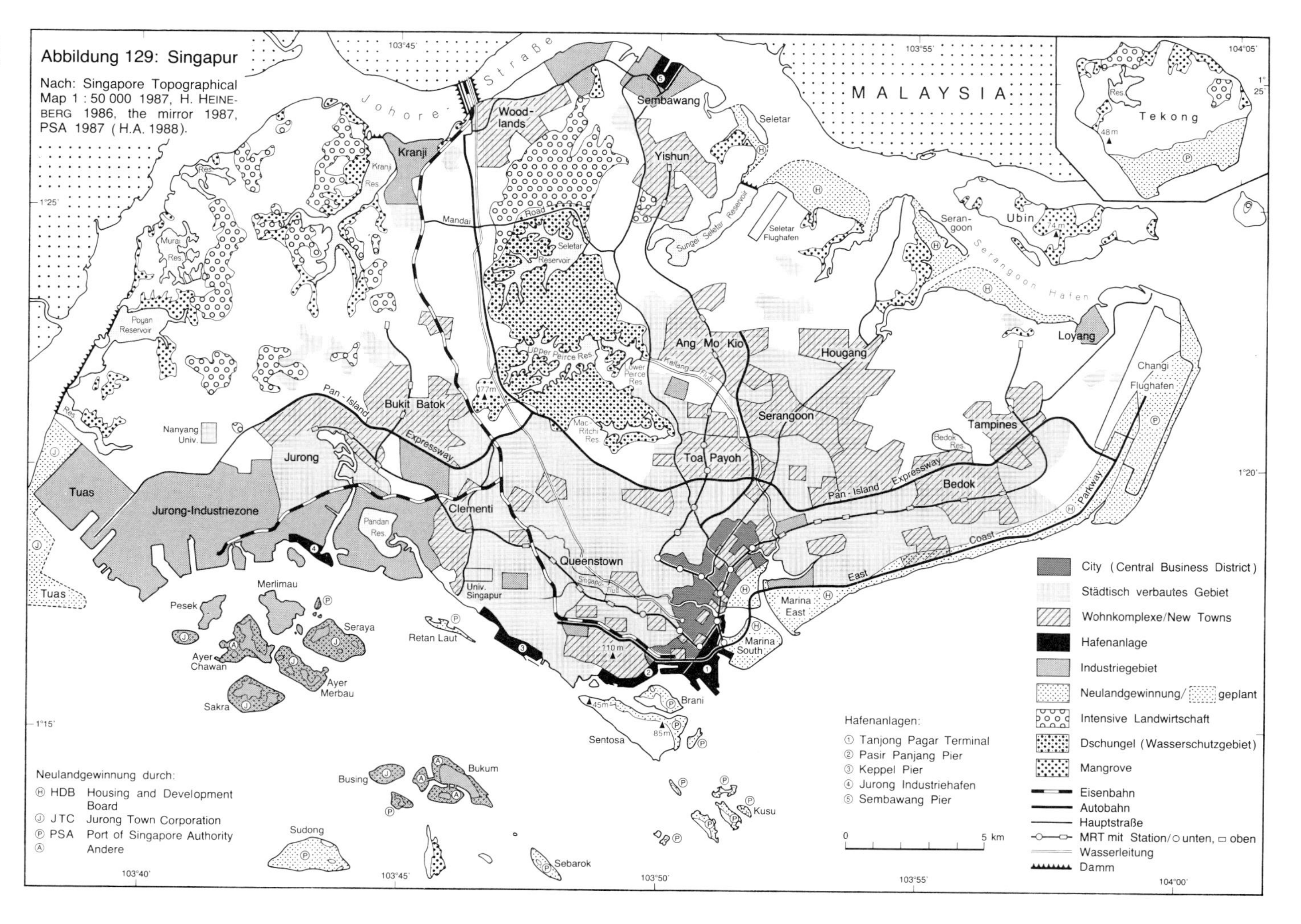

Abbildung 129: Singapur

Nach: Singapore Topographical Map 1 : 50 000 1987, H. HEINEBERG 1986, the mirror 1987, PSA 1987 (H.A. 1988).

10.1 Singapur, Drehscheibe von Wirtschaft und Handel zwischen Indischem und Pazifischem Ozean

Singapur (Singapore), seit 1965 selbständige „chinesische" Stadtrepublik (H. UHLIG), bedeutendster Durchgangshafen SO-Asiens, ist der Südspitze der Malaiischen Halbinsel vorgelagert und durch einen Damm (1919 bis 1923) für Eisenbahn, Straße und Wasserleitung über den 2 km breiten Meeresarm (der Johore-Straße) mit dem Festland verbunden. Die *Zwergrepublik Singapur* besteht aus der gleichnamigen *Hauptinsel* (570,4 km², 1987), die von *48 kleinen Inseln* schützend umgeben ist (siehe Tabelle 9, S. 92, Nr. 6, und Tabelle 10, S. 95), 1982 mit einer Gesamtfläche von 615,12 km² und 2,472.000 Einwohnern (Bevölkerungsdichte 4.019 Ew./km²); für 1987 wird die Gesamtfläche durch Neulandgewinnung schon mit 621,7 km² und die Einwohnerzahl mit mehr als 2,6 Mio. angegeben. Die Flächengröße des Stadtstaates von fast 622 km² entspricht der 1½fachen Fläche Wiens (415 km², 1,515.660 Ew. 1981 und 5.147 Ew./km²). Die Stadt Singapur liegt im südlichen Teil der Hauptinsel mit derzeit ca. 100 km² verbauter Fläche beiderseits des Singapur-Flusses in ca. 1°20' nördlicher Breite und 103°50' östlicher Länge. Die Äquatornähe (137 km nördlich) bedeutet ein *maritimes tropisches Klima* mit gleichmäßig hoher Temperatur (28 bis 30°C), hoher relativer Luftfeuchtigkeit (80 bis 90%), mittlerer Jahrestemperatur von 26,4° C mit maximalen Tagesschwankungen von 8,1° C, aber nur 2° C Unterschied zwischen kühlstem und wärmstem Monat. Charakteristisch ist die Gewitterhäufigkeit (ca. 486 jährlich) mit Temperaturrückgang bis zu 7° C. Ein kühler Meereswind macht die Hitze erträglich. Das langjährige Niederschlagsmittel beträgt 2.400 mm (mit einem Maximum im Dezember, siehe S. 57ff.). Trotzdem tritt gelegentlich *Wassermangel* auf, der vor allem auf den großen Wasserbedarf zurückzuführen ist.
Alle Inseln der Republik Singapur liegen auf dem *Sunda-Schelf.* Hier laufen die malaiischen (mesozoischen) Faltenbögen aus (siehe Großrelief, Abbildung 22, S. 73). Die stark wellige, mit einem komplizierten Kleingewässernetz durchzogene Hauptinsel (höchste Erhebung Bukit Timah, 177 m) zeigt – von W nach O – drei geologisch gut unterscheidbare Gesteinsfolgen paläozoisch-mesozoischer, teilweise zu Ton- und Glimmerschiefern metamorphisierter, stark gefalteter und verworfener Sedimente. Im Zentrum taucht das malaiische Orogen in granitischen und granodioritischen Intrusivgesteinen auf. Hier befinden sich heute die großen Wasser- und Naturschutzgebiete (ca. 100 ha Fläche; siehe Bild 163 der Tafel 90). Im Osten liegen halbverfestigte Konglomerate quartären Alters. Infolge der hohen Temperaturen und der hohen Feuchtigkeit entstanden durch Lateritisierung rötliche und gelbliche Böden.
Eine landwirtschaftliche Nutzung wäre im größeren Umfang möglich, sie umfaßt aber nur 6% der Fläche und muß ständig intensiviert werden, da die übrigen Flächen mit ländlichen und städtischen Siedlungen sowie Industrieanlagen durchsetzt sind.

Singapur (malaiisch: Temasek = Seestadt, indisch: Shingha pura = Löwenstadt) nimmt das südliche Drittel der gleichnamigen Insel ein. Schon in vorchristlicher Zeit besiedelt, soll dieses Gebiet dank der günstigen Lage im 13. und 14. Jh. sogar eine bedeutende Hafenstadt gewesen sein, die 1376 durch Javaner des Madjapiten-Reiches (siehe

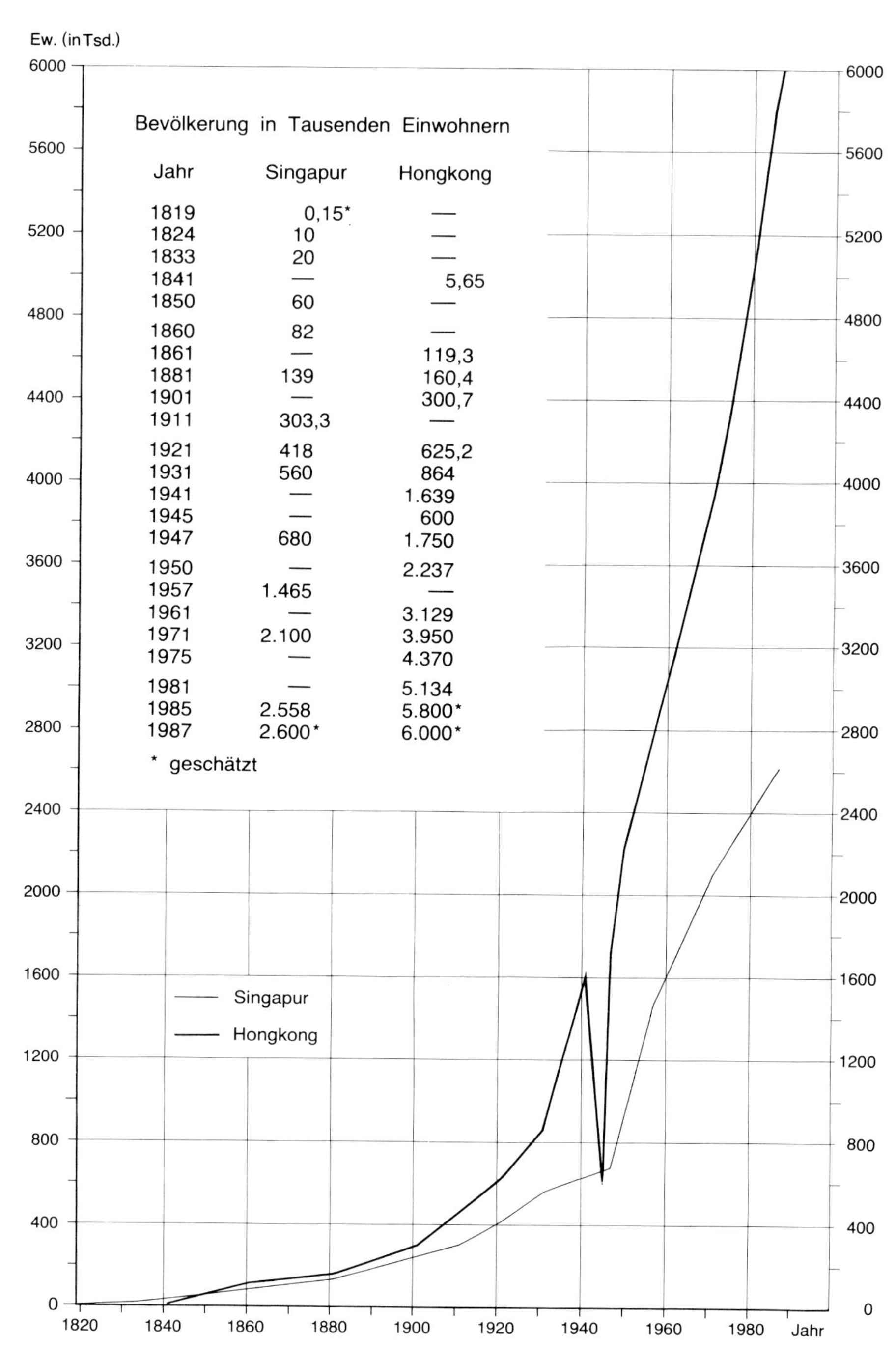

Bevölkerung in Tausenden Einwohnern

Jahr	Singapur	Hongkong
1819	0,15*	—
1824	10	—
1833	20	—
1841	—	5,65
1850	60	—
1860	82	—
1861	—	119,3
1881	139	160,4
1901	—	300,7
1911	303,3	—
1921	418	625,2
1931	560	864
1941	—	1.639
1945	—	600
1947	680	1.750
1950	—	2.237
1957	1.465	—
1961	—	3.129
1971	2.100	3.950
1975	—	4.370
1981	—	5.134
1985	2.558	5.800*
1987	2.600*	6.000*

* geschätzt

Übersicht 35: Singapur und Hongkong. Die Bevölkerungsentwicklung der Städte 1819 bis 1987 (H. A. 1988).

S. 290) zerstört wurde. Über 400 Jahre war die Dschungelinsel nur von Fischern bewohnt. 1819 erkannte Sir Stamford RAFFLES, ein Beamter der Britisch-Ostindischen Kompanie, in der kleinen Fischersiedlung (ca. 150 Einwohner) im Mündungsgebiet des Singapur-Flusses die Schutz- und günstige Verkehrslage und vorausschauend die wirtschaftlichen Entwicklungsmöglichkeiten. Er erwarb durch Vertrag mit dem Sultan von Johore das Recht der *Errichtung eines Handelsstützpunktes.* Auf seine Veranlassung wurde die Insel 1824 von der *Britisch-Ostindischen Kompanie* dem Sultan von Johore abgekauft.
Die äußerst rasche Entwicklung Singapurs seit der Gründung durch RAFFLES geht auf seine einmalige verkehrsgeographische Lage am Kreuzungspunkt der Handelswege zwischen Indischem und Pazifischem Ozean, zwischen dem Golf von Bengalen und dem Südchinesischen Meer zurück. Seine erste Funktion hatte Singapur als Umschlagplatz für Waren von Europa in die Kolonien und umgekehrt – eine *Drehscheibenfunktion.* Außerdem war es ein wichtiger Flottenstützpunkt zur Beherrschung der Straße von Singapur (zwischen der Hauptinsel im N und dem indonesischen Riau-Archipel im S) – rund 100 km lang und 10 bis 20 km breit –, somit zwischen dem Südchinesischen Meer im O und der Straße von Malakka (zwischen Malaiischer Halbinsel und Sumatra) im W.

Als Handelsstützpunkt in SO-Asien wuchs Singapur rasch an. Hatte das Fischerdorf 1819 ca. 150 Einwohner, so stieg die Einwohnerzahl bis 1822 schon auf 10.000. RAFFLES befaßte sich mit der Stadtplanung beiderseits des Singapur-Flusses (der erste Stadtplan nach englischem Muster von Lieut. JACKSON wurde 1828 veröffentlicht; siehe H. HEINEBERG, 1986, S. 49ff.). Ferner schuf RAFFLES für Singapur durch Sozialreformen und die großzügige chinesische Einwanderung sowie die Anlage eines Freihafens günstige Voraussetzungen. Die Stadt hatte 1860 bereits 82.000 Einwohner, davon 50.000 Chinesen. Nach der Auflösung der Britisch-Ostindischen Kompanie wurde Singapur 1867 *Kronkolonie* und zugleich Hauptstadt der Straits Settlements (Singapore, Penang und Malakka) und somit auch ein wichtiges Verwaltungszentrum. 1869 brachte die Eröffnung des Suezkanals eine weitere Steigerung des Handels. Der gute natürliche Hafen und die Errichtung des ersten *Freihafens* SO-Asiens (1819) begünstigten den Ausbau zu einem konkurrenzlosen Umschlaghafen mit ausschließlicher *Transitfunktion.* Eine weitere Folge war der Aufbau des Dienstleistungssektors seit 1931, bedingt durch die starke Bevölkerungszunahme, die auch eine Schaffung neuer Arbeitsplätze erforderte. Von 2,6 Mio. Einwohnern (1986) entfielen auf Chinesen 76,3%, Malaien 15,0%, Inder 6,4% und andere 2,3%. Entsprechend der ethnischen Zusammensetzung ist die sprachliche Einteilung. Die vier Amtssprachen sind Chinesisch (Mandarin), Englisch, Malaiisch und Tamil, von denen Englisch als herkömmliche Verwaltungs- und internationale Verkehrssprache besonders wichtig ist. Die religiöse Zugehörigkeit spiegelt die ethnischen Verhältnisse: Es überwiegen bei weitem Konfuzianer, Taoisten und Buddhisten (Chinesen), gegenüber Moslems (Malaien), Hindus (Inder), christlichen Religionen (u. a. etwa 78.000 Katholiken) und jüdischen Minderheiten (500). Die durchschnittliche Bevölkerungsdichte war 4.019 (1984) und 4.160 Ew./km² (1986), obwohl in einigen Wohngebieten extrem hohe Werte (bis zu 200.000 Ew./km²) erreicht werden. Die jährliche Bevölkerungszunahme liegt bei 1% (1986).

Singapur war vor dem Zweiten Weltkrieg ein „bedeutender Handelsplatz, in dem Waren nicht nur aus dem Hinterland Malakka, sondern aus ganz Südostasien zusammenkamen und nach Europa und Amerika verkauft wurden, gleichzeitig Industriewaren von dort eintrafen, die über Singapur in Südostasien abgesetzt wurden. In dieser Funktion war Singapur zugleich ein bedeutender Welthafen, der in der Umschlagsmenge zeitweilig an fünfter Stelle unter allen Häfen stand. Der Großhandel Singapurs lag nur zum Teil in europäischen Händen. Hier hatten sich die eingewanderten Chinesen in beträchtlichem Maße eingeschaltet. Im Kleinhandel der Stadt dominierten sie seit langem völlig" (aus H. KNÜBEL, S. 76).
Vom reinen Transithandel ging Singapur erst später in eine Mittlerrolle für Güter mit *geringer Zwischenverarbeitung* und anschließend ganz allmählich zur *industriellen Verarbeitung* für pflanzliche und bergbauliche Rohprodukte über (Kautschuk und Zinn). Seit 1877 wurden auf der Insel Singapur und auf der südlichen Malaiischen Halbinsel große Kautschukplantagen (Hevea brasiliensis) angelegt, in der Stadt Singapur Kautschuk verarbeitet und die Gummiwaren teilweise auch in SO-Asien verkauft. Aus den großen malaiischen Zinnabbaugebieten brachten Dschunken das angereicherte Erz nach Singapur, um es im Transitverkehr – auf größere Schiffe umgeladen – in andere Länder (besonders USA) weiterzuleiten. Erst 1887 wurde in Singapur, auf der im S der Stadt vorgelagerten kleinen Insel Brani, ein Zinnschmelzwerk errichtet, das in den siebziger Jahren die größte Zinnhütte der Erde war und 2.200 Arbeitskräfte beschäftigt haben soll. „Schiffsreparaturwerkstätten und Werften für kleinere Schiffe vervollständigten das frühe industrielle Bild Singapurs" (KNÜBEL, S. 76).
Vor dem Zweiten Weltkrieg war die USA wichtigster Handelspartner (1937 gingen 38% der Gesamtprodukte nach Nordamerika, vor allem Gummi, Zinn und Gewürze).

Im Zweiten Weltkrieg besetzten die Japaner 1942 bis 1945 die „Festung" Singapur. Anschließend kam Singapur zuerst unter britische Militärregierung und wurde 1946 wieder Kronkolonie (losgelöst von Penang und Malakka), eine eigene, sich selbst verwaltende Kolonie, 1963 Mitglied der Föderation Malaysia (Zusammenschluß von Malaya, Singapur und den beiden Staaten Nordborneos, Sabah und Sarawak). Am 9. 8. 1965 trat Singapur aus dieser wieder aus und ist seither als *selbständige Republik* ein unabhängiges Mitglied im Commonwealth of Nations.
Nach Erlangung der Selbständigkeit schritt die *Industrialisierung* rasch fort, der starke Bevölkerungsanstieg verlangte die Schaffung neuer Arbeitsplätze, und die Lösung sah man im Ausbau der Industrie. Im zweiten Fünfjahresplan (1965 bis 1970) wurde im ehemaligen Sumpfgebiet von *Jurong,* im SW der Hauptinsel, das *große staatliche Industriezentrum* (Jurong Industrial Estate) mit eigenen Hafenanlagen und einer neuen Wohnstadt geschaffen. Es sollte ein Großstandort für kapitalintensive Industrien werden. Als verantwortliche Körperschaft des öffentlichen Rechtes wurde 1968 die Jurong Town Corporation (JTC) geschaffen. Nach H. HEINEBERG, 1986, S. 55ff., Stand 31. 3. 1984) umfaßte die Industriezone Jurong eine Fläche von fast 6.000 ha (1986: 6.500 ha, einschließlich Neulandgewinnung aus dem Meer und der südlich vorgelagerten Inselgruppe, den Southern Islands) mit 1.710 Firmen (1986: 3.400) und 114.900 Beschäftigten (1986: 210.000), davon 70% in der Industrie. Das jüngere Zahlenmaterial wurde aus „Singapore, Facts and Pictures 1987", S. 46ff., entnommen. Neben diesem bei weitem

größten Industriegebiet Singapurs bestehen noch 24 andere Industriestandorte, vor allem in den Randgebieten. Der Ausbau von zusätzlichen 13 Industriegebieten ist vorgesehen. ,,Die JTC ist außerdem für die Bereitstellung von Hafen- bzw. Verladeeinrichtungen im Industriehafen von Jurong (Jurong Industrial Port), der heute zu den größten Häfen der Welt zählt, verantwortlich sowie auch für die sogenannte Jurong Marine Base, die als Versorgungs- bzw. Servicebasis für die Offshore-Ölgewinnung im südostasiatischen Raum errichtet wurde" (H. HEINEBERG, 1986, S. 55). Einige Inseln wurden und werden von der JTC durch Neulandgewinnung vergrößert und dann zu reinen Industriestandorten umgewandelt, vor allem der petrochemischen, chemischen und anderer hochtechnoligieorientierter Industrien (siehe Abbildung 129). Als Beispiele sind zu nennen: das Großprojekt TUAS (im äußersten Westteil von Jurong, einem Mangrovegebiet) mit 650 ha Neulandgewinnung sowie die 1986 erfolgte Zusammenlegung der Insel Sakra und Bakau (südlich Jurong) mit einem Neulandgewinn von 170 ha (nun Sakra genannt) für chemische Industrie, ferner Pulau (= Insel) Busing vergrößert von 2,5 ha auf 53,7 ha (Öltanklager) und Pulau Ayer Merbau (124,8 ha) seit Februar 1984 für Petrochemie erschlossen. Auch das Landschaftsbild der Insel Bukum (145 ha) im SW der Insel Sentosa (der Erholungsinsel Singapurs, 309 ha) wird seit 1961 von Erdöltanks und -raffinerien beherrscht (siehe Bild 164 der Tafel 90).

Um ausländische Investoren ins Land zu holen, wurden verschiedene Anreize, wie z. B. Befreiung von der Einkommensteuer für fünf Jahre bzw. ,,Stornierung der Umsatzsteuer für Hochtechnologie-Firmen für zehn Jahre" (H. HEINEBERG, 1986, S. 508) u. a. steuerpolitische Vorteile oder der billige Verkauf von Boden zur Errichtung von Fabriksanlagen, geschaffen. Es war vor allem das äußerst günstige *,,Investitionsklima"* in diesem südostasiatischen Kleinstaat, der praktisch über keinerlei wirtschaftlich bedeutende Rohstoffe verfügt, daß sich zahlreiche *multinationale Konzerne* Singapur als Standort wählten, dort Zweigstellen gründeten und sich somit an die Spitze der Industrialisierungsbestrebungen stellten.

Übersicht 36 (aus H. HEINEBERG, 1986, S. 54) zeigt das rapide Wachstum der Auslandsinvestitionen im produzierenden Gewerbe 1965 bis 1983 aus Europa, USA und Japan. Außer den staatlichen Vergünstigungen führt H. HEINEBERG (S. 53) noch eine Vielzahl von positiven Standortfaktoren an, hebt aber besonders hervor

- ,,die ungebrochen günstige Verkehrslagesituation Singapurs für den internationalen Schiffs- und Flugverkehr,
- die lange politische Stabilität in Singapur, die hinsichtlich der ausländischen Investitionsentscheidungen offenbar sehr wichtig ist, und
- die chinesische Wirtschaftsmentalität mit dem sprichwörtlichen Fleiß einer disziplinierten Arbeitnehmerschaft mit zunächst noch relativ niedrigem Lohnniveau."

Wegen der starken Konkurrenz auf dem Weltmarkt durch andere Billiglohnländer (Taiwan, Hongkong) mußte durch stärkere Mechanisierung und Rationalisierung der Betriebe eine Steigerung der Produktions- und Güterqualität erfolgen.

Übersicht 37 (aus H. HEINEBERG, 1986, S. 54) verdeutlicht den enormen Anstieg der Auslandsinvestitionen in der Mineralölindustrie, gefolgt von Elektrotechnik-, Elektronik-, Maschinen- und Apparatebau sowie chemischer Industrie, wobei die höchsten Kapitalanteile auf Europa (Großbritannien, Niederlande u. a.), die USA und Japan entfielen. ,,Gemessen an der Entwicklung der Beschäftigten im letzten Jahrzehnt zeigte die Her-

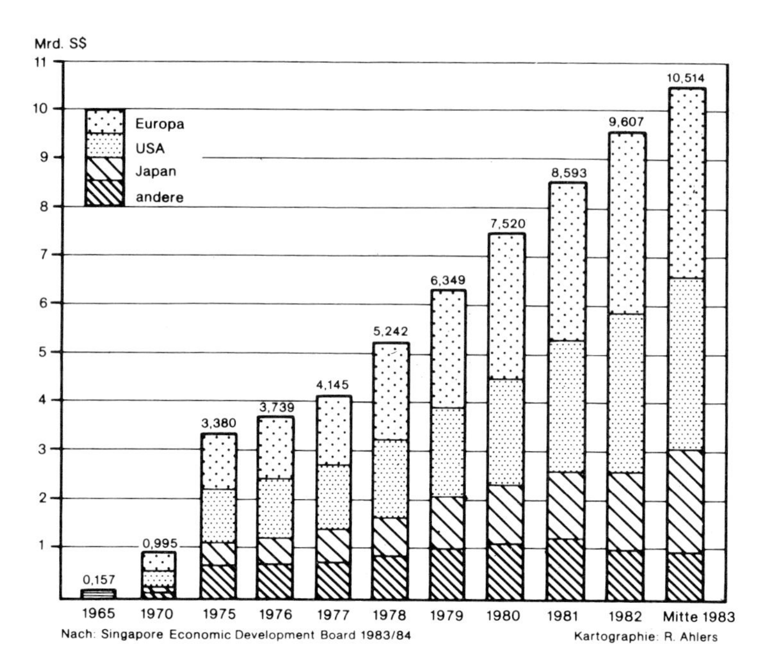

Übersicht 36: Singapur. Auslandsinvestitionen im produzierenden Gewerbe nach Ländern 1965, 1970, 1975 bis Mitte 1983 (aus H. HEINEBERG, 1986, S. 54).

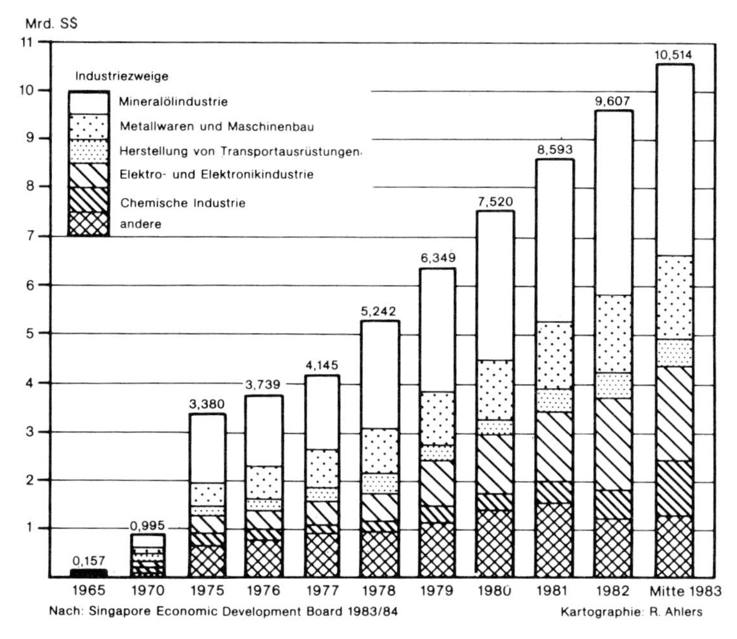

Übersicht 37: Singapur. Auslandsinvestitionen nach wichtigen Industriegruppen 1965, 1970, 1975 bis Mitte 1983 (aus H. HEINEBERG, 1986, S. 54).

stellung von elektronischen Erzeugnissen bzw. Elektronikteilen das bei weitem größte Wachstum. Die Zahl der Elektronikfirmen wuchs zwischen 1973–1983 von 41 auf 204, d. h. auf das Fünffache, an. Gemessen an dem Produktionswert steht die *Elektronikindustrie* an 2. Stelle aller Industriezweige. In 1. Position rangiert die Mineralölindustrie, deren Erträge sich von rd. 1.968 Mio. S$ (1973, 1 S$ = 0,5 US-$) auf rd. 12.369 Mio. S$ (1983) ganz erheblich gesteigert haben, wenngleich zwischen 1982 und 1983 ein Rückgang um rd. 2.300 Mio. S$ eingetreten ist" (aus H. HEINEBERG, 1986, S. 57). „Singapur ist heute nach Rotterdam und Houston *das drittgrößte Raffineriezentrum* der Welt" (lt. HEINEBERG, 1986, S. 506)! 1983 betrug die Beschäftigtenzahl der Mineralölindustrie 3.750 (aus H. HEINEBERG, 1986, S. 57). Relativ bedeutende Wachstumsraten und Beschäftigtenzahlen zeigten zwischen 1973 und 1983 Maschinenbau, Metallwarenerzeugung, Nahrungsmittelproduktion und Transportausrüstungen. Seit 1980 sind sowohl die Arbeitsplätze in diesem Wirtschaftssektor als auch der Wert des eigenen Gütertransportes (weltmarktbedingt) leicht rückläufig. Das Wirtschaftswachstum Singapurs, das 1986 fast 2% betrug, erholte sich im allgemeinen, stagnierte im Handels- und Finanzsektor, zeigte aber noch starke Rückschläge im Bausektor, der industrielle Sektor dagegen – vor allem die elektronische Industrie – sowie der Transport- und der Verkehrssektor hatten starke Zunahmen zu verzeichnen. Im *Güterverkehr* der führenden Seehäfen stand Singapur 1984 mit 111,9 Mio. t Umschlag an 5. Stelle (hinter Rotterdam, New Orleans, Kobe und Yokohama; nach Fischer Weltalmanach 1987, Spalte 939), und 1986 mit 324,6 Mio. t Umschlag an 2. Stelle und nach der Anzahl von 33.352 Schiffen (1986), die Singapur anliefen, hat es sogar Rotterdam überholt. Daher bezeichnet sich Singapur dzt. als größten Welthafen* (siehe Abb. 129, S. 394). Die PSA – gegründet 1964 – verwaltet die fünf Hafenanlagen mit ca. 15 km langen Kais, wie *Tanjong Pagar Terminal, Keppel Pier, Pasir Panjang Pier, Jurong Industriehafen* und *Sembawang Pier.* 1986 wurde „Intraco" (= internat. Handelsges.) gegründet.

Gegenüber 1985 war der Außenhandel 1986 noch rückläufig mit
Gesamteinfuhren –4% (55.545 Mio. S$)
Gesamtausfuhren –2% (48.986 Mio. S$)

Der Hauptgrund für den reduzierten Import und Export war die reduzierte Einfuhr von Rohöl und pflanzlichen Ölen sowie von Baumaschinen; dadurch verringerten sich auch die Reexporte der in Singapur raffinierten Erdölprodukte.

Demgegenüber wurde für 1987 mit einer *Wirtschaftswachstumsrate* von 4 bis 6% gerechnet. Der Außenhandel zeigte in Ein- und Ausfuhr Steigerungen von fast 9% (besonders bei elektronischen Geräten und Bekleidung, Wiederbelebung der Investitionstätigkeit in Maschinen und Anlagen).

Mit Erlangung der Selbständigkeit wurde versucht, ein größeres Angebot in verschiedenen Wirtschaftsbereichen zu schaffen. Die starke Förderung des Tourismus machte Singapur zum bedeutendsten *Touristen- und Finanzzentrum SO-Asiens.* Singapur hat, abgesehen von Japan, das *höchste Pro-Kopf-Einkommen Asiens.*

1964 wurde der „Singapore Tourist Promotion Board" (STPB) zur Weiterentwicklung des Tourismus und der damit verbundenen Leistungen gegründet. 1987 verfügte Singapur über ca. 60 Hotels mit 23.000 Zimmern mit derzeit nur 60% Auslastungsrate. Die

* „. . . mit über 500 Schiffahrtslinien, die ca. 300 Welthäfen anfahren. Täglich liegen ca. 600 Schiffe im Hafen, der Hafen ist rund um die Uhr 365 Tage im Jahr geöffnet" (Year in Review, hrsg. v. PSA [= Port of Singapore Authority], Singapore 1987, S. 6).

Besucherzahl betrug 3,2 Mio. (1986 +5,3% gegenüber 1985), davon ⅓ aus dem ASEAN-Raum, der Rest aus Japan, Australien, Indien, USA, Großbritannien sowie Hongkong, und stieg im ersten Halbjahr 1987 weiter an (+8,5%). Singapur hat die Funktion einer touristischen Drehscheibe (Stopover-Programm) mit einer durchschnittlichen Aufenthaltsdauer von 3,5 Tagen, obwohl das Stopover-Programm von drei auf 20 Tage erweitert wurde. Durch Kongresse, touristische Attraktionen sowie außerordentliche Einkaufsmöglichkeiten soll der Besucher zu längeren Aufenthalten verlockt werden. Das erste englische Hotel (Raffles) wurde 1886 gegründet. 1987 war im „Marina Centre" die Eröffnung der drei Großhotels Marina Mandarin (640 Zimmer), Oriental Singapore (600 Zimmer) und Pan Pacific (850 Zimmer) mit zusammen 2.090 Zimmern, Sälen, Kongreßeinrichtungen sowie Geschäften.
Zu den Sehenswürdigkeiten Singapurs zählen der Botanische Garten, einer der schönsten tropischen Gärten mit Dschungelgebiet 1859 als „Botanical and Experimental Garden" angelegt,* und der Mandai Orchideengarten (Bild 161 der Tafel 89), einer der großartigsten Orchideengärten Singapurs. Die exportorientierte Orchideenzucht spielt in Singapur eine besondere Rolle. 1981 wurde die Vandai Orchidee zur Nationalblume Singapurs erklärt. Außerdem gibt es noch viele Pflanzen- und Tiergärten in Singapur sowie die Ferieninsel Sentosa, Insel Kusu, reine Badeinseln u. a. m.
Singapur ist vor allem das *Einkaufszentrum SO-Asiens,* ein Einkaufsparadies. Singapur ist nicht nur Metropole, sondern *Welthandelszentrum.* Die Hauptstütze der Wirtschaft ist der leistungsfähige Hafen. Der Hafen Singapurs, unter RAFFLES 1819 angelegt, lag an den Mündungen des Singapore, Rochore und Kallang Flusses. Etwa 30 Jahre später entstanden um den natürlichen Hafen, den heutigen Keppel Hafen, die ersten Schiffahrtsgesellschaften und Handelshäuser. 1863 war die Gründung der Tanjong Pagar Dock Company, aber erst 1913 wurden die Anlagen in den S der City rückverlegt. Vom S der City erstrecken sich heute in riesiger Ausdehnung die Hafenanlagen vom *Tanjong Pagar Terminal,* dem Containerhafen (1972 eröffnet) nach W über *Keppel Pier* mit *„World Trade Centre"* und *Pasir Panjang Pier* bis zum großen Industriehafen *Jurong* (siehe Abb. 129, S. 394). Es ist geplant, die Insel Brani 1990 durch einen Damm (Causeway) mit dem südlichen Festland zu verbinden und dort einen zusätzlichen Containerhafen zu errichten, der 1993 in Betrieb gehen soll. Handel und Schiffahrt prägten und prägen das Aussehen der Stadt (siehe Tafel 87, die „Skyline" Singapurs, das Stadtzentrum und Hafen von der Seilbahnstation der Erholungsinsel Sentosa nach ONO). Neben dem Schiffsverkehr wurde der Flugverkehr ausgebaut. 1981 war die Eröffnung des neuen *internationalen Flughafens* (Singapore Changi Airport), der zu den modernsten Flughäfen der Welt zählt und derzeit durch Neulandgewinnung bereits vergrößert wird (zweite Ausbaustufe bis 1989 für 20 Mio. Passagiere und Luftfrachtverkehr). Die Zuwachsraten lagen im ersten Halbjahr 1987 gegenüber 1986 beim Passagieraufkommen bei fast 10% und beim Frachtaufkommen sogar bei fast 18%. 1986 war der Flughafen Changi von 51 internationalen Fluglinien mit wöchentlich 558 Flügen ausgelastet. Außerdem ist die nationale Fluglinie der „Singapore Airlines" („SIA": gegründet 1947 als Malayan Airways Ltd. mit Sitz in Singapore, dann MSA: Malaysia-Singapore-Airlines, seit 1972 „SIA", feierte 1987 ihr 40jähriges Bestehen) äußerst erfolgreich

* Die 1. Anlage des „Botanical and Experimental Garden" war unter Raffles am Fort Canning Hill (im OSO des heutigen Botanischen Gartens) 1822–29 und wurde 1836–46 wieder geöffnet (Singapore, Facts and Pictures 1987, S. 200).

(ausgezeichnetes Service, ständiger Ausbau des Flugnetzes mit modernsten Maschinen). Der kleine Seletar-Flugplatz im Norden der Hauptinsel dient Charter- und Kleinflugzeugen der ,,SIA", z. B. zur ,,Trauminsel Tioman" (siehe S. 344).

Singapur City, das eigentliche Handelszentrum, im Mündungsgebiet beidseitig des Singapur-Flusses gelegen, zeigt den Gründungscharakter des 19. Jh.s mit stark britischem Einschlag nur mehr in einigen repräsentativen öffentlichen Bauten (klassizistischer Baustil der Viktorianischen Zeit, siehe Bild 159 der Tafel 88). Die Industrialisierung änderte das Stadtbild nicht, da die Industrieanlagen am Stadtrand bzw. als Industriezonen außerhalb der Stadt entstanden. Dagegen änderte das Bemühen (seit Ende der sechziger Jahre), Singapur als Zentrum des Tourismus und der Finanzen auszubauen, das Stadtbild wesentlich. Das heutige Bild der Stadt prägen Hochhäuser der Banken-, Versicherungs- und Handelsgesellschaften sowie riesige Hotelkomplexe und Kaufhäuser (siehe die Tafeln 86 und 87, ferner Bild 160 der Tafel 88 und Bild 162 der Tafel 89). Wie gewaltig diese Veränderungen in nur elf Jahren waren, sehen wir auf Tafel 86 in den Aufnahmen von der Elgin-Brücke auf die Altstadt nach SO. Das 1975 auffallende achteckige Hochhaus (ca. Bildmitte) wird 1986 von wesentlich höheren Verwaltungsgebäuden überragt. Auch die Dschunken (malaiisch-portugiesisch), chinesisch ,,Sampans", die Lasten- und Hausboote der Chinesen, sind verschwunden. Die typischen kleinen ,,shophouses" – das Merkmal der ,,Chinatown" – werden heute von den Hochhäusern erdrückt und sind nur noch selten (besonders in der nördlichen Chinatown) erhalten. Die ,,shophouses" dienten ursprünglich den Handelsfirmen für Kontore und Lagerung (im Erdgeschoß und ersten Stock) und darüber zum Wohnen. Heute ist die Altstadt, das ursprüngliche Chinesenviertel, auch für andere ethnische Gruppen der *,,Central-Business-District".*

Das ehemalige ,,Europäerviertel" um den Botanischen Garten, im NW des alten Stadtkernes auf einer Anhöhe angelegt, mußte bis auf wenige Villen in Gärten den Neubauten der *Orchard Road* – einst Ausfahrtsstraße Singapurs, heute die bedeutendste Hotel- und Geschäftsstraße (seit Anfang der siebziger Jahre) – weichen.

Der Blick vom Mandarin-Hotel nach NW (siehe Bild 160 der Tafel 88) und nach SO (Bild 162 der Tafel 89) zeigt die dichte Hochhausverbauung, dazwischen kleine chinesische Häuser der Kolonialzeit, bereits restauriert, und Grünflächen sowie die neuen *,,Shopping Centres"* um die *Großhotelanlagen* des ,,Marina Centre". Hier hat sich in jüngster Zeit durch Neulandgewinnung die ,,Central Area" von Singapur erheblich nach O vergrößert und sich somit die Touristenachse von der Orchard Road nach O hin stark meerwärts verlängert. Die Neulandgewinnung* umfaßt *,,Marina City"* mit den Gebieten ,,Marina Centre" (106 ha) mit modernsten Hotels, Geschäfts- und Kongreßzentren bereits weitgehend fertiggestellt – wie bereits erwähnt –, ferner ,,Marina South" (266 ha) und ,,Marina East" (318 ha), die durch eine moderne Schnellstraße – den ,,East Coast Parkway" – über Hochbrücken miteinander verbunden, aber noch nicht fertig verbaut sind. Fünf *Schnellstraßen,* z. B. ,,East Coast Parkway" und ,,Pan Island Expressway" nach Jurong, ,,Bukit Timah Expressway" nach N, sind bereits fertiggestellt (77 km, 1987), innerhalb eines Gesamtstraßennetzes von ca. 2.700 km (1987); Erweiterungen

---

* Insgesamt werden 60 km² durchgeführt, von HDB (= Housing and Development Board, 1964–92) 28,2 km², JTC (1975–86) 12,3 km² und PSA (1966–86) 19,5 km² (davon 17 km² auf 32 küstennahen Inseln, the mirror, S. 1ff.).

sind vorgesehen. Ende 1987 ist die Fertigstellung der ersten Ausbaustufe der *MRT (= Mass Rapid Transit)* mit 66 km Länge mit zwei Strecken (N–S und O–W), teils als Untergrundbahn (Hafen–City–Orchard Road) und teils als Hochbahn zu den New Towns (siehe Abb. 129, S. 394) erreicht. Für 1990 wird bei voller Inbetriebnahme mit einer täglichen Beförderung von 600.000 Personen gerechnet (Singapore, Facts and Pictures 1987, S. 120).

Singapur, ein *Musterstaat im Fernen Osten,* das gewaltige Welthandels- und Einkaufszentrum SO-Asiens, imponiert durch seine Sauberkeit und durch sein geschäftiges Treiben. Das Leben seiner Bewohner ist geordnet, geplant und gesichert. Schulen (teils viersprachig), Fortbildung (zwei Universitäten, englisch und chinesisch) und Gesundheitswesen sind hervorragend, die soziale Infrastruktur ist ausgezeichnet.

Die Geburtenrate konnte von 42,7‰ (1957) auf 15,2‰ (1986; siehe Singapore, Facts and Pictures 1987, S. 3) gesenkt werden. Trotzdem bleibt das *Wohnproblem* bestehen. Städtebauliche Planungen sollten in den beiden Fünfjahresplänen (ab 1960) und den folgenden zwei Zehnjahresplänen durch Strukturwandel im Wohnungswesen Abhilfe schaffen, wie Errichtung von Großwohnsiedlungen und neuen Städten in Hochhaus-Bauweise sowie durch den jüngeren Stadterneuerungsprozeß im zentral gelegenen Stadtgebiet. Der Abbruch alter, ganzer Viertel wurde dadurch notwendig. Singapur ist eine Stadt im ständigen Umbau. Die neue dominante Hochhaus-Architektur entstand in *Wohnkomplexen (Housing Estates) und Großwohnsiedlungen in Satellitenstädten (New Towns)* am Stadtrand und nahe der Industriezonen. Sie wird vom Staat subventioniert und soll vor allem Bevölkerungsgruppen mit niedrigem Einkommen und großen Familien zugute kommen. Die Hochhaus-Bauweise hat den Vorteil niedriger Baukosten bei geringem Flächenverbrauch und vielleicht besserer Durchlüftung der einzelnen Wohnungen. Trotzdem wird diese Hochhaus-Bauweise als ein Experiment angesehen, denn sie ist vollkommen konträr zur traditionellen kleinräumigen chinesischen Wohnweise und Wohnumwelt. Der Einfamilienhausbau ist wegen der hohen Kosten sehr eingeschränkt. In den Satellitenstädten, wie Queenstown (W), Toa Payoh (N), Kallang (nordöstlich des Zentrums) u. a. m., die mit öffentlichen Mitteln erbaut sind – 50% der Wohnbevölkerung leben heute dort – beträgt die Bevölkerungsdichte ca. 1.700 Ew./km². Ang Mo Kio, die größte New Town im N der City, hat rd. 217.000 Einwohner (H. HEINEBERG, 1986, S. 504). Der öffentliche Wohnbau und die Stadterneuerung sind die Aufgaben des „Housing and Development Board" (HDB). Singapurs sozialer Wohnbau ist der fortschrittlichste in SO-Asien – gegenüber dem einzig vergleichbaren in Hongkong. Das Aussehen Singapurs wird sich daher noch grundlegend ändern und eher dem einer westlichen Metropole ähneln, zum großen Unterschied von Hongkong. Singapur hat heute die erfolgreichste und leistungsfähigste *Regierung* SO-Asiens. Seit 1959 lenkt Premierminister Lee Kuan (Kwan) YEW, der Begründer der sozialdemokratischen Regierungspartei „People's Action Party" (PAP), ununterbrochen geschickt und straff den Stadtstaat.

Singapurs Bedeutung liegt in seiner Funktion als *Zentrum der Weltwirtschaft* und der *Finanzen in SO-Asien.* Singapur ist neben Hongkong derzeit der einzige Finanzplatz zwischen Tokio und Europa, der nicht nur über eine gute Infrastruktur und ausgebildetes Personal, sondern auch über ein entsprechendes System der Rechtsprechung verfügt und dadurch eine rasche Abwicklung der Finanzgeschäfte gewährleistet. Da Hong-

kong vor einem tiefgreifenden Wandel seines Status steht (1997), haben bereits viele ausländische Banken und Firmen ihren Sitz in Singapur gewählt oder weiter ausgebaut, um von dort aus ihre Handelsbeziehungen auszudehnen oder zu verstärken, z. B. 1982 die Gründung des Zweigwerkes des Computerunternehmens Nixdorf (BRD) als zentralen Standort für den asiatisch-pazifischen Raum (H. HEINEBERG, 1986, S. 508).
Obwohl das Wirtschaftswachstum weltweit seit Beginn der achtziger Jahre rückläufig ist, hat sich Singapur dank seiner außerordentlich günstigen Verkehrslage, des großen Leistungswillens, der guten Ausbildung und Opferbereitschaft seiner Bevölkerung überwiegend chinesischer Abstammung erholt und geht einem weiteren Aufstieg entgegen.

10.2 Hongkong, Tor Chinas

Hongkong (Hong Kong, chin. = duftender Hafen) liegt im Vorland der Hafenstadt Kanton, östlich der Mündung des Perlflusses (Bei Jiang) an der SO-Küste des chinesischen Festlandes, am *Hauptschiffahrtsweg* zwischen Pazifischem Ozean – Ostasien und Europa sowie am *Eingangstor zur VR China,* dem volkreichsten Staat der Erde. Es besteht aus der *Insel Hongkong* (mit 78 km² Fläche und 1,2 Mio. Einwohnern 1982), der *Halbinsel Kowloon* (mit 11 km² und mit 200.000 Ew./km², der weltgrößten Bevölkerungsdichte) und den nördlich anschließenden *New Territories* (978 km²) sowie 236 vorgelagerten, größtenteils unbewohnten *Inseln** mit insgesamt 1.070 km² Fläche und 5,6 Mio. Einwohnern (1986, geschätzte Zahl von 1987: 6 Mio.), davon rund 98% Chinesen. Zwischen der gebirgigen Hauptinsel Hongkong (im Süden) und der nördlich gelegenen Halbinsel Kowloon (= neun Drachen, sprich neun Hügel) bildet die Meeresstraße einen ausgezeichneten *Naturhafen,* der auch den großen Überseeschiffen das Anlegen an den Kais von Kowloon gestattet (siehe Abb. 130, S. 406).
Entsprechend seiner geographischen Lage südlich des nördlichen Wendekreises (zwischen 22°09' und 22°37' nördlicher Breite und 113°62' und 114°30' östlicher Länge) hat Hongkong ein *tropisch-sommerhumides Klima* (Randtropen), das durch den Monsun bestimmt wird. Die Sommer sind heiß (Julimittel 28° C, Maximalwerte bis 31° C) und feucht (relative Luftfeuchtigkeit ca. 84%). Ab Mitte Juni bis Anfang September (Sommermonsun) fallen ¾ des jährlich stark schwankenden Niederschlages (durchschnittlich 2.160 mm, Extremwerte der Jahre 1889: 3.050 mm und 1963: 910 mm nach P. SCHÖLLER 1967, S. 128). Die Durchschnittstemperaturen liegen im Frühjahr bei 21° C, im Herbst bei 24° C und im Winter bei 16° C bei auch geringerer Luftfeuchtigkeit (wie 80%, 73% und 70%) und angenehm kühlen Nächten.
Das Gebiet von Hongkong ist geologisch-morphologisch eine Fortsetzung des südchinesischen Berglandes, größtenteils aus Granit und Porphyr aufgebaut (85% der Gesamtfläche), die nur im Süden und Osten von tertiären Vulkansedimenten überlagert werden. Die Inseln und Halbinseln der stark gegliederten Südostküste Chinas sind überwiegend gebirgig (75 bis 80%) mit großer Reliefenergie; Insel Hongkong (Victoria Peak, 554 m), Insel Lantau (Lantau Peak, 934 m) und in den New Territories (Taimo-Shan, 958 m) die höchste Erhebung Hongkongs. Die Streichrichtung (NO–SW) der Ge-

* In Tabelle 9, S. 92, Nr. 1, sind nur die 237 Inseln Hongkongs mitinbegriffen, in Fischer Weltalmanach '88, Spalte 282, ist die Fläche für 237 Inseln mit Wasserfläche mit 2.916 km² angegeben.

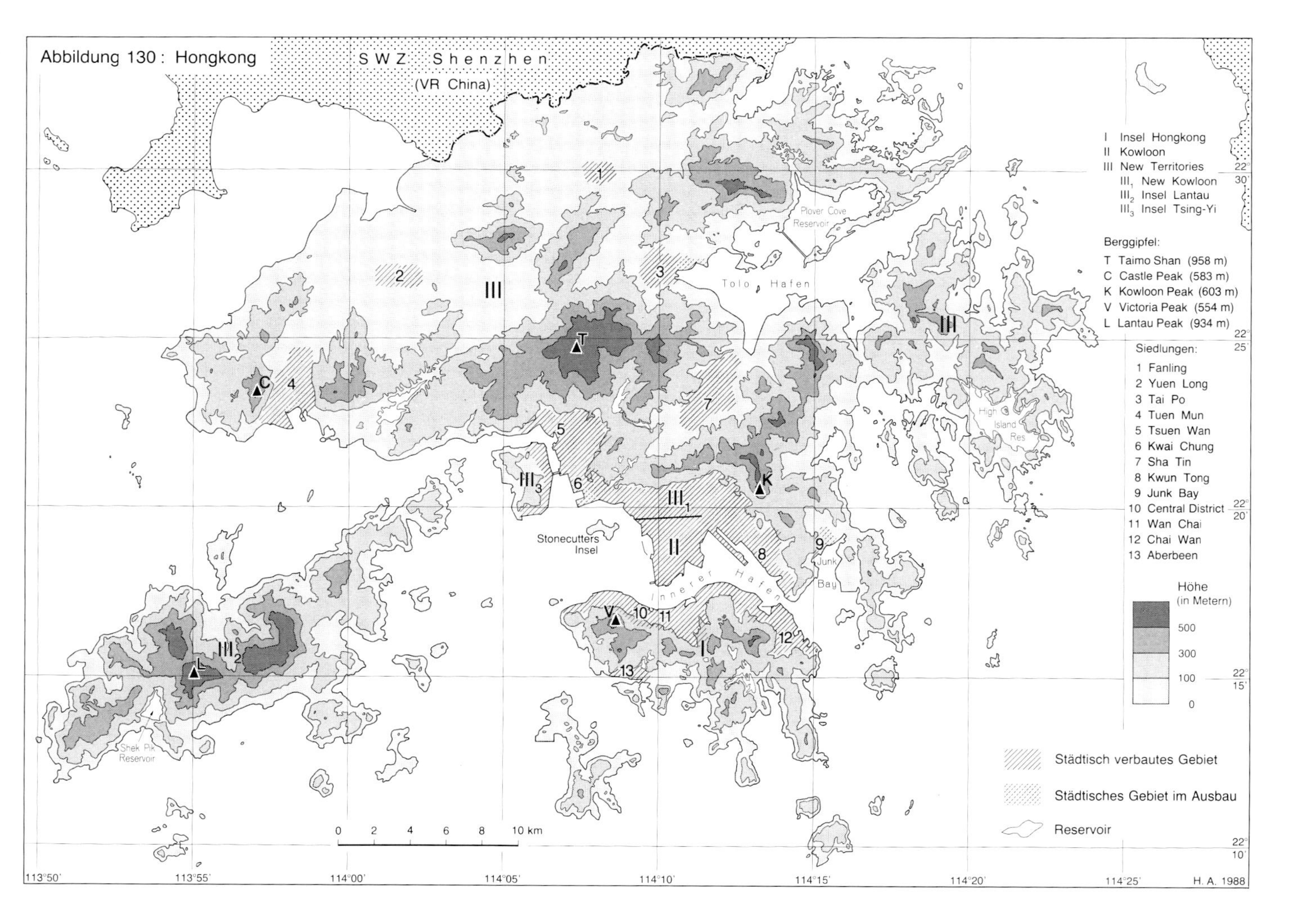

Abbildung 130: Hongkong

birgsketten sowie die durch pliozäne Absenkung und eustatische Prozesse entstandene Riasküste folgen tektonischen Leitlinien. Diese äußerst stark gegliederten, gebirgigen Inseln liegen noch im *Schelfbereich* des Südchinesischen Meeres, das erst in weiterer Entfernung zwischen den südöstlich begrenzenden Inselgirlanden der Philippinen zu Tiefen bis 4.000 m absinkt (siehe S. 70). Durch monsunale Starkregen sind die Hänge der Berg- und Hügelländer erodiert, und es tritt oft der nackte Fels zutage. Zur Besiedlung eignen sich die schmalen Küstenstriche und Täler. Die landwirtschaftlich wichtigsten Gebiete (8,8% werden agrarisch genützt) liegen in den Ebenen und Talstrichen im NW der New Territories, nordwestlich der Gebirge. In deren Süden erfolgt starke *Neulandgewinnung* durch buchstäbliches „Abtragen der Berge und Zuschütten von Meeresbuchten". Ein Großteil des Baugrundes von Victoria im heutigen Central District und Wanchai, aber auch die Rollbahn des Flugplatzes Kai Tak in Kowloon, wurden so dem Meer abgerungen (siehe Abbildung 131, S. 413). P. SCHÖLLER (Fischer Länderkunde 1982, S. 229) gibt für Hongkong 4,4 Mio. Einwohner, der volkreichsten Kolonie 1975, eine Fläche von 1.043 km² an, und 1985 5,8 Mio. Einwohner auf 1.066 km² (H. J. BUCHHOLZ/P. SCHÖLLER, 1985, S. 11) und 1987 6 Mio. Einwohner auf 1.070 km². Hongkongs Entwicklung war als britische *Kronkolonie,* wie bereits erwähnt, ähnlich der Singapurs, nur dauerte sie wesentlich länger. Im Zeitalter der imperialistischen Großmachtpolitik besaß England in Kanton einen Freihafen und Sonderrechte. Als es diese Rechte während des Opiumkrieges 1839 bis 1842 verlor, besetzte Kapitän ELLIOT 1840 die nur von wenigen Fischern bewohnte Felseninsel Hongkong in Erkennung der hervorragenden Schutz- und Verkehrslage. 1842 wurde im Vertrag von Nanking formell die Abtretung von Hongkong „für immer" an die Briten von China bestätigt, bei gleichzeitiger Regelung der Handelsbeziehungen zwischen England und China. Hongkong wurde britische Kronkolonie; die Niederlassung „Victoria" im Norden der Insel Hongkong als Vorhafen von Kanton und als *Handelsstation* für Südchina ausgebaut und zum *Freihafen* erklärt. Kapitän ELLIOT war erster Gouverneur. Die benachbarten, viel älteren Häfen Macao (1517) und Kanton (1717) verloren nun an Bedeutung, dagegen nahm Hongkongs Bevölkerung rasch zu (siehe Tabelle 35, S. 396). 1860 wurde die Abtretung des gegenüberliegenden Brückenkopfes Kowloon bis zur Boundary Street und der westlich gelegenen Stonecutters-Insel in der Konvention von Peking erzwungen. 1898 erhielt Großbritannien im *Pachtvertrag von Peking* für 99 Jahre die „New Territories", die an Kowloon anschließen, und 235 meist unbewohnte Inseln.

Die Bevölkerungszahl stieg sprunghaft auf 1,6 Mio. Menschen (1938), verstärkt durch den Flüchtlingsstrom vom festländischen China wegen der japanischen Besetzung von Kanton. Als auch Hongkong 1941 bis 1945 von den Japanern besetzt wurde, setzte ein starker Bevölkerungsrückgang auf 600.000 Menschen ein; dem folgten starke Bevölkerungszunahmen 1947 auf 1,8 Mio. Einwohner – durch die Rückkehr vieler geflohener Chinesen –, 1950 auf 2,4 Mio. Einwohner – durch den aus Südchina einsetzenden Flüchtlingsstrom nach MAOs Machtübernahme – und 1985 zählte Hongkongs Bevölkerung bereits 5,8 Mio. Einwohner mit rund 98% Chinesen. Die jährliche Bevölkerungszunahme liegt bei 1,4% (1986), in Singapur bei 1%.

Von den Chinesen wird meist Kantonesisch, ein südchinesischer Dialekt, gesprochen und mit Interesse wird nun versucht, „Mandarin" als allgemeinverbindliche Nationalsprache zu lernen. Entsprechend den ethnischen Verhältnissen überwiegen bei weitem die Konfuzianer, Taoisten und Buddhisten, 480.000 sind Christen (u. a. 270.000 röm. Katholiken) und 600 Juden.

Die 1945 eingesetzte provisorische Militärregierung wurde 1946 von der zivilen Verwaltung abgelöst. Die drei von Großbritannien erzwungenen Verträge (von 1842, 1860 und 1898) erkannte China nie richtig an und bezeichnete diese Abkommen als „ungleiche Verträge". Somit lag über Hongkongs Zukunft seit den fünfziger Jahren eine gewisse Unsicherheit und Labilität, die, wie H. J. BUCHHOLZ und P. SCHÖLLER (1985, S. 13ff.) bemerken, „doch mit der wohl nur den Chinesen eigenen Fähigkeit, nur den Blick auf das unmittelbar Notwendige zu richten, alles übrige nicht zu bemerken, ihren täglichen Pflichten und Aufgaben nachzugehen, als gäbe es die latente Gefährdung Hongkongs nicht", zu meistern war. Nach 1950 expandierten Handel und Industrie; es wurden Wohnungen und Bürohäuser in immer größeren Dimensionen gebaut. Nach einer kurzen kritischen Zeit, der sogenannten Kulturrevolution Chinas, wurden weitere Großobjekte in Angriff genommen, wie der industrielle und wirtschaftliche Ausbau der New Territories mit neuen Industriestädten, Landgewinnung an den Küsten, 1972 der Unterwassertunnelbau des „Cross-Harbour-Straßentunnels" zwischen Hongkong-Insel und Kowloon, sowie 1980 der U-Bahnbau von der City von Hongkong (Victoria) – ebenfalls durch einen untermeerischen Tunnel – nach Kowloon und weiter nach Kwun Tong (O) und Tsuen Wan (N), 1982 Aberdeen Tunnel (Insel Hongkong von N–S), weiters die Entwicklung von Regierungsprojekten bezüglich des Ausbaus von Wohnhochhauskomplexen u. a. m.

Da sich nach dem Zweiten Weltkrieg auch die weltpolitischen Verhältnisse grundlegend verändert hatten und Großbritannien weder willens noch in der Lage gewesen wäre, die territoriale Integrität Hongkongs gegenüber der VR China mit militärischen Mitteln zu schützen, kam es schließlich 1984 zu britisch-chinesischen Verhandlungen zwischen den beiden Premierministern Margret THATCHER und Zhao ZIYANG. Die britische Regierung zeigte sich bereit, das Pachtgebiet und die Krongebiete zurückzugeben, wenn China seinerseits zusichern würde, die dortige Verfassung und das Wirtschaftssystem nicht anzutasten. Diese Garantien gab die VR China für 50 Jahre. China stellt Hongkong *nach 1997 als „Sonderverwaltungszone"* vor. Im Dezember 1984 unterzeichneten die beiden Premiers das sogenannte Hongkong-Abkommen. Seit der Ratifizierung des Abkommens am 27. 5. 1985 ist die Rückgabe mit 1. 7. 1997 besiegelt.

Die *wirtschaftliche Entwicklung* Hongkongs begann 1840 mit der Besetzung der Insel Hongkong bzw. 1842 mit der Gründung der britischen Kronkolonie und währte bis zur japanischen Besetzung 1941 – ein Jahrhundert mit kolonialem Zwischenhandel. Als erste Siedlung wurde am schmalen nördlichen Küstenrand der stark gegliederten, gebirgigen, bewaldeten Felseninsel Hongkong die Kaufmannssiedlung, der Handelsstützpunkt „Victoria" – nach der damaligen Königin benannt – errichtet, und dank seiner Schutzlage zu einem Freihafen ausgebaut. Unmittelbar hinter der Kaufmannssiedlung mit ihren Lagerhäusern lagen die Wohnsiedlungen der Chinesen hangaufwärts auf künstlichen Terrassen und Treppenstraßen zum steil aufragenden Victoria Peak (554 m). Der *Hafen* (siehe Bild 170 der Tafel 94), als Übersee-Vorhafen Kantons gegründet, galt bald als einer der besten, tiefen, leicht ausbaufähigen Seehäfen und zugleich einer der landschaftlich schönsten Naturhäfen, als schneller und bequemer Umschlagplatz sowie gute Überholungs-, Reparatur- und Verpflegestation auf der Ostasienroute über Singapur. Mit der Bedeutung des Hafens entwickelte sich *„Victoria"*, das geschichtliche Hongkong, zu einer *Regierungs-, Banken- und Handelscity* (siehe Tafel 91), als hauptzentrale Seefront dieses Hauptzentrums auf mehrmals erweitertem Küstenband vor der Steilkuppe des Victoria Peak. Die Queens Road, einst Uferstraße, ist heute durch einige Straßenzüge vom Hafen mit seinen ausgedehnten Piers, Umschlagplätzen, Verladerampen und Großhandelsplätzen getrennt. Durch Neulandaufschüttungen (Abb. 131, S. 413) konnte sich die moderne City mit ihren ca. 100 Hochhäusern, teilweise mit mehr als 50 Geschossen, den Banken, Büros, Geschäfts- und Wohnvierteln meerwärts erweitern. Die Connaught Road, heute Stadtautobahn in diesem Neulandaufschüttungsgebiet beim Star Ferry Pier im westlichen Teil „Victorias", derzeit *Central District* (siehe Bild 168 der Tafel 92), und die Hennessy Road im östlichen Teil „Victorias", derzeit im Stadtviertel *Wanchai,* in dem sich Cityfunktionen und chinesische Wohnstraßen mit 18- bis 20geschoßigen Wohnkomplexen eng verzahnen (Bild 167 der Tafel 92), liegen ebenfalls im Aufschüttungsgebiet. Trotzdem findet man in der von Hochhäusern dicht besetzten City, im südwestlichen Central District, noch Gassen abseits der Hauptgeschäftsstraßen mit chinesischem Lokalkolorit mit Straßenläden, Straßenhändlern, z. B. in der steilen, schmalen Stufengasse der Peel Street (siehe Tafel 93) mit ihren überfüllten Wohnquartieren und kleinen, von Pflanzen überfüllten Balkonen. Den schönsten Blick auf das alte „Victoria" und das *innere Hafenbecken* (= Victoria Hafen, Tafel 94) sowie das *äußere Hafenbecken* mit den schützend umgebenden Inseln und der großen gebirgigen Insel Lantau (Tafel 96) genießt man vom Victoria Peak und von seinem um ihn führenden Panoramaweg (= Lugard Road) oder vom Peak-Tower-Komplex nahe der Seilbahnstation. Es ist sicher einer der weltschönsten und großartigsten Rundblicke! Faszinierend der nördliche Steilabfall zum alten „Victoria", der City Hongkongs (mit Banken, Regierung und Geschäftswesen), und zur gegenüberliegenden City Kowloon (Verkehrsknotenpunkt von Bahn, Hafen mit Ocean Terminal, internationalem Flugplatz sowie Hotel- und Geschäftszentrum), dazwischen eingebettet der innere und der äußere Hafen mit seiner Unzahl von Schiffen. Hangaufwärts auf höheren, bewaldeten und steileren Hängen liegen inmitten herrlicher subtropischer Vegetation, bei angenehmeren Klimabedingungen die Villen der reicheren Bewohner Hongkongs, die oft nur über komplizierte Hangstraßen erreicht werden können. Heute dehnen sich diese Villen und moderne Hochhaussiedlungen von den nordschauenden auch auf die sanfteren, bewaldeten ost- und südschauenden Hänge des, die buchtenreiche Insel Hongkong, beherrschenden Victoria Peak (Bild 172 der Tafel 95) aus. Auf halber Hanghöhe liegt eines der vielen Reservoirs für Hongkongs *Wasserversorgung,* am rechten Bildrand das Fischerdorf Aberdeen, das größte und älteste Fischerdorf Hongkongs. Hier lebten Zehntausende und leben weiterhin Tausende von Chinesen in Dschunken und Sampans auf dem Meer. Viele von ihnen betreten jahrelang kein Festland. Heute liegen im buchtenreichen, taifungeschützten Hafenbecken noch unzählige Dschunken (siehe Bild 173 der Tafel 95), aber ein Großteil der Bewohner siedelt auch schon in neuen großen Wohnblocks auf dem Festland, da hier die Industrie stark ausgebaut wurde (Fischerei, in jüngerer Zeit Elektronik und Uhren).

Hongkongs Hafen hat wie jener Singapurs die verschiedensten Stadien durchlaufen, vom Fischer- und Schmugglerplatz (Opium), Handelsstützpunkt zum vierten brit. Freihafen im Fernen Osten (1842) – nach Singapur 1819, Penang und Malacca 1824 – und Transithafen bis zu einem der wichtigsten Welthäfen. Hongkong war Flottenstützpunkt und Vorhafen von Macao und Kanton, einerseits Vorposten zur westlichen Welt, andererseits Ausfallstor und Transitplatz Chinas zum pazifischen Raum und außerdem vor dem Ersten Weltkrieg führender Handelsplatz für Tee, Seide und Reis, aber auch Ausrüstungs- und Proviantplatz sowie Zentrum für Schiffsbau und -reparatur. Die Stadt entwickelte sich zu einem wichtigen Freihandelsplatz mit Zentrum der Banken für den ostasiatischen und pazifischen Raum. Die Industrie, standortmäßig hafengebunden und import- sowie exportabhängig, durch verschiedene chinesische Einwanderungswellen und daher billige Arbeitskräfte begünstigt, erreichte vor dem Zweiten Weltkrieg einen besonderen Aufschwung (1. Stelle Textilindustrie). Die japanische Besetzung (1941 bis 1945) verursachte – wie bereits erwähnt – einen extremen Bevölkerungsrückgang, Zerstörung von Hafen- und Industrieanlagen, Abholzung der Wälder u. a. m. Erst allmählich erholte sich Hongkong. Ab 1947 wuchs die Bevölkerung wieder stark an. Mit den Flüchtlingsströmen aus China kamen Facharbeiter, Techniker, Ingenieure, Unternehmer und auch Nichtchinesen, vor allem aus Schanghai und Kanton – den damals bedeutendsten Industrie- und Hafenstädten Chinas –, nach Hongkong, deren *Kapital* nicht dem Handel, sondern dem *Industrieaufbau* zufloß. Der Einfluß der Schanghai-Zuwanderer erstreckte sich besonders auf die Bereiche der Textilindustrie und der Bekleidungsherstellung. Neben dem traditionellen Schiffsbau waren auch Plastikerzeugung und metallverarbeitende Industrien erfolgreich, 1959 kam es zur Errichtung von Fabriken für elektronische und optische Geräte durch ausländische Gesellschaften, wie z. B. von Japanern und Amerikanern, die ihre Produktionsstellen nach Hongkong verlegten. Die Wachstumsraten der Industrie (1950 bis 1964) lagen bei jährlich 30%. 1970 wurde die mit weitem Abstand führende Textilindustrie von der Bekleidungsindustrie (1986, 46%) überholt. Seit 1980 schob sich die Elektro- und Elektronikindustrie (besonders Uhren) zeitweise an die zweite Stelle. Eine starke Zunahme hatte die Herstellung von Präzisionsgeräten, Plastikwaren (zeitweise dritte oder vierte Stelle), Maschinen und zuletzt der Ausbau von typischen Großstadtindustrien, wie Druck-, Mode-, Schmuckwaren- und Verpackungsindustrien. Mit 870.000 Industriebeschäftigten (1986) ist Hongkong zu einer der bedeutendsten Produktionsstädte der Welt geworden. War früher vor allem Quantität bei den Hongkong-Erzeugnissen entscheidend, so ist heute auch bereits die Qualität gefragt. 80% der sehr differenzierten Produkte wird in Klein- bzw. kleineren Mittelbetrieben hergestellt; diese Struktur ist typisch für die außerordentliche Flexibilität der Arbeiter und Kleinunternehmer Hongkongs.

Im Außenhandel haben sich bestehende regionale Schwerpunkte (siehe Tabelle 38) verstärkt, wie beim *Import* der Vorsprung der ostasiatischen Handelspartner VR China (30%, Lebensmittel allein 43%) und Japan (20%), beim *Export* die überragende Stelle der USA (42%), EG (20%, davon BRD 7%, Großbritannien 6%), VR China 12%, bei den *Reexporten* nimmt die VR China eine Spitzenposition ein, sowohl als Lieferant mit 42% als auch als Empfänger mit 33%.

Das Volumen des Außenhandels zwischen Hongkong und seinem wichtigsten Handelspartner der VR China ist in den vergangenen zehn Jahren kontinuierlich gewachsen (siehe Übersicht 39). Die Gesamtdeviseneinnahmen aus dem Fremdenverkehr lagen

Import		Export		Reexport			
				als Lieferant		als Empfänger	
VR China	30 %	USA	42 %	VR China	42 %	VR China	33 %
Japan	20 %	EG	20 %	Japan	15 %	USA	18 %
Taiwan	9 %	VR China	12 %	USA	9 %	Japan	5 %
USA	8 %	Japan	4 %	Taiwan	7 %	Taiwan	5 %
Rep. Korea	4 %	Kanada	3 %	Rep. Korea	3 %	Rep. Korea	5 %
Singapur	4 %	Australien	2 %	Singapur	3 %	Singapur	4 %
Großbritannien	3 %	Singapur	2 %				

* (Aus: Hong Kong Review of Overseas Trade in 1986)

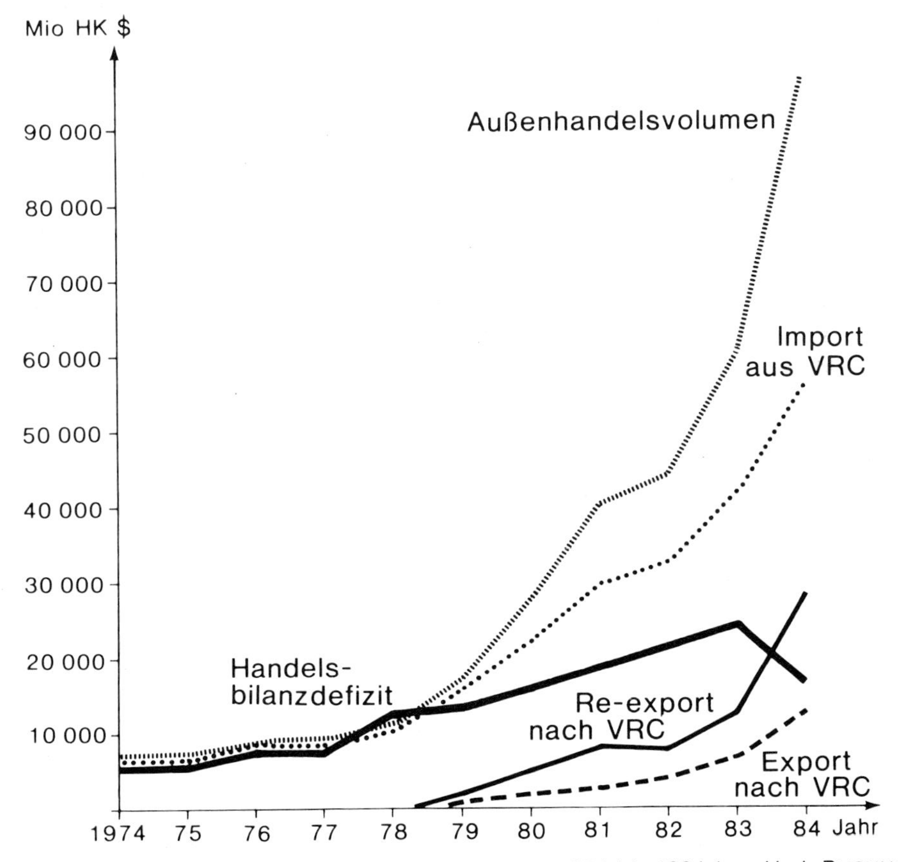

Übersicht 39: Hongkong. Außenhandel mit der VR China 1974 bis 1984 (aus H. J. BUCHHOLZ-P. SCHÖLLER, 1985, S. 30).

bei 5 Mrd. DM. Bis Ende 1970 bestand der Außenhandel fast ausschließlich aus Lieferungen der VR China nach Hongkong. Die ersten nennenswerten Exporte in die VR China setzten erst 1979 ein, als der chinesische Markt für ausländische Erzeugnisse geöffnet wurde. Damals begannen auch die Reexporte in die VR China; d. s. Waren, die von Hongkong aus dritten Ländern importiert werden, um dann ohne wesentliche Weiterverarbeitung nach China exportiert zu werden. Diese Reexporte betrugen durchwegs mehr als das Doppelte der Exporte aus der Hongkong-Eigenproduktion. Daraus veranschaulicht sich Hongkongs große Bedeutung als *Zwischenhandelsplatz* (siehe H. J. BUCHHOLZ und P. SCHÖLLER, 1985, S. 29ff). So können manche Warengeschäfte abgewickelt werden, die sonst aus politischen Gründen nicht möglich wären, Hongkong wird somit immer mehr zum Eingangstor Chinas und zur Arbeitsbasis der verschiedensten Chinageschäfte.

Mit den Exportleistungen wuchsen auch die handelspolitischen Schwierigkeiten, aus denen sich Hongkong auch während des Vietnam- und des Koreakrieges geschickt heraushielt, sogar daraus Nutzen zog. Die Kronkolonie wurde ein Außentor Chinas, über das Finanz- und Handelsgeschäfte mit der Außenwelt abgewickelt wurden. Hier bediente man sich alteingespielter Geschäftsbeziehungen und nutzte die Freihandelssituation.

Hongkong ist Chinas „Sprungbrett für Exportoffensiven nach SO-Asien und ein wichtiger Testmarkt für alle Konsumwaren aus eigener Produktion", es ist aber vor allem auch *Chinas „unersetzlicher Devisenbringer"* (über 36%).

„Dies sicherte wieder Freiheit und Selbständigkeit Hongkongs". „Hongkongs Standortvorteile sind: Freihafen, Freihandel, Wettbewerb und Dienstleistungen, vor allem durch die Stellung der Stadt als Bankenplatz, Nachrichtenbörse und Einkaufszentrum" (H. J. BUCHHOLZ und P. SCHÖLLER, 1985, S. 61).

Zu Beginn der sechziger Jahre wurde der *Tourismus* zum zweitwichtigsten Wirtschaftsfaktor mit laufend zunehmender Bedeutung; waren es 1957 erst 47.000 Besucher, so erhöhten sich die Zahl und die damit verbundenen Einnahmen sprungartig auf 160.000 Besucher (1961) auf 1,29 Mio. (1974), 2,8 Mio. (1983) und 3,4 Mio. (1985). Die Ausländer kamen vor allem aus USA, Japan, Großbritannien, BRD, Australien. Die Gesamtdeviseneinnahmen aus dem Fremdenverkehr lagen bei 5 Mrd. DM. Die besondere Anziehungskraft Hongkongs wie auch Singapurs beruht auf deren Bedeutung als *Einkaufs- und Freihandelsgebiet,* wobei noch bei Hongkong die unvergleichlich schöne Lage seiner subtropischen Inselwelt mit einem angenehmen Klima sowie die leichte Erreichbarkeit über den gut ausgebauten internationalen Flughafen Kai Tak auf Kowloon dazukommt.

Das zentrale Problem für die zukünftige Entwicklung Hongkongs liegt wohl in dem beängstigenden *Raummangel* für die bauliche Erweiterung, in erster Linie bedingt durch die natürlichen Gegebenheiten (80% gebirgiges Insel- und Küstenland) bei gleichzeitig sehr stark anwachsender Bevölkerung. Eine entscheidende Abhilfe kann ausschließlich durch *Neulandgewinnung* gefunden werden. Auf diesem Gebiet sind besonders seit den sechziger Jahren ganz entscheidende Fortschritte erzielt worden (siehe Abbildung 131: Neulandgewinnung im Stadtgebiet von Hongkong). Durch Abtragung des küstennahen Hügel- und Berglandes und Zuschüttung von Meeresbuchten konnte bereits bis 1983 eine Gesamtfläche von 55 km^2 (bis 1987 59 km^2) gewonnen werden (Ge-

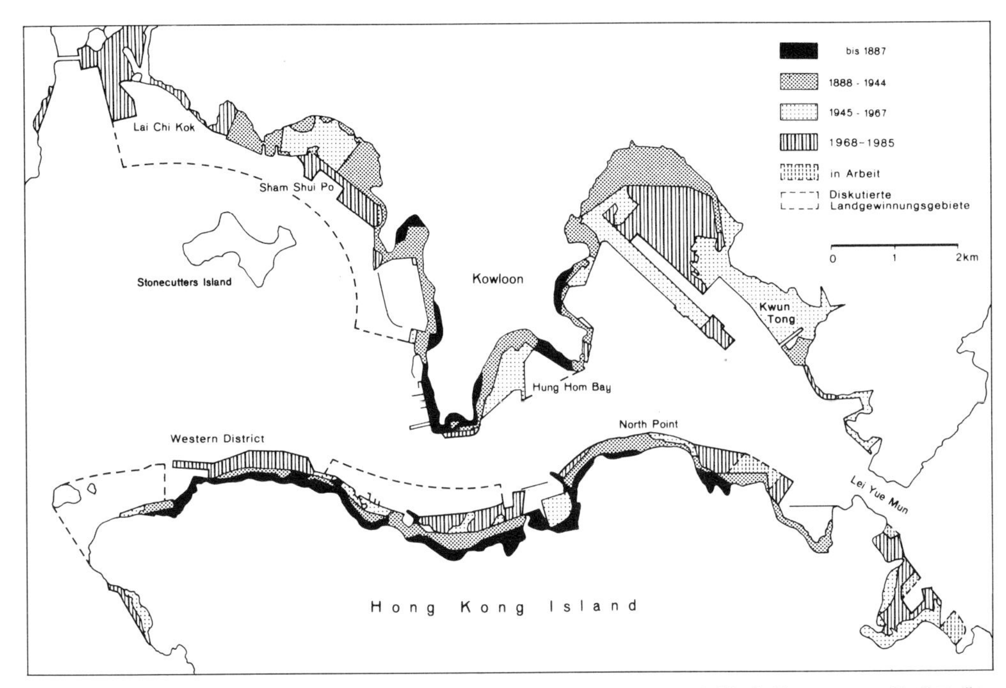

Abbildung 131: Hongkong. Neulandgewinnung im Stadtgebiet (nach H. J. BUCHHOLZ-P. SCHÖLLER, 1985, S. 124, etwas ergänzt). H. A. 1988.

samtfläche 1.070 km² 1987). Der am Nordsaum der Insel Hongkong künstlich geschaffene Küstenstreifen ist inzwischen bis zu 350 m breit und 15 km lang und dient Hafen-, Industrie- und Verkehrsanlagen. Die größte Bevölkerungsdichte ist nahezu identisch mit den Altbaugebieten im engeren Stadtgebiet von *Victoria und Kowloon, den beiden Citybildungen,* den beiden Hauptzentren. Raummangel und unbeschränkter Agglomerationssog drängen am Nordsaum der Insel Hongkong sowie auch am ebenen festländischen Küstensaum um die Halbinsel Kowloon in Richtung O bis Kwun Tong und N bis Tsuen Wan alle wichtigen Funktionen in Hafennähe zusammen: Banken, Geschäfte, Hotels, Fabriken und Wohnsiedlungen.
Da diese vielgenutzten Küstengebiete Victorias und Kowloons oft nur fünfgeschossige Altbauwohnungen aufweisen, werden viele von diesen auch niedergerissen und müssen höheren Gebäuden weichen. Man scheut also die höheren Kosten einer wünschenswerteren dezentralistischen Stadtentwicklung und nutzt zentral gelegene Flächen. Immer dichter wird auch hangaufwärts die Verbauung mit Wohnblocks für 2.000 bis 8.000 Personen je Wohnbau. Die *größte Bevölkerungsdichte der Welt* weist das Citygebiet Kowloons auf (200.000 Ew./km² nach Fischer Weltalmanach '88, Spalte 282; P. SCHÖLLER [Fischer Länderkunde 1982, S. 234] gibt für das „küstennahe drei- bis viergeschossig gebaute alte Wohngebiet von Mongkok [nordwestliches Hafengebiet von Kowloon] teilweise mehr als 4.500 Ew./ha = 450.000 Ew./km², die höchsten Dichtewerte menschlicher Besiedlung", an). Um 1900 noch Marinestützpunkt und Truppenübungsplatz, ist es heute der Verkehrsknotenpunkt Hongkongs mit Ocean Ter-

minal, Bus- und Bahnzentrale, internationalem Flugplatz, das führende Touristengebiet mit modernen, 20- und mehrgeschossigen Großhotels, Bürohochhäusern, Geschäftsarkaden, reinen Geschäfts- und Restaurantstraßen u. a. m., nach N wuchs New Kowloon und im O entstand auf abgetragenem Hügelland, planiert für Wohnbauten und Industrieanlagen als erste *Satellitenstadt* Kwun Tong (1950) und dann im NW Tsuen Wan. Beide ,,New Towns", die beiden großen neuen Industrie- und Wohngroßstädte der New Territories verfügen über ein breites Spektrum der wichtigsten Exportindustrien. Sie sind verkehrsmäßig mit den Zentren bestens verbunden, wie durch den Unterwassertunnelbau des Cross-Harbour-Straßentunnels (1972), ferner durch Fähren, *Schnellstraßen* und Untergrundbahnen *(MTR = Mass Transit Railway).* Der Ausbau der innerstädtischen Durchgangsverbindungen, die besonders dem Güterverkehr dienen, reicht z. B. von Kwun Tong (O) bis zum Container-Hafen Kwai Chung (dem drittgrößten der Welt), im NW von Kowloon, heute südliches Stadtgebiet von Tsuen Wan; eine zweite Schnellverbindung besteht von der S-Spitze Kowloons von Tsim Sha Tsui über den Nordausgang des Hafentunnels. Eine starke Entlastung des sehr dichten Fährverkehrs zwischen der Insel Hongkong und Kowloon und somit eine Reduktion der Behinderung

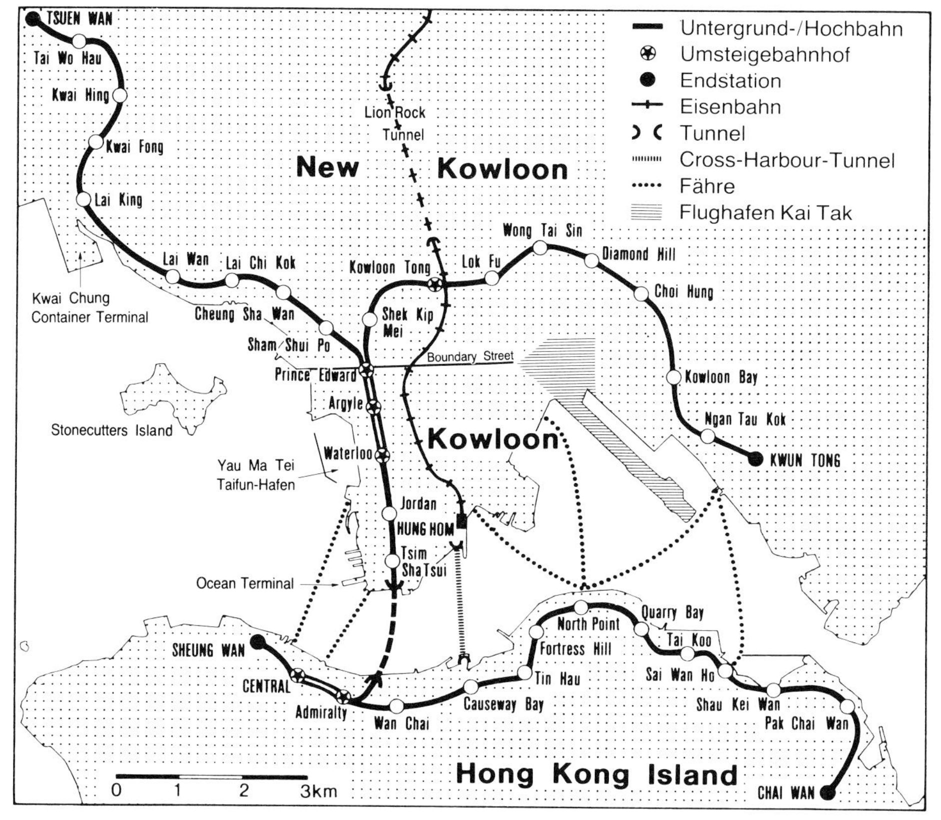

Abbildung 132: Hongkong. Der schienengebundene Nahverkehr (nach H. J. BUCHHOLZ-P. SCHÖLLER, 1985, S. 137, etwas ergänzt). H. A. 1988.

der Ein- und Ausfahrt in das Innere Hafenbecken, brachte der Ausbau der Untergrundbahn, die die City von Hongkong (das alte Victoria) seit Februar 1980 – den inneren Hafen in einem eigenen Tunnel unterquerend – mit Kowloon bzw. mit Kwun Tong verbindet (siehe Abbildung 132). Im Mai 1982 folgte die Erweiterung teils auch als Hochbahn nach Tsuen Wan (N), 1985 der Ausbau von Central City (Victoria) bis Sheung Wan (W) bzw. 1986 bis Chai Wan (O).

Wie bereits erwähnt, stellten die verschiedenen *Flüchtlingswellen* (50% der heutigen Bevölkerung waren Flüchtlinge aus der VR China) ein großes soziales Problem für Hongkong dar. *„Squatter"* (= wilde Siedler) legten ihre einfachen Holzhütten in Siedlungen mit bis 50.000 Einwohnern an den Berghängen in Stadtnähe an. Sie wurden aber von der sich ständig ausbreitenden Stadtbevölkerung immer mehr in die Randgebiete verdrängt, so daß sie nun sowohl das engere Stadtgebiet von Hongkong (Insel Hongkong, Kowloon, New Kowloon) als auch die New Territories kranzartig umgeben (H. J. BUCHHOLZ und P. SCHÖLLER, 1985, S. 101ff. geben für 1985 650.000 Hüttensiedler an; 1965 waren es sogar 850.000 Squatter, 85.000 Ew./km²). Der Brand (am 24. 12. 1953) des Squatterviertels Shek Kip Mei, des größten Elendsgebietes im N von Kowloon, machte ca. 53.000 Menschen obdachlos. 1954 wurde die „Hongkong Housing Authority" gegründet, die in vier Jahren 120.000 Kleinstwohnungen bereitstellte. Das größte kommunale Wohnbauprojekt konnte durch intensiven und schnellen Ausbau, bei Verbesserung der Wohnqualität und -größe 43% der Gesamtbevölkerung in öffentlich geförderten Wohnungen unterbringen. Dieses großangelegte Umsiedlungsprogramm der Regierung verschafft aber auch der Bauindustrie eine bedeutende langfristige Konjunktur.

Eine ethnisch-traditionelle Sonderform sind die *„Tanka"*, die Wasserchinesen, eine Fischerbevölkerung, die mit Großfamilie und Haustieren auf ihren Hausbooten, den Dschunken und Sampans mit den rostroten, braunen Segeln wohnt. Sie bevölkerten dichtest die Mündungsgebiete der Flüsse S-Chinas. Heute sind sie noch in einigen taifungeschützten Naturbuchten wie Aberdeen und molengesicherten Häfen wie Shau Kei Wan (NO der Insel Hongkong) oder in Yau Ma Tei und Cheung Sha Wan (NW von Kowloon) zu finden. 1961 zählten die Tankas noch 250.000 Menschen, doch haben sie sich im Zuge der Regierungspolitik auf derzeit ca. 50.000 verringert, teils sind sie mit ihren Dschunken nur noch temporär geduldet. Die moderne Umgestaltung der Küsten schreitet fort, wie bereits am Beispiel Aberdeen (Bild 173 der Tafel 95) besprochen wurde. Im alten Dschunkenhafen Aberdeen wohnten früher ca. 100.000 Chinesen auf 4.500 Dschunken und Sampans.

Die *New Territories*, das Pachtgebiet der Kronkolonie, der Ergänzungsraum Hongkongs, ohne den es nicht lebensfähig wäre, ist heute mit dem Großstadtgebiet Kowloon eng verwachsen, denn unmittelbar nördlich der W-O verlaufenden Boundary Street schließt New-Kowloon, also die Neuen Territorien, an. Sie sind das *Hauptagrargebiet* Hongkongs mit (1986) 8,8% landwirtschaftlich genutzter Fläche, das *Wassergewinnungsgebiet* mit einigen großen Reservoirs und der Wasserzuleitung vom chinesischen Festland sowie den Unterwasserleitungen (seit 1965) vom Shek-Pik-Reservoir der Insel Lantau, der größten Insel Hongkongs (136,6 km²). Das Landwirtschaftsgebiet liegt im NW der New Territories um Yuen Long und in den Ebenen von Fanling mit starkem Rückgang des Reisanbaues (Sumpfreis mit zwei Ernten im Juli und Oktober) zugunsten intensiver Gemüsekulturen (mit jährlich sechs bis acht Ernten). Außerdem wird Fischzucht, Geflügel- und Schweinehaltung betrieben. Es gibt aber auch noch traditionelle Agrarbetriebe mit Reisanbau in Subsistenzwirtschaft und konservative alte Sozialstrukturen, wo Frauen die Erde in Körben zum Dammbau tragen und Wasserbüffel den Holzpflug ziehen. Ethnologisch-traditionelle Sonderformen der Siedlungen sind hier noch erhalten in eng gebauten, von Mauern und Türmen umgebenen Steindörfern, und in den nicht ummauerten Hangdörfern mit Trockenfeldkulturen der ,,Hakka" (H. J. BUCHHOLZ und P. SCHÖLLER, S. 143). Seit 1950 stellen die New Territories das *Hauptsiedlungs- und Industrieausbaugebiet* dar. Die natürlichen Gegebenheiten, wie das Granithügelland mit der stark gegliederten Riasküste, das Fehlen von Ebenen im Küstenbereich, der Mangel an Bodenschätzen und Wasser, sind für die Regierung eine starke finanzielle Belastung. ,,Der Staat mußte eingreifen, um durch Abtragung von Hügelzonen und Auffüllung von Meersbuchten Neuland für industrielle Zwecke und die dazugehörenden Wohnsiedlungen zu schaffen" (H. J. BUCHHOLZ und P. SCHÖLLER, S. 139ff.).

Durch das Wachstum der Industrie kam es zur Ausweitung der Stadtgebiete, und eine entscheidende Phase der Neulandgewinnung (siehe Abb. 131, S. 413) begann mit Errichtung großer Wohnblocks und neuer großer Industrieanlagen, was nur in den Aufschüttungsgebieten möglich war, vor allem in *Kwun Tong* und später in Tsuen Wan. Kwun Tong entstand 1950 als vorgeplante, wirtschaftlich selbständige Großsiedlung mit genauer zonaler Gliederung, wie breite Industrieküstenzone, Zentrum und hangaufwärts anschließenden Wohngebieten (siehe Übersicht 40). *Tsuen Wan,* das 1930 aus drei Bauern- und Fischerdörfern mit zusammen 5.000 Einwohnern aus den Festlandgemeinden Tsuen Wan und dem südlicheren Kwai Chung sowie der westlich gelegenen Insel Tsing-Yi bestand, entwickelte sich 1932 durch Ansiedlung chinesischer Flüchtlinge, vor allem aus Schanghai, zu einem industriellen Vorort von Kowloon – mit besonders zahlreichen Baumwollspinnereien – betrug doch die Entfernung bis zur Südspitze Kowloons nur 14 km. Durch den Ausbau einer Küstenstraße über den Paß von Kwai Chung wurde es mit New Kowloon verbunden. Die Volkszählung 1961 gab bereits 84.000 Einwohner an, ,,dazu kam eine auf Booten und in nicht mehr seegängigen Bootshütten lebende Bevölkerung von rund 11.600 Personen. 247 Industrie- und Gewerbebetriebe beschäftigten in diesem Jahr 23.700 Arbeiter", ca. ⅓ waren Pendler aus Kowloon, und ,,schon damals hatte die Umwandlung des Küstengebietes zum größten Industrie- und Wohntrabanten Hongkongs begonnen. Noch bevor der Gouverneur der Kronkolonie im September 1980 die Aufstellung eines Stadtentwicklungsplanes mit einer Zonierung der Baugebiete angeordnet hatte, waren die Buchten zu einer großen Baustelle geworden. Schon 1959 terrassierten die Planierraupen die Hänge, brachten Lastwagenkolonnen das Aufschüttungsmaterial zur Küste, wurde Neuland gewonnen" (siehe H. J. BUCHHOLZ und P. SCHÖLLER, 1985, S. 155ff.). Tsuen Wan (700.000 Einwohner, 1995 erwartet man bereits 1 Mio. Einwohner) hat sich trotz einiger älterer Industrie- und Dorfgebiete zu einem hochverdichteten, lebhaften chinesischen Großstadt- und Industriezentrum mit Zusammenballung und starker Differenzierung einzelner planmäßig geschaffener Zonen gut entwickeln können; im S der Containerhafen (drittgrößter Container-Umschlagplatz der Welt mit eng angeschlossener Industrieinsel Tsing-Yi, im SW durch eine Hochbrücke mit dem Festland verbunden). Tsuen Wan, als Endstation der U- bzw. Hochbahnlinie (1982), steht in Verbindung zum Großstadtzentrum Hongkong.

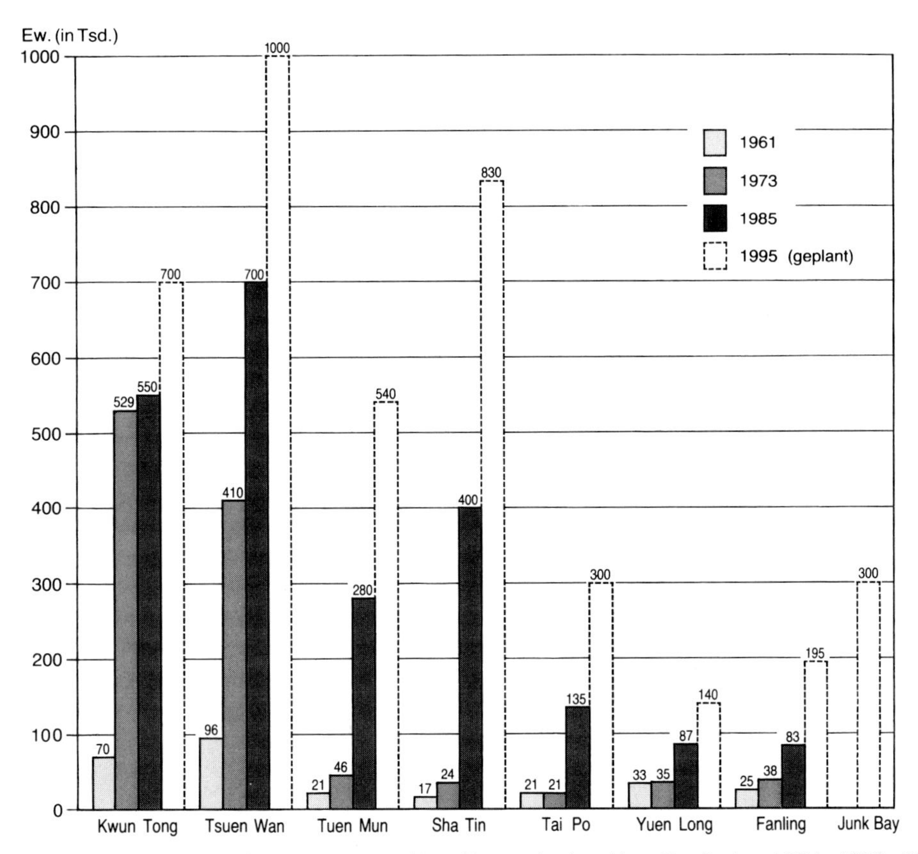

Übersicht 40: Hongkong. Entwicklung der New Towns in den New Territories 1961, 1973, 1985 und 1995. (Zahlen aus H. J. BUCHHOLZ-P. SCHÖLLER, 1985, S. 139ff.) H. A. 1988.

Weiters sollten nach genauen, von der Regierung aufgestellten Zonierungsplänen und mit Hilfe der Neulandgewinnung als neue Entlastungszentren in den siebziger Jahren einige kleine Marktorte zu Großstädten mit ca. 200.000 Einwohnern (siehe Übersicht 40) ausgebaut werden, wie im W *Tuen Mun,* das umbenannte Castle Peak (nach dem westlichen Gipfel, 583 m), und im N *Sha Tin* und *Tai Po.* Bei den beiden letztgenannten wirkte sich die günstige Verkehrslage an der ausgebauten elektrifizierten Bahn und der Schnellstraße, beide durch den Lion Rock Tunnel, zur VR China (N) bzw. nach Kowloon (S) gut aus. Hinzu kamen in jüngster Zeit *Yuen Long Town* und *Fanling* (NW). *Junk Bay* im O von Kwun Tong befindet sich erst im Ausbau.

Die *Sonderwirtschaftszone (SWZ) Shenzhen* (327,6 km²) ist 1979 zwischen der Kolonie Hongkong und dem chinesischen Binnenland entstanden, als Übergangszone mit besonderen Rechten; einerseits sollte ausländischen Investoren Anreiz zur Gründung und Förderung von Produktionsbetrieben oder von Dienstleistungseinrichtungen gegeben und andererseits die SWZ mit moderner westlicher Infrastruktur ausgebaut werden.

Sämtliche Importe der ausländischen Firmen sollten, um sowohl Aufbau als auch Produktion zu begünstigen, zollfrei sein. Die Arbeitslöhne wurden in der SWZ um das Dreifache gegenüber dem sonstigen Gebiet der VR China angehoben.

Hongkong, einer der bedeutendsten Welthäfen mit hochkapitalistischem Wirtschaftssystem und einer in vielfacher Hinsicht, technologisch, städtebaulich, aber auch sozial außerordentlichen Entwicklung, war und ist das Tor zur VR China. China, seit Jahrzehnten verschlossen oder mit sich selbst beschäftigt, streng kommunistisch, öffnet sich nun der Welt, sucht Kooperationspartner und gute Zusammenarbeit mit anderen dynamischen Wirtschaftsregionen der Welt. Hier wird die Rückgliederung Hongkongs, der internationalen, erfolgreichen, modernen chinesischen Stadt, besonders wichtig sein und zukunftsweisend für weitere Entwicklungen werden, möglicherweise auch für Wiedereingliederungen anderer Territorien und Bereiche.

11 Literaturhinweise

Die Anordnung der Autorennamen ist innerhalb der Sachgebietsgruppen alphabetisch durchgeführt. Hierbei ist zu beachten:

a) Die Umlaute ä, ö, ü, äu werden wie die nichtumgelauteten Selbstlaute a, o, u, au behandelt.
b) Die Schreibungen ae, oe, ue in Namen werden nach ad, od und ud eingeordnet.
c) Der Buchstabe ß wird wie ss, bei gleichlautenden Wörtern vor ss eingeordnet.

11.1 Arbeiten zu den naturlandschaftlichen und kulturlandschaftlichen Grundlagen

11.1.1 Gliederung der Ozeane, Ozeanographie und Geographie des Meeres

Arbeiten zur Geographie der Meere. Münchner Geographische Abhandlungen, Band 9, 1973. Sammelband. 84 Seiten.

Area Handbook for the Indian Ocean Territories. Prepared for the American University by the Institute for Cross-Cultural Research. Washington, U.S. Government, Printing Office, 1971. 160 Seiten.

BIEWALD, Dieter: Die Bestimmung eiszeitlicher Meeresoberflächentemperaturen mit der Ansatztiefe typischer Korallenriffe. Berliner Geographische Abhandlungen, Band 15, 1973.

BÖHNECKE, Günther und Arwed H. MEYL: Denkschrift zur Lage der Meeresforschung der Deutschen Forschungs-Gemeinschaft. Wiesbaden, F. Steiner, 1962. 131 Seiten und 1 Falttafel.

BUCHHOLZ, H.J.: Seerechtszonen im pazifischen Ozean. Australien/Neuseeland, Ost- und Südostasien, Südpazifik. In: Mitteilungen des Instituts für Asienkunde, 137. Hamburg, 1984. X + 153 Seiten und 1 Karte.

– : Ozeane als nationale Territorien. In: Geographische Rundschau. 38. Jg., 1986, Heft 12. S. 614–620.

DIETRICH, Günter: Ozeanographie. Physische Geographie des Weltmeeres. Braunschweig, Westermann, 1976 = Das Geographische Seminar. 118 Seiten und 22 Abbildungen.

DIETRICH, Günter und Kurt KALLE: Allgemeine Meereskunde. Eine Einführung in die Ozeanographie. 2. Auflage: Berlin-Nikolassee, Borntraeger, 1965. 492 Seiten mit 223 Textabbildungen, 16 Bildtafeln, 7 Klapptafeln.

DIETRICH, Günter, Arwed MEYL und Friedrich SCHOTT: Deutsche Meeresforschung 1962–73. Fortschritte, Vorhaben und Aufgaben. Denkschrift II zur Lage der Meeresforschung. Wiesbaden, Steiner, 1968.

FAIRBRIDGE, R.W.: The Encyclopedia of Oceanography. New York, 1966.

FRIIS, Herman R.: The Pacific Basin. A History of its Geographical Exploration. American Geographical Society, Special Publication No. 38. New York, 1967. 457 Seiten mit 42 Figuren und 44 Tafeln.

GIERLOFF-EMDEN, Hans Günter: Geographische Bedingungen früher Seefahrt und Bevölkerungsausbreitung im Pazifischen Ozean. In: Mitteilungen der Geographischen Gesellschaft in München. Band 64, 1979. S. 217–253.

– : Geographie des Meeres. Ozeane und Küsten. Teil 1 und 2. Berlin-New York, W. de Gruyter, 1980. 2 Bände mit zusammen 1403 + 97 Seiten und 2 Kartenbeilagen.
– : Zum Relief des Meeresbodens der Südpolarregion. In: Geowissenschaften in unserer Zeit. 1. Jg., 1983, Nr. 2 März. S. 46–50.
GIESE, Peter: Ozeane und Kontinente: ihre Herkunft, ihre Geschichte und ihre Struktur. Heidelberg, Spektrum der Wissenschaft-Verlagsgesellschaft, 1983. 248 Seiten.
GUILCHER, André: L'Océanie. Magellan No. 32. Paris, Presses Universitaires de France, 1969.
KLUG, Heinz: Meeres- und Küstenverschmutzung. In: Geographische Rundschau. 38. Jg., 1986, Heft 12. S. 646–652.
KOLB, Albert: Grenzen und Größe des Pazifischen Raumes. In: Geographische Zeitschrift. 72. Jg., 1984. S. 211–225.
PAFFEN, Karl-Heinz: Maritime Geographie. Die Stellung der Geographie des Meeres und ihre Aufgaben im Rahmen der Meeresforschung. In: Erdkunde. Band XVIII, 1964, Heft 1/4. S. 39–62.
ROSENKRANZ, E.: Das Meer und seine Nutzung. Studienbücherei Geographie für Lehrer, Band 14. 2. Auflage: Gotha-Leipzig, VEB H. Haack, 1980. 128 Seiten + 1 Kartenbeilage.
SCHOTT, Gerhard: Die Aufteilung der drei Ozeane in natürliche Regionen. In: Petermanns Geographische Mitteilungen. 82. Jg., 1936, Heft 6 und 7/8. S. 165 ff und 218–222.
SCHÜTZLER, Albrecht: Über Grenzen der Ozeane und ihrer Nebenmeere. Ebenda. 114. Jg., 1970, 4. Quartalsheft. S. 309–317 + 1 Karte.
WERTH, Emil: Die eustatischen Bewegungen des Meeresspiegels während der Eiszeit und die Bildung der Korallenriffe. Abhandlungen der Akademie der Wissenschaften und der Literatur in Mainz, Mathem.-Naturwissensch. Klasse, Jg. 1952, Nr. 8. Wiesbaden, Kommissionsverlag Steiner, 1953. 142 Seiten.
WÜST, G.: Gliederung des Weltmeeres. Versuch einer systematischen geographischen Namensgebung. In: Petermanns Geographische Mitteilungen. 82. Jg., 1936, Heft 2. S. 33–38.

11.1.2 Klima und Klimaökologie

BLÜTHGEN, Joachim: Allgemeine Klimageographie. Lehrbuch der Allgemeinen Geographie, Band 11. 2. Auflage: Berlin, W. de Gruyter, 1966. 720 Seiten mit 189 Abbildungen im Text und 4 Kartenbeilagen.
BLÜTHGEN, Joachim und Wolfgang WEISCHET: Allgemeine Klimageographie. Lehrbuch der Allgemeinen Geographie, Band 2. 3. Auflage: Berlin-New York, W. de Gruyter, 1980. XXVIII + 887 Seiten mit 208 Abbildungen und 4 Karten.
FLOHN, Hermann: Zur Didaktik der allgemeinen Zirkulation der Atmosphäre. In: Geographische Rundschau. 12. Jg., 1960, Heft 4. S. 129–142.
– : Arbeiten zur allgemeinen Klimatologie. Darmstadt, Wissenschaftliche Buchgesellschaft, 1971. 319 Seiten mit zahlreichen Abbildungen.
HARDMANN, Josef: Das Tropenklima. Stuttgart, Klett-Verlag, 1972.
LAUER, Wilhelm: Vom Wesen der Tropen. Klimaökologische Studien zum Inhalt und zur Abgrenzung eines irdischen Landschaftsgürtels. Abhandlungen der Akademie der Wissenschaften und der Literatur in Mainz, Mathem.-Naturwissensch. Klasse. Jg. 1975, Nr. 3. Wiesbaden, Kommissionsverlag Steiner. 52 Seiten + 19 Tafeln + 1 Faltabbildung.
– : Zur hygrischen Höhenstufung tropischer Gebirge. In: Neotropische Ökosysteme = Festschrift für H. SIOLI. Biogeographica, Vol. VII. Herausgegeben von J. SCHMITHÜSEN. The Hague, 1976. S. 169–182.

NIEUWOLT, Simon: Tropical Climatology. An Introduction to the climates of the low latitudes. London, 1977.
SCHAMP, Heinz: Die Winde der Erde und ihre Namen. Regelmäßige, periodische und lokale Winde als Klimaelemente. Erdkundliches Wissen, Heft 8. Wiesbaden, F. Steiner, 1964.
SCHERHAG, Richard und Joachim BLÜTHGEN: Klimatologie. Das Geographische Seminar. 8. Auflage: Braunschweig, Westermann, 1975. 162 Seiten und 9 Tafeln als Beilagen.
TROLL, Carl: Die tropischen Gebirge. Ihre dreidimensionale klimatische und pflanzengeographische Zonierung. Bonner Geographische Abhandlungen, Heft 25. Bonn, F. Dümmler, 1959. 93 Seiten + 28 Bilder auf 14 Kunstdrucktafeln und 1 Faltkarte im Anhang.
TROLL, Carl und K.H. PAFFEN: Karte der Jahreszeiten-Klimate der Erde. In: Erdkunde. 18. Jg., 1964. S. 5–28 sowie 1 Karte 1 : 45 Mio. und 4 Seiten Legende.
WEISCHET, Wolfgang: Einführung in die Allgemeine Klimatologie. Teubner Studienbücher – Geographie. Stuttgart, Teubner, 1977. 256 Seiten mit 73 Abbildungen.

11.1.3 Geologie und Morphologie; Inseltypengliederung

ARNBERGER, Erik: Die tropische Inselwelt der Erde. Beiträge aus dem Seminarbetrieb der Lehrkanzel für Geographie und Kartographie, Band 7. Wien, Geographisches Institut der Universität, 1978. 133 Seiten + 27 Tafeln. (Herausgabe und Schriftleitung des Sammelbandes)
– : Die tropische Inselwelt des Indischen Ozeans. Beispiele ihrer Sonderstellung als Lebens- und Wirtschaftsraum. In: Österreich in Geschichte und Literatur mit Geographie. 27. Jg., 1983, Heft 3. S. 158–177.
– : Der tropische Inselraum des Pazifischen Ozeans und die ökologische Zuordnung seiner Inseln. In: Berliner Geographische Studien, Band 20 = Festschrift zum 80. Geburtstag von Albert KOLB. Beiträge zur Geographie der Kulturerdteile. Berlin, Institut für Geographie der Technischen Universität, 1986. S. 317–340.
– : Der tropische Inselraum des Indischen Ozeans. Ökologische Inseltypen und ihr Bevölkerungspotential. In: Frankfurter Geographische Hefte, Nr. 55 = Festschrift zur 150 Jahr-Feier der Frankfurter Geographischen Gesellschaft 1836–1986. Frankfurt a.M., 1986. S. 353–394.
– : Ökologische Inseltypen im Indischen und Pazifischen Ozean und ihre Lebensgrundlage für die Inselbevölkerung. Festschrift zum 60. Geburtstag von Karl STIGLBAUER. Wien, 1987. S. 255–278.
BATTISTINI, René et alii: Eléments de terminologie récifale indopacifique. In: téthys. Vol. 7, 1975, No. 1. 111 Seiten, 77 Figuren.
BIEWALD, Dieter: Die Ansatztiefe der rezenten Korallenriffe im Indischen Ozean. In: Zeitschrift für Geomorphologie. Neue Folge. Band 8, 1964. S. 351–361.
– : Zum Problem der Ansatztiefe tropischer Korallenriffe. In: Mitteilungen der Österreichischen Geographischen Gesellschaft. Band 116, 1974. S. 291–317 mit 1 Falttafel.
BIRD, E.C.F. und L.M. SCHWARTZ: The World's Coastline. New York, 1985. 1017 Seiten.
BODECHTEL, Johann und Hans Günter GIERLOFF-EMDEN: Weltraumbilder der Erde. 2. Auflage: München, List-Verlag, 1970. 176 Seiten mit zahlreichen Abbildungen, Bildern und Kartenskizzen.
BREMER, Hanna: Flüsse, Flächen- und Stufenbildung in den feuchten Tropen. Würzburger Geographische Arbeiten. No. 35, 1971. 194 Seiten.
BÜDEL, Julius: Die „Doppelten Einebnungsflächen" in den feuchten Tropen. In: Zeitschrift für Geomorphologie. Neue Folge. 1, 1957. S. 201–231.
– : Klima-Geomorphologie. 2. Auflage: Berlin-Stuttgart, Borntraeger, 1981. 304 Seiten mit zahlreichen Abbildungen und Falttafeln.

DAVIES, J.L.: Geographical Variation in Coastal Development. New York, 1977. 204 Seiten.
DONGUS, Hansjörg: Die geomorphologischen Grundstrukturen der Erde. Stuttgart, Teubner, 1980. 200 Seiten mit 42 Abbildungen.
FREVERT, Tönnies: Atolle – Süßwasseroasen im tropischen Ozean. In: Geographische Rundschau. 39. Jg., 1987, Heft 1. S. 32–38.
KELLETAT, Dieter: Küstenforschung. Ebenda. S. 4–12.
KLUG, Heinz: Eine Geographische Klassifikation der Inseltypen des Weltmeeres. In: Geographie der Küsten und Meere. Beiträge zum Küstensymposium in Mainz, 14.–18. Okt. 1984, herausgegeben von B. HOFMEISTER und F. VOSS = Berliner Geographische Studien, Band 16. Berlin, 1985. S. 191–217.
LEHMANN, Herbert: Karstentwicklung in den Tropen. In: Die Umschau in Wissenschaft und Technik, 1953.
LOUIS, Herbert und Klaus FISCHER: Allgemeine Geomorphologie. Lehrbuch der Allgemeinen Geographie, Textteil und Bildteil. Berlin-New York, W. de Gruyter, 1979. Textteil: 815 Seiten, 146 Figuren + 1 Beilage mit Karten; Bildteil: 174 Bilder.
MACDONALD, Gordon A.: Volcanoes. New Jersey, Prentice-Hall, 1972. 510 Seiten.
MACHATSCHEK, Fritz: Geomorphologie. 16. Auflage: Stuttgart, Teubner, 1954. 204 Seiten mit 89 Abbildungen.
RAST, Herbert: Vulkane und Vulkanismus. Stuttgart, Enke, 1980. 223 Seiten mit 70 Abbildungen.
REZANOV, Igor Aleksandrovič: Katastrophen der Erdgeschichte. Geographische Bausteine, Neue Reihe, Heft 21. 184 Seiten mit 35 Abbildungen und 16 Photos.
RITTMANN, Alfred: Vulkane und ihre Tätigkeit. 3. Auflage: Stuttgart, Enke, 1981. 399 Seiten mit 246 Abbildungen, 5 Farbtafeln, 11 Tabellen.
SCHUHMACHER, Helmut: Korallenriffe, ihre Verbreitung, Tierwelt und Ökologie. München-Bern-Wien, BLV Verlagsgesellschaft, 1976. 275 Seiten mit 205 Bildern und 28 Zeichnungen.
SCOTT, C. und S. STONE: Volcano !! Island Heritage Limited, Australia, 1977.
SMITH, S.V., P.L. JOKIEL und G.S. KEY: Biogeochemical Budgets in Coral Reef Systems. Atoll. Res. Bull. 220 (1978). S. 1–11.
VALENTIN, Hartmut: Die Küsten der Erde. Beiträge zur allgemeinen und regionalen Küstenmorphologie. Ergänzungsheft Nr. 246 zu Petermanns Geographische Mitteilungen. Gotha, J. Perthes, 1952. 118 Seiten mit 9 Abbildungen, 2 Falttafeln im Anhang.
WEGENER, Alfred: Die Entstehung der Kontinente. In: Petermanns Geographische Mitteilungen, 1912. S. 185–195, 253–256 und 305–309.
WILHELMY, Herbert: Grundzüge einer klimageomorphologischen Regionalgliederung der Erde. In: Geographische Rundschau. 27. Jg., 1975. S. 365–378.
– : Klimamorphologie der Massengesteine. 2. erweiterte Auflage: Wiesbaden, Akademische Verlagsgesellschaft, 1981. 254 Seiten mit 137 Abbildungen.
WIRTHMANN, Alfred: Lösungsabtrag von Silikatgesteinen und Tropengeomorphologie. In: Geoökodynamik, 4 (1983). S. 149–172.
WIRTHMANN, Alfred und Wolf Dieter BLÜMEL, Klaus HÜSER: Geomorphologische Forschung in den Tropen – eine Arbeitsrichtung am Geographischen Institut. In: Fridericiana – Zeitschrift der Universität Karlsruhe. 1978, Heft 23. S. 47–60.
WIRTHMANN, Alfred und Klaus HÜSER: Vulkaninseln als Modelle tropischer Reliefgenese. Dargestellt am Beispiel von Hawaii, La Réunion und Mauritius. In: Geographische Rundschau. 39. Jg., 1987, Heft 1. S. 22–31.
YOUNG, A.: Some Aspects of Tropical Soils. In: Geography. Vol. 59, 1974, Part 3. S. 233–239 mit 2 Tafeln.

11.1.4 Vegetation, Ökologie, Pflanzenbau, Ernährungssituation

ALKÄMPER, J. (Herausgeber): Beiträge zur Entwicklung des Reisanbaus (Sammelband). Gießener Beiträge zur Entwicklungsforschung, Reihe 1, Band 7. Gießen, Tropeninstitut, 1981. 228 Seiten mit zahlreichen Abbildungen.

ALKÄMPER, J. und W. MOLL (Herausgeber): Möglichkeiten und Probleme intensiver Bodennutzung in den Tropen und Subtropen (Sammelband). Gießener Beiträge zur Entwicklungsforschung, Reihe 1, Band 9. Gießen, Tropeninstitut, 1983. 240 Seiten mit zahlreichen Abbildungen.

ARNBERGER, Erik (Herausgeber): Die Nahrungsmittelproduktion in den verschiedenen Räumen der Erde und ihre Bedeutung für die Ernährung der Menschen. Teil I und II (Sammelbände). Beiträge aus dem Seminarbetrieb und Arbeitsbereich des Ordinariats für Geographie und Kartographie, Band 11 und 12. Wien, Institut für Geographie der Universität, 1980 und 1984. Teil I: 281 Textseiten und 49 Tafeln; Teil II: 175 Textseiten und 50 Tafeln.

ATANASIU, N. und J. SAMY: Rice, Effective Use of Fertilizers. Zürich, Centre d'Etude de l'Azote, 1983.

BLANCKENBURG, Peter von: Die Eiweißversorgung als Kern des Welternährungsproblems. In: Zeitschrift für Ausländische Landwirtschaft. 9. Jg., 1970. S. 1–23.

BLANCKENBURG, Peter von und Hans-Dietrich CREMER (Herausgeber): Handbuch der Landwirtschaft und Ernährung in den Entwicklungsländern. Band 1: Die Landwirtschaft in der wirtschaftlichen Entwicklung, Ernährungsverhältnisse. Band 2: Pflanzliche und tierische Produktion in den Tropen und Subtropen. Stuttgart, E. Ulmer, Band 1: 1962, 605 Seiten.

BRONGER, Dirk: Der wirtschaftende Mensch in den Entwicklungsländern. Innovationsbereitschaft als Problem der Entwicklungsländerforschung, Entwicklungsplanung und Entwicklungspolitik. In: Geographische Rundschau. 27. Jg., 1975. S. 449–459 und 492.

BRÜCHER, Heinz: Tropische Nutzpflanzen. Ursprung, Evolution und Domestikation. Berlin-Heidelberg-New York, Springer Verlag, 1977. 529 Seiten mit 245 Abbildungen im Text.

CAROL, Hans: The Calculation of Theoretical Feeding Capacity for Tropical Africa. In: Geographische Zeitschrift. 61. Jg., 1973, Heft 1. S. 81–94 mit 2 Abbildungen und 7 Tabellen im Text.

CHAKRAVARTI, A.K.: Green Revolution in India. In: Annals of the Association of American Geographers. 63. Jg., 1974. S. 319–330.

CHANG, T.T.: The Origin, Evolution Cultivation, Dissemination and Diversification of Asian and African Rices. In: Euphytia. 25, 1976. S. 425–441.

CHANG, T.T. und B.S. VERGARA: Varietal diversity and morphoagronomic characteristics of upland rice. In: IRRI, Annual Report for 1974. Los Bãnos, 1975.

CORDES, Rainer: Vernichtung tropischer Regenwälder. Beihefte zur Geographischen Rundschau. Jg. 34, 1982, Heft 7. S. 1–8.

DEDATTA, S.K.: Principles and Practices of Rice Production. New York, 1981.

DEININGER, Franz: Die Nutzung wasserbewohnender Organismen als Nahrungsquelle. Diplomarbeit am Institut für Volkswirtschaftslehre III der Wirtschaftsuniversität Wien. Maschinschrift, Wien, 1977. 183 + XXXII Seiten.

DBG Lexikon der Pflanzenwelt. Darmstadt, Deutsche Buch-Gemeinschaft, o.J. 516 Seiten mit zahlreichen Abbildungen + 32 Farbtafeln.

DOLDER, Willi (Herausgeber): Tropenwelt. Fauna und Flora zwischen den Wendekreisen (Sammelband). Bern, Kümmerly + Frey, 1976. 240 Seiten mit zahlreichen Farbbildern.

ESDORN, Ilse: Die Nutzpflanzen der Tropen und Subtropen der Weltwirtschaft. Stuttgart, Fischer, 1961. 159 Seiten mit zahlreichen Abbildungen.

FINCK, Arnold, Werner PLARRE und Heinrich SCHÄFER: Pflanzliche und tierische Produktion in den Tropen und Subtropen. Stuttgart, Verlag E. Ulmer, 1971. 1041 Seiten.

FISCHER, Helmut und Hans Eberhard MATTER: Erfahrungen beim Transfer angewandter tropischer Agrarforschung in die Praxis (Sammelband). Gießener Beiträge zur Entwicklungsforschung, Reihe 1, Band 5. Gießen, Tropeninstitut, 1979. 98 Seiten.

FISCHER, Helmut und Hans Eberhard MATTER (Herausgeber): Entwicklungstendenzen in der tropischen Landwirtschaft heute (Sammelband). Gießener Beiträge zur Entwicklungsforschung, Reihe 1, Band 6. Gießen, Tropeninstitut, 1980. 131 Seiten.

FISK, E.K.: The neglect of traditional food production in Pacific countries. In: Australien Outlook. 29, 1975, 2. Melbourne, Australian Institute of International Affairs. S. 149–160.

FRANKE, Günther (Herausgeber) u.a.: Nutzpflanzen der Tropen und Subtropen. Band I: Genußmittelliefernde Pflanzen; Kautschuk und gummiliefernde Pflanzen; Öl- und fettliefernde Pflanzen; Knollen- und Wurzelfrüchte; Zuckerliefernde Pflanzen. 3. Auflage: Leipzig, S. Hirzel, 1980. 441 Seiten mit 131 Abbildungen. Band II: Getreide, Obstliefernde Pflanzen, Faserpflanzen. 4. Auflage: Leipzig, S. Hirzel, 1984. 398 Seiten mit 107 Abbildungen.

GERLING, Walter: Über Wesen und Begriff der Plantage und Pflanzung. In: Zeitschrift für Erdkunde. 9. Jg., 1941. S. 371–376.

Gießener Beiträge zur Entwicklungsforschung: Reihe 1 (Symposien): Band 1: Weidewirtschaft in Trockengebieten. Band 2: Entwicklung der Landnutzung in den Tropen und ihre Auswirkungen, 1976. Band 3: Agrarwissenschaftliche Forschung in den humiden Tropen, 1977. Band 4: Dynamik der Landnutzung in den wechselfeuchten Tropen, 1978. Band 5: Erfahrungen beim Transfer angewandter tropischer Agrarforschung in der Praxis, 1979. Band 6: Entwicklungstendenzen in der tropischen Landwirtschaft heute, 1980. Band 7: Beiträge zur Entwicklung des Reisanbaus, 1981; Band 8: Tropische Gebirge: Ökologie und Agrarwirtschaft, 1982. Band 9: Möglichkeiten und Probleme intensiver Bodennutzung in den Tropen und Subtropen, 1983. Herausgegeben vom Tropeninstitut der Justus Liebig Universität, Gießen.

GOLLEY, Frank B. und Ernesto MEDINA: Tropical Ecological Systems. Trends in Terrestrial and Aquatic Research. Ecological Studies, Vol. 11. Berlin-Heidelberg-New York, Springer, 1975. 398 Seiten mit 131 Abbildungen.

GRANDJOT, Werner: Reiseführer durch das Pflanzenreich der Tropen. Leichlingen bei Köln, Kurt Schroeder Verlag, 1976. 271 Seiten mit 224 z.T. farbigen Zeichnungen, 24 Schwarzweiß- und 72 Farbphotos im Text.

GREGOR, Howard F.: The Changing Plantation. In: Annals of the Association of American Geographers. Vol. 55, 1965. S. 221–238.

HAFFNER, W. (Herausgeber): Tropische Gebirge: Ökologie und Agrarwirtschaft (Sammelband). Gießener Beiträge zur Entwicklungsforschung, Reihe 1, Band 8. Gießen, Tropeninstitut, 1982. 216 Seiten, 2 Kartenbeilagen.

HALLÉ, Francis und Roelof A.A. OLDEMAN, Philip B. TOMLINSON: Tropical Trees and Forests. An Architectural Analysis. Berlin-Heidelberg-New York, Springer Verlag, 1978. 441 Seiten mit 111 Figuren.

HESMER, H.: Der kombinierte land- und forstwirtschaftliche Anbau. II: Tropisches und subtropisches Asien; Band 17. Wissenschaftliche Schriftenreihe des Bundesministeriums für wirtschaftliche Zusammenarbeit. Stuttgart, 1970.

HÖST, Ole: Früchte und Gemüse aus Tropen und Mittelmeerraum. Stuttgart, Franckh'sche Verlagshandlung, W. Keller & Co., 1978. 124 Seiten mit zahlreichen Bildern, Abbildungen und Tabellen im Text.

JACKSON, I.J.: Climate, water and agriculture in the tropics. London und New York, Longman, 1977. 248 Seiten mit zahlreichen Abbildungen.

JOHNSON, B.L.C.: Recent Developments in Rice Breeding and Some Implications for Tropical Asia. In: Geography. Vol. 57, 1972, Part 4. S. 307–320 mit 2 Abbildungen und 5 Tafeln.

KLÖTZLI, Frank: Vielseitige Tropenvegetation. Vom Regenwald bis zum Dornbusch – vom Nebelwald bis zur Puna. In: Tropenwelt. Fauna und Flora zwischen den Wendekreisen. Bern, Kümmerly + Frey, 1976. S. 33–64.

KUNSTADTER, Peter, Eric C.F. BIRD und Sanga SABHASRI: Man in the Mangroves. The Socio-economic Situation of Human Settlements in Mangrove Forests. Tokyo, The United Nations University, 1986.

Land tenure and rural productivity in the Pacific Islands. Herausgegeben von Ben ACQUAYE und Ron CROCOMBE. United Nations Food and Agriculture Organization, Institute of Pacific Studies, University of the South Pacific, South Pacific Regional Environment Programme. Rom-Suva-Nouméa, 1984. VII + 218 Seiten.

LÖTSCHERT, Wilhelm und Gerhard BEESE: BLV Bestimmungsbuch Pflanzen der Tropen. 2. Auflage: München-Wien-Zürich, BLV-Verlagsgesellschaft, 1984. 263 Seiten mit 96 Seiten Farbtafeln.

LONGMAN, Kenneth Alan und Jan JENIK: Tropical Forest and its Environment. London und New York, Longman, 1974. 196 Seiten mit zahlreichen Abbildungen und Tafeln im Text.

MANSHARD, Walther: Agrargeographie der Tropen. Eine Einführung. BI-Hochschultaschenbücher 356/356 a. Mannheim, Bibliographisches Institut, 1968. 307 Seiten mit 36 Abbildungen.

MÜLLER-HOHENSTEIN, Klaus: Die Landschaftsgürtel der Erde. Teubner Studienbücher – Geographie. Stuttgart, Teubner, 1979. 204 Seiten mit 70 Abbildungen.

PENCK, Albrecht: Das Hauptproblem der physischen Anthropogeographie. In: Eugen WIRTH (Herausgeber): Wirtschaftsgeographie. Darmstadt, Wissenschaftliche Buchgesellschaft, 1969. S. 157–180. Neudruck aus Sitzungsberichte der Preußischen Akademie der Wissenschaften, phys.-mathem. Klasse. 24. Jg., 1924. S. 249–257.

PFEIFER, Gottfried: Die Ernährungswirtschaft der Erde. In: Kulturgeographie in Methode und Lehre. Gesammelte Beiträge von Gottfried PFEIFER = Erdkundliches Wissen, Heft 60. Wiesbaden, F. Steiner, 1982. S. 149–178 + 4 Karten.

REHM, Sigmund und Gustav ESPIG: Die Kulturpflanzen der Tropen und Subtropen. Anbau, wirtschaftliche Bedeutung, Verwertung. Stuttgart, Verlag E. Ulmer, 1976. 496 Seiten mit 104 Abbildungen und 55 Tabellen im Text.

ROBERTSON, C.J.: The Integration of Plantation Agriculture in Economic Planning with special reference to Southeast Asia. In: Pacific Viewpoint. Vol. 4, 1963, No. 1 (März). S. 1–7 und 2 Bilder.

SPRECHER von BERNEGG: Tropische und subtropische Weltwirtschaftspflanzen. Stuttgart, 1963.

SÜNDERMANN, J. (Herausgeber): Ozeanographie. Band 3 von LANDOLT-BÖRNSTEIN: Zahlenwerte und Funktionen aus Natur, Wissenschaft und Technik. Berlin-Heidelberg, Springer, 1986.

TROLL, Carl: Zur Physiognomie der Tropengewächse. Jahresbericht der Gesellschaft der Freunde der Universität Bonn, 1958. S. 2–75.

Underexploited Tropical Plants with Promising Economic Value (Sammelarbeit). Herausgegeben von der National Academy of Sciences, Washington. 5. Auflage: 1979.

WALTER, Heinrich: Allgemeine Geobotanik. Uni-Taschenbücher 184. Stuttgart, E. Ulmer, 1973. 256 Seiten mit zahlreichen Abbildungen.

– : Die Vegetation der Erde in öko-physiologischer Betrachtung. Band I: Die tropischen und subtropischen Zonen. 2. Auflage: Jena, Fischer Verlag, 1964. 3. Auflage: Stuttgart, Fischer Verlag, 1973. 743 Seiten mit 470 Abbildungen und 135 Tabellen.

– : Vegetationszonen und Klima. Uni-Taschenbücher 14. 3. Auflage: Stuttgart, E. Ulmer, 1977. 309 Seiten mit 124 Abbildungen.

WECK, J.: Regenwälder, eine vergleichende Studie forstlichen Produktionspotentials. In: Die Erde. 90. Jg., 1959. S. 10–37.

WEGENER, Alfred: Die Entstehung der Kontinente und Ozeane. Die Wissenschaft, Band 66. 5. Auflage: Braunschweig, Fr. Vieweg, 1936. 242 Seiten mit zahlreichen Abbildungen.

WEISCHET, Wolfgang: Die ökologische Benachteiligung der Tropen. Stuttgart, B.G. Teubner, 1977. 127 Seiten mit 39 Figuren im Text. 2. Auflage: 1980.

– : Landwirtschaftliches Produktionspotential der immerfeuchten Tropen im Lichte der ökologischen Grundlagen. In: Perspektiven der Zukunft. Attempto-Heft 70/71, Tübingen, 1985. S. 30–38.

WHITMORE, T.C.: Tropical rain forests of the Far East. Oxford, Clarendon Press, 1975. XIII + 281 Seiten mit zahlreichen Abbildungen und Kartenskizzen.

WHITMORE, T.C. und C.P. BURNHAM: Tropical rain forests of the Far East. London, Oxford University Press, Ely House, 1975. XIII + 281 Seiten mit zahlreichen Abbildungen und Kartenskizzen.

WILHELMY, Herbert: Reisanbau und Nahrungsspielraum in Südostasien. Geocolleg 2. Kiel, F. Hirt, 1975. 104 Seiten, 12 Abbildungen, 9 Karten und Skizzen.

– : Die „grüne Revolution" – Rettung für Südostasien. In: Umschau in Wissenschaft und Technik. 77 (1977), Heft 20. S. 669–671.

– : „Schwimmende Gärten". Eine Intensivform tropischer Landwirtschaft. In: Berliner Geographische Studien. Band 20, 1986. S. 59–96.

WILKENS, Peter-Jürgen: Wandlungen der Plantagenwirtschaft. Die Entkolonisierung einer Wirtschaftsform. Dissertation. Hamburg-Altona, 1974.

ZIENERT, Adolf: Klima-, Boden- und Vegetationszonen der Erde. Heidelberger Geographische Arbeiten, Heft 53. Heidelberg, Geographisches Institut der Universität, 1979. 111 Seiten mit 34 Abbildungen.

11.1.5 Nichtlandwirtschaftliche Produktion und Erwerbsmöglichkeiten

BARTZ, Fritz: Die großen Fischereiräume der Welt. Band I: Atlantisches Europa und Mittelmeer. 1964. 461 Seiten + 22 Tafeln. Band II: Asien mit Einschluß der Sowjetunion. 1965. 594 Seiten + XXXIV Tafeln. Band III: Neue Welt und südliche Halbkugel. Wiesbaden, F. Steiner. 1964 ff.

BUCHHOLZ, Hanns J.: Fischerei- und Wirtschaftszonen im Südpazifik. In: Erdkunde. Band 37, 1983, Heft 1/4. S. 60–70.

Der Tourismus als Entwicklungsfaktor in Tropenländern. 2. Frankfurter Wirtschaftsgeographisches Symposium (27./28. Jan. 1978). Frankfurter Wirtschafts- und Sozialgeographische Schriften, Heft 30. Frankfurt a.M., Institut für Wirtschafts- und Sozialgeographie der Johann Wolfgang Goethe-Universität Frankfurt a.M., 1979. Sammelband. 333 Seiten.

FISCHER, Charles A.: South-East Asia. A Social, Economic and Political Geography. London-New York, Methuen, 1974.

GORMSEN, Erdmann: Der internationale Tourismus, eine neue „Pionierfront" in Ländern der Dritten Welt. In: Geographische Zeitschrift. 71. Jg., 1983. S. 149–165.

KRAUS, Willy und Wilfried LÜTKENHORST: Wirtschaftsdynamik im Pazifischen Becken. Entwicklungstendenzen, Handelsverflechtungen und Kooperationsansätze. Bochumer Materialien zur Entwicklungsforschung und Entwicklungspolitik, Band 30. Stuttgart, Thienemann, 1984. VIII + 251 Seiten.

– : Atlantische Gegenwart, pazifische Zukunft. Anmerkungen zur wirtschafts- und außenpolitischen Orientierung der USA. In: Asien. Deutsche Gesellschaft für Asienkunde, Nr. 10. Hamburg, 1984. S. 5–21.

– : The economic development of the Pacific Basin. Growth dynamics, trade relations and emerging cooperation. Leiden-Köln, E.J. Brill, 1986. 177 Seiten.

Lee, Chung H.: Direct foreign investment and industrial development in the Pacific Basin. In: The industrial future of the Pacific Basin. London, Boulder, 1984. S. 191–209.

Matznetter, Josef (Ed.): Studies in the Geography of Tourism. Papers read and submitted for the Working Conference of the IGU Working Group Geography of Tourism and Recreation. Frankfurter Wirtschafts- und Sozialgeographische Schriften, Heft 17.

Mobilization of rural savings in selected countries in Asia and Pacific. APRACA. Asian and Pacific Regional Agricultural Credit Association Nr. 15. Bangkok, FAD Regional Office for Asian and the Pacific, 1985. 429 Seiten.

Roger, Benjamin und Robert T. Kudrle (Ed.): The industrial future of the Pacific Basin. Boulder, London, Westview Pr., 1984. XVI + 285 Seiten.

Schürmann, Heinz: Auswirkungen des internationalen Fremdenverkehrs auf die Regionalentwicklung in Ländern der Dritten Welt. In: Der Tourismus als Entwicklungsfaktor in Tropenländern. 2. Frankfurter Wirtschaftsgeographisches Symposium (27./28. Jan. 1978). Frankfurter Wirtschafts- und Sozialgeographische Schriften, Heft 30. Frankfurt a.M., Institut für Wirtschafts- und Sozialgeographie der Johann Wolfgang Goethe-Universität Frankfurt a.M., 1979. S. 205–249.

11.1.6 Bevölkerungswesen, Gesellschaftsstruktur

Bartz, Fritz: Bevölkerungsgruppen mit besonderer gesellschaftlicher Stellung unter den Küstenbewohnern und Fischern des Fernen Ostens. Ein Beitrag zur bevölkerungs- und siedlungsgeographischen Problematik Monsunasiens. In: Erdkunde. Band XIII, 1959, Heft 1–4. S. 381–395 mit 1 Abbildung und 6 Bildern.

Bedford, R.: Demographic processes in small islands: the case of internal migration. In: H.C. Brookfield (Herausgeber): Population environment relations in tropical islands: the case of Eastern Fiji. Paris (UNESCO), 1980. S. 29–59.

Blenck, Jürgen, Dirk Bronger und Harald Uhlig u.a.: Südasien. Fischer Länderkunden, Band 2. Frankfurt a.M., Fischer Taschenbuch Verlag, 1977. 478 Seiten.

Bobek, Hans: Die Hauptstufen der Gesellschafts- und Wirtschaftsentfaltung in geographischer Sicht. In: Die Erde. 90. Jg., 1959. S. 259–298.

Brookfield, H.C.: Social aspects of population change and development in small island countries of the ESCAP/SPC region. Asian Population Studies series 52. Bangkok (United Nations) 1982. S. 81–95.

Buchholz, Hanns J.: Südpazifik-Inseln. „Kleinheit" als Entwicklungsproblem. In: Geographische Rundschau. 39. Jg., 1987, Heft 1. S. 14–21.

– (Herausgeber): Australien – Neuseeland – Südpazifik. Fischer Länderkunde, Band 10. Frankfurt a.M., Fischer Taschenbuch Verlag, 1984.

– : Stadt und Verstädterung im südpazifischen Raum. In: Erdkunde. 38. Band, 1984. S. 136–147.

Centlivres-Demont, Micheline: Migrationen in Asien. Abwanderung, Umsiedlung und Flucht. Ethnologica Helvetica, Band 7. 226 + VIII Seiten mit zahlreichen Photos, Karten und Zeichnungen.

EIDMANN, F.E.: Die Aufgaben der Forstwirtschaft bei der Lösung bevölkerungspolitischer Probleme in tropischen Ländern unter besonderer Berücksichtigung der Verhältnisse in Niederländisch-Indien. In: Zeitschrift für Weltforstwirtschaft. Band V, 1938/39. S. 527 ff.

FISHER, C.A.: South-east Asia, a social economic and political geography. London, 1966.

FREEMAN, R.A.: Socialism and Private Enterprise in Equatorial Asia: The Case of Malaysia and Indonesia. Stanford, 1968.

Handbuch der Dritten Welt, Band 8. Ostasien und Ozeanien: Unterentwicklung und Entwicklung. 2. überarbeitete und ergänzte Ausgabe: 1983. 432 Seiten.

HARDJONO, J.M.: Transmigration in Indonesia. Kuala Lumpur, Oxford University Press, 1977. 116 Seiten.

JEROMIN, Ulrich: Die Überseechinesen. Ihre Bedeutung für die wirtschaftliche Entwicklung Südostasiens. Ökonomische Studien, Band 12. Stuttgart, Fischer Verlag.

KOLB, Albert: Südostasien im heutigen Weltbild. In: Deutscher Geographentag in Hamburg. 1.–5. Aug. 1955. Tagungsbericht und wissenschaftliche Abhandlungen. S. 85–96.

– : Die Pazifische Welt. Kultur und Wirtschaftsräume am Stillen Ozean. Kleine Geographische Schriften, Band 3. Berlin, Dietrich Reimer, 1981. 387 Seiten.

– : Südasien und die westpazifische Region. In: Forschungsbeiträge zur Landeskunde Süd- und Südostasiens = Festschrift für Harald UHLIG zum 60. Geburtstag. Band 1. Wiesbaden, F. Steiner, 1982. S. 157–164.

– : Schwierigkeiten auf dem Weg zu einer asiatisch-pazifischen Wirtschaftsgemeinschaft. In: Geographische Zeitschrift. 71. Jg., 1983. S. 217–229.

KOLB, Albert und Dieter JASCHKE: Der Pazifische Raum im Welthandel. In: Geographische Rundschau. 38. Jg., 1986, Heft 10. S. 517–521.

Länderberichte* und Länderkurzberichte, herausgegeben vom Statistischen Bundesamt Wiesbaden. Seschellen/Komoren, 1980; Singapur, 1980; China (Taiwan), 1981; Mauritius, 1981; Philippinen*, 1981; Indonesien, 1982; Madagaskar, 1982; Papua-Neuguinea, 1982; Philippinen, 1982; Sri Lanka, 1982; Pazifische Staaten, 1983; Mauritius*, 1985; Singapur*, 1985; Fidschi*, 1986. Stuttgart, Verlag W. Kohlhammer, jeweils im gleichen Jahr.

MEYNEN, E. und E. PLEWE (Herausgeber): Forschungsbeiträge zur Landeskunde Süd- und Südostasiens = Festschrift für Harald UHLIG zum 60. Geburtstag. Band 1. Wiesbaden, F. Steiner, 1982. 253 Seiten.

MÜLLER, Hans-Peter: Schmelztiegel der Religionen [Südostasien]. In: Indoasia. 19. Jg., 1977, Heft 3. S. 243–257.

Offizielle Statistiken der behandelten Staaten und der UNO.

SCHIFFERS, Heinrich und Peter SIMONS: Die neuen Staaten dieser Erde. Berlin, Safari, 1979. 632 Seiten mit zahlreichen Abbildungen, Kartenskizzen und Bildtafeln.

SCHÖLLER, Peter: Rezente Staatenbildung und Hauptstadt – Zentralität im Süd-Pazifik. In: Erdkunde. 32. Jg., 1978. S. 228–239.

SCHÖLLER, Peter, Heiner DÜRR und Eckart DEGE: Ostasien. Fischer Länderkunde, Band 1. 3. Ausgabe: Frankfurt a.M., Fischer Taschenbuch Verlag, 1982. 480 Seiten mit 105 Abbildungen.

SCHOLZ, Fred: Wirtschaftsmacht Arabische Erdölförderländer. Die globale wirtschaftliche Bedeutung und finanzpolitische Rolle der arabischen Golf-Staaten und ihre internen Entwicklungsprobleme. In: Geographische Rundschau. Jg. 32, 1980, Heft 12. S. 527–530.

STAMS, Werner und Gottfried ANDREAS, Manfred RECKZIEGEL: Kartenserie zur Bevölkerungsentwicklung der Erde von 1960 bis 1980. In: Geographische Berichte. (Mitteilungen der Geographischen Gesellschaft der DDR.) Hefte 1/1980, 3/1980, 3/1981, 3/1985, 1/1986.

TROGER, Ernest: Die Entwicklung der Bevölkerungszahl Ozeaniens seit der Mitte des 19. Jahrhunderts. In: Wiener Ethnohistorische Blätter. 1983, Heft 26. S. 69–92.
UHLIG, Harald (Herausgeber und Mitverfasser) u.a.: Südostasien – Austral-pazifischer Raum. Fischer Länderkunde, Band 3. Frankfurt a.M., Fischer Taschenbuch Verlag, 1975. 491 Seiten mit 31 Kartenskizzen.
– : Südostasien. Überarbeitete Neuausgabe II: Fischer Länderkunde, Band 3. Frankfurt a.M., Fischer Taschenbuch Verlag, 1988. 719 Seiten mit 37 Kartenskizzen.
WANDER, Hilde: Die Beziehungen zwischen Bevölkerungs- und Wirtschaftsentwicklung, dargestellt am Beispiel Indonesiens. Kieler Studien Nr. 70. Tübingen, J.C.B. Mohr (P. Siebek), 1965. 279 Seiten.
WILHELMY, Herbert: Soziale, mythische und religiöse Bindungen im Reisanbau. In: Indoasia. 19. Jg., 1977, Heft 3. S. 257–266.

11.2 Regional bezogene Arbeiten

ANDRES, Lieselotte: Ceylon. In: Geographische Rundschau. 21. Jg., 1969, Heft 11. S. 413–419.
APPEL, Wolfgang: Mauritius sucht seinen Weg in die Zukunft. Ebenda. 18. Jg., 1966.S. 386–391.
ARNBERGER, Erik: Die Seychellen. Das Wesen und der Strukturwandel einer tropischen Inselgruppe im westlichen Indischen Ozean. In: Frankfurter Wirtschafts- und Sozialgeographische Schriften, Heft 26 „Studien zur allgemeinen und regionalen Geographie" = Festschrift Josef MATZNETTER zum 60. Geburtstag. Frankfurt a.M., Seminar für Wirtschaftsgeographie der Johann Wolfgang Goethe-Universität, 1977. S. 11–38 und 5 Karten auf 3 Tafeln.
AUBERT, H.J. und U.E. MÜLLER: Sri Lanka. Ceylon. Perle des Indischen Ozeans. Bern, Kümmerly + Frey, 1974. 228 Seiten mit zahlreichen Abbildungen.
AUDLEY, Ch.M.G.: The geology of Portuguese Timor. London, 1968.
Australien – Heft 1955 der Gesellschaft für Erdkunde zu Berlin. In: Die Erde. Band VII, 1955, Heft 3–4. S. 195–309.
BAKER, B.H.: Geology and Mineral Resources of the Seychelles Archipelago. Memoir No 3, Geological Survey of Kenya. Nairobi, 1963.
BALAKRISHNAN, N. und D. MUELLER-DOMBOIS: Nutrient studies in relation to habitat types and canopy dieback in the montane rain forest ecosystem, Island of Hawaii. In: Pacific Science. 37 (1983) Heft 4. S. 339–359.
BARTHEL, Thomas S.: Das achte Land. Die Entdeckung und Besiedlung der Osterinsel nach Eingeborenentraditionen übersetzt und erläutert. München, Klaus Renner Verlag, 1974. 387 Seiten.
BARTZ, Fritz: Fischer auf Ceylon. Ein Beitrag zur Wirtschafts- und Bevölkerungsgeographie des indischen Subkontinents. Bonner Geographische Abhandlungen, Heft 27. Bonn, F. Dümmler, 1959. 107 Seiten + 22 Bildern auf 12 Kunstdrucktafeln.
BASTIAN, G.: Madagascar. Etude géographique et économique. Paris, 1967.
– : Historie de Madagascar. Collection Mondes d'outre-mer. Paris, Edition Berger-Levault, 1960.
BATTISTINI, René: Madagascar, relief and main types of landscape. In: Biogeography and ecology in Madagascar. Monographiae Biologicae, Vol 21. The Hague, 1972. S. 1–25.
– : L'Afrique Australe et Madagascar. Magellan No. 23. 2. Ed.: Paris, Presses Universitaires de France, 1979.
BATTISTINI, R. und G. RICHARD-VINDARD: Biogeography and ecology in Madagascar. Monographiae Biologicae, Vol. 21. The Hague, 1972.

BECHERT, Heinz: Buddhismus und Landschaft in Ceylon. In: Forschungen auf Ceylon II = Erdkundliches Wissen, Heft 54. S. 183–192.

BEDLINGTON, Stanley S.: Malaysia and Singapore. The Building of New States. Politics and International Relations of Southeast Asia. General Editor: George McT. KAHIN. Cornell University Press/Ithaca und London, 1978. 285 Seiten.

BEMMELEN, R.W. van: The Geology of Indonesia. Band I A: General Geology of Indonesia and Adjacent Archipelagoes. 732 Seiten und zahlreiche Falttafeln im Text + 4 Falttafeln im Anhang; Band I B: Kartensammlung; Band II: Economic Geology. 256 Seiten. The Hague, Government Printing Office, 1949.

– : The Geology of Indonesia. II: Economic Geology. 2. Auflage: The Hague, Martinus Nijhoff, 1970. 167 Seiten, 52 Abbildungen, 1 Karte.

BESAIRIE, H.: Gîtes minéraux de Madagascar. 2 Bände. Annales géologiques de Madagascar, 34 (I, II). Tananarive, 1966.

BIEWALD, Dieter: Die Farasanbank im Roten Meer. In: Abhandlungen des 1. Geographischen Instituts der Freien Universität Berlin, Band 20 = Festschrift für Georg JENSCH. Berlin, Reimer, 1974. S. 33–47.

Biogeography and ecology in Madagascar. Monographiae Biologicae, Vol. 21. The Hague, 1972.

BILLARD, G.: Carte géologique de la France – La Réunion. Notice explicative. Paris, 1974.

BLUME, Helmut: Die Zuckerrohrlandschaft der Philippinen. In: Berliner Geographische Studien. Band 20, 1986. S. 273–283.

BOBEK, Hans: Iran. Probleme eines unterentwickelten Landes alter Kultur. 2. Auflage: Frankfurt a.M., M. Diesterweg, 1964. 74 Seiten mit 15 Bildern und 4 Figuren + 3 mehrfarbigen Karten.

BODENSTEDT, A.A.: Sprache und Politik in Indonesien. Dissertationsreihe des Südasien-Instituts der Universität Heidelberg, Nr. 3. Heidelberg, 1967.

BOESCH, Hans: Japan. Bern, Kümmerly + Frey (Ausgabe für Deutschland: Braunschweig, G. Westermann), 1978. 257 Seiten mit 29 Figuren und 42 Farbbildern.

BÖHN, Dieter: Raumwirksamkeit von Wertvorstellungen – Beispiel Japan. In: Japan, herausgegeben von Karl E. FICK. Frankfurt a.M., Institut für Didaktik der Geographie, 1983. S. 45–52.

BONN, Gisela: Die Tempel von Prambanan und Borobudur. In: Indo Asia. 19. Jg., 1977, Heft 3. S. 284–291.

BOXHALL, P.G.: Socotra, "Island of Bliss". In: Geographical Journal, Vol. 132, 1966. S. 213–224 und III Tafeln.

BRAITHWAITE, C.J.R.: Geology of the Seychelles. In: D.R. STODDART: Biogeography and Ecology of the Seychelles Islands. The Hague, 1984.

BRADDELL, R. St. John: The lights of Singapore. Ed. 1983. 217 Seiten und 39 Abbildungen.

BREMER, Hanna: Reliefformen und reliefbildende Prozesse in Sri Lanka. In: Relief, Boden, Paläoklima 1: Zur Morphogenese in den feuchten Tropen. Stuttgart, Borntraeger, 1981. S. 7–183.

BREMER, Hanna und Achim SCHNUTGEN, Heinz SPÄTH sowie W. TILLMANNS, W. SYMRADER und W. STEIN: Zur Morphogenese in den feuchten Tropen. Verwitterung und Reliefbildung am Beispiel von Sri Lanka. Berlin-Stuttgart, Borntraeger, 1981. 296 Seiten mit zahlreichen Abbildungen und 3 Falttafeln im Anhang.

BRENON, P.: The geology of Madagascar. In: Biogeography and ecology in Madagascar. Monographiae Biologicae, Vol. 21. The Hague, 1972. S. 27–86.

BROOKFIELD, H.C.: Population environment relations in tropical islands: The case of Eastern Fiji. Paris (UNESCO), 1980.

BROOKFIELD, H.C. und Doreen HART: Melanesia. A geographical Interpretation of an Island World.

London, Methuen, 1971. 464 Seiten mit zahlreichen Abbildungen und 24 Bildern auf 12 Kunstdrucktafeln.
BROUWERS, M. und M. RAUNET: Inventaire morpho-pédologique dans les "Hauts" de la Réunion. Aptitudes agricoles des terres. Carte morpho-pédologique. Propositions d'utilisation des terres. 1 : 25.000. Paris, 1981.
BROW, J. (Ed.): Population and structural change in Sri Lanka and Thailand. Contributions to Asian Studies, Band 9. Leiden, E.J. Brill, 1976. 7 + 113 Seiten.
BROWN, Barbara E.: Human induced damage to coral reefs. Results of a regional Unesco (COMAR) workshop with advanced training. Diponegoro University, Jepara und National Institue of Oceanology. Jakarta, Indonesia, Mai 1985. Paris, UNESCO, 1986. 173 Seiten.
BROWN, Paula: Highland peoples of New Guinea. Cambridge-New York, Cambridge University Press, 1978. XIV + 258 Seiten.
BUCHHOLZ, Hanns J. und Peter SCHÖLLER: Hong Kong. Finanz- und Wirtschafts-Metropole. Entwicklungspol für Chinas Wandel. Forum Erde. Westermann, Braunschweig, 1985. 240 Seiten.
– : Europäischer Handelsvorposten Hong Kong. Industriekolonie – Transferzentrum für China. In: Geographische Rundschau. 38. Jg., 1986, Heft 10. S. 510–516 mit 3 Abbildungen.
BURGER, Gotthard: Agrare Intensivierungsprogramme in Mittel-Java und Probleme ihrer Realisierung. In: Geographische Rundschau. 27. Jg., 1975. S. 151–161.
BURLEY, T.M.: The Philippines. An Economic and Social Geography. London, G. Bell, 1973. 375 Seiten mit 47 Figuren.

CABANIS, Y. u.a.: Végétaux et groupements végétaux de Madagascar et des Mascareignes. Tananarivé, 1969.
CANNIZZARO, Aurelio: Und die Seinen nahmen in auf. Bei der Urbevölkerung der Mentawai-Inseln. Wien-München, Verlag Herold, 1964. 244 Seiten und 12 Bildtafeln.
CATALA, R.L.A.: Report on the Gilbert Islands: some aspects of human ecology. Atoll. Res. Bull., 213 (1977). S. 1–25.
CHOE, Alan, F.S.: Slum Clearance and Urban Renewal in Singapore. In: 2nd Afro-Asian Housing Congress, Singapore, 1967.
O.R.S.T.O.M. Conditions géographiques de la mise en valeur agricole de Madagascar 1 : 1,000.000. Paris, 1981.
CONSTANTINI, Otto: Die Seychellen. In: Zeitschrift für Wirtschaftsgeographie. 21. Jg., 1977, Heft 6. S. 179–184.
COOK, Elsie, K.: Ceylon, its Geography, its Resources and its People. 2. Auflage: Madras, Bombay, Calcutta, London, Macmillon and Company, 1951. 360 Seiten. 3. Auflage: Madras, 1953.
COURTENAY, P.P.: A Geography of Trade and Development in Malaya. London, G. Bell, 1972. 286 Seiten mit 28 Abbildungen.
CRANE, E.A.: The Geography of Tonga, a study of environment, people and change. Nuku'alofa, Tonga, Wendy Crane Publisher, 1979. 76 Seiten mit zahlreichen Abbildungen.
CROCOMBE, R.G.: Land tenure in the Cook-Islands. Melbourne, 1964.
– : Improving land tenure. Nonmea/New Caledonia, 1968 = S.P.C.-Handbook. South Pacific Commission, No. 3.

DAHM, Bernhard: Indonesien. Geschichte eines Entwicklungslandes (1945–1971). Handbuch der Orientalistik, Dritte Abteilung, Band I, Geschichte, Lieferung 3. 1978. VIII + 200 Seiten.
– : Evolution oder Revolution in Südostasien? In: Indo Asia. 20. Jg., 1978, Heft 1. S. 255–263.
DAMES, T.W.G.: The Soils of East Central Java. Contributions of the General Agricultural Research Station, No. 141, Bogor, 1955.

DARBY, (Dr.) H.C.: Pacific Islands. Western Pacific. Tonga to the Solomon Islands. Vol. III, 1944. XVII + 741 Seiten.
– : Pacific Islands. New Guinea and Islands Northward. Vol. IV, London, 1945. XVI + 526 Seiten.
DAROESMAN, R.: An Economic Survey of Bali. In: Bulletin of Indonesian Economic Studies. Vol. IX, 1973, No. 3 (Canberra).
DAVIDSON, James, WIGHTMAN: Samoa mo Samoa. The emergence of the independent state of Western Samoa. Melbourne-London, Oxford, University Press, 1967. XII + 467 Seiten.
DAVIS, T. und R. CROCOMBE, u.a.: Cook Islands Politics. The Inside Story. Auckland, 1979.
DECKEN, Klaus von der: Zur Lage der indonesischen Chinesen. In: Internationales Asienforum. 2. Jg., 1971. München, Weltforum Verlag, 1971. S. 232–241.
DEFOS DU RAU, J.: Le relief de l'île de la Réunion. Travaux du Bureau Géologique No. 84. Tananarivé-Bordeaux, 1958.
DENGEL, H.H.: Darul-Islam. Kartosuwirjos Kampf um einen islamischen Staat Indonesiens. Beiträge zur Südasienforschung, 106. Leiden-Köln, E.J. Brill, 1986. 260 Seiten.
DEQUIN, H.: Indonesien, zehn Jahre danach. Agrarwirtschaft und Industrie in der Regionalentwicklung einer tropischen Inselwelt. Riyadh, 1978. 344 Seiten.
DIETRICH, Hans J.: Hongkongs Bedeutung für die aufsteigende ostasiatisch-westpazifische Region. In: Asien. Deutsche Gesellschaft für Asienkunde. Hamburg, 1983, Nr. 7. S. 5–15.
DOM, Theodoric: Islam, Politik und Modernisierung in Indonesien. In: Internationales Asienforum. 4. Jg., 1973, Heft 1–4. S. 97–109.
DOMRÖS, Manfred: "Wet Zone" und "Dry Zone" – Möglichkeiten einer klimaökologischen Raumgliederung der Insel Ceylon. In: Erdkundliches Wissen, Heft 27 (= Beiheft der Geographischen Zeitschrift). Wiesbaden, F. Steiner, 1971. S. 205–232.
– : Die Gewürzpflanzen auf Ceylon – ihre kulturlandschaftliche und wirtschaftsgeographische Relevanz. In: Aachener Geographische Arbeiten, Heft 6. Beiträge zur regionalen Geographie. Wiesbaden, F. Steiner, 1973. S. 135–157.
– : Sri Lanka. Die Tropeninsel Ceylon. Wissenschaftliche Länderkunden, Band 12. Darmstadt, Wissenschaftliche Buchgesellschaft, 1976. 298 Seiten mit 37 Abbildungen, 14 Bildtafeln im Anhang, 1 Karte.
– : Klima [Indonesiens]. In: Indonesien. Ländermonographien, Band 11. Tübingen-Basel, H. Erdmann, 1979. S. 21–37.
– : Das natur- und kulturgeographische Fremdenverkehrspotential für den europäischen Ferntourismus in Sri Lanka. In: Forschungsbeiträge zur Landeskunde Süd- und Südostasiens = Festschrift für Harald UHLIG zum 60. Geburtstag, Band 1. Wiesbaden, F. Steiner, 1982. S. 74–94.
DONNER, W.: Land use and environment in Indonesia. Leiden-Köln, E.J. Brill, 1987. 400 Seiten, 26 Abbildungen.
DONQUE, G.: Ebauche de la classification des climats de Madagascar selon les criteres de Koppen. In: Madagascar, Revue de Géographique, Nr. 19, 1971. S. 107–121.
– : Contribution géographique à l'étude du climat de Madagascar. Tananarive, 1975.
DOUGLAS, L. Oliver: Les Iles du Pacifique l'Océanie, des temps primitifs à nos jours. Paris, Payot, 1952. 366 Seiten.
DOUMENGE, François: L'homme dans le Pacifique Sud. Paris, Société des Océanistes/Musée de l'Homme, 1966. 633 Seiten mit zahlreichen Abbildungen und Tabellen und 1 Karte im Anhang.
DRESS, Günther: Der Tourismus als Entwicklungsfaktor in tropischen Überseeländern, dargestellt am Fall der Insel Bali in Indonesien. In: Der Tourismus als Entwicklungsfaktor in Tropenländern. 2. Frankfurter Wirtschaftsgeographisches Symposium (27./28. Jan. 1978). Frankfurter Wirtschafts- und Sozialgeographische Schriften, Heft 30. Frankfurt a.M., Institut für Wirtschafts- und

Sozialgeographie der Johann Wolfgang Goethe-Universität Frankfurt a.M., 1979. S. 189–202 mit Textabbildungen.
DUFOURNET, R.: Régimes thermiques et pluviométriques des différents domaines climatiques de Madagascar. In: Madagascar, Revue de Géographique, 20. Band, 1972. S. 25–118.
DÜRR, Heiner: Regionalentwicklung in Indonesien 1974–1979. Zweiter Fünfjahresplan: REPELITA II. In: Geographische Rundschau. 27. Jg., 1975. S. 169–178.
East Kalimantan, Indonesia. Kalimantan Timur. TAD Atlas by Frithjof VOSS. Edited by Karl FASBENDER, Dietrich KEBSCHULL, HWWA-Institut für Wirtschaftsforschung, Hamburg, 1982. Hamburg 1983. 52 Themen.
ECKARDT, Andre: Quelpart, die merkwürdigste Insel Ostasiens. In: Zeitschrift für Erdkunde. 9. Jg., 1941. S. 742–750.
ELSON, R.E.: Javanese peasants and the colonial sugar industry. Impact and change in an East Java residency, 1830–1940. Leiden-Köln, E.J. Brill, 1985. 304 Seiten.
ERRINGTON, F.K.: Manners and meaning in West-Sumatra. The social context of consciousness. Leiden-Köln, E.J. Brill, 1984. XIV + 175 Seiten, 1 Karte.
EVENSON, W.E.: Climate analysis in 'Ōhi'a, dieback area on the Island of Hawaii. In: Pacific Science. 37 (1983) Heft 4. S. 357–384.
FARMER, B.H.: Peasant and Plantation in Ceylon. In: Pacific Viewpoint. Vol. 4, 1963, No. 1 (März). S. 9–16.
FAYON, Maxime: Geography of Seychelles. Mahé, Ministry of Education and Culture, 1980. 72 Seiten.
FICK, Karl E.: Hong Kong – Welthafen und Industriemetropole. In: Praxis Geographie, Beihefte zur Geographischen Rundschau. Jg. 9, 1979, Heft 1. S. 45–51.
FICK, Karl E. (Herausgeber): Japan in fachgeographischer, didaktischer und unterrichtspraktischer Sicht (Sammelband). Frankfurt a.M., Institut für Didaktik der Geographie, 1983. 254 Seiten mit zahlreichen Abbildungen.
FICK, Karl E.: Der japanische Garten. In: Japan, herausgegeben von Karl E. FICK. Frankfurt a.M., Institut für Didaktik der Geographie, 1983. S. 215–253.
FISHER, Charles A.: The Malaysian Federation, Indonesia and the Philippines: A Study in Political Geography. In: The Geographical Journal. Vol. 129, Jänner bis Dezember 1963. London, The Royal Geographical Society, 1963. S. 311–328.
FLOHN, Hermann: Indonesian Droughts and their Teleconnections. In: Berliner Geographische Studien. Band 20, 1986. S. 251–265.
FLÜCHTER, Winfried: Probleme hafenstädtischer Repräsentanz und Identifikation – zum Wesen und Hafen-Stadt-Verhältnis der großen japanischen Hafenstädte. In: Japan, herausgegeben von Karl E. FICK. Frankfurt a.M., Institut für Didaktik der Geographie, 1983. S. 127–156.
FOCHLER-HAUKE, Gustav: Die Hawaii-Inseln. Schmelztiegel der Völker. In: Geographische Rundschau. 127. Jg., 1960, Heft 3. S. 101–107.
FOX, W. und B. KENNETH (Ed.): Land life and agriculture in Tropical Polynesia. Christchurch/New Zealand, Whitcombe and Tombs, 1962. 337 Seiten und 1 Karte.
FRANZ, Johannes C.: Das Sultanat Brunei. Erdölreichtum und Entwicklungsprobleme. Nürnberger Wirtschafts- und Sozialgeographische Arbeiten, Band 32. Nürnberg, Wirtschafts- und Sozialgeographisches Institut der Friedrich-Alexander-Universität, 1980. 314 Seiten.
GARANGER, Jose und Claude ROBINEAU: Bora-Bora. Nouvelles Editions Latines, Dossier 21. Paris, o.J. 31 Seiten.
GARNAUT, R. und Ch. MANNING: Irian Jaya. The transformation of a Melanesian economy. Canberra, 1974.

GEERTZ, Cl.: Agricultural Involution. The Processes of Ecological Change in Indonesia. Berkeley-Los Angeles, 1963.
GERDIN, I.: The unknown Balinese. Land, labour and inequality in Lombok. Gothenburg stud. in soc. anthrop., 4. 1982. 246 Seiten und Abbildungen.
GITTINGER, M.: Splendid symbols. Textiles and tradition in Indonesia. Leiden-Köln, E.J. Brill, 1979. 260 Seiten und Abbildungen. Neuauflage: 1985.
GLÄSER, Thomas: Die Insel Mannar. Zur Problematik der Fischerei im nördlichen Ceylon. In: Forschungen auf Ceylon II = Erdkundliches Wissen, Heft 54. S. 143–181.
GNIELINSKI, Stefan von: Die Fischereiwirtschaft Australiens. In: Arbeiten zur Geographie der Meere. Münchner Geographische Abhandlungen. Band 9, 1973. S. 35–45.
GOODMAN, G.K. und F. MOOS (Ed.): The United States and Japan in the Western Pacific: Micronesia and Papua New Guinea. Leiden-Köln, E.J. Brill, 1981. 304 Seiten.
GORSKY, B.: Tuamotu. Deutsche Übersetzung. Zürich, 1975.
GRANDIDIER, G. und G. PELIT: Zoologie de Madagascar. Paris, 1952.
GRAPOW, von: Die deutsche Flagge im Stillen Ozean. Berlin-Lichtenfelde, 1915. 25 Seiten und 1 Karte.
GRASS, A.: Réunion–Mauritius. Ein agrarwirtschaftlicher Vergleich der "Cash-crop"-Kulturen. Geographisches Institut Bayreuth, 1984. 85 Seiten.
GUILCHER, André und Léopold BERTHOIS, François DOUMENGE, Alain MICHEL, Anne SAINT-REQUIER, René ARNOLD: Les Récifs et Lagons Coralliens de Mopelia et de Bora-Bora (îles de la Société) et quelques autres récifs et lagons de comparaison (Tahiti, Scilly, Tuamotú occidentales). Morphologie, sédimentologie, fonctionnement hydrologique. Mémoires Ostrom Nr. 38. Paris, Ostrom, 1969.
HAANTJENS, H.A.: Practical aspects of landsystem surveys in New Guinea. In: The Journal of Tropical Geography. Vol. 21, Dezember, 1965. S. 12–20.
HAMMITZSCH, Horst (Herausgeber) in Zusammenarbeit mit Lydia BRÜLL und Ulrich GOCK: Japan Handbuch. Wiesbaden, F. Steiner, 1981. 2610 Spalten mit 252 Abbildungen.
HÄNEL, Karl: Madagaskar, Komoren, Réunion. Bonn, K. Schroeder, 1958. 121 Seiten und 2 Kartenbeilagen.
HARDJONO, J.M.: Transmigration in Indonesia. Kuala Lumpur-Jakarta-London-Melbourne, 1977.
HARRER, H. (Herausgeber): Unter Papuas. Menschen und Kultur seit ihrer Steinzeit. Innsbruck-Frankfurt, 1976.
HARRISON, T.H.: The New Hebrides. People and Culture. In: The Geographical Journal, Oktober 1936. S. 332–341.
HARRISSON, B.: Pusaka hierloom jars of Borneo. Oxford in Asia Studies in Ceramics. Leiden-Köln, E.J. Brill, 1986. 232 Seiten und 221 Tafeln.
HARRISSON, Tom: Inside Borneo. In: The Geographical Journal, Vol. 130, Jänner bis Dezember 1964. London, Royal Geographical Society, 1964. S. 329–336.
HASTINGS, Peter: Papua/New Guinea. Sydney, Angus and Robertson, 1971. 226 Seiten + 79 Bilder auf 50 Farbtafeln.
HAUPT, Werner: Deutschlands Schutzgebiete in Übersee 1884–1918. Berichte–Dokumente–Fotos und Karten. Friedberg (BRD), Podzun-Pallas-Verlag, 1984. 160 Seiten mit zahlreichen Abbildungen.
HAUSHERR, Klaus: Traditioneller Brandrodungsfeldbau (Chena) und moderne Erschließungsprojekte in der „Trockenzone" im Südosten Ceylons. In: Erdkundliches Wissen, Heft 27 = Beiheft zur Geographischen Zeitschrift. Wiesbaden, F. Steiner, 1971. S. 167–204, 4 Bilder auf 2 Kunstdrucktafeln + 1 Faltschema.

– : Die Entwicklung der Kulturlandschaft in den Lanao-Provinzen auf Mindanao (Philippinen) unter Berücksichtigung des Kulturkontaktes zwischen Islam und Christentum. Dissertation an der Rheinischen Friedrich-Wilhelms-Universität zu Bonn, 1972. 316 Seiten + 73 Bilder auf 38 Tafeln + 3 Karten und 10 Tabellen als Faltbeilagen.

HAY, R.C. und B.F. JONES: Weathering of basaltic tephra on the Island of Hawaii. Bull. Geol. Soc. Am., 83 (1972). S. 317–332.

HAYES, G.R.: Population Change in the Cook Islands 1966–1976. Cook Islands Statistic Office, Occasional Paper, 1. Rarotonga, 1979.

HEILIG, Gerhard: The Population of Indonesia. An Annotated Bibliography with a Review of Recent Demographic Trends. Berlin, Dietrich Reimer, 1985. 164 Seiten.

– : Die Bevölkerung Indonesiens. Eine kommentierte Bibliographie mit einem Überblick zur jüngsten demographischen Entwicklung. Berlin, Dietrich Reimer, 1985. 164 Seiten.

HEIN, Christiane: Madagaskar. Versuch einer landschaftskundlichen Gliederung nebst Hinweisen auf die Bedeutung der einzelnen Landschaften für den Menschen. Dissertation an der Universität Hamburg, 1932. 128 Seiten + 12 Figuren auf 4 Tafeln.

HEINEBERG, Heinz: Singapur – vom britischen kolonialen Stützpunkt zum aufstrebenden „chinesischen" Stadtstaat. Eine Zwischenbilanz zum 20. Jahrestag der Republik Singapur. In: Die Erde. 117. Jg., 1986. S. 47–67.

– : Singapur: Aufstrebender Stadtstaat in der Krise? Aspekte des wirtschaftlichen Struktur- und Funktionswandels der kleinen Republik. In: Geographische Rundschau. 38. Jg., 1986, Heft 10. S. 502–509 mit 5 Abbildungen.

HEINE-GELDERN, Robert: Die kulturgeschichtliche Bedeutung Südostasiens. In: Geographische Rundschau. 9. Jg., 1957. S. 121–135.

HELBIG, Karl: Bali. Eine tropische Insel landschaftlicher Gegensätze. In: Zeitschrift für Erdkunde. 7. Jg., 1939, Heft 9/10. S. 357–379.

– : Insel-Indien als Kolonialraum. Ebenda. 9. Jg., 1941. S. 713–732.

– : Indonesiens Tropenwelt. Stuttgart, 1947.

– : Die südostasiatische Inselwelt. Stuttgart, 1949.

– : Die Insel Borneo in Forschung und Schrifttum. In: Mitteilungen der Geographischen Gesellschaft in Hamburg. Band 51, 1955. S. 105–395 + 24 Tafeln und 1 Faltkarte.

– : Eine Durchquerung der Insel Borneo (Kalimantan). Nach den Tagebüchern aus dem Jahre 1937. 2 Bände. Berlin, Dietrich Reimer, 1982.

HENNING, Ingrid: Geoökologie der Hawaii-Inseln. Wiesbaden, F. Steiner, 1974. 153 Seiten mit 28 Abbildungen und 67 Bildern auf 23 Kunstdrucktafeln.

HENNINGS, Werner: Samoa zwischen Subsistenzwirtschaft und Marktorientierung. Die Evaluation des Rural Development Programms 1977–1983. Sozialwissenschaftliche Studien zu Internationalen Problemen, Band 91. Saarbrücken, Fort Lauderale-Breitenbach, 1984. 89 Seiten.

HERRMANN, Michael: Hong Kong versus Singapore. Ökonomische Studien, Band 18. Stuttgart, G. Fischer Verlag, 1970. 314 Seiten.

HESELTINE, Nigel: Madagaskar. London, Pal Mall Press, 1971. X + 334 Seiten.

HESP, P.A. und M.R. WELLS, B.H.R. WARD, J.R.H. RICHES: Land Resource Survey of Rottnest Island. An Aid to Land Use Planning. Bulletin No. 4086, Western Australian Department of Agriculture, 1983. 32 Seiten.

HILL, R.D.: Land Use and Environment in Hong Kong. In: Forschungsbeiträge zur Landeskunde Süd- und Südostasiens = Festschrift für Harald UHLIG zum 60. Geburtstag. Band 1. Wiesbaden, F. Steiner, 1982. S. 194–212.

HILLENBRAND, Hans: Okinawa – Japans südliche Inselpräfektur. In: Geographische Rundschau. 32. Jg., 1980, Heft 9. S. 413–414 mit 2 Tabellen und 1 Abbildung im Text.
– : Strukturmerkmale einer Metropole. Fachwissenschaftliche Aspekte und didaktische Überlegungen für den Erdkundeunterrricht am Beispiel Tokyo. In: Japan, herausgegeben von Karl E. FICK. Frankfurt a.M., Institut für Didaktik der Geographie, 1983. S. 87–96.
HO, Chi Wing und Sim Loo LEE: The Characteristics and Local Patterns of Wholesale and Service Trades in the Central Area of Singapore. In: Journal of Tropical Geography, Band 1. Department of Geography, University of Singapore, 1980. S. 23–36.
Hong Kong. Review of Overseas Trade in 1986.
HOOYKAAS, C.: Religion in Bali. Leiden, E.J. Brill, 1973. X + 30 Seiten, 48 Tafeln.
HORSTMANN, Kurt: Indonesien. Bevölkerungsprobleme und Wirtschaftsentwicklung. In: Geographisches Taschenbuch 1958/59. Wiesbaden, F. Steiner. S. 410–423.
– : Die Bevölkerungsverteilung in Indonesien. Geographische Beobachtungen zu einem Grundproblem der Entwicklungsplanung. In: Die Erde. 95. Jg., 1964, Heft 3. S. 167–180.
– : Indonesien. Länderberichte, allgemeine Statistik des Auslandes. Stuttgart-Mainz, 1968.
– : Stadtregionen auf Java. Erste Annäherung. In: Erdkundliches Wissen, Heft 58 = Forschungsbeiträge zur Landeskunde Süd- und Südostasiens, Festschrift für Harald UHLIG zum 60. Geburtstag. Band 1. Wiesbaden, F. Steiner, 1982. S. 146–156.
HUET, M.: Fish Production in Inland Waters in Indonesia. In: Technical Monograph No. 1 of Ciba agrochemicals devision, 1969. S. 46 ff.
HÜSER, Klaus und Thomas REINL: Abtragungsgeschwindigkeit unter exzessivem tropischen Klima. Das Beispiel der Vulkaninsel La Réunion im Südindischen Ozean. In: Geoökodynamik, 6 (1985). S. 21–34.
– : Landnutzung tropischer Inseln. La Réunion und Mauritius im Südindischen Ozean. In: Geographische Rundschau. Jg. 39, 1987, Heft 1. S. 44–51.

IMAMURA, Gakuro: Die verheerenden Überschwemmungen in Japan im Sommer 1953. Ebenda. 9. Jg., 1957. S. 412–415.
IMBER, Walter und Harald UHLIG, u.a.: Indonesien. Bern, Kümmerly + Frey, 1973. 266 Seiten mit zahlreichen Abbildungen.
The island states of the Pacific and Indian Oceans. Development Studies Centre, the Australian National University, Monograph No. 23. Canberra, 1980.

JACKSON, James C.: Sarawak. A geographical survey of a developing state. London, University of London Press, 1968. 218 Seiten.
Japan (Sammelheft). Geo-Special, Nr. 3, 1985. 192 Seiten mit zahlreichen Abbildungen.
JASCHKE, Dieter: Die Stellung Australiens im Gefüge der Welternährungswirtschaft. In: Berliner Geographische Studien, Band 20, 1986. S. 285–298.
JASPAN, M.A.: Social Stratification and Social Mobility in Indonesia. Djakarta, 1959.
JENGAR, H.V.R.: The Andaman and Nicobar Islands. In: March of India. Vol. I. Nr. 6. New Delhi, 1949.
JOEDONO, S.B.: Indonesian economic and technical cooperation today and in the future. In: Indonesia Seminar 1976. Veröffentlichungen des Instituts für Asienkunde, Hamburg, 1977. S. 85 ff.

KAHLO, Gerhard: Die Nikobaren. In: Forschungen und Fortschritte. 32. Jg., 1958, Heft 9. Berlin, Akademieverlag. S. 277–279.
KEBSCHULL, D.: Transmigration in Indonesia. An empirical analysis of motivation, expectation and experiences. Publication of the HWWA Institut für Wirtschaftsforschung Hamburg. Leiden-Köln, E.J. Brill, 1986. 162 Seiten.

KLAER, Wendelin und Ernst LÖFFLER: Der Einfluß des traditionellen Feldbaues auf die natürlichen Abtragungsprozesse im tropischen Wald- und Grasland von Papua Neuguinea. In: Die Erde. 111. Jg., 1980, Heft 1/2. S. 73–83.

KNAPP, Rüdiger: Die Vegetation von Nord- und Mittelamerika und der Hawaii-Inseln. Vegetationsmonographien der einzelnen Großräume, Band I. Stuttgart, G. Fischer, 1965. 373 Seiten mit 168 Textabbildungen.

KNÜBEL, Hans: Die politische und wirtschaftliche Entwicklung Singapurs. In: Geographische Rundschau. 23. Jg., 1971, Heft 2. S. 76–78.

– : Der neue Staat Papua Neuguinea. Ebenda. 26. Jg., 1974, Heft 12. S. 504–508.

KOCH, Gerd: Südsee. Führer durch die Ausstellung der Abteilung Südsee des Museums für Völkerkunde Berlin. 2. Auflage: Berlin, Museum für Völkerkunde, 1976. 214 Seiten mit zahlreichen Abbildungen und 1 Falttafel.

KOECHLIN, J.: Flora and vegetation of Madagascar. In: Biogeography and ecology in Madagascar. Monographiae Biologicae, Vol. 21. The Hague, 1972. S. 145–190.

KOLB, Albert: Die Wanderungen der Polynesier und die Tarokultur. In: Petermanns Geographische Mitteilungen. 98. Jg., 1954. S. 323–326.

– : Die Philippinen. Leipzig, K.F. Koehler, 1942. 503 Seiten mit 41 Textabbildungen sowie 39 Tafeln mit 13 Karten und 72 Bildern.

– : Das Japanische Inselreich – Kulturlandschaft und Wirtschaftsgroßmacht. In: Geographische Zeitschrift. 71. Jg., 1983. S. 110–116.

KOLB, A. und Dieter JASCHKE: Der Pazifische Raum im Welthandel. In: Geographische Rundschau. 38. Jg., 1986, Heft 10. S. 517–521.

KORNRUMPF, Martin: Mensch und Landschaft auf Celebes. Geographische Wochenschrift, Beiheft 8. Breslau, F. Hirt, 1935. 95 Seiten + IX Karten im Anhang.

KÖTTER, Herbert, Rolf ROEDER und K.H. JUNGHANS (Herausgeber): Indonesien. Geographie, Geschichte, Kultur, Religion, Staat, Gesellschaft, Bildungswesen, Politik, Wirtschaft. Ländermonographien, Band 11. Herausgegeben vom Institut für Auslandsbeziehungen, Stuttgart. Tübingen und Basel, Horst Erdmann Verlag, 1979. 592 Seiten mit 82 Fotos, 24 Karten und graphischen Darstellungen.

KRATZ, A.: Voraussetzungen und Möglichkeiten einer industriellen Entwicklung in Madagaskar. Hamburg, 1963.

KRINKS, P.A.: Rural Changes in Java: an End to Involution? In: Geography. Vol. 63, 1978, Part 1. S. 31–36.

KRUPARZ, Heinz: Südsee – Traum und Wirklichkeit. Zeitkritische Betrachtungen über eines der letzten Paradiese: Polynesien. Berwang/Tirol, Steiger Verlag, 1986. 230 Seiten mit zahlreichen Abbildungen.

KÜCHLER, Johannes: Penang. Kulturlandschaftswandel und ethnisch-soziale Struktur einer Insel Malaysias. Gießener Geographische Schriften, Heft 13. Gießen, Kommissionsverlag W. Schmitz, 1968. 166 Seiten + 12 Tafeln mit 27 Abbildungen und 25 Beilagen.

– : Stadterneuerung in Singapur. In: Geographische Rundschau. Jg. 23, 1971, Heft 2. S. 67–75.

KÜHNE, Dietrich: Einige Entwicklungs- und Wesenszüge der chinesischen Agrar-Kolonisation in Malaysia. Ebenda. 20. Jg., 1968, Heft 11. S. 432–435.

KÜNDING-STEINER, W.: Die Industrialisierung Indonesiens. Ebenda. 12. Jg., 1960, Heft 11. S. 449–450.

KUPPERS, G.: The Relation between density of population and utilization of soil in Java. In: C.R. Congrés Intern. Geogr. Amsterdam, 1938. Section IIIc. Leiden, 1938. S. 465 ff.

KUSCH, Heinrich: Die Fresken und Höhlen in Sigiriya (Ceylon). Höhlengebiete Südostasiens I. In: Die Höhle. 24. Jg., 1973, Heft 3. S. 135–140 mit 4 Abbildungen im Text.

– : Die Höhlen bei Mihintale (Ceylon). Höhlengebiete Südostasiens II. Ebenda. Heft 4. S. 173–176 mit 2 Abbildungen im Text.

– : Die Höhlen der Insel Bali (Indonesien). Höhlengebiete Südostasiens VI. Ebenda. 30. Jg., 1979, Heft 1. S. 1–11 und 14 mit 8 Abbildungen im Text.

– : Speläologische Forschungen auf der Insel Sulawesi (Celebes, Indonesien) zwischen 1857 und 1977. Höhlengebiete Südostasiens VIII. Ebenda. 32. Jg., 1981, Heft 3. S. 91–102 mit 4 Abbildungen im Text.

– : Die Bestattungshöhlen der Südtorajas im zentralen Hochland der Insel Sulawesi (Indonesien). Höhlengebiete Südostasiens IX. Ebenda. 33. Jg., 1982, Heft 3. S. 91–100 mit 5 Abbildungen im Text.

LAMBERT, M. (Ed.): Coconut production in the South Pacific. S.P.C. Handbook, South Pacific Commission, No. 6. Noumea/New Caledonia, 1970. VI + 117 Seiten.

Länderberichte* und Länderkurzberichte, herausgegeben vom Statistischen Bundesamt Wiesbaden. Seschellen/Komoren, 1980; Singapur, 1980; China (Taiwan), 1981; Mauritius, 1981; Philippinen*, 1981; Indonesien, 1982; Madagaskar, 1982; Papua-Neuguinea, 1982; Philippinen, 1982; Sri Lanka, 1982; Pazifische Staaten, 1983; Mauritius*, 1985; Singapur*, 1985; Fidschi*, 1986. Stuttgart, Verlag W. Kohlhammer, jeweils im gleichen Jahr.

LANGEN, Erich: Samoa. Eigenständiger Mittelpunkt im Pazifischen Ozean. In: Zeitschrift für Geopolitik. 35. Jg., 1964, Heft 5/6.

LE BOURDIEC, F.: Géographie historique de la riziculture malgache. Madagascar, Revue de Géographie. 31, 1977. S. 11–72.

LEE, D.W. und B.C. STONE u.a.: The Natural History of Pulau Tioman. Tioman, Merlin Samudra, 1977. 69 Seiten.

LEE, Y.L.: Agriculture in Sarawak. In: The Journal of Tropical Geography. Vol. 21, Dezember, 1965. S. 21–29.

– : The Population of Sarawak. In: The Geographical Journal, Vol. 131. London, Royal Geographical Society, 1964. S. 344–356.

LEEMANN, Albert: Das Erdbeben auf Bali. In: Zeitschrift für Wirtschaftsgeographie. Heft 7, 1976. S. 203 ff.

– :Veränderte Methoden der Reisernte. Ländlicher Wandel in Java. In: Geographica Helvetica. 33. Jg., 1978, Heft 4. S. 173–182.

LEHMANN, Herbert: Morphologische Studien auf Java. Geographische Abhandlungen. III. Reihe, 1936, Heft 9. Stuttgart, Engelhorn, 1936. 114 Seiten mit 17 Textfiguren, 4 Tafeln und 2 Karten im Anhang.

LENGERKE, Hans Jürgen von: Die Batticaloa-Zyklone 1978: Eine Naturkatastrophe in Sri Lanka und ihre Folgen. Forschungen auf Ceylon II = Erdkundliches Wissen, Heft 54. S. 85–115.

LIONNET, Guy: The Seychelles. Harrisburg, David & Charles, 1972. 179 Seiten mit zahlreichen Abbildungen.

LIU, Chien-zer: Bäuerliche Landwirtschaft in Taiwan: Organisationsformen, regionale Differenzierung und Entwicklungstendenzen. Saarbrücken, Breitenbach, 1982. 331 Seiten.

LÖFFLER, Ernst: Geomorphology of Papua New Guinea. Canberra, 1977. 195 Seiten.

– : Übersetzungsuntersuchungen zur Erfassung von Landresourcen in West-Kalimantan, Indonesien. In: Forschungsbeiträge zur Landeskunde Süd- und Südostasiens = Festschrift für Harald UHLIG zum 60. Geburtstag. Band 1. Wiesbaden, F. Steiner, 1982. S. 122–131.

LUNA, Telesforo W.: Some Aspects of Agricultural Development and Settlement in Basilan Island, Southern Philippines. In: Pacific Viewpoint. Vol. 4, 1963, No. 1 (März). S. 17–24.

MAASS, C.D.: Indien – Nepal – Sri Lanka. Süd-Süd-Beziehungen zwischen Symmetrie und Dependenz. Beiträge zur Südasienforschung, Band 69, 1982. XXI + 380 Seiten.

MACDONALD, G.A. und D.A. DAVIS, D.C. COX: Geology and ground water resources of the island of Kauai. Hawaii Hydrograph. Bull., 13. Honolulu, 1960.

MACDONALD, G.A. und A.D. ABBOTT: Volcanoes in the sea. The Geology of Hawaii. Honolulu, 1983.

MCDONALD, Roy Charles: Limestone morphology in South Sulawesi, Indonesia. In: Zeitschrift für Geomorphologie, Neue Folge. Supplementband 26. Berlin-Stuttgart, Borntraeger, 1976. S. 79–91.

MCDOUGALL, J.: The geochronology and evolution of the young volcanic island of Réunion. Indian Ocean Geochem. et Cosmochim. Acta, Vol. 35, 1970. S. 261–288.

MACKENSEN, Götz: Zum Beispiel Samoa: Der sozio-ökonomische Wandel Samoas von Beginn der kolonialen Penetration im Jahre 1830 bis zur Gründung des unabhängigen Staates im Jahre 1962 mit einem Exkurs über die Planungstätigkeit des unabhängigen Staates in den Jahren 1962–1970. Veröffentlichungen des Übersee-Museums, Bremen, Reihe G, 1, 1977. 483 Seiten.

Madagascar, Comores, Réunion, Ile Maurice. Les Guides Bleus. Paris, 1968.

MARBY, Heidrun: Die Teelandschaft der Insel Ceylon. Versuch einer räumlichen und zeitlichen Differenzierung. In: Erdkundliches Wissen, Heft 27 = Beiheft zur Geographischen Zeitschrift. Wiesbaden, F. Steiner, 1971. S. 23–101 und 8 Abbildungen auf Kunstdrucktafeln.

MARDEN, Luis und Albert MOLDVAY: Madagascar. Island at the end of the earth. In: National Geographic Magazine, Vol. 132, 1967, Nr. 4. s. 443–487.

MARQUARDT, Wilhelm: Neue Entwicklung im westlichen Indischen Ozean, III Mauritius. In: Internationales Afrikaforum, 1975, Heft 1/2. S. 64–75.

– : Neue Entwicklungen im westlichen Indischen Ozean, IV Réunion. Ebenda. Heft 5. S. 270–283.

– : Seychellen, Komoren und Maskarenen. Handbuch der ostafrikanischen Inselwelt. Schriftenreihe des IFO-Instituts für Wirtschaftsforschung München Afrika-Studienstelle. München, Weltforum Verlag, 1976. 346 Seiten mit 7 Karten und 25 Abbildungen.

– : Madagaskar – Probleme seines Seeverkehrs, seiner Häfen und Hafenpolitik. In: Geographische Zeitschrift, Beiheft 36. Ostafrika = Erdkundliches Wissen, Heft 36. Wiesbaden, F. Steiner, 1974. S. 135–163.

MARR, Rudolf L.: Der Tourismus in der Entwicklung Singapores. In: Der Tourismus als Entwicklungsfaktor in Tropenländern. 2. Frankfurter Wirtschaftsgeographisches Symposium (27./28. Jan. 1978). Frankfurter Wirtschafts- und Sozialgeographische Schriften, Heft 30. Frankfurt a.M., Institut für Wirtschafts- und Sozialgeographie der Johann Wolfgang Goethe-Universität Frankfurt a.M., 1979. S. 163–188 mit 5 Abbildungen im Text.

– : Der Denkmalschutz in der Planung von Singapore. In: Plan, Zeitschrift für Planen, Bauen und Umwelttechnik. 38. Jg., 1981, 1–2. S. S. 12–17 mit 8 Abbildungen.

– : Tourismus in Malaysia und Singapore. Basler Beiträge zur Geographie, 1982, Heft 27. 268 Seiten, 1 Kartenbeilage.

MATHUR, L.P.: History of the Andaman and Nicobar Islands, 1756–1966. Belhi, Mystic, 1968.

MAURI, Manuela: Sri Lanka. Ceylon. Mai's Weltführer Nr. 16. 3. Auflage: München, Volk und Heimat, 1974. 120 Seiten und 15 Bilder auf 8 Kunstdrucktafeln.

MENSCHING, Horst und Eugen WIRTH, Heinz SCHAMP: Nordafrika und Vorderasien. Fischer Länderkunden, Band 4. Frankfurt a.M., Fischer Taschenbuch Verlag, 1973. 317 Seiten mit 42 Figuren.

METZNER, Joachim K.: Mensch und Umwelt im östlichen Timor. In: Geographische Rundschau. 27. Jg., 1975. S. 244–250.
– : Die Viehhaltung in der Agrarlandschaft der Insel Sumba und das Problem der saisonalen Hungersnot. In: Geographische Zeitschrift. 64. Jg., 1976, Heft 4. S. 46–71.
– : Malaria. Bevölkerungsdruck und Landschaftszerstörung im östlichen Timor. In: JUSATZ, H.J. (Ed.): Methoden und Modelle der Geomedizinischen Forschung. Geographische Zeitschrift, Beiheft 43, 1976. S. 121–137.
– : Man and Environment in Eastern Timor. A Geoecological Analysis of the Baucau-Viqueque Area as a possible Basis for Regional Planning. Australian National University, Development Studies Centre. Monograph 8, 1977. Canberra.
– : Bodenrecht und Landschaftswandel in Sikka/Flores. Studien zur Entwicklung der Grundbesitzverfassung in einem übervölkerten Agrarraum Ostindonesiens. In: Geographische Zeitschrift. Jg. 65, 1977, Heft 4. S. 264–282.
– : Agrarräumliches Ungleichgewicht und Umsiedlungsversuche auf den östlichen Kleinen Sunda Inseln. Konsequenzen für eine geoökologische Regionalplanung. Gießener Beiträge zur Entwicklungsforschung, Reihe 1, Band 4. Gießen, Tropeninstitut, 1978. S. 29–47.
Migration, urbanization and Development in South Pacific Countries. = Comperative Study on Migration, Urbanization and Development in the ESCAP Region. United Nations Economic and Social Commission for Asia and the Pacific. Country Reports, Nr. 6. New York, 1982. IX + 192 Seiten.
MINAKAMI, Takeshi: Über die Tätigkeit der Vulkane in Japan. In: Geographische Rundschau. 9. Jg., 1957. S. 416–419.
MISSEN, G.J.: Viewpoint on Indonesia, a geographical study. Melbourne, Th. Nelson, 1972. 360 Seiten mit zahlreichen Abbildungen.
MORIKAWA, Hiroshi: Hiroshima. Lage, Gestalt, Funktion und innere Struktur einer westjapanischen Großstadt. In: Japan, herausgegeben von Karl E. FICK. Frankfurt a.M., Institut für Didaktik der Geographie, 1983. S. 97–114.
MUELLER-DOMBOIS, Dieter: Waldsterben auf Hawaii. In: Geographische Rundschau. 39. Jg., 1987, Heft 1. S. 39–43.
MYLIUS, Klaus: Zur Besiedlungsgeschichte der Nikobaren Inseln. In: Geographische Berichte. 6. Jg., 1961, Heft 1. S. 26–43.
– : Wirtschaftsformen auf den Nikobaren-Inseln. In: Zeitschrift für Ethnologen. Band 87, 1962. S. 39–50.
– : The Nicobars and bibliography on the islands. In: The Oriental Geographer. Vol. VI, Nr. 1, 1962.

NAKAMURA, Kazuo: East and West Japan. In: Japan, herausgegeben von Karl E. FICK. Frankfurt a.M., Institut für Didaktik der Geographie, 1983. S. 19–28.
NEUVY, G.: Le cyclone Hyacinthe (15.–30. Janvier 1980) à La Réunion. Madagascar, Revue de Géographie, Nr. 39. Tananarivé, 1981.
NIEMZ, Günter: Siedlungsland aus Bergen und Meer. Geographische Unterrichtseinheit zum Thema der Umgestaltung natürlicher Gegebenheiten in Japan. In: Japan, herausgegeben von Karl E. FICK. Frankfurt a.M., Institut für Didaktik der Geographie, 1983. S. 157–176.
NIEUWOLT, Simon: Das Klima von Singapur. In: Mitteilungen der Österreichischen Geographischen Gesellschaft. Band 106, 1964, Heft II. S. 157–178.
– : Klimageographie der malaischen Halbinsel. Mainzer Geographische Studien, Heft 2. Mainz, Geographisches Institut der Johannes-Gutenberg-Universität, 1969. 152 Seiten mit 28 Abbildungen.

OESTREICH, Hans: Junge Strukturwandlungen auf der Inselgruppe der Seychellen im Indischen Ozean. In: Geographische Zeitschrift. 64. Jg., 1976, Heft 2. S. 121–137.

– : Die Seychellen, ein neuer Tourismusstandort im Indischen Ozean. In: Zeitschrift für Wirtschaftsgeographie. 20. Jg., 1976, Heft 6. S. 179–182.

OLIVER, Douglas L.: The Pacific Islands. Honolulu, 1961.

ORMELING, F.J.: The Timor Problem. A geographical interpretation of an underdeveloped island. Djakarta-Groningen, J.B. Wolters, 1957. 284 Seiten mit 37 Figuren sowie 64 Photos auf Kunstdrucktafeln.

PIANKA, Heinz-Günter: Zur Problematik der Transmigration in Indonesien. Ein Beitrag zur Bevölkerungspolitik. In: Internationales Asienforum. 1. Jg., 1970. München, Weltforum Verlag, 1970. S. 535–547.

PLANCK, Ulrich und Nyomen SUTAWAN: Die Sozialorganisation balinesischer Reisdörfer unter besonderer Berücksichtigung des Subak-Systems. In: Erdkunde. Band 37, 1983, Heft 1/4. S. 282–292.

POSER, Hans: Madagaskar und die benachbarten Inseln. Braunschweig, G. Westermann, 1968.

– : Stufen- und Treppenspülung – eine Variante der Flächenspülung. Beobachtungen aus Madagaskar. In: Abhandlungen der Akademie der Wissenschaften in Göttingen, Mathem.-physik. Klasse. III. Folge, Nr. 29, 1974. S. 147–160.

POSNETT, N.W. und P.M. REILLY: Fiji. Land Resource Bibliography, 4, 1973. IX + 138 Seiten.

– : Solomon Islands. British Solomon Islands Protectorate. Ebenda. 7, 1975. X + 126 Seiten.

PRINGLE, R.: Indonesia and the Philippines. American interests in island Southeast Asia. 1980. XIV + 290 Seiten, 3 Karten.

PROBALA, Rolf: Zurück nach Indien. Die erzwungene Rückwanderung der Indien-Tamilen von Sri Lanka nach Südindien. In: Ethnologica Helvetica, Nr. 7. Bern, Schweizerische Ethnologische Gesellschaft, 1983. S. 155–184.

RAMAMONJISOA, J.: Tananarive, étude de géographie urbaine. In: Madagascar, Revue de Géographie. 27, 1975. S. 10–156.

RAMDIN, T.: Mauritius. London, 1969. 63 Seiten.

RAMSEYER, Urs: Kultur und Volkskunst in Bali. Zürich, Atlantis Verlag, 1977. 276 Seiten mit 405 Abbildungen.

RANDRIANARISON, J.: Le Bœuf dans l'économie rurale de Madagaskar. In: Revue de Géographie. 28, 1976.

REINER, Ernst: Die Molukken. Gotha, VEB H. Haack, 1956. 116 Seiten, 9 Tafeln im Anhang.

REINHARD, Rudolf: Das Bevölkerungsproblem in Java. In: Berichte über die Verhandlungen der sächsischen Akademie der Wissenschaften zu Leipzig, Mathem-physik. Klasse. 93. Band, 1941. S. 69–92.

– : Künstliche Bewässerung in Java. In: Geographische Zeitschrift. 49. Jg., 1943. S. 132–142.

REINL, Thomas: Exzessive Reliefentwicklung auf Basalt unter tropischem Klima – am Beispiel La Réunions, Indischer Ozean. Bayreuther Geowissenschaftliche Arbeiten, Band 7, 1986. 151 Seiten mit zahlreichen Abbildungen.

RITTER, Wigand: Die Anfänge eines Tourismus auf der Arabischen Halbinsel. In: Der Tourismus als Entwicklungsfaktor in Tropenländern. 2. Frankfurter Wirtschaftsgeographisches Symposium (27./28. Jan. 1978). Frankfurter Wirtschafts- und Sozialgeographische Schriften, Heft 30. Frankfurt a.M., Institut für Wirtschafts- und Sozialgeographie der Johann Wolfgang Goethe-Universität Frankfurt a.M., 1979. S. 87–103 mit Textabbildungen.

ROBIN, B. und C. PETRON, C. RIVES: Living corals. New Caledonia, Tahiti, Réunion, Caribbean. Papeete-Tahiti, Les éditions du pacifique, 1980. 144 Seiten.

ROBINSON, K.W.: Australia, New Zealand and the Southwest Pacific. London, University of London Press, 1960. 340 Seiten + XXXII Bilder auf 16 Kunstdrucktafeln.

ROEDER, O.G.: Indonesien. Java, Bali und Tausend Inseln beiderseits des Äquators. Mai's Weltführer Nr. 12. München, o.J. 90 Seiten + 6 Tafeln + 1 Falttafel.

ROEDER, R.O.G.: Indonesien heute – von der Einheit im Widerspruch. In: Indonesien (herausgegeben von H. KÖTTER, R. ROEDER und K.H. JUNGHANS). Tübingen-Basel, H. Erdmann, 1979. S. 202–245.

ROEDERER, P.: Les sols de Madagascar. In: Biogeography and ecology in Madagascar. Monographiae Biologicae, Vol. 21. The Hague, 1972. S. 201–226.

ROGNER, Emil: Gesellschaft und Wirtschaft auf den Palau-Inseln. Nürnberg, Krische, 1939. 72 Seiten = Nürnberger Beiträge zu den Wirtschafts- und Sozialwissenschaften, Heft 70.

RÖLL, Werner: Bevölkerungsdruck und Siedlungsaktivität in Zentral-Java. Ein Beitrag zur Landnahme unter bäuerlichen Sozialgruppen nach dem Zweiten Weltkrieg in Indonesien. In: Geographische Rundschau. Jg. 23, 1971, Heft 2. S. 56–66.

– : Der Teilbau in Zentral-Java. Untersuchungen zur Grundbesitzverfassung eines übervölkerten Agrarraumes. In: Zeitschrift für ausländische Landwirtschaft. Jg. 12, 1973, Heft 3/4 (Frankfurt). S. 305 ff.

– : Wenig bekannte Formen agrarer Bodennutzung auf Java. Der Surdjan- und Gundukan-Bau. In: Geographische Rundschau. 26. Jg., 1974, Heft 9. S. 364–369.

– : Das Batam-Projekt; Indonesische Entwicklungsplanung im Riau-Archipel. In: Internationales Asienforum. 5. Jg., 1974, Heft 1–4. S. 527–529.

– : Indonesien. Einführung in die Entwicklungsprobleme und den deutschen geographischen Forschungsstand. In: Geographische Rundschau. 27. Jg., 1975. S. 137–138.

– : Probleme der Bevölkerungsdynamik in der regionalen Bevölkerungsverteilung in Indonesien. Ebenda. S. 139–150.

– : Die agrare Grundbesitzverfassung im Raum Surakarta. Untersuchung zur Agrar- und Sozialstruktur Zentral-Javas. Wiesbaden, Institut für Asienkunde. 1976.

– : Die Flußverfassung in Zentral-Java. In: Geographische Zeitschrift. 65. Jg., 1977, Heft 4. S. 283–301.

– : Indonesien, Entwicklungsprobleme einer tropischen Inselwelt. Klett/Länderprofile. Stuttgart, E. Klett, 1979. 206 Seiten mit zahlreichen Abbildungen und 1 Karte im Anhang.

RÖLL, Werner und Albert LEEMANN: Lombok: Staatlich gelenkte inner- und interinsulare Umsiedlungsmaßnahmen. Ein Beitrag zum Transmigrationsproblem in Indonesien. In: Forschungsbeiträge zur Landeskunde Süd- und Südostasiens = Festschrift für Harald UHLIG zum 60. Geburtstag. Band 1. Wiesbaden, F. Steiner, 1982. S. 132–145.

ROSSI, G.: Karst et dissolution des calcaires en milieu tropical [Madagaskar]. In: Zeitschrift für Geomorphologie, Supplementband 26. Berlin-Stuttgart, Borntraeger, 1976. S. 124–152.

ROUVEYRAN, J.C.: La logique de agricultures de transition. L'exemple des sociétés paysannes malgaches. Tananarive, 1972.

RUTHENBERGER, H.: Ansätze und Hindernisse der weiteren landwirtschaftlichen Entwicklung in Madagaskar. In: Zeitschrift für ausländische Landwirtschaft. 2, 1963. S. 18–59.

RUTZ, Werner: Indonesien. Verkehrserschließung seiner Außeninseln. Bochumer Geographische Arbeiten, Heft 27. Paderborn, F. Schöningh, 1976, 182 Seiten + 16 Karten im Anhang.

– : Indonesiens Gliederung nach Funktions- und Verwaltungsräumen. In: Der Staat und sein Territorium (Herausgeber: W. LEUPOLD und W. RUTZ). Wiesbaden, 1976. S. 159.

– : Javas Bevölkerungsdichte, dargestellt durch eine Bevölkerungsdichtekarte auf der Grundlage von Verwaltungsunterbezirken. In: Die Erde. 108. Jg., 1977, Heft 1/2. S. 115–123 und 1 Beilage.
– : Die Städte Indonesiens. Urbanisierung der Erde, Band 4. Berlin-Stuttgart, Borntraeger, 1985. X + 286 Seiten mit 13 Abbildungen und 6 mehrfarbigen Karten im Anhang.
SAITO, Mitsunori: Senri Town – ein Trabantenstadt Osakas. In: Japan, herausgegeben von Karl E. FICK. Frankfurt a.M., Institut für Didaktik der Geographie, 1983. S. 115–126.
SAMMER, Siegfried: Mauritius: Probleme einer vielrassigen Gemeinschaft. In: Geographische Rundschau. 18. Jg., 1966. S. 382–386.

SCHARPENBERG, Annelise: Die deutsche Südseephosphat Aktiengesellschaft Bremen. In: Bremisches Jahrbuch, herausgegeben vom Staatsarchiv Bremen, 55, 1977. S. 127–219.
SCHMIDT, H.L.: Geologie und Lagerstätten [von Indonesien]. In: Indonesien. Ländermonographien, Band 11. Tübingen-Basel, H. Erdmann, 1979. S. 7–20.
SCHMIDT, Norbert: Malediven Reise-Handbuch. Köln, DuMont, 1981. 210 Seiten mit zahlreichen Abbildungen.
SCHMIDT-KRAEPELIN, Ernst: Studien zum Abflußverhalten der Flüsse von Sri Lanka. In: Forschungen auf Ceylon II = Erdkundliches Wissen, Heft 54. S. 35–83.
SCHÖLLER, P.: Hongkong – Weltstadt und Drittes China. In: Geographische Zeitschrift. 1967. S. 110–137.
– : Hong Kong. Fischer Länderkunde. Ostasien. 1982. S. 229–236.
– : Zur Frage regionaler Stadttypen in Japan. In: Japan, herausgegeben von Karl E. FICK. Frankfurt a.M., Institut für Didaktik der Geographie, 1983. S. 53–60.
SCHOLZ, Fred: Erdölfördergebiete und Oasenlandwirtschaft im arabischen Trockenraum. Die Provinz al-Hasa/Saudi Arabien. In: Geographische Rundschau. 32. Jg., 1980, Heft 12. S. 523–526.
SCHOLZ, Ulrich: Permanenter Trockenfeldbau in den humiden Tropen. Beispiele kleinbäuerlicher Betriebe in Lampung, S-Sumatra. In: Agrarwissenschaftliche Forschung in den humiden Tropen. Gießener Beiträge zur Entwicklungsforschung, Reihe 1, Band 3. Gießen, Tropeninstitut, 1977. S. 45–58.
– : Minangkabau. Die Agrarstruktur in West-Sumatra und Möglichkeiten ihrer Entwicklung. Gießener Geographische Schriften, Heft 41. Gießen, Geographisches Institut der Universität, 1977. 217 Seiten mit 32 Karten und 46 Photos.
– : Die Vegetation und Fauna Indonesiens. In: Indonesien. Ländermonographien, Band 11. Tübingen-Basel, H. Erdmann, 1979. S. 54–61.
– : Land Reserves in Southern Sumatra/Indonesia and their Potentialities for Agricultural Utilization. In: Geo Journal. Vol. 4, 1980, 1. S. 19–30.
– : Die Ablösung und Wiederausbreitung des Brandrodungswanderfeldbaus in den südostasiatischen Tropen – Beispiel aus Sumatra und Thailand. In: Forschungsbeiträge zur Landeskunde Süd- und Südostasiens = Festschrift für Harald UHLIG zum 60. Geburtstag. Band 1. Wiesbaden, F. Steiner, 1982. S. 105–121.
SCHOLZE, Heinz: Veränderungen in Koto-Ku im östlichen Tokyo. Moderne Wandlungen überlieferter Siedlungsstrukturen. In: Japan, herausgegeben von Karl E. FICK. Frankfurt a.M., Institut für Didaktik der Geographie, 1983. S. 75–86.
SCHOMERUS, Menko: Seychellen, Réunion, Madagaskar, Mauritius, Komoren. Mai's Weltführer Nr. 23. 3. Auflage: München, Volk und Heimat, 1978. 167 Seiten, 1 Beilage mit 6 Kartenskizzen.
SCHOTT, Gerhard: Geographie des Indischen und Stillen Ozeans. Hamburg, C. Boysen, 1935.
SCHROEDER, Thomas A. und Bernhard J. KILONSKY, Werner KREISEL: Der Tagesgang des Nieder-

schlages auf den Hawaii-Inseln. Ein Beitrag zur klimatischen Differenzierung pazifischer Inseln. In: Erdkunde. Band 32, 1978, Heft 1/4. S. 89–101.

SCHUBERT, Rudolf: Die Vegetation und Tierwelt Australiens. In: Geographische Berichte = Mitteilungen der Geographischen Gesellschaft der DDR. 30. Jg., 1985, Heft 3. S. 177–185.

SCHWAB, Max: Geologischer Bau und tektonische Entwicklung des australischen Kontinents. Ebenda. S. 161–175.

SCHWEINFURTH, Ulrich: Neuseeland. Beobachtungen und Studien zur Pflanzengeographie und Ökologie der antipodischen Inselgruppe. Bonner Geographische Abhandlungen, Heft 36. Bonn, F. Dümmler, 1966. XIII + 351 Seiten + 1 Falttafel im Anhang.

– : Zur Pflanzengeographie der javanischen Bergwelt. In: Erdkunde. Band 28, 1974. S. 145 ff.

– : Beobachtungen an der NE-Abdachung des zentralen Hochlandes der Insel Ceylon. In: Forschungen auf Ceylon II = Erdkundliches Wissen, Heft 54. Wiesbaden, F. Steiner, 1981. S. 15–34.

SCHWEINFURTH, U. und H. MARBY, K. WEITZEL, K. HAUSHERR, M. DOMRÖS: Landschaftsökologische Forschungen auf Ceylon. Erdkundliches Wissen = Beihefte der Geographischen Zeitschrift, Heft 27. Wiesbaden, F. Steiner, 1971. 232 Seiten mit zahlreichen Abbildungen.

SCHWEINFURTH, U. und E. SCHMIDT-KRAEPELIN, H.J. von LENGERKE, H. SCHWEINFURTH-MARBY, Th. GLÄSER, H. BECHERT: Forschungen auf Ceylon II. Ebenda. Heft 54. Wiesbaden, F. Steiner, 1981. 216 Seiten mit zahlreichen Abbildungen.

SCHWEINFURTH-MARBY, Heidrun: Die "tea small holders" auf der Insel Ceylon. Ebenda. S. 117–142.

SCHWEINFURTH-MARBY, Heidrun und Ulrich SCHWEINFURTH: Der Teeanbau auf Mauritius. In: Geographische Zeitschrift. 63. Jg., 1975, Heft 1. S. 31–55.

SCHWIND, Martin: Taiwan. In: Geographisches Taschenbuch 1958/59. Wiesbaden, F. Steiner. S. 435–444.

– : Das Japanische Inselreich. Band 1: Die Naturlandschaft. Berlin, de Gruyter, 1967. 581 Seiten mit 120 Abbildungen.

– : Das Japanische Inselreich. Band 2: Kulturlandschaft. Wirtschaftsgroßmacht auf engem Raum. Berlin-New York, W. de Gruyter, 1981. 658 Seiten mit 60 Abbildungen.

– : Kernfragen der japanischen Landesentwicklung. In: Japan, herausgegeben von Karl E. FICK. Frankfurt a.M., Institut für Didaktik der Geographie, 1983. S. 5–18.

SCOTT, G.A.J. und J.M. STREET: The role of chemical weathering in the formation of Hawaiian amphitheatre headed valleys. In: Zeitschrift für Geomorphologie. Neue Folge, 20. Jg., 1976. S. 171–189.

SEITZ, Stefan: Langhausgemeinschaft und Brandrodungsfeldbau bei den Iban in Sarawak/Borneo. In: Geographische Rundschau. Jg. 32, 1980, Heft 9. S. 390–395 mit 2 Abbildungen im Text.

SENFTLEBEN, Wolfgang: Die Republik Malediven. In: Zeitschrift für Wirtschaftsgeographie (Pick-Verlag, Hagen Westf.). 1977, Heft 1. S. 20–25.

Seychelles Handbook, 1976. Victoria, Office of the President, 1976. 159 Seiten.

SICK, Wolf-Dieter: Tropische Hochländer im Spiegel ihrer Städte. Ein Vergleich Quito und Tananarive. In: Beiträge zur Geographie der Tropen und Subtropen. Tübingen, 1970 = Tübinger Geographische Studien, Heft 34 (= Sonderband 37). S. 293–307.

– : Madagaskar – Wirtschaftsgeographische Entwicklung und Differenzierung. In: Geographische Rundschau. 25. Jg., 1973. S. 213–222.

– : Strukturwandel ländlicher Siedlungen in Madagaskar als Folge sozialökonomischer Prozesse. In: 40. Deutscher Geographentag Innsbruck, Tagungsbericht und wissenschaftliche Abhandlungen. Wiesbaden, 1976.

– : Madagaskar. Tropisches Entwicklungsland zwischen den Kontinenten. Wissenschaftliche Länderkunden, Band 16. Darmstadt, Wissenschaftliche Buchgesellschaft, 1979. 321 Seiten + 35 Abbildungen auf gesonderten Tafeln sowie zahlreiche Textabbildungen.

SIDHU, M.S.: Chinese Dominance of West Malaysian Towns, 1921–1970. In: Geography. Vol. 61, 1976, Part 1. S. 17–23 mit 2 Abbildungen und 4 Tafeln.

SIE, Kwat Soen: Prospects for Agricultural Development in Indonesia. Wageningen, 1968.

SIEBECK, Chr. A.: Die Annexion Portugiesisch-Timors durcch Indonesien. In: Internationales Asienforum. Vol. 9, 1978. S. 165 ff.

SIEBERT, Rüdiger: Kalimantan für Individualisten. In: Indoasia. 19. Jg., 1977, Heft 3. S. 291–301.

SIEMENS, Jochen: Abhängigkeit und Unterentwicklung von Ceylon/Sri Lanka. Eine strukturell historische Untersuchung. Münchner Studien zur internationalen Entwicklung, Band 1. Frankfurt a.M., Lang, 1980. 338 Seiten.

SIEVERS, Angelika: Ceylon. Gesellschaft und Lebensraum in den orientalischen Tropen. Eine sozialgeographische Landeskunde. Wiesbaden, F. Steiner, 1964.

– : Ceylon. In: Geographisches Taschenbuch 1964/65. Wiesbaden, F. Steiner, 1965. S. 236–251 und 2 Tafeln.

– : Der Tourismus in Sri Lanka. Erdkundliches Wissen = Geographische Zeitschrift, Beihefte, Heft 26. Wiesbaden, F. Steiner, 1983. 138 Seiten mit 25 Abbildungen.

SILAR, Jan: Zur Morphologie und Entwicklung des Kegelkarstes in Südchina und Nordvietnam. In: Petermanns Geographische Mitteilungen. Jg., 107, 1963. S. 14–19.

Singapore, Facts and Pictures. 1986. 255 Seiten.

Singapore, Facts and Pictures. 1987. 211 Seiten.

SIRISENA, W.M.: Sri Lanka und South-East Asia. Political, religious and cultural relations from A.D. c. 1000 to c. 1500. E.J. Brill, 1978. XIV + 186 Seiten und 8 Tafeln.

SMALL, C.A.: Atoll Agriculture in the Gilbert and Ellice Islands. Dep. Agriculture, Tarawa (Rep. of Kiribati/Central Pacific), 1972.

SMITH, S.V. und P.L. LOKIEL: Water Composition and Biogeochemical Gradients in the Canton Atoll Lagoon. Atoll Res. Bull., 221 (1978). S. 15–53.

SPÄTH, Heinz: Bodenbildung und Reliefentwicklung in Sri Lanka. In: Relief, Boden, Paläoklima, Band 1. Zur Morphogenese in den feuchten Tropen. Verwitterung und Reliefbildung am Beispiel von Sri Lanka. Stuttgart, Borntraeger, 1981. S. 185–238.

SPENCER, J.E.: Shifting Cultivation in Southeastern Asia. University of California Publications in Geography, No. 19. Berkeley und Los Angeles, University of California Press, 1966. 247 Seiten.

STANLEY, David: Südsee-Handbuch. Deutsche Ausgabe. Bremen, Gisela E. Walther, 1982. 595 Seiten mit zahlreichen Abbildungen und Kartenskizzen.

STARKA, Herbert: Die pflanzengeographische Stellung und Gliederung Madagaskars und der Maskarenen. In: Berichte der Oberhessischen Gesellschaft für Natur- und Heilkunde zu Gießen. Neue Folge, Band 31, 1961.

STEHN, Ch.E.: The geology and volcanism of the Krakatoagroup. In: Fourth Pacific Science Congress. Buitenzorg, 1929.

STEIN, N.: Der Dolok Sinabung. Vertikale Landschaftsgliederung eines Vulkans im nördlichen Batakhochland. In: Die Erde. Jg. 1974, Heft 1. S. 34 ff.

STEINBACH, Udo: Der Persisch/Arabische Golf – Wirtschaftsraum und Krisenherd. In: Geographische Rundschau. 32. Jg., 1980, Heft 12. S. 514–522.

STINGL, Miroslav: Das letzte Paradies. Eine Kulturgeschichte Polynesiens. Aus dem Tschechischen von Christian HEIDMANN. 1. Auflage: Prisma-Verlag, Zenner und Gürchott, 1987.

STODDART, D.R.: Biogeogaphy and Ecology of the Seychelles Islands. The Hague, 1984.
STRAKA, H.: Das Pflanzenkleid Madagaskars. In: Naturwissenschaftliche Rundschau, 1962, Heft 5. S. 178–185.
STÜLPNER, Kurt: Der Tod im Brauch und Glauben der Madagassen. Leipzig, Gebhardt, 1929.
Südostasien: Geschichte und Gegenwart. Informationen zur politischen Bildung, Nr. 144. Wiesbaden, Universum, 1971. 32 Seiten + 8 Kartentafeln.
Südostasien – Länder – Völker – Wirtschaft. Ebenda. Nr. 148. Wiesbaden, Universum, 1972. 32 Seiten + 16 Karten auf 8 Doppeltafeln.
SUNARTADIRDJA, M.A. und H. LEHMANN: Der tropische Karst von Maros und Nord-Bone in SW-Celebes. In: Zeitschrift für Geomorphologie. Supplementband 2, 1960. S. 49–65.
SUZUKI, Hideo: Post-glacial climatic changes and the Migration of People to Japan. In: Japan, herausgegeben von Karl E. FICK. Frankfurt a.M., Institut für Didaktik der Geographie, 1983. S. 29–44.
SUZUKI, Peter: Critical survey of studies on the anthropology of Nias, Mentawei and Engano. Den Haag, 1958.
– : The religious System and Culture of Nias, Indonesia. Diss. Rijksuniversiteit te Leiden, 1959. 179 Seiten + 6 Tafeln mit 14 Figuren.

TEMPLE, G.: Migration to Jakarta. In: Bulletin of Indonesian Economic Studies. 11., 1975. S. 76 ff.
THIERBACH, Hans: Madagaskar. In: Zeitschrift für Wirtschaftsgeographie. 1977, Heft 5. S. 151–154.
THOMPSON, Virginia und Richard ADLOFF: The Malagasy Republic. Madagascar today. Stanford California, Stanford University Press, 1965. XVI + 504 Seiten.
– : The French Pacific Islands. Berkeley, 1971.
TOWN, R.T.: Temaiku Bight – a practical study in land reclamation in the Gilbert Islands 1970–1976. Div. of Agriculture, Gilbert Islands (Rep. of Kiribati/Central Pacific), 1977.
TRUDGILL, Stephen T.: The marine erosion of limestones on Aldabra Atoll, Indian Ocean. In: Zeitschrift für Geomorphologie, Neue Folge. Supplementband 26. Berlin-Stuttgart, Borntraeger, 1976. S. 164–210.

UHLIG, Harald: Malaysien. Die Struktur des jüngsten Staates in Südostasien. In: Geographische Rundschau. 16. Jg., 1964. S. 129–136.
– : Bevölkerungsgruppen und Kulturlandschaften in Nord-Borneo. In: Heidelberger Geographische Arbeiten, Nr. 15 = Festschrift für G. PFEIFER. S. 265–296. Wiesbaden, 1966.
– : Die Ablösung des Brandrodungs-Wanderfeldbaues. Wirtschafts- und sozialgeographische Wandlungen der asiatischen Tropen am Beispiel von Sabah und Sarawak (Malaysia). In: Deutsche geographische Forschung in der Welt von heute = Festschrift für Erwin GENTZ. Kiel, F. Hirt, 1970. S. 85–102.
– : Der bisherige Beitrag der Geograpie zu Fragen der räumlichen Umweltgestaltung. Die Geographie in der Grundlagenforschung und Raumplanung der Entwicklungsländer und ihre Behandlung im Unterricht. In: Der Erdkundeunterricht, Sonderheft 1: Wege zu veränderten Bildungszielen im Schulfach „Erdkunde". Stuttgart, E. Klett, 1971. S. 84–95.
– : Südostasien. Länder – Völker – Wirtschaft. Informationen zur politischen Bildung. Bonn, 1972.
– : Die Agrarlandschaft im Tropenkarst. Beispiele ihrer geo-ökologischen Differenzierung aus Java und Sulawesi. In: Geografski Glasnik (Bulletin de Géographie). Jg. 1976, Nr. 38. S. 313–335.
– : Geplante und spontane Neusiedlung in Südostasien. In: Konflikte durch Veränderungen in der Raumnutzung = Band 11 der Schriften des Zentrums für regionale Entwicklungsforschung der Justus-Liebig-Universität Gießen. Saarbrücken, Verlag Breitenbach, 1979. S. 116–182.

– : Wassersiedlungen in Monsun-Asien. In: Siedlungsgeographische Studien, herausgegeben von W. KREISEL, W.-D. SICK und J. STADELBAUER. Berlin-New York, W. de Gruyter, 1979. S. 273–305.

– : Indonesien: Lage und Großgliederung, Oberflächenformen und Böden. In: Indonesien. Ländermonographien, Band 11. Tübingen-Basel, H. Erdmann, 1979. S. 3–6 und 38–53.

– : Indonesien. Lage und Großgliederung, Oberflächenformen und Böden, Bevölkerungsverteilung und ethnische Differenzierung, Siedlungsformen. In: Indonesien, herausgegeben von H. KÖTTER, R.O.G. ROEDER und K.H. JUNGHANS. Tübingen-Basel, H. Erdmann Verlag, 1980. S. 3–6, 38–50, 259–267.

– : Der Reisbau mit natürlicher Wasserzufuhr in Süd- und Südostasien. Überlegungen zur Bedeutung, Gliederung, Verbreitung und Terminologie. In: Festschrift für F. MONHEIM. Aachen, 1981.

– : Innovationen im Reisanbau als Träger der ländlichen Entwicklung in Südostasien. In: Gießener Geographische Schriften, Heft 48. Symposium „Wandel bäuerlicher Lebensformen in Südostasien". 1982. S. 29–71.

– : Reisbausysteme und -ökotope in Südostasien. In: Erdkunde. Band 37, 1983, Heft 1/4. S. 269–282.

– : Reisbauökosysteme mit künstlicher Bewässerung und pluvialer Wasserzufuhr. Java und analoge Typen im übrigen Südostasien. Ebenda. Band 38, 1984, Heft 1/4. S. 16–29.

– : Südostasien zwischen Aufwind und Flaute. Neuere politisch- und wirtschaftsgeographische Entwicklungen der ASEAN-Länder, besonders Malaysias. In: Berliner Geographische Studien, Band 20, 1986. S. 207–222.

– : Südostasien. Subkontinent und Archipel, Kulturerdteil, Politisches Spannungsfeld. In: Praxis Geographie. 1986, Heft 1. S. 4–8.

UHLIG, Helmut: Menschen der Südsee. Völkerkunde der Gegenwart. Die Naturvölker Australiens und Ozeaniens. Berlin, Safari-Verlag, 1974. 368 Seiten mit 27 Farbfotos und 98 Schwarzweiß-Fotos auf Kunstdrucktafeln, 45 Textabbildungen, 1 Farbkarte und 5 Textkarten.

– : Indonesien hat viele Gesichter. 2. Auflage, Berlin, Safari-Verlag, 1976. 251 Seiten mit zahlreichen Abbildungen.

VALENTIN, Hartmut: Klimabedingte Typen tropischer Watten, insbesondere in Nordaustralien. In: Würzburger Geographische Arbeiten, Heft 43: Dynamische Geomorphologie. Würzburg, Geographisches Institut der Universität, 1975. S. 9–24.

VESEY-FITZGERALD, O.: On the Vegetation of Seychelles. In: Journal of Ecology. 27, 1940. S. 465–483.

VILLIERS, A.: The Marvellous Maledive Islands. National Geographical Magazine, 1961.

VORLAUFER, Karl: Der Fremdenverkehr in Sri Lanka als Faktor der nationalen und regionalen Entwicklung. In: Der Tourismus als Entwicklungsfaktor in Tropenländern. 2. Frankfurter Wirtschaftsgeographisches Symposium (27./28. Jan. 1978). Frankfurter Wirtschafts- und Sozialgeographische Schriften, Heft 30. Frankfurt a.M., Institut für Wirtschafts- und Sozialgeographie der Johann Wolfgang Goethe-Universität Frankfurt a.M., 1979. S. 105–162 mit Abbildungen im Text + 5 Falttafeln.

VOSS, Frithjof: Typische Oberflächenformen tropischen Kegelkarstes auf den Philippinen. In: Geographische Zeitschrift. 58. Jg., 1970. S. 214–227.

– : Ausgewählte agrargeographische Grundzüge der Zentralebene von Luzon, Philippinen. In: Berliner Geographische Studien, Band 20, 1986. S. 267–271 und 5 Faltkarten im Anhang.

WAGNER, Julius: Malaya, der jüngste unabhängige Staat im Commonwealth. In: Geographische Rundschau. 9. Jg., 1957. S. 390–392.

WALLACE, Robert: Hawaii. Time-Life International, Deutsche Ausgabe 1979. 184 Seiten mit zahlreichen Abbildungen.

WANDER, Hilde: Die Beziehungen zwischen Bevölkerungs- und Wirtschaftsentwicklung, dargestellt am Beispiel Indonesiens. Kieler Studien, Nr. 70. Tübingen, J.C.B. Mohr, 1965. 279 Seiten.

WARD, R. Gerard: Man in the Pacific Islands: Essays on geographical change in the Pacific Islands. Oxford, Clarendon Press, 1972. 339 Seiten mit Abbildungen.

WARD, R. Gerard und Andrew PROCTOR: South Pacific agriculture. Choices and constraits. South Pacific agricultural survey, 1979.

WATTERS, R.F.: Sugar Production and Culture Change in Fiji. A Comparison Between Peasant and Plantation Agriculture. In: Pacific Viewpoint. Vol. 4, 1963, Nr. 1 (März). S. 25–52.

WEISS, Dieter: Anmerkungen zur Entwicklungsstrategie der Republik Singapur. In: Internationales Asienforum. 5. Jg., 1974, Heft 1–4. München, Weltforum-Verlag, S. 364–371.

WEITZEL, Klaus: Wandlungen in der bäuerlichen Agrarlandschaft des Ura-Beckens auf Ceylon, dargestellt am Beispiel der Dörfer Horatota, Ambagasdowa, Palugama. In: Erdkundliches Wissen, Heft 27 = Beiheft der Geographischen Zeitschrift. Wiesbaden, F. Steiner, 1971. S. 103–165 + 4 Bilder auf 2 Kunstdrucktafeln.

WERNSTEDT, Frederick und J.E. SPENCER: The Philippine Island World a Physical, Cultural and Regional Geography. Berkeley, Los Angeles, London, University of California Press, 1967. 742 Seiten mit 84 Abbildungen und zahlreichen Tafeln.

WEST, F.J.: Political advancement in the South Pacific. A comparative study of colonial practice in Fiji, Tahiti and American Samoa. Melbourne, London, Oxford University Press, 1961. XI + 188 Seiten.

WILDFÖRSTER, Inge: Die Nickelmine von Pomalaa auf Sulawesi (Celebes). Ein gelungener Selbsthilfeversuch und seine Auswirkungen. In: Geographische Rundschau. 32. Jg., 1980, Heft 9. S. 386–389 und 395.

WILFORD, G.E. und J.R.D. WALL: Karst Topography in Sarawak. In: The Journal of Tropical Geography. Vol. 21, Dezember 1965. S. 44–70.

WILHELMY, Herbert: Wandlungen der Kulturlandschaft in der Südsee. In: Wirtschafts- und Kulturraum der außereuropäischen Welt = Festschrift für Albert KOLB. Hamburger Geographische Studien, Heft 24. Hamburg, 1971. S. 299–310.

– : Südostasien: Reis bleibt nach wie vor die Lebensgrundlage. In: Umschau in Wissenschaft und Technik. 77. Jg., 1977, Heft 2. S. 669–671.

WINZELER, R.J.: Ethnic relations in Kelantan. A study of the Chinese and Thai as minority communities in a Malay state. Leiden-Köln, E.J. Brill, 1985. 180 Seiten und 8 Abbildungen.

WIRTHMANN, Alfred: Inseltypen in Polynesien. In: Würzburger Geographische Arbeiten = Mitteilungen der Geographischen Gesellschaft Würzburg, Heft 12. Würzburg, Geographisches Institut der Universität, 1964. S. 177–190.

– : Die Reliefentwicklung von Neu-Kaledonien. Deutscher Geographentag Bochum. Tagungsbericht und wissenschaftliche Abhandlungen, 1966. S. 323–335.

– : Die Landschaften der Hawaii-Inseln. In: Würzburger Geographische Arbeiten, Heft 19. Würzburg, Geographisches Institut der Universität, 1966. 54 Seiten mit 7 Abbildungen.

– : Über Talbildung und Hangentwicklung auf Hawaii. Ebenda. Heft 22, Abschnitt V. Würzburg, Geographisches Institut der Universität, 1968. 22 Seiten.

WIRTHMANN, Alfred und Klaus HÜSER: Vulkaninseln als Modelle tropischer Reliefgenese. Dargestellt am Beispiel von Hawaii, La Réunion und Mauritius. In: Geographische Rundschau. 39. Jg., 1987, Heft 1. S. 22–31.

WISSMANN V., Heinrich: Der Karst der humiden heißen und sommerheißen Gebiete Ostasiens. In: Erdkunde. Band VIII, 1954, Heft 1/4. S. 122–130.

WOLF, Horst-Dieter: Tourismus und Verkehr auf den Seychellen. Frankfurter Wirtschafts- und Sozialgeographische Studien, 1983, Heft 45. 342 Seiten.
WOOD, B.L.: Geology of the Cook Islands. In: New Zealand Journal of Geology and Geophysics. 10. Jg., Nr. 6, Dezember 1961. S. 1429–1445.
WRIGHT, A.C.S.: Soils and land use of Western Samoa. New Zealand Departement of Scientific and Industrial Research, Soil Bureau. Bulletin 22. Wellington, Geo Print, 1963. 188 Seiten.
WU, David Y.H.: The Chinese in Papua New Guinea 1880–1980. Hongkong, Chinese Univ. Press, 1982. XIX + 176 Seiten.
WÜST, Herbert: Die Entwicklung der Seidenraupenzucht und Seidenherstellung in Japan. In: Japan, herausgegeben von Karl E. FICK. Frankfurt a.M., Institut für Didaktik der Geographie, 1983. S. 177–198.
YAZAWA, Taiji: Der jahreszeitliche Ablauf der Witterung in Japan. In: Geographische Rundschau. 9. Jg., 1957. S. 407–411.
– : Tokyo – Genese und Gestalt einer Weltstadt. In: Japan, herausgegeben von Karl E. FICK. Frankfurt a.M., Institut für Didaktik der Geographie, 1983. S. 61–74.
YUIHAMA, Shogo: Industrialization and environmental problems in Inland Sea Region. Ebenda. S. 177–198.
ZIMMERMANN, Gerd, R.: Die Viehhaltung in Indonesien. Zur Entwicklung der Tierbestände und der Versorgungssituation der Bevölkerung mit tierischem Eiweiß. In: Geographische Rundschau. 27. Jg., 1975. S. 162–168.
– : Transmigration in Indonesien. Eine Analyse der interinsularen Umsiedlungsaktionen zwischen 1905–1975. In: Geographische Zeitschrift. 63. Jg., 1975, Heft 2. S. 104–122.
– : Ungeregelte Landerschließung und planmäßige Agrarkolonisation in den Waldgebieten Südostasiens – Das Beispiel Südsumatras. In: Landerschließung und Kulturlandschaftswandel an den Siedlungsgrenzen der Erde = Festschrift für W. CZAJKA. Göttinger Geographische Abhandlungen, Heft 66. Göttingen, E. Goltze, 1976. S. 107–125.
– : Die Wirtschaftsformationen im südlichen Sumatra (Lampung): Entwicklung und Konsistenz ethnisch-religiös geprägter Raumstrukturen auf dem indonesischen Archipel. Braunschweiger Geographische Studien, Neue Folge. Braunschweig, Geographisches Institut der TU, 1980. II + 414 Seiten.

11.3 Weiteres Quellenmaterial

11.3.1 Karten und Atlanten

ANDREAS, Gottfried und Manfred RECKZIEGEL, Werner STAMS: Kartenserie zur Bevölkerungsentwicklung der Erde von 1960 bis 1980 (6. Teil): Australien und Ozeanien. In: Geographische Berichte (Mitteilungen der Geographischen Gesellschaft der DDR). 31. Jg., 1986, Heft 3. S. 205–212.
Atlas of Hawaii. Herausgegeben vom Department of Geography, University of Hawaii. Honolulu, University Press of Hawaii, third printing 1979. 222 Seiten.
Atlas Indonesia. Buku pertama Umum. Herausg. I. Made Sandy. Jakarta, 1974.
Atlas der Ozeane, Der Große Krüger. Deutsche Ausgabe von "The Atlas of the Oceans" (1977, Mitchell Beazley Publishers Limited, London). Frankfurt a.M., Wolfgang Krüger, 1979. 208 Seiten.

Atlas of South-East-Asia. Djambatan-Amsterdam, 1964.

BEDERKE, Erich und Hans-Georg WUNDERLICH: Atlas zur Geologie. Meyers Großer Physischer Weltatlas, Band 2. Mannheim, Bibliographisches Institut, 1968. XX Textseiten, 75 Atlasseiten, 1 Legendentafel im Anhang.

BRICE, W.C.: An historical atlas of Islam. Leiden, E.J. Brill, 1981. VIII + 71 Seiten, 4 Diagramme, 70 mehrfarbige Karten.

[Ceylon] A concise Atlas Geography of Ceylon. Colombo, 1971.

DIETRICH, Günter und Johannes ULRICH: Atlas zur Ozeanographie. Band 7 von „Meyers Großer Physischer Weltatlas". Mannheim, Bibliographisches Institut, 1968. XV Textseiten, 76 Atlasblätter, 1 Legendentafel im Anhang.

[East Asia] Geological map of East Asia (Manchuria, China, Korea). 1 : 250.000. Herausgegeben von: Geology and Mineral Resources Far East. Geographical Society. Tokyo, 1950 ff.

FAYON, M. und T. JACKSON, R. CLYDE: Atlas for Seychelles. London und Basingstoke, Macmillan Education Ltd., 1977. 33 Seiten.

Fiji Islands. 1 : 500.000. Topographical map. Publ. by the Dep. of Lands and Survey, under the authority of W.N. HAWKEY. Comp. from Joint Operations Graphic Charts 1 : 250.000. Ed. 1 GSGS. Wellington, New Zealand, Hasselberg, 1980. Mit drei Nebenkarten.

Geological map of Asia and the Far East. 1 : 5,000.000. Herausgegeben von: United Nations Economic Comm. for Asia and the Far East and Comm. of the Geol. Map of the World of the International Geological Congress; Geological Survey of Austria. Bangkok, 1959.

Indian Ocean Atlas. Central Intelligence Agency, August 1976. Neuauflage 1979. Superintendent of Documents, U.S. Government Printing Office, Washington.

[Indien] National Atlas of India. Prep. by Nat. Atlas Organisation. New Delhi, 1959 ff. 1978–1981 sind 19 Blätter erschienen.

[Indonesien] Geologic map of Indonesia. Peta geologi Indonesia. 1 : 2,000.000. Herausgegeben von: Direktorat geologi Indonesia. U.S. Geological Survey. Washington, 1965.

[Indonesien] Geologic map of southeast Kalimantan. 1 : 500.000. Geological Survey of Indonesia. Peta geologi Kalimantan tenggara. Bandung, 1970.

[Indonesien] Geologic map of Indonesia. Peta geologi Indonesia. 1 : 1,000.000. Herausgegeben von: Direktorat geologi Indonesia. Bandung, 1975 ff.

[Jawa] Geologic quadrangle map, Java. Peta geologi bersistem. 1 : 100.000. Herausgegeben von: Direktorat geologi. Geological Survey of Indonesia. Bandung, 1975 ff.

[Madagaskar] Atlas de Madagascar. Atlas de Madagascar. Préparé par L'Association des Géographes de Madagascar, sous la direction de René BATTISTINI, François LE BOURDIEC, Paul LE BOURDIEC. Tananarivé, Le Bureau pour le Développement de la Production Agricole avec la collaboration L'Institut Géographique National à Madagascar, 1969. 60 Kartenblätter.

[Madagascar] Carte géologique 1 : 500.000. Herausgegeben von: Service géologique de Madagascar. Tananarivé, 1956.

[Malaya] Geological map of the Malay peninsula 1 : 1,000.000. Herausgegeben von: Geological Society of Malaysia. Kuala Lumpur, 1972.

MAXWELL, W.G.H.: Atlas of the Great Barrier Reef. Amsterdam-London-New York, Elsevier Publishing Company, 1968. 258 Seiten mit 166 Figuren und Karten im Text.

MAYER, Ferdinand: Petro-Atlas Erdöl und Erdgas. 3. Auflage des Weltatlas Erdöl und Erdgas. Braunschweig, G. Westermann, 1982. 148 Seiten mit 78 Karten, 7 Satellitenbildern, zahlreichen Diagrammen und Tabellen.

Metallogenic map [of] Australia and Papua New Guinea. 1 : 5,000.000. Herausgegeben von: Bureau of Mineral Resources, Geology and Geophysics. Comm. for the Geological Map of the World. Canberra, 1972.
[Neukaledonien] Carte géologique des territoires d'outre-mer. Nouvelle Calédonie. 1 : 50.000. 16/19. Houailou-Baie Lebris. 1980. Erl. 1980. 20. Kouaoua. 1979. Erl. 1979. Paris, 1976 ff.
[Neukaledonien] Carte géologique des territoires d'outre-mer. Nouvelle Calédonie. 1 : 50.000. 23. Canala-la-Foa. 1982. 30. La Tontouta. 1982. Paris, 1976 ff.
[Niederländisch Indien] Atlas van Tropisch Nederland. Uitdgegeven door Het Koninklijk Nederlandsch. Aardrijkskundig genootschap in Samenwerking Met Den Topografischen Dienst in Nederlandsch-Indië. Amsterdam, Koninklijk Nederlandsch. Aardrijkskundig Genootschap, 1938. 31 Blätter, Namenregister.
[Papua-Neuguinea] Geology of Papua New Guinea, 1 : 2,500.000. Herausgegeben von Bureau of Mineral Resources, Geology and Geophysics. Dep. of National Resources. Canberra, 1976.
[Papua-Neuguinea] Geology of Papua New Guinea, 1 : 1,000.000. Herausgegeben von Bureau of Mineral Resources, Geology and Geophysics. Canberra, 1972.
PLUVIER, J.M.: An historical atlas of South East Asia. Leiden-Köln, E.J. Brill, im Erscheinen. VIII + 64 Karten, 8 Seiten Index.
PURBO-HADIWIDJOJO, Muljono M.: Peta geologi lembar Bali. Geologic Map of Bali, 1 : 250.000. Bandung, 1971.
[Réunion] Carte géologique du Dép. de La Réunion, 1 : 100.000. Herausgegeben von: Service de la Carte Géologique de la France. Institut Géographique National. Paris, 1967.
[Réunion] Atlas des Départments Français d'outre-mer. I. La Réunion. Paris, 1975.
[Salomon Inseln] Solomon Islands. Geological map, 1 : 50.000. Honiara, 1977 ff. 1977–1980 23 Blätter erschienen.
[Singapur] Geological maps of Singapore, 1 : 25.000, 1 : 75.000. Herausgegeben vom Public Works Dep. Singapore, 1976.
STAMS, Werner und Gottfried ANDREAS, Manfred RECKZIEGEL: Kartenserie zur Bevölkerungsentwicklung der Erde von 1960–1980. In: Geographische Berichte. Mitteilungen der Geographischen Gesellschaft der DDR. Hefte 1/1980, 3/1980, 3/1981, 3/1985, 1/1986.
[Taiwan] Geologic map of Taiwan. 1 : 300.000. Herausgegeben von: T'ai-wan sheng ti-chih tiaoch'a-so. Geological Survey of Taiwan. Taipei, 1953.
[Taiwan] Geologic map of Taiwan. 1 : 250.000. Herausgegeben von: Chung-hua-min-kuo chingchi-pu. The Ministry of Economic Affairs. Taipei, 1974.
Topographische Karten der Inseln. Kartenwerke der Landesaufnahme und amtlichen Kartographie, soweit diese bisher erschienen sind.
WAGNER, K.-H.: Atlas zur Physischen Geographie (Orographie). Meyers Großer Physischer Weltatlas, Band 4. Mannheim-Wien-Zürich, Bibliographisches Institut, 1971. VII + 59 Seiten.
Zentral Neuguinea. 1 : 500.000. Östliche Jayawijaya und westliche Sepik Region. Satellitenbildkarte zusammengestellt aus Landsat-1-Szenen unter Hinzufügung von Angaben aus verschiedenen Quellen. Kartographie: Gerhard PÖHLMANN und Ursula RIPKE. Berlin, Technische Fachhochschule, 1981. Mit 1 Übersicht.

11.3.2 Statistiken

ADB (Asian Development Bank). Vierteljahresberichte.
International Monetary Fund (IMF). Yearbook 1980. Washington, 1983.

Institut National de la Statistique et des Etudes Economiques (I.N.S.E.E.) – Service Régional de la Réunion: Panorama de l'économie de La Réunion. Edition 1984. Ste. Clotilde, 1984. 130 Seiten.
Demographic Yearbook. United Nations, New York.
Länderberichte des Statistischen Bundesamtes Wiesbaden. Philippinen, 1981; Mauritius, 1985; Singapur, 1985; Fidschi, 1986; Stuttgart-Mainz, W. Kohlhammer, jeweils im gleichen Jahr erschienen.
Fischer Weltalmanach '87. Zahlen, Daten, Fakten, Hintergründe. 28. Ausgabe: Frankfurt a.M., Fischer Taschenbuch Verlag, 1986. 1088 Spalten.
Fischer Weltalmanach '88. Zahlen, Daten, Fakten. Frankfurt a.M., Fischer Taschenbuch Verlag, 1987. 1088 Spalten.
Länderkurzberichte des Statistischen Bundesamtes Wiesbaden. Seschellen/Komoren, 1980; Singapur, 1980; China (Taiwan), 1981; Mauritius, 1981; Philippinen, 1981; Indonesien, 1982; Madagaskar, 1982; Papua-Neuguinea, 1982; Philippinen, 1982; Sri Lanka, 1982; Pazifische Staaten, 1983; 1986. Stuttgart, Verlag W. Kohlhammer, jeweils im gleichen Jahr.
[Mauritius] Ministry of Economic Planning and Development, Central Statistical Office: Bi-ann-xal digest of statistics. Mauritius, Vol. 17 (1982) Nr. 1. S. 117–121.
PALACPACE, A.C.: World Rice Statistics. IRRI. Los Bãnos, 1980.
The Statesman's Year-Book.
Yearbook of Statistics. Singapore. 1984/85. 299 Seiten.

11.3.3 Bibliographien weiterführender Literatur

Asien und Ozeanien behandelnde Zeitschriften und ihre Bestände in Bibliothek der Bundesrepublik Deutschland. Hamburg, Dokumentations-Leitstelle des Instituts für Asienkunde, 1970. IC + 181 Seiten.
ATTAR, Chand: Southeast Asia and the Pacific. A select bibliography, 1947–1977. New Delhi, Sterling Publ. 1979. XVI + 378 Seiten.
GRANDIDIER, G.: Bibliographie de Madagascar. 1905–1957. 4 Bände.
HEILIG, Gerhard: Die Bevölkerung Indonesiens. Eine kommentierte Bibliographie mit einem Überblick zur jüngsten demographischen Entwicklung. Berlin, Dietrich Reimer, 1985. 164 Seiten.
HELBIG, Karl M.: Die Insel Borneo in Forschung und Schrifttum. In: Mitteilungen der Geographischen Gesellschaft in Hamburg. Band 51, 1955. S. 105–395 + 24 Tafeln und 1 Faltkarte.
HINZLER, H.I.R.: Catalogue of Balinese Manuscripts in the Library of the University of Leiden and other collections in The Netherlands. Codices Manuscripts 22 und 23, Bibliotheca Universitates Leidensis, 1987.
KARNI, R.S.: Bibliography of Malaysia and Singapore. 1980. 670 Seiten.
KELLETAT, Dieter: Internationale Bibliographie zur regionalen und allgemeinen Küstenmorphologie (ab 1960). Essener Geographische Arbeiten, Band 7. Paderborn, 1983. 218 Seiten.
– : Internationale Bibliographie zur regionalen und allgemeinen Küstenmorphologie (ab 1960) – 1. Supplementband (1960–1985). Essener Geographische Arbeiten, Band 11. Essen, 1985. 244 Seiten.
MACDONALD, Gordon A.: Bibliography of the Geology and Water Resources of the Island of Hawaii. Territory of Hawaii, Division of Hydrography, Bulletin 10, 1947. 191 Seiten.
MALTEN, Thomas: Malediven und Lakkadiven. Materialien zur Bibliographie der Atolle im Indischen Ozean. Wiesbaden, F. Steiner, 1983 = Beiträge zur Südasienforschung. Südasien Institut der Universität Heidelberg, Band 87. 101 Seiten.

MASRI SINGARIMBUN: The Population of Indonesia. A Bibliography 1930–1972. Canberra, 1972.
MÜLLER, Werner: Bibliographie deutschsprachiger Literatur über Indonesien. 2. Auflage: Hamburg, Institut für Asienkunde im Verbund der Stiftung Deutsches Übersee-Institut Dokumentations-Leitstelle Asien, 1979.
MYLIUS, Klaus: The Nicobars and bibliography on the islands. In: The Oriental Geographer. Vol. VI, Nr. 1. Dacca, 1962.
PATLIAK, A.: Landwirtschaftliche Entwicklung in Südostasien. Auswahlbibliographie. Hamburg, Dokumentationsstelle des Instituts für Asienkunde, 1978.
PEARSON, J.D.: South Asian Bibliography. A Handbook and Guide. 1979. 381 Seiten.
PIGEAUD, G.Th.: Literature of Java. Catalogue of raisonne of Javanese manuscripts in the Library of the University of Leiden and of public Collections in the Netherlands, I–IV. 1967–1980, 1752 Seiten, 4 Faltkarten.
PRETZELL, Klaus-Albrecht: Topographie asienkundlicher Schrifttumssammlungen in der Bundesrepublik Deutschland und Werlin (West). Hamburg, Dokumentationsdienst Asien, Institut für Asienkunde, Reihe B, Band 1, 1978. X + 358 Seiten.
PRYOR, R.J.: Bibliography on internal migration in South East Asia. Australien National University, Dept. of Demography. Canberra, 1977.
RÖLL, Werner: Die deutsche geographische Forschung in Südostasien nach dem Zweiten Weltkrieg. In: Mitteilungen der Gesellschaft für Ost- und Südostasienkunde (Hamburg). Nr. 25, 1977. S. 108 ff und in: Cultures in Encounter. Materialien zum Internationalen Kulturaustausch, Band 6. Stuttgart, 1978. S. 253 ff.
SIEMERS, Günter: Bibliographie asien- und ozeanienbezogener Bibliographien. Hamburg, Dokumentationsdienst Asien des Instituts für Asienkunde, Reihe A, Nr. 12, 1979. VIII + 172 Seiten.
TAIRAS, J.N.B.: Indonesia. A Bibliography of bibliographies.
TAYLOR, C.R.H.: A Pacific bibliography. Printed matter relating to the native peoples of Polynesia, Melanesia and Micronesia. 2. Auflage: 1965. XXX + 692 Seiten, 1 Faltkarte.

12 Autoren-, Orts- und Sachindex

12.1 Autorenindex

Abbott, A.D.: 309–310
Arnberger, E.: 157, 245, 327–328, 349

Bartz, F.: 382
Biewald, D.: 211
Blüthgen, J.: 47–49, 55
Bobek, H.: 101, 128
Bodechtel, J.: 63–64
Boesch, H.: 156
Böhnecke, G.: 62
Bradley, J.T.: 330
Brücher, H.: 153
Buchholz, H.J.: 196, 393, 407–408, 411–417

Carol, H.: 230
Cordes, R.: 242
Crane, E.A.: 253–254

Dahm, B.: 291
Darwin, Ch.: 124, 212
Dayer, P.L.: 330
Dewey, J.F.: 65–66
Dietrich, G.: 30, 53, 61, 71, 74
Dolder, W.: 232
Domrös, M.: 32, 286–287, 368–369, 371–373, 375
Donque, G.: 349
Dress, G.: 307

Freeman, R.A.: 146
Franke, G.: 141–142, 147

Gierloff-Emden, H.G.: 28, 39, 41–42, 44, 55, 63–64, 211, 213, 215, 217
Grandjot, W.: 207

Haack, H.: 48–49
Hänel, K.: 276
Hardjono, J.M.: 298
Heilig, G.: 293
Heineberg, H.: 394, 397, 400, 404–405
Helbig, K.: 302, 304
Hesmer, H.: 152
Heyerdahl, Thor: 121
Hüser, K.: 273, 310

Imber, W.: 289, 388

Jaspan, M.A.: 111

Klötzli, F.: 232
Klug, H.: 196
Knübel, H.: 398
Koch, G.: 119, 266
Kolb, A.: 31
Krümmel, O.: 29

Lauer, W.: 51, 372
Lautensach, H.: 48–49
Lee, D.W.: 346
Leemann, A.: 388
Lehmann, H.: 321
Lengerke, H.J. von: 53
Lionnet, G.: 330, 332

MacDonald, G.A.: 279, 309–310
Machatschek, F.: 43
Manshard, W.: 195
Mauri, M.: 377
Mayer, F.: 176
Mensching, H.: 174
Müller-Hohenstein, K.: 193, 195

Nieuwolt, S.: 58

Paffen, K.H.: 54, 55, 80, 195, 348
Pannekoek, A.J.: 285

Pelzer, K.: 112
Penck, A.: 230
Probala, R.: 147

Randrianarison, J.: 363
Rast, H.: 62, 65–66, 223–224, 280, 282, 311, 316
Rezanov, I.A.: 280
Röll, W.: 177, 293, 296
Rosenkranz, E.: 30
Rutten, L.: 285

Scheffler, H.: 280
Schmidt, N.: 246, 249–251
Schmithüsen, J.: 195
Schöller, P.: 405, 407–408, 411–417
Sick, W.-D.: 159, 348–350, 352, 359–361, 363
Spencer, J.E.: 131
Stanley, D.: 122, 126, 219–220, 264

Troll, C.: 46, 53–55, 80, 195, 348

Uhlig, Harald: 57, 73, 112–113, 131–134, 137–138, 142–143, 175, 281, 284–286, 289, 388, 395
Ulrich, J.: 63, 71, 74

Waibel, L.: 145
Wagner, K.-H.: 61
Walter, H.: 195, 205, 208, 237, 310
Webb, A.W.T.: 330
Weck, J.: 151
Wegener, Alfred: 62, 64
Weischet, W.: 48–49, 239, 241
Wilhelmy, H.: 141
Wilkens, P.J.: 145–146
Williams, T.: 121
Wirth, Eugen: 174, 230
Wirthmann, A.: 273, 310, 314–315, 317
Wissmann, H. von: 53, 321–323
Wolf, H.D.: 343

Zimmermann, G.R.: 112, 297–298

12.2 Orts- und Sachindex

Die im Text vorkommenden Ortsnamen und Sachbezeichnungen werden unter Angabe der Seitenzahl in alphabetischer Reihenfolge angeführt.
Wo sich zu den Stichwörtern Untergliederungen ergeben, die ins Alphabet nicht einzuordnen sind, werden sie mit diesem Zeichen „–" eingerückt.
Fettgedruckte Seitenzahlen weisen auf die ausführliche Behandlung des Stichwortes hin.
Da Karten und Tabellen, die einfachere und übersichtlichere Darstellung fördern, wurde bei der Seitenangabe mit „K" auf Karte und „T" auf Tabelle verwiesen.

Abemama-Atoll (Gilbert-Inseln, Republik Kiribati): 221
Aberdeen (Hongkong): 406 K, 409, 415
Abu Dhabi: 173
Aceh (Provinz, Indonesien): 297
Ackerbau; *siehe unter Feldbau*
Agalega-Inseln: 52, 107 K
Agglomeration: 27, 162, 212, 413
Ailinglapalap, Atoll und Insel (Ralik-Inseln): 218 K
Air Madidi (Sulawesi): 389
Alang-Alang-Gras (Imperata): 238
Alaotra-See (Madagaskar): 352
Alas (Volksgruppe): 105
Aldabra-Inseln (Seychellen): 324, 333
Alluvialebene: 175, 301–302, 304, 306, 309, 320, 371
Alluviale Inseln; *siehe unter Inseltypen*
Ambalangoda (Sri Lanka): 174, 382
Ambalavao (Madagaskar): 358
Ambohimanerima (Madagaskar): 359
Ambon-Insel (Molukken): 111
Ambregebirge (Madagaskar): 352
Amed (Bali): 305
Amerikanisches Mittelmeer: 29 K, 30 T
Amerikanisch-Samoa: 90 K, 93 T, 97 T, 118 K, 169, 187–**188**
Amindiven-Inseln (Indien): 108

Amiranten-Inseln (Seychellen): 81 K, 83 T, 87 T, 324
Amlapura (= Karangasem, Bali): 283 K, 301 K, 305
Amsterdam-Insel: 81 K, 107 K, 108
Analphabetismus: 179, 182, 272, 278, 334, 367, 383
Ananaskultur: 127, 138, 149, 185–186, 259, 277, 311–312
Andamanen: 73, 80, 81 K, 84 T, 88 T, 104, 107 K, 108, 158, 163, 206
Andamanen-See (Meer): 106
Andesit: 279, 304
Andringitra-Gebirge (Madagaskar): 348
Androna-Paß (Madagaskar): 352
Ang Mo Kio (Singapur): 394 K, 404
Anjer (Java): 280
Anjouan-Insel (= Nzwami, Komoren): 272
Anjozorobe (Madagaskar): 358
Ankarana (Karst von, Madagaskar): 362
Ankaratra-Gebirge (Madagaskar): 348
Antaifasy (Volksgruppe): 351 K, 364
Antaimoro (Volksgruppe): 351 K, 365–366
Antaisaka (Volksgruppe): 351 K, 361, 364–365
Antakarana (Volksgruppe): 351 K, 352, 363
Antananarivo (= Tananarivé, Madagaskar): 351 K, 357, 358 T, 359, 362, 366, 368
Antandroy (Volksgruppe): 159, 351 K, 354
Antanosy (Volksgruppe): 351 K, 354, 364–365
Antarktischer Ozean: 27
Antsirabé (Madagaskar): 351 K, 358, 368
Anuradhapura (Sri Lanka): 369 K, 372 K, 374
Araber: 101, 268, 272, 350, 375
Arabisches Meer: 50, 67, 81 K, 82, 101
–, Inseln vor der Festlandküste und Sokotra und Kuria Muria: 81 K, 83 T, 86 T, 107 K
Arafura-See: 54
Arakan-Kette (Birma): 73
Arbeiter: 185, 277–278, 331
–, ausländische: 105, 146, 260, 276, 378
–, einheimische: 146, 220, 260
–, Facharbeiter: 146: 151, 272, 277, 331, 410
Arbeits-
– kräftebedarf: 149, 151, 185, 260, 272, 276, 293, 299, 355, 378
– losigkeit: 32, 112, 138, 183, 258, 296, 297, 334, 358
der Jugend: 38, 115, 138, 299, 358
– markt: 260, 276
– möglichkeit: 32, 36, 38, 115, 150, 174, 187, 383
– platz: 172, 187, 354, 397, 401
Zahl: 268, 299, 337, 358, 380
Arktischer Ozean: 27, 29 K, 30 T
Arun (Sumatra): 176
Asaro (Papua-Neuguinea): 180
Ashmore-Inseln (Australien): 108
Asiatische Entwicklungsbank: 177, 187, 300
Asien:
–, Ostasien: 50, 57–59, 109, 140, 142, 150, 225
–, Südasien: 53, 57, 59, 82, 109, 140, 150, 155, 159
–, Südostasien: 50, **57–59, 73**, 109, 115, 116 K, 117, 119, 132, 140–142, 148, 150–151, 159, 163, 175, 225, 242, 393, 395, 397–398, 401–402, 404
Ästuar: 204, 210 K, 348
Ätherische Öle: 150–152, 272
Atjeh (Volksgruppe): 105, 111
Atlantischer Ozean: 27, 29 K, 30 T, 31, 64–65, 90, 168, 205, 216
Atoll; *siehe auch unter Koralleninseln*: 33, 37, 67, 69, 91, 211, 212 K, 216–217, 218 K, 219 K, 220–221, 223, 244, 246–247 K, 248–250, 251 K, 252, 264, 308
–, Atollbildung: **212** K, **216–218**, 311
–, Definition: **246**
Atomversuche: 120, 219–221, 264
Ausfuhr: 104–105, 146, 149, 160, 176, 178, 183, 186–188, 248, 252, 256, 260, 317, 326, 331–332, 334–335, 337, 363, 365–366, 368, 380, 401, 410, 412
– gut: 148, 172–173, 178, 181, 184, 186, 266, 272, 304, 332, 334–335, 341, 366, 377, 392
Australien: 57, 67, 71–74, 81 K, 82, 90 K, 119, 152, 182, 194, 205, 223, 258–261
Australasiatisches Mittelmeer: 29 K, 30 T
Australische Platte: **66** K, **70**, 224 K, 254 K, 278
Ayer Merbau-Insel (Singapur): 394 K, 399

Badak (Sumatra): 177
Badulla (Sri Lanka): 372 K, 381
Baguio (Philippinen): 184
Bahrain: 81 K, 83 T, 86 T, 173–174, 196
Bajau (Volksgruppe): 159
Bakungan (Vulkan, Bali): 301 K, 302
Balabac-Straße: 54
Bali: 111–112, 142, 160, 177, 191, 225, 236,

278–279, **282**, 283 K, 284, 286, 294, **300**, **301** K, **302–308**, 319–321
–, Höhenverteilung: 283 K
–, ökologische Einheiten: **301–307**
Bali-Aga (Volksgruppe): 284
Balikpapan (Indonesien): 178
Balinesen: 111, 284, 291, 305
Bali-Straße: 302
Baltra-Insel (Galápagos-Inseln): 126 K
Bambus: 153, **238**, 306, 329
Banaba-Insel (= Ocean Island): 187, 223, 258–259
Bananen: 127, 132, 149, 155, 187, 256, 259, 335–336, 345, 365–366
Banda-See: 54, 74, 289 K, 383
Bandos-Insel (Malediven): 249
–, Klein Bandos (Malediven): 249
Bandung (Java): 296 T, 299–300
Bangka-Insel (Sumatra): 175
Bangladesh:
–, Reisanbaufläche und Produktion: 139 T
Banyan-Baum (Ficus bengalensis): 236–237
Baobab (Affenbrotbaum): 270–271, 361
Bara (Volksgruppe): 159, 350, 351 K, 352
Basalt: 64, 262, 274, 301, 302, 304, 305, 306, 309, 317, 348
Basilikum: 173, 272
Bassas-da-India-Inseln: 107 K
Bataan (Provinz, Philippinen): 184
Batak (Volksgruppe): 105, 111, 386
–, Toba-Batak: 105, 386
–, Karo-Batak: 105
Batam-Insel (Indonesien): 177
Batate (= Süßkartoffel): 127–128, 142, 155, 180, 256, 299, 362, 365
Batubulan (Bali): 306
Batukau-Vulkan (= Batu Kohu, Bali): 301 K, 304
Batavia; *siehe auch unter Jakarta*: 292–293
Batticaloa (Sri Lanka): 53, 369 K, 376, 382
Batur (Bali): 283 K, 284, 301 K, 304
Batur-See (Bali): 236, 282, 283 K, 284, 301 K
Batur-Vulkan (Bali): 236, 282, 283 K, 284, 301 K, 304
Baumwolle: 149, 277, 332
–, Verarbeitung: 172, 416
Belawan (Sumatra): 176
Belitung-Insel (= Billiton, Sumatra): 175
Bellinghausen-Insel (Gesellschafts-Inseln, Französisch-Polynesien): 263
Bemaraka (Madagaskar): 362
Bengkulu (Provinz, Indonesien): 297
Bergbau; *siehe auch unter Bodenschätze*: 37, 111, 150, 172, 175–176, 181, 182, 183, 187, 188, 212, 260
–, Chrom: 184
–, Eisen: 187
–, Gold: 178, 181, 187, 391
–, Kupfer: 178–179, 181, 187
–, Mangan: 187
–, Nickel: 179, 182
–, Phosphat: 185, 187, 223, 259–261
–, Produkte: 172, 187
–, Rentabilität: 176, 178–179, 181, 261
–, Silber: 187
–, Tagbau: 175, 181
–, Zinn: 176
Beringmeer: 29 K, 30 T
Besakih-Tempel (Bali): 283–284, 304–305
Besiedlung: 81, 103, 106, 113, 120, 193, 204, 210–211, 242, 278, 302, 304, 326, 328, 331, 333, 344, 350, 386, 407
–, Geschichte: 100, **119–122**, 126, 246, 252, 264, 266, 274–277, 315, 330, 331, 348, 395
–, Möglichkeiten: 33, 180, 262, 309, 323–324, 330
Besitz-:
– anteile ausländische: 110 K, 116 K, 123 K, 145–146, 177–179, 181, 184, 190, 334, 343, 355
– größen, agrare: 136, 145, 148, 183, 272, 276–277, 299, 336–337
–, Landloser: 296, 297, 299, 319
–, Staatsbesitz: 146, 249, 256, 337
– struktur: 39, 183, 274, 276
Betriebe:
–, Fremdenverkehrsbetriebe: 190–191, 274
– landwirtschaftliche: 102–103, 138, 145, 147, 149, 173, 266, 276, 299, 309, 336, 380
–, multinationaler Konzern: 399
– nichtlandwirtschaftliche: 102, 150, 171, 173–174, 180, 184, 188, 258, 266, 299, 359, 382, 410
–, Staatsbetrieb: 145, 177, 187
–, Struktur: 274, 276, 410
Betsileo (Volksgruppe): 350, 351 K, 352, 355, 357, 359
Betsimisaraka (Volksgruppe): 351 K, 352, 355, 366

Betty Plage (Madagaskar): 367
Bevölkerungsbewegung:
–, natürliche: **38**, 76, 91, 112–113, 183, 256, 293, 358
–, räumliche; *siehe unter Wanderung*
Bevölkerungsdichte: 27, 36, 83 T–89 T, 92 T–99 T, 113, 128, 132, 180, 193, 196, 211, 230, 279, 294 T, 296, 298, 305, 352, 365, 413
Bevölkerungsdruck: 109, 138, 286, 298, 365
Bevölkerungsentwicklung, natürliche und räumliche; *siehe auch unter Transmigration und Umsiedlung*: 33, 36, **38**, 76, 80, 91, 104, 112 K, 113, 127, 135, 138, 140, 154, 178, 183, 196, 211, 230, 244, 246, 288, 289 K, 293, 296, 297 T, 298 K, 330–331, 334, 352, 358, 367, 379, 396 T, 397–398
Bevölkerungsexplosion: 101, 109, 174, 293, 358, 379, 382
–, Übervölkerung: 112, 115, 177, 243, 268, 277, 298, 337–338, 393
Bevölkerungsverteilung: 177, 278, 289 K, 379
Bevölkerungszahl: 31, 75, **76**, 129–130, 196, 241
Be- und Entwässerung; *siehe auch unter Reis*: 135, 138, 141–144, 196, 210, 268, 286, 302, 306, 317, 319–320, 363, 370, 380, 389
–, Techniken: 293, 299, 301, 306, 309, 363, 373–374, 376–377, 380, 385
Bezanozano (Volksgruppe): 355
Bikini, Atoll und Insel (Ralik-Inseln): 218 K, 219, 220
Bildungs- und Schulwesen: 103–104, 136, 174, 182, 186, 248, 272, 277, 292, 333–335, 338–340, 355, 383, 391–393, 404
Billiton; *siehe unter Belitung*
Bintulu (Sarawak): 178
Bird Island (Seychellen): 337
Birma: 81 K, 84 T, 87 T, 105, 130, 175, 205, 321
Bismarck-Archipel (Papua-Neuguinea): 117
Bismarckgebirge (Papua-Neuguinea): 180
Biyagama (Sri Lanka): 174
Blambangan (Halbinsel, Java): 301, 319
Blita (Java): 281
Boden:
– bildung: 222–223, 240, 269, 279, 313, 319, 352
–, Humus: 132, 136, 234, 239–241
–, Nährstoffhaushalt; *siehe auch unter Pflanzennährstoffe*: 132, 196, 223, **239–241**, 254, 279, 282, 284, 286, 299, 301, 306, 319, 371
–, Restmineralgehalt: 223, 234, 239–240, 242
– verbesserung: 279
– verhältnisse: 193, 225, 230, 241, 272, 292–293, 302, 385
–, Wasserhaushalt: 132, 141, 144, 206, 237, 239, 286, 305, 319, 361, 371
Bodenschätze (Lagerstätten); *siehe auch unter Bergbau*: 31, 36, 172–173, 175, 178, 179, 368
–, Bauxit: 175, 178
–, Chrom: 182, 184
–, Eisen: 176, 354
–, Erdgas: 175, 181
–, Erdöl: 150, 174–175, 177, 179, 181, 184, 382
–, Erkundung: 185
–, Erschließung: 150, 172, 175, 179
–, Erschöpfung: 223, 261
–, Gold: 179, 391
–, Graphit: 382
–, Ilmenit: 174, 382
–, Kupfer: 185, 187, 391
–, Mangan: 182, 187
– mineralische: 174, 181, 185, 382
–, Nickel: 32, 182, 184
–, Phosphat: 31, 222–223, 258–259
–, Rutil: 382
–, Silber: 179
–, Steinkohle: 176, 354
–, Zinn: 175, 176
Bogor (= Buitenzorg, Java): 231, 287, 296 T, 300
Bohnen: 132, 155, 274, 286, 335, 361, 365
Bonge (Sulawesi): 179
Boning-Graben: 69
Bora (Volksgruppe): 351 K, 362
Bora-Bora (Gesellschafts-Inseln, Französisch-Polynesien): 214, 215 K, 261, 263
Borneo; *siehe auch unter Kalimantan, Malaysia (Ostmalaysia), Sabah und Sarawak*: 57, 69, 74, 110 K, 111, 113, 130, 138, 149–150, 152, 175, 178, 231
–, mit Küsteninseln: 90 K, 92 T, 95 T
Borobudur (Tempel, Java): 288, 291, 300
Bougainville-Insel (Salomon-Inseln, Papua-

Neuguinea): 110 K, 181, 185
Bougainville Copper Ltd.: 181
Brache: 132, 135–136, 277, 286, 306
Brandrodungsfeldbau, -wanderhackbau, -wanderpflanzstockbau, -wanderwirtschaft; *siehe unter „shifting cultivation"*
Brani-Insel (Singapur): 394 K, 398, 402
Bratan-See (Bali): 301 K, 304
Bratan-Vulkan (Bali): 283 K, 301 K, 304, 306
Brewer Solomon Assn.: 186
Brickaville (Madagaskar): 366
British-North Borneo; *siehe unter Sabah*
British Phosphate Commissioners: 260
Brotfruchtbaum: 336
Browse-Insel (Australien): 107 K, 108
Brunei: 38, 110 K, 113–**114**, 117, **178–179**
Buada-Lagune (Nauru): 259 K
Bubunan (Bali): 301 K, 302
Bucht (von) (= Bay, = Anse):
–, Anse la Réunion (La Digue-Insel): 328 K, 335
–, Ayer Batang (Tioman): 344–345, 346 K
–, Bengalen: 53, 67, 81 K, 397
– und Andamanen-See: 84 T, 88 T
–, Bonnet Carré (La Digue-Insel): 229, 328 K
–, Cocos (La Digue-Insel): 326, 328 K
–, Faitsilong (Nord-Vietnam): 322–323
–, Gilimanuk (Bali): 301 K, 302–303
–, Grande Anse (La Digue-Insel): 326, 328 K
–, Grande Anse (Mahé-Insel): 327 K
–, Ha-Long (Nord-Vietnam): 321–323
–, Hudson (Kanada): 29 K, 30 T
–, Juara (Tioman): 345, 346 K
–, Junk (Hongkong): 406 K, 417
–, Mamala (Oahu-Insel): 309
–, Manila: 184
–, Moya (Mayotte-Insel): 163
–, Nicolaas (Menjangan-Insel): 301 K, 302
–, Palu (Sulawesi): 384 K, 391
–, Petite Anse (La Digue-Insel): 326, 328 K
–, Royale (Mahé-Insel): 327 K, 330–331
–, Waipio (Hawaii-Insel): 318
Büffel: 158, **159–160**, 161, 389
Bugi (Volksgruppe): 111, 243, 391, 392
Bujan-See (Bali): 301 K, 304
Bukit (= Tafelhuk, Halbinsel, Bali): 301 K, 306–307, 319–321
Bukitasem (Sumatra): 176
Bukit Timah (Berg, Singapur): 394 K, 395
Bukittingi (Sumatra): 105
Bukum-Insel (Singapur): 394 K, 399
Buleleng (Bali): 302
Bulolo (Papua-Neuguinea): 181
Busing-Insel (Singapur): 394 K, 399
Burgher (Volksgruppe): 376–377, 379
Butaritari-Atoll (Gilbert-Inseln, Republik Kiribati): 221

Cadlao (Philippinen): 184
Captain Cook (Hawaii-Insel): 316
Canton-Insel (Phönix-Inseln): 221
Cargados-Carajos-Inseln: 107 K
Carlsberg-Rücken: 64, 66 K
Carnegie-Schwelle: 67
Cartier-Insel (Australien): 108
Cascade (Mahé-Insel): 226, 327 K
Cassava; *siehe unter Maniok*
Castle Peak (Berg, Hongkong): 406 K, 417
Catbalogan (Philippinen): 166
Celebes; *siehe unter Sulawesi*
–, mit Celebes-See, Makassarstraße und Flores-See: 90 K, 92 T, 96 T, 289 K
Celebes-See: 74, 289 K, 383
Ceylon; *siehe unter Sri Lanka*
Ceylon State Plantations Corporation: 380
Chai Wan (Hongkong): 414 K, 415
Cheung Sha Wan (Hongkong): 414 K, 415
Cheningan-Insel (Indonesien): 320
Chilaw (Sri Lanka): 382
Chilenische Schwelle: 67
China: 54, 57, 59, 77, 90, 105, 111, 117, 119, 140, 142, 155, 160, 293, 296, 321, 330, 393, 405, 407–408, 410, 411–412, 415, 417–418
Chinarinde: 299
Chinesen: 37, 111, 113–115, 171, 175, 178, 243, 260, 278, 293, 296, 355, 393, 398, 403, 407–408, 415
chinesisches und koreanisches Inselgebiet (außertropischer Anteil): 90 K, 94 T, 98 T
Chinesisches Meer: 59
Christmas-Insel; *siehe unter Kiritimati*
Cilacap (Java): 285 K, 300
Cirebon (Java): 285 K, 300
Cirque de Cilaos (Réunion): 273 K, 274
Citarumfluß (Java): 300
Citronella: 173, 272
Cocos-Schwelle: 67
Coëtivy-Inseln (Seychellen): 81 K, 324

Colombo (Sri Lanka): 164, 166, 174, 369 K, 374 K, 376–377, 379, 382
Colombo District (Sri Lanka): 370
Cook-Inseln (Neuseeland): 35, 90 K, 91, 93 T, 97 T, 118 K, 221, 266
Cosmoledo-Inseln (Aldabra-Inseln): 324
Cousin Island (Seychellen): 337
Cousine-Insel (Seychellen): 343
Cratère Brulant (Krater, La Réunion): 225, 273 K
Crozet-Inseln: 67, 81 K, 108
Curieuse-Insel (Seychellen): 329

Dajak (Volksgruppe): 111, 113–114
Darwin-Insel (Galápagos-Inseln): 126
Davis-Straße: 29
Degradierung: 127, 132, 159, 238, 243, 357, 361–362, 385
Denpasar (Bali): 301 K, 307–308
Diego Garcia-Insel (Tschagos-Archipel): 52
Diégo-Suarez (Madagaskar): 52 K, 349 K, 355, 363
Diëng-Gebirge (Java): 282, 285 K
Djakarta; *siehe unter Jakarta*
Djembrana-Distrikt (Bali): 306
Dracheninsel (Bucht von Ha-Long): 323
Dua-Insel (Bali): 308
Düngung: 131, 135–136, 177, 239, 286, 299
–, Aschendüngung: 131–132
–, vulkanische Aschendüngung: 223, 241, 255, 279, 282
Dusun (Volksgruppe): 114, 159
Dzaoudzi (Mayotte-Insel): 34 K, 52 K, 272

Ebeye-Insel (Kwajalein-Atoll): 218 K, 219 K, 220
Edelsteine: 104, 376, 382
–, Gewinnung: 174
–, Halbedelsteine: 377, 382
Einfuhr: 154, 183, 186, 191, 252, 259, 266, 276, 365, 368, 401, 410, 418
Einnahmen: 127, 149, 176–177, 187, 191, 266, 276, 307, 311, 341–342, 393
–, Devisen: 145, 189, 300, 410, 412
bringer: 151, 172, 187, 189–190, 248, 412
Einwohner; *siehe unter Bevölkerungszahl*
Eisenholz: 152
Ellice-Inseln (Tuvalu): 69, 118 K, 123 K, 221, 260

Energie:
–, Gewinnung: 173, 177
–, Versorgung: 174, 261, 277, 300, 382
Enewetak, Atoll und Insel (Ralik-Inseln): 218 K, 219–220
Engländer: 223, 259, 334, 377–378, 380, 386
Enteignung: 145–146, 357, 368
Entfernungen:
–, interinsulare: **35**
–, zu Märkten: **35**
Entkolonisierung; *siehe unter Kolonisation*
Entschädigungszahlungen: 185, 220, 223, 260, 276
–, für Umweltschäden: 181
Entsorgung: 27, 44, 164, 189, 248
Entwicklungs-
– hilfe (Zuwendungen): 32–33, 37, 60, 80, 90, 114, 122, 135–136, 174, 177, 182, 184, 186–189, 220, 222, 243, 258, 266, 272
– länder: 137, 154, 189, 230, 359, 367
– möglichkeiten: 31, 81, 90, 104, 120, 171, 182, 186, 219, 243, 259, 297, 319, 374
kulturelle: 100, 104, 117, 374
soziale: 122, 128, 136, 138, 189, 190
wirtschaftliche: 33, 60, 100–101, 103–104, 106, 114, 117, 122, 128, 136, 138, 149, 169, 171–172, 175–176, 183–184, 188–189, 243–244, 246, 259–260, 266, 288, 291, 299, 302, 331, 374, 383, 397, 408
Erdbeben: 62, 65–66, 254, 281, 282
Erdgas: 173, 176–178
– felder: 175–176, 178–179
Erdnüsse: 138, 142, 145, 149, 155, 256, 286, 299, 302, 305, 362, 365
Erdöl: 31, 33, 82, 114, 173–179, 184, 196, 211–212, 300, 393, 399, 401
– felder: 173, 175–176, 178, 300
– raffinierien: 173–174, 176–178, 184–185, 196, 300, 392, 399, 401
Ergußgesteine: 279
Ericaceae: 238
Ernährungs-: 132, 139–140, 155, 158, 180, 221, 230, 239, 244, 272, 275, 277, 286, 299, 332, 366, 380, 391
– gewohnheiten: 33
– grundmuster: 155, **157**
– möglichkeiten: 222, 225, 331
– situation: 32, 37–38, 44, –45, 91, 129, 132, 136, **154–157**, 162–164, 172, 191, 196, 252, 275, 296, 299, 320, 326, 336–337,

344–345, 365, 378, 380–381, 389, 391
Fette: 155, 160, 162
Kalorienbedarf: 140, **154–155**
Kohlenhydrate: 155, 222
Mineralstoffe: 155, 160,162
Proteine: **155**, 160, 162, 164, 169
Vitamine: 155, 160
Ernte: 129, 132, 149, 380
–, Anzahl pro Jahr: 299, 301, 305, 306
–, Ertrag: 132, 135, 210
Erosion: 258, 262, 271, 274, 305, 308, 361
–, Bodenerosion: 204, 242, 332, 361, 407
–, Erosionsgefahr: 135, 271
Ethnische
Einflüsse: **36**, 81, 100
– Gruppen: 32–33, 40, 111, 128, 171, 227, 323, 347, 350–351 K, 352–354, 358, 362, 403
–, Kulturgut: 91, 126, 136, 138
– Verhältnisse: 36, 101–103, 112, 115, **117–118** K, 122, 128, 136, 146, 149, 171, 188, 244, 274, 278, 299, 344, 378, 383, 386, 407
– Vielfalt: **37**, 61, 77, 105–106, 109, 111, 117, 243, 268, 367
– Zusammensetzung: 101, 113, 118, 186, 192, 272, 397
'Eua-Insel (Tongatapu-Inseln): 255, 257 K
Eukalyptus: 361
Eurasische Platte: 66 K, 279
Europäisches Mittelmeer: 29 K, 30 T
Export; *siehe unter Ausfuhr*

Familie:
–, Großfamilie: 40, 130, 243, 389, 415
–, Kinderzahl: 38, 298
–, Planung: 115, 256, 297
–, Verband: 122, 129, 136, 159, 338–339, 388
Fangataufa-Insel (Tuamotu-Archipel, Französisch-Polynesien): 118 K, 220, 264
Fanling (Hongkong): 406 K, 415, 417
Fanning-Insel (Line-Inseln, Rep. Kiribati): 221
FAO (Food and Agricultural Organisation of the U.N.): 154
Farafangana (Madagaskar): 349 K, 365
Farbige: 182, 333, 337
Farne: 237–238, 261, 304, 329
Feldbau: 104, 210, 268, 274, 286, 299, 302, 352, 362
–, Dauerfeldbau: 114, **135–136**, 145
–, Regenfeldbau: 352, 362–363, 365, 391
–, Trockenfeldbau: 286, 306, 391, 416
Felivaru (= Lhaviyni-Atoll, Malediven): 252
Fernandina-Insel (Galápagos-Inseln): 124, 126 K
Feudalismus: 102, 103, 291, 361, 377
Fianarantsoa (Madagaskar): 351 K, 352, 358, 368
Fianarantsoa (Provinz, Madagaskar): 365
Fidschi-Inseln: 35, 69, 90 K, 93 T, 97 T, 124, 149, 159, 169, **186–187**
Finanz-
– einsatz: 131, 135, 335, 383
– hilfe, staatliche: 136
– kraft: 128–129, 171
– schwäche: 35, 104, 122, 138, 145–146, 150, 172, 269, 276, 331–332, 363, 368
– zentrum: 393, 401, 403–404
Fischer: **130–131**, 168, 225, 352, 382, 397, 407, 415
Fischfang: 31, 37, 44, 45, 101, 124, 130, **163–166**, **167** T, **168–169**, 174, 185–188, 190, 196, 204, 246, 248–249, 252, 256, 260, 306, 317, 320, 347, 362, 365, 380, 382, 391, 409
Fischzucht: 163, 169, 416
Fleisch: 155, 159–160, 186
Floreana-Insel (Galápagos-Inseln): 126 K
Flores-Insel: 54, 111, 177
Flores-See: 74, 289 K, 383
Flüchtlinge: 105, 407, 410, 415
Flügelfruchtgewächse (Dipterocarpaceae): 150–152
Flughafen: 35, 260, 306, 309, 316, 340, 382, 391, 393, 402–403, 407, 409, 412, 414
Fluglinien; *siehe unter Luftverkehr*
Foa-Insel (Ha'apai-Inseln): 255, 257 K
Fonualei-Insel (Tonga): 255, 257 K
Formosa; *siehe unter Taiwan*
Forstwirtschaft: 150–154, 178
–, Aufforstung: 274, 361
Fort Dauphin (Madagaskar): 349 K, 363–365
Frankreich: 32–34, 100, 120, 264, 266, 272, 275, 278, 355, 357
Franzosen: 182, 275–277, 330, 364, 366
Französisch-Polynesien: 32, 35, 75, 90 K, 93 T, 97 T, **188**, 214, 215 K, 220, 261, 262 K, 263–264
–, Anteil des Fremdenverkehrs am Brutto-

sozialprodukt: 188
Fraser Insel (= Great Sandy Is., Austral.): 85
Fremdenverkehr: 37, 172, 185, 187, **189**, 190–191, 230, 248, 258, 261, 266, 268, 278, 300, **307**, 311–312, 316, 319, 326, 330–331, 337, 339–344, 364, 366, 376, 383, 393, 401, 410, 412
–, Auswirkungen: 189, **190–191**, 248, 268, 307, 343–344
–, Einrichtungen: 189–191, 248, 274, 300, 307–308, 312, 317, 319, 341, 343–344, 366, 383, 401–403, 409, 414
Kapazität: 189, 300, 307–308, 342–343, 401
–, Individualtourismus: 189, 307, 343–344, 347
French Frigate Shoals (Hawaii-Inseln): 309
Fruchtfolge, Anbauwechsel, Kulturfolge; *siehe auch unter Rotationsfrucht*: 59, 132, 141–142, 286, 302

Gabbro: 274
Galápagos-Inseln: 57, 67, 90 K, 93 T, 97 T, 124, 126
Galle (Sri Lanka): 104, 174, 369 K, 377
Galunggung (Vulkan, Java): 281, 285 K
Gambier-Inseln (Französisch-Polynesien): 264
Gangesmündung: 210 K
Gartenwirtschaft, Gartenbau: 31, 39, 59, 101, 103, 210, 222, 252, 260, 268, 282, 309, 374
Gayo (Volksgruppe): 105
Gebirge, Bergland: 46, 56–57, 74, 104–105, 135, 148, 158, 162, 179–181, 183, 186, 237, 243, 261, 274, 277, 279, 284, 301, 304, 306, 309, 312, 315, 324, 326, 335, 337, 345, 347, 350, 364–366, 368, 370–372, 377, 381, 383, 385–386, 388–389, 391–392, 405, 407, 412
–, Leeseite: 51, 54, 56, 274, 301, 309, 312, 316–318, 370, 372
–, Luvseite: 51, 54, 225, 264, 274, 312, 318, 363, 370–371
Geflügelhaltung: 161 T, **162**, 416
Gelbes Meer: 168
Geld- und Bankwesen: 178, 293, 296, 401, 409–410
Gemüse: 138, 142, 153, 246, 259, 277, 286, 332, 345, 316, 361, 365
geologisch-petrographischer Aufbau: 73 K, 74 K, 204, 243, 284, 346 K, 348, 368, 395, 405
Georgetown (Penang-Insel): 106
Geotektonik: 62, 63 K, 64–73, 74 K, 383
–, Hebung: 227–228, 252–255, 302, 348
–, Kontinentaldrift: 64, 309
–, Kontinentalverschiebungstheorie: 62
–, Platten: 62, 65, **66** K, 68 K, 70 K, 223–224, 254
–, Plattentektonik (= plate tectonics): 62, 65, 66 K, 252, 254
–, Rift: **64–67**
–, Rücken, submariner: **62**, 64–65, **66** K, 67, **68** K, **70** K, 168, 252, 308–309, 324
–, Subduktionszone: 65–67, 69, 223, 254 K, 278–279, 281
–, Urkontinent (= Gondwana): 65, 67, 368
Geranium (besonders Pelargonium krappeanium): 273 K, 274, 276–277
Gesellschafts-Inseln (Französisch-Polynesien): 54, 118 K, 120, 214, 220, **261, 262** K, **263–264, 265** K, **266–268**
Gesellschaftssystem; *siehe unter Sozialstruktur*
Gesundheitswesen: 136, 189, 256, 272, 277, 293, 380, 404
–, Elefantiasis: 329
–, Mangelkrankheiten: 45, 155, 326
Gewerbe: 101, 104–105, 138, 171–174, 188, 190, 242–243, 256, 258, 268, 296, 299, 357, 359
–, produzierendes: 173, 177, 179, 183, 187–188, 278, 300, 368, 399–400
–, verarbeitendes: 171–172, 177–178, 184, 299
Gewitter: 57, 59, 237, 287, 391, 395
Gewürze: 100–101, 275, 330–332, 355, 374, 377, 398
Gewürznelken: 172–173, 272, 275, 304, 331, 342, 349 K, 365–366, 389
Gezeiten (= Tiden): 40, **41–45**, 164, 204, 206–207, 214, 258, 323, 326
–, Bereich: 204, 206–207, 248
–, Definition: **41**
–, Gezeitenhochwasser: 40–43, 164, 204
–, Gezeitenniedrigwasser: 41–43, 164, 204, 214
–, Nipptiden: 41–42
–, Springtiden: 41–42
–, Tidenhub: 41–43
Gilbert-Inseln (Republik Kiribati): 35, 69, 90 K,

93 T, 97 T, 117, 122, 221
Gilimanuk (Bali): 301 K, 302–303
Glodok (Jakarta): 296
Glorieuses-Inseln: 107 K
Golf (von)
–, Aden: 64, 81 K, 83 T, 86 T
–, Arabisch-Persischer: 29 K, 30 T, 32, 81 T, 83 T, 86 T, **173–174**, 196, 197 T, 210
–, Bone: 383, 384 K, 386
–, Huon (Papua-Neuguinea): 180–181
–, Kalifornien: 29 K, 30 T
–, Oman: 81 K, 83 T, 86 T
–, Papua: 181
–, St.-Lorenz-Golf: 29 K, 30 T
–, Tolo: 383, 384 K
–, Tomini: 383, 384 K
–, Tonking: **321–323**
Goroka (Papua-Neuguinea): 180
Grabstätten: **353**, 354, **388**, 389
Grande Anse River (Mahé-Insel): 326
Grande Terre-Insel (Neukaledonien): 221
Granit: 175, 243, 324, 329, 344–345, 348, 383, 388, 405
–, Verwitterungsformen: 226–230, 329
Granitinseln; *siehe unter Inseltypen*
Grasland: 54, 150, 162, 183, 315, 354
Großbritannien: 100, 104, 221, 248, 260, 272, 337, 397, 407–408
Großes Barriere-Riff (Australien): 71, 216
Groß-Komoro (= Njazidja, Komoren): 81 K, 83 T, 86 T, 225, **268–272**
Guadalcanal-Insel (Salomon-Inseln): 185, 186
Guangzhou (= Kanton, China): 117, 393, 405, 407–408, 410
Guano: 221, 223, 258, 334, 341–342
Gulo Gadung (Jakarta): 300
Gummibaum (Ficus elastica): 231
Gunong Kajang (Tioman): 345, 346 K, 347
Gunung Agung (Bali): 283 K, 284, 301 K, 304–305
G. Gedah (Bali): 304
G. Kidul (Java): 286
G. Lesong (Bali): 304
G. Pohen (Bali): 304
G. Prapat Agung (Bali): 302–303
G. Sewu (Java): 284, 286
Guttapercha: 153
Guttibaumpflanzen (Guttiferales): 150
Ha'ano-Insel (Ha'apai-Inseln): 255, 257 K
Ha'apai-Inseln (Tonga): 254–256, 257 K
Hafen: 104, 169, 171, 177, 204, 293, 300, 309, 317, 340, 357, 364–366, 376–377, 389, 391–393, 394 K, 395, 398–399, 401–402, 405, 406 K, 408–410, 413, 415, 418
–, Containerhafen: 393, 402, 414, 416
–, Freihafen: 397, 407–410, 412
–, naturräumliche Voraussetzungen: 31, 44, 270, 363, 393, 397, 402, 405, 408
Haleakala (Vulkan, Maui-Insel): 310 K, 312
Hamakua (Hawaii-Insel): 318
Hambantota (Sri Lanka): 371
Handel: 30–32, 36, 101, 104, 109, 117, 122, 124, 129, 151, 170–171, 178, 186, 190, 246, 248, 268, 291, 293, 296, 331, 357, 366, 374, 376–377, 393, 395, 397–398, 401–402, 408, 410, 412
–, Außenhandel: 145, 186, 249, 272, 401, 410–412
Bilanzdefizit: 154, 173, 341
–, Freihandel: 173–175, 382, 412
–, Stützpunkt: 109, 259, 291, 359, 363–364, 366, 375, 397, 407–409
–, Tauschhandel: 129, 131, 182
Hanga Roa (Osterinseln): 127
Hangneigung: 196, 225, 261, 274, 301, 305–306, 312, 314, 318, 329, 345, 348, 361, 365, 368, 371, 391
Harz: 150
Hawaiianer: 317–319
Hawaii-Insel (Hawaii-Inseln): 185, **308–309, 310** K, **311–319**
–, Landschaftsgliederung: **314–318**
Hawaii-Inseln (= Sandwich-Inseln): 42, 54, 75, 90 K, 93 T, 97 T, 120, 149, 152, 159, **185**, 264, **308–310** K, **311–314, 315** K, **316** K, **317–319**
–, Alter, Entwicklungsstadien: **309, 310** K, **311**
Heard-Inseln (Australien): 107 K, 108
Heliconia (Bananengewächse): 237
Hilo (Hawaii-Insel): 310 K, 315 K, 317
Hikueru-Atoll (Tuamotu-Archipel, Französisch-Polynesien): 220
Hirse; *siehe unter Millet*
Holualoa (Hawaii-Insel): 310 K, 316
Holz: 151, 178, 186, 233–234, 326, 331–333
–, Edelhölzer: 100–101, 233, 326, 361
– nutzung: **150–152**, 153, 175, 233–234, 237–238, 242, 277, 326, 332–333, 361,

382
– verarbeitung: 188, 258, 326, 361
Homagema (Sri Lanka): 174
Hongkong: 31, 38, 61, 90, 117, 184–185, 260, 393, **396** T, 399, 404, **405, 406** K, **407–418**
–, Ausfuhr: 411
–, Bevölkerungsentwicklung: 38, **396** T, 405, 407, 410
–, Einfuhr: 411
–, Neulandgewinnung: 393, 412, **413** K, 416, 417 T
–, Reexporte: 410, 411, 412
–, Shenzhen, Sonderwirtschaftszone (SWZ): 406 K, 417–418
–, Wasserversorgung: 415
Hongkong (Insel): 405, 407–409, 413, 415
–, Kowloon: 405, 406 K, 407–409, 412–417
–, New Territories: 405, 406 K, 415–417
–, New Towns: 406 K, 414–416, 417 T
Hongkong Abkommen: 408
Hongkong Housing Authority: 415
Honolulu (Oahu-Insel): 309, 310 K, 311, 317
Honiara (Salomon-Inseln): 186
Housing and Development Board (HDB) (Singapur): 394 K, 403–404
Huahine-Insel (Gesellschafts-Inseln, Französisch-Polynesien): 263
Hualalai (Vulkan, Hawaii-Insel): 310 K, 312
Hülsenfrüchte: 142, 273 K, 302
Humboldtstrom: 54, 56, 124, 167
Humuula-Sektor (Hawaii-Insel): 315 K, 318
Hunga Ha'apai (Vulkan, Tonga): 255, 257 K
Hunga Tonga (Vulkan, Tonga): 255, 257 K
Hungergürtel: 155, **156–157** K, 242
Hungerkatastrophen: 154

Idjen (Vulkan, Java): 281
Ikopa (Fluß, Madagaskar): 350
Ile Europa: 81 K, 83 T, 86 T, 107 K
Import; *siehe unter Einfuhr*
Inder: 171, 186, 244, 277–278, 350, 355
Indien: 53, 57, 104, 142, 146, 147, 155, 159, 209, 246, 374, 378
–, Büffelbestand: 159
–, Büffelmilchproduktion: 159
–, Kuhmilchproduktion: 158–159
–, Naturkautschukproduktion: 148
–, Ostküste: 81 K, 83 T, 87 T
–, Reisanbaufläche und Produktion: 139 T
–, Rinderbestand: 158
Indischer Ozean: 27–29 K, 30 T–40, 47 K, 48 K, 49 K–**53** T–**55** K–58 K–62–**63** K–**66** K–**68** K, 72 K–73, 78 T–**79** T–**81** K–**83** T–**89** T, 100–102 K–107 K, 108, 111, 140, 149, 162–164, 167 T–169, 171–176, 193–**194** T–195 T, **197** T–**199** T, 205–206, 210 K–211, 216, 223, 224 K, 225–226, 243–245 K–247, 268, 287 T, 323–347, 368, 375, 395, 397
–, alle Inseln: 53 T, **78** T–**79** T, **80, 81** K, **82, 83** T–**89** T, 102 K–107 K, 140, 149
Indonesien: 31, 36–39, 57, 76, 81 K, 84 T, 88 T, 90 K, 92 T, 95 T, 96 T, 101, 105, **109, 110** K–**112** K, **113–114**, 116–117, 119, 140, 144–147, 161–162, 167–169, **175–179**, 225, 279, 281, 287–300, 386
–, Anteil Landwirtschaft/Industrie am Bruttoinlandsprodukt: 299
–, Bevölkerungsentwicklung: 38, 113, 294 T, 297 T
–, Bevölkerungsverteilung: **288–289** K, 292–293, 295 K
–, Fänge der See- und Binnenfischerei und Fangmengen/Ew.: 167 T
–, Naturkautschukproduktion: 148
–, Niederschlag Jahresgang: 287 K
–, Palmölproduktion: 148
–, Reisanbaufläche und Produktion: 139, 299
–, Transmigration: 112 K, 298 K
Industrialisierung: 300, 382, 398–399, 403, 410
Industrie: 173–174, 177, 181, 183–185, 243, 258, 278, 311, 368, 398–401, 408–410
– anlagen: 38, 172, 174, 177–178, 299, 395, 403, 410, 413–414, 416
–, chemische: 172, 299, 399
–, Eisen- und Stahlerzeugung: 174, 185, 300, 311, 354
–, Elektronik: 399, 401, 409–410
–, Elektro: 399, 410
–, Getränkeindustrie: 183
–, holzverarbeitende: 183
–, Konserven: 183, 185, 188, 252, 311
–, Konsumgüter: 184
–, Kunststoff: 172, 410
–, Leder: 172–173
–, Maschinenbau: 185, 311, 399, 401, 410
–, metallverarbeitende: 178, 299, 401, 410
–, Minerölindustrie: 399, 401

–, Nahrungs- und Genußmittel: 172, 177–178, 184, 299, 401
–, Papier: 185, 392
–, petrochemische: 176, 399
–, Textil- und Bekleidung: 172–174, 177–179, 184, 187, 299, 311, 382, 392, 410
–, Zement: 172, 174, 183, 185, 187, 299, 392
– zentrum: 90, 398
– zone: 184, 300, 382, 393, 398–399, 403–404
Infrastruktur: 106, 136, 149, 170, 173–174, 176, 178–179, 187, 189, 258, 268, 300, 355, 363, 368, 374, 383
–, Ausbau: 190, 417
–, Veränderungen: 129, 260, 319, 323
Innertropische Konvergenz (ITC): 46, 47 K, 50, 52, 55
Inseln, Inselgruppen:
–, Definition: **40–41**
–, Indischer Ozean: **53** T, **81** K, **83** T–**89** T
–, Pazifischer Ozean: **61** T, **90** K, **92** T–**99** T
Inseltypen: **194 T**, **197** T–**203** T, **245** K, **265** K, **267** K
Alluviale Inseln (Sandinseln, Schlickinseln, Mangroveinseln): 194 T, 196, 197 T, 199 T, 200 T, 203 T, 204–209
(Aride und semiaride Inseln, kahle Felsinseln): 194 T, 196, 197 T, 199 T, 200 T, 202 T
Granit- und Syenitinseln: 37, 194 T, 198 T, 201 T, 226–230, 323–347
Koralleninseln: **36**–37, 42, 54, 67, 69, **71** K, 73–74, 76, 82, 85, 91, 120, 174, 193, **194** T, **196**, 197 T, 199 T, 200 T, 211–223, 244, **245** K–**250** K–**251** K, 252, 324
–, Korallenbankinseln: 194 T, **196**, 200 T, 222–223, 244, 252–268
–, Korallenriffinseln (Hohe Inseln): 214–**215** K, 261, **262** K
Vulkaninseln: 69, 74 K, 82, 185, 193, 214, **215** K, 216, 221, 223, **224** K, 225, 252, **253** K–**257** K, 262, 264, **265** K, 268–272, **273** K, 274–278–318
Große Inseln mit ökologischen Disparitäten: 194 T, 243, 347–392
Inseln aus Sedimentgesteinen (Kalk): 194 T, 225, 319–323
Internationale Arbeitsorganisation (ILO): 268
Internationale Entwicklungsorganisation (IDA): 177
International Rice Research Institute (IRRI): 140
INTRACO: 401
Irian Jaya; *siehe unter West-Irian*
Irische See: 29 K, 30 T
Isabela-Insel (Galápagos-Inseln): 124, 126 K
Isothermie:
–, Definition: **46**
Itasy-See (Madagaskar): 361

Jaffna-Halbinsel (Sri Lanka): 104, 174, 368, 369 K, 374, 382
Jagd: **162–163**
–, Unterwasser-Jagd: 240
Jäger und Sammler: 105, 113, **129–130**
Jakarta (Djakarta, Java): 109, 178, 280, 285 K, 289 K, 296 T, 299–300
Jaluit, Atoll und Insel (Ralik-Inseln): 218 K
Jambi (Provinz, Indonesien): 175, 297
Jampang-Plateau (Java): 284
Janatha Estates Development Board (Janawasama): 380
Japan: 32, 39, 59, 77, 90 K, **116** K–**117**, 140, 142, 167, 168, 172, 184, 194, 205, 219, 252, 258
–, außertropische Inseln des Pazifischen Ozeans: 90 K, 94 T, 98 T
–, Fänge der See- und Binnenfischerei und Fangmengen/Ew.: 167 T
–, Reisanbaufläche und Produktion: 139 T
–, tropische Inseln: 91 K, 92 T, 95 T
Japanischer Tiefseegraben: 66 K, 69
Japanisches Meer: 29 K, 30 T, 59
Java: 69, 74, 109, 111–112, 128, 141–142, 147–149, 152, 160, 169, 170, 175, 177–178, 205, 225, 231, **278–285** K–**308**, 383
–, Bevölkerungsdichte: 91, 112, 288, 289 K, 293
–, Bevölkerungsentwicklung: 294 T, 297 T
–, und Java-See (ohne Küsteninseln Borneos): 90 K, 92 T, 95 T, 289 K
Java-Graben (= Sunda Graben): 66 K, 69
Java-See: 54, 69, 71, 175, 289 K, 300
Jayapura (= Djajapura, ehem. Hollandia, Sukarnapura; West Irian): 179
Jogjakarta (Yogyakarta, Java): 281, 284, 285 K, 288, 296 T, 300

Johore-Straße: 394 K, 395
Juara (Tioman): 345, 346 K
Juan de Nova-Insel: 81 K, 83 T, 86 T, 107
Jungulbatu (Lembogan-Insel): 320
Jurong (Singapur): 394 K, 398–399, 403
Jurong-Industriehafen: 394 K, 398, 399, 401–402
Jurong Town Corporation (JTC): 398–399, 403

Kaffee (Coffea arabica): 100, 145–146, 148–149, 172, 180, 183, 186, 273 K, 275, 277, 299, 304, 306, 311, 316–317, 349 K, 355, 365–366, 377, 389, 392
Kahoolawe-Insel (Hawaii-Inseln): 308 T, 310 K, 312
Kailua (= Kona, Hawaii-Insel): 315 K, 316–317
Kailua (Oahu-Insel): 309
Kakao (Theobroma cacao L.): 145, 148–149, 186–187, 349 K
Kalifely (Madagaskar): 362
Kalifornienstrom: 56, 167
Kalimantan (= Indonesisch Borneo): 90 K, 92 T, 95 T, 112, 114, 143, 177–178, 297 T
Kalk: 43, 73, 174, 225, 284, 301–302, 319–321, 348, 354, 368, 370, 374
– brennerei: 173, 212, 214, 320–321
– gewinnung: 306, 320–321
–, Korallenkalk: 173, 204, 211, 214, 221, 223, 246, 258
Kallang (Singapur): 394 K, 404
Kallang-Fluß (Singapur): 394 K, 402
Kalmenzone: 57, 324
Kampung-Baru (Sulawesi): 179
Kandy (Sri Lanka): 369 K, 376–377
Kaneohe (Oahu-Insel): 309
Kanton; *siehe unter Guangzhou*
Kao-Insel (Tonga): 255, 275 K
Kapital: 39, 145–146, 178, 190, 410
–, ausländisches: 146, 174, 177–178, 188, 343, 399–400, 410, 417
– investitionen: 145, 151, 177, 188, 399–400, 417
Karolinen: 42, 90 K, 93 T, 96 T, 122, 184, 220
Karst: 260, 286, 323, 362, 374, 385
–, Formen:
oberirdische: 222, 284, 286, 321
unterirdische: 222, 255, 320, 388
–, Hydrographie: 222, 383
–, Kegelkarst: 284, **321**
–, Turmkarst: 243, **321–323**, 385
Karthala (Vulkan, Groß-Komoro): 225, 269–270
Kassawa (= Cassava); *siehe unter Maniok*
Kaste: 37, 164, 288, 365, 382
Kasuarina (Baum): 304
Kauai-Insel (Hawaii-Inseln): 185, 308 T, 310 K, 312
Kau-Hänge (Hawaii-Insel): 315 K, 317
Kautschuk: **147–148**, 153, 178, 299, 371, 377–378, 380, 389, 398
Kautschuk/Palmöl- und Zinngürtel: 175
Kau Wüste (Hawaii-Insel): 315 K, 317
Kawaikini (Berg, Kauai-Insel): 310 K, 312
Kawengan (Indonesien): 177
Kealakekua (Hawaii-Insel): 316
Kelut (Vulkan, Java): 281–282
Kentiasaro (Papua-Neuguinea): 181
Keppel Pier (Singapur): 394 K, 401–402
Kerguelen-Inseln: 81 K, 84 T, 89 T, 107 K, 108
Kerguelen-Plateau: 67
Kermadek-Graben: 254
Kiawe Baum (Prosopis pallisa): 315
Kilauea (Vulkan, Hawaii-Insel): 309, 310 K, 312–313, **314**, 316 K, 317
Kintamani (Bali): 284
Kiribati (Demokratische Republik): 35, 118 K, 123 K, 185, **187**, 221, 223, 260
– und Gilbert-I., Ellice-I., Phönix-I., Line-I. und nördlich gelegene US-I.: 90 K, 93 T, 97 T
Kiritimati (= Christmas-I. = Weihnachts-I., Line-Inseln, Republik Kiribati): 108, 187, 221
Klima, Klimatypen, Klimazonen: 46, 54–56, 59, 81–82, 91, 124, 129, 142, 144, 176, 182, 185, 193, 210, 223, 226–227, 241, 264, 269, 274, 278, 286–287, 301, 313, 319, 321, 323–324, 348, 363, 368, 385, 395, 405
–, Aridität: 54, 57, 352, 370, 372
–, klimaökologische Gliederung: 129, 347, 369–371
–, vertikale Klimazonen: 46, 56, 124, 287, 314, 348, 368, 371–372, 385
Klungkung (Bali): 301 K, 320
Knollenfrüchte; *siehe unter Batate, Maniok, Taro, Yams*
Kohala-Halbinsel (Hawaii-Insel): 309, 312, 315 K, 316 K, 318
Kokos-Inseln (= Keeling-Inseln, Austral.): 107 K, 108
Kokosnüsse; *siehe auch unter Kopra und Palmen*: 149, 155, 187, 334, 341–342
–, Erzeugnisse: 186, 188, 252, 341–342, 378
–, Öl: 173, 248, 334–335, 341–342

Kolonisation:
–, Zeit: 103–104, 106, 107 K, 109, 110 K, 112, 116 K, 145, 162, 183, 223, 293, 298–299, 333, 337, 354–355, 362–363, 365–366, 376–378, 380, 383, 391, 393, 403
–, Entkolonisation: 32, **106–108**, 109, 112, 123 K, 145, 148, 172, 174, 333, 339, 354, 368, 379
Kolovai (Tongatapu): 254
Komakou (Vulkan, Molokai-Insel): 312
Komiufa (Papua-Neuguinea): 181
Komoren: 34 K, 38, 67, 80, 82, 83 T, 86 T, 101, 103, 107 K, 162–163, 172–**173**, 268, 272
–, Fänge der See- und Binnenfischerei und Fangmengen/Ew.: 167 T
Kona-Hänge (Hawaii-Insel): 315 K, 316–318
Koné (Neukaledonien): 182
Koolau-Kette (Oahu-Insel): 309
Kopfjagd: 386, 389
Kopra: 145, 173, 186–187, 221, 252, 258, 266, 335, 341, 343, 392
Korallen; *siehe auch unter Kalk*: **211–216**, 222, 306, 308
–, Baumaterialgewinnung: 212, 214, 248–249, 270
–, Riff: 37, 43–44, 56, 69, 71, 73, 91, 163–164, **211–216**, 218, 220–222, 226, 230, 246, 258, 261, 263–264, 320, 324, 340, 344
Saumriff: 212–215, 326
Wallriff: 212, 214–215
–, Sand: 246, 270, 307, 324
Koralleninseln; *siehe unter Inseltypen*
Kota Kinabalu (Sabah): 114
Kotte (Sri Lanka): 375

Kraftwerk: 44, 300, 382
Krakatau (Vulkan, Indonesien): **279, 280** K, 281
–, Anak Krakatau: 280 K
Kredit: 177–178, 184, 187, 297, 300
Kreolen: 277–278

Kuching (Sarawak): 178
Kult: 36, 186, 266, 389
–, Ahnenkult: 104, 386, 388
–, Brauchtum: 37–38, 104, 122, 158, 161, 180, 305, 365, 389, 392
Kulturen: 33, 115, 117, 119, 126–127, 186, 264, 272, 284, 290–292, 300, 305, 307, 350, 365–366, 375
Kulturfläche: 138, 150, 180, 186, 238, 241, 260, 274, 275, 277, 282, 284, 304, 335, 374
Kunsthandwerk: 127, 188, 258
Kuria-Muria-Inseln: 107 K
Kusu-Insel (Singapur): 394 K, 402
Kuta (Bali): 307
Kwai Chung (Hongkong): 406 K, 414, 416
Kwajalein, Atoll und Insel (Ralik-Inseln): 218 K–220
Kwun Tong (Hongkong): 406 K, 408, 413–417

Lac d'Anosy (Madagaskar): 359
La Digue-Insel (Seychellen): 227–229, 326, **328** K, 335–338, 343
Lae (Papua-Neuguinea): 180–181
Lagune: 204, 206, 214–216, 220–221, 255, 259, 261, 329, 345, 348, 365
Lakkadiven: 37, 81 K, 83 T, 87 T, 107 K, 108, 244
Lampung (Provinz, Indonesien): 112, 297
Lanai-Insel (Hawaii-Inseln): 308, 310 K, 312
Lanaihale (Vulkan, Lanai-Insel): 312
Lanao del Sur (Provinz, Philippinen): 114
Land-Meer-Verteilung: **27–28**
Landschaft, Landschaftsbild: 126, 159, 180, 183, 185, 189–190, 221, 243, 278–279, 312
Landverbindung: 73, 119, 302
–, Komorenverbindung: 67
Landwirtschaft: 150, 152, 173, 183–185, 187–188, 222, 256, 258, 284, 311, 359, 363, 367
–, Arbeitsgeräte: 128, 130–132, 135–136, 145, 149, 278, 286
–, Bearbeitungsmethoden: 128, 132, 141–142, 144, 286, 302
–, Kulturen: 53, 227, 274, 299
–, Nutzfläche: 138, 179, 184, 187, 269, 275, 277, 316, 336, 380, 391
–, Nutzung: 59, 222, 225, 238–239, 241–242, 256, 258, 263, 274, 279, 286, 302, 304–306, 309, 312, 395
–, Produktion: 31, 39, 112, 138, 230, 266, 279, 355, 380, 382, 389, 391
Lantana-Sträucher (Lantana camara): 316
Lantau-Insel (Hongkong): 405, 406 K,409
Lantau Peak (Berg, Hongkong): 405, 406 K
Lariang (Sulawesi): 179
Late-Insel (Tonga): 255

Lateiki-Insel (Tonga): 255
Lebens-
– mittel; *siehe unter Nahrungsmittel*
– verhältnisse: 32, 36, 40, 46, 60, 82, 112, 115, 129, 130, **134**, 166, 176, 179–181, 185, 188–189, 242–243, 266, 307, 320–321, 323, 339, 352, 362, 378, 389
Lembogan-Insel (Indonesien): 320
Lemuren: 354
Leyte-Insel (Philippinen): 165
Lifuka-Insel (Ha'apai-Inseln): 255, 257 K
Lihue (Vorland, Kauai-Insel): 312
Likiep-Atoll (Ratak-Inseln): 218 K
Limbotto-See Senke (Sulawesi): 383, 384 K
Line-Inseln (Republik Kiribati): 35, 187, 221
Linsen: 155, 273 K, 274
Lockermaterial: 44, 236, 269, 305
Lohnniveau: 260, 378, 399, 418
Lombok-Insel (Indonesien): 111, 225, 282, 286–288, 291, 300, 305, 319
Lompobatang (Vulkan, Sulawesi): 384 K, 385
Londa (Sulawesi): 384 K, 388
Los Baños (Philippinen): 140
Loyalitäts-Inseln (= Iles Loyauté): 117, 221
Luftdruck: 50, 53, 57, 59
Luftfeuchte: 54, 57, 59, 129, 209, 231, 237, 315, 317, 348, 395
Luftmassen: 57–59, 225, 287
Luftverkehr: 35, 177, 179, 189, 331, 366, 399, 402
–, Air Nauru: 35, 185, 187, 261
–, Air Polynesia: 35
–, Air Tunguru: 187
–, Air Pacific: 187
–, „Island Hopper": 35
–, Singapore Airlines (SIA): 344, 402, 403
–, South Pacific Air: 35
Lutong (Ost-Malaysia): 178
Luzon-Insel (Philippinen): 60, 114, 170, 184

Macadamia: 316
Macao: 407, 410
Mactan-Insel (Philippinen): 184
Madagaskar: 38–39, 52, 67, 77, 80, 81 K, 82, 83 T, 86 T, 103–104, 107, 146, 148–149, 158–159, 161–162, 169, 171–**172**, 204, 243, 335, **347–348, 349** K–**351** K, 352–358 T, **359–360** K, **361–368**
–, Altersaufbau: 38, 358, 368
–, Bevölkerungsentwicklung: 38, 358 T
–, Bevölkerungsverteilung Volksgruppen: 351 K
–, Fänge der See- und Binnenfischerei und Fangmengen/Ew.: 167 T
–, geologische Gliederung: 348
–, Handelsbilanz: 368
–, Klima und Bodennutzung: 349 K
–, Rinderhaltung: 160
–, Vegetationsformationen: 360 K
Madagaskar-Plateau: 67
Madagassen: 276–277
Madura-Insel (Indonesien): 74, 111–112, 177, 288, 292, 294, 299
Maduresen (Volksgruppe): 111, 291
Mahafaly (Volksgruppe): 159, 351 K, 353–354
Mahafaly-Plateau (Madagaskar): 352–353, 362
Mahaweli-Bewässerungsprojekt (Sri Lanka): 380
Mahé-Insel (Seychellen): 34, 172, 226–227, 324–326, 327 K, 329–334, 337–338, 340, 343
Maintirano (Madagaskar): 362
Mais: 127, 132, 142, 144, 155, 256, 277, 286, 299, 302, 305, 320, 332, 361, 365, 391
Majunga (Madagaskar): 52 K, 349 K, 355, 362, 368
Majuro (Ratak-Inseln): 60, 171, 218, 220
Makale (Sulawesi): 387–389
Makassar; *siehe unter Ujung Pandang*
Makassaren (Volksgruppe): 111, 243, 391–392
Makassar-Straße: 383 K
Makehuku (Papua-Neuguinea): 181
Makoa (Volksgruppe): 103, 362
Malabarküste: 248
Malabar-Inder: 276
Malaien: 114, 179, 293
Malaiische Halbinsel: 57, 111, 163, 175, 347, 395, 397–398
Malakka-Straße: 111, 175–176, 397
–, und Kösteninseln: 106
Malang (Java):
–, Bevölkerungsentwicklung: 296
Malaysia: 38, 81 K, 84 T, 88 T, 113, 148, 152–153
–, Naturkautschukproduktion: 148
–, Ostmalaysia (= malaysischer Anteil der

Insel Borneo); *siehe auch unter Sabah und Sarawak*: 113, 117, 178
–, Palmölproduktion: 148
–, Westmalaysia (= Malaya): 113, 398
Male (Malediven): 248–249
–, Süd-Male-Atoll: 246, 247 K
Malediven: 32, 37–38, 75, 80, 81 K–83 T, 87 T, 108, **244–246, 247** K–**250** K, **251–252**
Malediven-Rücken; *siehe unter Tschagos-Lakkadiven-Plateau*
Malili (Sulawesi): 179
Maloelap-Atoll (Ratak-Inseln): 218 K
Maluku (Provinz, Indonesien): 297
Mamberamo (Fluß, West-Irian): 179
Manado (Sulawesi): 383, 384 K, 385, 389–391
Manakara (Madagaskar): 351 K, 359, 365
Manama (Bahrain): 196
Manambondro (Fluß, Madagaskar): 365
Mananjari (Madagaskar): 363, 365–366
Mandaren (Volksgruppe): 243
Mandrare (Fluß, Madagaskar): 354, 356
Mangareva-Insel (Gambier-Inseln, Französisch-Polynesien): 264
Mango: 336, 367
Mangorotal (Madagaskar): 355
Mangrove (Rhizophoraceae): 153, 164, 175, 197 T, 204, **205–209**, **210** K, 236, 303, 345, 399
–, Definition: **206**
–, Salzhaushalt: **208–209**
Mangroveinseln; *siehe unter Inseltypen*
Manihiki-Atoll (Cook-Inseln): 221
Maniki-Plateau: 69
Manila (Luzon-Insel): 115, 140, 184
Maniok (= Kassawa): 132, 138, 155, 256, 271, 277, 286, 299, 302, 345, 361–362, 365, 391
Mannar (Sri Lanka): 53, 174, 376, 382
Manuka-Sektor (Hawaii-Insel): 315 K
Maoke-Gebirge (= Gunungan Maoke, West-Irian): 179
Marak (Java): 280
Marianen: 90 K, 92 T, 96 T, 122, 184–185
Marianen-Graben: 69, 252
Mariveles (Philippinen): 184
Markt: 31–32, 35–36, 39, 128, 136, 138, 145, 147–148, 151, 159–160, 162, 164, 166, 169–170, 182, 191, 332, 334–335, 341, 359, 362, 375, 412
–, marktwirtschaftliche Orientierung: 135–136, 138, 144–145, 163–164, 170, 174, 272, 302, 362, 371, 380, 389
Marquesas-Inseln (Französisch-Polynesien): 120, 127, 264, 266
Maros (Sulawesi): 385
Marshall-Inseln: 60, 90 K, 93 T, 96 T, 117, 122, 184–185, 218–220
Maskarenen; *siehe auch unter Mauritius und Réunion*: 81 K, 83 T, 87 T, 149, 162, **173**
Maskarenen-Plateau: 67
Mass Rapid Transit (MRT) (Singapur): 394 K, 404
Mass Transit Railway (MTR) (Hongkong): 414 K
Matara (Sri Lanka): 377, 382
Matinloc (Philippinen): 184
Maui-Insel (Hawaii-Inseln): 308 T, 312
Mauna Kea (Vulkan, Hawaii-Insel): 310 K, 312–313, **314–315** K, 317–318
Mauna Loa (Vulkan, Hawaii-Insel): 309, 310 K, 312–313, **314–315** K, 316 K, 317–318
Maupiti-Insel (Gesellschafts-Inseln, Französisch-Polynesien): 263
Mauritius; *siehe auch unter Maskarenen und Réunion*: 100, 102 K, 103, 107 K, 146, 159, 173, 212, 275–276, 278, 330, 332–334
–, Fänge der See- und Binnenfischerei und Fangmengen/Ew.: 167 T
Mayon (Vulkan, Philippinen): 60
Mayotte-Insel (Komoren): **34** K, 50, 52 K, 53, 107, 162, 272
McDonald-Inseln (Australien): 108
Medan (Sumatra): 177
Meer:
–, Bedeutung, Funktion, Aufgabe: **27**, 29 K, 30 T, 62
–, Ernährungsergänzungsgebiet: 27, 62, 214, 227
–, Rohstoffgewinnung: 27, 45, 62, 187, 371
–, Weltmeere:
Fläche, Inhalt, mittlere und größte Tiefe: **30** T
Gliederungsvorschlag: 27, **29** K, **30** T
Meeresbodenrelief (= submarines Relief): 62, 67, **68** K, 69, **70** K, 74, 109, 211, 213, 222, 253, 268
Meeres-
– brandung: 42–44, 164, 204, 209, 214, 216, 218, 228–230, 255, 280, 323, 326
–, Spiegel: 41–43, 69, 211–214, 216,

221–222, 227, 246, 268, 280, 308
–, Spiegelschwankungen: 42, 44, 73, 211, 213–214, 222–223, 227, 258, 321
–, Strömung: 41, 44–45, 54, 56, 124, 164, 167–168, 204, 211, 326, 348
–, Transgression: 73–74, 76, 212–214, 216, 263
Meeresküste: 172, 214, 329
–, Formen: 42–44, 204, 206, 228, 271, 345, 348, 407, 416
Definitionen: **42–44**
–, Küstenformung: **42–44**, 62, 204
–, Küstenplattform: **43–44**, 205, 222, 255, 258
Melanesien: 38, 113, **117**, 118–122, 160, 163, 169
Melanesier: 117, 182, 186
Melonen: 127, 256
Menjangan-Insel (= Hirschen-Insel, Bali): 301 K, 302
Merak (Java): 177
Merapi (Vulkan, Java): 281, 285 K
Merina (Volksgruppe): 104, 350, 352, 354–355, 357–359, 363–364, 366
Mersing (West-Malaysia): 206, 227, 344
Mestizen: 126
Midway-Inseln (Hawaii-Inseln): 309
Mikronesien: 38, 118, 121–122, 169, 209
–, Geburtenrate: 38
Mikronesier: 122
Mili-Atoll (Ratak-Inseln): 218 K
militärische Einrichtungen: 33–35, 91, 115, 122, 184, 187, 219–222, 264, 312, 337, 340, 363–364, 413
Millet (= Hirse): 155, 391
Minahassa (Halbinsel, Sulawesi): 383, 389–391
Minahassa (Volksgruppe): 243
Minangkabau (= Menangkabau, Volksgruppe): 105, 111
Mindanao (Philippinen): 54, 114, 129, 184
Minicoy-Inseln (Lakkadiven): 108
Miri (Ost-Malaysia): 178
Mission: 100, 103, 105, 111, 264, 266, 333–334, 355, 375–376, 389
Mittelindische Schwelle: 63 K, 67
Mittelindischer Rücken: 62, 63 K, 64, 66 K, 67
Mohéli-Insel (= Mwali, Komoren): 272
Moken (Volksgruppe): 130
Mokuaweoweo (Caldera, Hawaii-Insel): 314–315
Molokai-Insel (Hawaii-Inseln): 308 T, 312, 319
Molukken (Indonesien): 109, 111, 331, 383
–, und Molukken-See, Ceram-See und Banda-See: 90 K, 92 T, 96 T
Monasavu (Wasserkraftwerk, Fidschi): 187
Mongkok (Hongkong): 413
Monokultur: 106, 140, 145
Monopol: 177, 330
Monsun: 46, **48** K–**49** K, 50, 54, 55 K, 57–59, 131, 274, 287, 301, 324, 326, 363, 368, 370–372, 382, 405
–, Definition: **50**
–, Dynamik: **57, 58** K, 59
Mooréa-Insel (Gesellschafts-Inseln, Französisch-Polynesien): 263
Moors (Volksgruppe): 379
Mopelia-Insel (Gesellschafts-Inseln, Französisch-Polynesien): 263
Morondava (Madagaskar): 349 K, 355
Moroni (Groß-Komoro): 268
Mt. Duff (Mangareva-Insel): 264
Mt. Giluwe (Papua-Neuguinea): 180
Mt. Kinabalu (Sabah): 114, 233, 238
Mt. Sebert (Mahé-Insel): 226, 327 K
Mt. Taita (Tubuai-Insel): 264
Mt. Victoria (Papua-Neuguinea): 181
Mt. Wilhelm (Papua-Neuguinea): 180
Mukut (Tioman): 345
Mururoa-Atoll (Französisch-Polynesien): 220, 264
Muskat: 275, 331, 389

Nahrung; *siehe auch unter Ernährung*:
–, eiweißarme: 44, 155, 326
–, eiweißreiche: 37, 154–155, 214
Nahrungsmittel: 129, 140, 144, 153, 155, 190, 211, 259, 277, 299, 332
– bedarf: 209, 299
– produktion: 138, 154, 173, 187, 277, 337, 382
– versorgung: 31, 80, **154**, 155, 158, 316
Namosi (Fidschi): 187
Nanking (China): 321
Napali-Küste (Kauai-Insel): 312
Nationalpark, Naturschutzgebiet: 163, 337, 371, 395
–, Berenty (Madagaskar): 354, 356
Naturkatastrophen; *siehe auch unter Wirbelsturm*:
–, Erdbeben: 254

–, vulkanische: 255, 269, 279, **280–282, 284**, 304–305
Naturraum:
–, Ausstattung: **36**, 103, 106, 112, 129, 189, 193, 243, 319, 332, 416
–, Eingriffe: 172, 176
–, Gliederung: 243, 324
–, Voraussetzung: 128, 138, 268, 272, 288, 300, 352, 367, 412
Nauru: 31, 44, 122, 185, 187, 223, **258, 259** K, **260–261**
–, Außenhandelsbilanz: 185, 260
Nauru Phosphate Corporation: 260
Nebel: 56, 304, 347
Necker-Insel (Hawaii-Inseln): 309
Negara (Bali): 301 K, 306–307
Negombo (Sri Lanka): 376–377
Negritos (Aeta): 114
Neubritannien (Bismarck-Archipel): 149
Neue Hebriden (Vanuatu): 93 T, 96 T, 117, 169, 221
Neuguinea; *siehe auch unter Papua-Neuguinea und West-Irian*: 74, 91, 109, 113, 117, 119–120, 130, 149, 163, 181, 205, 259
Neukaledonien (Nouvelle Calédonie): 32, 54, 75, 93 T, 96 T, 117, 119, 159, **182–183**, 221
Neuland: 113, 129
–, Gewinnung: 138, 393, **394** K, 395, 398–399, 402–403, 407–409, 412, **413** K, 416–417
durch Abtragung: 407, 412, 416
durch Aufschüttung: 248, 340, 407, 412, 416
–, Siedlungen: 128, 176
Neuseeland: 67, 120, 152, 194, 205, 221, 223, 258–261, 264, 266
–, und Inseln der weiteren Umgebung: 90 K, 94 T, 98 T
New Kowloon (Hongkong): 406 K, 414–416
Nez de Bœuf (Berg, Réunion): 275
Niaouli (Baum): 183
Niasser (Volksgruppe): 111
Niederländer: 248, 291–292, 304, 330, 376–377, 386
Niederschlag: 46–47, 50–51, 53–54, 56–57, 59, 124, 130, 132, 158, 175, 231, 234, 237–238, 246, 258, 269, 271, 286–287, 302, 305–306, 312, 317–318, 321, 324, 332, 352, 361, 363, 370, 391, 407
–, Jahressumme: 51, 54, 231
Niederungen: 34, 104, 176, 299, 306, 352, 354, 359, 361–362, 365, 370–371, 385, 391–392
Niihau-Insel (Hawaii-Inseln): 308 T, 309, 312, 319
Nikobaren; *siehe auch unter Andamanen*: 81 K, 84 T, 88 T, 104, 107 K, 108
Niuafo'ou-Insel (Tonga): 254–255
Niuatoputapu-Insel (Tonga): 255
Niue-Insel (Cook-Inseln): 91, 93 T, 97 T
Nmoroka (Madagaskar): 362
NN (Normal-Null): 42
Nordsee: 29 K, 30 T
Normen (Zwänge):
–, gesellschaftliche: 32, **37**, 128, 158, 272
–, religiöse: **37**, 101, 128, 158, 160, 162, 249
Noro (Salomon-Inseln): 186
Nossi Bé-Inseln (Madagaskar): 363, 366
Nouméa (Neukaledonien): 122, 182
Nuguria-Atoll (Papua-Neuguinea): 221
Nuku'alofa (Tongatapu): 255, 257 K
Nukumanu-Atoll (Papua-Neuguinea): 221
Nuwara Eliya (Sri Lanka): 370–371

Oahu-Insel (Hawaii-Inseln): 185, 308 T, 309, 311–313
Ochotskisches Meer: 29 K, 30 T
Ogoamas (Berg, Sulawesi): 384 K, 385
Ökologische Verhältnisse: 27, 39, 42, 44, 56, 101, 128, 132, 141, 172, 176, 192, 301 K, 347, 368, 383, 392
–, Benachteiligung der Tropen: 31, 77, **239**
Ökonomischer versus ökologischer Nutzen: 27, **39–40**, 172, 181, **242**, 248
Ok Tedi (Papua-Neuguinea): 181
Onilahy (Fluß, Madagaskar): 352
Ontong-Java-Atoll (= Liuaniua = Lord Howe-Island, Salomon-Inseln): 221
Orangen: 256
Orang Laut (Volksgruppe): 130, 164
Orchideen: 238, 317, 329, 402
Orohena (Berg, Tahiti): 261
Ostchinesisches Meer: 29 K, 30 T, 194
Oster-Inseln (= Isla de Pascua): 94 T, 98 T, 120, 126–127, 266
Ostindische Kompanie: 330
–, britisch: 106, 397

–, niederländisch: 109
Ostpazifischer Rücken: 67
Ostsee: 29 K, 30 T
Ouvéa-Insel (Loyalitäts-Inseln): 221
Owen-Stanley-Gebirge (Papua-Neuguinea): 181
Ozeanien: 119, 122

Pacht: 183, 185, 249, 256, 277, 317, 337, 391
Pacific Phosphate Company: 259
Padang (Sumatra): 105
Padang-Hochland (Sumatra): 105, 176
Pahoa (Hawaii-Insel): 317
Palawan-Insel (Philippinen): 114, 184
Palembang (Sumatra): 143, 288
Palk-Straße: 368, 382
Palme: 237, 326, 330
–, Betelnußpalme (Areca catechu): 105, 153
–, Coco de mer (Lodoicea Maldivica) 329–330, 337
–, Kokospalme: 105, 153, 173, 214, 216, 259, 336, 366, 371, 377
Kokospalmbestände: 187, 222, 227, 246, 252, 256, 258–259, 304, 306, 335–336, 343, 380, 389
–, Lontarpalme: 305
–, Nibong-Palme: 152
–, Nipa-Palme: 165
–, Ölpalme (Elaeis guineensis): 147–**148**, 186
–, Palmöl: 146, 148, 186
–, Rotangpalme (Calamus rotang) (Peddigrohr): 153
–, Sagopalme: 153
–, Schraubenpalme (Pandanus): 153, 235–237, 271, 330
Palu (Sulawesi): 391
Palu (Fluß, Sulawesi): 391
Pamandzi (Mayotte-Insel): 53, 163
Panamakanal: 266
Panay-Insel (Philippinen): 184
Pandanus; *siehe unter Palme, Schraubenpalme*
Pangai (Lifuka-Insel): 255
Pangalaneskanal (Madagaskar): 365
Pangli (Sulawesi): 386
Papua (Volksgruppe): 119, 179–180
Papua-Neuguinea (New Guinea, Papua Niugini): 90 K, 93 T, 96 T, 148–149, 160–161, **179–182**, 185, 221
–, Außenhandelsbilanz: 181, 182
–, Fänge der See- und Binnenfischerei und Fangmengen/Ew.: 167 T
–, Goldproduktion: 181
–, Hochland: 148, 181
–, Kupferproduktion: 181
–, Rinderhaltung: 161 T
–, Silberproduktion: 181
Parfumpflanzen; *siehe auch unter Geranium, Vetiver und Ylang Ylang*: 173, 272, 273 K, 274, 276–277
Pasir Panjang Pier (Singapur): 401–402
Passat: **46, 48** K, **49** K, **50**, 54, **55** K, 182, 258, 312, 316, 318, 324
–, NO: **48** K–**49** K, 50, **55** K, 56, 185, 308, 314, 318, 370
–, O: 258
–, SO: **48** K–**49** K, 50, **55** K, 57, 124, 183, 216, 263, 274, 324, 326, 347, 363
Patas (Berg, Bali): 283 K, 302
Patschuli: 335, 341, 342
Paya (Tioman): 206, 345, 346 K
Pazifischer Ozean: 27–29 K–30 T–33, 35, 38–40, 44, 47 K–48 K–49 K–55 K–**58** K–**61** T–**63** K, **66** K–67, 69–**70** K, 71 K–73 K–74 K–77, 79 T–80, **90** K–**92** T–**99** T, 100–106, **108** K–**110** K, 116 K–118 K, **123** K–**125** K–**126** K, 140, 167 T, 170 K, 175, 194 T–196, **200** T–**203** T, 204–206, 211–**215** K–218 K–224 K, 225, 244, 252, 253 K, 261–**262** K–267, 287, 323, 393, 397
Pazifische Platte: 66 K, 224 K, 254
Pearl Harbor (Oahu-Insel): 185
Pelmadulla (Sri Lanka): 174, 382
Pemba-Insel (Sansibar): 81 K, 83 T, 86 T, 107, 173
Penang-Insel: 106, 175, 235
Penang (Staat): 105–106, 397–398, 410
Penelokan (Bali): 284
Pengilingan (Vulkan, Bali): 283 K, 301 K, 304
Penida-Insel (Bali): 225, 301, **319–321**
Penrhyn-Insel (Cook-Inseln): 221
People's Action Party (PAP) (Singapur): 404
Perlen: 101, 131, 220, 266
Perlfluß (= Bei Jiang, China): 405
Pertamina (staatl. indonesischer Konzern): 177
Perth (Australien): 72 K, 73
Peru und Chile, Küsteninseln und Gruppe der

Oster-Inseln: 90 K, 94 T, 98 T, 125 K
Pfeffer: 178, 275, 331, 365–366, 377
Pferde: 105, 161–162
Pflanzen-; *siehe auch unter Vegetation*:
– arten, endemische: 124, 271, 329–330, 345, 352, 361
– bau: 225, 230, 242, 272, 332, 336–337
– gesellschaften: 51, 304–305, 347
– nährstoffe; *siehe auch unter Boden, Nährstoffhaushalt*: 131–132, 136, 223, 234, 238, **239, 241**
–, Schling- und Kletterpflanzen: **233**, 234–235, 237–238
– welt: 302, 330, 345
Pflanzung; *siehe auch unter Plantagen*: **145**, 148–149, 330, 366
Philippinen: 38, 54, 57, 59, 90 K, 92 T, 95 T, **114–115**, 117, 119, 129, 144, 149, 160, 161 T, 162, 165–169, **183–184**, 185, 205, 225, 383, 407
–, Altersaufbau: 115, 183
–, Fänge der See- und Binnenfischerei und Fangmengen/Ew.: 167 T
Philippinen-Graben: 69, 224 K
Philodendron: 231
Phönix-Inseln (Republik Kiribati): 35, 118 K, 123 K, 221
Phosphat: 188, 223
– inseln: 223, 258
Pidurutalagala (Berg, Sri Lanka): 368, 370
Piraten (Seeräuber): 124, 248, 331, 364, 392
Piton de la Fournaise (Vulkan, Réunion): 225, 273 K, 274–275
Piton des Neiges (Berg, Réunion): 273 K, 274–275
Plaine des Cafres (Réunion): 275
Plantagen; *siehe auch unter Pflanzungen*: 145–149, 171, 173, 180, 272, 274, 299, 309, 331–333, 337, 355, 357, 370, 377–378, 380
– besitzer: 331, 335, 338, 357
–, Definition: **145**
– wirtschaft: 31, 37, 39, 103–105, 111, **144–149**, 180, 185, 272–273, 378
Planwirtschaft: 38, 187
Politik: **39**, 40, 100, 115, 122, 146, 149, 183, 248, 277, 292, 378, 383, 389, 407
politische
–, Neuordnung: 33, 91, 100–101, **106–108, 122–124**, 357
–, Parteien: 292, 339–340, 357, 378, 404
–, Verhältnisse: 32, 38, 100, 117, 339, 344, 357–358, 375–376, 378–379, 399
Polonnaruwa (Sri Lanka): 372 K, 374
Polykultur: 145
Polynesien: 32, 38, 56, 118, **120**, 121–122, 152, 169, 252, 266
Polynesier: 120, 122, 127, 188, 252, 264, 266
Port Blair (Andamanen): 105, 174
Port Moresby (Papua-Neuguinea): 181
Port of Singapore Authority (PSA): 401, 403
Portugiesen: 248, 291, 330, 374, 375–376, 386, 392
Prambanan, Tempel von (Java): 288, 290–291, 300
Praslin-Insel (Seychellen): 235–236, 326, 329–330, 337–338, 340, 343
Preisverfall: 32, 147, 182, 334, 335
Prinz-Eduard-Inseln: 107 K, 108
Pte Source d'Argent (La Digue-Insel): 228, 328 K
Puerto Ayora (Galápagos-Inseln): 125, 126 K
Puerto Baquerizo (Galápagos-Inseln): 126 K
Puka Puka (= Danger-Insel, Cook-Inseln): 221
Pulmoddai (Sri Lanka): 382
Puna-Abdachung (Hawaii-Insel): 315 K, 317
Puncak Jaya (= Puntjak Djaja, Berg, West-Irian): 179
Punta Albemarle (Galápagos-Inseln): 126 K
Puttalam (Sri Lanka): 174
Pu'u Kukuii (Vulkan, Maui-Insel): 310 K, 312

Qualität: 31, 144–145, 148–149, 159, 162, 180, 184, 242, 311, 362, 380, 399, 410
Queenstown (Singapur): 394 K, 404

Raiatea-Insel (Gesellschafts-Inseln, Französisch-Polynesien): 263
Ralik-Inseln (Marshall-Inseln): 218 K–219 K
Ranau (Sabah): 114
Rangiroa-Atoll (Tuamotu-Archipel): 220
Rantaufelder (Sumatra): 176
Rantekombola (Berg, Sulawesi): 243, 383, 384 K
Rantepao (Sulawesi): 384 K, 388–389
Rarotonga-Insel (Cook-Inseln, Neuseeland): 35
Rassen: 32, 36, 101, 109, 114, 117, 130, 296,

334, 339, 350, 352, 363
Ratak-Inseln (Marshall-Inseln): 218 K, 220
Ratnapura (Sri Lanka): 174, 371, 372 K, 382
Raubbau, Raubwirtschaft: 39, 101, 166, 326, 331–334, 377
Raummangel: 138, 145, 190, 256, 271, 363, 365, 393, **412**, 413
Recht:
–, Gewohnheitsrecht: 38, 290, 305
–, Rechtsprechung: 249, 404
–, Wesen: 103
Regeneration: 132, 135, 146, 176, 214, 260, 279
Regenwald; *siehe unter Tropischer Regenwald*
Regenzeit: 54, 130–132, 171, 286
Reis (Oryza):
–, Anbau: 38, 131–132, **139–144**, 149, 155, 162, 169, 173, 184, 186, 252, 277, 286, 296, 299, 302, 332, 359, 361, 370, 373, 376–378, 380, 391–392, 410, 415–416
–, Anbau- und Bewässerungssysteme: 140, **142–144**, 299, 305–306
–, Anzahl der Ernten/Jahr: 141–142, 144, 361, 371, 385, 391, 415
–, Arten und Sorten: 140–144
–, Bergreis: 132, 144, 271, 286, 366
–, Hektarerträge: 140–141, 144, 305–306
–, Mühle: 173, 186, 296
–, Naßreis- und Sumpfreisanbau: 59, 104–105, 131, 138, 141, **142**, 143–144, 159, 163, 169, 196, 225, 286, 299, 301, 304, 306, 350, 352, 355, 363, 365–366, 371, 385, 388–389, 391–392, 415
Kombination mit Fischzucht: 163, 169
–, Produktion: **139**, 140, 144
–, Trockenreis (padi gogo): 141–142, 144, 286, 305, 391
Relief: 54, 56, 59, 188, 306, 314, 345, 347, 363, 371, 383, 405
Religionen, Religionsangehörige: 122, 243
–, Animismus: 105, 114, 182
–, Buddhismus: 104, 111, 288, 290, 300, 374–376, 379, 382, 397, 408
–, Christentum: 39, 103–104, 114–115, 188, 268, 299, 375, 379, 386, 388–389, 397, 405
anglikanische Kirche: 103, 334
evangelische Kirche: 389
katholische Kirche: 103, 114, 252, 268, 333–334, 379, 389, 397, 408
Methodistenkirche: 252
–, Hinduismus: 37, 104, 111, 158, 160, 288, 290, 300, 334, 350, 379, 382, 397
–, Islam: 37, **101**, 103, 105, 111, 114, 160, 174, 178–179, 246, 248–249, 268, 290–291, 302, 304, 344–345, 350, 376, 379, 382, 386, 389, 392, 397
–, Judentum : 397, 408
–, Konfuzianismus: 111, 397, 408
–, Natur- und Stammesreligionen: 111, 114, 284, 288, 290, 368
–, Taoismus: 397, 408
religiöse
–, Vorstellungen: 266, 284, 382, 389
–, Zugehörigkeit: 100–102, 334, 397
Rembang (Indonesien): 177
Rentenkapitalismus: **101–103**, 249, 272
–, Definition: **102**
Ressourcen: 31, **36**, 242–243, 393
Restgruppen: 105, 109, 113, 130, 154, 163
Réunion; *siehe auch unter Maskarenen*: 38, 81 K, 83 T, 87 T, 107, 159, 173, 225, **272, 273** K, **274–278**, 333–334
–, Bevölkerungsentwicklung: 38, 276, 277
Rhododendren: 238
Riau-Archipel (Indonesien): 397
Riau (Provinz, Indonesien): 175, 297 T
Riff; *siehe unter Inseltypen, Koralleninseln*
Rind: **158**, 277
–, Fleisch: 158–159, 161 T, 362–363
–, Milch: 155, 158–161 T, 318, 363
–, Rassen: 158–159
–, Zeburind (Bos indicus): 158–159, 271, 362, 363
Rinderhaltung: 32, **158–160**, 161 T, 312, 345, 362
–, aus Prestige: 159, 361
–, religiöse Einschränkungen: 37, 158, 382
Rochore (Fluß, Singapur): 402
Rodrigues-Insel: 107
Rodung: 131–132, 135, 176, 234, 238–239, 275, 336, 410
–, Brandrodung: **131**, 183, 186
Rohstoffe: 100, 144, 147, 183, 398
Rongelap-Atoll (Ralik-Inseln): 218 K, 220
Rooniu (Berg, Tahiti uti): 262
Rotationsfrucht: 142, 144, 286
Rotes Meer: 29 K, 30 T, 64, 81 K, 83 T, 86 T, 196, 210
Rottnest (Australien): 72 K, 73

Rova (Berg in Antananarivo): 359
Rückzugsgebiete: 105, 111, 114, 129–130, 180, 182, 302
Rumerzeugung: 173, 278

Sabah; *siehe auch unter Malaysia, Ostmalaysia*: 113–114, 159, 178, 238, 398
Sabaragamuwa (Bergland, Sri Lanka): 174, 379, 382
Saguling (Wasserkraftwerk, Java): 300
Saint Augustin (Madagaskar): 353
Sainte-Marie-Insel (Madagaskar): 349 K, 366–367
Saint-Paul-Insel: 107 K, 108
Sakalava (Volksgruppe): 103, 159, **351** K, 352, 361, 363–365
Sakra-Insel (Singapur): 394 K, 399
Salomon-Inseln: 93 T, 96 T, 117, 119, 181, 185, 221
–, Anteil der Landwirtschaft am Bruttosozialprodukt: 186
–, Erwerbstätige in Industrie/produzierendem Gewerbe: 186
–, Erwerbstätige in der Landwirtschaft: 186
–, Fänge der See- und Binnenfischerei und Fangmengen/Ew.: 167 T
–, Handelsbilanz: 186
Salomonen-Plateau: 69
Samar-Insel (Philippinen): 165–166
Sammelwirtschaft: 31, 114, 119, 131, 152, 154, 164, 214, 241, 326, 336, 355, 366
Samoa-Inseln: 69, 90 K, 93 T, 97 T, 149, **187**, 217, 252, 264
Sampalan (Penida-Insel): 319–320
San Cristóbal-Insel (Galápagos-Inseln): 124, 126 K
Sandelbaum (Leinblattgewächse): 151, 152
San Salvador-Insel (Galápagos-Inseln): 124, 126 K
Sansibar (= Unguja): 81 K, 83 T, 86 T, 103, 107, 173, 333
Santa Cruz-Insel (Galápagos-Inseln): 125, 126 K
Santa Cruz-Inseln: 117
Sanur (Bali): 307
Sapugaskanda (Sri Lanka): 174
Sarawak; *siehe auch unter Malaysia, Ostmalaysia*: 113–114, 178, 398
Sarpako (Sulawesi): 179
Satinholz (Chloroxylon swietenia): 152
Savai'i-Insel (Samoa-Inseln): 187
Savannen: 354, 360 K, 382
–, Baobab-Savanne: 354, 356, 360 K, 361
–, Baum-Savannen: 271, 373
–, Busch-Savannen: 271, 361
–, Dornbusch-Savannen: 303, 354, 356–357, 364, 371, 374
–, Gras-Savanne: 360 K, 361, 363
–, Trocken-Savanne: 103, 354, 361, 363
Sawah (Bewässerungskultur): 286, 304–306
Schädlingsbefall: 148, 151, 276, 335
Schafe: 82, 127, 161 T, 162, 277, 318
Schatski-Schwelle: 69
Schelf: 42, **69, 71** K, 73, 82, 108 K, 168, 212, 216, 244, 300, 368, 382, 407
–, Meer: **69**, 74, 168
–, Schelfproklamation: 69
Schiffahrt: 30–31, 35–36, 44, 104, 170–171, 212, 215, 337, 365, 385, 399, 402
–, Gesellschaften: 124, 402
Kiribati Shipping Corporation: 187
Nauru Pacific Line: 261
Schiffe und Boote: 35, 37, 44, 50, 120, 121, 130, 164, 166, 168–169, 204, 215–216, 221, 227, 246, 249, 258, 382, 385, 409
–, Batheli: 37, 246
–, Bau: 119, 185, 326, 332–333
–, Dhoni: 37, 246, 249
–, Dschunken (= Sampans): 398, 403, 409, 415
–, Werkstätte: 186, 398, 408, 410
Schildkröten: 330–334, 341–342
Schlick: 196, 204, 214, 306
Schwarze: 37, 103, 244, 276, 333, 335
Schweine: 37, 101, 105, 119, **160**, 161 T, 162, 180, 259, 277, 389, 416
–, Haltung aus Prestige: 160, 180
Scilly-Insel (Gesellschafts-Inseln, Französisch-Polynesien): 263
Sedimentgestein: 225, 319, 348, 395
Seefahrer: 119–120, 330, 363
Seide: 410
Selat (Hochfläche, Bali): 305
Selat Badung (Meeresstraße): 319–320
Selat Lombok (Meeresstraße): 319
Selbständigkeit, politische = Unabhängigkeit: 32, 103, 106, 115, 145, 248, 292, 340, 357, 398, 401
Selbstversorgung (Eigenbedarfsdeckung):

129, 131, 136, 138, 145, 148, 150, 160, 162, 168–169, 185, 187, 211, 246, 249, 256, 271, 286, 332, 345, 362, 365, 371, 378, 389
Selbstversorgungswirtschaft; *siehe unter Subsistenzwirtschaft*
Selbstverwaltung: 1133, 248, 260, 331, 337, 339, 378
Semarang (Java): 177, 281, 296, 300
Sembawang Pier (Singapur): 394 K, 401
Sentosa-Insel (Singapur): 394 K, 399, 402
Sepetir-Holz (Caesalpinien-Gewächse, Gattung Sindora): 152
Sepik-Fluß (Papua-Neuguinea): 179
Seraja (Vulkan, Bali): 301 K, 305
Seram (= Ceram Insel, Indonesien): 112 K
Seychellen: 31, 34, 37, 81 K, 82, 83 T, 87 T, 100–101, 103, 107, 162, 164, **172–173**, 190, 226–230, 235–236, 244, **323–324, 325** K–**328** K–**338** T–**343**
–, und Amiranten und Maskarenen: 81 K, 83 T, 87 T
–, Anteil vom Fremdenverkehr am Bruttosozialprodukt: 342
–, Ausfuhrgüter: 341–342
–, Bevölkerungsdichte: 80, 230
–, Bevölkerungsentwicklung: 332, 338
–, Fänge der See- und Binnenfischerei und Fangmengen/Ew.: 167 T
Seychellen-Amirantenschwelle: 244
Seychellen-Maskarenen-Rücken: 268
Seychelles Tea Company: 337
Shanghai (Schanghai): 117, 393, 410, 416
Sha Tin (Hongkong): 417
Shau Kei Wan (Hongkong): 414 K, 415
Shek Kip Mei (Hongkong): 414 K, 415
Shek-Pik-Reservoir (Hongkong): 406 K, 415
Sheung Wan (Hongkong): 414 K, 415
„shifting cultivation“: 113–114, **131–135**, 136–137, 144, 147, 178, 225, 242, 304, 337, 347, 352, 355, 363, 366, 380, 385, 388
–, Flächenbedarf: 131, 135
–, maximale Bevölkerungsdichte: 242
–, Nutzungszyklus: 132
Sidan-Tempel (Bali): 306
Sidemen-Gebirge (Bali): 305
Sidenreng-See (Sulawesi): 384 K, 385
Siedler: 103, 104, 277, 330, 331, 333, 347, 348
Siedlung: 34, 76, 129–130, 136, 138, 164, 173, 180, 186, 189, 227, 260, 274–275, 282, 284, 286, 293, 304–305, 309, 316, 320, 335, 337–338, 344–345, 354, 362, 385–386, 416
–, Bootssiedlung: 164, 403, 409, 415–416
–, Fischersiedlung: 164, 305, 366, 382, 397, 409
–, Hangdorf: 416
–, Höhensiedlung: 226, 271, 365
–, Neusiedlung: 302–303
–, Squattersiedlung: 415
–, Steindorf: 416
–, Verlegung: 130, 132, 282, 284
Siguntu (Sulawesi): 387
Sihanaka (Volksgruppe): 350, 351 K, 352, 357
Silhouette-Insel (Seychellen): 326, 334, 343
Singani (Groß-Komoro): 269
Singapur (= Singapore): 31–32, 38, 61, 90, 92 T, 95 T, 105, 113, 117, 150, 155, 165, 167 T, 170, 175, 177, 184, 344, **393**, **394** K–**396** T–**400** T–**405**
–, Ausfuhr: 401
–, Bevölkerungsentwicklung: 38, **396** T, 397
–, Einfuhr: 401
–, Neulandgewinnung: 393, 394 K, 399, 403
–, New Towns: 393, 394 K, 404, 406
–, Reexporte: 401
–, Warenumschlag: 401
Singaraja (Bali): 302, 304, 307
Singhalesen: 104, 146–147, 244, 374–375, 377–379, 382
Singkep-Insel (Indonesien): 175
Sinila (Vulkan, Java): 282
Sippe: 37, 136, 138, 159, 187, 243
Sisal: 172–173, 349 K, 354, 356, 362, 364
Sisaony (Fluß, Madagaskar): 350
Sitten: 243, 305, 348
Sklaven: 37, 103, 120, 164, 264, 266, 276, 291, 330–333, 350, 362, 376
Sklaverei:
–, Abschaffung: 276, 331–332, 334
Soja: 142, 155, 286, 299
Sokotra-Inseln: 107
Solomon Island Plantations Ltd.: 186
Sonnen-
– einstrahlung: 46, 57, 231, 269, 315, 347
– stand: 46–47, 50
Sorghum: 142, 155, 286
Sorsogon (Provinz, Philippinen): 60
Southern Islands (Singapur): 398
South Pacific Bureau für Economic Cooperation: 32, 124, 286

Soziale
- Oberschicht: 102–104, 122, 268, 352, 355, 363
- Verhältnisse: 40, 115, 122, 128, 171, 276, 291, 376–377, 404
Sozialstruktur: 32, 38, 40, 100–101, 105, 122, 136, 182, 184, 189, 243, 266, 293, 339, 365, 386, 416
Sprache: 111, 113–114, 119, 122, 182, 252, 333, 350, 378, 397, 407
Squatter: **415**
Sri Lanka (= Ceylon): 38, 53, 81 K, 83 T, 87 T, 104, 108–109, 130, 142, 146–148, 152, 158, 161 T, 163–164, 170, **174**, 248, **368–383**
–, Altersaufbau: 380
–, Bevölkerungsentwicklung: 38, 379 T
–, Fänge der See- und Binnenfischerei und Fangmengen/Ew.: 167 T
–, Naturkautschukproduktion: 148
–, Rinderhaltung: 160, 161 T
Staatshaushalt: 53, 145, 176, 260, 338, 342
Stadt: 109, 278, 293, 296–298, 309, 317, 359, 362, 364, 379, 392, 402–404, 413, 415, 417
–, Entwicklung: 175, 248, 293, 296, 299, 309, 340, 359, 392, 410, 413, 416
–, New Towns: 394 K, 404, 406 K, 416–417
–, Planung: 340, 366, 393, 397, 404, 416–417
–, Satellitenstadt: 309, 393, 404, 414
Stammesfehden: 180, 259, 266, 365
Standard Vacuum Oil Company: 175
Star Ferry Pier (Hongkong): 409
Star Mountains (Papua-Neuguinea): 181
Sterberate: 38, 130, 183, 358
Sterblichkeit: 256
–, Rückgang durch:
Hygiene: 38, 112, 115, 293, 358
Medizin: 38, 115
Seuchenbekämpfung: 38
St. Denis (Réunion): 273 K, 278
St. Luce (Madagaskar): 364
Stonecutter-Insel (Hongkong): 406 K, 407
St. Paul (Réunion): 273 K, 278
St. Pierre (Réunion): 273 K, 278
Strafkolonie: 105, 124
Ste Anne-Insel (Seychellen): 34, 327 K, 330
Strandplattform; *siehe unter Meeresküste, Küstenplattform*
Straße von Malakka: 397
Straße von Moçambique und Komoren und I. Juan de Nova und I. Europa: 80, 83 T, 86 T, 107 K
Straße von Singapur: 397
Stufen der Gesellschafts- und Wirtschaftsentfaltung: **128**, 129, 154, 163, 179, 181
Subsistenzwirtschaft: 35, 80, 103, 105, 113, 128, **129**, 136, 173, 185–187, 225, 243, 268, 276, 416
–, Flächenbedarf: 128–130
Südchinesisches Meer: 54, 57, 168, 227, 397, 407
Südostindischer (= Indisch-Antarktischer) Rücken: 66 K, 67
Südostpazifischer Rücken: 66 K, 67
Südpazifik Forum (SPF): 186
Südsee-Forum: 124
Südsee-Kommission: 122
Südwestindischer (= Atlantisch-Indischer) Rücken: 66 K, 67
Sulawesi (= Celebes): 57, 69, 111–112, 130, 148, 169–170, 177, 179, 243, 297 T, 347, **383–384** K, **385–392**
Sulu-Inseln (Philippinen): 114
Sulu-See: 54, 74, 289 K
Sulu-Schelf: 74
Sumatra: 37, 57, 69, 74, 77, 80, 84 T, 88 T, 105, 108, 111–112, 128, 130, 143, 147, 149–150, **175–177**, 279, 288, 297 T, 298, 300, 321, 347, 383, 386, 397
Sumbawa-Insel (Indonesien): 54, 282, 288
Sumberkampung (Bali): 303
Sunda-Graben (= Java Graben): 69
Sunda-Inseln: 90 K, 92 T, 95 T, 109, 279
–, Große: 286, 383
–, Kleine: 152, 225, 279, 286–287, 320, 383
Sunda-Schelf: 74, 383, 395
Sunda-Straße: 177
Surabaya (Java): 177–178, 289 K, 290, 296, 300
Surakarta (Java): 284, 296, 300
Süßkartoffel; *siehe unter Batate*
Suva (Fidschi): 32, 124, 186–187
Suwarrow-Insel (= Suvorov, Cook-Insel): 221
Swains-Island (Tokelau-Inseln): 217
Swana (Penida-Insel): 320
Syenit: 274, 324

Tabak: 145–146, 149, 273 K, 275, 277, 286, 302, 305, 349 K, 355, 361, 389

–, Verarbeitung: 172, 299
Tabanan (Bali): 301 K, 307
Tafahi-Insel (Tonga): 255
Tahaa-Insel (Gesellschafts-Inseln, Französisch-Polynesien): 263
Tahiti (Gesellschafts-Inseln, Französisch-Polynesien): 261, **262** K–264, 266
Taifun; *siehe unter Wirbelsturm*
Taimo-Shan (Berg, Hongkong): 405, 406 K
Tai Po (Hongkong): 417
Taiwan (Republic of China; National-China): 32, 54, 59, 90 K, 92 T, 95 T, 104, 109, 117, 119, 140, 148, 155, 167 K, **184**, 393, 399
–, Fänge der See- und Binnenfischerei und Fangmengen/Ew.: 167 T
Talang-Akar-Felder (Sumatra): 175
Tamatave (Madagaskar): 52, 349 K, 358, 366, 368
Tamblingan-See (Bali): 301 K, 304
Tamilen: 104, 146–147, 244, 374, 376, 378–379, 381–382
Tanah Toraja (Verwaltungsgebiet, Sulawesi): 389
Tanala (Volksgruppe): 351 K, 355, 366
Tanjong Pagar Dock Company (Singapur): 402
Tanjong Pagar Terminal (Singapur): 394 K, 401–402
Tanjung-Priok (Hafen, Jakarta): 300
Tank (Stauteiche): 370, 373–374, 377
Tanka (Wasserchinesen): 415
Tarawa-Atoll (Gilbert-Inseln, Republik Kiribati): 123 K, 187, 221
Taro: 119, 121, 132, 138, 187, 221–222, 304, 309, 312, 365
Tauu-Atoll (Papua-Neuguinea): 221
Teak-Baum (Tectona) Eisenkrautgewächs: 151–152
Tee (Camellia sinensis): 100, 146, 148, 299, 337, 371, 378, 380, 410
– kultur: 104, 180, 324, 326, 337, 377, 380
–, Verarbeitung: 172, 180, 337, 381
Tekek (Tioman): 344–345, 346 K
Telukanbawang (Bali): 302
Tempel: 284, 288, 300, 304–305, 320
Temperatur: 57, 59, 238
–, Jahresgang: 46, 50–51, 54, 129, 231, 238, 287, 317, 321
–, Jahresmittel: 46, 237
–, Monatsmittel: 46, 59, 231
–, Tagesgang: 46, 50, 129, 231, 238, 326
Tempe-See (Sulawesi): 384 K, 385
Tenggaresen (Volksgruppe): 293
Tengger-Gebirge (Java): 281
Terrassen: 135, 144, 255, 286, 352, 359
Thailand: 81 K, 84 T, 87 T, 149
–, Naturkautschukproduktion: 148
–, Reisanbaufläche und Produktion: 139
Tiefsee: 383
–, Gräben; *siehe auch unter Lokalbezeichnungen*: 65, **69**, 252
–, Kuppen: 74 K
Tierwelt: 73–74, 124, 126, 129, 162–163, 204, 209, 214, 220, 248, 302, 321, 330, 347, 371
–, WEBER- bzw. WALLACE-Linie: 74 K, 302, 321
Timor: 38, 54, 111
–, Ost-Timor (Provinz, Indonesien): 39, 76, 91
Timor-See: 54
Tioman: 170, 206, 227, 323, **344–345, 346** K, **347**, 403
Tjalegon (Java): 300
Tjaringan (Java): 280
Toa Payoh (Singapur): 404
Toba-See (Sumatra): 105
Tofua-Insel (Tonga): 255
Tofua-Graben: 252
Tofua-Rücken: 252, 253 K, 254
Tofua (Vulkan, Tofua-Inseln): 254–255
Tokelau-Inseln: 216–217
Tomaten: 335, 345
Tondano-See (Sulawesi): 384 K, 390–391
Tonga: 35, 43, 75, 90 K, 93 T, 97 T, 122, 167 T, **188**, 221–222, **252–258**
Tonga-Graben: 69, 252, 253 K, 254
Tonga-Rücken: 252, 253 K, 254
Tongatapu-Insel (Tongatapu-Inseln): 43, 221, 254, 257 K
Tongatapu-Inseln (Tonga): 255, 257 K
Tonminerale: **239**, 240
Toraja (= Toradja, Volksgruppe): 111, 243, 384 K, 386–388
Tourismus; *siehe unter Fremdenverkehr*
Trachyt: 274
Tradition: 120, 188–189, 288, 290, 388
Tragfähigkeit: 37, 113, 225, 230, 256, 338
Transmigration: 112, 297, 298
Transportwesen: 171, 176, 190, 293, 357, 366, 401
Trincomalee (Sri Lanka): 369 K, 376–377
Trockenheit: 269, 302, 348, 362, 370, 380
Trockenzeit: 57, 159, 209, 286–287, 301–302,

319–320, 361, 371, 373–374
Tromelin-Insel: 107
Tropen; *siehe auch unter Innertropische Konvergenz*: **46–47** K, 48 K, 49 K, 50–51, 53–54, 55K–58 K, 59, 61, 80, 101, 103, 126, 129, 141–142, 144–145, 158–159, 171, 183–184, 196, 230–231, 233, 239–241, 264, 308, 314, 326
–, Abgrenzung: **46**, 47, 53–54, **55** K, 80, **195**
–, Definition: **46**
Tropischer Regenwald; *siehe auch unter Wald*: 54, 103, 105, 148, 150–154, 158–159, 163, 183, 193, 223, 227, 230, **231–242**, 264, 304, 314, 317, 329, 344, 347, 355, 363–364, 366, 370, 373, 376
–, Artenreichtum: 150, 329, 364
–, Höhenzonierung: **237–238**, 329, 347
–, Strate: **231–233**, 236, 329
Truk-Inseln (Karolinen): 260
Trunyan (Bali): 284
Tsaratanana-Gebirge (Madagaskar): 348, 363
Tschagos-Archipel: 81 K, 83 T, 87 T, 107 K, 108, 244
Tschagos-Lakkadiven Plateau (= Malediven Rücken); *siehe auch unter Tschagos-Archipel*: 67
Tsimihety (Volksgruppe): 351 K, 352, 363
Tsim Sha Tsui (Hongkong): 414 K
Tsing-Yi-Insel (Hongkong): 406 K, 416
Tsiribihina-Fluß (Madagaskar): 361
Tsuen Wan (Hongkong): 406 K, 408, 413–417
Tuamotu-Archipel (Französisch-Polynesien): 118 K, 220, 264
Tubuai-Inseln (= Austral-Inseln, Französisch-Polynesien): 264
Tuen Mun (Hongkong): 406 K, 417
Tulagi (Salomonen): 186
Tuléar (Madagaskar): 349 K, 352–353, 355, 361, 368
Tupai-Insel (Gesellschafts-Inseln, Französisch-Polynesien): 263
Tutuila-Insel (Amerikanisch-Samoa): 187
Tuvalu; *siehe unter Ellice-Inseln*

Überflutungen: 141, 144, 210
'Uiha-Insel (Ha'apai-Inseln): 255
Ujung Pandang (= Makassar, Sulawesi): 179, 384 K, 385–386, 392
Ulithi-Atoll (Karolinen): 220
Umbilin-Gruben (Sumatra): 176
Umsiedler: 128, 306
Umsiedlung: 76, 177, 223, 365, 415
–, Umsiedlungsaktionen: 81, 91, 106, **112**, 135, 138, 225, 297, 298
Umwelt:
–, Belastung: 172–173, 212, 214
durch Bergbau: 173, 223, 260
durch Industrie: 173, 176
–, Problemgebiet: 174
–, Schäden: **40**, 181
–, Vernichtung: 40, 181, 242
Unabhängigkeit: 248, 260, 292, 340, 378, 379
Unabhängigkeitsbestrebung: 33, 146, 182, 266, 292, 298
–, politische: 122, 146, 357
–, wirtschaftliche: 122, 146, 357
UNO: 292
Untiefen: 204, 211–212, 216, 222
Upolu-Insel (Samoa-Inseln): 187

Vallée de Mai (Praslin-Insel): 235–236, 330, 337
Val Mer (Mahé-Insel): 343
Vangaindrano (Madagaskar): 365
Vanille: 172–173, 266, 272, 273 K, 274, 276, 278, 334–335, 341–342, 349 K, 355, 366
Vanua Levu-Insel (Fidschi): 186
Vava'u-Insel (Vava'u-Inseln): 43, 255, 257 K
Vava'u-Inseln (Tonga): 255, 257 K
Vazimba (Volksgruppe): 349 K, 350, 352, 359
Vegetation: 44, 54, 59, 73–74, 124, 126, 129, 132, 135, 141, 144, 154, 162, 175–176, 192, 204, 223, 225, 227, 230, 233–234, 236–238, 241, 246, 261, 268–269, 271, 279, 304, 312, 314, 316–319, 324, 326, 329, 361–362, 364, 370, 373
–, Höhengrenzen: 51, 238, 314–315, 318
–, vertikale Zonierung: 124, 304, 314, 317–318, 326, 347, 368, 373, 385
–, WEBER- bzw. WALLACE-Linie: 73 K, 74, 302
Verdienstmöglichkeit: 32–33, 115, 138, 162, 166, 171, 176, 190–191, 220, 337, 367, 378
Verhüttung: 106, 176, 182, 184, 398
Verkehr: 113, 115, 171, 248, 340, 398, 401
–, Güterverkehr, Gütertransport: 30–31, 35, 44, 393, 401
–, innerstädtischer: 403–404, 408–409,

414–415
–, interinsular: 35–36, 120, 170 K, 187, 246
–, Personenverkehr: 35, 44, 120
Verkehrs-
– anlagen: 35, 174, 182, 187, 260, 305, 366, 395, 404, 408, 413
– erschließung: **35**, 111, 114, 136, 150, 170 K, 171–172, 176, 178–180, 182, 189, 282, 300, 309, 328, 339, 345, 355, 368, 377–378, 383, 385, 392
– erschließungstypen: **170** K, 171
Versorgung, Versorgungsmöglichkeit: 31, 33, 35–36, 38, 115, 129–130, 164, 188, 248, 300, 331, 366
Verstaatlichung: 146, 378, 380
Vertrag von Nanking: 407
Vertrag von Peking: 407
Verwaltung: 39, 102–104, 106, 111, 248–249, 259–261, 266, 291, 355, 364–366, 388
–, Zentrum: 34, 106, 124, 391–392, 397, 409
Verwitterung: 175, 213, 223, 227, 234, 269, 321, 323
–, Abschuppung: 227–229
–, Abspülung: 132, 136, 225, 241, 258, 269, 332, 361–362
–, Auswaschung: 234, 238, 240–242
–, chemische: 43, 230, 240
–, Rinnen- und Rillenbildung: 226–229
–, physikalische: 228, 230
–, Verwitterungstiefe: 239–240
Vetiver (Vetiveria): 273 K, 274, 276
Vezu (Volksgruppe): 352
Victoria (Hongkong): 407–409, 413, 415
Victoria (Mahé-Insel): 34, 324–325, 327 K, 330, 332, 338, 340
Victoria Hafen (Hongkong): 406 K, 409
Victoria Peak (Hongkong): 405, 406 K, 408–409
Viehhaltung: 127, **158–160, 161** T, **162**, 183, 243, 272, 277, 299, 304–306, 317–318, 349 K, 352, 362–363, 382, 389
–, Wanderviehhaltung: 352, 361
Viti Levu-Insel (Fidschi): 186–187
Vogelkopf (Halbinsel, West-Irian): 179
Volksgruppen: 36, 39, 101, 103–105, 111, 115, 119, 130, 159, 171, 182, 243–244, 348, 350, 351 K, 352, 354–355, 357, 362–363, 365–366, 386, 389
–, meerabgewandte: 36–37, 164, 244
–, meerzugewandte: 36, 326
Vulkan: 67, 69, 124, 196, 216, 223–225, 255, 261, 271, 274, 279–282, 301–302, 304, 306, 308–309, 312, 314–315, 317–318, 359, 389
–, Ausbruch: 212, 223, 254–255, 269, 279–282, 284, 302, 304, 312–314, 317
–, Caldera: 255, 275, 280–282, 284, 304, 314–315
–, Gebirge: 274, 300, 304, 309, 314
–, Kegel: 223, 271, 274–275, 279, 282, 304–305, 318, 385
–, Kegelvulkan: 304, 348
–, Ketten: 69, 278–279, 282, 301
–, Krater: 216, 262, 274, 281, 309, 313
–, Kratersee: 216, 255, 281–282, 304
–, Schildvulkan: 308–309, 312–313, 318, 348
–, Stratovulkan: 254, 281
Vulkaninseln; *siehe unter Inseltypen*
Vulkanismus: 62, 65–67, 69, 222–223, 225, 234, 245, 252, 254, 268, 279, 281–282, 284, 288, 302, 309, 314, 317, 348
–, Auswurfmaterial: 69, 126, 193, 223, 225, 241, 254, 279, 281, 304, 308, 318
Asche: 254–255, 279–281, 301, 317–318
Lapilli: 254, 279
–, explosiver: 69, 254, 279–281, 313–314, 317
–, Fumarolen: 279
–, Lava: 185, 193, 196, 223, 254–255, 269, 271, 274, 279, 282, 284, 305, 308, 312–318
–, Lockermaterial: 304, 306–307, 313–314
–, Solfatare: 279
–, Tuff: 193, 196, 223

Waialeale (Berg, Kauai-Insel): 310 K, 312
Waianae-Berge (Oahu-Insel): 309
Wailuku (Fluß, Hawaii-Insel): 317
Waimea-Canyon (Kauai-Insel): 312
–, Sattel: 318
Walango (Sulawesi): 179
Wald; *siehe auch unter tropischer Regenwald*: 54, 131–132, 135, 151, 158, 163, 176, 206, 240–241, 274, 318, 361–363, 371, 373, 382, 385
–, Gebiete: 113, 130, 150, 185, 316, 355
–, Primärwald: 131–132, 135, 324, 345
–, Sekundärwald: 113, 131–132, 135–136,

180, 231, 233–234, 237–238, 241, 326–327, 336, 363, 370, 372, 382
–, Umtriebsland: 131, 135
–, Urwald: 34, 105, 113–114, 128–130, 151, 175, 185, 227, 230, 233, 241–242, 326, 329, 345, 347, 363
–, wechselfeuchter Monsunwald (Dschungel): 130, 152, 163, 175, 179, 373
Wald-Feld-Wechselwirtschaft: 242
Waldvernichtung: 233, **242**, 277, 385
Wan Chai (Hongkong): 407, 409
Wanderung (räumliche Bevölkerungsbewegung): 37, 76, 91, 109, 112, 120, 288, 298, 367, 382
–, Abwanderung: 38, 80, 104, 296
–, Einwanderung: 38, 105, 111–112, 119, 121, 186, 256, 293, 297–298, 350, 355, 358, 391–393, 397, 410
Washington-Insel (Line-Inseln, Republik Kiribati): 221
Wasser, Wasserstand: 41, 42
–, Auftriebswasser (Tiefenwasser): 56, 167–168, 212
–, Grund- und Sickerwasser: 246, 269, 354
–, Mangel: 56, 190, 222, 268, 302, 306, 324, 395, 416
–, Versorgung: 31, 33, 187, 189, 225, 246, 268–269, 317, 324, 331, 337, 394 K, 406 K, 409, 415
Wau (Papua-Neuguinea): 181
Weddas (Volksgruppe): 130, 374
Weidewirtschaft: 101, 159, 243, 271, 315, 318
–, Wanderweidewirtschaft: 158
–, Weideland: 159, 183, 269, 306, 312, 317, 361, 391
Weinbau: 101, 274
Weiße: 126, 276–278, 333–334, 337
Weizen: 139, 277, 361
Weltbank: 177, 184, 297, 300
Western Samoa Trust Estates Corporation: 187
West-Irian (= West-Neuguinea, Irian Jaya, als Irian Barat Provinz Indonesiens): 90 K, 92 T, 96 T, 109, 112–113, 175, 179–180, 292, 297–299
West-Neuguinea; *siehe unter West-Irian*
West-Nusatenggara (Provinz, Indonesien): 297
Westsamoa: 90 K, 93 T, 97 T, 187
–, Fänge der See- und Binnenfischerei und Fangmengen/Ew.: 167 T
Wildbeuter: 129–130
Windsysteme; *siehe auch unter Passat und Monsun*: **47** K, **48** K, **49** K, **50**, 54, 56–59, 210, 230–231, 258, 313, 318, 324, 326, 370, 372, 395
–, Föhn: 301, 318, 372, 391
–, Verteilung: 48–50
Wirbelsturm (tropischer): 47, **52** K, **53**, 55, **59–60**, 210, 212, 269, 275
–, Flutwelle: 53, 60, 210, 212
–, Schäden, Verwüstungen: 52–53, 59–60, 210, 269, 275
Wirtschaft: 44, 57, 101, 115, 117, 182–185, 188, 242, 248–249, 277, 300, 335, 347, 393, 395, 402
–, Entwicklung: 175–176, 324, 408
–, Nutzung: 33, 82, 100–101, 150, 150, 152, 180, 204, 209, 222, 249, 268, 318, 327–328, 336, 357
Wirtschaftsform, -weise: 36–37, 81, 106, 114–115, 128–130, **134**, 135, 145, 173, 180–181, 189, 243, 352, 362
–, koloniale: 170–171, 183, 337
–, vorkoloniale: 158, 243, 348
wirtschaftliche Verhältnisse: 27, 32, 36, 101–102, 106, 117, 171, 173, 175, 182, 184, 190, 256, 261, 264, 272, 308, 367–368, 374, 393, 401, 405
Witjas Tiefe: 252
Wohn- und Wirtschaftsgebäude, Bauweisen: 105, 249, 332, 387, 409
–, Bambus, Palmblätter, Pandanus: 114, 138, 152–153, 165, 188, 249
–, Hochhäuser: 174, 393, 403–404, 409, 414
–, Hochlandrundhäuser: 180
–, Höhlenwohnungen: 130
–, Holz: 256, 362, 365–366, 415
–, Kalk (Korallen-, -stein): 249, 320
–, Langhäuser (aus Bambus): 114, 138
–, Lehm, -ziegel: 174, 359
–, Pfahlbauten: 105, 130–131, 152, 164–166, 366–367, 386
–, „Shophouses": 393, 403
–, Wohnboote: 130, 164, 398, 403, 409, 415
Wohnbevölkerung; *siehe unter Bevölkerung*
Wohnbau, sozialer: 260, 404, 415
Wolf-Insel (Galápagos-Inseln): 126
Wolken: 46, 50, 56, 237, 304, 316, 318, 324, 329, 391
Wonokromo (Indonesien): 177
Wonosari (Landkreis, Java): 286

World Wild Life Funds: 337
World Trade Centre (Singapur): 402
Wurzeln: 234, 236, 241, 276
–, Atemwurzeln (Pneumatophoren): 206, 209
–, Luftwurzeln: 234, 236–237, 330
–, Stelzwurzeln: 153, 206, 235–236, 330
Wurzelpilze (Mycorrhizae): **241**

Yaksas (Volksgruppe): 374
Ylang-Ylang (Cananga odorata) (Annonengewächs): 173, 272, 276
Yams: 132, 256
Yap-Insel (Karolinen): 220
Yaren (Nauru): 260
Yate (Neukaledonien): 182
Yau Ma Tei (Hongkong): 414 K, 415
Yuen Long (Hongkong): 406 K, 415, 417

Zentraler Ort: 150, 180, 256, 316–317, 335, 344, 355, 357–359, 364–366, 388, 391–392
Zentralindischer Rücken: 67
Ziegen: 161 T, 162, 277
Zimt: 104, 275, 329, 334–336, 341–342, 375–377
Zinn: 176–177, 398
Zuckerhut-Vulkan (Kao-Insel, Tonga): 255, 257 K
Zuckerrohr (Saccharum officinarum): 138, 142, 146, 149, 173, 184–186, 256, 273 K, 275, 277, 299, 355, 361, 365
–, Pflanzung: 185, 274, 317–318, 366
–, Plantagen: 274, 276, 311–312, 334
Zugänglichkeit, schwere: 175, 179, 181, 209, 227, 261, 302, 309, 312, 317, 329, 385

Bild 1: Mangrove- und Schlickinseln im Gangesmündungsgebiet. Ausschnitt aus Westermanns Sat Map im Diercke Weltraumbild-Atlas S. 59 (etwas farbverändert). Westermann, 1. Aufl. 1981.

Bild 2: Mangrovedickicht an der Westküste von Ponape, Ostkarolinen vor der Flut. Aufn. E.A. 1980.

Bild 3: Mangrovegürtel an der Westküste der Insel Penang (Malaysien) bei Pulau Betong über Schlick mit Bootsschneise für den Fischfang. Aufnahme E.A. 1981.

Bild 4: Mangrove bei Ebbe mit deutlich erkennbaren Stelzwurzeln an der Westküste von Sumatra bei Padang über Korallenkalk. Aufnahme E.A. 1975.

Bild 5: Korallenriff bei Truk (Paz. Ozean, Karolinen). In der Bildmitte und im Hintergrund Inseln. Aufnahme E.A. 1980.

Bild 6: Majuroatoll (Paz. Ozean, Marshallinseln), Riff mit Inseln. Rechte Bildhälfte Atoll-Innenseite. Aufnahme E.A. 1980.

Bild 7: Majuroatoll. Blick von Majuro nach Süden. Schwere lokale Regenschauer am Nachmittag. Am Horizont der Bildmitte und der rechten Bildhälfte einzelne Inseln der Atollbegrenzung. Aufn. E.A. 1980.

Bild 8: Majuro Hauptort. Straßenort, zentrale Bedeutung für das Majuroatoll und die südlichen Marshallinseln. Aufnahme E.A. 1980.

Bild 9: Malediven (Indischer Ozean). Blick von der Insel Bandos auf Klein Bandos. Typische nur wenige Meter hohe Korallensandinsel mit Kokospalmenbestand. Aufnahme E.A. 1974.

Bild 10: Malediven. Kleine und mittlere Fischerboote an der Anlegestelle von Male. Aufn. E.A. 1974.

Bild 11: Malediven. Girifushi im Nord-Male Atoll. Aus Palmblättern geflochtene Hütten mit Palmblätterdächern. Aufnahme E.A. 1974.

Bild 12: Malediven. Bewohner der Insel Girifushi (abstammend ursprünglich von Singhalesen und Arabern). Aufnahme E.A. 1974.

Bild 13: Malediven. Fremdenbungalows auf der Insel Bandos im Nord-Male Atoll. Aufn. E.A. 1974.

Bild 14: Insel Nauru (Paz. Ozean). Verwitterungsformen alter Korallenkalke im Brandungsgebiet der Ostküste. Aufnahme E.A. 1980.

Bild 15: Nauru. Bizarre Verwitterungsformen des Korallenkalkes in der Anibare-Bucht im Osten der Insel. Aufnahme E.A. 1980.

Bild 16: Nauru. Infolge seiner Phosphatlager über den Korallenkalken reichster Inselstaat (21 km^2) im Pazifik. Abgebaute Phosphatlager der Hochfläche (max. Höhe 65 m). Blick vom Osten nach Westen. Aufnahme E.A. 1980.

Bild 17: Nauru. Phosphatabbau. Das phosphathältige Material wird ausgebaggert, die Korallenkalkkulissen bleiben stehen und bieten das Bild einer Karrenlandschaft. Aufnahme E.A. 1980.

Bild 18: Nauru. Phosphatverladung auf die Frachtschiffe. Im Vordergrund die typischen weißen Strände der Insel. Aufnahme E.A. 1980.

Bild 19: Königreich Tonga (Paz. Ozean). Vava'u Insel (eine der nördlichen Inseln). Port of Refuge mit gestuften tafelartigen Bergen im Hintergrund als Ergebnis der mehrfachen Hebung der Korallenkalke. Aufnahme E.A. 1983.

Bild 20: Tongatapu, Südostküste bei Lavengatonga bei Ebbe. Riffplattform, schmaler Strandstreifen und dahinter die Steilstufe der gehobenen Riffkalke. Aufnahme E.A. 1983.

Bild 21: Königspalast (Holzbau) in der Hauptstadt des Königreichs Tonga, Nuku'alofa. Aufn. E.A. 1983.

Bild 22: Tongatapu. Nuku'alofa, Hauptstraße in Richtung Küste. Zahlreiche Geschäfte und Verwaltungsgebäude betonen den zentralen Charakter des Ortes. Aufnahme E.A. 1983.

Bild 23 (oben): Einfache Wohnhütte einer noch kleinen Familie auf Tongatapu südlich der Lagune.

Bild 24 (unten): Wohnhütte auf Tongatapu (nördlich von Hamula). Beide Aufnahmen E.A. 1983.

Bild 25: Philippinen. Mayon-Vulkan (2.421 m) im Südosten der Insel Luzon, von Süden, dem Gebiet der 1814 vernichteten Stadt Cagsawa, aus gesehen. Tätiger Vulkan, letzte größere Ausbrüche 1968 und 1978. Aufnahme E.A. 1979.

Bild 26: Philippinen. Stadt Legaspi (1982: etwa 95.000 Einw.) mit Mayon-Vulkan. Aufn. E.A. 1979.

Bild 27: Philippinen. Schwarze Sandstrandküste am Ostfuß des Mayon-Vulkans. Aufn. E.A. 1979.

Bild 28: Java. Vulkan Salak (2.420 m). Im Vordergrund auf den fruchtbaren vulkanischen Böden Naßreisanbau, Bananenkulturen und rechts vorne Taroanbau. Aufnahme E.A. 1975.

Bild 29: West-Java. Bergland an der Südküste nahe des Ortes Pelabuhanratu; Blick nach Osten. Im Vordergrund Trockenreisanbau. Aufnahme E.A. 1975.

Bild 30: West-Java. Südküste. Bergumrahmung der Bucht von Pelabuhanratu. Blick nach Osten. Aufnahme E.A. 1975.

Bild 31: West-Java. Südküste, Fischerort Pelabuhanratu an der am tiefsten landeinwärts greifenden Stelle der gleichnamigen Bucht. Aufnahme E.A. 1975.

Bild 32: Jogjakarta, die ehemalige Hauptstadt Javas. Geschäftsstraße und Moschee. Rikschas sind auch heute noch ein beliebtes Beförderungsmittel. Aufnahme E.A. 1975.

Bild 33: Java. Blick von der obersten Galerie des Borobudur, der größten buddhistischen Tempelanlage der Welt (750–850 n.Chr.), gegen die über 3.000 m hoch aufragenden Berge im Westen. Aufnahme E.A. 1975.

Bild 34: Java. Teilstück eines Reliefs an der Ostseite des Borobudur. Aufnahme E.A. 1975.

Bild 35: Java. Das Antlitz eines modernen Stadtteiles von Djakarta. Stadtrandgebiet im Süden. Aufnahme E.A. 1981.

Bild 36: Java. Großfluriger Naßreisanbau im regulierten Gewässergebiet östlich von Djakarta. Aufnahme E.A. 1980.

Bild 37: Bali. Vulkan Batur (1.717 m) mit den jungen Lavafeldern der Ausbrüche 1926–1963 von Penelokan gegen Norden gesehen. Aufnahme E.A. 1975.

Bild 38: Bali. Batur-See östlich des Batur-Vulkankegels mit Kraterrand von Penelokan (1.450 m) in Blickrichtung NO. Aufnahme E.A. 1975.

Bild 39: Bali. Kleines, nur mit dem Boot erreichbares Dorf, Trunyan, im NO des Batur-Sees, dessen Bevölkerung infolge der Isolierung noch einen animistischen Glauben besitzt. Aufnahme E.A. 1980.

Bild 40: Südbali. Reisterrassen in einem tief in die vulkanischen Ablagerungen eingeschnittenen Tal bei Gunung Kawi mit kleiner Tempelanlage. Aufnahme E.A. 1975.

Bild 41: Südbali. Reisfelder mit Bewässerungsgräben im flachen Küstenraum südlich Kediri (bei Tanah Lot). Aufnahme E.A. 1976.

Bild 42: Nordbali. Blick vom Dorf Gerokak gegen das Bergland Tinga-Tinga im Südwesten; im Vordergrund Erdnußfelder. Aufnahme E.A. 1976.

Bild 43: Südbali. Mauerumgebene Hofgruppe im Sakah-Dorf bei Bedulu südlich von Ubud. Aufnahme E.A. 1980.

Bild 44: Südbali. Dorf Soka in der südlichen Küstenebene. Hofgruppe mit Reisspeicher (Bildmitte). Im Vordergrund Zuckerrohr. Aufnahme E.A. 1980.

Bild 45: Südbali, Dorf Soka. Haustempel der im Bild 44 gezeigten Hofgruppe. Aufn. E.A. 1980.

Bild 46: Südbali. Barong-Tanz in Batubulan. Aufnahme E.A. 1976.

Bild 47: Südbali. Reisgöttin am Sidan-Tempel. Aufnahme E.A. 1975.

Bild 48: Südbali. Barong-Tanz in Batubulan. Aufnahme E.A. 1976.

Bild 49: Südbali. Kris-Tanz im Trancezustand. Aufnahme E.A. 1975.

Bild 50: Lombok. Tabakanbau. Blick von östlich Masbagik gegen den Vulkan Rinjadi (3.726 m) im Hintergrund. Aufnahme E.A. 1980.

Bild 51: Südlombok. Dorf Rambitan, in der Bildmitte ein Reisspeicher. Aufnahme E.A. 1980.

Bild 52: Insel Hawaii. Blick von den Nordhängen des Mauna Loa mit Lavafeldern von 1935 auf den 4.207 m hohen Mauna Kea im Norden. Aufnahme E.A. 1980.

Bild 53: Insel Hawaii. Mauna Kea. Gipfelregion vom NASA-Observatorium gegen Nordosten auf die Kraterlandschaft. Aufnahme E.A. 1980.

Bild 54: Insel Hawaii. Kahuā-Ranch (950 m), alte begraste Vulkane der Kohala Berge (1.671 m) und Viehweideland an der Leeseite. Aufnahme E.A. 1980.

Bild 55: Akaka Wasserfall (120 m Fallhöhe) an der Nordostküste der Insel Hawaii im Luv des Mauna Kea. Aufnahme E.A. 1980.

Bild 56: Tropisch-feuchte Vegetation an den Hängen der Nordostküste Hawaiis. Aufnahme E.A. 1980.

Bild 57: Insel Hawaii. Unwegsame Nordostküste südöstlich von Pololu. Aufnahme E.A. 1980.

Bild 58: Hawaii, Insel Oahu. Honolulu, Waikikistrand gegen Südosten zum Diamond Head. Aufnahme E.A. 1980.

Bild 59: Hawaii, Honolulu. Stadtzentrum, Av. Kalakaua. Aufnahme E.A. 1980.

Bild 60: Hawaii, Honolulu. Ala Wai-Kanal gegen Norden in Richtung Universitätsviertel. Aufnahme E.A. 1980.

Bild 61: Hawaii, Insel Oahu. Honolulu vom Kraterrand des Diamond Head (230 m) nach Nordnordwest gesehen. Aufnahme E.A. 1980.

Bild 62: Hawaii, Insel Oahu. Ananas- und Zuckerrohrfelder nördlich Wahiawa gegen Westen gesehen. Aufnahme E.A. 1980.

Bild 63: Réunion. Blick vom Piton Maïdo (2.190 m) nach Osten zum Gr. Morne (2.992 m) und in den Talkessel de Mafate. Aufnahme E.A. 1978.

Bild 64: Réunion. Cilaos (1.450–1.500 m) im gleichnamigen Talkessel vom nördlichen Stadtrand aus gesehen. Aufnahme E.A. 1978.

Bild 65: Réunion. Kessel von Cilaos. Ilet à Cordes: Kleinbäuerliche Feldwirtschaft (u.a. Erbsen und Linsen). Aufnahme E.A. 1978.

Bild 66: Réunion. Ortschaft wie Bild 65. Kleinbäuerliche Wirtschaft in etwa 1.600 m Höhe: Feldwirtschaft, Weinbau, Rinderhaltung. Aufnahme E.A. 1978.

Bild 67: Réunion, Westküste. Blick von les Colimaçons (700 m) auf St. Leu (gegen Süden). Zuckerrohranbau. Aufnahme E.A. 1978.

Bild 68: Réunion, Westküste. Zuckerfabrik in Savannah südlich von Le Port. Aufn. E.A. 1978.

Bild 69: Franz. Polynesien, Insel Bora Bora mit nördlicher Riffkante und Lagune von Nordosten aus gesehen. Im Vordergrund die Inseln Tofari und Apumeo (linker Bildrand). In der Bildmitte der Mt. Pahia (Tarapaia) 658 m und links der höchste Gipfel Mt. Temanu (Otamanu) 725 m. Aufnahme E.A. 1979.

Bild 70: Franz. Polynesien, Insel Bora Bora. Lagune und nördliche Riffinseln. Aufnahme E.A. 1979.

Bild 71: Franz. Polynesien, Insel Bora Bora. Faanui Bucht und Gebirgskern. Aufnahme E.A. 1979.

Bild 72: Franz. Polynesien, Insel Mooréa. Mt. Mouaroa (880 m) vom Belvédère gegen Westen gesehen. Aufnahme E.A. 1979.

Bild 73: Franz. Polynesien, Insel Mooréa. Links Mt. Rotui 899 m, rechts Cooks-Bucht vom Belvédère gegen Norden gesehen. Aufnahme E.A. 1979.

Bild 74: Franz. Polynesien, Insel Mooréa. Wohnhütte einer einheimischen Familie. Aufn. E.A. 1979.

Bild 75: Franz. Polynesien, Insel Mooréa, Ostküste. Blick nach Nordosten auf das Riffgebiet; im Vordergrund ein modernes Hotel (Kia Ora Mooréa). Aufnahme E.A. 1979.

Bild 76: Franz. Polynesien, Insel Huahine. 18 Jahre altes Mädchen mit Blumenkranz, der auch bei der Arbeit getragen wird (Mischling: Mutter Französin, Vater Polynesier). Aufn. E.A. 1979.

Bild 77: Franz. Polynesien, Insel Tahiti. Blick von der Nordostküste bei Tiarei gegen das zentrale Gebirge (2.300 m) im Südwesten. Aufnahme E.A. 1979.

Bild 78: Franz. Polynesien, Insel Tahiti. Papeete mit Hafen von der Anhöhe Belvédère (600 m) aus gesehen. Aufnahme E.A. 1979.

Bild 79: Seychellen, Hauptinsel Mahé. Steil aufragende Granittürme (etwa 590 m) nahe der Ostküste westlich des Ortes Cascade und nordwestlich des Cascade Rivers. Aufnahme E.A. 1973.

Bild 80: Seychellen, Hauptinsel Mahé. Blick vom Pte au Sel über Anse Royale (in der Bildmitte die Souris Insel) nach Süden zum Cap Lascars (Cap Maçons) über das breite Riffgebiet. Am rechten Bildrand der Hauptort der Bucht mit katholischer Kirche. Aufnahme E.A. 1973.

Bild 81: Seychellen, Insel La Digue, Südküste. Anse Marron. Blick auf die Granitfelsen mit vorzeitlichen Formen in Richtung Pte Camille. Aufnahme E.A. 1973.

Bild 82: Seychellen, Insel Praslin. Eingeborenenhütte mit kleiner Wirtschaft zur Selbstversorgung. Aufnahme E.A. 1973.

Bild 83: West-Malaysien, Insel Tioman. Südküste, Blick auf die Granittürme. Aufnahme E.A. 1985.

Bild 84: Ost-Samoa (USA), Insel Tutuila. Pago Pago-Bucht Nordufer mit Mt. Pioa (524 m). Aufnahme E.A. 1979.

Bild 85: Ost-Samoa, Insel Tutuila. Blick vom Norden auf Mt. Matafao (652 m) und den jüngeren Siedlungsausläufer von Pago Pago. Aufnahme E.A. 1979.

Bild 86: West-Samoa, Insel Upolu. Fale (rundes oder ovales Haus auf Pfählen oder einer Steinplattform, welches nach außen durch Matten oder Vorhänge abgeschirmt werden kann), westlich von Apia. Aufnahme E.A. 1979.

Bild 87: West-Samoa, Apia. Geschäftsstraße mit chinesischem Kaufhaus. Aufnahme E.A. 1979.

Bild 88: Salomon Inseln, Insel Guadalcanal. Blick über den Lunggafluß nach Süden bis Südosten auf das Malango Bergland (etwa 2.000 m, Mt. Popomanaseu 2.330 m). Aufnahme E.A. 1979.

Bild 89: Salomon Inseln, Insel Guadalcanal. Kokospalmkulturen an der Nordküste, nordwestlich von Honiara. Aufnahme E.A. 1979.

Bild 90: Salomon Inseln, Insel Guadalcanal. Kleine Siedlung im Norden der Insel, nordwestlich von Honiara. Hauswände und Dächer aus Pandanusblättern gefertigt. Aufnahme E.A. 1979.

Bild 91 u. 92: Salomon Inseln, Guadalcanal. Mädchen und Frauen in der Hauptstadt Honiara. Auffallend ist, daß als natürliche Haarfarbe auch rotbraune bis rotblonde Töne vorkommen und mitunter das Umfärben der Haare auf Blond vorgenommen wird. Aufnahme E.A. 1979.

Bild 93: Salomon Inseln, Insel Guadalcanal. Nordostküste westlich von Honiara. Sagopalmen. Von den hier vorkommenden Arten werden hauptsächlich die Blätter als Baumaterial verwendet. Aufnahme E.A. 1979.

Bild 94: Mikronesien, Insel Ponape. Riffgeschützte Bucht der zweitgrößten Insel der Karolinen, die mit ihren von Urwald bedeckten Bergen bis 610 m Höhe ansteigt. Küsten weitgehend von Mangrove bedeckt. Aufnahme E.A. 1979.

Bild 95: Mikronesien, Insel Ponape. Südöstlich der Hauptstadt Kolonia, Mündungsgebiet des Kahmar Flußes mit Auslegerboot für den Fischfang. Im Süden die vom Urwald bedeckten Berge. Aufnahme E.A. 1980.

Bild 96: Mikronesien, Insel Ponape. Mädchen und Frauen bei Gesang und Tanz in Kolonia. Aufnahme E.A. 1980.

Bild 97: Mikronesien, Insel Truk. Basaltsäulen, eines der wichtigsten Aufbaumaterialien der Inseln alten vulkanischen Ursprungs. Aufnahme E.A. 1980.

Bild 98: Mikronesien, Insel Yap. Faluw mit Steinrädern (Steingeld) im Vordergrund. Faluws dienen als Versammlungsort, Schlafsaal für junge Männer, Schulen und als Vorratsraum. Aufn. E.A. 1980.

Bild 99: Mikronesien, Insel Yap. „Steingeld" (Rai = mühlsteinartige Steinräder). Aufn. E.A. 1980.

Bild 100: Faluw auf Yap mit Entwässerungsgraben. Aufn. E.A. 1980.

Bild 101: Mikronesien, Insel Yap. Männerkleidung. Aufn. E.A. 1980.

Bild 102: West-Malaysien, Insel Tioman. Dreistratiger Bergurwald. Blick auf die höchste Baumschicht, die über die mittlere wesentlich hinausragt und durch die kleinen Blätter ihrer Kronen genügend Licht in die zweite Strate durchläßt. Aufnahme E.A. 1985.

Bild 103: Indonesien, Sulawesi. Über 20 m hohe Bambusbestände im Bergland von Süd-Sulawesi. Aufnahme E.A. 1980.

Bild 104: Indonesien, Insel Java. Brettwurzeln mächtiger Baumriesen bei Bogor (*Canarium pseudodecumanum*). Aufnahme E.A. 1975.

Bild 105: Hawaii, Insel Oahu. Undurchdringliches Wurzel- und Stammgewirr an den Flußufern von Urwaldbeständen. Aufnahme E.A. 1980.

Bild 106: Singapur. Lichter Sekundärwald. Von Schlingpflanzen vollständig überwuchert. Aufnahme E.A. 1981.

Bild 107: Seychellen, Silhouette Insel. Steile Gräben infolge Erosionswirkung an Wegspuren im Bergwald. Aufnahme H.A. 1978.

Bild 108: Insel Neukaledonien (franz. Überseeterritorium). Baumfarne. Aufnahme E.A. 1983.

Bild 109: Hawaii, Insel Oahu. Heliconia, Gattung der Bananengewächse (mit rund 150 Arten) im Dschungel. Aufnahme E.A. 1980.

Bild 110: Borneo, Ost-Malaysien, Sabah. Nebelwald in 2.600 m Höhe am Mt. Kinabalu. Aufnahme E.A. 1976.

Bild 111: West-Malaysien, Insel Penang. Nebelwald am Penang Hügel (700 m). Aufnahme E.A. 1981.

Bild 112: West-Malaysien, Insel Penang: Farne in 600 m Höhe am Penang Hügel. Aufnahme E.A. 1981.

Bild 113: Borneo, Ost-Malaysien, Sabah. Baumförmige Ericaceaen und darüber ein 300 m breiter Rhododendrengürtel in 3.000 bis 3.600 m Höhe an der Südseite des Mt. Kinabalu (4.175 m). Aufnahme E.A. 1976.

Bild 114: Borneo, Ost-Malaysien, Sarawak. Oberlauf des Mujong, z.T. von Urwaldbäumen überdacht. Aufnahme E.A. 1976.

Bild 115: Borneo, Ost-Malaysien, Sarawak. Langhaus im Quellgebiet des Mujong. Aufn. E.A. 1976.

Bild 116: Borneo, Ost-Malaysien, Sarawak. Fluß Rajang bei Sibu; bis hierher mit Ozeanschiffen befahrbar. Aufnahme E.A. 1976.

Bild 117: Borneo, Ost-Malaysien. Kuching. Hauptstraße mit Moschee im Hintergrund. Aufn. E.A. 1976.

Bild 118: Borneo, Ost-Malaysien, Sarawak. Kuching, Geschäftsarkaden an der Hauptstraße. Aufnahme E.A. 1976.

Bild 119: Madagaskar, Ostküste. Fluß Manampanana beim Dorf Farafangana. Naßreiskulturen und anderer tropischer Fruchtanbau. Aufnahme E.A. 1978.

Bild 120: Madagaskar, Ostküste. Insel Sainte Marie. Dichte, tropisch-feuchte Vegetation der Kulturlandschaft. Aufnahme E.A. 1978.

Bild 121: Madagaskar. Hauptstadt Antananarivo. Blick von der Oberstadt über Lac d'Anosy auf die neuen Stadtviertel. Aufnahme E.A. 1978.

Bild 122: Madagaskar. Hochland von Antsirabé (1.506 m). Blick nach Osten. Aufn. E.A. 1978.

Bild 123: Madagaskar. Alte Vulkanlandschaft östlich des Itasysees. Baumbestände nur in den feuchten Niederungen. Aufnahme E.A. 1978.

Bild 124: Madagaskar. Hochland westlich von Antananarivo. Hofgruppe, aus luftgetrockneten Ziegeln gebaut und mit Reisstroh gedeckt. Aufnahme E.A. 1978.

Bild 125 (oben): Madagaskar, Westküste. Baobab-Savanne bei Morondava. Aufn. E.A. 1978.

Bild 126 (unten): Madagaskar. Buckelrinderherde nördlich von Tulear. Aufn. E.A. 1978.

Bild 127: Ost-Sumatra. Ogan-Fluß bei Tanjung. Blick bei Raja flußaufwärts. Aufnahme E.A. 1981.

Bild 128: Ost-Sumatra. Siedlung im Sumpfdschungelgebiet südlich von Palembang. Aufn. E.A. 1981.

Bild 129: Ost-Sumatra. Palembang. Blick von der Brücke Ampera über den Musi-Strom zu den Erdölraffinerieanlagen im Osten. Aufnahme E.A. 1981.

Bild 130: Sumatra. Toba-Batakhäuser von Binganga, 20 km südlich des Tobasees. Aufn. E.A. 1975.

Bild 131: West-Sumatra. Fischerdorf an der Westküste südlich von Sibolga, Blick nach Norden. Aufnahme E.A. 1975.

Bild 132: West-Sumatra. Weite Tallandschaft mit Reiskulturen bei Panyabungan südlich Sibolga. Aufnahme E.A. 1975.

Bild 133: West-Sumatra. Bergland nordöstlich von Bajakumbuh nahe dem Äquator. Reisterrassen, darüber Brandrodungsgürtel, darüber Nebelwaldregion. Aufnahme E.A. 1981.

Bild 134: West-Sumatra. Minangkabau-Haus (etwa 50 Jahre alt) bei Solok westlich von Padang. Aufnahme E.A. 1975.

Bild 135: Sulawesi. Ujung Pandang (Makassar), Hauptstadt von Sulawesi im Süden der Insel. Sulawesistraße. Aufnahme E.A. 1980.

Bild 136: Süd-Sulawesi. Siedlungen im Reisanbaugebiet an der Westküste südlich Parepare. Aufnahme E.A. 1980.

Bild 137: Süd-Sulawesi. Turmkarstlandschaft an der Westküste bei Pute (nördlich Maros). Aufnahme E.A. 1980.

Bild 138: Süd-Sulawesi. Reisfelder im Verbreitungsgebiet des Turmkarstes bei Bungoro. Aufnahme E.A. 1980.

Bild 139: Süd-Sulawesi. Bergland nördlich von Rapang (Streusiedlungsraum). Aufnahme E.A. 1980.

Bild 140: Süd-Sulawesi, Toradja-Land. Berggebiet nördlich Rantepao in der Nähe des Dorfes Sesean Matalo. Reisterrassen. Aufnahme E.A. 1980.

Bild 141: Süd-Sulawesi, Toradja-Land. Wasserbüffel (oft als rituelle Schlachttiere und aus Sozialprestige gehalten). Aufnahme E.A. 1980.

Bild 142: Süd-Sulawesi, bei Rantepao. Begräbnis-Zeremonienplatz von 1979. Aufnahme E.A. 1980.

Bild 143: Süd-Sulawesi, Toradja-Land. Felsengräber bei Lemo mit hölzernen Ahnenfiguren (Tau Tau). Aufnahme E.A. 1980.

Bild 144: Süd-Sulawesi, Toradja-Land. Felsengräber in Lokomata in 1.800 m Höhe. Aufn. E.A. 1980.

Bild 145 (oben): Süd-Sulawesi, Toradja-Land. Hausgedenkstätte für den ehemaligen Bürgermeister Paulus Pong (gestorben im Alter von 120 Jahren). Aufnahme E.A. 1980.

Bild 146 (unten): Nord-Sulawesi. Vulkanlandschaft G. Lokon (1.580 m) südlich von Manado. Aufnahme E.A. 1980.

Bild 147: Papua-Neuguinea, Goroka-Hochland (in etwa 1.650 m Höhe), Blick vom nördlich gelegenen Gebirgsabfall nach SO. Aufnahme E.A. 1979.

Bild 148: Papua-Neuguinea, Goroka-Hochland. Rundhütten der Papuas an den Berghängen des Bismarck-Gebirges nordöstlich von Goroka. Aufnahme E.A. 1979.

Bild 149: Papua-Neuguinea, Goroka-Hochland. Rundhütten des Dorfes Komiufa. Aufn. E.A. 1979.

Bild 150: Papua-Neuguinea, Goroka-Hochland. Alter Papua-Krieger bei Goroka. Aufnahme E.A. 1979.

Bild 151: Papua-Neuguinea, Goroka-Hochland. Lehmmann vom Tanz der Geister im Asarotal. Aufnahme E.A. 1979.

Bild 152: Papua-Neuguinea. Papua-Frau im Dorf Bena Bena im Goroka-Hochland. Aufnahme E.A. 1979.

Bild 153: Papua-Neuguinea. Alter Papua im Goroka-Hochland bei Goroka. Aufnahme E.A. 1979.

Bild 154: Neukaledonien. Bergland im NW der Insel, nördlich von Koumac, Blick gegen OSO. Im Vordergrund Niaouli-Bestände. Aufnahme E.A. 1983.

Bild 155: Neukaledonien. Nickelwerk nördlich von Nouméa, voll im Betrieb. Aufnahme E.A. 1983.

Bild 156: Singapur-River im Jänner 1975. Dschunken für den Lastentransport inmitten der Altstadt, dahinter die ersten Hochhäuser. Aufnahme E.A. 1975.

Bild 157: Singapur-River 11 Jahre später; die Dschunken sind verschwunden, die Altstadt weitgehend saniert oder durch Hochhäuser ersetzt. Aufnahme E.A. 1986.

Bild 158: Singapur. Blick von der Berghöhe der Insel Sentosa nach ONO auf das Stadtzentrum. Aufnahme E.A. 1986.

Bild 159: Singapur. Regierungsviertel, Supreme Court = Hohes Gericht, im Vordergrund eine Rasenfläche für sportliche Veranstaltungen (= Padang). Aufnahme E.A. 1975.

Bild 160: Singapur. Neubauten an der Orchard-Road, die bedeutendste Hotel- und Geschäftsstraße auf der Anhöhe im NW des alten Stadtkernes. Aufnahme E.A. 1985.

Bild 161: Singapur. Mandai-Orchideengarten. Besprühen der Orchideen in den Morgenstunden. Aufnahme E.A. 1986.

Bild 162: Singapur. Blick vom höchsten Stockwerk des Mandarin-Hotels nach SO auf die in den letzten Jahren neu gebauten Hochhäuser. Aufnahme E.A. 1986.

Bild 163: Singapur. Seletar-Reservoir im NNW der Stadt im Zentrum der Insel in einem großen Wasserschutz- und Naturparkgebiet. Aufnahme E.A. 1986.

Bild 164: Singapur. Blick vom Mt. Imbiah der Sentosa-Insel nach W zur Insel Bukum mit ihren Erdöltanks und -raffinerien. Aufnahme E.A. 1986.

Bild 165: Hongkong-Insel. Blick von Kowloon (Stadtteil am Festland) nach SSW auf Central District (Victoria) und den Victoria Peak (550 m Höhe). Aufnahme E.A. 1983.

Bild 166: Hongkong. Blick von der Star-Fähre auf Central District (Victoria) der Hongkong-Insel. Aufnahme E.A. 1986.

Bild 167: Hongkong-Insel. Hennessy Road im Stadtviertel Wanchai (Victoria). Aufnahme E.A. 1986.

Bild 168: Hongkong-Insel. Central-District (Victoria). Connaught Road beim Star Ferry Pier. Aufnahme E.A. 1986.

Bild 169: Hongkong-Insel. Central District (Victoria). Peel Street im Rest eines 1979 noch erhalten gebliebenen alten Stadtteiles. Aufnahme E.A. 1979.

Bild 170: Hongkong-Insel. Blick vom Victoria Peak-Tower auf das innere Hafenbecken in Richtung ONO. Aufnahme E.A. 1978.

Bild 171: Hongkong-Insel. Blick vom Victoria Peak auf die 1978 noch erhalten gebliebenen alten Stadtreste von Victoria. Aufnahme E.A. 1978.

Bild 172: Hongkong-Insel. Blick vom Victoria Peak nach SO auf das Wasserreservoir von Aberdeen. Aufnahme E.A. 1978.

Bild 173: Hongkong-Insel. Aberdeen. Chinesische Fischer-Dschunken. Aufnahme E.A. 1979.

Bild 174: Hongkong-Insel mit Insel Lantau. Blick im Abendlicht auf den äußeren Hafen mit ankernden Ozeanschiffen. Aufnahme E.A. 1986.